Die „Volksgemeinschaft“ als Rechtsbegriff

Rechtshistorische Reihe

Band 475

Zur Qualitätssicherung und Peer Review der vorliegenden Publikation

Die Qualität der in dieser Reihe erscheinenden Arbeiten wird vor der Publikation durch einen der Herausgeber der Reihe geprüft.

Notes on the quality assurance and peer review of this publication

Prior to publication, the quality of the work published in this series is reviewed by one of the editors of the series.

Johannes Jenß

Die „Volksgemeinschaft" als Rechtsbegriff

Die Staatsrechtslehre Reinhard Höhns (1904-2000) im Nationalsozialismus

PL ACADEMIC RESEARCH

Bibliografische Information der Deutschen Nationalbibliothek
Die Deutsche Nationalbibliothek verzeichnet diese Publikation in der Deutschen Nationalbibliografie; detaillierte bibliografische Daten sind im Internet über http://dnb.d-nb.de abrufbar.

Zugl.: Kiel, Univ., Diss., 2017

Die vorliegende Arbeit wurde von Prof. Meyer-Pritzl
zur Aufnahme in die Reihe empfohlen.

Umschlagabbildung:
Justitia. Allegorie der Gerechtigkeit. Druck aus dem 17. Jahrhundert.

D 8
ISSN 0344-290X
ISBN 978-3-631-73348-6 (Print)
E-ISBN 978-3-631-73350-9 (E-PDF)
E-ISBN 978-3-631-73351-6 (EPUB)
E-ISBN 978-3-631-73352-3 (MOBI)
DOI 10.3726/b12707

PL Academic Research ist ein Imprint der Peter Lang GmbH.

Peter Lang – Frankfurt am Main · Bern · Bruxelles · New York ·
Oxford · Warszawa · Wien

Diese Publikation wurde begutachtet.

www.peterlang.com

Vorwort

Die vorliegende Arbeit wurde im Wintersemester 2013 vom Promotionsausschuss der Rechtswissenschaftlichen Fakultät der Christian-Albrechts-Universität zu Kiel als Dissertation angenommen. Die mündliche Prüfung erfolgte am 3. Februar 2017.

Die Arbeit wurde im Oktober 2013 abgeschlossen. Später erschienene Literatur konnte für die Drucklegung nur noch vereinzelt berücksichtigt werden.

Mein herzlicher Dank gilt meinem Doktorvater, Professor Dr. Rudolf Meyer-Pritzl, der die Entstehung dieser Arbeit mit wertvollen Hinweisen stets unterstützt und gefördert hat. Ihm danke ich auch für die Erstellung des Erstgutachtens. Herrn Professor Dr. Werner Schubert danke ich für die zügige Erstellung des Zweitgutachtens.

Mein Dank gilt ferner Herrn Helmut Borsch für seine wertvollen Anmerkungen und die Überlassung zahlreicher Dokumente und Materialien aus seinem Privatarchiv.

Schließlich schulde ich meiner Familie ganz besonderen Dank. Ohne ihre Unterstützung wäre die Entstehung dieser Arbeit nicht möglich gewesen. Ihr ist diese Arbeit gewidmet.

Kiel, im Juli 2017

Johannes Jenß

Inhaltsverzeichnis

A. Einleitung

Wenige Tage nach dem Tod *Reinhard Höhns*, dem Gründer der „Bad Harzburger Akademie für Führungskräfte der Wirtschaft", veröffentlichte die „Frankfurter Allgemeine Zeitung" einen Nachruf.[1] *Höhn* wird darin für seine beachtlichen Leistungen im Bereich der Betriebswirtschaftslehre und Unternehmensführung gelobt. Seine „nicht-autoritäre[n] Managementlehre", das sogenannte „Harzburger Modell", so der unbekannte Autor, hätte erstmals „betriebswirtschaftliche und humanistische Erkenntnisse auf einen Nenner gebracht". Seine Vergangenheit als nationalsozialistischer Staatsrechtslehrer und Jurist im Sicherheitsdienst des Reichsführers-SS (SD) wird dagegen gänzlich ausgespart. Genauso reduziert ein in der „Süddeutschen Zeitung" erschienener Nachruf den Verstorbenen auf sein Wirken nach der Zeit des Nationalsozialismus.[2] *Höhn* wird dort für seine „visionäre Weitsicht" gewürdigt und als eine Art deutscher *Peter F. Drucker*[3] bezeichnet. Mit dem „Harzburger Modell" hätte er „über seinen Tod hinaus etwas Unvergängliches" hinterlassen. Als die „Frankfurter Allgemeine Zeitung" nur kurze Zeit nach dem ersten Nachruf, nicht zuletzt aufgrund der Briefe protestierender Leser, einen weiteren Nachruf unter rechtsgeschichtlichen Gesichtspunkten von *Uwe Wesel* druckt, entsteht ein völlig anderes Bild.[4] *Wesel* rückt *Höhns* Rolle im Nationalsozialismus in den Vordergrund und benennt ihn als „Wortführer" einer „radikale[n] Minderheit", die versucht habe, „Rechtsformen vollständig zu zerstören, um sie durch die ‚völkische Gemeinschaft' zu ersetzen". Er charakterisiert *Höhn* als „intelligent und ehrgeizig, autoritär, rassistisch, antiliberal, antidemokratisch, völkisch", der verantwortlich war „für jene Atmosphäre, in der die Justizkatastrophe des Dritten Reiches passieren konnte, die Zerstörung von Recht und Menschlichkeit". Im Zusammenhang mit der Harzburger

1 „FAZ" vom 19. Mai 2000, Nr. 116, S. 18.

2 Deckstein, Ein Lehrer für 600 000 Manager, Zum Tode von Reinhard Höhn, dem Gründer der Harzburger Akademie, in: „Süddeutsche Zeitung" vom 22. Mai 2000, Nr. 116, S. 18.

3 Peter F. Drucker (* 19. November 1909 in Wien, † 11. November 2005 in Clarmont) war ein erfolgreicher Ökonom und Publizist und gilt als einer der Vordenker des modernen Managements. Von ihm stammt die Methode „Führen durch Zielvereinbarung" zur Dezentralisierung von Organisationen, die noch heute Anwendung findet. Während der Zeit des Nationalsozialismus befasste sich Drucker, der in Hamburg und Frankfurt Rechtswissenschaft und Geschichte studiert hatte und 1931 über „Die Rechtfertigung des Völkerrechts aus dem Staatswillen"promoviert wurde, unter anderem mit dem Einfluss der wirtschaftlichen Verhältnisse auf die Entstehung des Totalitarismus. Nachdem einer seiner Aufsätze von den Nationalsozialisten verboten wurde, emigrierte er zunächst nach Großbritannien und anschließend in die USA (Meynhardt, Klassiker der Organisationsforschung. S. 86 ff.; „Peter F. Drucker ist tot", in: manager magazin vom 12. November 2005).

4 Wesel, Der Letzte, in: „FAZ" vom 23. Mai 2000, Nr. 119, S. 54.

Managementakademie spricht er in einem etwas polemischen Vergleich von der „Harzburger Front" und belegte das „Harzburger Modell" mit der degradierenden Formel „vom Führer zur Führung".

Bereits in diesen Nachrufen wird die Ambivalenz der Person *Höhns* deutlich. Sie sind beispielhaft für ein selektives Erinnern und zeigen zugleich exemplarisch die Gefahr von relativierenden Verengungen und Aussparungen bei einer Gesamtbetrachtung *Höhns.* Denn die Tatsache, dass seine Biographie vollkommen verschiedenartige Phasen deutscher Geschichte umfasst, sowie auch die Vielfältigkeit und Unterschiedlichkeit seiner Tätigkeiten lassen eine solche Gesamtbetrachtung im Sinne einer Bewertung kaum zu. Ein Urteil unter Berücksichtigung seines gesamten Lebens und Wirkens ist mithin nur schwer möglich. So führt die Hervorhebung bestimmter Abschnitte nicht nur zu einer gegebenenfalls unzulässigen Aufwertung und lässt andere Bereiche somit unbedeutender erscheinen, sondern verhindert gleichzeitig eine angemessene Betrachtung des Gesamten. Eine wissenschaftliche Auseinandersetzung mit *Reinhard Höhn* erfordert deshalb einhohes Maß an Differenzierung und eine klare Umgrenzung des Untersuchungsgegenstandes, ohne dabei durch Aussparung biographischer Fakten den Gesamtzusammenhang zu ignorieren.

I. Begründung der Arbeit – Untersuchungsgegenstand

Untersuchungsgegenstand der vorliegenden Arbeit ist die Staatsrechtslehre *Reinhard Höhns* nach der Machtergreifung der Nationalsozialisten. Die Aufgabenstellung der Arbeit besteht darin, die Staatsrechtslehre *Höhns* darzustellen und sie aus sich heraus unter besonderer Berücksichtigung des historischen Kontextes sowie *Höhns* biographischer Entwicklung und Sozialisation im Dritten Reich zu erläutern. Es soll herausgearbeitet werden, wie sich die staatsrechtlichen Ansichten *Höhns* im Verlauf der Wandlung der politischen und persönlichen Verhältnisse veränderten, welche Position er in der Staatsrechtslehre des Nationalsozialismus letztlich warum eingenommen hat und welcher Stellenwert der SS und dem SD als *Höhns* institutionellem Hintergrund hierbei zukamen.

Begründen lassen sich Untersuchungsgegenstand und Aufgabenstellung allen voran durch die Bedeutung *Höhns* für die Staatsrechtslehre im Nationalsozialismus. Bereits bei oberflächlicher Betrachtung lässt sich erahnen, dass *Höhn* gerade in den ersten Jahren nach der Machtergreifung der NSDAP zu den aktivsten und prägendsten Professoren für Staatsrechtslehre im Dritten Reich gehörte, was jedoch in keinem Verhältnis zur rechtsgeschichtlichen Beachtung seiner Person steht. Eine werkbiographische monographische Studie über *Reinhard Höhn* und seine Staatsrechtslehre gibt es bislang nicht und stellt damit ein Forschungsdesiderat dar, das in einem offensichtlichen Widerspruch zu seinem wissenschaftspolitischen Einfluss steht. Die wissenschaftliche Relevanz dieser Arbeit liegt folglich auch in der Beseitigung des Widerspruchs zwischen dem bisherigen Interesse der Forschung an der Person *Höhns* und seiner Bedeutung für die Staatsrechtslehre im Nationalsozialismus.

Methodisch verfolgt die Arbeit einen biographischen Interpretationsansatz. *Höhns* Staatsrechtslehre soll in erster Linie aus seiner biographischen Situation innerhalb des geschichtlichen Zusammenhanges erklärt werden. Für eine solche Vorgehensweise sprechen hauptsächlich die überragende Bedeutung der politischen Rahmenbedingungen für die inhaltliche Positionierung und die historische Bezugslosigkeit der Staatsrechtslehre im Nationalsozialismus. Denn die maßgeblichen Einflussfaktoren auf die Lehrmeinungen der aktiven Staatsrechtslehrer waren die Verfassungswirklichkeit nach der Machtergreifung, die politische Erwartungshaltung des NS-Regimes sowie ein individueller Anpassungswille, der sich aus wissenschaftlichem Karrierestreben oder beruflicher respektive wirtschaftlicher Selbsterhaltung gespeist hat. Die staatsrechtlichen Ansichten waren somit weniger das Resultat juristischer Lehre oder Verfahrensweise als vielmehr ein Produkt aus weltanschaulicher Affinität und politischer Assimilation. Die Staatsrechtslehre wurde nicht rechtswissenschaftlich, sondern in erster Linie ideologisch und politisch begründet. Eine rechtsgeschichtliche Untersuchung muss deshalb den historischen Kontext in den Vordergrund eines Deutungsversuchs stellen und darf auch die persönliche Situation und Motivation in diesem Kontext nicht vernachlässigen.

Aus diesem Grund ist es auch schwierig, juristische Ursprünge der NS-Staatsrechtslehre auszumachen. Der Machtergreifung folgte der völlige Bruch mit der bislang geltenden Ideen- und Begriffswelt. Ein entscheidendes Wesensmerkmal der Staatsrechtslehre im Nationalsozialismus war gerade ihre weitgehende inhaltliche und terminologische Bezugslosigkeit. Inhaltliche Konstanten zur Staatsrechtslehre vor und während der Weimarer Republik lassen sich kaum feststellen. Dies gilt umso mehr für die Staatsrechtslehre *Höhns*, die sich noch stärker durch den nationalsozialistischen Geist einer vollkommenen Rechtserneuerung im Sinne der NS-Ideologie auszeichnete, was den biographischen Interpretationsansatz zusätzlich erforderlich macht. Eine intellektuelle Wegbereitung oder geistige Urheberschaft durch andere staatsrechtliche Modelle lässt sich allenfalls konstruieren. Eine klare inhaltliche Verbindungslinie kann hingegen nicht gezogen werden. Insbesondere kann ein solcher inhaltlicher Anknüpfungspunkt nicht in der Verbands- und Genossenschaftslehre *Otto von Gierkes*[5] gesehen werden. Nachdem

5 Otto von Gierke (* 11. Januar 1841 Stettin, † 10. Oktober 1921 Berlin) studierte Rechtswissenschaften in Berlin und Heidelberg. Nach Beendigung seines Studiums erfolgte 1860 seine Promotion bei Carl Gustav Hohmeyer mit einer Arbeit über Lehenrecht. Bereits in seiner Habilitationsschrift 1867 befasste sich Gierke dann mit dem Genossenschaftsrecht. Im selben Jahr wurde er Privatdozent an der Friedrich-Wilhelms-Universität Berlin. Nachdem er 1871 am deutsch-französischen Krieg teilgenommen hatte, erhielt er eine außerordentliche Professur in Berlin, wechselte jedoch schon wenige Monate später an die Schlesische-Friedrich-Wilhelms-Universität Breslau, wo er im Wintersemester 1882/1883 zum Rektor ernannt wurde. Im Jahr 1884 wurde Gierke ordentlicher Professor in Heidelberg, bevor er 1887 an die Universität Berlin zurückkehrte und 1902 auch dort Rektor wurde (Bader, „Gierke, Otto Friedrich von", in: Neue Deutsche Biographie 6 (1964), S. 374–375).

gemeinschaftsorientierte völkische Staatsrechtslehrer schon in der Weimarer Republik ein „zurück zu Gierke“[6] gefordert hatten,[7] erfolgte entsprechend der geistigen Verwandtschaft zwischen völkischer und nationalsozialistischer Weltanschauung auch eine, wenngleich weitaus kritischere, Rezeption der Gedankenwelt *Gierkes* in der Rechtslehre des Nationalsozialismus.[8] Während sich andere regimetreue Juristen auf *Gierke* beriefen,[9] wurde eine mögliche Vorreiterrolle *Gierkes* für eine nationalsozialistische Staatsrechtslehre von *Höhn* nicht nur angezweifelt, sondern ausdrücklich abgelehnt:

> „Gierkes organische Staatsrechtslehre galt allgemein als die Überwindung des individualistischen Staatsdenkens. Es liegt deshalb nahe, daß man heute an Gierke anknüpft und die Grundvorstellungen unserer Zeit mit Gierke zu erklären versucht. Diese Wendung in der deutschen Staatsrechtslehre bekämpft die vorliegende Arbeit. Die Auseinandersetzung mit Otto von Gierke, die hier vorgenommen wird, ergibt, daß seine Staats- und Rechtslehre von unserer Zeit nicht mehr zu gebrauchen ist. Fremd stehen wir seiner Auffassung von Staat und Volk, Gemeinschaft und Gesellschaft, Persönlichkeit und Recht gegenüber. Mit seinen Grundbegriffen wie Körperschaft, Organismus, Organ, Gesamtperson, Einheit in der Vielheit usw. können wir heute nichts mehr anfangen. Zugleich zeigt sich, daß in Gierkes Staats- und Rechtslehre nur eine oft verdeckte Abwandlung des Rechtssystems des 19. Jahrhunderts vorliegt, das im Grundprinzip aufrechterhalten wird. ... Für uns handelt es sich heute nicht mehr darum, innerhalb des individualistischen Rechtssystems die eine oder andere Abwandlung vorzunehmen, sondern das System überhaupt aufzugeben. Diesem Bestreben stand bisher auf dem

---

6 Dieser Ausspruch stammt aus der 1929 gehaltenen Göttinger Rektoratsrede des völkischen Rechtshistorikers Herbert Meyer (Meyer, Recht und Volkstum, S. 22), welcher später auch dem Nationalsozialismus nahestand (Stolleis, Fortschritte der Rechtsgeschichte, S. 195).

7 Vor allem Gierkes Kritik an der Rezeption des als gemeinschaftsfeindlich empfundenen Römischen Rechts zulasten des pflichtenorientierten germanischen Rechts im Allgemeinen (Gierke, Das deutsche Genossenschaftsrecht, Bd. II, S. 22; ders., Deutsches Privatrecht, Bd. I, S. 13) und dem römischen Eigentumsbegriff im Besonderen (Gierke, Deutsches Privatrecht, Bd. II, S. 359 ff.) wurde von völkischen Juristen aufgenommen und zu einem „Apostel der neuen Zeit“ (Meyer, Recht und Volkstum, S. 4) stilisiert.

8 Höhn, Otto von Gierkes Staatslehre und unsere Zeit, Hamburg 1936; Krupa, Otto von Gierke und die Probleme der Rechtsphilosophie, Breslau 1940; ders., Genossenschaftslehre und soziologischer Pluralismus. Ein Beitrag zur Staatslehre Otto von Gierkes, in: AöR 69 (1940), S. 97–114; Helfritz, Otto von Gierke und die neueste Lehre von der juristischen Staatsperson, in: RVerwBl. Bd. 56, 1935, S. 485–490; Huber, Die genossenschaftliche Berufsordnung, in: Blätter für deutsche Philosophie 7 (1933/34), S. 293–310.

9 So etwa auch Karl August Eckhardt, der ein „Vorwärts mit Gierke!“ propagierte (Eckhardt, Otto Gierke: Deutsches Privatrecht, S. 270). Anlehnungen an Gierkes Genossenschaftslehre finden sich beispielweise auch bei Edgar Tatarin-Tarnheyden und Franz Wilhelm Jerusalem (Uhlenbrock, Der Staat als juristische Person, S. 138 ff.). Weitere Nachweise bei Thieme, Was bedeutet uns Otto von Gierke?, S. 420.

> Gebiete des sog. Öffentlichen Rechts die organische Staatslehre Otto von Gierkes entgegen. … Gierkes Rechtssystem ist der letzte große Pfeiler, der uns im Kampf um die Rechtserneuerung von einem neuen Denken aus entgegensteht."[10]

Höhn hielt vor allem das Festhalten am Körperschaftsbegriff sowie die Trennung von Staat und den organisch gegliederten Genossenschaften bei *Gierke* für unvereinbar mit einer nationalsozialistischen Staatsrechtslehre. Während *Gierke* der fingierten juristischen Person die gleichermaßen rechtsfähige Person der „realen Verbandspersönlichkeit" entgegenstellte,[11] forderte *Höhn* die Ersetzung der juristischen Staatsperson durch die „Volksgemeinschaft". Für *Gierke* war der Staat „das oberste Subjekt im öffentlichen Recht",[12] für *Höhn* nur ein Apparat zu Diensten des übergeordneten Volkes. Überhaupt weist *Gierkes* Theorie mit dem führerzentrierten, rassistischen Staatsdenken des Nationalsozialismus keine wirklichen Übereinstimmungen auf, so dass *Höhns* Einschätzung hier durchaus als nachvollziehbar zu bezeichnen ist. Es bestanden vielmehr „erhebliche Unterschiede zwischen der verbreiteten politisch-rechtshistorischen Polemik nach 1933 und den Auffassungen" *Gierkes*.[13] Nachdem *Gierkes* Ideen bereits von den völkischen Rezeptionskritikern in der Weimarer Republik in ihrem Sinne modifiziert und weiterentwickelt wurden,[14] erfolgte im Dritten Reich die Vereinnahmung und Instrumentalisierung seiner Genossenschaftslehre, sofern sie denn nicht wie von *Höhn* verworfen wurde. Entsprechend kann zwar von einer „Gierke-Renaissance"[15] nach der nationalsozialistischen Machtergreifung gesprochen werden, eine geistige „Vorläuferschaft zum Nationalsozialismus" jedoch gerade nicht konstatiert werden.[16]

---

10 Höhn, Otto von Gierkes Staatslehre und unsere Zeit, S. 7 f.

11 Gierke, Deutsches Privatrecht, Bd. I, S. 518; ders., Das Wesen der menschlichen Verbände, S. 13 ff.

12 Gierke, Die Grundbegriff des Staatsrechts und die neuesten Staatsrechtstheorien, S. 27.

13 Klippel, Subjektives Recht und germanisch-deutscher Rechtsgedanke in der Zeit des Nationalsozialismus, S. 46.

14 So war Gierke durchaus der Ansicht, dass die individuellen Rechte, so eben auch das subjektive Recht, Priorität hätten, nur dürfe man nicht das Verhältnis von Befugnis und Pflicht zu Lasten der Sozialgebundenheit verzerren. Außerdem sei das Römische Recht nicht gänzlich von Pflichten befreit und auch im germanischen Recht gäbe es in Einzelfällen unbeschränkte Rechte (Gierke, Deutsches Privatrecht, Bd. I, S. 255). Diese moderateren Töne findet man bei den völkischen Juristen in der Weimarer Republik nur selten. Stattdessen wurde seine Kritik von germanistischen Rechtshistorikern, aber vor allem fachfremden Autoren des rechten Spektrums, mit einer rassistischen Kritik verbunden, indem ein Verfall des Römischen Rechts durch jüdische Einflüsse konstruiert wurde (Merk, Vom Werden und Wesen des deutschen Rechts, S. 32 f.; Spengler, Der Untergang des Abendlandes, S. 77 und S. 82; Chamberlain, Die Grundlagen des neunzehnten Jahrhunderts, S. 181 und S. 211).

15 Dilcher, Genossenschaftstheorie und Sozialrecht: ein „Juristensozialismus" Otto von Gierkes, S. 321.

16 Ebenda, S. 349.

II. Forschungsstand und benutzte Quellen

Der zugrunde liegende Stand der Forschung ist für jeden inhaltlichen Schwerpunkt der vorliegenden Arbeit verschieden zu bewerten. Bestimmte Teilbereiche, mit denen sich die vorliegende Arbeit befasst, sind bereits umfänglich erforscht, während andere Themenkomplexe der Arbeit bislang nur oberflächlich oder gar nicht von der Forschung betrachtet wurden. Im Folgenden wird erst der Forschungsstand zur Biographie und anschließend zum Werk Höhn skizziert, danach folgt für beide Komplexe eine Beschreibung der Quellenlage.

Die Biographie *Höhns* ist bisher nur fragmentarisch bekannt. Insbesondere fehlte eine Gesamtdarstellung, die einen vollständigen Überblick über alle bekannten Abschnitte seines Lebens gab. Eine Betrachtung der Person *Höhns* erfolgt in der Sekundärliteratur stets am Rande oder im Zusammenhang bestimmter Ereignisse mit Beteiligung *Höhns*. Dabei fokussiert sich die Forschung besonders auf die Zeit des Nationalsozialismus, weshalb der Wissensstand zu diesem Zeitraum am weitesten ist. Gerade zu *Höhns* wissenschaftspolitischen Auseinandersetzungen mit *Carl Schmitt* und *Walter Frank* existieren umfangreiche Ausführungen in anderen Werken. Eine Darstellung der politischen Kaltstellung *Schmitts* findet sich bei *Andreas Koenen* und *Anne-Marie Gräfin von Lösch*,[17] die Fehde zwischen *Höhn* und *Frank* wird von *Helmut Heiber* und wiederum *von Lösch* detailliert beschrieben.[18] In Bezug auf diese Sachverhalte beschränkt sich die vorliegende Arbeit deshalb auf die Zusammenfassung und Ergänzung des Kenntnisstandes, indem dieser um noch nicht bekannte Details und Zusätze erweitert wird. Das weitere Wirken *Höhns* im Dritten Reich über die genannten Auseinandersetzungen hinaus ist dagegen weniger gut erforscht. Der Forschungsstand, auf den zurückgegriffen kann, beschränkt sich hier mehrheitlich auf kurze Anmerkungen. *Höhns* universitäre Laufbahn lässt sich anhand der Literatur zwar noch verhältnismäßig gut nachverfolgen,[19] doch bleiben Art und Weise seiner Tätigkeit für die SS und vor allem für den SD weitestgehend unklar. So gibt es zwar umfangreiche Literatur zur allgemeinen Geschichte des SD und biographische Werke zu führenden SS- und SD-Funktionären wie *Reinhard*

---

17 Koenen, Der Fall Carl Schmitt, S. 651 ff., S. 736 ff.; von Lösch, Der nackte Geist, S. 440 ff.

18 Heiber, Walter Frank, S. 865 ff.; von Lösch, Der nackte Geist, S. 412–424.

19 Dies gilt sowohl für seine Assistentenzeit an der Universität Jena (Klingemann, Soziologie im Dritten Reich, S. 13 ff.; ders., Soziologie und Politik, S. 124 ff.) als auch für seine Zeit als Staatsrechtslehrer in Heidelberg (Schroeder, Eine Universität für Juristen und von Juristen, S. 538 ff.; Vézina, Die Gleichschaltung der Universität Heidelberg, S. 126 f.) und Berlin (Von Lösch, Der nackte Geist, S. 326 ff. und S. 439 ff; Pauly, Das Öffentliche Recht an der Berliner Juristischen Fakultät 1933–1945, in: Grundmann, Stefan (u.a.) (Hrsg.), Festschrift 200 Jahre Juristische Fakultät der Humboldt-Universität zu Berlin, Berlin 2010, S. 775–795).

Heydrich,[20] *Walter Schellenberg*[21], *Franz Alfred Six*[22] oder vor allem *Wilhelm Stuckart,*[23] die als Randfiguren auch für die Darstellung der Rolle *Höhns* von Belang sind, doch ist über den konkreten Tätigkeitsbereich sowie die genaue Arbeitsweise der Abteilung *Höhns* (Zentralabteilung II/2, „Lebensgebietsmäßige Auswertung“) nur wenig bekannt. Ferner fehlt bislang leider eine umfassende biographische Studie zu *Otto Ohlendorf*, der nicht nur einer der engsten Mitarbeiter *Höhns* im SD war, sondern wohl auch nach dessen Ausscheiden aus dem hauptamtlichen Dienst in Kontakt zu *Höhn* stand. Auch die Biographie von *Karl August Eckhardt*, dessen wissenschaftspolitischer Einfluss eng mit der Person *Höhns* verbunden war, stellt eine Lücke in der Erforschung der Wirkungsmacht von SS und SD auf die Wissenschaft im Dritten Reich dar[24] und hätte für *Höhns* Lebensweg in dieser Zeit wichtige Aufschlüsse geben können.

Höhns Biographie in der Weimarer Republik und der Bundesrepublik wurde von der Forschung bisher weitgehend außer Acht gelassen. So ist *Höhns* politisch-ideologischer Ausgangspunkt im Jungdeutschen Orden allenfalls unzureichend erforscht. Zwar existieren zur Geschichte des Jungdeutschen Orden mehrere wissenschaftliche Werke, doch wird *Höhns* Rolle im Orden darin kaum oder gar nicht betrachtet.[25] Die Strömungen der „Konservativen Revolution“ und „völkischen Bewegung“ als äußerer Rahmen der Entwicklung *Höhns* sind von der Sekundärliteratur dagegen trotz begrifflicher und methodischer Unwägbarkeiten verhältnismäßig

---

20 Aronson, Reinhard Heydrich und die Frühgeschichte von Gestapo und SD, Stuttgart 1971. Zuletzt erschien 2011 eine neue Biographie von Robert Gerwarth über Heydrich, welche den Fokus mehr auf Heydrichs Leben vor der Machtergreifung sowie die Rolle und den Einfluss seiner Frau legte (Gerwarth, Reinhard Heydrich, München 2011).

21 Doerries, Hitler's Intelligence Chief. Walter Schellenberg, New York 2009.

22 Hachmeister, Der Gegnerforscher – Die Karriere des SS-Führers Franz Alfred Six, München 1998.

23 Jasch, Staatssekretär Wilhelm Stuckart und die Judenpolitik. Der Mythos von der sauberen Verwaltung, München 2012.

24 Einstweilen Nehlsen, Karl August Eckhardt, in: ZRG/GA 104 (1987), S. 497–536; Niemann, Karl August Eckhardt, in: Schmoeckel, Mathias (Hrsg.): Die Juristen der Universität Bonn im „Dritten Reich“, Köln (u.a.) 2004, S. 159–184.

25 Kessler, Der Jungdeutsche Orden in den Jahren der Entscheidung 1928–1930 (I), 1974; ders., Der Jungdeutsche Orden in den Jahren der Entscheidung 1931–1931 (II), 1976; ders., Der Jungdeutsche Orden auf dem Wege zur Deutschen Staatspartei 1928–1930, München 1981; Hornung, Der Jungdeutsche Orden, 1958; Vogel, Katholische Kirche und nationale Kampfverbände in der Weimarer Republik, 1989. Daneben existieren noch Abhandlungen von Autoren aus dem Umfeld des Ordens, die angesichts offensichtlicher Parteilichkeit nicht als objektiv wissenschaftliche Zeugnisse eingestuft werden können (Maste, Die Republik der Nachbarn; ders., Vom Staat zum Gemeinwesen; Kalkbrenner, Die Staatslehre Artur Mahrauns).

umfassend untersucht worden,[26] wobei gerade die Erforschung des wegen seiner Heterogenität schwer zu fassenden Spektrums der Völkischen zuletzt einen Rückstand aufgeholt hat.[27] *Höhns* Werdegang im Nachkriegsdeutschland fand bislang vor allem unter dem Gesichtspunkt der Elitenkontinuität[28] und im Zusammenhang mit der Harzburger Akademie Beachtung.[29] Die Arbeit leistet hier entscheidende Beiträge und erweitert den bisherigen Wissenstand. Vor allem die Angaben über sein Leben in der Bundesrepublik Deutschland vervollständigen die Kenntnisse über *Höhn*, wenngleich hier kein unmittelbarer Zusammenhang mehr zu seiner Staatsrechtslehre im Nationalsozialismus besteht.

Das Werk *Höhns* ist im Rahmen rechtsgeschichtlicher Arbeiten mehrfach betrachtet worden. Gleichwohl seine Ansichten grundsätzlich in vielen wissenschaftlichen Studien zur NS-Staatsrechtslehre erwähnt und auch untersucht werden, ist eine umfassende Positionierung *Höhns* entsprechend seines Einflusses und seiner Verantwortung für die rechtliche Legitimierung des Dritten Reiches in der Rechtsgeschichte bislang unterblieben. Eine Studie mit Schwerpunkt auf der Staatsrechtslehre *Höhns* im Dritten Reich gibt es nicht,[30] was in einem auffälligen Missverhältnis

---

26 Lenk, Deutscher Konservativismus, 1989; Mohler, Die konservative Revolution in Deutschland 1919–1932, 2006; Breuer, Anatomie der konservativen Revolution, 1995; ders., Ordnungen der Ungleichheit. Die deutsche Rechte im Widerstreit ihrer Ideen 1871–1945, 2001.

27 Cancik/Puschner, Antisemitismus, Paganismus, Völkische Religion, 2004; Puschner, Die völkische Bewegung im wilhelminischen Kaiserreich. Sprache – Rasse – Religion, 2001; ders., Ein Volk, Ein Reich, Ein Gott, Völkische Weltanschauung und Bewegung in: Sösemann, Bernd (Hrsg.): Der Nationalsozialismus und die deutsche Gesellschaft, 2002, S. 25–41; Breuer, Die Völkischen in Deutschland – Kaiserreich und Weimarer Republik, 2008; Hufenreuter, Völkisch-religiöse Strömungen in Deutschland, in: Puschner, Uwe/Vollnhals, Clemens (Hrsg.): Die völkisch-religiöse Bewegung im Nationalsozialismus, 2012, S. 219–233.

28 Wildt, Der Fall Reinhard Höhn. Vom Reichssicherheitshauptamt zur Harzburger Akademie, in: Gallus, Alexander/ Schildt, Axel (Hrsg.): Rückblickend in die Zukunft. Politische Öffentlichkeit und intellektuelle Positionen in Deutschland 1950 und um 1930, Göttingen 2011, S. 254–271; Hachmeister, Die Rolle des SD-Personals in der Nachkriegszeit. Zur nationalsozialistischen Durchdringung der Bundesrepublik, in: Wildt, Michael (Hrsg.): Nachrichtendienst, politische Elite, Mordeinheit. Der Sicherheitsdienst des Reichsführers SS, Hamburg 2003, S. 347–369.

29 Saldern, Bürgerliche Werte für Führungskräfte und Mitarbeiter in Unternehmen. Das Harzburger Modell, 1960–1975, in: Budde, Gunilla (u.a.) (Hrsg.): Bürgertum nach dem bürgerlichen Zeitalter. Leitbilder und Praxis seit 1945, Göttingen 2010, S. 165–186; dies., Das „Harzburger Modell". Ein Ordnungssystem für bundesrepublikanische Unternehmen, 1960–1975, in: Etzemüller, Thomas (Hrsg.): Die Ordnung der Moderne. Social Engineering im 20. Jahrhundert. Bielefeld 2009, S. 303–329.

30 Zudem wurde Höhns Frühwerk, das für das Verständnis seiner späteren staatsrechtlichen Ansichten von besonderer Bedeutung ist, weitgehend außer Acht gelassen (Dazu bislang nur Meinck, Weimarer Staatslehre und Nationalsozialismus, S. 67).

zu der Anzahl seiner Veröffentlichungen und zu seinem Einfluss auf die Ausformung einer nationalsozialistischen Staatsrechtswissenschaft in der Anfangsphase des Nationalsozialismus steht. Während die Staatsrechtslehre im Nationalsozialismus inzwischen ausführlich erforscht worden ist,[31] erscheint *Höhn* trotz seiner regen publizistischen Aktivität in den Darstellungen hierzu oft nur als Randfigur. Das mag nicht zuletzt daran liegen, dass sein staatsrechtliches Modell hinsichtlich Qualität und Komplexität hinter den Lehren der bekannteren Staatsrechtslehrer zurückblieb, deren Leben und Wirken entsprechend bereits umfangreich aufgearbeitet ist. Es existieren umfassende Werkbiographien zu *Carl Schmitt*,[32] *Ernst Rudolf Huber*,[33] *Ernst Forsthoff*[34] oder *Otto Koellreutter*.[35] Eine Würdigung des Werkes von *Höhns* Lehrer *Franz Wilhelm Jerusalem*, über dessen Leben nur wenig bekannt ist,[36] und von *Theodor Maunz*,[37] der für eine Positionierung *Höhns* in der Staatsrechtslehre nach der Machtergreifung durchaus von Bedeutung ist, fehlt hingegen noch.

Analog zum Forschungsstand ist auch die Quellenlage für die beiden Schwerpunkte der Arbeit sehr unterschiedlich zu beurteilen. Die für diese Arbeit wesentliche Darstellung der Staatsrechtslehre *Höhns* im Nationalsozialismus beruht auf den veröffentlichten Schriften als Primärquelle. Aufgrund der hohen publizistischen Aktivität *Höhns* in den ersten Jahren nach der Machtergreifung ist ein umfangreiches Werk entstanden, das insgesamt sehr gut erhalten und zugänglich ist. *Höhn* verfasste zahlreiche Aufsätze in verschiedenen rechtswissenschaftlichen Zeitschriften und mehrere kürzere Abhandlungen. Allerdings zeichnet sich ein wesentlicher Teil

---

31 Dreier, Die deutsche Staatsrechtslehre in der Zeit des Nationalsozialismus, in: VVDStRL 60, S. 9–72; Pauly, Die deutsche Staatsrechtslehre in der Zeit des Nationalsozialismus, in: VVDStRL 60, S. 73–105; Lepsius, Die gegensatzaufhebende Begriffsbildung. Methodenentwicklung in der Weimarer Republik und ihr Verhältnis zur Ideologisierung der Rechtswissenschaft im Nationalsozialismus, München 1994; Stolleis, Geschichte des öffentlichen Rechts in Deutschland, Dritter Band 1914–1945, München 1999.

32 Müller, Ein gefährlicher Geist. Carl Schmitts Wirkung in Europa, Darmstadt 2007.

33 Jürgens, Staat und Reich bei Ernst Rudolf Huber. Sein Leben und Werk bis 1945 aus rechtsgeschichtlicher Sicht, Frankfurt 2005; Grothe, „Strengste Zurückhaltung und unbedingter Takt“. Der Verfassungshistoriker Ernst Rudolf Huber und die NS-Vergangenheit, in: Eva Schumann (Hrsg.): Kontinuitäten und Zäsuren. Rechtswissenschaft und Justiz im „Dritten Reich“ und in der Nachkriegszeit, Göttingen 2008, S. 327–348.

34 Meinel, Der Jurist in der industriellen Gesellschaft. Ernst Forsthoff und seine Zeit, Berlin 2011.

35 Schmidt, Otto Koellreutter 1883–1972. Sein Leben, sein Werk, seine Zeit, Frankfurt am Main 1995.

36 Zu Jerusalem bisher Klingemann, Soziologie an der Universität Jena 1933 bis 1945, in: Hoßfeldt, Uwe (u.a.) (Hrsg.), „Kämpferische Wissenschaft“: Studien zur Universität Jena im Nationalsozialismus, Köln (u.a.) 2003.

37 Einstweilen Stolleis, Theodor Maunz – ein Staatsrechtslehrerleben, in: Kritische Justiz 1993, S. 393–396.

seiner Beiträge durch die Wiederholung und Bekräftigung der eigenen Position aus. *Höhn* beschränkte sich darauf, seine Staatsrechtslehre zu vertreten und zu verteidigen, so dass es sich zumindest bis zum Kriegsbeginn um ein monothematisches Werk handelt.[38] Auch *Höhns* Frühwerk, das im Zusammenhang mit dem Jungdeutschen Orden entstand, ist als primäre Quelle, die für die Darstellung der inhaltlichen Entwicklung seiner staatsrechtlichen Ansichten unerlässlich ist, nahezu vollständig vorhanden. Ferner sind sämtliche Schriften und Beiträge *Höhns* aus der Zeit nach 1945, die zwar mit Abstand den größten Teil seines Gesamtwerkes darstellen,[39] für die vorliegende Arbeit aber nur von geringer Bedeutung sind, verfügbar.

Im Gegensatz dazu ist die Quellenlage zur Biographie *Höhns* fragmentarisch und zum Teil unübersichtlich. Ein persönlicher Nachlass steht derzeit nicht zur Verfügung.[40] Dementsprechend musste überwiegend auf öffentlich zugängliches Archivmaterial zurückgegriffen werden. Diese Quellen zu seinem Lebenslauf verhelfen, sowohl durch Anzahl als auch durch Qualität, zu einem sehr unterschiedlichen Grad an Transparenz und geben regelmäßig nur einen ausschnitthaften Einblick in das Leben *Höhns*. So lässt sich *Höhns* Zeit im Jungdeutschen Orden nur anhand der Sitzungsprotokolle des Ordenskapitels rekonstruieren.[41] *Höhns* Tätigkeiten für SS

---

38 Erst kurz vor Kriegsbeginn verlagerte sich Höhns Schwerpunkt. Zunächst rückten völkerrechtliche Fragestellungen (Höhn, Großraumordnung und völkisches Rechtsdenken, in: Reich-Volksordnung-Lebensraum Bd. 1 (1941), S. 256–288) und Auslandstudien (Höhn (Hrsg.), Das ausländische Verwaltungsrecht der Gegenwart. Wesen, Aufgabe und Stellung in der Verwaltung in Italien, Frankreich, Großbritannien und USA, 1940; ders., Frankreichs Demokratie und ihr geistiger Zusammenbruch, Darmstadt 1940; ders., Frankreichs demokratische Mission in Europa und ihr Ende, Darmstadt 1940) in den Vordergrund, bevor sich Höhn bis in die sechziger Jahre hinein hauptsächlich mit militärhistorischen Studien befasste (Höhn, Verfassungskampf und Heereseid. Der Kampf des Bürgertums um das Heer (1815–1850), Leipzig 1938; ders., Revolution, Heer, Kriegsbild, Darmstadt 1940; ders., Scharnhorsts Vermächtnis, Bonn 1952; ders., Sozialismus und Heer, Band 1–3, Bad Homburg von der Höhe, 1959–1969).

39 Zu Höhns Werk in der Bundesrepublik Deutschland gibt es eine ausführliche Bibliographie von seiner engsten Mitarbeiterin an der AFW Bad Harzburg, Gisela Böhme (Böhme u.a. (Hrsg.), Spiegel des Schaffens. Eine Bibliographie der Schriften und Aufsätze von Reinhard Höhn, Bad Harzburg 1984), die Höhns Schriften aus dem Dritten Reich ausklammert.

40 Es ist ohnehin fraglich, ob ein persönlicher Nachlass existiert. Es gibt allerdings Hinweise, dass es einen Nachlass zumindest gegeben hat. Aus undatierten Aufzeichnungen, die vermutlich von Gisela Böhme oder Höhn selbst stammen, lässt sich schließen, dass eine große Anzahl privater Dokumente einem Antiquar zum Kauf angeboten wurden. Dieser soll die Unterlagen sogar eingesehen und sodann ein Kaufangebot abgegeben haben. Sicher ist, dass der Kauf letztendlich nicht zustande kam. Was mit den angebotenen Dokumenten geschah, bleibt jedoch im Unklaren (Undatierter Vermerk, in: Privatarchiv H. Borsch).

41 BArch R 161/ 12;BArch R 161/ 16.

und SD lassen sich vor allem seiner SS-Offiziersakte des Berlin Document Center entnehmen.[42] Da eine Vielzahl von Unterlagen des SD bereits während des Zweiten Weltkriegs vernichtet wurde oder verschollen ist, können die Arbeitsweise oder das genaue Aufgabenfeld der Abteilung *Höhns* nicht mit Sicherheit ermittelt werden. Der ausführliche Aktenbestand zu der vom SD initiierten Entmachtung *Carl Schmitts* stellt insoweit eine Ausnahme dar.[43] Die in der Arbeit verwendeten autobiographischen Zeugnisse *Höhns* aus einem Privatarchiv können zwar insgesamt als wertvolle Quelle qualifiziert werden, durch die viele Lücken in der Darstellung seines Werdegangs geschlossen werden konnten, doch stehen gerade seine Ausführungen nach Ende des Dritten Reiches zu seiner Rolle in SS und SD aufgrund des Verdachts der Schutzbehauptung unter dem Vorbehalt der Unrichtigkeit.

Höhns akademischer Werdegang kann dagegen durch die Promotionsakte sowie die Personalakten aus den Universitätsarchiven Heidelberg und Berlin weitgehend lückenlos dokumentiert werden.[44]

Sein Leben und Wirken in der Bundesrepublik nach dem Ende des Nationalsozialismus ist angesichts seiner bemerkenswerten Nachkriegskarriere wiederum nur verhältnismäßig oberflächlich durch Quellen belegt. Insbesondere die Jahre unmittelbar nach dem Zusammenbruch des Dritten Reichs können durch objektiv belastbare Dokumente nur teilweise nachvollzogen werden. Die vorliegende Arbeit ist hier zumeist auf die Angaben von *Höhn* selbst angewiesen. Während *Höhns* Erinnerungen an die NS-Zeit grundsätzlich zu bezweifeln sind, erscheinen seine Aussagen zu diesem Lebensabschnitt größtenteils plausibel und lassen sich ohne offensichtliche Widersprüche in das bislang Bekannte einfügen. Die Geschichte der Harzburger Akademie kann zudem durch verschiedene Dokumente, allen voran durch die zahlreichen Veröffentlichungen der Akademie und ergänzende Archivalien sehr genau wiedergegeben werden. Da *Höhns* Biographie seit Gründung der Akademie untrennbar mit dieser verbunden ist, kann demgemäß auch sein Werdegang nachgezeichnet werden. Der Entwicklungsgang der Akademie ist nahezu identisch mit dem Lebenslauf *Höhns*, weshalb sich *Höhns* Spuren nach dem Ende der Akademie auch mehr oder weniger verlaufen.

42 BArch (ehem. BDC) SSO, Höhn, Reinhard, 29.7.1904.

43 BArch R 58/ 854.

44 UA Jena, Bestand K, Nr. 319; UA Heidelberg, PA 764;UABerlin, PA Höhn 365 Bd. 1 und 2; UA Berlin, Jur. Fak. PA Höhn 515.

B. Leben und Wirken Reinhard Höhns

Reinhard Heinrich August Höhn wurde am 29. Juli 1904 in Gräfenthal in Thüringen geboren.[45] Die Familie, zu der neben *Höhn* noch eine Tochter gehörte,[46] kam aus bürgerlichen Verhältnissen. Der Vater, *Julius Höhn,* war Jurist und arbeitete als Amtsanwalt und später Amtsgerichtsrat in Wasung.[47] Schon *Höhns* Großvater gehörte zum akademischen Milieu und war Lehrer in Ellingshausen.[48] Die Mutter, *Katharina Höhn geb. Schneider*, war eine Bauerstochter aus Franken und Hofbesitzerin.[49]

I. Höhns Jugend und Studium

Höhn besuchte drei Jahre die Volksschule und im Anschluss daran neun Jahre das Gymnasium in Meiningen, welches er im Frühjahr 1923 mit dem Abitur abschloss.[50] Im selben Jahr entschied sich *Höhn* für eine universitäre Ausbildung. Im Sommersemester 1923 begann er sein Studium der Rechtswissenschaften und Nationalökonomie in Kiel, bevor er dann bereits nach nur einem Semester nach München wechselte.[51] Nach fünf Semestern in Bayern ging er zum Sommersemester 1926 nach Jena,[52] wo er sein Jurastudium im darauffolgenden Wintersemester am 19. Dezember 1926 mit dem Referendarexamen am Gemeinschaftlichen Thüringischen Oberlandesgericht mit der Note „gut" beendete.[53]

Nach seinem Studium versuchte *Höhn* eine Anstellung im Auswärtigen Amt zu erhalten, was jedoch scheiterte.[54] So begann er im September 1927 sein Gerichtsreferendariat beim Amtsgericht in Meiningen,[55] welches er allerdings nicht beendete

45 BArch (ehem. BDC) VBS 1, Signatur 6020012317.
46 Gesprächsprotokoll der Befragung Reinhard Höhns durch Anna-Maria Gräfin von Lösch vom 21. August 1993.
47 BArch (ehem. BDC) SSO, Höhn, Reinhard, 29.7.1904.
48 UA Berlin, PA Höhn 365, Bd. 1, Bl. 1.
49 BArch (ehem. BDC) SSO, Höhn, Reinhard, 29.7.1904.
50 UAJena, Bestand K, Nr. 319, Bl. 362.
51 UAJena, Bestand K, Nr. 319, Bl. 371.
52 UA Jena, Bestand K, Nr. 319, Bl. 371; Höhns Studienbeginn in Jena war der 4. Mai 1926.
53 UAJena, Bestand K, Nr. 319, Bl. 362.
54 UA Heidelberg, PA 764.
55 Höhn absolvierte während seines Vorbereitungsdienstes folgende Stationen: Vom 15. September bis 25. Oktober 1927 und 14. November 1927 bis 9. Januar 1928 war er beim Amtsgericht Meiningen. In der Zeit vom 21. Mai bis 6. August 1928 und 21. September bis 14. November 1928 beim Amtsgericht Bad Salzungen. Im Anschluss daran war er vom 15. November bis zum 31. Dezember 1928 bei der Staatsanwaltschaft Meiningen, bevor er vom 1. Januar bis 20. Mai 1929 dem Landgericht Meiningen beigeordnet war. Seine letzte Station verbrachte er in der Zeit vom

und nach einem Jahr und acht Monaten an die Universität Jena zurückkehrte.[56] Die Gründe für *Höhns* Abbruch, den er laut *Heibe r*selbst stets bestritt,[57] können nur vermutet werden. Möglicherweise hat ihn seine schlechte gesundheitliche Verfassung zur Aufgabe bewogen. Während des Vorbereitungsdienstes erkrankte er sechs Wochen an einer Blinddarmentzündung und musste operiert werden.[58] Wahrscheinlicher aber ist die Erklärung des Staatsrechtlers *Otto Koellreutter*, bei dem er damals in Jena gehört hatte. Dieser behauptete wenige Jahre später, dass sich *Höhn* „für den ‚Kleinkram' der Praxis zu gut" dünkte.[59]

In jedem Fall war *Höhn* schon früh bestrebt, eine wissenschaftliche Laufbahn einzuschlagen. So bemühte er sich bereits während seiner Tätigkeit als Referendar um die Erlangung der Doktorwürde. Den entsprechenden Antrag an die Juristische Fakultät der Universität Jena stellte *Höhn* am 19. Dezember 1927.[60] Im Februar 1928 wurde er dann mit seiner rechtshistorischen Abhandlung über „Die Stellung des Strafrichters in den Gesetzen der französischen Revolutionszeit" an der Universität Jena promoviert. Sein Doktorvater war der nach der Machtergreifung vertriebene jüdische Strafrechtsprofessor *Max Grünhut*.[61] Zweitgutachter war der Jenaer Rechtsprofessor *Heinrich Gerland*.[62] Beide gehörten schon während des Studiums zu seinen

---

21. Mai bis 31. Oktober 1929 bei dem Rechtsanwalt Dr. Erb in Bad Salzungen (UA-Berlin, PA Höhn 365, Bd. 2, Bl. 52).

56 UA Heidelberg, PA 764.

57 Heiber, Walter Frank, S. 881. In einem Lebenslauf, den Höhn vermutlich 1958 für das Berliner Spruchkammerverfahren verfasste, schrieb er lediglich, dass er einen zweijährigen juristischen Vorbereitungsdienst absolviert habe. Ob er diesen auch abgeschlossen habe, lässt er dabei offen (Undatierter Lebenslauf Höhns, S. 1, in: Privatarchiv H. Borsch).

58 UA Heidelberg, PA 4245, Standesliste.

59 UA Heidelberg, PA 764.

60 UA Jena, Bestand K, Nr. 319, Bl. 361.

61 Max Grünhut (* 7. Juli 1893 in Magdeburg, † 6. Februar 1964 in Oxford) lehrte als Professor Strafrecht und Kriminologie an der Universität Bonn, bevor er durch den Nationalsozialismus seinen Lehrstuhl verlor und 1939 nach Großbritannien emigrierte, wo er sodann an der Universität Oxford tätig war (Fontaine, Max Grünhut (1893–1964), Leben und wissenschaftliches Wirken eines deutschen Strafrechtlers jüdischer Herkunft, 1998).

62 UAJena, Bestand K, Nr. 319, Bl. 360. Heinrich Balthasar Gerland (* 3. April 1874 in Halle an der Saale, † 28. Dezember 1944 in Jena) lehrte seit 1906 als außerordentlicher Professor an der Universität Jena. Von 1910 bis 1939 war er ordentlicher Professor und daneben von 1910 bis 1920 Oberlandesgerichtsrat am Oberlandesgericht Jena. Von 1925 bis 1927 war er Rektor der Universität. Zudem gehörte er zu den Gründungsmitgliedern der DDP und war deren stellvertretender Vorsitzender sowie bis 1933 Reichstagsabgeordneter (http://www.thulb.uni-jena.de/Die+Bibliothek/Handschriften+_+Sondersammlungen/Bestands%C3%BCberblick/Nachl%C3%A4sse+und+Autographen/Nachl%C3%A4sse+und+Teilnachl%C3%A4sse+in+der+ThULB/Gerland_+Heinrich+Balthasar.html?rewrite_engine=id+alt%3D).

Lehrern.[63] *Höhns* Doktorarbeit war dabei wohl durchaus bemerkenswert. In seinem dreiseitigen Erstgutachten zu *Höhns* wissenschaftlicher Studie nannte *Grünhut* die Arbeit „eine wissenschaftlich beachtliche Leistung“ und bewertete sie mit „magna cum laude“.[64] *Gerland* schloss sich dem „Gutachten völlig an“.[65] Die mündliche Prüfung fand am 20. Februar 1928 statt. Dem Prüfungsausschuss gehörten Doktorvater *Grünhut*, *Otto Koellreutter*, der Soziologe und Rechtswissenschaftler *Franz Wilhelm Jerusalem*[66] sowie der Dekan der Rechtswissenschaftlichen Fakultät *Fischer* als Vorsitzender an. In der Prüfung konnte sich *Höhn* nicht verbessern, so dass er schlussendlich die Gesamtnote „magna cum laude“ erhielt.[67] In einem Schreiben an das Thüringische Ministerium für Volksbildung zur Unterstützung von *Höhns* Gesuch um einen Zuschuss zur Drucklegung der Arbeit[68] führte Dekan *Fischer* nach Absprache mit Doktorvater *Grünhut* später sogar aus, die Dissertation hätte „ohne Zweifel einen erheblichen wissenschaftlichen Wert; sie füllt eine Lücke in der Geschichte der Strafrechtspflege und hat zudem durch ihre Fragestellung in der Gegenwart ein besonderes aktuelles Interesse.“[69] Demgemäß hielt man den Antrag *Höhns* „um der Arbeit und um der Persönlichkeit des Verfassers Willen für dringend erstrebenswert und befürwortet[e] das Gesuch aufs wärmste.“[70] Das Ministerium bewilligte den Antrag schließlich in voller Höhe.[71]

Nachdem *Höhn* promoviert wurde, war er in der Folgezeit als Repetitor in Jena tätig. Er konnte sich in dieser Tätigkeit einen guten Ruf erarbeiten, der ihm später sogar in Heidelberg vorauseilte. Mit seinem juristischen Repetitorium hatte er „zweifellos Erfolg“.[72] Zeitweise, so *Höhn* später, wurde er von über 100 Schülern besucht.[73] Durch

---

63 UA Jena, Bestand K, Nr. 319, Bl. 362.

64 UA Jena, Bestand K, Nr. 319, Bl. 372.

65 UA Jena, Bestand K, Nr. 319, Bl. 373.

66 Franz Wilhelm Jerusalem (* 21. Juni 1883 in Uerdingen, † 29. August 1970 in München) war ab 1918 außerordentlicher und sodann seit 1931 ordentlicher Professor für Völkerrecht und Hilfswissenschaften des öffentlichen Rechts, für allgemeine Soziologie sowie Rechts- und Staatssoziologie an der Universität Jena. Nach Aufhebung der Aufnahmesperre trat er am 1. Mai 1937 in die NSDAP ein (Klingemann, Soziologie im Dritten Reich, S. 38 f.).

67 UA Jena, Bestand K, Nr. 319, Bl. 374 f.

68 Höhn beantragte mit Schreiben vom 28. Februar 1928 an das Thüringische Ministerium für Volksbildung einen Zuschuss zur Drucklegung seiner Doktorarbeit in Höhe von 200 Reichsmark (UA Jena, Bestand K, Nr. 319, Bl. 377).

69 UA Jena, Bestand K, Nr. 319, Bl. 377 f.

70 UA Jena, Bestand K, Nr. 319, Bl. 378.

71 UAJena, Bestand K, Nr. 319, Bl. 379.

72 UA Heidelberg, PA 764.

73 Stellungnahme Höhns zu den Vorwürfen der Berliner Spruchkammer 1958, in: Privatarchiv H. Borsch. Höhn warb seine Studenten vornehmlich im Milieu der akademischen Studentenverbindungen, wo er einige Korpsstudenten persönlich kannte und zu einem Werbeabend zu sich nach Hause einlud. Dort will er angeblich einem der Studenten einen Apfel vom Kopf geschossen haben, was er auf den folgenden

seine Arbeit erreichte er dementsprechend eine „finanziell ausgezeichnete Stellung“, die ihn „in jeder Beziehung unabhängig machte“.[74] In diesem Zusammenhang entstand später auch sein Lehrbuch „Allgemeines Schuldrecht“.[75] Daneben wurde *Höhn* nach Vermittlung *Koellreutters*[76] im Juli 1930,[77] gegen den Willen seines Vaters,[78] unbezahlter Assistent des Soziologen und Staatsrechtlers *Franz Wilhelm Jerusalem* und arbeitete in dieser Stellung bis zum März 1934.[79] *Jerusalem* kannte *Höhn* spätestens seit dessen mündlicher Doktorprüfung. Wahrscheinlich hatte *Höhn* aber schon bei ihm in Jena als Student gehört. Unter Anleitung *Jerusalems* bot *Höhn* dabei an der Rechts- und Wirtschaftswissenschaftlichen Fakultät der Universität Jena mehrere Semester ein Proseminar an.[80] Ferner studierte er dort einige Semester Theologie.[81] Genehmigt war *Höhns* Tätigkeit allerdings nicht und sorgte so noch zum Ende der Assistentenzeit für erhebliche Irritationen im Thüringischen Ministerium für Volksbildung,[82] so

---

Werbeabenden wiederholte, bevor ihm seine Frau dies verbot. Fortan schoss man auf eine Bleiplatte mit dem Konterfei von Friedrich Ebert. Die Schießübungen bei Höhn sorgten dann für Aufsehen im Universitätsumfeld, so dass sein Repetitorium immer mehr Zulauf erhielt (Gesprächsprotokoll der Befragung Reinhard Höhns durch Anna-Maria Gräfin von Lösch vom 21. August 1993).

74 BArch (ehem. BDC) SSO, Höhn, Reinhard, 29.7.1904. So will er in dem Zeitraum von 1930 bis 1934 etwa 15.000 RM zurückgelegt haben (Stellungnahme Höhns zu den Vorwürfen der Berliner Spruchkammer 1958, in: Privatarchiv H. Borsch).

75 Höhn, Allgemeines Schuldrecht, 1934.

76 UA Heidelberg, PA 764.

77 In einem Aktenvermerk vom 15. Juli 1930 wurde im Thüringischen Ministerium für Volksbildung notiert: „Der Professor Dr. Jerusalem hat mündlich angezeigt, daß sein bisheriger Assistent von Krüdener aus dem Dienst des Soziologischen Seminars ausscheidet und durch Dr. Höhn ersetzt worden sei.“ (UA Jena, Bestand C, Nr. 755). Später, in einem Fragebogen in der Personalakte der Universität Berlin, gab Höhn an, dass er erst im November 1930 Assistent Jerusalems wurde (UABerlin, PA Höhn 365 Bd. 2, Bl. 77).

78 BArch (ehem. BDC) SSO, Höhn, Reinhard, 29.7.1904.

79 UABerlin, PA Höhn 365 Bd. 2, Bl. 77. Stellungnahme Höhns zu den Vorwürfen der Berliner Spruchkammer 1958, in: Privatarchiv H. Borsch.

80 Mitteilung Jerusalems an das Thüringische Ministerium für Volksbildung vom 11. Februar 1934: „Gemäss der Verfügung vom 31. Januar d.J. zeige ich an, dass Herr Dr. Reinhard Höhn seit 1930 Assistent des Soziologischen Seminars ist. Dr. Höhn hält seit einigen Semestern unter meiner Anleitung ein Proseminar.“ (UA Jena, Bestand C, Nr. 755).

81 Undatierter Lebenslauf Höhns, S. 2, in: Privatarchiv H. Borsch.

82 Nachdem die Beamten Erkundigungen eingeholt hatten, informierten sie den Minister am 24. Februar 1934:„Vor kurzem wurde durch eine Anfrage festgestellt, daß sich der Repetitor Dr. Reinhard Höhn in Jena Assistent der Thüringischen Landesuniversität nenne. Durch Rückfrage wurde festgestellt, daß er von dem Professor Dr. Jerusalem als Assistent des Soziologischen Seminars angenommen worden sei. Ich habe daraufhin Herrn Prof. Dr. Jerusalem erklärt, daß nach § 1 der Assistentenordnung das Ministerium bestimme, inwieweit der Vorstand eines Universitätsseminars durch Assistenten unterstützt werde und daß die Annahme eines Assistenten seiner Genehmigung bedürfe. Diese Vorschrift gelte ganz gleichgültig,

dass ein nachträglicher Antrag *Jerusalems* auf Bewilligung der Stelle schlussendlich sogar abgelehnt wurde.[83]

II. Höhn im Jungdeutschen Orden

Während dieser Zeit an der Universität Jena entfaltete *Höhn* zudem eine rege politische Aktivität. Dabei hatte er schon in seiner Schulzeit erste politische Erfahrungen gesammelt. So war er bereits im Jahr 1920 Leiter des „Jugendrings Südthüringen".[84] In der Folgezeit kam *Höhn* dann zunehmend mit Gruppierungen des rechtsnationalen Spektrums in Berührung. Zunächst verteilte er die ersten Ausgaben des „Völkischen Beobachters" in seiner Heimatstadt.[85] Kurz darauf wurde er auch aktives Mitglied in Vereinigungen aus dem völkischen Milieu. 1922 trat *Höhn* mit erst 18 Jahren dem Deutschvölkischen Schutz- und Trutzbund (DVSTB), einem der größten antisemitischen Kampfbünde nach dem Ersten Weltkrieg,[86] bei. Im Zuge

---

ob der Assistent voll, gering oder gar nicht bezahlt werde. Daraufhin hat Professor Dr. Jerusalem den anliegenden Antrag eingereicht. Mit Rücksicht auf die Vorgänge bei der politischen Schulung der Studentenschaft wird die Frage der Genehmigung, die m.E. notwendig ist, zur Entscheidung des Herrn Ministers vorgelegt. Es ist zu bemerken, daß Dr. Höhn inzwischen einen Vortrag bei dem Soziologenkongreß in Jena, der unter der Leitung von Professor Krieck stand, und einen weiteren (s.Anlage) im Bund Nationalsozialistischer Deutscher Juristen gehalten hat." (UA Jena, Bestand C, Nr. 755).

83 Der Minister reagierte mit Unverständnis. In einem Aktenvermerk vom 26. Februar 1934 notierte er sich zu der Angelegenheit: „Die Sache scheint recht negativ zu sein. Wie konnte Dr. H sich ... Assistent nennen? Dem vorlieg. Antrag kann ich jetzt nicht stattgeben." Folglich wurde der Antrag Jerusalems auch abgelehnt:„Auf unsere Verfügung vom 31. Januar 1934 haben Sie angezeigt, dass Herr Dr. Höhn seit 1930 Assistent des Soziologischen Seminars der Universität ist. Die Genehmigung zur Annahme dieses Assistenten ist von uns bis jetzt nicht erteilt worden. Der Herr Minister hat bestimmt, daß dem Antrage auf Zuweisung des Dr. Höhn als Assistenten des Soziologischen Seminars jetzt nicht stattgegeben werden soll." (UA Jena, Bestand C, Nr. 755).

84 Seine politischen Anfänge in Thüringen beschriebReinhard Höhn selbst in seinem handschriftlichen Lebenslauf für die SS: „Ich besuchte das Gymnasium in Meiningen und entwickelte früh eine gewisse politische Begabung. Ich trat zum ersten Male als Untersekundaner im Jahre 1920 auf im Kampf gegen Schund und Schmutz und leitete damals den Jugendring Südthüringen. Ich war in der Jugendbewegung tätig, bis ich in die Unterprima kam. In der damaligen Zeit fanden in Thüringen die Abwehrkämpfe gegen den Kommunismus statt. Ich trat in diesen Abwehrkämpfen aktiv hervor, trat 1922 in den Deutsch-völkischen Schutz- und Trutzbund in Meiningen ein." (BArch (ehem. BDC) SSO, Höhn, Reinhard, 29.7.1904).

85 BArch (ehem. BDC) SSO, Höhn, Reinhard, 29.7.1904.

86 So konnte dort nur Mitglied werden, wer deutscher Abstammung war, wobei Ziel des Deutschvölkischen Schutz- und Trutzbundes (DVSTB) die „Beseitigung des unterdrückenden und zersetzenden Einflusses des Judentums" war (Breuer, Die radikale

seiner Mitgliedschaft dort wurde er sogar mehrmals verhaftet.[87] Der Bund wurde jedoch schon im selben Jahr in den meisten Ländern des Deutschen Reiches wegen seiner judenfeindlichen Bestrebungen verboten.[88]

Höhn schloss sich sodann im Jahr 1923, nachdem er an die Universität München gewechselt war, dem weniger radikalen Jungdeutschen Orden an,[89] obwohl der Vorstand des DVSTB den Mitgliedern empfahl, der NSDAP beizutreten.[90] Der Orden dürfte ihm wohl bereits seit 1920 bekannt gewesen sein. Als die Räterepublik ausgerufen wurde, marschierte im Frühjahr ein jungdeutsches Korps von Zeitfreiwilligen in Thüringen ein, um gegen die Kommunisten zu kämpfen.[91] Auch *Höhn* „trat in diesen Abwehrkämpfen aktiv hervor".[92] Da der DVSTB in Bayern nicht verboten wurde[93] und in Süddeutschland wohl auch enge Verbindungen zum Jungdeutschen Orden unterhielt,[94] war *Höhn* dort möglicherweise nach wie vor Mitglied. Zumindest gab es die grundsätzliche Möglichkeit einer Doppelmitgliedschaft.[95] Aktiv wurde er im DVSTB allerdings nicht mehr. Vielmehr entwickelte *Höhn* fortan ein großes Engagement im Jungdeutschen Orden. Für seine ideologische Verortung in der Weimarer Republik und seine politische Entwicklung bis zur Machtergreifung der Nationalsozialisten ist diese Mitgliedschaft im Jungdeutschen Orden denn auch bezeichnend.

1. Der Jungdeutsche Orden

Der Jungdeutsche Orden wurde 1920 in Kassel vom späteren Hochmeister und Ordensführer *Artur Mahraun*, einem ehemaligen Leutnant der Reichswehr und Freikorpskommandeur,[96] als national-konservativer Verband gegründet und etablierte

---

Rechte, S. 247). Dabei konzentrierte sich der DVST, der im Februar 1919 auf Initiative des Alldeutschen Verbandes, einer der größten Gruppierungen innerhalb des Sammelbeckens der völkischen Bewegung, gegründet wurde und rund 150.000 Mitglieder zählte, vornehmlich auf die Bekämpfung der Zuwanderung durch sogenannte Ostjuden (Mohler, Die konservative Revolution in Deutschland, S. 89).

87 BArch (ehem. BDC) SSO, Höhn, Reinhard, 29.7.1904.

88 Mohler, Die konservative Revolution in Deutschland, S. 89.

89 BArch (ehem. BDC) SSO, Höhn, Reinhard, 29.7.1904.

90 Jungcurt, Alldeutscher Extremismus in der Weimarer Republik, S. 292.

91 Hornung, Der Jungdeutsche Orden, S. 23.

92 BArch (ehem. BDC) SSO, Höhn, Reinhard, 29.7.1904.

93 Jung, Deutschvölkischer Schutz- und Trutzbund (DVSTB), in: Historisches Lexikon Bayerns, URL: <http://www.historisches-lexikon-bayerns.de/artikel/artikel_44476> (21.01.2011).

94 Politische und personelle Verflechtungen mit dem DVSTB wurden dem Orden zumindest vorgeworfen, weshalb er 1922 ebenfalls kurzzeitig verboten wurde. Der Großmeister des Jungdeutschen Ordens Mahraun bestritt Verbindungen zwischen den beiden Gruppen jedoch (Hornung, Der Jungdeutsche Orden, S. 31).

95 Hornung, Der Jungdeutsche Orden, S. 31.

96 Crim, Weimar's „Burning Question", S. 205.

sich in der Weimarer Republik als zweitgrößter Wehrverbund nach dem Stahlhelm mit circa 60.000 bis 100.000 Mitgliedern.[97] Die Anhängerschaft rekrutierte sich zu Beginn vor allem aus jungen Veteranen.[98] Organisation und Begrifflichkeiten des Ordens waren stark an den mittelalterlichen Deutschen Ritterorden angelehnt. Die Ordensführung bildeten der Hochmeister und der Ordenskanzler. Der Orden war in zwölf sogenannte Großballeien unterteilt, denen jeweils ein Großkomtur vorstand. Eine Ballei bestand aus mehreren örtlichen Gruppen, den Bruderschaften, die von einem Großmeister geführt wurden. Als höchstes beratendes Gremium fungierte das Hochkapitel, welches von der Ordensführung und den Großkomturen gebildet wurde und den Hochmeister wählte.[99]

Programmatisch verband der Jungdeutsche Orden vor allem bündische Elemente, wie die aus dem Fronterlebnis geborene Gemeinschaftsidee, mit den Prinzipien preußischen Führertums, antikapitalistischen Bestrebungen, christlichen Elementen, der scharfen Ablehnung der Parteiendemokratie und einem strengen Nationalismus, ohne aber etwa revanchistisch zu sein.[100] Zudem zeichnete sich der Orden zumindest in den Anfangsjahren durch klare antisemitische Tendenzen aus,[101] bevor

---

97 Verlässliche Zahlen über die Mitgliedsstärke des Jungdeutschen Ordens gibt es nicht. Mahraun selbst schrieb 1949, der Orden habe zu keinem Zeitpunkt mehr als 37.000 Mitglieder gehabt (Hornung, Der Jungdeutsche Orden, S. 51, Rn. 2), was sicherlich zu niedrig angesetzt ist, bedenkt man, dass der Orden schon bei regionalen Großveranstaltungen fast einen größeren Zulauf hatte. Auf einer Kundgebung 1925 in Leipzig versammelten sich allein 35.000 Ordensbrüder aus Sachsen und den angrenzenden Balleien (Mahraun, Gegen getarnte Gewalten, S. 96). In dem Verbotsantrag im preußischen Landtag vom 30. November 1922 ist von etwa 500.000 Mitgliedern die Rede, wobei die Zahl vermutlich aus politischen Gründen nach oben korrigiert wurde, um dem Antrag Nachdruck zu verleihen. Zudem sollen 1924 angeblich 100.000 bis 200.000 Katholiken dem Orden angehört haben (Schlund, Der Jungdeutsche Orden, S. 21). Heute geht man von Zahlen zwischen 60.000 (Breuer, Die radikale Rechte, S. 202) und 100.000 (Mohler, Die konservative Revolution in Deutschland, S. 169) aus. Dies entspricht auch der Schätzung Hornungs, der die Mitgliedsstärke des Ordens knapp unter der des Stahlhelms, aber erheblich über der von Bünden wie „Oberland“ und „Wehrwolf“ einordnet (Hornung, Der Jungdeutsche Orden, S. 51, Rn. 2).

98 Crim, Weimar's „Burning Question“, S. 206.

99 Hornung, Der Jungdeutsche Orden, S. 27.

100 Hornung, Der Jungdeutsche Orden, S. 7, S. 69 ff. und S. 74 f.; Schneider, Die Deutsche Demokratische Partei, S. 258; Laqueur, Die deutsche Jugendbewegung, S. 181 f.; Sontheimer, Antidemokratisches Denken, S. 163; Crim, Weimar's „Burning Question“, S. 206.

101 Crim, Weimar's „Burning Question“, S. 206 ff. Dieser Antisemitismus manifestierte sich vor allem in dem sogenannten Arierparagraphen (gemäß Satzung: „Deutschblütige Männer und Frauen können Mitglieder im Jungdeutschen Orden werden …“). Zudem wurde im Orden offen für antisemitische Literatur geworben. Und selbst Hochmeister Mahraun hetzte anfangs gegen die „jüdische Rasse“ als Verantwortlichen am Niedergang des deutschen Volkes und propagierte

diese durch eine weniger offensive, eher versteckte Variante der Judenfeindlichkeit abgelöst wurden.[102] Damit war der Orden mit seiner antidemokratischen außerparlamentarischen Oppositionshaltung grundsätzlich im weitläufigen Sammelbecken der völkisch-nationalen Rechten einzuordnen.[103] Allerdings plädierte man später auch für eine Aussöhnung mit Frankreich und näherte sich Stresemanns Locarno-Politik an.[104] Dieser moderate republikfreundliche Kurs des Jungdeutschen Ordens mündete schließlich in die Gründung der Volksnationalen Reichsvereinigung, die als parteilicher Arm des Ordens ab 1929 in mehreren Etappen entstand, und den Zusammenschluss mit der DDP zur Deutschen Staatspartei 1930.[105] Somit positionierte sich der Orden durch diese inhaltliche Ausrichtung immer mehr im gemäßigten Spektrum der nationalen Rechten.

Aufgrund der wechselhaften Geschichte des Jungdeutschen Ordens und der inhaltlichen Widersprüchlichkeit sind mithin entscheidende Differenzierungen in der

---

dementsprechend einen „Kampf gegen das Judentum und zwar in Rasse und Geist" (Vogel, Katholische Kirche und nationale Kampfverbände, S. 16).

102 Laut Kessler waren offene antisemitische Tendenzen im Jungdeutschen Orden nur während der radikal völkischen Periode des Ordens zwischen 1922 und 1925/26 festzustellen. Diese verschwanden im Zuge des ideologischen Reifungsprozesses und waren später entscheidend für die Gegnerschaft zum Nationalsozialismus. Der Arierparagraph hatte dann keinerlei Bedeutung mehr, während der Beitritt zur Volksnationalen Reichsvereinigung von vornherein jedem freistand (Kessler, Der Jungdeutsche Orden auf dem Wege zur Deutschen Staatspartei, S. 26). Auch Pois hielt den Antisemitismus im Jungdeutschen Orden vor allem in der Führungsebene um Mahraun für nicht allzu stark ausgeprägt. Nicht zuletzt würde auch das Jungdeutsche Manifest keine Spuren eines radikalen Antisemitismus aufweisen (Pois, The bourgeois democrats, S. 74). In der Tat lehnte Mahraun später „die Methode des Münchener Antisemitismus ab". Der Grund für die Kehrtwende lag dabei jedoch darin, dass er einen Radau-Antisemitismus für ungefährlich für das Judentum hielt und dieser obendrein die Gefahr in sich berge, „ein schädliches jüdisches Solidaritätsgefühl zu erzwingen". „Ein falscher Antisemitismus würde diese Minderheit nur stärken und ihr Solidaritätsgefühl zu den gleichrassigen und gleichgläubigen Minderheiten anderer Länder heben." Eine Vertreibung der Juden, so Mahraun sei ohnehin utopisch. Das deutsche Volk müsse sich einen Staat geben, der die Herrschaft einer jüdischen Minorität nicht zulasse (Mahraun, Gegen getarnte Gewalten, S. 220 ff.). Mithin bildete antisemitisches Gedankengut weiter einen Teil der Ideologie des Ordens.

103 Mohler zählt den Jungdeutschen Orden zu den Organisationen der konservativen Revolution, wobei er ihn bei den bündischen Wehrverbänden einordnet (Mohler, Die konservative Revolution in Deutschland, S. 169 f.). Artur Mahraun selbst sprach von einer „gewissen ideellen Verwandtschaft" des Ordens zur völkischen Bewegung (Mahraun, Gegen getarnte Gewalten, S. 34).

104 Stephan, Aufstieg und Verfall des Linksliberalismus, S. 441; Postert, Von der Kritik der Parteien zur außerparlamentarischen Opposition, S. 201.

105 Kessler, Der Jungdeutsche Orden I, S. 102 ff.

Bewertung des Ordens erforderlich.[106] Verkürzt kann man sicherlich feststellen, dass sich der Jungdeutsche Orden aus einer recht radikal-völkischen, paramilitärischen Anfangsposition immer weiter in die Mitte bewegte, bevor er sich mit der Gründung der Deutschen Staatspartei 1930 sogar dem republikanischen Parlamentarismus öffnete, woraus wiederum die Feindschaft zu den radikaleren Strömungen des nationalistischen Spektrums um die NSDAP resultierte.[107]

2. Höhns Aufstieg zum Großkomtur und staatsrechtlichen Berater

Zum Zeitpunkt von *Höhns* Eintritt im Jahr 1923 war der Jungdeutsche Orden noch ideologisch unausgereift und gehörte zum Spektrum der radikalen Völkischen. Zu dieser Zeit war der Orden noch offen antisemitisch. Dabei gab es vor allem in den süddeutschen Verbänden des Ordens starke rassistische und nationalistische Strömungen. Zudem paktierte Großmeister *Mahraun* anfangs „in bedingter Form" mit dem Bündnis um *Hitler* und *Ludendorff*.[108] Vom Hitlerputsch im November 1923 wurde die Ordensführung jedoch überrascht und wandte sich, auch aus Furcht vor staatlichen Gegenreaktionen,[109] von den Putschisten ab.[110] Allein die Ballei Franken, die ohnehin zum radikalen Flügel im Orden zählte, beteiligte sich

106 Eine abschließende Beurteilung und Einordnung des Jungdeutschen Ordens ist nur schwer möglich. Die Bewertungen in der Sekundärliteratur sind dabei nur bedingt zu übernehmen. Die wenigen ausführlichen monographischen Studien zum Jungdeutschen Orden (Hornung, Der Jungdeutsche Orden; Kessler, Der Jungdeutsche Orden in den Jahren der Entscheidung I und II) sind mitunter nur wenig objektiv und differenziert. Die oft etwas verklärenden Darstellungen lassen den Orden meist in einem positiven Licht erscheinen. Daneben existieren vor allem kleinere Werke über Artur Mahraun und den Jungdeutsche Orden (Maste, Die Republik der Nachbarn; ders., Vom Staat zum Gemeinwesen; Kalkbrenner, Die Staatslehre Artur Mahrauns), die allerdings von ehemaligen Ordensbrüdern oder Verehrern verfasst wurden und folglich ebenfalls eher unkritische Abhandlungen sind. Dem stehen auf der anderen Seite die kurzen, meist pauschalisierenden und unbegründeten Urteile in der restlichen Fachliteratur gegenüber (z.B. Papke, Der liberale Politiker Erich Koch-Weser, S. 179; Schneider, Die Deutsche Demokratische Partei, S. 259).

107 Kessler, Der Jungdeutsche Orden in den Jahren der Entscheidung II, S. 80, Anm. 198; Hornung, Der Jungdeutsche Orden, S. 128 ff.; Sontheimer, Antidemokratisches Denken, S. 300.

108 Mahraun, Gegen getarnte Gewalten, S. 33. Am 25. Oktober 1923 hatte ein außerordentliches Hochkapitel beschlossen, dass sich der Orden auf Seiten Ludendorffs einsetzen sollte. Am 4. November wurde der Orden sodann an den „Deutschen Kampfbund" angeschlossen (Vogel, Katholische Kirche und nationale Kampfverbände, S. 13).

109 Crim, Weimar's „Burning Question", S. 205.

110 Hornung, Der Jungdeutsche Orden, S. 128 f.

am Putsch und wurde daraufhin aus dem Jungdeutschen Orden ausgeschlossen.[111] Die Ballei Südmark, die Bayern und Österreich umfasste, und der folglich auch *Höhn* angehörte, hielt zum Hochmeister. Vor dem Hintergrund drohender Verfolgung durch staatliche Behörden muss auch der Versuch Mahrauns betrachtet werden, die antisemitische Stoßrichtung des Ordens zu relativieren, indem er den Antisemitismus der Putschisten als primitiv und kontraproduktiv kritisierte.[112] Tatsächlich zeichnete sich der Orden auch noch in den Folgejahren durch antisemitisches Gedankengut aus,[113] auch wenn dieses nicht zuletzt aus taktischen Gründen, um keine Solidarität mit den Juden zu provozieren,[114] weniger offensiv vertreten wurde und hinter anderen Forderungen zunehmend zurücktrat. Dennoch zeigen *Höhns* Mitgliedschaft im DVSTB und sein Beitritt zu dem sich damals noch nationalistisch gebärdenden Jungdeutschen Orden, dass er zu Beginn seiner Zeit in den Kampfbünden antisemitischem und radikal-völkischem Gedankengut besonders nahe stand.

In den nächsten zweieinhalb Jahren stieg *Höhn* zum Großkomtur der Ballei Südmark auf.[115] Diese war zwar zahlenmäßig schwach und verfügte somit nur über wenig Einfluss,[116] doch bekleidete er nunmehr eine der höchsten Stellungen im Jungdeutschen Orden.[117] Durch seine Funktion als Großkomtur nahm er zudem auch regelmäßig am Hochkapitel teil und gelangte damit in den Dunstkreis von Hochmeister *Mahraun*, den er fortan bei dessen Ziel, sich aus der alten nationalen Bewegung der Völkischen herauszulösen und eine neue Front zu bilden,[118] unterstützte. *Höhn* leitete „das Nachrichtenwesen und stand im Abwehrkampf gegen die separatistischen Bestrebungen" an der Seite *Mahrauns*.[119] Gerade dieser „Abwehrkampf gegen die separatistischen Bestrebungen" verdeutlicht *Höhns* überaus positive Einstellung zum Jungdeutschen Orden in diesen Jahren seiner Mitgliedschaft. Selbst als der Ordensführer und Hochmeister *Artur Mahraun* den Orden zunehmend republikfreundlicher ausrichtete und es 1926 zur Spaltung des Ordens und zum Austritt der nationaleren Gruppen um den mächtigen sächsischen Großkomtur *Hans*

111 Vogel, Katholische Kirche und nationale Kampfverbände, S. 13; Mahraun, Gegen getarnte Gewalten, S. 33.
112 Crim, Weimar's „Burning Question", S. 205.
113 Im Jahr 1924 war es noch erklärtes Ziel Mahrauns, die jüdische Weltanschauung zu zerstören und durch ein deutsch-christliches Gemeinschaftsleben zu ersetzen (Crim, Weimar's „Burning Question", S. 206).
114 Mahraun, Gegen getarnte Gewalten, S. 220 ff.
115 BArch (ehem. BDC) SSO, Höhn, Reinhard, 29.7.1904.
116 So der Ordensbruder Eberhard Mäding in seinen Erinnerungsblättern, BArch N 1561/1, Bl. 49; ebenso Hornung, Der Jungdeutsche Orden, S. 52 f.
117 BArch (ehem. BDC) SSO, Höhn, Reinhard, 29.7.1904.
118 Mahraun, Gegen getarnte Gewalten, S. 201.
119 BArch (ehem. BDC) SSO, Höhn, Reinhard, 29.7.1904.

von Tschammer und Osten,[120] dem späteren Reichssportführer, kam,[121] trug *Höhn* die Ordenspolitik aktiv mit und verteidigte *Mahrauns* strategische Ausrichtung. Noch ein paar Jahre später zeigte er seine Anerkennung gegenüber dem Hochmeister, als er schilderte, wie dieser in einer Sitzung des Hochkapitels gegen die Rechten um *Tschammer* Stellung bezog.[122]

Mitte der zwanziger Jahre war der Jungdeutsche Orden damit im gemäßigten Spektrum der Rechten zu verorten. Neben den Flügelkämpfen innerhalb des Ordens sorgte dies vor allem für eine tiefe Gegnerschaft zu den führenden Gruppen der völkischen Bewegung wie dem besonders antisemitischen Alldeutschen Verband und der verhältnismäßig bürgerlichen DNVP.[123] Auch die Haltung zur NSDAP, deren Bedeutung von der Ordensführung damals als eher marginal bewertet wurde,[124] wurde zunehmend kritischer.[125]

In dieser Zeit entwickelte *Höhn* eine besonders hohe Aktivität im Orden. So schrieb er später: „In den Jahren 1926–1930 war ich auf Versammlungen des Jungdeutschen Orden stark hervorgetreten und hatte, wie mancher junge Mensch es tut, den politischen Gegner nicht gerade freundlich behandelt."[126] Allerdings beteiligte er sich wohl weniger an den politischen Auseinandersetzungen des Ordens mit den anderen Verbänden. Vielmehr wirkte *Höhn* im Jungdeutschen Ordens

120 Hans von Tschammer und Osten hatte den sächsischen Verband des Ordens stark ausgebaut und wollte nunmehr mit der DNVP und DVP einen „schwarweißroten" Block bei der sächsischen Landtagswahl bilden, wodurch es zum Konflikt mit Mahraun kam. Dabei spielten wohl neben inhaltlichen Gründen auch persönliche Differenzen eine Rolle. Nach dem Zerwürfnis empfahl Tschammer seinen sächsischen Brüdern ausgerechnet einen Wechsel zum Stahlhelm. Er selbst zog sich vorübergehend zurück (Steinhöfer, Hans von Tschammer und Osten, S. 14; Hornung, Der Jungdeutsche Orden, S. 55, Rn. 3).

121 Hornung, Der Jungdeutsche Orden, S. 54 f.

122 Höhn beschrieb dieses „denkwürdige Hochkapitel" wie folgt: „Als der Großkomtur von Sachsen, der inzwischen aus dem Orden ausgeschiedene Herr von Tschammer und Osten, in Sachsen sich mit den schwarz-weiß-roten Parteien zur Wahlhilfe verbündet hatte und im Hochkapitel die schwarz-weiß-rote Front gegenüber der schwarz-rot-goldenen Front verteidigte, da sprang der Hochmeister auf, nahm den gewaltigen Hammer vom Tisch, schlug ihn auf, daß der ganze Sitzungssaal erdröhnte und sagte ihm dann ganz ruhig und klar: ‚Wir stehen weder rechts noch links, nicht rechts steht das Volk und nicht links steht das Volk – wir aber sind die Garde der kommenden Nation'." (Höhn, Der bürgerliche Rechtsstaat und die neue Front, S. 95).

123 Mahraun, Die neue Front, S. 34–70 und S. 87 ff.; ders., Gegen getarnte Gewalten, S. 127–178.

124 Kessler, Der Jungdeutsche Orden in den Jahren der Entscheidung II, S. 80.

125 So wurde eine gleichzeitige Mitgliedschaft in der NSDAP im Orden nicht geduldet (Kessler, Der Jungdeutsche Orden in den Jahren der Entscheidung II, S. 80, Anm. 198).

126 Aktenvermerk Höhns vom Dezember 1960, S. 3, in: Privatarchiv H. Borsch.

als Theoretiker und Berater. Dabei wurde er zu einem der bedeutendsten Vertreter der vom Orden propagierten Jungdeutschen Staatsidee. Bereits an dem 1927 erschienenen Standardwerk des Ordens „Das Jungdeutsche Manifest" des Hochmeisters *Artur Mahraun*, in welchem die Jungdeutsche Staatsidee als Leitfaden für den Jungdeutschen Orden eingeführt wurde, hatte *Höhn* einen maßgeblichen Anteil.[127] In der Folge schickte er sich an, die wissenschaftliche Untermauerung des recht einfach daherkommenden Staatskonstrukts *Mahrauns* zu besorgen. Mit seiner Grundsatzrede über „Staatsgedanken in der Wissenschaft" auf dem Hochkapitel am 29. September 1928,[128] die später auf Bitten des Hochkapitels auch in der Ordenszeitschrift „Der Meister" erschien, gewann *Höhn* einen erheblichen staatsrechtlichen Einfluss im Orden.[129] *Artur Mahraun* war geradezu eingenommen von dem aufstrebenden Ordensbruder. *Höhn*, so der Hochmeister, sei „ein staatspolitisch tiefschürfender Wissenschaftler" und seine Ausführungen seien „von außerordentlich hohem Wert für die wissenschaftliche Beurteilung der jungdeutschen Bewegung".[130] Und nur wenig später dankte *Mahraun* dem „Bruder Höhn für die hoffnungsvoll begonnene Arbeit" über „die Bedeutung der wissenschaftlichen Begründung der jungdeutschen Staatsauffassung".[131] Dementsprechend wurde *Höhn* auch Leiter der neugeschaffenen „Staatswissenschaftlichen Abteilung" im Ordensamt,[132] bevor er im März 1929 auf dem Hochkapitel von *Mahraun* ganz offiziell zum „Sachberater der Ordensleitung für staatswissenschaftliche Fragen" ernannt wurde.[133] *Höhns* Tätigkeit für den Jungdeutschen Orden war dabei nicht mehr ausschließlich ehrenamtlich, sondern wurde finanziell von Ordensmitgliedern gefördert. So gab es eine „Anzahl Brüder", die „monatliche Beträge zur Unterstützung der Arbeit Höhns" zahlten.[134]

Im Jahr 1929 erreichte *Höhns* Tätigkeit im Jungdeutschen Orden sodann ihren Höhepunkt. Er entfaltete eine überaus rege publizistische Tätigkeit in den Zeitschriften des Ordens. Insbesondere in dem pseudowissenschaftlichen Monatsblatt „Der Meister" trat *Höhn* wiederholt als Autor umfangreicherer Beiträge auf. Von größerer Bedeutung aber war sein erstes umfassendes monographisches Werk im Zusammenhang mit dem Jungdeutschen Orden. Im Sommer 1929 erschien seine Streitschrift „Der bürgerliche Rechtsstaat und die neue Front. Die geistesgeschichtliche Lage einer Volksbewegung". Anlass der Veröffentlichung war die große westdeutsche Tagung des Jungdeutschen Ordens am 15. und 16. Juni 1929 in Dortmund

127 Hornung, Der Jungdeutsche Orden, S. 78.
128 BArch R 161/ 12, Bl. 31.
129 Kessler, Der Jungdeutsche Orden I, S. 17f.
130 Mahraun, Wissenschaft und Jungdeutsches Manifest, in: DER MEISTER, 4.Jg., Heft 5, Februar 1929, S. 194.
131 19. Hochkapitel am 26. und 27. Januar 1929, BArch R 161/ 12, Bl. 47.
132 Hornung, Der Jungdeutsche Orden, S. 81, Anm. 1.
133 19. Hochkapitel am 26. und 27. Januar 1929, BArch R 161/ 12, Bl. 47f.
134 Sonderrundschreiben des Ordensamtes vom 17. Februar 1932, BArch R 161/ 16,Bl. 2.

unter dem Motto „Vom Bürgerstaat zum Volksstaat".[135] Mit seiner Abhandlung unternahm *Höhn* den bis dahin ernsthaftesten und ausführlichsten Versuch, der Jungdeutschen Staatsidee eine wissenschaftliche Legitimationsgrundlage zu geben. Der Hochmeister *Mahraun* warb denn auch vehement für *Höhns* Schrift. In einem Rundschreiben vom September 1929 bat er alle Funktionäre des Ordens, das Buch den Ordensbrüdern „eifrig zu empfehlen". Es sei „am besten geeignet, den Angehörigen der alten Parteien die Auffassungen der jungen Generation vom Volksstaat vor Augen zu führen".[136] Zudem sollte *Höhns* Werk zur Pflichtlektüre gemacht werden. *Mahraun* wollte, dass jede Einheit des Ordens ein Dienstexemplar erwarb. Ferner sollten rhetorisch begabte Ordensbrüder staatspolitische Vorträge aus dem Buch erarbeiten, um *Höhns* Ausführungen, die zwar „volkstümlich geschrieben" seien, auch den weniger gebildeten Mitgliedern zugänglich zu machen. Schließlich, so *Mahraun*, sei es „das beste, welches bisher über die Jungdeutsche Staatsidee geschrieben worden ist".[137] *Mahraun* veröffentlichte in der Tageszeitung des Ordens „Der Jungdeutsche" sogar Werbeanzeigen, in denen er persönlich alle Ordensbrüder zum Erwerb des Buches aufforderte.[138] Darüber hinaus erschien im „Jungdeutschen" eine Buchbesprechung, in der *Höhns* Untersuchung als „wissenschaftlich gediegen untermauerte Rechtfertigung des jungdeutschen Weges und der jungdeutschen Ideen" gelobt wurde.[139] Beworben von der Ordensleitung fand *Höhns* Buch dann auch im gesamten Orden großen Zuspruch.[140] Zuletzt kam Anfang Dezember 1929 *Höhns* Studie über die Biographie und Lehren des Hochmeisters mit dem Titel „Artur Mahraun, der Wegweiser zur Nation" heraus.

Neben seiner schriftstellerischen Tätigkeit sorgte er selbst auch durch zahlreiche Vorträge für die Verbreitung seiner Ideen. Bereits im Sommer 1929 nahm er als Redner an den Veranstaltungen der 1925 gegründeten Jungdeutschen Studentengemeinschaft im ganzen Land teil. Im Juli hielt *Höhn* öffentliche Vorträge an den Universitäten Dresden, Leipzig und Berlin.[141] Danach folgten Referate in Köln und an den rheinischen Universitäten,[142] bevor er im August als Hauptredner auf einer Veranstaltung in Heidelberg vor Vertretern der Professorenschaft und der Presse auftrat.[143] Auch im Wintersemester 1929/1930 wurde er mehrmals als Referent auf Versammlungen der Jungdeutschen Studentengemeinschaften eingeladen, um mit Studenten und Professoren zu debattieren. Exemplarisch können hier die beiden „Staatspolitischen Abende" der Jungdeutschen Studentengemeinschaft München im Dezember 1929 und Januar 1930 mit *Höhn* genannt werden. Beide Veranstaltungen

135 Kessler, Der Jungdeutsche Orden I, S. 54.
136 Rundschreiben Artur Mahrauns vom 4. September 1930, BArch R 161/17.
137 Der Jungdeutsche vom 2. Juli 1929.
138 Der Jungdeutsche vom 20. und 27. Juli 1929.
139 Der Jungdeutsche vom 27. Juli 1929.
140 Kessler, Der Jungdeutsche Orden I, S. 54.
141 Der Jungdeutsche vom 2. Juli 1929.
142 Der Jungdeutsche vom 25. Juli 1929.
143 Der Jungdeutsche vom 9. August 1929.

waren sehr zahlreich besucht. Es musste sogar der Hörsaal gewechselt werden, um dem Andrang der Studenten gerecht zu werden. Unter den Gästen waren unter anderem der Staatsrechtler *Nawiasky*, einige Privatdozenten, Vertreter der Presse und auch Mitglieder anderer Parteien und Vereinigungen. Weitere *Höhn*-Vorträge fanden an den Universitäten Bonn, Heidelberg und Frankfurt statt, wo gleichfalls namhafte Professoren wie *Thoma*, *von Eckhardt* und *Ernst Krieck* in der Aussprache das Wort ergriffen.[144] Daneben plante *Höhn* einen wissenschaftlichen Diskurs über das Jungdeutsche Manifest mit *Rudolf Smend* und *Carl Schmitt*, zu dem sich die Staatsrechtler bereit erklärt hätten.[145]

Ende des Jahres 1929 war *Höhn* der einflussreichste Programmatiker im Jungdeutschen Orden. Vor allem die immens wichtige staatsrechtliche Ausrichtung des Verbandes wurde von ihm beherrscht. Er gehörte zu den engen Vertrauten und wichtigsten Beratern des Ordensführers *Artur Mahraun*. So bezeichnete er sich 1929 selbst als einen Mann, der „von den ersten Anfängen des Jungdeutschen Ordens an diesem angehörte und jahrelang im engsten Kreise des Hochkapitels, der obersten Führerschaft des Ordens, mit Artur Mahraun gearbeitet hat."[146] Damit war *Höhn* nach *Mahraun* zweifellos „der bedeutendste Kopf" des Jungdeutschen Ordens.[147]

Im Jahr 1930 dürfte es dann allerdings zu ersten inhaltlichen und persönlichen Differenzen zwischen *Höhn* und dem Hochmeister gekommen sein. Die vom Jungdeutschen Orden gegründete „Volksnationale Reichsvereinigung" hatte sich im Juli 1930 überraschend mit der DDP zur „Deutschen Staatspartei" zusammengeschlossen, um bei den vorgezogenen Reichstagswahlen am 14. September als parteiliche Sammelbewegung der Mitte parlamentarischen Einfluss zu gewinnen und wohl auch die radikaleren nationalen Bewegungen zurückzudrängen.[148] Zwar gab es in der DDP eine „potentielle Einbruchstelle antidemokratischer Ideologien",[149] was den Zusammenschluss mit dem Jungdeutschen Orden begünstigte, doch blieb das auf einem Minimalkompromiss basierende Bündnis fragil.[150] Folglich kam es nach dem

---

144 Kessler, Der Jungdeutsche Orden I, S. 76f.

145 19. Hochkapitel am 26. und 27. Januar 1929, BArch R 161/ 12, Bl. 47f.

146 Höhn, Artur Mahraun, S. 6.

147 Mohler, Die konservative Revolution in Deutschland, S. 509.

148 Kessler, Der Jungdeutsche Orden I, S. 102 ff. Nicht zuletzt die Bedrohung durch die NSDAP, so Kessler, bewog Mahraun dazu, sich mit der DDP zur Deutschen Staatspartei zusammenzuschließen, „um in letzter Stunde eine Abwehrfront der nationalen Mitte aufzurichten" (Kessler, Der Jungdeutsche Orden in den Jahren der Entscheidung II, S. 81).

149 Mommsen, Liberalismus und liberale Idee in Geschichte und Gegenwart, S. 41.

150 Heß, „Das ganze Deutschland soll es sein", S. 358 f. Zur programmatischen Agenda der Deutschen Staatspartei gehörten in erster Linie folgende Punkte: Befreiung des Rheinlandes, Schaffung eines nationalen und klassenlosen Volksstaates, Reichs- und Verwaltungsreform, Revision des Young-Planes, Besiedlungsprogramme im Osten, Bekenntnis zum Kapitalismus und Privateigentum bei gleichzeitiger

schlechten Abschneiden bei der Reichstagswahl mit nur3,8 % und 20 Mandaten[151] bereits im Oktober 1930 zum Bruch des Ordens mit der Staatspartei. Ausschlaggebend waren neben personellen und inhaltlichen Veränderungen im DDP-Flügel der Staatspartei[152] vor allem weltanschauliche und politisch-strukturelle Unterschiede zwischen dem Orden und der DDP.[153] Gründung und Scheitern der Staatspartei führten daraufhin Ende 1930 zu zahlreichen Austritten von Mitgliedern[154] und Absplitterungen im Jungdeutschen Orden in Thüringen und Schlesien. Die Separatisten kritisierten insbesondere das patriarchalische Handeln der Ordensleitung und forderten den Rücktritt von Ordenskanzler *Otto Bornemann*. Daneben gab es vor allem in Thüringen Bestrebungen, die oppositionelle Haltung gegen die radikalen Rechten von NSDAP und DNVP aufzugeben und eine nationalere Ordenspolitik einzuschlagen.[155]

Höhn befand sich seit Mai 1926 in Jena und war inzwischen Komtur der thüringischen Ballei Frankenstein.[156] Es kann als sicher gelten, dass *Höhn* zu den Kritikern der Ordensführung gehörte.[157] *Mahraun* soll sogar den jungdeutschen Amtsleiter *Rudolf Seeliger* nach Thüringen gesandt haben, um Nachforschungen über *Höhns* feindseliges Wirken vor Ort anzustellen. *Seeliger* soll „entsetzt über die negativen Auffassungen Höhns" gewesen sein und habe dies dem Hochmeister berichtet.[158]

3. Ausschluss aus dem Hochkapitel und Ordensaustritt

Auf der Sitzung des Hochkapitels am 20. und 21. Dezember 1930 erfolgte dann der offene Bruch zwischen *Mahraun* und *Höhn*. Bereits am ersten Tag der Sitzung kam es zu einem Disput beider über die „Sammlungen Höhn",[159] womit vermutlich

---

Betonung der sozialen Verantwortung („sozialer Kapitalismus"), Schutz des Mittelstandes und Überwachung von Kartellbindungen, Schutz der Familie als Grundlage des deutschen Volksstaates, Religionsfreiheit (Rätsch-Langejürgen, Das Prinzip Widerstand, S. 172, Rn. 396).

151 Davon entfielen sechs Mandate auf Vertreter des Jungdeutschen Ordens.

152 Kessler, Der Jungdeutsche Orden I, S. 143ff.

153 Hornung, Der Jungdeutsche Orden, S. 106.

154 Crim, Weimar's „Burning Question", S. 211.

155 Kessler, Der Jungdeutsche Orden II, S. 12ff.

156 Heiber, Walter Frank, S. 883, Anm. 3.

157 Kessler, Der Jungdeutsche Orden II, S. 22, Anm. 30.

158 Kessler, Der Jungdeutsche Orden II, S. 22, Anm. 28.

159 Am Ende des ersten Sitzungstages zog Mahraun „seine Empfehlungen für Sammlungen Höhn zurück." Daraufhin kam es zu einer „Kontroverse mit Höhn". Höhn forderte dabei von Mahraun die Gründe für die Rücknahme seiner Empfehlung zu nennen, was der Hochmeister aber ablehnte und die Sitzung mit den Worten „Wenn Animosität zur Tendenz wird, ist alles gefährdet. Finanzfrage wird morgen protokolliert. Verantwortung trage ich nicht wenn finanzieller Bankrott kommt" auf den nächsten Morgen vertagte (Protokoll des Hochkapitels vom 20. Dezember 1930, BArch R 161/ 12).

die Zuschüsse einzelner Ordensbrüder für *Höhns* publizistische Tätigkeit gemeint waren. Am folgenden Sitzungstag eskalierte der Konflikt dann. In der Diskussion um die finanzielle Krisensituation des Ordens[160] sollte eine drastische Kürzung der Zuwendungen für die einzelnen Großballeien beschlossen werden. *Höhn* lehnte den Beschluss neben einigen anderen Großkomturen ab und forderte, entgegen dem Antrag des Ordensleiters *Mahraun*, die Aussetzung des Beschlusses, um vorher mit den Komturen in den Balleien zu sprechen. Er begründete dies mit dem Prinzip der Selbstverwaltung im Jungdeutschen Orden und stimmte demgemäß gegen die Beschlussvorlage. *Mahraun* quittierte *Höhns* Abstimmungsverhalten daraufhin mit der Bemerkung, *Höhn* habe „eine eigenartige Auffassung vom Hochkapitel".[161]

Nachdem *Mahraun* nach einer Mittagspause das Hochkapitel fortgesetzt hatte, kündigte er an, eine „Frage" klären zu wollen, „die unseren Kreis betrifft". Dann führte er laut dem Protokoll der Sitzung aus:

> „Ich erkläre Euch hier, daß ich hier Bruder Höhn seiner Ämter entheben werde. H. gehörte zum Ordensamt, hat aber unaufhörlich gegen das Ordensamt Stellung genommen. Es liegt keine Veranlassung vor, daß H. noch zum Ordensamt gehört. H. wohnt garnicht mehr in der Südmark. Seine Auffassung ist nicht mehr zu verstehen. Ich habe früher geglaubt, daß H. zum Ordensamt gehörte. Die Brüder der Südmark werden mit mir einen neuen Führer küren. ... Viele sagen auch, daß H. über die Südmark falsch berichtet hat. Nicht unerwähnt lassen, daß sein Auftreten in Thüringen sehr eigenartig war. Ich bin mir klar, daß H. gegen meine Maßnahme Stellung nehmen wird. Ich mache von meinem verfassungsmässigen Recht gebrauch und enthebe Br. H. von seinem von mir verliehenen Amt."[162]

Mithin stützte *Mahraun* seine Amtsenthebung vorrangig auf formelle Gründe, nämlich den schon vor Jahren vollzogenen und demgemäß wohl auch unlängst bekannten Wohnortwechsel *Höhns*. Dieser hielt die Absetzung für unzulässig, da ihm das Amt des Komturs der Ballei Bayern nicht vom Hochmeister übertragen worden sei und er im Hochkapitel ohnehin nur noch als Vertreter des Komturs der Südmark auftrete.[163] Er habe die Ordensbrüder in Bayern sogar um die Entbindung

---

160 Bedingt durch die wirtschaftliche Depression und die Arbeitslosigkeit vieler Mitglieder gingen die Beitragszahlungen massiv zurück. Zudem folgten aus der Volksnationalen Reichsvereinigung, also dem Zusammenschluss mit der DDP zur Deutschen Staatspartei, erhöhte Unkosten, wodurch die finanziellen Reserven des Ordens aufgebraucht werden mussten (Kessler, Der Jungdeutsche Orden II, S. 19 ff.).

161 Kessler, Der Jungdeutsche Orden II, S. 21.

162 Protokoll des Hochkapitels vom 21. Dezember 1930, BArch R 161/ 12.

163 Höhn erwiderte Mahraun laut dem Protokoll der Sitzung: „Das Amt des Komturs der Ballei Bayern ist mir nicht von dem Hochmeister übertragen worden. Ich spreche als Vertreter Bayerns. Ich muß zurückweisen, daß mir das Amt übertragen wurde. Ich habe die Bayern-Brüder um Entbindung gebeten, aber die Bayern haben abgelehnt. Wenn ich abgesetzt werde, was nicht zulässig ist, so richtet sich das gegen den Komtur von Bayern. Habe vom Hochmeister gehört, daß er keinen

von diesem Amt gebeten, was diese aber abglehnt hätten.[164] Tatsächlich musste *Höhn* seinen Posten als Komtur der Ballei Südmark mit seinem Studienortswechsel 1926 von München nach Jena aufgeben. Seitdem war *Höhn* im Hochkapitel nur noch rein formell und, ohne noch Verbindung zu den Ordensbrüdern im Süden zu haben, als Vertreter des neuen Komturs der Ballei Südmark *Keller,* aufgetreten. Diesem waren die weiten Reisen zu den Sitzungen in Berlin von München nicht möglich.[165] Selbst Ordenskanzler *Otto Bornemann* hielt dem Hochmeister dementsprechend entgegen: „Ihr könnt ihn der Ämter nicht entheben, nur Mißtrauen aussprechen. Das muß Südmark mitgeteilt werden. Man kann *Höhn* nicht vom Hochkapitel ausschalten."[166]

Mahraun hielt zunächst dennnoch an der Absetzung *Höhns* fest: „Ich habe das Vertrauen zu Höhn verloren ... Ich bedauere rein menschlich meine Enthebung von Deinem Amt im Ordensamt. Wenn Du im Lande nun gegen mich gehst, werde ich Dir zu begegnen wissen."[167] *Höhn* zeigte sich davon laut dem Sitzungsprotokoll „erschüttert".[168] Auch mehrere Großkomture trafen die Vorwürfe des Hochmeisters gänzlich unvermittelt. Einige von ihnen unterstützten *Höhn* sogar vorsichtig gegen *Mahraun.*[169] Nicht zuletzt aufgrund der Tatsache, dass *Höhn* innerhalb des Hochkapitels keineswegs völlig isoliert war, lenkte *Mahraun* laut *Kessler* schließlich insofern ein, als er sich mit der Entziehung des Vertrauens begnügte.[170] Allerdings wurde *Höhn* spätestens auf der Hochkapitelsitzung vom 15. März 1931, auf der er schon nicht mehr anwesend war, offiziell seines Amtes enthoben. Dort erklärte Hochmeister *Mahraun* zum „Fall Höhn": „Das Hochkapitel muß entscheiden, ob ich Höhn zu Recht aus dem H.K. ausgeschlossen habe." In der anschließenden Debatte

Wert mehr auf staatswissenschaftliche Abteilung legt. Was geleistet ist, wissen die Brüder. Diese Maßnahme berührt mich eigenartig, nachdem in Thüringen alles geklärt sein soll. Ich habe die Spitzen gegen mich gestern empfunden. Fasse zusammen: Amt als Vertreter nicht vom Hochmeister empfangen. Der bestätigte Komtur hat mich als Vertreter beauftragt. Ich selber hatte vor, meine Stellung niederzulegen. Diese Handlung ist nicht verfassungsmäßig." (Protokoll des Hochkapitels vom 21. Dezember 1930, BArch R 161/ 12.)

164 Protokoll des Hochkapitels vom 21. Dezember 1930, BArch R 161/ 12.

165 Kessler, Der Jungdeutsche Orden II, S. 22, Anm. 26.

166 Protokoll des Hochkapitels vom 21. Dezember 1930, BArch R 161/ 12.

167 Protokoll des Hochkapitels vom 21. Dezember 1930, BArch R 161/ 12.

168 Protokoll des Hochkapitels vom 21. Dezember 1930, BArch R 161/ 12.

169 So war der Großkomtur der Ballei Sachsen, Max Lasse, welcher zwar ebenfalls zu den Kritikern Mahrauns gehörte, wobei er stets loyal blieb, zwar „erschüttert über Bertheaus Mitteilung". Doch nahm er Höhn auch „in gewisser Beziehung ... in Schutz". Fritz Müller, Großkomtur der Ballei Mitteldeutschland und Mahraun-Kritiker, stellte sich sogar offen auf die Seite seines Thüringer Komturs Höhn und erklärte, Höhn sei „stets korrekt gewesen. Habe Agitation gegen Hochmeister bei Höhn nicht festgestellt. Kann Höhn nicht vom Hochkapitel ausschliessen. Ich halte Höhn nicht für fähig gegen den Orden zu wirken" (Protokoll des Hochkapitels vom 21. Dezember 1930, BArch R 161/ 12).

170 Kessler, Der Jungdeutsche Orden II, S. 23.

wird *Höhn* vom westfälischen Großkomtur *Schroeder* sogar der Lüge bezichtigt. Ordenskanzler *Bornemann* machte wiederum etwas gemäßigter darauf aufmerksam, „dass es nicht darauf ankommt, ob wir Höhn missbilligen, sondern ob die Handlung des Hochmeisters gebilligt wird". Schlussendlich stellten sich die Großkomture auch insgesamt auf die Seite des Hochmeisters.[171] Es wurde daraufhin eine Erklärung des Hochkapitels gegen *Höhn* angefertigt.[172]

Ob die Entmachtung *Höhns* durch *Mahraun* tatsächlich verfassungsmäßig war, muss offen bleiben.[173] Allerdings dürfte der vom Hochmeister angeführte Grund ohnehin nur vorgeschoben gewesen sein. In Wirklichkeit ging es bei der Amtsenthebung um den noch immer im Hintergrund schwelenden ordensinternen Konflikt. So war der eigentliche Grund für den Ausschluss von *Höhn* dessen Aktivitäten gegen *Mahraun* in Thüringen, auch wenn dieser *Höhns* oppositionelle Haltung im Rahmen der Absplitterungsbewegung in Thüringen lediglich „nicht unerwähnt lassen"wollte.[174] Dies verdeutlicht schon die Aussage des Großkomturs der Nordmark Dr. *Paul Bertheau*, welcher zu *Mahrauns* Getreuen zählte, und bereits auf der Sitzung des Hochkapitels im Dezember 1930 auf *Höhns* Rolle in Thüringen einging und erklärte:

> „Es liegt mir Material vor. Aktion gegen Hochmeister. Auch alte Argumente, Hochmeister schlecht, Orden gut. Alkoholismus und Nicotin-krank, bezeugt durch jungd. Ärzte. Idee muß gerettet werden gegen Hochmeister. ... Beseitigung des Hochmeisters."[175]

Sicher ist, dass *Höhn* spätestens seit dem Jahr 1930 zu einer Art ordensinternen Oppositon gegen den Hochmeister gehörte. Die entsprechenden Anschuldigungen von *Mahraun* und *Bertheau* wurden von ihm auf der Sitzung in der Sache denn auch gar nicht abgestritten. Er erklärte zu den Vorwürfen nur, „er habe nie behauptet, das Haupt einer Aktion zu sein",[176] außerdem, so *Höhn*, sei doch inzwischen „in Thüringen alles geklärt".[177] Und die Behauptungen *Bertheaus* wies er lediglich als „etwas übertrieben" zurück.[178] *Höhn* dementierte eine Beteiligung auch nicht, als *Mahraun Bertheaus* Ausführungen aufnahm und sich direkt an *Höhn* mit den Worten wandte: „Höhn, hast du agitiert gegen Orden, Ordensamt u. Hochmeister? Ich verlange dein Ehrenwort." Da dieser eine Antwort ablehnte, wiederholte *Mahraun*: „Höhn, ich nehme es immer noch an, daß du agitierst hast."[179] *Höhn* aber erwiderte erneut: „Ich werde mich nicht festlegen lassen, auf keinen Fall."[180]

---

171 Protokoll des Hochkapitels vom 15. März 1931, BArch R 161/ 12.
172 Protokoll des Hochkapitels vom 15. März 1931, BArch R 161/ 12.
173 Kessler jedenfalls hält sie für gerechtfertigt (Kessler, Der Jungdeutsche Orden II, S. 22, Anm. 26).
174 Protokoll des Hochkapitels vom 21. Dezember 1930, BArch R 161/ 12.
175 Protokoll des Hochkapitels vom 20. Dezember 1930, BArch R 161/ 12.
176 Protokoll des Hochkapitels vom 21. Dezember 1930, BArch R 161/ 12.
177 Protokoll des Hochkapitels vom 21. Dezember 1930, BArch R 161/ 12.
178 Protokoll des Hochkapitels vom 21. Dezember 1930, BArch R 161/ 12.
179 Protokoll des Hochkapitels vom 21. Dezember 1930, BArch R 161/ 12.
180 Protokoll des Hochkapitels vom 21. Dezember 1930, BArch R 161/ 12.

Nicht zweifelsfrei belegen lassen sich hingegen die genauen Ursachen der Beteiligung *Höhns* an dem ordensinternen Konflikt. In jedem Fall zählten die Art der Ordensführung *Mahrauns* sowie dessen vermeintliche persönliche Verfehlungen, die wohl in einem Zerwürfnis zwischen beiden gipfelten, zu den Gründen. Dazu passt auch, dass *Höhn* nach seinem Ausschluss aus dem Hochkapitel offensichtlich weiter gegen *Mahraun* als Person vorging. Dem Gutachten *Wilhelm Stuckarts* über *Höhn* im Zuge des Machtkampfes zwischen *Höhn* und *Walter Frank* zufolge führte er ein Ehrenverfahren gegen den Hochmeister und bezeichnete ihn noch Mitte 1931 als einen „Schädling“, der „sich den Hals brechen“ wird. Er sei der Ansicht, „dass jede Schonung Mahraun und dem Ordensamt gegenüber völlig verkehrt ist“.[181]

Dennoch blieb *Höhn* noch fast ein Jahr Mitglied im Jungdeutschen Orden. Erst am 20. Februar 1932 trat er ganz aus dem Orden aus. Die genauen Beweggründe *Höhns* für das Verlassen des Jungdeutschen Ordens lassen sich nur schwer eindeutig bestimmen. In seinem Austrittschreiben erklärte *Höhn* selbst dazu:

> „Ich glaube nicht mehr daran, daß bei der heutigen Führung Mahrauns aus dem Orden etwas werden kann. Ich habe menschlich alles Vertrauen verloren und auch politisch zu der Person des Hochmeisters nicht das geringste Zutrauen mehr. Die Gemeinschaftsidee halte ich nach wie vor für richtig, sie ist aber nicht an den Jungdeutschen Orden gebunden, und ich werde ihr da dienen, wo ich es für richtig halte.“[182]

Höhn behauptete demnach, sowohl persönliche, als auch inhaltliche Gründe seien ausschlaggebend für seinen Austritt gewesen. Dass *Mahraun* als Person und dessen Gebaren mitursächlich für den Entschluss *Höhns* waren, dürfte unzweifelhaft sein. Dafür spricht schon die Vorgeschichte des Ausschlusses aus dem Hochkapitel, nämlich die Agitation *Höhns* gegen die Ordenspolitik des Hochmeisters in Thüringen seit 1930 sowie das anschließend betriebene Ehrenverfahren.

Unklar bleibt hingegen, inwiefern auch die politische Entwicklung des Ordens ein Mitgrund war. Im Dritten Reich gab *Höhn* den Zusammenschluss zur Deutschen Staatspartei als Grund an.[183] Auch in seinem Lebenslauf für die SS schrieb er:

> „Als Mahraun die Staatspartei gründete, kam ich in offenen Konflikt zum Jungdeutschen Orden und habe den Kampf gegen Mahraun von da ab geführt. Mit mir schieden in der Folgezeit die führenden Männer aus. Mahraun ließ seine ganze Propaganda gegen mich los, im Völkischen Beobachter wurde gelegentlich darauf hingewiesen. Nach der Affaire mit Mahraun hielt ich mich zurück, da mir der Kampf mit Mahraun zunächst das politische Leben verekelt hatte.“[184]

181 BArch (ehem. BDC) SSO, Höhn, Reinhard, 29.7.1904.
182 Zitiert nach Heiber, Walter Frank, S. 885.
183 Etwa in seiner Personalakte der Universität Heidelberg, UA Heidelberg, PA 4245.
184 BArch (ehem. BDC) SSO, Höhn, Reinhard, 29.7.1904.

Offensichtlich ist, dass die Gründung der Staatspartei zu dem Widerspruch führte, den Parlamentarismus theoretisch abzulehnen,[185] wie es insbesondere auch *Höhn* getan hat,[186] und zugleich praktisch an ihm teilzunehmen. Dieser Zwiespalt war denn auch höchst wahrscheinlich ein Grund für den Widerstand der eher nationalisitsch orientierten Kräfte im Orden, zu denen mutmaßlich auch *Höhn* zählte. Unterstützt wird das von *Höhn* angegebene Motiv jedenfalls durch den Mahraun-Biograph *Johann Hille*. Dieser erklärte schon 1932 das Ausscheiden „leitende(r) Mitarbeiter" aus dem Jungdo im Zusammenhang mit der Gründung der Staatspartei und berichtete in diesem Kontext auch von den Absplitterungsversuchen in Thüringen.[187] Dass *Hille* hier den Austritt *Höhns* mit einbezog, kann als sicher gelten.[188] Zudem findet sich auch kein Bekenntnis *Höhns* zur Deutschen Staatspartei. Überhaupt endet seine zuvor rege schriftstellerische Tätigkeit in den Publikationsorganen des Ordens mit der Parteigründung abrupt.[189]

Dagegen spricht allerdings *Höhns* spätes Austrittsdatum. *Höhn* war nicht der Teil der Abspaltungsbewegungen im Orden nach der Gründung der Staatspartei, zumindest trat er zu diesem Zeitpunkt nicht wie andere Ordensbrüder aus, und duldete die Politik noch rund eineinhalb Jahre, wenn auch nicht stillschweigend, was seine Involvierung im ordensinternen Konflikt zeigt. Hinzu kommt, dass der systemfreundliche Kurs *Mahrauns* wohl keineswegs einen Paradigmenwechsel darstellte. Schon im Jahr 1926 soll es für den Hochmeister vorstellbar gewesen sein, dass im nächsten Parlament 60 Vertreter des Stahlhelm, mit welchem der Orden zu dieser Zeit noch paktierte,[190] sitzen könnten.[191]Zudem kam es bereits im Oktober 1930 zur Beendigung der parteilichen Kooperation zwischen dem Jungdeutschen Orden und der Deutschen Staatspartei. Mithin fiel die Parteigründung jedenfalls als Anlass zum Bruch weg.[192]

Nach 1945 führte *Höhn* dann auch wieder vornehmlich persönliche Differenzen „mit dem immer diktatorischer sich gebärdenden und zum Alkoholiker herabsinkenden Hochmeister Mahraun" als wesentlich an.[193] Tatsächlich wurde *Mahraun*, der jedenfalls in der Anfangszeit des Ordens noch als charismatischer Anführer und

---

185 Mahraun, Der Aufbruch, S. 48 ff.

186 Höhn, Der bürgerliche Rechtsstaat und die neue Front, S. 62 f.

187 Hille, Mahraun, Der Pionier des Arbeitsdienstes, S. 70.

188 So auch Hornung, Der Jungdeutsche Orden, S. 108.

189 Heiber, Walter Frank, S. 885.

190 Berghahn, Der Stahlhelm, S. 32, Rn 2; Posse, Die politischen Kampfbünde Deutschlands, S. 54.

191 Schwilk, Ernst Jünger, S. 307.

192 Höhn behauptete später im Übrigen auch, die Deutsche Staatspartei gewählt zu haben (Gesprächsprotokoll der Befragung Reinhard Höhns durch Anna-Maria Gräfin von Lösch vom 21. August 1993).

193 Heiber, Walter Frank, S. 884; Stellungnahme Höhns zu den Vorwürfen der Berliner Spruchkammer 1958, in: Privatarchiv H. Borsch.

guter Redner galt,[194] fortwährend eine Alkoholsucht nachgesagt,[195] weshalb diese Version durchaus möglich erscheint. Dass er wegen weltanschaulicher Gegensätze aus dem Orden ausgetreten wäre, so *Höhn* später, sei nur vorgeschoben gewesen, um Zutritt zur SS zu bekommen.[196]

Ein zusätzlicher Auslöser geht aus der offiziellen Erklärung des Jungdeutschen Ordens zum Austritt *Höhns* hervor. In einem Sonderrundschreiben des Ordensamtes Berlin vom 17. Februar 1932 schrieb der neue Ordenskanzler *Wilhelm Ridder*:

> „Der frühere staatswissenschaftliche Mitarbeiter Höhn, Verfasser zweier bekannter Bücher ‚Der wirkliche Rechtsstaat' und ‚Wegweiser zur Nation', ist kürzlich ausgeschieden. Zur Vorgeschichte. Bruder Hochmeister hatte Höhn im Dezember 30 sein Vertrauen als Mitglied des Hochkapitels entzogen, da Höhn trotz seiner Stellung als Mitglied des Hochkapitels und Angestellter des Ordens (er bekam früher als staatswissenschaftlicher Mitarbeiter aus Ordensgeldern Zuschüsse) in schärfster Weise gegen den früheren Ordenskanzler, Bruder Bornemann, und gegen das Ordensamt in untergeordneten Kapiteln unberechtigte Kritik geübt hatte. Höhn hat nunmehr seinen Austritt damit begründet, dass er einmal kein Vertrauen mehr habe und zum anderen freie Hand haben müsse, um den Jungdeutschen Verlag (Mahraun) zu verklagen. Höhn hat noch, soweit uns bekannt ist, einen Anspruch aus der Abrechnung seiner Bücher. Diese Angelegenheit in Ordnung. Des weiteren beansprucht er für Meister-Honorar Mk. 800.-, trotzdem ihm der Hochmeister in früheren Zeiten Mk. 800.- zur Unterstützung seiner Arbeit mit dem Hinweis gegeben hatte, ihm einige ‚Meister'-Artikel als Gegenleistung zu schreiben. Höhn hat gerade seitens des Ordens ausserordentlich viel Gutes gehabt. Es hatten sich stets eine Anzahl Brüder gefunden, monatlich Beträge zur Unterstützung der Arbeit Höhns zu zahlen. Das nunmehrige Verhalten solcher Leute kennzeichnet sich selbst. Es ist billig, nachher das Ausscheiden mit der Person des Hochmeisters oder der Politik des Ordens zu begründen."[197]

Ridders Ausführungen bestätigten einerseits die persönlichen und inhaltlichen Differenzen zwischen *Mahraun* und *Höhn* sowie *Höhns* oppositionelle Rolle in Thüringen. Doch hielt er sie offensichtlich für nur vorgetäuscht. Entscheidend seien vielmehr rein finanzielle Motive als Ursache. Dazu passt der Streit *Höhns* mit dem Hochmeister auf dem Hochkapitel im Dezember 1930 über die finanziellen Kürzungen im Orden und *Mahrauns* Rücknahme seiner Empfehlung für die „Sammlung Höhn". Allerdings spiegelt die Erklärung *Ridders* auch nur einseitig die Ansicht der Ordensführung wider. Bedenkt man, dass der Jungdeutsche Orden seit 1931 starken Absplitterungsversuchen aufgrund inhaltlicher Differenzen von innen ausgesetzt war und mit *Höhn* ein äußerst populäres Mitglied den Orden

---

194 Crim, Weimar's „Burning Question", S. 206.
195 Hille, Mahraun, Der Pionier des Arbeitsdienstes, S. 48 ff.
196 Stellungnahme Höhns zu den Vorwürfen der Berliner Spruchkammer 1958, in: Privatarchiv H. Borsch.
197 Sonderrundschreiben des Ordensamtes vom 17. Februar 1932, Bl. 2, BArch R 161/16.

verließ, so dürfte das Sonderrundschrieben auch der Außendarstellung sowie der Beruhigung der eigenen Mitglieder des Ordens geschuldet sein.

Insgesamt dürfte es sich also vor allem bei den persönlichen Differenzen mit dem Hochmeister *Mahraun* um den maßgeblichen Austrittsgrund gehandelt haben. Eine mögliche inhaltliche Entfremdung mit der Ordenspolitik dürfte allenfallsals untergeordneter Grund mitursächlich für *Höhns* Austritt aus dem Jungdeutschen Orden gewesen sein. Der von *Ridder* angeführte Honorarstreit dürfte damit eher als Anlass für das Verhalten *Höhns* zu deuten sein.

Sehr wahrscheinlich ging *Höhns* Abwendung vom Orden dabei mit einer Annährung an die Nationalsozialisten einher. Dafür spricht etwa das *Stuckart*-Gutachten. Zwar musste auch *Stuckart* zugeben, dass *Höhn* noch 1929 „dem Nationalsozialismus in Verfolg der Linie des jungdeutschen Ordens ablehnend gegenüberstand", doch behauptete er, dass Höhn bereits 1930 mit dem Orden gebrochen hätte und spätestens ab 1931 dem Nationalsozialismus gegenüber positiv eingestellt war.[198] Die Ausführungen *Stuckarts* müssen zwar im Kontext des Streits mit *Frank* betrachtet werden. Als SS-Mitglied, Freund *Höhns* und damit *Frank*-Gegner fällt sein Gutachten überhaupt sehr wohlwollend aus und ist demgemäß nur wenig aussagekräftig. Doch diente sich *Höhn* den Nationalsozialisten sogar an, indem er ihnen Material für eine Liste mit ausgetretenen Funktionären des Jungdeutschen Ordens, darunter auch er selbst,[199] über den SD-Agenten *Hans Kobelinski* zuspielte, die der „Völkische Beobachter" am 18. Februar 1932 veröffentlichte.[200]

III. Höhn im Nationalsozialismus

Nach seinem Austritt aus dem Jungdeutschen Orden gründete *Höhn* zunächst den „Freiherr-vom-Stein-Bund",[201] der aber keinerlei Bedeutung erlangte.[202] Bereits am 6. September 1930 hatte er die Lehrerin *Susanne Therese Wille*, Tochter eines Postinspektors, geheiratet. Beide gehörten der evangelischen Kirche an. Aus der Ehe gingen drei Töchter hervor. Die Erstgeborenen waren *Ingrid* (geboren am 16. Oktober 1933) und *Elke* (geboren am 27. Januar 1935).[203] *Höhns* jüngste Tochter starb 1939 bereits drei Wochen nach ihrer Geburt.[204]

---

198 BArch (ehem. BDC) SSO, Höhn, Reinhard, 29.7.1904.

199 BArch R 43 II/ 1228, Bl. 289.

200 Über den Austritt Höhns aus dem Jungdeutschen Orden schrieb der „Völkische Beobachter" vom 18. Februar 1932: „Um so erschütternder ist die Tatsache, daß selbst solche Männer sich von Mahraun abwenden." (zitiert nach Heiber, Walter Frank, S. 885).

201 Grossballei-Rundbrief des Ordensamtes Nr. 14, Bl. 2, vom 30. September 1932, BArch R 161/ 16.

202 Kessler, Der Jungdeutsche Orden II, S. 202, Anm. 475.

203 BArch (ehem. BDC) VBS 1, Signatur 6020012317; UA Heidelberg, PA 764.

204 Von Lösch, Der nackte Geist, S. 320.

1. Machtergreifung – Eintritt in NSDAP und SS

Darüber hinaus dürfte die bereits angedeutete Annäherung an den Nationalsozialismus im Jahr 1932 weiter vorangeschritten sein. *Höhns* Heimatland Thüringen war ohnehin eine nationalsozialistische Hochburg. Schon seit der Landtagswahl vom Dezember 1929 stellte die NSDAP mit *Wilhelm Frick* als Innen- und Volksbildungsminister ein Kabinettsmitglied in der Regierung.[205] Im Sommer 1932 wurde *Hitlers* Partei dann stärkste Kraft, wodurch es in Thüringen zu einer „vorgezogenen Machtergreifung“ kam.[206] Auch an der Universität Jena, an der *Höhn* nach wie vor als unbezahlter Assistent und Repetitor tätig war, dominierten die Nationalsozialisten. Bei der Wahl zum Studierendenausschuss 1929 erlangte die Jenaer Hochschulgruppe des NSDStB mehrere Mandate und stellte fortan den Vorsitzenden. Überhaupt war die Studentenschaft vornehmlich völkisch-national gesinnt.[207] Folglich gab es schon früh mögliche Berührungspunkte zwischen *Höhn* und der Bewegung, auch wenn er selbst später behauptete, als „Gegner des Nationalsozialismus bekannt“ gewesen zu sein.[208]

Gemäß dem *Stuckart*-Gutachten soll *Höhn* bereits seit 1932 mit der SS im Rahmen des Nachrichtendienstes zusammengearbeitet haben,[209] wobei es sich vermutlich auch hier abermals nur um eine Schutzbehauptung zugunsten *Höhns* handelte und dieser eine solche Kooperation nach dem Krieg dementsprechend bestritt.[210]

Der entscheidende persönliche und politische Wendepunkt im Leben *Höhns* war erst die Machtergreifung der Nationalsozialisten. Schließlich erfolgte am 1. Mai 1933 in Jena der Eintritt in die NSDAP (Nr.: 2 175 900),[211] wobei *Höhn* vorerst der Ortsgruppe Jena/ Gau Thüringen zugeordnet war.[212] Nur wenig später am 15. September 1933 folgte dann die Mitgliedschaft in der SS (Nr. 36 229).[213] Fraglich bleibt, was *Höhn* dazu bewogen hat, diesen Organisationen beizutreten. Er selbst nannte damals seine Enttäuschung über die Führung des Jungdeutschen Ordens als

---

205 Neliba, Wilhelm Frick und Thüringen als Experimentierfeld für die nationalistische Machtergreifung, S. 76 ff.

206 Hoßfeld, „Kämpferische Wissenschaft“, S. 47.

207 Hoßfeld, „Kämpferische Wissenschaft“, S. 47.

208 Aktenvermerk Höhns vom Dezember 1960, S. 3, in: Privatarchiv H. Borsch.

209 BArch (ehem. BDC) SSO, Höhn, Reinhard, 29.7.1904.

210 Aktenvermerk Höhns vom Dezember 1960, S. 5, in: Privatarchiv H. Borsch.

211 BArch (ehem. BDC) VBS 1, Signatur 1040053924.

212 Damals wohnte Höhn in der Schleidenstraße in Jena. Am 1. März 1934 wurde er mit Anschrift Hortensienstraße, Berlin, zur Berliner Ortsgruppe überwiesen. Zuletzt erfolgte am 1. März 1936 eine Überweisung zur Org. Braunes Haus/R.Ltg. Die Reichsleitung der NSDAP (BArch (ehem. BDC) SSO, Höhn, Reinhard, 29.7.1904).

213 BArch (ehem. BDC) SSO, Höhn, Reinhard, 29.7.1904. Nach dem Zweiten Weltkrieg behauptete Höhn wahrheitswidrig, er sei erst 1934 der SS beigetreten. Zudem habe er sich nicht um die Aufnahme in die SS beworben, sondern sei vom Reichsführer-SS Heinrich Himmler höchstpersönlich dazu aufgefordert worden (Undatierter Lebenslauf Höhns, S. 1 und S. 4, in: Privatarchiv H. Borsch).

Beweggrund,[214] was er später aber revidieren sollte.[215] Nach dem Ende des Dritten Reichs gab er Selbstschutz als Grund an. Schließlich sei er nach der Machtergreifung „stark gefährdet" gewesen.[216] Deshalb hätten ihm alte Weggefährten aus dem Jungdeutschen Orden geraten, zu seiner eigenen Abdeckung der SS beizutreten, und ihm daher „eine Einladung zu einem kleinen Kreis von Schriftstellern und Dozenten in dem Himmler über die SS sprach" verschafft. Der Reichsführer-SS hätte dort erklärt, „der Nationalsozialismus sei kein Patent und befinde sich noch vollkommen in der Gärung, man brauche aufrechte Menschen, die am Aufbau des neuen Reiches mitarbeiten sollten". Dabei, so *Himmler*, finde sich in der SS „ein Kreis von besonders hochstehenden Menschen zusammen, die über den tagespolitischen Parteifragen stehen sollten und im gegenseitigen Meinungsaustausch die Wege finden sollten, über die man sich noch keineswegs klar sei". Für *Höhn* klang dies alles „sehr vernünftig", so dass er sich der SS anschloss.[217]

Ein wirklich belastbares schriftliches Zeugnis über seine Motive gibt es jedoch nicht. Allerdings lassen sein biographischer Hintergrund und seine Sozialisation in der Weimarer Republik Rückschlüsse auf sein Verhalten zu. *Höhn* kam aus dem weitläufigen Sammelbecken der Völkischen. Zwar gehörte sein Jungdeutscher Orden dort dem gemäßigten Spektrum an und stand dem Nationalsozialismus kritisch gegenüber, doch gab es durchaus inhaltliche Schnittmengen zwischen beiden Gruppierungen. Diese werden insbesondere in den staatsrechtlichen Publikationen *Höhns* für den Orden deutlich. *Höhn* propagierte darin einen diktatorisch anmutenden Führerstaat, basierend auf einer Volksgemeinschaft. Von dort war es nicht mehr weit zur NS-Ideologie. Zudem dürfte *Höhn* auch eher den radikaleren Elementen im Jungdeutschen Orden angehört haben. Dementsprechend haben ihn sicherlich gewisse ideologische Übereinstimmungen zum Überlaufen bewogen. Überhaupt war es in diesen Zeiten nicht untypisch, dass sich Mitglieder des Jungdeutschen Ordens der NSDAP anschlossen.[218] Sein Austritt nach einem Jahrzehnt politischer Funktionärstätigkeit hatte den hochgradig politisierten *Höhn* auch noch politisch heimatlos gemacht, was den Beitritt zu einer neuen aufstrebenden Bewegung ohnehin reizvoll erscheinen ließ. Während der Jungdeutsche Orden im Begriff war, in die politische Bedeutungslosigkeit zu verschwinden, war die NSDAP immer stärker geworden und hatte sich an die Spitze der Völkisch-Nationalen gesetzt.

Auch seine Zugehörigkeit zum aufstrebenden bürgerlich-akademischen Milieu machte ihn für den Nationalsozialismus empfänglich. Die wirtschaftlichen und gesellschaftlichen Umbrüche und die daraus resultierenden Krisensymptome der

---

214 BArch (ehem. BDC) SSO, Höhn, Reinhard, 29.7.1904.
215 Stellungnahme Höhns zu den Vorwürfen der Berliner Spruchkammer 1958, in: Privatarchiv H. Borsch.
216 Aktenvermerk Höhns vom Dezember 1960, S. 3, in: Privatarchiv H. Borsch.
217 Stellungnahme Höhns zu den Vorwürfen der Berliner Spruchkammer 1958, in: Privatarchiv H. Borsch.
218 Heiber, Walter Frank, S. 885, Anm. 2.

Weimarer Republik hatten zu einer Angst vor sozialer Deklassierung in diesen Kreisen geführt. *Höhn* gehörte einer Generation an, welche die Inflation von 1923 und die Weltwirtschaftskrise 1929 mit dem damit einhergehenden Vermögens- und Erbverlust bewusst miterlebt hatte. Überdies gehörte er zur Schwemme von Universitätsabsolventen, die Anfang der dreißiger Jahre auf den Arbeitsmarkt strömten. Die Bildungspolitik der Weimarer Republik hatte das Schulsystem durchlässiger gemacht und den unteren Schichten den Zugang zum Abitur und den Universitäten erleichtert. Die im Ersten Weltkrieg zum Wehrdienst abgestellten Heimkehrer und die geburtenstarken Jahrgänge seit 1908 hatten die Zahl der Akademiker noch weiter ansteigen lassen und für eine hohe Arbeitslosigkeit unter den Hochschulabgängern gesorgt. Zwar erreichte *Höhn* durch seine Arbeit als Repetitor eine „finanziell ausgezeichnete Stellung", die ihn „in jeder Beziehung unabhängig machte",[219] doch stagnierte die angestrebte wissenschaftliche Karriere trotz erfolgreicher Dissertation. Nach abgebrochenem Referendariat, wodurch ein großer Teil potentieller juristischer Tätigkeitsfelder ohnehin für ihn verschlossen blieb, befand er sich als unbezahlter Assistent in der Warteschleife. Zuletzt kamen auch familiäre Verpflichtungen auf ihn zu. Seine Frau *Susanne* war mit der ersten Tochter schwanger.

Der Nationalsozialismus dagegen suggerierte wirtschaftliche Sicherheit. Zudem bot die sich noch im Wachstum befindliche Bewegung ungeahnte Aufstiegsmöglichkeiten. Dies lässt vermuten, dass *Höhn* auch aus Opportunität zur Hitlerbewegung übergelaufen ist. Darauf weist *Höhns* Eintrittsdatum in die NSDAP vom 1. Mai 1933 hin. Er schloss sich den Nationalsozialisten also erst an, als die Machtergreifung bereits nahezu abgeschlossen war, womit er zu den sogenannten „Märzgefallenen" gehörte. Überhaupt haben sich ausgerechnet besonders viele Akademiker zu diesem Datum den Nationalsozialisten angeschlossen, wobei in der Regel eigennützige Gründe im Vordergrund standen.[220] Somit entsteht zumindest der Eindruck, dass es sich um einen kalkulierten Karriereschritt gehandelt hat. *Höhns* zusätzlicher Eintritt in die SS unterstreicht die These noch. Er blieb nicht nur ein Mitläufer, sondern gerierte sich gleich als besonders überzeugter Nationalsozialist, indem er der NS-Eliteorganisation beitrat. Damit gehörte er zu einer großen Gruppe Akademiker, die sich nach der Machtergreifung der SS anschlossen. Ab 1933 verdoppelte sich der Anteil von Personen mit Universitätsabschluss im Führungskorps der SS,[221] wobei Juristen die größte Gruppe stellen.[222] Ausschlaggebend für den Eintritt in die SS „als respektable und gerade für Akademiker passende NS-Organisation" war dabei vor allem ein kalkuliertes Karrierestreben.[223]

---

219 BArch (ehem. BDC) SSO, Höhn, Reinhard, 29.7.1904.
220 Falter, Märzgefallene, S. 613ff.
221 Schulte, SS-Mentalität und Karrierismus, S. 84.
222 Boehnert, The Jurists in the SS-Führerkorps, S. 363.
223 Schulte, SS-Mentalität und Karrierismus, S. 85.

2. Höhn im Sicherheitsdienst des Reichsführers-SS (SD)

Am 15. September 1933 ging *Höhn* außerdem zum Sicherheitsdienst des Reichsführers-SS (SD),[224] dem Nachrichtendienst der SS. Angeworben wurde er von einem ehemaligen Kommilitonen aus Kiel, SS-Standartenführer *Hans Kobelinski*,[225] der wie *Höhn* dem Jungdeutschen Orden angehörte,[226] bevor er schon im Juni 1931 der SS beitrat und nur wenige Monate später zu den ersten hauptamtlichen SD-Mitarbeitern überhaupt zählte.[227] Ihm hatte *Höhn* 1932 bereits die Liste mit den ausgetretenen Ordensfunktionären zugespielt. *Kobelinski*, der schnell zu einem der wichtigsten Mitarbeiter *Reinhard Heydrichs* avancierte und Mitte 1933 zudem mit Führungsaufgaben im SD betraut war,[228] übernahm nunmehr auch die Ausbildung *Höhns*.[229] Beide verband eine freundschaftliche Beziehung. *Höhn* widmete seinem Kameraden 1934 sogar seine Abhandlung „Vom Wesen der Gemeinschaft". Dies war umso beachtlicher, da *Kobelinski* noch im April desselben Jahres durch das Urteil eines SS-Gerichts wegen des angeblichen Verstoßes gegen den § 175 StGB kurzzeitig aus der SS verbannt wurde.[230]

---

224 BArch (ehem. BDC) SSO, Höhn, Reinhard, 29.7.1904.

225 BArch (ehem. BDC) SSO, Höhn, Reinhard, 29.7.1904.

226 Hachmeister, Der Gegnerforscher, S. 87.

227 Hans Kobelinski (* 2. Juni 1900 in Eisenach, † 29. August 1937 im KZ Dachau) nahm ab 1918 in einem Gardekorps am Ersten Weltkrieg teil. Nach Kriegsende schloss er sich dem Freikorps Wolf an und kämpfte zwischen April und August 1921 im Rahmen des Selbstschutzes Oberschlesien, weshalb er wegen gefährlicher Körperverletzung eines politischen Gegners zu zweieinhalb Monaten Gefängnis verurteilt wurde. In der Folgezeit studierte er Rechtswissenschaften in Kiel und war ein Jahr als Referendar in Weimar und Hamburg tätig. Am 2. September 1930 trat er der NSDAP bei. Ein Jahr später am 1. Juni 1931 trat Kobelinski auch in die SS ein (Nr. 31 062). Kurze Zeit später ging er zum SD und avancierte dort zu einem der wichtigsten Mitarbeiter. Im September 1931 wurde er zunächst Ic-Mann der Standarte 4 (Altona). Bei dem Versuch, an geheime militärische Informationen über das Marinekommando in Wilhelmshaven zu gelangen, wurde Kobelinski verhaftet, wurde jedoch mangels Beweisen kurze Zeit später wieder entlassen. Ab dem 1. August 1932 war er dann Ic-Mann der SS-Gruppe Ost. Danach war Kobelinski zudem noch Leiter der SD-Außenstelle Berlin und des SD-Oberabschnitts Ost (Aronson, Reinhard Heydrich, S. 57ff., S. 57, Anm. 135). Im April 1934 erfolgte der temporäre Ausschluss aus der SS wegen des Verdachts der Homosexualität. Aufgrund persönlicher Differenzen innerhalb des SD und der angeblichen Verfehlung gegen den § 175 StGB (Homosexualität) wurde Kobelinski im Mai 1936 dann endgültig aus der SS ausgeschlossen und zu zweieinhalb Monaten Gefängnis verurteilt. Seit dem 21. März 1937 war er sodann in Schutzhaft im KZ Dachau, wo er am 29. August erhängt in seiner Zelle gefunden wurde (BArch (ehem. BDC) SSO, Kobelinski, Hans, 2.6.1900).

228 Browder, Die Anfänge des SD, S. 302 und S. 305.

229 BArch (ehem. BDC) SSO, Höhn, Reinhard, 29.7.1904.

230 BArch (ehem. BDC) SSO, Kobelinski, Hans, 2.6.1900.

a) Der Sicherheitsdienst des Reichsführers-SS (SD)

Der SD wurde als Nachrichtendienst von Partei und SS im Jahr 1931 auf Initiative von Reichsführer-SS *Heinrich Himmler* gegründet. Dieser hatte im August 1931 *Reinhard Heydrich*, welcher nach seiner unehrenhaften Entlassung aus der Marine erst kurz zuvor den Weg zur SS gefunden hatte, mit dem Aufbau der Organisation beauftragt. *Heydrich*, der zunächst der einzige Mitarbeiter des nunmehr entstandenen „Ic-Geheimdienstes“ war, wie der Nachrichtendienst in Anlehnung an die „Ic“, die kleine Abteilung Abwehr der deutschen Reichswehr, genannt wurde, oblag vor allem die Aufgabe, Spitzel der Polizei und Informanten der politischen Gegner innerhalb der NSDAP zu enttarnen. Um dieser Bedrohung wirksam entgegenzutreten, erließ *Himmler* am 4. September 1931 einen geheimen SS-Befehl, der *Heydrich* mit der Errichtung eines deutschlandweiten Netzes von Ic-Mitarbeitern in der SS zur Sammlung von Informationen betraute.[231]

Nachdem die SS und SA im April 1932 verboten wurden, tarnte sich die „Ic-Abteilung“ als „Presse- und Informationsdienst“ (PID), ehe dieser kurz nach dem Ende der Illegalität im Juli 1932 in „Sicherheitsdienst des Reichsführers SS“ umbenannt und *Heydrich* offiziell zu dessen Stabschef ernannt wurde. Dieser verfolgte nunmehr das ehrgeizige Ziel, den neuen SD zu einem schlagkräftigen Nachrichtendienst nach dem Vorbild des britischen Secret Intelligence Service auszubauen. Allerdings blieb der SD auch Mitte 1932 immer noch ein nur sehr kleiner Geheimdienst mit rudimentärer Organisationsstruktur und kaum mehr als 30 hauptamtlichen Mitarbeitern sowie einem losen Agentennetzwerk aus meist unbezahlten SS-Verbindungsmännern.[232]

Nach der Ernennung *Hitlers* zum Reichskanzler am 30. Januar 1933 zog der SD dann von München nach Berlin, ohne jedoch eine entscheidende Funktion im Zuge der nationalsozialistischen Machtergreifung auszufüllen. Damit blieb *Heydrichs* Organisation auch nach *Hitlers* Machtübernahme weiterhin politisch bedeutungslos. Dies änderte sich erst, als *Himmler* im April 1933 Polizeipräsident von München wurde und *Heydrich* daraufhin zum Chef der Bayrischen Politischen Polizei machte.[233] Der Fokus des SD richtete sich seit Herbst 1933 neben der eigentlichen Spitzelenttarnung nun zunehmend auf die Unterwanderung und Übernahme der Politischen Polizei im gesamten Reich und die dafür erforderliche Rekrutierung von Personal.[234] In dieser Phase stieß nun auch *Reinhard Höhn* zum SD, der seinen Dienst bei *Heydrich* am 15. September 1933 begann. Inzwischen hatte sich der SD zwar organisatorisch weiterentwickelt und war auch personell angewachsen – nichtsdestotrotz blieb er nach wie vor ein kleiner Nachrichtendienst im Aufbau. Für *Höhns*

---

231 Browder, Hitlers Enforcers, S. 105ff.; Aronson, Reinhard Heydrich, S. 55ff.

232 Gerwarth, Reinhard Heydrich, S. 83ff.

233 Aronson, Reinhard Heydrich, S. 98ff.; Gerwarth, Reinhard Heydrich, S. 86ff.

234 Gerwarth, Reinhard Heydrich, S. 95.

Eintrittsmonat sind nur 77 festangestellte Mitarbeiter belegt. Die Gesamtstärke des SD zu diesem Zeitpunkt wird auf ungefähr 140 Angestellte geschätzt.[235]

Höhn passte dabei hervorragend in das Rekrutierungsprofil *Heydrichs*. Dieser war bestrebt, seinen SD zu einer elitären Einheit auszubauen, und bevorzugte bei der Anwerbung mithin insbesondere sehr junge und gut ausgebildete Akademiker, die sich zudem durch ein hohes Maß an ideologischer Entschlossenheit auszeichneten.[236] Der 29-jährige promovierte Jurist *Höhn*, welcher umfassend gebildet war sowie die Sprachen Griechisch, Französisch und Englisch beherrschte,[237] kann somit als exemplarisch für den neuen Mitarbeitertypus des SD gelten.

b) Höhn im SD-Hauptamt

Beim SD gelang *Höhn* schnell ein rasanter Aufstieg. Bereits wenige Monate nach seinem Eintritt wurde er im Januar 1934 in den Offiziersrang eines Untersturmführers befördert.[238]

aa) Rechtsreferent beim Reichsführer-SS

Dabei war zumindest seine Anfangszeit in der SS nicht ohne Probleme verlaufen. Ursprünglich wurde *Höhn* wohl wegen seiner juristischen Ausbildung in der Rechtsabteilung der Reichsführung SS beschäftigt und war somit Rechtsberater *Himmlers*.[239] Allerdings geriet *Höhn* laut Eigenaussage schon zu Beginn seiner Tätigkeit dort „in Schwierigkeiten mit dem Gruppenführer Heydrich auf Grund meiner juristischen Ausbildung und Denkweise".[240] So will er in einem Gutachten die Freilassung eines anlässlich des Röhm-Putsches Inhaftierten angeordnet haben, was *Heydrich* zu der Bemerkung veranlasst haben soll: „Die Juristen sind dazu da, die Schuld und nicht

---

235 Browder, The numerical strength of the Sicherheitsdienst, S. 35.

236 Gerwarth, Reinhard Heydrich, S. 99f.

237 BArch (ehem. BDC) SSO, Höhn, Reinhard, 29.7.1904.

238 Höhns Dienstgrade in der SS (BArch (ehem. BDC) SSO, Höhn, Reinhard, 29.7.1904): 1. Januar 1934: Untersturmführer, 1. November 1934: Obersturmführer, 20. April 1935: Hauptsturmführer, 20. April 1936: Sturmbannführer, 30. Januar 1937: Obersturmbannführer, 30. Januar 1939: Staffelführer, 9. November 1944: Oberführer.

239 Stellungnahme Höhns zu den Vorwürfen der Berliner Spruchkammer 1958, in: Privatarchiv H. Borsch; Undatierter Lebenslauf Höhns, S. 1, in: Privatarchiv H. Borsch. So auch Klingemann, Ursachenanalyse und ethnopolitische Gegenstrategie, S. 195; Bachér an Reichsdozentenführer Schultze vom 31. Oktober 1935, zitiert nach Heiber, Walter Frank, S. 886. Allerdings berichtete Bachér auch fälschlicherweise, dass Höhn „wichtige politische Angelegenheiten im Rahmen der Geheimen Staatspolizei" bearbeite. Mithin lässt sich Höhns Tätigkeit als Rechtsreferent nicht zweifelsfrei belegen.

240 Undatierter Lebenslauf Höhns, S. 1, in: Privatarchiv H. Borsch; so auch Heiber, Walter Frank, S. 886.

die Unschuld zu beweisen".[241] Darüber hinaus kam es angeblich zu Konflikten in religiösen Fragen zwischen beiden.[242] Zuletzt soll es *Höhn* zufolge auch zu einer Auseinandersetzung mit dem Reichsminister *Hans Frank* gekommen sein. Nach dem Erlass der Nürnberger Gesetze habe er in der Zeitschrift „Deutsches Recht" einen Artikel veröffentlicht, in dem er erklärte, „dass die Nürnberger Gesetze keinesfalls eine Ächtung der jüdischen Rasse, sondern nur ein Sich-besinnen auf die eigene Rassensubstanz bedeuteten". Nachdem die „zionistische Korrespondenz" entscheidende Stellen des Aufsatzes abdruckte, habe *Frank* ihn zurechtgewiesen und obendrein *Heydrich* informiert. In der Folge mussten Beiträge von SS-Angehörigen vor der Veröffentlichung diesem vorgelegt werden, was *Höhn* als unberechtigte Vorzensur empfand.[243] Aufgrund dieser Differenzen mit *Heydrich*, so *Höhn*, habe er dann zweimal seinen Abschied beim Reichsführer-SS eingereicht. *Himmler* selbst habe aber jeweils interveniert und ihn in persönlichen Gesprächen zum Bleiben bewogen.[244]

bb) Kulturpolitischer Referent im SD-Hauptamt

Dennoch verließ *Höhn* die Rechtsabteilung schon nach kurzer Zeit,[245] um in das SD-Hauptamt zu wechseln, wo er nunmehr als hauptamtlicher kulturpolitischer Referent angestellt war.[246] Schließlich lag *Höhns* eigentliche Bedeutung für die SS weniger in seiner Position als Jurist als vielmehr in seiner Rolle als Akademiker mit umfassenden Kenntnissen über das Hochschulsystem und tiefer Verwurzelung im Universitätsmilieu.[247]

---

241 Undatierter Lebenslauf Höhns, S. 1, in: Privatarchiv H. Borsch.

242 Auf der Trauerfeier für einen verunglückten Kameraden soll Heydrich in Vertretung von Himmler eine Trauerrede gehalten haben, in der er „in bewusstem Gegensatz zur christlichen Anschauung vom Weiterleben nach dem Tode den Gedanken entwickelte, dass der Betreffende in seinen Kindern weiterleben würde, und dass es ein erhabenes Gefühl sei, dies zu wissen". Höhn, der evangelisch war und einen Kirchenaustritt ablehnte, will zu diesen Ausführungen Heydrichs Folgendes gesagt haben: „Ich möchte gern einmal wissen, ob wenn sein Sohn ein Homosexueller und seine Tochter eine Dirne werden würde, er auch dann noch Lust hätte, in ihnen weiterzuleben." Heydrich soll diese Aussagen dann wenig später erfahren haben (Undatierter Lebenslauf Höhns, S. 2, in: Privatarchiv H. Borsch).

243 Undatierter Lebenslauf Höhns, S. 2, in: Privatarchiv H. Borsch.

244 Höhn zufolge verfügte Himmler aufgrund seines Gutachtens sogar die Freilassung des wegen des Röhm-Putsches Inhaftierten. Über ein zweites Gespräch schrieb Höhn: „Das Gespräch, das über zwei Stunden dauerte und zu Beginn sehr frostig war, wurde von Himmler immer freundlicher geführt. Ich hatte den Eindruck, dass er sehr nachdenklich wurde, wie überhaupt mit Himmler wenigstens in jener Zeit zu reden war, wenn man nicht kuschte, sondern klar und begründet seine Meinung vertrat." (Undatierter Lebenslauf Höhns, S. 1 f., in: Privatarchiv H. Borsch).

245 Heiber, Walter Frank, S. 886.

246 BArch (ehem. BDC) SSO, Höhn, Reinhard, 29.7.1904.

247 Gutachten des IFZ München, Dr. Hildegard von Kotze, vom 7. Juni 1974, in: Privatarchiv H. Borsch.

Im Kulturreferat konzentrierte sich *Höhns* Tätigkeitsbereich daher vor allem auf dieses Umfeld. Er sollte einerseits die Gegner von Bewegung und Partei in den Schulen, Universitäten sowie anderen wissenschaftlichen und kulturellen Institutionen aufspüren und enttarnen.[248] Daneben versuchte er aber zugleich eine konstruktive Zusammenarbeit mit den Hochschulen zu betreiben. So befand er sich vollends auf der Linie *Himmlers*, dem, neben der Bespitzelung des Bildungs- und Kulturbereichs, vor allem an einer fruchtbaren Wissenschaftspolitik mit dem Ziel der personellen Unterwanderung der Hochschulen durch die SS gelegen war.[249] Im Zuge seiner Referententätigkeit gelangte *Höhn* so zu einem nicht unbeträchtlichen Einfluss auf dem Gebiet der Hochschulpolitik, ohne jedoch über offizielle Kompetenzen in Lehre und Forschung oder bei der Besetzung von Posten zu verfügen. Die wissenschaftspolitische Einbruchstelle von *Höhn* und SD war vielmehr das Reichsministerium für Wissenschaft, Erziehung und Volksbildung (REM), in der zahlreiche SS-Mitarbeiter ihre Macht für ihn geltend machten.[250] Diese waren in der Regel von *Himmler*, der aufgrund seiner hochschulpolitischen Ambitionen stets bestrebt war, führende Stellen im Ministerium zu besetzen,[251] oder *Höhn* selbst im REM installiert worden und standen fortan zur ständigen Verfügung von *Höhns* Kulturreferat im SD.

Eine maßgebliche Rolle kam dabei SS-Scharführer *Karl August Eckhardt* zu.[252] Der Rechtshistoriker hatte bereits eine mustergültige Universitätskarriere absolviert. Nach erfolgter Promotion im Jahr 1922 und Referendarexamen habilitierte er sich schon 1924 in Göttingen, wo er anschließend als Privatdozent tätig war. 1928 wurde er ordentlicher Professor an der Universität Kiel, bevor er nach einer kurzen Tätigkeit an der Handelshochschule Berlin im Jahr 1932 einem Ruf an die Universität Bonn folgte.[253] Im Gegensatz zu *Höhn* hatte sich *Eckhardt* schon kurz vor der Machtergreifung den Nationalsozialisten angeschlossen. Nachdem er bereits seit Mai 1931 der SA angehörte, war er am 1. März 1932 der NSDAP (Nr. 952 083)

---

248 Dierker, Himmlers Glaubenskrieger, S. 56.

249 Kater, Das Ahnenerbe der SS, S. 133ff.

250 Buchheim, SS und Polizei im NS-Staat, S. 64f.

251 Bollmus, Das Amt Rosenberg, S. 211.

252 Karl August Eckhardt (* 5. März 1901 in Witzenhausen, † 29. Januar 1979 in Witzenhausen) hatte Rechtswissenschaften in Marburg studiert, wo er 1922 nach abgeschlossenem Referendarexamen mit einer Arbeit über „Die Witzenhäuser Schwabenspiegelhandschrift" promoviert wurde. Während seiner Studienzeit gehörte er dem Nerother Wandervogel an und war 1920 Zeitfreiwilliger im Freikorps der Marburger Studenten. Nach einer Tätigkeit als Stadtarchivar und Syndikus einer Witzenhausener Papierfabrik habilitierte er sich 1924 in Göttingen bei Herbert Meyer mit dem Werk „Der Deutschenspiegel, seine Entstehungsgeschichte und sein Verhältnis zum Schwabenspiegel" (BArch (ehem. BDC) SSO, Eckhardt, Karl August, 5.3.1901; Niemann, Karl August Eckhardt, S. 160 ff.; Nehlsen, Karl August Eckhardt, S. 497 ff.).

253 Von Lösch, Der nackte Geist, S. 407 f.

beigetreten. Im Oktober 1933 folgte die Mitgliedschaft in der SS (Nr. 179 922).[254] Seit dem 1. November 1934 war *Eckhardt* nunmehr Hauptreferent für die Fächer Recht, Staat, Politik, Wirtschaft und Geschichte im REM und befand sich somit an einer der zentralen Schaltstellen der Wissenschaftsverwaltung. Dadurch hatte er entscheidenden Einfluss auf die Besetzung der Lehrstühle in diesen Fachbereichen.[255] *Höhn* und *Eckhardt* wurden hier zu Verbündeten und arbeiteten seither eng zusammen,[256] wobei *Höhn* wohl die Führungsrolle zukam.[257]

Höhn wurde so zu einem der maßgeblichen Wissenschaftspolitiker des SD. Im REM war sein Name identisch mit dem SD und „genügte, um unter den Ministerialreferenten, die er zum Besprechen von Dreierlisten und sonstigen Personalfragen in sein SD-Büro an der Wilhelmstraße zu bestellen pflegte, Angst und Schrecken zu verbreiten"; selbst Minister *Rust* fürchtete sich vor ihm.[258] Insgesamt verschafften *Höhn* und *Eckhardt* dem Reichsführer-SS somit eine einflussreiche Hausmacht im Reichswissenschaftsministerium, was *Höhns* Karriere im SD wiederum förderte.

cc) Die Stilllegung der Deutschen Gesellschaft für Soziologie[259]

Als beispielhaft für *Höhns* umtriebige Tätigkeit als kulturpolitischer Referent im SD kann seine Rolle im Konflikt um die „Deutsche Gesellschaft für Soziologie" (DGS) Ende des Jahres 1933 gelten. Hier versuchte er bereits kurz nach Amtsantritt, konkret Einfluss auf Lehre und Personalien auf dem Gebiet der Wissenschaft zu nehmen.

Höhn gehörte dabei zu einem Kreis regimetreuer Soziologen um seinen Lehrer *Franz Wilhelm Jerusalem*, bei dem er seinerzeit noch nach wie vor als Assistent beschäftigt war. Diese Gruppe wollte der NS-Ideologie entsprechend eine neue

---

254 BArch (ehem. BDC) SSO, Eckhardt, Karl August, 5.3.1901. Vom 18. Mai 1931 bis zum 4. März 1933 war er Mitglied der SA. Daneben war er zeitweise Mitglied im NSKK und NSLB sowie Unteroffizier der Reserve. Am 1. September 1942 wurde ihm zudem das Kriegsverdienstkreuz II. Klasse verliehen.

255 Niemann, Karl August Eckhardt, S. 162 und S. 168.

256 Abgesehen von der engen dienstlichen Zusammenarbeit war im Laufe der Jahre offensichtlich auch eine besondere Freundschaftsbeziehung zwischen Höhn und Eckhardt entstanden. Nachdem Eckhardts erste Ehefrau im November 1937 verstorben war, beantragte er am 26. April 1938 ein Verlobungs- und Heiratsgesuch für die Ehe mit Irmgard Rauch, Tochter des Geheimen Regierungsrates Prof. Dr. Karl Rauch. Bezeugt wurde das offizielle Gesuch beim Reichsführer-SS von Reinhard Höhn. Himmler genehmigte die Ehe schließlich (BArch (ehem. BDC) SSO, Eckhardt, Karl August, 5.3.1901).

257 Heiber, Walter Frank, S. 881.

258 Heiber, Walter Frank, S. 881.

259 Die nachfolgenden Ausführungen zur Stilllegung der Deutschen Gesellschaft für Soziologie (DGS) orientieren sich im Wesentlichen an den Forschungen von Carsten Klingemann (Klingemann, Soziologie im Dritten Reich, S. 13 ff.; ders., Soziologie und Politik, S. 124 ff.).

gemeinschaftsorientierte Soziologie etablieren, um den neuen politischen Verhältnissen auch in dieser Fachrichtung Rechnung zu tragen. Demgemäß waren sie bestrebt, die Vorherrschaft der aus ihrer Sicht liberalistisch dominierten DGS in der Soziologie zu brechen.[260] Mit dem SD im Rücken fungierte *Höhn* dabei schließlich als „Anführer der Rebellion gegen die Repräsentanten"[261], der „die Gunst der Stunde durch die Säuberung der DGS für sich nutzen"[262] wollte, um sein politisches und akademisches Fortkommen zu beschleunigen.[263]

Als Anlass für ihren Angriff dienten zunächst organisatorische Probleme innerhalb der Gesellschaft. Nachdem die DGS den achten Soziologentag in Kiel sowie einen Ausweichtermin aufgrund der politischen Ereignisse Anfang 1933 und mangels genügender Zusagen mehrfach verschieben musste,[264] plante *Jerusalem* im Juni 1933 kurzerhand selbst eine Soziologentagung in Jena. Dort sollten *Hans Freyer*[265] und der NS-Pädagoge *Ernst Krieck*,[266] mit dem *Höhn* bereits im Rahmen seiner Mitgliedschaft im Jungdeutschen Orden zusammengearbeitet hatte, Vorträge halten

260 Klingemann, Soziologie im Dritten Reich, S. 13.
261 Klingemann, Soziologie im Dritten Reich, S. 28.
262 Klingemann, Soziologie im Dritten Reich, S. 29.
263 Klingemann, Ursachenanalyse und ethnopolitische Gegenstrategien, S. 195.
264 Klingemann, Soziologie im Dritten Reich, S. 14 f.
265 Hans Freyer (* 31. Juli 1887 in Leipzig, † 18. Januar 1969 in Ebersteinburg) absolvierte von 1907 bis 1911 ein Studium der Philosophie, Geschichte und Volkswirtschaftslehre in Greifswald und Leipzig, wo er 1911 promoviert wurde. Anschließend arbeitete er zunächst als Lehrer in Wickersdorf, bevor er von 1911 bis 1914 am Ersten Weltkrieg teilnahm. 1920 habilitierte sich Freyer an der Universität Leipzig und war dort sodann als Privatdozent tätig. 1922 wechselte er an die Universität Kiel, wo er als ordentlicher Professor für Philosophie tätig war. 1925 kehrte er an die Universität Leipzig zurück. Neben seiner Professur war er dort von 1933 bis 1948 auch Direktor des Instituts für Kultur- und Universalgeschichte. Diese Tätigkeit wurde allerdings von 1938 bis 1945 durch eine Gastprofessur an der Universität Budapest unterbrochen. Obwohl Freyer nicht Mitglied der NSDAP war, wurde er 1947 wegen seiner Nähe zum Nationalsozialismus beurlaubt, weshalb er nach Westdeutschland zog, um dort als wissenschaftlicher Redakteur beim Brockhaus-Verlag zu arbeiten. Von 1953 bis 1963 lehrte er als emeritierter Professor für Soziologie an der Universität Münster (Klee, Personenlexikon zum Dritten Reich, S. 165, Muller, The other god that failed, S. 58 ff., S. 88 ff. und S. 122 ff.).
266 Ernst Krieck (* 6. Juni 1882 in Vögisheim, † 19. März 1947 im Internierungslager Moosburg an der Isar) war Volksschullehrer. Schon 1932 wurde er Mitglied der NSDAP und des Nationalsozialistischen Lehrerbunds. Kurz nach der nationalsozialistischen Machtergreifung wurde er im Mai 1933 Rektor der Johann Wolfgang Goethe-Universität Frankfurt am Main und gleichzeitig Professor für Pädagogik und Philosophie. Krieck wurde Herausgeber der neuen Zeitschrift „Volk im Werden", welche von 1933 bis 1944 erschien. 1934 ging er an die Ruprecht-Karls-Universität Heidelberg, wo er einen Lehrstuhl für Philosophie und Pädagogik erhielt. 1935 wurde er im NS-Dozentenbund Gaudozentenführer in Baden. Von April 1937 bis Oktober 1938 war Krieck sodann Rektor der

und die Gemeinschaftssoziologie thematisch in den Vordergrund rücken.[267] Dieser Vorstoß veranlasste den Geschäftsführer der DGS, *Leopold von Wiese*, zu einer Strategie „des Machterhalts durch Einbindung der neuen Kräfte".[268] Auf der bereits zuvor anberaumten außerordentlichen Ratssitzung in Lübeck am 3. August 1933 sollte die Selbstgleichschaltung von oben vollzogen werden. Der Kieler Soziologe *Ferdinand Tönnies* wurde als Präsident der DGS von *Werner Sombart* abgelöst. *Hans Freyer* wurde Beisitzer und *von Wiese* blieb Schriftführer des Geschäftsführenden Ausschusses. Daneben sollten den nationalsozialistischen Rassentheoretikern *Eugen Fischer* und *Hans F.K. Günther* sowie *Ernst Krieck* Mitgliedschaften angeboten werden. Zudem sollten die regimetreuen Soziologen *Max Rumpf*, *Erwin von Beckerath* und *Willy Gierlichs* in den Rat der DGS gewählt werden, während die wegen ihres Glaubens oder ihrer Weltanschauung in den Ruhestand versetzten oder emigrierten Ratsmitglieder aus dem Gremium ausscheiden sollten. Außerdem wurde die DGS auf Drängen *Freyers* vorerst stillgelegt, um sie dem Zugriff der Jenenser zu entziehen.[269] Als diese Beschlüsse jedoch schon auf der ersten Sitzung der neuen Geschäftsführung der Gesellschaft am 18. September 1933 in Berlin wieder zurückgenommen wurden,[270] unternahm die Gruppe der Gemeinschaftssoziologen um *Höhn* und *Jerusalem* einen erneuten Vorstoß zur Erlangung der Deutungshoheit in ihrem Fach. In einem Rundschreiben vom November 1933 „An die deutschen Soziologen!" verkündeten sie:

> „Wenige Wissenschaftler haben in der Epoche der deutschen Staats- und Volkswerdung, die mit dem Frühjahr dieses Jahres angebrochen ist, unmittelbar so umfassende und große Aufgaben zu erfüllen wie die Soziologie. Der Aufforderung des Reichskanzlers zur Mitarbeit an alle, die guten Willens sind, darf sich deshalb der deutsche Soziologe nicht entziehen. Das Schicksal des deutschen Volkes und seiner Zukunft liegt auch in seiner Hand.
> Die Deutsche Gesellschaft für Soziologie, die in erster Linie diese Mitarbeit in die Wege zu leiten hätte und richtunggebend sein müßte, hat sich versagt. Es war verständlich, daß die Tagung, die für das Frühjahr angesetzt worden war, abgesagt wurde. Ihre Tagesordnung wäre in keiner Weise der Lage angemessen gewesen. Aber die Leitung der Gesellschaft hat es auch abgelehnt, diese Tagung im Herbst dieses Jahres mit einer

---

Heidelberger Universität (Kopke, Ernst Krieck, S. 439; Klee, Das Personenlexikon zum Dritten Reich, S. 341).

267 Das ursprüngliche Thema der Sitzung lautete „Soziologie der Bürokratie". Die von Jerusalem verfolgte Intention wird in einem Brief an von Wiese deutlich, wenn er schreibt: „Ich bitte mich nicht mißzuverstehen. Was wir, die wir nicht der liberalistischen Richtung angehören, verlangen, ist lediglich die gleichmäßige Berücksichtigung aller soziologischen Methoden und Lehrmeinungen." (zitiert nach Klingemann, Soziologie im Dritten Reich, S. 16).

268 Klingemann, Soziologie im Dritten Reich, S. 19.

269 Klingemann, Soziologie im Dritten Reich, S. 17 f.

270 Dyk/Schauer, Zur Soziologie im Nationalsozialismus, S. 49.

anderen Vortragsfolge nachzuholen, obwohl ihr ein entsprechender Antrag vorgelegt wurde. Der sog. Rat der Gesellschaft, der im August d.J. in Lübeck tagte, begnügte sich damit, Änderungen in der Organisation der Gesellschaft vorzunehmen. Eine Tagung ist nicht einmal für das Jahr 1934 vorgesehen.
Die Zeit ist zu ernst, um über die Gründe dieser Haltung hinwegzusehen. Völlige Klarheit ist notwendig. Die Leitung der Gesellschaft lag bisher tatsächlich in der Hand einer Persönlichkeit, die weltanschaulich und wissenschaftlich durch einseitig liberalistische Gedankengänge beherrscht ist; die Zeit, die angebrochen ist, mußte bei ihr auf völlige Verständnislosigkeit stoßen.
So laden wir die deutschen Soziologen zu einem Treffen nach Jena auf den 6. und 7. Januar 1934 ein, nachdem auf den zunächst in Aussicht genommenen Zeitpunkt im Oktober dieses Jahres leider verzichtet werden mußte. Die Tagesordnung, die beiliegt, ist durch Kernfragen der neuen Zeit beherrscht.
Wir bitten, uns auf beiliegender Postkarte an Herrn Dr. Höhn, Jena, Schleidenstraße 19, Ihre Teilnahme an dem Treffen der deutschen Soziologen mitzuteilen. Herr Dr. Höhn ist auch gern bereit, Anfragen wegen Unterkunft usw. zu beantworten.
Günther Höhn Jerusalem Krieck Walther“[271]

War bisher wohl eher *Jerusalem* zumindest im Vordergrund federführend gewesen, übernahm *Höhn* nunmehr selbst die Lenkung des Angriffs auf die DGS,[272] galt er doch als „Spiritus rector“ des Jenaer Soziologentreffens.[273]

Durch den Aufruf alarmiert, lud *von Wiese* zu einer Mitgliederversammlung am 29. Dezember 1933 in Berlin, um die DGS zu reaktivieren oder gegebenenfalls neu zu gründen.[274] Das wichtigste Ergebnis der Tagung war allerdings die Wahl *Hans Freyers* zum neuen „Führer“ der Gesellschaft, womit man einem Anliegen der regimetreuen Gemeinschaftssoziologen entsprach.[275] Dieser folgte dann auch den Forderungen von *Höhn* und *Jerusalem* nach einer personellen Erneuerung der

271 Zitiert nach Klingemann, Soziologie im Dritten Reich, S. 20 f.
272 Dieser Eindruck wird durch einen weiteren Brief Boehms an Erich Rothacker vom 6. Februar 1934, also kurz nach der Tagung in Jena, noch verstärkt. Über Höhns Auftreten auf der letzten Ratssitzung der DGS vor der Neugründung 1946 in Weimar schrieb er: „Nach den unerfreulichen Weiterungen, die sich in der ‚Deutschen Gesellschaft für Soziologie‘ anzubahnen schienen, wird es auch Sie gefreut haben, daß es dem besonnenen Vorgehen von Freyer gelungen ist, die Attacken abzuschlagen, die hauptsächlich auf die bösartigen Intrigen des jungen Dr. Höhn zurückgingen, der in seinem Auftreten in Weimar die letzten Zweifel, wes Geistes Kind er sei, zerstreute. Es ist sehr bedauerlich, dass ein Mann wie Krieck sich einer solchen Führung anvertraut.“ (Max Hildebert Boehm an Erich Rothacker vom 6. Februar 1934, zitiert nach Klingemann, Soziologie und Politik, S. 126).
273 Max Hildebert Boehm an Leopold von Wiese vom 3. September 1947, zitiert nach Klingemann, Soziologie und Politik, S. 125 f.
274 Klingemann, Soziologie im Dritten Reich, S. 21 f.
275 Klingemann, Soziologie im Dritten Reich, S. 23.

DGS und bot sechszehn vornehmlich nationalsozialistisch gesinnten Wissenschaftlern, darunter *Ernst Rudolf Huber*, *Ernst Krieck* und *Otto Koellreutter*, die Mitgliedschaft an.[276] Allerdings verweigerte sich *Freyer* fortan einer Instrumentalisierung durch die Jenenser. Vielmehr begann er eine vollends passive Führung, womit er die Gesellschaft faktisch liquidierte.[277] Dieses „Ausweichen vor einer Entscheidung"[278] unterband so etwaige Versuche, die DGS zu unterwandern oder zu übernehmen,[279] wobei fraglich ist, ob es eine solche Intention bei *Höhn* oder den anderen überhaupt gegeben hat. Zumindest finden sich keine eindeutigen Beweise, die belegen, dass *Höhn* „die Deutsche Gesellschaft für Soziologie in seine Gewalt bekommen" wollte.[280] Sicher ist zudem, dass Höhn zu keinem Zeitpunkt Mitglied der DGS war.[281] Gegen *Höhns* Ambitionen auf einen Posten bei der DGS kann außerdem sein „Rundschreiben an die deutschen Soziologen" vom 27. Dezember 1933 gewertet werden, in dem er erklärte:

> „Der Aufruf zum Treffen der deutschen Soziologen in Jena am 6. und 7. Januar hat einen überraschend großen Widerhall gefunden. Von allen Seiten treffen Zusagen ein. Aber nicht nur die Vertreter der Wissenschaft, sondern auch hervorragende Vertreter der Praxis haben ihr Erscheinen zugesagt. Sie interessieren sich dafür, was eine deutsche Soziologie, die auf Gemeinschaftsboden steht, zur Neugestaltung zu sagen hat, und welche Wege sie einschlagen will. Auch sie werden auf der Tagung sprechen und ihre Forderungen vom Standpunkt der Praxis an die deutsche Soziologie anmelden.
> Man kann es schon jetzt als einen Erfolg des kommenden Treffens der deutschen Soziologen in Jena buchen, daß die Deutsche Gesellschaft für Soziologie eine außerordentliche Mitgliederversammlung einberufen hat, auf der sie, wie wir hören, ihre Auflösung erklären will. Das ist die einzig mögliche Konsequenz auf Grund der bisherigen liberalistischen Einstellung dieser Gesellschaft.
> Eine neue Zusammenfassung der deutschen Soziologen kann selbstverständlich nur auf der Grundlage des neuen Staates erfolgen, eine Fortsetzung der alten liberalen Gesellschaft in irgendeiner Form ist nicht möglich. Die Zusammenfassung der antiliberalen, auf Gemeinschaftsboden stehenden deutschen Soziologen wird in Jena erfolgen. Hier werden auch die Richtlinien für die zukünftige Arbeit der deutschen Soziologie im Zusammenwirken mit der Praxis festgelegt werden."[282]

276 Klingemann, Soziologie im Dritten Reich, S. 25.
277 Klingemann, Soziologie im Dritten Reich, S. 25 ff.
278 König, Die alten Geister kehren wieder, S. 546.
279 In einem Gutachten über „Soziologie und Volkslehre im Neuaufbau der Universitäten der englischen Zone" vom Januar 1946 rekapituliert Boehm, dass Höhn sogar Freyer als Präsident der DGS ablösen wollte (zitiert nach: Michael Neumann, Über den Versuch, ein Fach zu verhindern, S. 466, Anm. 15).
280 Klingemann, Soziologie und Politik, S. 259.
281 Klingemann, Soziologie und Politik, S. 124.
282 Zitiert nach Klingemann, Soziologie im Dritten Reich, S. 23.

Folglich ist es wahrscheinlicher, dass *Höhn* vielmehr die Gegengründung einer Gesellschaft der regimetreuen Gemeinschaftssoziologen verfolgte als die personelle und inhaltliche Vereinnahmung der DGS. In jedem Fall, so *Klingemann*, kam es weder zu einer Gleichschaltung der DGS „von unten" noch zu einer Selbstgleichschaltung „von oben".[283]

Gleichwohl nutzte die Gruppe um *Höhn* die selbst initiierte Soziologentagung in Jena im Januar 1934, um die eigenen Gemeinschaftstheorien als neue deutsche Soziologie zu propagieren.[284] Das Jenaer Treffen war zwar „kein offizieller Soziologentag, sondern nur ein informelles Treffen".[285] Dennoch waren unter den zwölf zweifelsfrei nachgewiesenen Teilnehmern auch Mitglieder der DGS.[286] Präsident *Freyer* dagegen hatte dem Jenaer Treffen eine Veranstaltung in Budapest vorgezogen.[287] Geleitet wurde der Kongress von *Ernst Krieck*, der seit 1934 Mitarbeiter des SD und für diesen als Spitzel aktiv war.[288] Als Referent trat neben *Krieck*, *Günther*, *Jerusalem*, dem Pfarrer *Alfred Krauskopf* und dem Inspekteur der Landesführerschulen des Arbeitsdienstes *Dr. Decker* auch *Höhn* mit einem Vortrag über „Die praktischen Aufgaben der Soziologie in der Gegenwart" auf.[289] Darin forderte er die Abkehr von

283 Klingemann, Soziologie im Dritten Reich, S. 28.
284 Klingemann, Soziologie im Dritten Reich, S. 25.
285 Rammstedt, Deutsche Soziologie 1933–1945, S. 65.
286 Teilnehmer aus der Wissenschaft waren Franz Wilhelm Jerusalem, Hans F.K. Günther, Reinhard Höhn, Ernst Krieck, Alfred Krauskopf, Heinrich Herrfahrt, Franz Zizek, Gerhard Lehmann, Ernst Schuster, Max Rumpf, Hans Lorenz Stoltenberg, Friedrich Poetzsch-Heffter. Zudem nahmen Dr. Wilhelm Decker, Inspekteur der Landesführerschulen des Arbeitsdienstes, Dr. Rothe, Vertreter des Reichsführers des Volksbundes für das Deutschtum im Ausland, Dr. Schilling, Vertreter der deutschen Rechtsfront, verschiedene Vertreter lokaler NS-Organisationen und Abraham Esau, Rektor der Universität Jena, an der Tagung teil (Dyk/Schauer, Zur Soziologie im Nationalsozialismus, S. 62 ff.).
287 Dyk/Schauer, Zur Soziologie im Nationalsozialismus, S. 51.
288 Kopke, Ernst Krieck, S. 439; Klee, Das Personenlexikon zum Dritten Reich, S. 341.
289 Klingemann, Soziologie im Dritten Reich, S. 41. Über Höhns Verhalten auf der Jenaer Soziologentagung gibt bedingt die Eidesstattliche Erklärung Erich Rothackers zur Verteidigung Franz Wilhelm Jerusalems im Spruchkammerverfahren gegen diesen im Jahr 1949 Aufschluss. So führt Rothacker aus: „Der Verlauf war ein sehr typischer und lehrreicher. Angelegt war die Tagung als eine streng wissenschaftliche alten Stils. ... Eine auffällige Ausnahme machte der Vortrag des damaligen Assistenten Dr. Höhn, den natürlich die wenigsten Besucher kannten. ... Sein Auftreten war anspruchsvoll. Er wollte die Staatswissenschaft ‚revolutionieren', aber genau besehen war die Gesamthaltung auch dieses Vortrages trotz des bewußten Radikalismus noch überwiegend akademisch und theoretisch. Ich war zunächst nicht imstande den Vortrag zur Partei in ein eindeutiges Verhältnis zu bringen. Die spätere SS-Phraseologie war das noch nicht. ... An andere Nazis unter den Rednern kann ich mich nicht erinnern." (Nachlass Rothacker, zitiert nach Klingemann, Soziologie im Dritten Reich, S. 43 f.). Dazu passen die Ausführungen des Jenaer Arbeitsrechtlers Hueck, der über Höhn schrieb: „... in der Diskussion

der individualistischen und die Hinwendung zu einer gemeinschaftsorientierten Soziologie, die der NS-Ideologie und dem nationalsozialistischen Staat angepasst sein sollte.[290] Zudem wurde er auch Beauftragter für den Arbeitsdienst.[291] Überhaupt verbuchte *Höhn* die Zusammenkunft als großen Erfolg. So schrieb er kurz nach dem Jenaer Treffen: „Man kann diese Tagung als einen Aufbruch in der Soziologie bezeichnen. Vor allem die junge Generation bekannte sich zu einer Soziologie, die auf Gemeinschaftsboden steht."[292] Und wenig später präzisierte er: „In der Soziologie wurde erstmals auf dem Jenaer Soziologentreffen der Grundsatz der Gemeinschaft in den Mittelpunkt gestellt und damit auf das entscheidendste der Trennungsstrich zur bisherigen Soziologie gezogen. Der Soziologie stehen ungeheure Aufgaben bevor. Die Jenaer Tagung hat klar herausgestellt, was die Praxis von einer Soziologie der Gemeinschaft verlangt."[293] Den linientreuen Ausführungen *Höhns* zur Lage der Soziologie seit 1934 entsprachen auch zwei Artikel des „Völkischen Beobachters" im Januar des Jahres. Insbesondere der Bericht über das Soziologentreffen in Jena vom 11. Januar 1934 unter dem Titel „2. Tag des deutschen Soziologentreffens in Jena: Die Gemeinschaft ist die neue Basis, auf der die Wissenschaft aufzubauen hat" machte die Zufriedenheit der Nationalsozialisten mit der neuen Richtung in der Soziologie deutlich:

> „Das Treffen der deutschen Soziologen in Jena bedeutet einen Markstein in der Geschichte der Wissenschaft. Vertreter der Wissenschaft, die auf dem neuen Boden stehen, traten zusammen mit den Vertretern der Praxis, um über die gemeinsame Aufgabe zu beraten, die eine Soziologie der Gemeinschaft hat. Folgende Ergebnisse lassen sich feststellen:
> 1. Nur eine Soziologie der Gemeinschaft kann in der heutigen Zeit zur Gestaltung der Volksgemeinschaft etwas sagen. Wissenschaft und Praxis müssen aufs engste zusammenarbeiten.
> 2. Rasse und Gemeinschaftsgestaltung hängen aufs engste zusammen.
> 3. Die Soziologie der Gemeinschaft ist dringend notwendig zur Umgestaltung unserer Wissenschaft, die in ihrer Begriffsbildung noch stark auf individualistischer Basis ruht.
> 4. Eine Soziologie der Gemeinschaft gibt uns die Grundlage für die Reform der Universität."[294]

am ersten Tag fiel er durch unnötige Schärfe gegen den nicht mehr anwesenden Tartarin-Tarnheyden und reichlich ausgeprägtes Selbstbewusstsein auf." (Hueck vom 28. Februar 1934, in: UA Heidelberg, PA 764).

290 Dyk/Schauer, Zur Soziologie im Nationalsozialismus, S. 72.

291 Klingemann, Soziologie im Dritten Reich, S. 29.

292 Höhn, Die Wandlung in der Soziologie, S. 645.

293 Höhn, Volksgemeinschaft und Wissenschaft, S. 7.

294 „Völkischer Beobachter" vom 11. Januar 1934, zitiert nach Klingemann, Soziologie im Dritten Reich, S. 26. Ein weiterer Artikel im „Völkischen Beobachter" erschien am 10. Januar 1934 mit dem Titel „Tagung der deutschen Soziologen in Jena: Wissenschaft heißt jetzt mitarbeiten an der Gestaltung des deutschen Staates".

Nichtsdestotrotz beobachtete *Höhn* die DGS, obwohl sie nach wie vor inaktiv war, weiterhin. So erschien er auch Anfang 1934 auf der letzten Ratssitzung der Gesellschaft vor ihrer Neugründung im Jahr 1946.[295] Zudem ließ er nachrichtendienstlich gegen Präsident *Freyer* ermitteln, den er fortan unter Postkontrolle stellen ließ.[296] Außerdem soll er die Pläne *Freyers*, die DGS zusammen mit *Andreas Walther*, *Max Hildebert Boehm*, *Erich Rothacker* und *Max Rumpf* weiterzuführen, vereitelt haben.[297] Sein Hauptziel hatte *Höhn* da jedenfalls erreicht. Die als liberalistisch abgelehnte DGS war stillgelegt und somit mundtot gemacht. Dafür dominierten nunmehr die regimetreuen Gemeinschaftssoziologen ihren Fachbereich und bildeten „über 1933 hinaus einen Kern der ‚deutschen Soziologie'".[298]

Höhn selbst hingegen zog sich aus dem Fachbereich weitestgehend zurück[299] und trat als Soziologe erst gegen Kriegsende als Teilnehmer der „Arbeitsbesprechung des Reichswirtschaftsministeriums über soziologische Fragen und Aufgaben" am 1. Dezember 1944 wieder in Erscheinung.[300] Tagungsort war Berlin-Wannsee, Am Großen Wannsee 56/58.[301] Geladen hatte der Ständige Vertreter des Staatssekretärs im Reichswirtschaftsministerium und Leiter der Abteilung Inland des SD, *Otto Ohlendorf*, den *Höhn* 1936 persönlich für den SD angeworben hatte.[302] *Höhn* war wohl

---

Zudem erschien ein kürzerer Artikel am selben Tag auch in der Norddeutschen/ Berliner Ausgabe(Klingemann, Soziologie im Dritten Reich, S. 26).

295 Boehm erklärte 1947 dazu: „Auf einer Ratssitzung in Weimar einige Wochen später erschien Herr Krieck und brachte uneingeladen Herrn Höhn mit, den er (unter Berufung auf Carl Schmitt) uns aufdrängen wollte. Freyer lehnte ruhig und bestimmt ab und damit war das Porzellan entzwei." (Max Hildebert Boehm an Leopold von Wiese vom 3. September 1947, zitiert nach Klingemann, Soziologie und Politik, S. 126, Rn. 212).

296 Muller, The other god that failed, S. 272.So berichtete auch Boehm 1949 in einem Brief an Karl Heinz Pfeffer, dass Höhn „meinen Freund und ihren Lehrer Freyer wegen einer gemeinsamen Aktion zur Rettung der deutschen Soziologie unter geheime Postkontrolle stellen ließ ..." (zitiert nach Klingemann, Soziologie im Dritten Reich, S. 30.)

297 Weyer, Westdeutsche Soziologie 1945–1960, S. 100.

298 Rammstedt, Deutsche Soziologie 1933–1945, S. 18.

299 So auch Höhn selbst, vgl. Antworten Reinhard Höhns auf die Fragen von Herrn Prof. Dr. Sven Papcke zur Rolle der Soziologie/Sozialwissenschaften im Dritten Reich, in: Privatarchiv H. Borsch.

300 BArch R 3101/ 32024, Bl. 53.

301 BArch R 3101/ 32024, Bl. 52.

302 Höhn hatte Ohlendorf 1936 auf Vorschlag des Kieler Wirtschaftswissenschaftlers Jens Jessen (zu Jessen: Regina Schlüter-Ahrens, Der Volkswirt Jens Jessen: Leben und Werk, 2011) zum SD geholt, wobei er diesem erklärte, „dass gerade seine kritische Einstellung zu den politischen Ereignissen nach 1933 für die SD-Arbeit gesucht sei" (Entwurf eines Affidavits von Hayler, in: BArch N 1634/2, Bl. 113; Gnadengesuch Otto Ohlendorfs vom 21. Juni 1950, in: BArch N 1634/2, Bl. 35). In der Folgezeit trieb Höhn die Karriere Ohlendorf stetig voran. So waren sämtliche

zumindest Mitorganisator. So erklärte *Ohlendorf* in seinem Einladungsschreiben vom 18. November 1944:

> „In den letzten Monaten hat sich bei der Behandlung einer Anzahl wirtschaftspolitischer Grundfragen das Bedürfnis ergeben, die soziologische Seite der volkswirtschaftlichen Tatbestände mit in die wirtschaftspolitischen Überlegungen einzubeziehen. Nach einer Fühlungnahme, die Professor Dr. Reinhard Höhn in meinem Auftrage mit einer Anzahl Soziologen vorgenommen hat, erscheint es zweckmäßig, im Rahmen des Reichswirtschaftsministeriums Vertreter soziologischer Arbeitsrichtungen zu einer Aussprache nach Berlin zu bitten. Das Reichswirtschaftsministerium hat dabei das Interesse, über den gegenwärtigen wissenschaftlichen Stand der Soziologie unterrichtet zu werden und gleichzeitig eigene Fragestellungen Fachwissenschaftlern darzulegen."[303]

Auf der Besprechung,[304] welche *Höhn* als erstes Soziologentreffen seit der Jenaer Soziologentagung vom Januar 1934 bezeichnete,[305] ging es vornehmlich um den Zustand sowie die wissenschaftlichen Probleme des Faches. Als Referenten traten neben dem Initiator *Ohlendorf* noch *Max-Hildebert Boehm* mit dem Vortrag „Gegenwärtige Lage und Aufgabe der Soziologie", *Franz Ronneberger* mit einem dazugehörigen Koreferat und *Peter von Werder* mit einem Vortrag über die Landflucht auf.[306] *Höhn* selbst beteiligte sich nur mit zwei längeren Redebeiträgen an der Aussprache.[307]

c) Der „Lebensgebietsforscher"

Im April 1935 stieg *Höhn* beim SD zum Leiter der Zentralabteilung II/2 (Lebensgebietsmäßige Auswertung) auf,[308] wobei er seit Mai 1935 nur noch ehrenamtlich

---

Beförderungsvorschläge für Ohlendorf von Höhn (BArch (ehem. BDC) VBS 286, Signatur 6400032205).

303 BArch R 3101/ 32024, Bl. 52.

304 Geladene Teilnehmer der Arbeitsbesprechung waren Prof. Dr. Hans-Joachim Beyer (Prag), Prof. Dr. Max-Hildebert Boehm (Jena), Prof. Dr. Felix Boesler (Jena), Prof. Dr. Erich Eigner (Ziegenbrück), Prof. Dr. Rudolf Hippius (Prag), Prof. Dr. Horst Jecht (Heidelberg), Prof. Dr. Martin Lohmann (Freiburg), Prof. Dr. Karl-Vallentin Müller (Prag), Prof. Dr. Karl-Heinz Pfeffer (Berlin), Prof. Dr. Andreas Predöhl (Ratzeburg), Prof. Dr. Erich Schäfer (Nürnberg), Oberregierungsrat Dr. Gerhard Isenberg (Wittenberg), Direktor Dr. Alfred Jacobs (Berlin), Dr. jur. Franz Ronneberger (Wien) und Dr. Peter von Werder (Potdam). Zudem waren SS-Gruppenführer Ohlendorf, ORR Dr. Günther, Prof. Dr. Reinhard Höhn, ORR Kohl, Sonderführer Iorsch, Dr. W. Lück, ORR Dr. Mäding (mit 4 Herren), Dr. Ostermann, Min.Rat. Dr. Rollenhagen und Dr. Weiss, Dr. Wöckener als sonstige Teilnehmer anwesend (BArch R 3101/ 32024, Bl. 56).

305 BArch R 3101/ 32024, Bl. 87.

306 BArch R 3101/ 32024, Bl. 54.

307 BArch R 3101/ 32024, Bl. 87 ff.

308 Koehl, The Black Corps, S. 127.; Höhne, Der Orden unter dem Totenkopf, S. 217f.

für den SD tätig war.[309] Die Abteilung bestand aus drei Gruppen, die die gesamten Lebensbereiche des Volkes umfassen sollten. Die Gruppe I befasste sich mit Kultur, Wissenschaft, Erziehung und Volkstum. Die Gruppe II mit den Bereichen Recht, Verwaltung, Partei und Staat, der Hochschule und dem Studententum. Die Gruppe III bearbeitete sämtliche Gebiete der Wirtschaft.[310] Allerdings befand sich der SD nach wie vor noch im Aufbau, so dass auch *Höhns* Sektion nur über rudimentäre Strukturen eines Geheimdienstes verfügte. Sein Mitarbeiter *Otto Ohlendorf*, der nunmehr unter seiner Aufsicht die Hauptabteilung II/23 (Wirtschaft) aufbauen und leiten sollte,[311] beschrieb die Abteilung später wie folgt:

> „Das Bild im SD sah etwas anders aus, als ich erwartet habe. Der Chef des SD hatte mir gegenueber insofern uebertrieben, als er von einem SD sprach, den es in Wirklichkeit noch gar nicht gab. Die ganze Zentrale, die ich vorfand, bestand aus etwa 20 jungen Leuten, ohne Schreibkraefte, ohne Registratur, ohne irgendwelchen Hilfsmittel, im Reich keinerlei durchorganisierte Apparatur."[312]

Daneben fehlte es auch an einem klar definierten Aufgabenfeld:

> „Man wusste im einzelnen nicht einmal, was man wollte. Man griff einzelne Faelle auf, die in einer solchen embryonalen Organisation zufällig anfielen. Die natürlichen Interessen des Chefs [Höhn] waren praktisch der Inhalt des SD. Er war Staatswissenschaftler und Hochschullehrer, und so setzte die Arbeit im SD in der Hochschule bei den Staatswissenschaften ein."[313]

Höhn bestätigte die Ausführungen *Ohlendorfs* später.[314] Nach Ende des Krieges schrieb er: „Diese Abteilung war im Aufbau begriffen, man war sich noch nicht recht klar, was man eigentlich mit ihr wollte. Es ging damals auf diesem Gebiet so ziemlich alles drunter und drüber."[315] Selbst im Januar 1937 beschäftigte *Höhns* Abteilung nur 25 Mitarbeiter.[316] Dies lag vor allem an den mangelnden exekutiven Befugnissen des SD. Da die strafrechtliche Verfolgung von politischen Gegnern ohnehin Aufgabe des Staates, genauer der Gestapo, blieb, musste der SD seine Überwachung und Spionageaktivität auf jene Feindgruppen fokussieren, die noch

---

309 BArch (ehem. BDC) SSO, Höhn, Reinhard, 29.7.1904. Hintergrund war die Ernennung zum planmäßigen außerordentlichen Professor in Heidelberg.

310 BArch N 1340.

311 Aronson, Reinhard Heydrich, S. 213.

312 Otto Ohlendorf in der Vernehmung vor dem Militärgerichtshof im Fall 9 am 8. Oktober 1947, in: BArch N1340.

313 BArch N1340.

314 Aktenvermerk Höhns vom Dezember 1960, S. 7, in: Privatarchiv H. Borsch.

315 Stellungnahme Höhns zu den Vorwürfen der Berliner Spruchkammer 1958, in: Privatarchiv H. Borsch.

316 Schreiber, Elite im Verborgenen, S. 131.

nicht im Visier der Politischen Polizei waren, also vor allem die Juden und den politischen Katholizismus.[317]

Höhn dagegen setzte in der Zentralabteilung II/2 seine Tätigkeit als kulturpolitischer Referent fort und konzentrierte sich auf die Universitäten. Dort entwickelte er die Gegnerbeobachtung zur sogenannten „Lebensgebietsarbeit“ weiter, was vor allem die Erforschung der Reaktionen der beobachteten Bevölkerungsteile auf den Nationalsozialismus bedeutete, um die Herrschaft der Partei zu sichern.[318] Schon auf dem ersten Lehrgang auf der SD-Schule in Bernau im Januar 1935 hatte *Höhn* verkündet, den kompletten Bildungs- und Hochschulbereich überwachen zu wollen, um die „geistige Sabotage des Nationalsozialismus zu erkennen“.[319] Damit verfolgte *Höhn* einen rein analytischen Ansatz, mit dem er seiner Geheimdienstarbeit einen pseudowissenschaftlichen Anstrich verpasste. Seine Arbeit bestand vor allem im Sammeln und Auswerten von Informationen aus Zeitungen, Büchern oder Zeitschriften sowie der Akquirierung von Informanten und weniger aus operativen Aktionen oder der Observierung von Einzelpersonen. Konkrete Richtlinien oder Befugnisse, so *Höhn* später, gab es nicht, weshalb alles noch sehr „dilettantisch“ war.[320] „Von Effektivität und Lenkungskompetenzen konnte man nicht sprechen“.[321] *Höhns* Mitarbeiter *Erhard Mäding*, den er schon aus dem Jungdeutschen Orden kannte und bereits Ende 1933 für den SD geworben hatte,[322] beschrieb die Arbeit der Abteilung später wie folgt:

> „Die erste Aufgabe war die Herstellung von Kontakten zu sachkundigen Auskunftspersonen; das waren aus der aufgegebenen Sicht durchweg Akademiker der unterschiedlichen Berufsstellungen und Disziplinen. … Themen waren … außer der sozialen Lage die stimmungsmäßige Aufnahme staatlicher Maßnahmen in Fachkreisen, die Beobachtung von Mängeln, Verbesserungsvorschläge im öffentlichen Leben, die Lage der Hochschulen, neue wissenschaftliche Ansätze, Ideen und auch Ideologien. Die Beurteilung von Einzelpersonen blieb außer Betracht, die ‚Gegnerbeobachtung‘ betrieb der alte Zweig des SD.“[323]

---

317 Gerwarth, Reinhard Heydrich, S. 99.

318 Ergebnis der „Lebensgebietsforschung“ waren die Stimmungs- und Lageberichte, die von 1938 bis 1943 vom SD an die Parteispitze, an Reichsministerien und die Wehrmacht weitergegeben wurden, vgl. Boberach, Meldungen aus dem Reich 1933–1944.

319 Wildt, Generation des Unbedingten, S. 378.

320 Stellungnahme Höhns zu den Vorwürfen der Berliner Spruchkammer 1958, in: Privatarchiv H. Borsch.

321 Höhns Beantwortung der Fragen von Herrn Prof. Dr. Sven Papcke zur Rolle der Soziologie/Sozialwissenschaften im Dritten Reich, in: Privatarchiv H. Borsch.

322 Erinnerungsblätter Erhard Mäding, in: BArch N 1561/1, Bl. 49 ff. Mäding und Höhn kannten sich bereits von einer Zusammenkunft der jungdeutschen Studentengemeinschaft in Jena, wo Höhn die Ballei Südmark vertreten hatte (ebenda, Bl. 49).

323 Erinnerungsblätter Erhard Mäding, in: BArch N 1561/1, Bl. 53. Schon während seiner Anwerbung, so Mäding, habe ihm Höhn bei einem Waldspaziergang erklärt,

Entsprechend beschränkte sich zumindest die Arbeit *Mädings*, der zunächst ehrenamtlicher SD-Mitarbeiter und dann Leiter der *Höhn* zugeordneten Abteilung „Lebensgebiete" II/2 im SD-Oberabschnitt Sachsen war,[324] auf die Versendung von Lageberichten über „die stimmungsmäßige Aufnahme staatlicher Maßnahmen in Fachkreisen, die Betrachtung, die Beobachtung von Mängeln, Verbesserungsvorschläge im öffentlichen Leben, die Lage der Hochschulen, neue wissenschaftliche Ansätze, Ideen und auch Ideologien" an *Höhn*.[325]

An den von ihm besonders beobachteten Hochschulen hatte *Höhn* angeblich ein umfassendes Netzwerk an Informanten.[326] So behauptete er etwa 1993, dass *Himmler* „ungefähr 1936" 60 bis 70 deutsche Hochschullehrer in die Prinz-Albrecht-Straße eingeladen habe. Dort soll *Höhn* dann einen Vortrag über den englischen Secret Service gehalten haben. Schlussfolgerung war, dass auch „die deutsche Elite" es sich „zu Ehre" rechnen sollte, bei einer entsprechenden Institution mitzumachen. So habe er „reihenweise" Informanten aus dem Kreis der Hochschullehrer gewonnen. Diese Personen hätten dann Nummern bekommen und seien ohne Namensnennung im Amt geführt worden.[327] Die SD-Vertrauensmänner waren meist Professoren und Studenten aus den SS-Kameradschaften und lieferten *Höhn* wichtige Details aus dem deutschen Universitätsleben, wodurch die SS in beschränktem Umfang Hochschulpolitik betreiben konnte.[328] Zudem ließ er sich regelmäßig von an der Hochschule organisierten „SD-Arbeitsgemeinschaften" informieren.[329] Gleichzeitig setzte *Höhn* über *Eckhardt*, der inzwischen als SS-Untersturmführer zum persönlichen Stab *Himmlers* gehörte, auch die Zusammenarbeit mit dem REM fort.[330]

Daneben war *Höhn* maßgeblich am Aufbau des SD beteiligt, wobei er insbesondere an der Rekrutierung und Förderung von geeignetem Personal mitwirkte. Da er ohnehin im akademischen Umfeld verwurzelt war und die Universitäten seinen geheimdienstlichen Tätigkeitsschwerpunkt darstellten, war er prädestiniert für die Anwerbung junger Akademiker. So zeichnete sich *Höhn* für die Einstellung zahlreicher späterer SD-Größen verantwortlich. Einen ersten erfolgreichen Rekrutierungsversuch unternahm er 1933 an der Universität Leipzig, wo er nach der Anwerbung

---

dass die Arbeit im SD „mit Einzelpersonen und ihrer politischen Ausforschung" nichts zu tun habe, sondern es vielmehr darauf ankäme, „aus den ‚Lebensgebieten' (z.B. Verwaltung, Wirtschaft) fachlich gute Leute für die Mitarbeit zu gewinnen und so die allgemeine Lage zu erfassen" (ebenda, Bl. 49).

324 Schreiber, Elite im Verborgenen, S. 405.

325 Erinnerungsblätter Erhard Mäding, in: BArch N 1561/1, Bl. 53.

326 Von Lösch, Der nackte Geist, S. 324.

327 Teilweise hätten solche Hochschullehrer nach 1945 hohe Positionen erhalten, weil sie mit dem Nationalsozialismus nichts zu tun gehabt hätten. Höhn war nicht bereit, Namen zu nennen (Gesprächsprotokoll der Befragung Reinhard Höhns durch Anna-Maria Gräfin von Lösch vom 21. August 1993).

328 Kater, Das Ahnenerbe der SS, S. 69.

329 Kater, Das Ahnenerbe der SS, S. 130.

330 Niemann, Karl August Eckhardt, S. 168.

des Juristen *Erhard Mäding* mit diesem zusammen auch die späteren SS-Einsatzgruppenführer und Amtsleiter im RSHA *Heinz Gräfe* und *Wilhelm Spengler* zum SD lotste.[331] Später holte er auch *Franz Alfred Six*, den er aus der gemeinsamen Zeit an der Universität Heidelberg kannte und der es bis zum Chef des Amtes II (Gegnerforschung) im RSHA brachte, zum SD und wurde dort sein Mentor.[332] Der Versuch, den Kieler Staatswissenschaftler *Jens Jessen* für den SD zu gewinnen, scheiterte dagegen.[333] Auch den Heidelberger Studentenfunktionär *Gustav Adolf Scheel* warb er für den SD,[334] bevor er im Auftrag *Himmlers* auch dessen Ernennung zum Reichsstudentenführer im REM betrieb.[335] Zusammen mit *Scheel* rekrutierte *Höhn* wiederum *Martin Sandberger*.[336] Auch *Hans Ehlich*, der später Abteilungsleiter für Rassen und Gesundheit im RSHA unter *Ohlendorf* wurde, der spätere Anführer des Einsatzkommandos 11b in der Ukraine *Werner Braune* und der SD-Wissenschaftsreferent *Leopold von Caprivi* wurden von *Höhn* zum SD geholt.[337] Zuletzt war er auch an der Rekrutierung *Walter Schellenbergs* beteiligt, dem er im April 1940 sogar bei der Wahl eines Dissertationsthemas behilflich war, nachdem dieser einen ersten Versuch verworfen hatte.[338] *Höhn* verfügte so über ein hervorragendes Netzwerk innerhalb des SD, welches ihm fortan als eigene Machtbasis diente.

Hierdurch hatte *Höhn* nicht nur entscheidend an der Entwicklung der Organisation mitgewirkt, sondern war überdies zu einem der wichtigsten und mächtigsten Männer des SD geworden. So wurde er am 30. Januar 1937 zum SS-Obersturmbannführer befördert.[339] *Höhns* außerordentliche Stellung zeigt sich dabei vor allem auch in seinem Verhältnis zu Reichsführer-SS *Heinrich Himmler*, von dem er mitunter mit Sonderaufgaben betraut wurde.[340] Unlängst war *Höhn* zu „Himmlers Hofgelehrten"[341] aufgestiegen. Dabei war er nicht nur zu einem engen Vertrauten und Mitarbeiter des Reichsführers-SS avanciert.[342] Beide unterhielten auch private Verbindungen. Bereits kurz nach *Höhns* Eintritt in die SS und den SD war man sich persönlich nähergekommen. In mehreren Unterhaltungen hatten sie ihr gemeinsames Interesse

331 Wildt, Generation des Unbedingten, S. 107, S. 178, S. 248 und S. 161 ff.
332 Hachmeister, Der Gegnerforscher, S. 22, S. 87.
333 Höhne, Der Orden unter dem Totenkopf, S. 198.
334 Hachmeister, Die Rolle des SD-Personals in der Nachkriegszeit. Zur nationalsozialistischen Durchdringung der Bundesrepublik, S. 349 , in: Wildt, Nachrichtendienst, politische Elite und Mordeinheit, S. 347–369.
335 Arnold, Gustav Adolf Scheel, S. 583.
336 Wildt, Generation des Unbedingten, S. 170.
337 Herbert, Werner Best, S. 194; Wildt, Generation des Unbedingten, S. 178, S. 381; Dierker, Himmlers Glaubenskrieger, S. 63.
338 Doerries, Hitler's Intelligence Chief, S. 6.
339 BArch (ehem. BDC) SSO, Höhn, Reinhard, 29.7.1904.
340 Heiber, Walter Frank, S. 886.
341 Reitlinger, Die SS, S. 51.
342 Hachmeister, Der Gegnerforscher, S. 87; Klingemann, Ursachenanalyse und ethnopolitische Gegenstrategie, S. 195.

für germanisches Rechtsdenken und fernöstliche Glaubensrichtungen entdeckt. *Himmler*, der ohnehin eine Passion für spirituelle und buddhistische Einflüsse hatte,[343] soll geradezu beeindruckt von *Höhns* Kenntnissen über die indogermanischen Religionen gewesen sein.[344] Tatsächlich fand auch später ein reger Austausch über religiöse Fragen zwischen beiden statt. Auf Bitten *Himmlers* schickte *Höhn* ihm die Bhagavad-Gita, ein hinduistisches Heldenepos, die der Reichsführer auch „sehr genau gelesen haben soll".[345] Und als er zum Julfest 1935 vom Reichsführer-SS die Festausgabe des Sippenordens der SS zugesandt bekam, schenkte er ihm noch in der Silvesternacht aus Freude darüber eine Sammlung mit Reden Buddhas. Diese versah er mit dem Hinweis, sie könnten, wenngleich „einer anderen Welt" entstammend, als „Ausdruck arischen Denkens" auch der Führung der SS nützen und gehörten in „das Weistum unseres Ordens". Weiter schrieb er seinem Reichsführer in Anlehnung an den Achtfachen Pfad des Buddhismus: „Bald werden Sie auch die letzten Geheimnisse, die niedergeschrieben sind und weitergetragen werden oder nur mündlich weiterlaufen, erfaßt haben." Vorerst aber, so *Höhn*, könne *Himmler* jedenfalls „für das Führerkorps der SS die erste [Ebene des Achtfachen Pfades, Anmerkung des Verfassers] beschreiten, wenn Sie heute nacht bei der brennenden Kerze das Korps reinen Herzens gleichgerichtet, aufnahmefähig und aufnahmebereit um sich versammeln".[346]

3. Höhns wissenschaftlicher Aufstieg

Mit *Höhns* Aufstieg im SD erhielt auch seine universitäre Karriere neuen Auftrieb. Fortan war die parteipolitische nicht mehr von der wissenschaftlichen Laufbahn zu trennen, wobei sich beide gegenseitig beförderten. Seine akademische Qualifikation hatte ihm den Zutritt und das Fortkommen im SD ermöglicht.[347] Die dortige Tätigkeit sorgte wiederum für die positive Beeinflussung der Hochschullaufbahn.[348]

a) Höhn an der Universität Heidelberg

Schon wenige Monate nach seinem Amtsantritt im SD trieb *Höhn* auch seine wissenschaftliche Karriere weiter voran. Anfang des Jahres 1934 unternahm er den Versuch, sich an der Heidelberger Ruprecht-Karls-Universität zu habilitieren.

Zuvor waren bereits zwei Habilitationsgesuche *Höhns* an der Universität Jena erfolglos geblieben. Dort hatte sich *Höhn* schon Ende 1929 um seine Habilitation bemüht. Ein offizielles Habilitationsgesuch war allerdings gescheitert. *Max Grünhut*

343 Longerich, Himmler, S. 291 ff.
344 Undatierter Lebenslauf Höhns, S. 2, in: Privatarchiv H. Borsch.
345 Undatierter Lebenslauf Höhns, S. 2, in: Privatarchiv H. Borsch.
346 BArch R 58/ 3563, Bl. 178.
347 Aronson, Reinhard Heydrich, S. 216.
348 Klingemann, Ursachenanalyse und ethnopolitische Gegenstrategie, S. 195.

hatte seine Absichten abgelehnt, da er ihn wohl „dazu nicht für geeignet hielt".[349] Nach der Abweisung durch seinen Doktorvater hatte *Höhn* seine Absichten sodann im „Politischen Seminar" *Otto Koellreutters* hinterlegt. Aber *Koellreutter* zog *Höhn* einen „geeigneteren Schüler" vor. Überhaupt äußerte sich der Jenaer Staatsrechtler „stark ablehnend" zu *Höhns* Gesuch.[350] Zuletzt forderte die Juristische Fakultät in Jena auch das Assessorexamen als Voraussetzung. Und die Fakultät hatte „keine Neigung" gezeigt, zu Gunsten *Höhns* „eine an sich mögliche Ausnahme zu machen".[351] *Höhn* selbst machte später dagegen seine, in der Professorenschaft damals nur wenig honorierte, Tätigkeit als Repetitor für den erfolglosen Antrag verantwortlich.[352]

Um sein Habilitationsverfahren abzuschließen, wandte er sich nunmehr an die Heidelberger Universität, an der er die Annahme seiner Arbeit beantragte. Inzwischen hatte *Höhn* schließlich eine vielversprechende Karriere im nationalsozialistischen Machtapparat begonnen und konnte auf einflussreiche Fürsprecher zählen, womit die Ausgangslage wesentlich günstiger als noch zur Zeit der Weimarer Republik war. Dass die Wahl ausgerechnet auf Heidelberg fiel, lag in erster Linie an *Ernst Krieck*. *Krieck*, der in Heidelberg einen Lehrstuhl für Philosophie und Pädagogik hatte, war inzwischen zum Förderer *Höhns* avanciert und unterstützte dessen Habilitationsgesuch. Bereits am 6. Februar 1934 schickte *Krieck* ein Gutachten an die Juristische Fakultät,[353] in dem er sich „warm für ihn" einsetzte.[354]

Diese holte allerdings zunächst Erkundigungen bei ehemaligen Lehrern *Höhns* in Jena ein. Am 21. Februar 1934 antwortete *Otto Koellreutter*, der 1933 von Jena nach München gewechselt war, dem für die Habilitationsangelegenheit zuständigen Staatsrechtslehrer *Walter Jellinek*. Das sich die Heidelberger ausgerechnet an *Koellreutter* wandten, war für *Höhn* ausgesprochen heikel. Beide verband spätestens seit der Intervention *Koellreutters* bei *Höhns* Habilitationsversuch in Jena eine besondere persönliche Abneigung. Man war sich schlicht „spinnefeind".[355] *Koellreutter*

349 UA Heidelberg, PA 764.
350 UA Heidelberg, PA 764.
351 UA Heidelberg, PA 764.
352 Heiber, Walter Frank, S. 881.
353 Krieck vom 6. Februar 1934, UA Heidelberg, PA 4245.
354 So formulierte es die Heidelberger Juristische Fakultät in einem Schreiben an den Rektor der Universität vom 7. März 1934 (UA Heidelberg, PA 764).
355 Schmidt, Otto Koellreutter, S. 76, Rn. 363. Koellreutters Antipathie gegenüber Höhn wird nicht zuletzt in einem Brief an Mirow vom 1. November 1934 deutlich. Höhn, so Koellreutter, gehöre zu den „herzlich unbedeutenden Nachtretern" Carl Schmitts und sei „in ganz Thüringen gerade auch bei den Parteistellen ... als politischer Wandervogel bekannt". Auch wiederholte er, dass Höhn „keinen Assessor gemacht" habe. „Rechtspraxis und Rechtserfahrung sind ja nicht nötig, wenn man nur von Gemeinschaft redet und Phrasen zu machen braucht." Zudem erwähnte er seine Buchkritik zu einem Werk Höhns, welche er in der Zeitschrift „Archiv des öffentlichen Rechts" veröffentlichen wollte, was aber am Widerstand des Mitherausgebers Nicolai scheiterte, da dieser „als Funktionär der Rechtsfront dadurch in eine schwierige Lage kommen könnte". Nunmehr wollte sich Koellreutter an eine

wusste denn auch nichts Gutes über *Höhn*, den er als Teilnehmer seines „Politischen Seminars" kannte, zu berichten. *Höhn* sei zwar „zweifellos intelligent", wisse „das aber nur zu sehr", weshalb er sich stark überschätze. Das Referendarexamen habe *Höhn* noch mit „gut" bestanden, doch zu seiner Dissertation hätte Doktorvater *Grünhut* „noch selbst sehr viel dazugetan", gleichwohl sie veröffentlicht wurde. Für „einen echten Wissenschaftler" hielt *Koellreutter Höhn* demgemäß nicht. Ferner hätte er es abgelehnt, den Assessor zu machen, da „er sich für den ‚Kleinkram' der Praxis zu gut" dünkte. Überhaupt urteilte *Koellreutter* über *Höhn*: „Er trat dann für meinen Geschmack immer anmassender und unmöglicher auf, sodass unsere Beziehungen immer mehr rein negativer Art wurden, zumal er mit allen Mitteln sein Ziel durchzudrücken suchte. Für meinen Geschmack ist also Hoehn als Persönlichkeit unerfreulich, auch für oder gerade für das Dritte Reich. Das ist offenbar auch die Meinung in Weimar im Kultusministerium."[356] Wenig später meldete sich der Arbeitsrechtler *Alfred Hueck* aus Jena, der über *Höhn* aber „persönlich wenig sagen" konnte und *Koellreutters* Aussagen abschwächte. *Hueck* wusste zwar nicht, ob sich *Höhn* überhaupt bei *Grünhut* beworben hatte. Dagegen habe er sich selber, auf Wunsch von *Koellreutter*, bei *Grünhut* in Bonn erkundigt und erfahren, dass dieser „eine Habilitation in Bonn nicht befürworten würde, zum mindesten nicht, ehe Höhn sein Assessorexamen gemacht habe".[357]

Gleichwohl hatte *Höhns* Habilitationsgesuch neben *Krieck* auch einen weiteren prominenten Befürworter. Auf Bitten des Heidelberger Rektors *Wilhelm Groh*[358] schickte *Carl Schmitt* nach einem persönlichen Treffen[359] mit *Höhn* am 28. Februar 1934 ein positives Gutachten über „Dr. Höhn" an das Kultusministerium. Darin führte *Schmitt* in Anspielung auf *Koellreutters* Schreiben aus: „Wir haben in unserer Reichsgeschäftsstelle des NSDJB erst nach einigen Bemühungen ein klares Bild von der Persönlichkeit des Herrn Dr. Höhn erhalten, das nicht aus lokalen Differenzen, sondern durch das objektive Interesse an einer bedeutenden Kraft zu gewinnen ist. Aus diesem objektiven Interesse heraus setze ich mich für Herrn Dr. Höhn ein. Ich wäre Ihnen sehr verbunden, wenn Sie diese meine Mitteilung allen mit der Habilitationsangelegenheit befaßten Herren Kollegen, insbesondere auch Herrn Walter Jellinek, der, wie ich höre, Referent in dieser Frage ist, weitergeben wollten."[360] Zwar resultierte die Unterstützung *Schmitts* wohl eher aus der gemeinsamen

---

Parteistelle wenden, um seinen Aufsatz, der „eine grundlegende Abrechnung mit Herrn Höhn und seinen Trabanten" ermöglicht, publik zu machen (Tel Aviv University, Wiener Libary, „black box", Carl Schmitts Documents, 613 E, Bl. 12f., zitiert nach Hünemörder, Auf glattem Eis, S. 269). Die Aversion gegen Höhn ging sogar so weit, dass Koellreutter eine „Akte Hoehn" anlegte (UA Heidelberg, PA 764).

356 Koellreutter an Jellinek vom 21. Februar 1934, UA Heidelberg, PA 764.

357 Hueck vom 28. Februar 1934, UA Heidelberg, PA 764.

358 Zu Groh: Leo, Wilhelm Groh - erster Rektor der Ruperto-Carola in der NS-Zeit, Hamburg 2012.

359 Mehring, Carl Schmitt, S. 346.

360 UA Heidelberg, PA 764, o.Bl.

Rivalität zu *Otto Koellreutter*,[361] doch hatte *Höhn* mit dem preußischen Staatsrat einen gewichtigen Fürsprecher gewonnen. Zudem hatte *Höhn* Heidelberg zwischenzeitlich sogar persönlich besucht, wobei der Eindruck, den er bei Dekan *Engisch* hinterließ, „ein günstiger" war. Zudem hielt dieser ihm zu Gute, als Repetitor in Jena gearbeitet zu haben, so dass „an seiner pädagogischen Begabung nicht zu zweifeln ist".[362] Bedingt durch die Fürsprache *Kriecks* und vor allem *Schmitts*[363] wurde *Höhns* Habilitationsgesuch schließlich angenommen. Mit Erlass vom 15. März 1934 wurde er vom Kultusminister offiziell für die Habilitation zugelassen.[364]

Die Bewertung von *Höhns* Habilitationsschrift mit dem Titel „Der individualistische Staatsbegriff und die juristische Person" fiel grundsätzlich wohlwollend aus. Der Freiburger Rechtsphilosoph *Erik Wolf*, der nur den naturrechtlichen Abschnitt der Arbeit bewertete, kam zu folgendem Ergebnis: „Ich finde ihn klar und flüssig geschrieben, auch die Behauptungen einleuchtend, wenn auch nicht immer überzeugend begründet. Was auffällt ist das nahezu gänzliche Fehlen von Zitaten." Zwar monierte *Wolf* „die bisweilen ein wenig gewaltsamen Wortinterpretationen Höhns", doch kam er zu der Gesamtbeurteilung: „Die Haltung des ganzen Buches erscheint mir durchaus die eines ernst zu nehmenden wissenschaftlichen Menschen zu sein. Die frühere, strafrechtshistorische Arbeit von H. ist sehr schätzbar. Ich würde meinen, daß man ihm die akademische Laufbahn aufgrund seiner früheren wie der vorgelegten Leistung öffnen sollte."[365]

Auch der zweite Gutachter *Heinrich Mitteis* hielt „die Arbeit für eine starke Talentprobe eines eigenwilligen und temperamentvollen Dogmatikers", „die als Habilitationsschrift sehr wohl in Frage kommt."[366] Zuletzt befand auch *Jellinek*, das *Höhn* eine „sehr anregende Arbeit, anregend wegen des Gegenstands, aber auch wegen der Art seiner Behandlung" abgegeben hätte und ein beachtlicher „Praktiker und Theoretiker des Gemeinschaftsgedankens" sei. Als abschließende Beurteilung schrieb er: „Im Übrigen empfehle ich die Annahme der Arbeit als Habilitationsleistung für Allgemeine Staatslehre und Staatsrecht. Ich tue es umso lieber, als ich aus der persönlichen Unterhaltung mit dem Verfasser die Überzeugung gewonnen habe, daß der Wille, aber auch das Zeug zu einem echten Gelehrten in ihm steckt."[367]

Am 26. März 1934 hielt *Höhn* dann seine Probevorlesung über „Die Wandlung des Begriffs der Reichregierung".[368] Im Anschluss an die Vorlesung fand die Sitzung

361 Von Lösch, Der nackte Geist, S. 437.
362 Engisch an Groh vom 7. März 1934, UA Heidelberg, PA 764.
363 Von Lösch, Der nackte Geist, S. 324.
364 Erlass Nr. A 6798 vom 15. März 1934, UA Heidelberg, PA 764.
365 Wolf an Jellinek vom 16. März 1934, UA Heidelberg, PA 764.
366 UA Heidelberg, PA 764.
367 UA Heidelberg, PA 764.
368 Höhn hatte am 3. März drei Themenvorschläge eingereicht: „Die Wandlung des Begriffs der Reichsregierung", „Das Führerprinzip und der Beschluss der Reichsregierung", „Maurenbrechers Auseinandersetzung mit Albrecht und seine Bedeutung für das heutige Staatsrecht" (UA Heidelberg, PA 764).

der engeren Fakultät statt, um über die Erteilung der venia legendi zu beraten. Teilnehmer waren der Prodekan *Ulmer*, *Jellinek*, *Mitteis*, *Groh*, Freiherr *von Künssberg* und *Engelhard*. Die Anwesenden beschieden *Höhn* „eine im ganzen positive Bewertung" und kamen zu folgendem Ergebnis: „Die Mitglieder der Fakultät sind sich darüber einig, dass Höhn den an Probevortrag und Colloquium zu stellenden Anforderungen entsprochen hat." Folglich beschloss man, *Höhn* die venia legendi für Staatsrecht und allgemeine Staatslehre zu erteilen.[369] Nur einen Tag später am 27. März 1937 wurde *Höhn* die Ernennungsurkunde übersandt.[370] Am 19. April 1934 folgte die Genehmigung der Habilitation für die Fächer Staatsrecht und allgemeine Staatslehre vom Ministerium.[371]

Zum Sommersemester 1934 war *Höhn* dann anschließend als Privatdozent in Heidelberg tätig. Sein Repetitorium in Jena musste er schließen, weshalb er zunächst finanzielle Einbußen hinnehmen musste und ein Privatdozentenstipendium beantragte. *Höhns* Antrag wird dann auch stattgegeben, wodurch er einen Unterhaltszuschuss in Höhe von 292,50 RM monatlich erhielt.[372] Die Antrittsvorlesung über „Die Wandlung des Gesetzesbegriffs" fand am 12. Mai 1934 statt.[373] *Höhns* Einführung in die Fakultät verlief dabei nicht ohne Protest aus der Professorenschaft. Der Rechtshistoriker *Ernst Levy*, der später wegen seiner jüdischen Herkunft von seinem Lehrstuhl entfernt wurde, boykottierte die Vorlesung, da er die nationalistisch-rassischen Rechtsvorstellungen des jungen Kollegen missbilligte.[374] In seinem ersten Semester als Privatdozent in Heidelberg hielt *Höhn* zudem eine Vorlesung über „Gemeinschaft, Rasse und Recht".[375] Daneben veranstaltete er zusammen mit Dekan *Engisch* ein staatspolitisches Seminar über den „Deutschen Idealismus von Kant und Hegel".[376] Im folgenden Wintersemester führte er Vorlesungen über „Deutsches Staatsrecht", „Allgemeine Staatslehre", eine Übung im Staats- und Verwaltungsrecht und daneben ein staatsrechtliches Seminar durch.[377]

Seine Arbeit für den SD setzte er in dieser Zeit nach wie vor fort, weshalb er im März 1934 nach Berlin in die Hortensienstraße zog[378] und somit nur selten vor Ort in Heidelberg war. Seiner Karriere als Professor tat dies keinen Abbruch. Ganz im Gegenteil verhalfen ihm seine Tätigkeit und die damit verbundene Nähe zum SS-Führungszirkel um *Heinrich Himmler* zu einem stetigen Aufstieg in der Wissenschaft. Hinzu kam, dass der badische Kultusminister und SS-Führer *Otto Wacker* das Juristische Seminar in Heidelberg zur 4. Stoßtruppfakultät neben denen der

---

369 UA Heidelberg, PA 764.
370 UA Heidelberg, PA 764.
371 Erlass Nr. 5416 vom 19. April 1934, in: UA Heidelberg, Rep. 27 507.
372 UA Heidelberg, PA 764.
373 UA Heidelberg, PA 764.
374 Schroeder, Eine Universität für Juristen und von Juristen, S. 544.
375 UA Heidelberg, Rep. 27 507.
376 Schroeder, Eine Universität für Juristen und von Juristen, S. 538.
377 UA Heidelberg, PA 764;UA Heidelberg, Rep. 27 507.
378 BArch (ehem. BDC) SSO, Höhn, Reinhard, 29.7.1904.

Universitäten Kiel, Breslau und Königsberg ausbauen wollte.[379] So wurde *Höhn* bereits am 29. Januar 1935 mit Wirkung zum 1. April 1935 vom Reichstatthalter zum planmäßigen außerordentlichen Professor für Staats- und Verwaltungsrecht in Heidelberg ernannt.[380] Am 12. Februar legte er den Diensteid auf *Adolf Hitler* ab.[381] Somit hatte er nach der vorherigen Abberufung der Professoren *Jellinek* und *Anschütz* den einzigen Lehrstuhl für Öffentliches Recht in Heidelberg inne.[382]

Dabei wurde *Höhn* zunächst sogar als Nachfolger für das noch vakante Ordinariat von *Anschütz* gehandelt. Nachdem *Koellreutter*, *Heckel* und auch *Carl Schmitt* den Ruf nach Heidelberg ablehnten, schlug Dekan *Engisch Bilfinger*, *Schönborn* und *Liermann* vor. Ferner empfahl er aus der Heidelberger Privatdozentenschaft *Ernst Friesenhahn* und auch *Höhn*, wobei er hinzufügte, „dass es ein bewährter Brauch ist, nicht einen jungen Privatdozenten in einen offen gewordenen Lehrstuhl seines Faches bei derselben Universität aufrücken zu lassen."[383] Überdies hatte *Engisch* besonders gegen eine Ernennung *Höhns* Vorbehalte. In einem Gutachten sprach er diesem die erforderlich Reife für eine ordentliche Professur ab.[384] Außerdem sei man nicht gewillt, den in der akademischen Welt bisher kaum profilierten *Höhn* für diesen „höchst wichtigen und mit besonderer Verantwortung belasteten Lehrstuhl vorzuschlagen". Unterstützt wurde *Höhn* dagegen erneut von *Groh*, der ihn von allen Kandidaten favorisierte. Dass *Höhn* nur auf „wenige kurze, aber tüchtige wissenschaftliche Leistungen" verweisen könne, so der Rektor, sei kein Makel. Jedoch machte er zur Voraussetzung, dass *Höhn* dauerhaft nach Heidelberg ziehe und nicht mehr wöchentlich nach Berlin pendele.[385] Und auch *Wackers* Kultusministerium befürwortete die Beförderung *Höhns* zum Ordinarius. Das Reichserziehungsministerium lehnte den Vorschlag aber dennoch ab, wobei man sich in Berlin auf eine formaljuristische Begründung stützte. Aufgrund der einheitlichen Planung im gesamten Reich müsste *Höhn* als Privatdozent grundsätzlich zuerst ein Extraordinariat verliehen werden. Da dessen Habilitation auch erst ein Jahr zurückliege und *Höhn* aus dieser Zeit auch keine nennenswerten Veröffentlichungen vorweisen könne, würde auch ein gesetzlicher Ausnahmefall nicht eingreifen. Mithin bewilligte der zuständige Referent im REM, *Höhns* Freund und SS-Kamerad *Karl August Eckhardt*, nur die Ernennung zum planmäßigen außerordentlichen Professor. Daran änderte selbst der Vorstoß des badischen Kultusministeriums und *Grohs*, *Höhn* zumindest

379 Schroeder, Eine Universität für Juristen und von Juristen, S. 531; Engisch schrieb denn auch im Jahr 1946, dass Höhn in Heidelberg „der einzige echte Nationalsozialist" gewesen sei und nur auf Veranlassung des Ministeriums an die Universität gelangt sei (zitiert nach Schröder, Eine Universität für Juristen und von Juristen, S. 546).

380 UA Heidelberg, Rep. 27 507.

381 Schroeder, Eine Universität für Juristen und von Juristen, S. 545.

382 Vézina, Die Gleichschaltung der Universität Heidelberg, S. 127.

383 Mußgnug, Die Juristische Fakultät, S. 269.

384 Vézina, Die Gleichschaltung der Universität Heidelberg, S. 126.

385 Schroeder, Eine Universität für Juristen und von Juristen, S. 545.

die Amtsbezeichnung und die akademischen Rechte eines ordentlichen Professors zu verleihen, damit er nach außen eine gleichberechtigte Position gegenüber dem „nichtarischen zweiten Fachvertreter, Professor Jellinek" erhalte, nichts.[386] *Eckhardt* lehnte erneut ab, stimmte aber immerhin der höchsten Gehaltsstufe für Extraordinarien für *Höhn* zu.[387]

Trotz seines Aufstiegs zum außerordentlichen Professor blieb *Höhns* Tätigkeitsschwerpunkt auch im Sommersemester 1935 beim SD in Berlin. Zwar hielt er noch zwei Vorlesungen über „Verfassungsgeschichte der Neuzeit" und „Verwaltung" sowie eine Übung im Verfassungs- und Verwaltungsrecht,[388] weshalb er einmal pro Woche mit dem Nachtzug von Berlin nach Heidelberg fuhr. Allerdings wurde er gleichermaßen häufig von dem Privatdozenten *Herbert Krüger* vertreten,[389] womit der Lehrstuhl weiterhin in der Hand der SS blieb. *Höhn* hatte *Krüger*, welcher der SS am 2. November 1933 beigetreten war,[390] der Fakultät sogar nachdrücklich empfohlen.[391]

b) Berufung an die Universität Berlin

Ende des Sommersemesters 1935 zeichnete sich dann auch *Höhns* akademischer Wechsel nach Berlin ab. *Karl August Eckhardt*, *Höhns* persönliche Einbruchstelle im REM, hatte bereits im November 1934 versucht, ihn für einen Lehrstuhl an der Handelshochschule Berlin zu gewinnen. Doch hatte dieser Erkundigungen über die Reputation der Schule eingeholt und „ziemlich niederschmetternde Auskünfte über die Studentenzahl und die Verpflichtung der Studenten, öffentliches Recht zu hören" erhalten, weshalb er seinen Freund bat, von einer Berufung abzusehen.[392]

Im September 1935 unternahm *Eckhardt* sodann einen erneuten Versuch, *Höhn* nach Berlin zu holen. Diesmal allerdings an die Friedrich-Wilhelms-Universität, wo *Eckhardt* inzwischen Professor an der Philosophischen Fakultät war.[393] Die Berufung *Höhns* trieb er als „dringliches Anliegen" voran, so dass die Juristische Fakultät, nachdem *Eckhardt* Dekan *Gleispach* über das Vorhaben des REM informiert hatte, schon nach kurzer Zeit einen Berufungsausschuss einsetzte, dem die Professoren *Smend*, *Schmitt*, *Emge* und *Peters* sowie *Kier*, als Vertreter der Dozentenschaft, angehörten.[394] Obwohl *Höhn* der Unterstützung *Eckhardts* und des Reichswissenschaftsministeriums sicher sein konnte, galt seine Berufung nach Berlin als „heikel

386 Vézina, Die Gleichschaltung der Universität Heidelberg, S. 126 f.
387 Schroeder, Eine Universität für Juristen und von Juristen, S. 545.
388 UA Heidelberg, Rep. 27 507.
389 Von Lösch, Der nackte Geist, S. 326.
390 BArch (ehem. BDC) SSO, Krüger, Herbert, 14.12.1905.
391 Mußgnug, Die Juristische Fakultät, S. 287, Fn. 202.
392 Von Lösch, Der nackte Geist, S. 439.
393 Niemann, Karl August Eckhardt, S. 162.
394 Von Lösch, Der nackte Geist, S. 326.

und undurchsichtig".[395] *Emge* hatte Dekan *Gleispach* ersucht, im Berufungskomitee Neutralität wahren zu dürfen, weil er aufgrund seiner früheren Tätigkeit als nationalsozialistischer Universitätskommissar befangen sei. Ihm zufolge sei „die Sache Höhn sehr kompliziert", da sie „überall sehr beobachtet werden ... und vermutliche Gegensätze innerhalb" des Kreises der Fakultät „unerwünscht in Erscheinung treten lassen" würde. Darüber hinaus bat er den Dekan, sich bei *Eckhardt* dafür einzusetzen, dass die Berufung *Höhn* nicht übereilt werde.[396]

Auch die Rolle *Carl Schmitts* in dem Berufungsverfahren war nicht ganz eindeutig. Zwar steuerte er für den Berufungsausschuss wie schon in Heidelberg ein sehr wohlwollendes Gutachten über *Höhn* bei. Darin schrieb er, dessen Leistung sei „außerordentlich respektabel und überragt trotz mancher Ergänzungsbedürftigkeit die wissenschaftlichen Leistungen mancher heutiger Ordinarien bei weitem". Zudem verfüge der junge Kollege über eine hervorragende Lehrbefähigung und trete aus dem Kreis der jüngeren Staatsrechtsprofessoren „als eine echte wissenschaftliche Führerpersönlichkeit" hervor. Allerdings, so *Höhn*, habe *Schmitt* seine positive Beurteilung nur nach Aufforderung von *Eckhardt* verfasst, wobei weniger kollegiale Wertschätzung als vielmehr strategisches Kalkül auschlaggebend war.[397] Schließlich hätte *Schmitt* ihn für gefährlich gehalten und ein positives Votum des Berufungsausschusses wäre auch an dessen Widerstand kaum gescheitert. Und auch *Eckhardt* sprach später von „üblen Methoden" *Schmitts*, mit denen er *Höhn* in Berlin verhindern wollte. So soll sich dieser ihm „gegenüber in einem begeisterten Brief" für die Berufung Höhns ausgesprochen haben, während er gleichzeitig versuchte, sie „auf Schleichwegen und durch Vorstelligwerden ... im Ministerium zu unterbinden".[398]

Die Entscheidung über *Höhns* Berufung fiel schließlich auf der Fakultätssitzung am 25. Oktober 1935. *Höhn* zufolge sprach sich der Berufungsausschuss einstimmig für ihn aus,[399] womit auch *Schmitt* und *Emge* sich zu seinen Gunsten entschieden hätten. Am 30. Oktober 1935 wurde er sodann vom REM mit Wirkung zum 1. November zum planmäßigen außerordentlichen Professor für Staats- und Verwaltungsrecht ernannt.[400] Daneben wurde er stellvertretender Direktor des Instituts für Staatsforschung,[401] welches 1935 von der Universität Kiel nach Berlin verlegt wurde.[402] Dort erwarb *Höhn* zusammen mit seiner Frau *Susanne* sodann ein Haus

395 Von Lösch, Der nackte Geist, S. 326.
396 Von Lösch, Der nackt Geist, S. 327, Anm. 485.
397 Rückblickend bemerkte Höhn über Carl Schmitts Rolle in dem Berliner Berufungsverfahren: „Carl Schmitt war ein Jesuit ... Er war ein gefährlicher Mann ... Weil man nie wusste, wie er es meint." (Von Lösch, Der nackte Geist, S. 327).
398 BArch R 58/ 854, Bl. 174; Von Lösch, Der nackte Geist, S. 326.
399 Von Lösch, Der nackte Geist, S. 327.
400 UA Berlin, Jur. Fak. PA Höhn 515, Bl. 107.
401 UA Berlin, Jur. Fak. PA Höhn 515, Bl. 107.
402 Botsch, Der SD in Berlin-Wannsee 1937–1945, S. 78.

in der Alexanderstraße 6 in Zehlendorf.[403] In Heidelberg dagegen nahm man den Abgang *Höhns* mit Wehmut zur Kenntnis. Am Tag seiner Berufung schrieb ihm der Dekan: „Freilich müssen wir es auch beklagen, in Ihnen einen Kollegen zu verlieren, der durch seine literarische Produktion und seine Wirkung auf die Studenten zu führender Bedeutung gelangt ist."[404] Gleiches galt durchaus auch für *Höhn*. Bereits am 10. Oktober 1935 hatte er Groh mitgeteilt, wie wohl er sich „im Kreise der Kameraden auch an der Universität Heidelberg gefühlt habe".[405]

Seine Antrittsvorlesung in Berlin hielt er dann im November 1935 zu dem Thema „Otto von Gierkes Staatsrechtslehre und unsere Zeit". An der Friedrich-Wilhelms-Universität stieß *Höhns* Lehrauffassung wohl zunächst auf Widerstand im Kollegium. Er selbst beschrieb seine Anfänge dort später so: „Bei meiner Lehrtätigkeit in Berlin geriet ich in einen gewissen Gegensatz zu dem herrschenden Lehrbetrieb. Ich war aus meiner Tätigkeit in Heidelberg gewohnt, das Katheder zu verlassen, in den Kreis der Studenten zu treten und Fragen von ihnen zu beantworten. Dies setzte ich auch in Berlin fort. Die Studenten waren davon sehr angetan, nicht dagegen die Fakultät. Der damalige Dekan der Fakultät, der von mir sehr geschätzte Geheimrat Heymann, sagte zu mir: ‚Sie sind der jüngste Kollege an der Universität. Sie gefährden mit ihrem Unterrichtsstil die akademische Tradition. Der Professor gehört auf das Katheder und nicht in den Hörsaal'." Auch seine Seminarleitung war nicht unumstritten. *Heymann* habe die Zahl der Studenten kritisiert, bis zu 20 Teilnehmer, die *Höhn* bei seinem Seminar zugelassen habe. Der Dekan habe die Ansicht vertreten, dass so „keine fruchtbare Arbeit" geleistet werden könne. Er selber hätte als Privatdozent in Marburg „gewöhnlich höchstens fünf Teilnehmer" gehabt, drei von ihnen seien später Hochschullehrer geworden. *Höhn* will dagegengehalten haben, dass Seminare nicht dazu dienten, künftige Hochschullehrer auszubilden, „sondern den Studenten die Technik der wissenschaftlichen Arbeit beizubringen und die an einem wichtigen Thema zu demonstrieren".[406]

c) Höhn als NS-Wissenschaftsfunktionär

Spätestens 1936 hatte *Höhns* wissenschaftspolitischer Einfluss seinen Zenit erreicht. Er war Inhaber eines Lehrstuhls und verfügte nach seiner Beförderung zum Direktor des Instituts für Staatsforschung am 4. Juni 1936 über seine eigene Forschungseinrichtung.[407] Inzwischen hatte er zudem ein eigenes Publikationsorgan. Bereits im Juli 1934 war er auf ausdrücklichen Wunsch von *Hans Frank* Herausgeber und Hauptschriftleiter der Zeitschrift „Deutsches Recht" des NS-Rechtswahrerbundes

---

403 Stellungnahme Höhns zu den Vorwürfen der Berliner Spruchkammer 1958, in: Privatarchiv H. Borsch.
404 Dekan Groh an Höhn vom 30. Oktober 1935, in: UA Heidelberg, PA 764.
405 UA Heidelberg, PA 4245.
406 Von Lösch, Der nackte Geist, S. 333.
407 UABerlin, PA Höhn 365 Bd. 2, Bl. 6.

(BNSDJ) geworden,[408] deren Auflage er durch die Angliederung der zuvor unpolitischen „Juristischen Wochenschrift" erheblich steigern konnte.[409] Neben seiner machtpolitisch und finanziell attraktiven Tätigkeit beim BNSDJ war *Höhn* auch Mitglied im NS-Dozentenbund und der NS-Volkswohlfahrt.[410]

Mit Hilfe von SS und SD hatte der umtriebige *Höhn* darüber hinaus noch in anderen wissenschaftlichen Institutionen Einfluss erlangt. Schon seit Mitte 1934 wirkte er als Autor in der Hamburger Verlagsanstalt (HAVA), wo er die Zusammenarbeit des Verlags mit dem SD forcieren sollte.[411] Die politisch äußerst ambitionierte HAVA plante die Schutzstaffel zu protegieren, um mit dem dadurch gewonnenen wissenschaftlichen Einfluss auch wirtschaftlich erfolgreicher zu werden, weshalb man sich um „ein offizielles politisches Mandat" durch die SS bemühte. Dementsprechend rekrutierte der Verlag unter Mitwirkung *Höhns* auch *Eckhardt*, der dort eine eigene Schriftenreihe, die „Grundzüge der Rechts- und Wirtschaftswissenschaften", erhielt, welche *Eckhardts* Studienreform kommentierte und vom Ministerium für die Ausbildung der Studenten empfohlen wurde.[412] Auch *Höhn* verfasste darin einen Beitrag.[413] Daneben konzipierte er seit Ende 1935 mit *Eckhardt* im Auftrag der Minister *Frank* und *Rust*, jedoch vermutlich auf Geheiß der SS,[414] die Zeitschrift „Deutsche Rechtswissenschaft", die ebenfalls bei der HAVA erschien, neu,[415] welche ein Forum für Hochschullehrer im „Kampf um eine neue Rechtslehre und die Arbeit an der neuen Hochschulverfassung" sein sollte.[416]

Des Weiteren wurde *Höhn* stellvertretender Vorsitzender des am 11. Oktober 1936 auf seine Initiative konstituierten „Ausschusses für Polizeirecht der Akademie

---

408 Höhn wurde als Nachfolger von Rudolf Schraut für das 13. Heft vom 10. Juli 1933 zunächst kommissarisch eingesetzt. Schon im September stand er als „Hauptschriftleiter" endgültig fest (Von Lösch, Der nackte Geist, S. 439, Rn. 1083). Nach dem Krieg behauptete Höhn, dass er den Posten beim „Deutschen Recht" nur äußerst widerwillig übernommen habe. Nur um als „Platzhalter" das Schlimmste zu verhindern, habe er schließlich eingelenkt. Auch die Übernahme der „Juristischen Wochenschrift", so Höhn, sei allein zur Rettung selbiger erfolgt. Frank hätte sie sonst ohnehin stillgelegt (Höhn an RA Dr. Günter Rühe vom 28. Juli 1958, in: Privatarchiv H. Borsch).

409 Heiber, Walter Frank, S. 887.

410 Von Lösch, Der nackte Geist, S. 321f., S. 439.

411 Lokatis, Hanseatische Verlagsanstalt, S. 60, Rn. 136, S. 60f.

412 Grothe, Zwischen Geschichte und Recht, S. 208.

413 Lokatis, Hanseatische Verlagsanstalt, S. 60 und S. 62.

414 Angeblich nur „pro forma" im Auftrag der beiden Minister, denn die Gründung der Zeitung „schien Ausdruck einer von der SS gestifteten friedlichen Beilegung eines andauernden, um die juristischen Belange geführten Kompetenzkonfliktes zwischen beiden Ministerien zu sein." (Lokatis, Hanseatische Verlagsanstalt, S. 64f.)

415 Von Lösch, Der nackte Geist, S. 447.

416 Eckhardts Geleitwort vom 15. Oktober 1935, in: Deutsche Rechtswissenschaft 1936, S. 5.

für Deutsches Recht".[417] Der anlässlich des Gestapogesetzes gegründete Ausschuss war dabei faktisch eine SS-Bastion. Neben *Höhn* und dem Ausschussvorsitzenden *Werner Best* gehörten auch die SS-Führer *Wilhelm Stuckart, Arthur Nebe, Gerhard Klopfer* und *Heinrich Müller* dem Polizeirechtsausschuss an. An der Gründungsversammlung nahmen sogar Reichsführer-SS *Himmler* und SD-Chef *Heydrich* teil.[418] Offizieller Zweck des Ausschusses war „die beratende Mitwirkung an der Gesetzgebung auf dem Gebiet der Polizei".[419] Tatsächlich ging es den SS-Juristen aber vornehmlich darum, bei einer völligen Abkehr vom bisherigen Rechtssystem „einen spezifisch nationalsozialistischen Polizeirechtsbegriff als Grundlage für ein neu zu kodifizierendes Reichspolizeirecht zu fixieren".[420] Die Polizei, so *Höhn*, sollte nicht mehr Teil der gesetzmäßig gebundenen Verwaltung sein, sondern ohne juristische Grenzen als „Einsatzkorps im Dienste der Volksgemeinschaft" zur „Abwehr des inneren Feindes" beitragen.[421] Durch einen umfassenden publizistischen Angriff auf den liberal-individualistischen Polizeirechtsbegriff des § 14 PVG und die „von Höhn stimulierte Kampagne" gegen dessen prominentesten Verfechter, den Präsidenten des Preußischen Oberverwaltungsgerichts *Wilhelm Arnold (gen. Bill) Drews*,[422] setzte sich letztendlich auch dieses nationalsozialistische Polizeirechtsverständnis durch.[423]

4. Höhn und die „SD-Akte Carl Schmitt"[424]

Im Zuge seiner fortschreitenden politischen und wissenschaftlichen Karriere nutzte *Höhn* seine gewonnene Stellung auch, um sich in der Rechtswissenschaft zu exponieren und akademische Konkurrenten zu überflügeln. So ging er gegen den damals führenden NS-Rechtsdenker *Carl Schmitt* vor, um dessen hochschulpolitische Position zu schwächen. Die Kaltstellung *Schmitts* ist dabei ein besonders aussagekräftiges

417 Herbert, Werner Best, S. 177.
418 Von Lösch, Der nackte Geist, S. 463.
419 Best, Die Aufgaben des Ausschusses für Polizeirecht, S. 17.
420 Schwegel, Der Polizeibegriff im NS-Staat, S. 375.
421 Höhn, Altes und neues Polizeirecht, S. 21 und S. 33.
422 Otto, Veröffentlichungen von Bill Drews nach 1933, S. 23 f.
423 Schwegel, Der Polizeibegriff im NS-Staat, S. 376 f.
424 Die Kaltstellung Carl Schmitts durch den SD ist in der Sekundärliteratur bereits mehrfach umfassend aufgearbeitet worden (vergleiche insbesondere: Koenen, Der Fall Carl Schmitt, S. 651 ff., S. 736 ff.; von Lösch, Der nackte Geist, S. 440 ff. Außerdem: Mehring, Carl Schmitt, S. 368 ff.; Gross, Politische Polykratie 1936, S. 115–140; Rüthers, Reinhard Höhn, Carl Schmitt und andere, NJW 2000, S. 2869 ff.; Noack, Carl Schmitt, S. 199 ff.), weshalb hier nur eine überblicksartige Darstellung unter besonderer Berücksichtigung des vorliegenden Quellenmaterials unternommen wird. In Grundstruktur und Darstellungsform orientieren sich die nachfolgenden Ausführungen besonders an den Forschungen von Koenen (Koenen, Der Fall Carl Schmitt, S. 651 ff., S. 736 ff.) und von Lösch (Von Lösch, Der nackte Geist, S. 440 ff.), die hier im Wesentlichen wiedergegeben und dabei nur um bestimmte Details ergänzt werden.

Beispiel sowohl für *Höhns* akademischen Aufstieg mit Hilfe des SD als auch für den Versuch von SS und SD, direkten Einfluss auf die Hochschullehre zu nehmen.

a) Die Ursachen – Schmitt vs. SD

Dass *Schmitt* in das Visier des SD geriet, hatte gleich mehrere Gründe. In erster Linie ursächlich war seine ablehnende Haltung gegenüber den ehrgeizigen Bestrebungen des SD auf dem Gebiet der Wissenschaftspolitik, womit der einflussreiche *Schmitt*, der von den radikal-nationalsozialistischen SS-Juristen ohnehin als Vertreter eines katholisch geprägten Konservativismus angesehen wurde, zu einem gefährlichen akademischen Rivalen wurde. *Schmitt*, so schrieb *Höhn* Ende August 1936 an das SD-Hauptamt und seinen Vorgesetzten *Heydrich*, empfinde den forcierten Machtausbau als Beengung der Wissenschaft. Gegenüber *Wilhelm Stuckart*, wie *Schmitt* Mitglied im Preußischen Staatsrat, soll er gemäß *Höhn* dazu erklärt haben:

> „Wissenschaft und Geheime Staatspolizei, das sei heute das Problem. Die Linie ist ersichtlich, sie geht konform mit der Gesamtlinie, die vor allem jetzt in den Devisenausschüssen verfochten wird: Dadurch das der Nationalsozialismus so scharf gegen die missliebigen Professoren etc. vorginge, habe er eine der besten Devisenquellen verstopft."[425]

Des Weiteren berichtete *Höhn* an *Heydrich*, wie *Schmitt* abfällig über die SS sprach: „Vorne Volksgemeinschaft und hinten Gestapa".[426] Insgesamt kam *Höhn* so zu dem Ergebnis: „Carl Schmitt sieht in der Arbeit der SS sehr klar den grossen weltanschaulichen Gegner. Er versucht mit allen Mitteln ihr entgegenzuwirken".[427]

Hinzu kamen persönliche Motive des ambitionierten *Höhn*. Ein erfolgreiches Vorgehen gegen *Schmitt* würde einen missliebigen Kontrahenten ausschalten. Schließlich bestand schon seit längerem eine Konkurrenz bei dem Versuch, das Staatsrecht nationalsozialistisch zu deuten. Verstärkt wurde diese noch durch eine private Abneigung zwischen beiden. Obwohl *Höhn* die Werke *Schmitts* während der Weimarer Republik noch außerordentlich geschätzt[428] und sich in seiner Funktion als staatsrechtlicher Berater im Jungdeutschen Orden um eine Zusammenarbeit

425 BArch R 58/ 854, Bl. 217f.
426 BArch R 58/ 854, Bl. 217.
427 BArch R 58/ 854, Bl. 217.
428 In seinen Schriften hatte Höhn die Ideen Schmitts mehrfach lobend erwähnt und übernommen. Und noch im Mai 1932 bekannte er zum Werk des älteren Kollegen: „Noch nie sind vielleicht in These und Antithese schärfer die Grundbegriffe unseres heutigen Denkens auf staatsrechtlichem und politischem Gebiete herausgestellt worden als gerade von Carl Schmitt. Die Aufgabe des Gelehrten, zugleich Verkünder und Wortführer seiner Zeit zu sein, ist hier in weitestem Maße erfüllt." (Höhn, Carl Schmitt als Gegner der liberalen Politik, S. 7)

bemüht hatte,[429] distanzierte er sich seit Mitte der dreißiger Jahre zunehmend von diesem, was in Hinblick auf die fortwährende Unterstützung, die er bei seinem akademischen Werdegang von *Schmitt* bisher erhalten hatte, umso bemerkenswerter ist.[430] Fortan sah ausgerechnet *Höhn* in *Schmitt* einen Opportunisten, der sich dem Nationalsozialismus erst nach der Machtergreifung aus rein karrieregetriebenen Gründen angeschlossen habe.[431] Deutlich wird diese Ablehnung etwa in dem Entwurf eines Leserbriefs von *Höhn* an die „Kölnische Zeitung" vom Oktober 1936, in dem er sich gegen deren Behauptung verwahrte, er sei ein Schüler *Schmitts*.[432] „Mir liegt erst jetzt Ihr Aufsatz vom 26.8.1936 ‚Führerprinzip und Staatsverwaltung' vor. Ohne auf den sachlichen Gehalt des Aufsatzes eingehen zu wollen, möchte ich Sie ausdrücklich darauf hinweisen, daß ich weder Schüler von Carl Schmitt bin noch aus seiner Schule stamme. Ich lege Wert darauf, daß derartige Unrichtigkeiten in Zukunft in Ihrer Zeitung nicht erscheinen. Heil Hitler!"[433]

b) Der Anlass – Streit um das Justizministerium

Anlass der Auseinandersetzung war die Befürchtung *Höhns* und anderer SS-Funktionäre, *Schmitt* könnte bei einer möglichen Übernahme des Justizministeriums durch seinen politischen Förderer und Freund *Hans Frank* Staatssekretär werden. So schrieb *Höhn* nach einem Bericht *Stuckarts* am 2. September 1936 in einer Eilmeldung an *Heydrich*:

> „Im Stab des Stellvertreters des Führers wird stark erwogen, ob nicht nach dem Parteitag im September Gürtner abtreten und an seine Stelle der Reichsminister Frank treten soll. Auch der Staatssekretär Lammers habe ähnliche Andeutungen gemacht.

---

429 Tatsächlich standen beide während der Weimarer Republik auch in persönlichem Kontakt (Mehring, Carl Schmitt, S. 273).

430 Nach der Machtergreifung wurden die Verbindungen zueinander zunächst sogar intensiviert, wobei sich Höhn von der Bekanntschaft zu dem prominenten Kollegen wohl einen Karriereschub erhoffte. In seiner Stellungnahme für die Juristische Fakultät der Universität Heidelberg behauptete Otto Koellreutter im Februar 1934 denn auch, Höhn habe sich an Schmitt „herangemacht". Und auch Hueck schrieb nach Heidelberg, dass Höhn „Beziehungen zu Carl Schmitt haben soll". Dieser hatte Höhns Habilitationsgesuch schließlich auch mit einem wohlwollenden Gutachten gefördert, auch wenn die Unterstützung Schmitts wohl eher aus der gemeinsamen Rivalität zu Otto Koellreutter resultierte. Die Berufung Höhns an die Universität Berlin hatte Schmitt gleichfalls zumindest offiziell befürwortet (Von Lösch, Der nackte Geist, S. 437 und S. 446).

431 Von Lösch, Der nackte Geist, S. 464.

432 Teilweise wurde davon ausgegangen, dass dieser Leserbrief auch in der „Kölnischen Zeitung" erschienen war (Rüthers, Carl Schmitt, S. 88). Tatsächlich existiert aber nur der Briefentwurf. Abgedruckt wurde er jedoch nicht (Lauermann, „Positionen und Begriffe" als Kontinuitätsbehauptung, S. 126).

433 BArch R 58/ 854, Bl. 243.

> Man sei der Ansicht, daß sich dies auf die Dauer nicht umgehen lasse. Der Reichsminister Frank habe neulich auch im engeren Kreis darüber gesprochen. Die größte Gefahr besteht darin, daß der Staatsrat Schmitt dann Staatssekretär anstelle von Schlegelberger wird."[434]

Zudem informierte er seinen Vorgesetzten darüber, dass *Stuckart* vertraulich mit *Martin Bormann* sprechen wolle, um diesem deutlich zu machen, „daß Frank die Auflage gemacht werden müßte, den Schmitt keinesfalls in keinerlei Form mitzunehmen, da sonst die Auslieferung an den politischen Katholizismus", dessen Überwachung es sich der SD zur Aufgabe gemacht hatte, bevorstehe. Daneben, so *Stuckart*, solle auch Reichsführer-SS *Himmler* bei *Bormann* und *Heß* „Einspruch anmelden". In einem dem Schreiben beigefügten persönlichen Vermerk *Höhns* führte dieser außerdem aus, dass *Schmitt* versuche, „Mit allen Mitteln ... zum Zug zu kommen".[435] „Er klammert sich fest an Frank und will unter allen Umständen mitgenommen werden. Das ist bei der Mentalität Franks und der starken Stützung, die Schmitt durch Frau Frank erfährt,[436] leicht möglich. Zudem sind maßgebliche Parteikreise über die Gefährlichkeit Carl Schmitts nicht aufgeklärt. Daß eines der Eisen, die Carl Schmitt im Feuer hat, die Angelegenheit, Staatsminister beim Justizminister Frank zu werden, ist, wurde schon verschiedentlich gemeldet. Es wird deshalb dem Vorschlag Stuckarts zugestimmt. Bericht über Carl Schmitt ist in Vorbereitung."[437]

Dass ausgerechnet *Wilhelm Stuckart* seinen Freund *Höhn* und den SD über die mutmaßlichen Pläne *Franks* in Kenntnis setzte, hatte durchaus eigennützige Gründe. *Stuckart*, seit März 1935 Staatssekretär im Reichsministerium des Innern,[438] fürchtete um den rechtspolitischen Einfluss des Innenministeriums. Dieses war bisher für die Kommentierung der nationalsozialistischen Rassengesetzgebung zuständig, womit man die Rechtsentwicklung in einem der maßgeblichen Rechtsgebiete des Dritten Reiches kontrollierte. Mit der Übernahme des Justizministeriums durch *Frank*, so die Befürchtung *Stuckarts*, könnte diese Stellung verlorengehen. *Frank* war zwar Reichsminister ohne Geschäftsbereich, beanspruchte aber eine führende Rolle im Justizbereich.[439] Eine politische Degradierung *Schmitts*, so das Kalkül, würde auch *Frank* schwächen und einen Ministerwechsel unwahrscheinlicher machen, weshalb die nunmehr begonnene Kampagne gegen *Schmitt* auch unter diesem Aspekt betrachtet werden muss.[440]

Der Unterstützung *Heydrichs* konnten sich *Stuckart* und *Höhn* dabei nicht zuletzt aufgrund einer persönlichen Abneigung des SD-Chefs gegenüber *Frank* sicher

434 BArch R 58/ 854, Bl. 222.
435 BArch R 58/ 854, Bl. 222.
436 Angeblich soll Schmitt sogar eine Affäre mit der Ehefrau Hans Franks, Brigitte Frank, gehabt haben (Schenk, Hans Frank, S. 103).
437 BArch R 58/ 854, Bl. 223.
438 Jasch, Staatssekretär Wilhelm Stuckart und die Judenpolitik, S. 108.
439 Schenk, Hans Frank, S. 110 f.
440 Blasius, Carl Schmitt, S. 172 f.

sein, welche *Höhn* noch vor kurzem befeuert hatte. So hatte er seinem Vorgesetzten Ende August 1936 mitgeteilt, dass Frank einen Artikel Heydrichs in der Zeitschrift „Deutsches Recht" scharf kritisierte habe. Dieser soll die schlechte Wirkung des Beitrags im Ausland angeführt und mit der Bemerkung begründet haben: „Wenn ein solch mächtiger Mann wie der SS-Gruppenführer Heydrich von Staatsfeinden und ihrer Bekämpfung reden müsse, so sehe es eben übel aus."[441] Dahinter, so *Höhn*, stecke natürlich *Schmitt*, was „bei der engen Beratung und Beeinflussung Franks durch Schmitt ohne weiteres klar" sei.[442]

c) Der Verlauf – Die Demission Schmitts

Das daraus resultierende systematische Vorgehen des SD gegen *Schmitt* vollzog sich nunmehr in mehreren Schritten, durch welche dieser sukzessive diskreditiert und aus den verschiedenen Institutionen gedrängt wurde. Damit wurde er schrittweise entmachtet.

Angriffen des SD sah sich *Schmitt* dabei schon seit einiger Zeit ausgesetzt. Zu einer ersten Auseinandersetzung kam es bereits 1935, als *Höhn* zusammen mit *Karl August Eckhardt* den Einfluss *Schmitts* in der Hamburger Verlagsanstalt (HAVA) zurückdrängte.*Schmitt* gab in der HAVA seine eigene Schriftenreihe „Der deutsche Staat der Gegenwart" heraus. *Höhn* hatte der Reihe *Schmitts* im Jahr 1934 zunächst sogar seine Abhandlung „Die Wandlung im staatsrechtlichen Denken" beigesteuert, die dort als Heft 5 erschien. Darin hatte er jedoch die jüdischstämmigen Juristen *Laband*, *Anschütz* und *Jellinek* als „unsere bedeutendsten Staatsrechtler ... für die individualistische Zeit" gelobt, weshalb er bei der „Rechtsabteilung der Reichsleitung der NSDAP" in Ungnade fiel und von der HAVA als Autor vorerst nicht mehr verpflichtet wurde. Dafür holte man mit dem Pathologen und Rasseforscher *Martin Staemmler* und *Eckhardt*, an dessen Rekrutierung wiederum *Höhn* mitgewirkt hatte, zwei überzeugte Parteigänger zur Besänftigung als Autoren.[443] Inzwischen förderte die ehrgeizige HAVA aber aus vornehmlich eigennützigen Motiven die SS und damit auch die Autoren *Höhn* und *Eckhardt*.[444] Insbesondere *Eckhardt* betrieb fortan die Wachablösung *Schmitts* in der HAVA. Nachdem er zu Beginn noch in der Schriftenreihe *Schmitts* publizierte,[445] drängte er diesen seit Ende 1934 innerhalb des Verlags zunehmend zurück. Schon als *Eckhardt* eine eigene Schriftenreihe, die „Grundzüge der Rechts- und Wirtschaftswissenschaften", erhielt, konnte er zahlreiche Autoren gewinnen, die zuvor an *Schmitts* Reihe mitgewirkt hatten. Auch *Höhn* verfasste einen Beitrag. Ferner gaben *Eckhardt* und *Höhn* seit Anfang 1936

441 BArch R 58/ 854, Bl. 217.
442 BArch R 58/ 854, Bl. 217.
443 Von Lösch, Der nackte Geist, S. 440
444 Lokatis, Hanseatische Verlagsanstalt, S. 60.
445 Lokatis, Hanseatische Verlagsanstalt, S. 52, Rn. 66.

dann auch noch die Zeitschrift „Deutsche Rechtswissenschaft“ bei der HAVA heraus, wobei sie erneut ehemalige Autoren aus *Schmitts* Schriftenreihe übernahmen.[446]

Anfang des Jahres 1936 war es dann erneut *Eckhardt*, inzwischen seit Dezember 1935 als Referent beim SD, wo er getarnt – ohne SD-Abzeichen am Ärmel – unter *Heydrich* tätig war,[447] der gegen *Schmitt* vorging. Nachdem er schon dessen Vorschläge zur Studienreform einfach außen vor gelassen hatte,[448] kritisierte er nun *Schmitts* anlässlich des Juristentages am 18. Januar 1936 eingereichte Rednerliste, da unter den vorgeschlagenen Referenten zu wenig Nationalsozialisten seien.[449]

Seit dem Sommer 1936 ließ *Höhn* nunmehr nachrichtendienstlich gegen *Schmitt* ermitteln und legte eine SD-Akte über diesen an.[450] Es wurden Post und Privatleben *Schmitts* überwacht.[451] Auch sein persönliches Umfeld wurde dabei eingeschlossen. So wurde die Observation auf *Höhns* Befehl mit der Genehmigung *Heydrichs* auf *Schmitts* Vertrauten und Sekretär in der Reichsgruppe Hochschullehrer im NSRB, *Eberhard von Medem*, ausgeweitet, weil er „zu dem engeren Personenkreis um Carl Schmitt“ gehörte.[452] Zudem ließ *Höhn* über einen Bekannten der Ehefrau *Schmitts*, den Bulgaren *Iubenoff*, Telefon- und Postüberwachung verhängen.[453] Schließlich wurde sogar *Schmitts* Assistent, *Herbert Gutjahr*, als Spitzel akquiriert.[454]

Dabei brachte *Höhns* SD-Abteilung in Erfahrung, dass *Schmitts* hochschulpolitische Stellung an den Universitäten ohnehin nicht mehr unumstritten war. Während sich *Höhns* akademische Karriere dem Höhepunkt näherte, begann *Schmitts* wissenschaftliche und politische Einflusssphäre zu stagnieren. Vor allem in der Professorenschaft gab es weitreichende Vorbehalte gegen *Schmitt*. Dort hatte sich Widerstand gegen *Schmitts* Wandlung zum führenden nationalsozialistischen Staatsrechtslehrer geregt. Die Opponenten um den Münchener Hochschullehrer *Koellreutter* warfen *Schmitt* eine kalkulierte karrieregetriebene Gesinnungslosigkeit vor.[455] Und auch in der Studentenschaft hatte *Schmitts* Beliebtheit gelitten.

---

446 Lokatis, Hanseatische Verlagsanstalt, S. 62 ff., S. 65.
447 Niemann, Karl August Eckhardt, S. 168.
448 Mehring, Carl Schmitt, S. 369.
449 BArch R 58/ 854, Bl. 8.
450 Koenen, Der Fall Carl Schmitt, S. 671.
451 Rüthers, Carl Schmitt, S. 88.
452 BArch R 58/ 854, Bl. 210.
453 BArch R 58/ 854, Bl. 211 f. Dieser Iubenoff arbeitete am Institut für ausländisches Recht und soll mit der zweiten Frau Carl Schmitts, der serbischstämmigen Duška Todorović, einen deutsch-jugoslawischen Verein gegründet haben, welcher das Ziel verfolgte, das Königreich Bulgarien Serbien einzuverleiben. Da solche Pläne von sowjetischer Seite unterstützt wurden und auch Schmitt selbst Kontakt zu serbischen Politikern gehabt haben soll, sollte Iubenoff überwacht werden, um „festzustellen, inwieweit kommunistische Elemente beteiligt sind“ (BArch R 58/ 854, Bl 212).
454 BArch R 58/ 854, Bl. 259.
455 In der SD-Akte über Carl Schmitt sind aus Koellreutters Korrespondenz Abschriften von 15 Briefen enthalten (BArch R 58/ 854, Bl. 189–204). Diese wurden dem

So wusste *Höhn* zu berichten, dass die Studenten auf dem Reichsfachschaftslager des NS-Juristenbundes im Februar 1936 in Berlin nach dem Beitrag *Schmitts* über „Walter Jellinek als Jude" „passiven Widerstand" gegen den Referenten geleistet hätten.[456]

SD ohne das Wissen Koellreutters über den NS-Dozentenbund zugespielt, wie sich aus einem Schreiben des SD-Oberabschnitts Süd vom 14. Januar 1937 entnehmen lässt (BArch R 58/ 854, Bl. 117). Darin bezeichnet Koellreutter seinen Kontrahenten Schmitt als einen Mann, der „mit Unterstützung des offiziellen Apparats zu dem nationalsozialistischen Staatsrechtslehrer und zum Führer der juristischen Hochschulen proklamiert" worden sei. Daneben gehen aus dem Schriftwechsel auch Hedemann, Emge und Bornhak als Gegner Schmitts hervor. So berichtete Emge Koellreutter von seiner Hoffnung, „ein entscheidendes Schwergewicht gegen Carl Schmitt" schaffen zu können (Emge vom 17. Juni 1934, BArch R 58/ 854, Bl. 192). Der emeritierte außerordentliche Professor Bornhak schrieb an Koellreutter: „Fein, daß Sie auch einmal den politischen Verwandlungskünstler und staatsrechtlichen Seifensieder Karl Schmitt abführen. Erst – es ist erst 4 Jahre her – schwärmte er für den Juden Hugo Preuss und die Weimarer Verfassung – die Hugo Preuss-Brücke in Berlin hat inzwischen einen anderen Namen bekommen – dann wollte er für Brüning, dann für Papen eine neue Verfassung machen, und siehe da, plötzlich entpuppte er sich als waschechter Nationalsozialist, Berliner Professor und Preussischer Staatsrat, obgleich er vom Nationalsozialismus ungefähr ebensoviel Verständnis hat wie ein Esel vom Lautenschlagen." (Bornhak vom 22. April 1936, BArch R 58/ 854, Bl. 190). Und Hedemann schrieb 1934: „Eine klare Auseinandersetzung mit C.S. kann ein historischer Augenblick werden." (Hedemann vom 22. Mai 1934, BArch R 58/ 854, Bl. 195).

456 In der an den Vortrag anschließenden Aussprache sei „ziemlich unvermittelt die Frage nach dem Einfluss des politischen Katholizismus in der Rechtslehre" aufgeworfen worden, was Schmitt „offensichtlich überraschte". Nachdem Schmitt zunächst versuchte, den „Einfluss des Katholizismus in der Rechtslehre überhaupt" zu leugnen, forderte er die Studenten auf, Beispiele zu geben, „wodurch ganz offensichtlich zu verstehen war, dass Prof. Schmitt wusste, dass die Haltung der Studenten sich gegen ihn persönlich richtete". Die „studentische Front" habe Schmitt darauf hingewiesen, „dass es eine beliebte und heute viel angewendete Methode der Reaktion, insbesondere aber auch der katholischen Seite" sei, „Begriffe, die erst durch den Nationalsozialismus lebendig geworden" seien, „in die Ebene einer neutralen Diskussion zu stellen, um sie so ihrer Wirkungskraft zu berauben". „Vor allem wurde dies am Beispiel der Partei gezeigt, die im Schrifttum zwar als gegebene Tatsache hingenommen wird, deren Bedeutung und deren eigentliches Wesen aber dadurch abgeschwächt wird, dass man sie mit anderen Begriffen in eine Rangordnung hineinstellt und so auf geschickte Weise der Partei begriffliche Gegenspieler schafft." Insgesamt zeichnete sich „die Gegnerschaft der Jugend zu Prof. Schmitt immer eindeutiger" ab. „Gerade auf den Vorwurf hin, dass man durch geschickte Tarnung versucht die Partei als Gegenspieler anderer völkischer Lebenserscheinungen zu sehen, verlangte Prof. Schmitt noch einmal mit Nachdruck ein konkretes Beispiel. Der Fachschaftsleiter der Juristen, Königster, wies darauf hin, dass die Formulierung Staat, Bewegung, Volk geeignet sei, den

Zudem begann der SD damit, belastendes Material gegen *Schmitt* zu sammeln, welches in mehreren Gutachten zusammengefasst wurde. Darin führten die SD-Agenten sämtliche Belege an, mit denen die politische Entmachtung des missliebigen Kontrahenten gelingen sollte. Insgesamt hatten sich dabei zwei Hauptanschuldigungen herauskristallisiert: Philosemitismus und Katholizismus.

Der Vorwurf, *Schmitt* sei kein Antisemit gewesen, diente hier lediglich als bewährtes Mittel, um den Gegner zu kompromittieren.[457] Um den Nachweis der Judenfreundlichkeit zu führen, wurden *Schmitts* frühere Beziehungen zu jüdischen Hochschullehrern ausgebreitet[458] und sein Werk wurde mit tatkräftiger Unterstützung von *Höhns* Institut für Staatsforschung auf geistige Grundlagen bei jüdischen Juristen untersucht.[459]

Schwerwiegender war die Anschuldigung, *Schmitt* gehöre zum politischen Katholizismus, womit er grundsätzlich zu einer vom SD überwachten potentiellen Feindgruppierung zählte. So führte der SD aus, *Schmitt* wäre in der Weimarer Republik mit dem Zentrum „auf's engste liiert"[460] und plane nunmehr „die katholisch-konservative Unterwanderung des Dritten Reiches". Laut den SD-Gutachtern kam *Schmitt* „von der Kirche, ging durch den Staat und landete in der NSDAP"[461], ohne dass er jedoch vom Katholizismus abrückte. Vielmehr sah er in der katholischen Kirche nach wie vor „die grösste politische Lehrmeisterin"[462] und blieb ein „im Grunde

eigentlichen Charakter der Partei durch die Gegenüberstellung der Begriffe Volk und Bewegung zu verfälschen. Prof. Schmitt machte ihn darauf aufmerksam, dass die Formulierung von ihm stamme und zum ersten Mal auf dem Juristentag 1933 vorgetragen worden sei." Auf den Hinweis eines Studenten, „dass man heute über den Wert des dort Vorgetragenen geteilter Meinung sei", habe Schmitt nur noch den Ausweg gewußt, sich auf die Autoritäten der Reichsminister Frank und Frick zurückzuziehen, bei denen „diese Gedanken die volle Billigung" erhalten hätten (BArch R 58/ 854, Bl. 204–207).

457 Koenen, Der Fall Carl Schmitt, S. 718.

458 Um Schmitts persönliche Verbindungen zu jüdischen Kollegen zu beweisen, wurde vor allem Schmitts Zeit an der Universität Bonn durchleuchtet. So brachte man aus „Hochschulkreisen" in Erfahrung, dass Erich Kaufmann Schmitt „entdeckt und nach Bonn gebracht habe". Ein Telefonanruf bei der Witwe von Paul Ludwig Landsberg, der aus einer in Bonn ansässigen angesehenen jüdischen Professorenfamilie stammte, genügte, um in Erfahrung zu bringen, dass Schmitt mit Landsberg „jahrelang intim verkehrt", nach dessen Tode die Witwe aufgesucht und sie um ein Bild des Verstorbenen gebeten habe, da er ihn „über alles verehre und in allem als sein Vorbild betrachte" (BArch R 58/ 854, Bl. 150).

459 BArch R 58/ 854, Bl 48. So soll er beispielsweise Hugo Preuss, Hermann Heller und Erich Kaufmann persönlich und inhaltlich nahegestanden sowie mit Jakobi zusammengearbeitet haben (BArch R 58/ 854, Bl. 5, 29, 30).

460 BArch R 58/ 854, Bl. 5.

461 BArch R 58/ 854, Bl. 50.

462 BArch R 58/ 854, Bl. 4.

formaler katholischer Denker",[463] wobei man im SD „erhebliche Schwierigkeiten" hatte, die politische Theorie des katholischen Konservativismus zu erfassen.[464]

aa) Die Strafverfahrensrechtsreform – September 1936

Im September 1936 lieferte *Schmitt* dem SD sodann weitere Argumente für ein Vorgehen gegen ihn, wobei abermals der schwelende Kompetenzenstreit der Minister *Frank* und *Gürtner* auschlaggebend war. Hintergrund war der Entwurf des Justizministeriums für eine neue Strafverfahrensordnung. Nicht zuletzt um seine Ambitionen auf eine juristische Leitfunktion zu untermauern, beauftragte *Frank* die Wissenschaftliche Abteilung des NSRB unter dem Vorsitz *Schmitts* mit der Erstellung eines Gutachtens unter Berücksichtigung der Ansichten der NSRB-Gaubeauftragten und anderer Experten zu diesem Entwurf. Darüber hinaus ließ er am 19. Juni 1936 einen eigenen Ausschuss des Rechtswahrerbundes für Strafverfahrensrecht gründen, dessen Leitung ebenfalls *Schmitt* übernahm.[465]

Anfang September 1936 wurde in der Gauzeitung der Berliner NSDAP „Der Angriff" nunmehr ein Interview mit Schmitt unter der Überschrift „Können wir uns vor Justizirrtum schützen" veröffentlicht, in welchem *Schmitt* als „der bekannte nationalsozialistische Vorkämpfer für ein nationalsozialistisches Recht", der „maßgeblich an der Schaffung der neuen Strafprozeßordnung beteiligt" sei, gelobt wurde. Unter anderem bezeichnete *Schmitt* darin die Einführung des Inquisitionsrechts durch Papst Innozenz III. als „ungeheuer menschenfreundliche Maßnahme". Noch schwerwiegender war aber, dass er indirekt die nationalsozialistische Rechtspraxis und Rechtsprechung kritisierte, als er ausführte, dass die gegenwärtigen „Indizienbeweise" eine „zweifelhafte Sache" seien. Denn so *Schmitt*: „Man wird auf Grund von Indizien die härteste, d.h. die Todesstrafe, nie fällen. Aber man wird sogar den hartnäckigsten Leugner auf Grund seines Vorlebens meist irgendwie überführen können."[466]

Das Interview traf den SD zunächst völlig überraschend. Eine Mitwirkung *Schmitts* an der Strafverfahrensrechtsreform war den Geheimen in der Wilhelmstraße verborgen geblieben.[467] Und so stellte die Zentralabteilung I/3 unter der Leitung von *Franz Alfred Six* Nachforschungen an. Doch konnte dieser seinem Mentor *Höhn* nur berichten, dass das Interview von einem freien Mitarbeiter des „Angriffs" stamme, von dem leider keine „Vorgänge bekannt seien, und der Artikel vom zuständigen Schriftleiter „angeblich" nur „in Unkenntnis der Sachlage" aufgenommen worden sei.[468] Zudem reagierte zunächst *Schmitt* selbst und dementierte

463 BArch R 58/ 854, Bl. 241 f.
464 Koenen, Der Fall Carl Schmitt, S. 718.
465 Gruchmann, Justiz im Dritten Reich, S. 994.
466 „Der Angriff" vom 1. September 1936.
467 Koenen, Der Fall Carl Schmitt, S. 701.
468 BArch R 58/ 854, Bl. 225.

die kompromittierenden Aussagen aus dem Interview. Daneben veröffentlichte der „Angriff" am 4. September 1936 eine Gegendarstellung mit dem Titel „Irrtum und Justizirrtum. Notwendige Klarstellung", in der *Schmitts* Äußerungen zurückgenommen oder relativiert wurden. So habe dieser nicht „von der mit Recht berüchtigten kirchlichen Inquisition" gesprochen, „sondern von dem ausschließlich von einem untersuchenden Richter geführten Prozeß, der in der Prozeßrechtswissenschaft die technische Bezeichnung ‚Inquisitionsprozeß' als Gegensatz zu dem sogenannten ‚Parteiprozeß'" führe. „Selbstverständlich können Indizien so schlüssig sein, daß auch ohne Geständnis ein Todesurteil gefällt werden kann." Infolge der lediglich journalistischen Kompetenz des Verfassers habe die Wiedergabe „Mißverständisse und Irrtümer" enthalten, weshalb der erste Artikel „in keiner Weise als authentische Äußerung des Herrn Professors Schmitt zu werten" sei.[469]

Der SD tat dies allerdings als hilflose Verteidigungsstrategie ab. Das Dementi, so *Höhn*, beweise nichts. Das ursprüngliche „Angriff"-Interview wurde als „krampfhafter Versuch, aktuell und beim Minister beliebt zu bleiben" interpretiert.[470] „Der Ruf, Vorkämpfer des neuen Reiches zu sein, muss erhalten bleiben. Deshalb bestellt man sich den Redakteur des Angriffs, um in der Tagespresse als Neuerer des Strafverfahrensrechts bekannt zu werden."[471] Auf „genau derselben Linie", so der SD, liege die „streng vertrauliche" Veröffentlichung der „Wissenschaftlichen Abteilung" des NSRB über das Strafverfahrensrecht.[472] Das Gutachten, in welchem *Schmitt* den Entwurf des Ministeriums umfassend kritisierte,[473] hatte Spitzel *Gutjahr*, den Schmitt im November 1936 obendrein noch zum Referenten der Wissenschaftlichen Abteilung befördert hatte,[474] dem SD inzwischen zugespielt.[475] „CS. hat sich zunächst annähernd drei Monate von den Ausschussmitgliedern geistig befruchten lassen, dann hat er den Ausschuss vertagt, da angeblich vor weiterer Arbeit mit dem Minister gesprochen werden müsse, was angeblich nie gelang." In der Zwischenzeit habe sich Krauss „auf den Hintern" gesetzt, die geistigen Ergebnisse des Ausschusses ad maiorem gloriam CS" zusammengeschrieben und dieses „Elaborat als ‚Stellungnahme der Wissenschaftlichen Abteilung' ‚streng vertraulich' in alle Kanäle" fließen lassen, die „nur irgendwie" in Frage gekommen seien, und obendrein – ohne Wissen des Ministers – auch noch im Justizministerium eingereicht.[476]

469 „Der Angriff" vom 4. September 1936.
470 BArch R 58/ 854, Bl. 241.
471 BArch R 58/ 854, Bl. 241.
472 BArch R 58/ 854, Bl. 242.
473 Gruchmann, Justiz im Dritten Reich, S. 1001 f.
474 Koenen, Der Fall Carl Schmitt, S. 740 ff.
475 Koenen, Der Fall Carl Schmitt, S. 707.
476 BArch R 58/ 854, Bl. 242.

bb) Kampf im NSRB – Die Judentagung vom 4. Oktober 1936

Ein erster effektiver Schlag gegen Schmitt gelang dem SD dann mit der Torpedierung der von *Schmitt* organisierten Judentagung im „Haus der Deutschen Rechtsfront" im Oktober 1936. Initiator dieser Aktion war *Höhn*. Am 7. September 1936 wies er seinen Chef *Heydrich* auf den von Schmitt angeblich mit der Veranstaltung verfolgten Zweck hin:

> „Zum 4. Oktober 1936 hat der Staatsrat Prof. Dr. Carl Schmitt als Leiter der wissenschaftlichen Abteilung des Juristenbundes eine Tagung einberufen unter dem Motto: ‚Die Juden in Deutschland'. Es wird als unbedingt zuverlässig gemeldet, daß der Gauleiter Streicher sein Erscheinen zugesagt hat. Vorschlag: Gauleiter Streicher warnen und um Zurückziehung der Zusage bitten. Die Judenfrage auf dem Gebiet der Rechtswissenschaft ist in Deutschland erledigt. Die maßgeblichen Vertreter sind von den Lehrstühlen entfernt. Wenn Schmitt jetzt eine derartige Tagung aufzieht, so hat das 2 Gründe: 1) um von dem Gegner, der gefährlich ist, nämlich der Kirche abzulenken und auf ein Gebiet hinzulenken, wo der Nationalsozialismus sowieso schon gesiegt hat, 2) sich nationalsozialistisch zu rehabilitieren. In den letzten Wochen hat Schmitt derartig schwere Fehler gemacht, dass er eine solche Rehabilitierung unbedingt braucht. Er will sich dabei des Gauleiters Streicher bedienen, weil er glaubt, Streicher habe auch Einfluß beim Führer und wenn Streicher Schmitt unter seine Fittiche nehme, dann alles in Ordnung sei. Gleichzeitig verfolgt er schon heute die Methode zu erklären: ‚Was wollt ihr, einer der ältesten Mitarbeiter des Führers, der Gauleiter Streicher, besucht sogar meine Tagung'. Notwendig ist, dass Streicher sofort absagt und wir von der Absage Kenntnis erhalten, damit dass weitere veranlaßt werden kann."[477]

Heydrich setzte sich daraufhin umgehend mit *Julius Streicher* in Verbindung und warnte diesen vor der Tagung, woraufhin *Streicher* seine Teilnahme absagte. Darüber hinaus hielt es *Streicher* sogar für ratsam, „auch Reichsminister Pg. Dr. Frank über Prof. Carl Schmitt das Entsprechende mitzuteilen",[478] welcher *Schmitts* Einladung dann ebenfalls nicht mehr entsprach und seine geplante Eröffnungsrede verlesen ließ. *Streicher* sandte lediglich telegraphische Grüße.[479] Schlussendlich blieb die erste Reihe der NS-Führungselite der Judentagung auf Betreiben des SD damit fern. *Schmitts* schwindender politischer Machtbereich wurde zudem noch durch die Tatsache unterstrichen, dass von den geladenen Rechts- und Wirtschaftswissenschaftlern aus allen Gauen des Reiches nur knapp hundert Teilnehmer erschienen,[480]

---

477 BArch R 58/ 854, Bl. 226 f.

478 BArch R 58/ 854, Bl. 240.

479 Koenen, Der Fall Carl Schmitt, S. 709.

480 Im Dezember 1934 hatte Schmitt noch allein im Bereich Rechtswissenschaft 170 und parallel auf der zum Juristentag organisierten Reichsfachgruppentagung 300 Hochschullehrer mobilisieren können (Koenen, Der Fall Carl Schmitt, S. 709).

wozu immerhin auch *Höhn* zählte, der seine Anwesenheit jedoch durch Nichteintragen in die Gästeliste zu verschleiern versuchte.[481]

Daneben war der SD bestrebt, sich auch inhaltlich von *Schmitt* zu distanzieren. Schon auf der Tagung selbst hatte der Rassentheoretiker und SS-Hauptsturmführer *Falk Ruttke*, geschäftsführender Vorsitzender des „Reichsausschusses für Volksgesundheitsdienst" im Reichsinnenministerium,[482] eine Rassenlehre propagiert, die der Theorie *Schmitts* widersprach.[483] Dennoch, so ein SD-Gutachten, war *Schmitt* in München bemüht, „seine Erklärungen zusammen mit einem der bekanntesten und einwandfreisten Nationalsozialisten zu bringen", um sich damit „in ‚guter Gesellschaft' zu befinden".[484] Und auch *Höhn* befand, dass der Vortrag *Ruttkes* „weitgehend von Carl Schmitt ausgenutzt" worden sei. Deshalb habe er *Ruttke* „auf das Unzweckmässige eines solchen Verhaltens hingewiesen, da nach aussen der Eindruck entsteht, daß er (Ruttke) mit Carl Schmitt gemeinsame Sache mache."[485] Kurz darauf alarmierte *Höhn* seinen SS-Kameraden außerdem, sein Münchener Referat nicht in dem von Schmitt anlässlich der Tagung publizierten Heft „Das Judentum in der Rechtswissenschaft" zu veröffentlichen.[486] *Ruttke* zog seinen Beitrag daraufhin zwar zurück, doch befand sich die Schriftenreihe bereits in Druck.[487] Immerhin schrieb *Ruttke* an *Höhn*: „Ich werde jedoch von mir aus Veranlassung nehmen ... um in der Öffentlichkeit immer wieder und wieder darauf aufmerksam zu machen, dass zwischen der Auffassung von C. Sch. und mir ein grundsätzlicher Unterschied besteht. Im Übrigen gebe ich in diesen Tagen einen ausführlichen Bericht über die ganze Angelegenheit an den Gruppenführer."[488]

Abschließend befand man beim SD dennoch, dass die Münchener Judentagung nur ein missglückter Rehabilitationsversuch *Schmitts* war, durch den er sich als überzeugten Antisemiten und Nationalsozialisten gerieren wollte. Dafür sprachen schon die vielen negativen Reaktionen auf die Veranstaltung. So soll sich der Leiter der Abteilung „Juden" des „Reichsinstituts für Geschichte des neuen Deutschlands", *Grau*, „aufs schärfste" gegen Carl Schmitt ausgesprochen haben.[489] Zudem erfuhr der SD,[490] dass der Marburger Professor *Paul Gieseke* im Kultusministerium vorstellig wurde und wegen der Judenfreundlichkeit *Schmitts* vor der Machtergreifung

481 Koenen, Der Fall Carl Schmitt, S. 723, Rn. 395.
482 Grüttner, Biographisches Lexikon, S. 143.
483 Koenen, Der Fall Carl Schmitt, S. 711 ff.
484 Ruttke dagegen habe schon auf der Tagung selbst erklärt, „dass er glaube, Schmitt jetzt eindeutig festgenagelt zu haben" und „Schmitts Falschheit an zwei ganz konkreten Beispielen nachweisen" zu können (BArch R 58/ 854, Bl. 266).
485 Von Lösch, Der nackte Geist, S. 260.
486 Von Lösch, Der nackte Geist, S. 462; Gross, Politische Polykratie, S. 134.
487 Koenen, Der Fall Carl Schmitt, S. 714.
488 BArch R 58/ 854, Bl. 13.
489 BArch R 58/ 854, Bl. 261.
490 Vermutlich erneut durch seinen Spitzel Herbert Gutjahr (Koenen, Der Fall Carl Schmitt, S. 715).

beim Staatssekretär Einspruch gegen die Judentagung erhoben habe.[491] Ferner wurde *Höhns* Abteilung informiert, dass die Judentagung sogar *Schmitts* Position im Rechtswahrerbund geschwächt hätte. So berichtete der SD:

> „Er hat versucht, durch seinen Adjutanten v. Medem die Arbeitsergebnisse der Judentagung in einem Rundschreiben zusammenzufassen und dieses Rundschreiben zusammen mit dem Telegramm der versammelten Hochschullehrer an Frank (das ein Bekenntnis zu Carl Schmitt enthält) an alle Hochschullehrer zu schicken und diese auf die Arbeitsergebnisse der Judentagung und gleichzeitig aber auch auf das von ihm beigefügte Telegramm und damit auch seine Person zu verpflichten."[492]

NSRB-Geschäftsführer *Wilhelm Heuber*, den *Schmitt* um die Versendung gebeten hatte, setzte allerdings umgehend *Walter Raeke*, Reichsinspektor des Rechtswahrerbundes, in Kenntnis, der über diesen „Überrumpelungsversuch durch Carl Schmitt" „schwer erbost" gewesen sei.[493] „Er [Raeke] hat v. Medem gegenüber sehr deutlich zum Ausdruck gebracht, dass er und Schmitt sich doch nicht einbilden sollten, dass er so dumm sei und nicht merke, dass hier eine sachliche Arbeit des Rechtswahrerbundes zu persönlichen Zwecken mit ausgenutzt werden solle."[494] Zuletzt kamen noch zwei in ausländischen Zeitungen erschienene Artikel über die Judentagung hinzu. In den Presseberichten der „Neuen Zürcher Zeitung" vom 11. Oktober 1936 und des Tagesblatts „Der Deutsche in Polen" vom 18. Oktober 1936 nutzte man *Schmitt* für einen kritischen Beitrag über das Deutsche Reich, was der SD wiederum gegen diesen verwandte.[495]

Schmitts Stellung im NSRB war damit erheblich geschwächt. Obgleich ihn die Münchener Judentagung als überzeugten Antisemiten ausweisen sollte,[496] geriet sie zu einem Desaster. *Frank* erwog zudem sogar *Schmitts* Wissenschaftlicher Abteilung den Status der Selbstständigkeit zu entziehen, womit er die Situation seines Intimus noch weiter verschärfte.[497]

---

491 Schmitt, so Gieseke, habe auf der Judentagung „den Juden Erich Kaufmann auf das Schärfste angegriffen", obwohl er „während seiner Lehrtätigkeit in Bonn die Manuskripte seiner Veröffentlichungen dem Juden Erich Kaufmann zur Durchsicht und Begutachtung vorgelegt" habe. Da Schmitt darüber hinaus „noch im Frühjahr 1933 bei Gesellschaften in seinem Hause Juden eingeladen" habe, sei Schmitt „nicht berufen, den Kampf gegen das Judentum zu führen". Schmitt dagegen habe seiner Umgebung gegenüber erklärt, so der SD-Informant, „dass Gieseke vorstellig geworden sei wegen der sich praktisch ergebenden Schwierigkeiten, die zunächst theoretischen Ergebnisse der Judentagung in die Wirklichkeit umzusetzen." (BArch R 58/ 854, Bl. 26, 37, 287).

492 BArch R 58/ 854, Bl. 269.

493 BArch R 58/ 854, Bl. 269.

494 BArch R 58/ 854, Bl. 269.

495 BArch R 58/ 854, Bl. 31, 71, 179.

496 Gross, Carl Schmitt und die Juden, S. 120.

497 Koenen, Der Fall Carl Schmitt, S. 740 ff.

cc) SS-Angriff in der AfDR – November 1936

Gleichzeitig hatten *Höhn* und der SD auch die Kaltstellung *Schmitts* in der Akademie für Deutsches Recht (AfDR) betrieben, wo *Schmitt* bisher noch im Führerrat saß. Mit der Gründung des Ausschusses für Polizeirecht der AfDR am 11. Oktober 1936 hatte die SS ein entscheidendes Gewicht in der Akademie erhalten. Neben dem Vorsitzenden *Best* und dessen Stellvertreter *Höhn* sowie *Stuckart* gehörten zahlreiche SS-Führer dem Ausschuss an, so dass er sich faktisch in der Hand der SS befand. Auf der konstituierenden Sitzung nahmen darüber hinaus auch noch Reichsführer-SS *Himmler* und SD-Chef *Heydrich* teil, womit der Führungsanspruch der SS noch untermauert wurde.[498]

Nach der Tagung hatte *Höhn* dann eine „eingehende Besprechung" mit *Frank*. Dieser, so *Höhn* in einem internen Bericht an *Heydrich*, zeigte sich „begeistert, daß der Reichsführer-SS endlich einmal in der Akademie war" und war geradezu euphorisch ob der Zusammenarbeit mit *Himmler* und der daraus resultierenden Möglichkeiten. Als ihm Akademiedirektor *Lasch* bei „dieser Gelegenheit" erläuterte, dass man im Gegenzug nunmehr „auf bestimmte Personalwünsche der SS in Zukunft Rücksicht nehmen" müsse und auf Nachfrage *Franks* den Namen *Carl Schmitt* nannte, soll *Frank* angeblich erwidert haben: „Carl Schmitt wird ja garnicht den Posten in der Akademie bekommen, er hat ja selbst zurückgezogen und erklärt, er wolle lieber weiterhin die Fachgruppe Hochschullehrer behalten." *Frank*, so *Höhn*, wies *Lasch* daraufhin sogar an, *Schmitt* seinen Verzicht sofort noch einmal brieflich zu bestätigen.[499]

Währenddessen hatte abermals *Stuckart* seinen Einfluss geltend gemacht und auch Direktor *Lasch* auf Linie der SS gebracht.[500] Auf der nächsten Tagung der Akademie Ende Oktober in München war *Schmitt* bereits nicht mehr anwesend. Vermutlich kannte er die Entscheidung *Franks* da schon. Sein Adjutant *Gutjahr* jedenfalls meldete *Höhn*, dass „er politisch erkrankt sei".[501] Und nur kurze Zeit später wusste *Höhn* in einem SD-Vermerk vom 16. November 1936 zu berichten, dass der Rivale *Schmitt* in der AfDR „vollkommen ausgeschaltet" sei und dort „keinerlei Verwendung" mehr finden werde.[502] Die vom SD befürchtete Übernahme der neu gebildeten Abteilung „Volk und Reich" der Akademie durch *Schmitt* konnte abgewendet werden. Die Leitung wurde nunmehr eben *Stuckart* übertragen.[503] Daneben, so Höhn, werde Schmitt nach „den neuesten Meldungen ... in allernächster Zeit aus dem Rechtswahrerbund ausgebootet", gleichwohl er seine Ämter formell noch bis zum 1. Januar 1937 behalten dürfe.[504] Tatsächlich hielt Frank jedoch zumindest offiziell noch an Schmitt fest.[505]

498 Von Lösch, Der nackte Geist, S. 463.
499 Bericht II/2 gez. Höhn, ohne Datum, in: BArch R 58/ 854, Bl. 258.
500 Koenen, Der Fall Carl Schmitt, S. 736–740.
501 BArch R 58/ 854, Bl. 259.
502 BArch R 58/ 854, Bl. 284.
503 BArch R 58/ 854, Bl. 284.
504 BArch R 58/ 854, Bl. 284.
505 Koenen, Der Fall Carl Schmitt, S. 736–740.

dd) Die Artikel im „Schwarzen Korps" – Dezember 1936

Dieser wandte sich in seiner Not am 2. Dezember 1936 ausgerechnet an *Himmler*, um dem Reichsführer-SS quasi als Beweis seines Antisemitismus die gerade erst veröffentlichten Hefte „Das Judentum in der Rechtswissenschaft" zu übersenden. In dem Begleitschreiben führte er noch aus: „Entsprechend der dort aufgestellten Aufgaben sollen die einzelnen Veröffentlichungen eine Anfangsgrundlage für die notwendige weitere gemeinsame Arbeit um die Reinigung der deutschen Rechts- und Staatswissenschaft von jüdischem Geist bilden. In diesem gemeinsamen Kampf ist die Reichsgruppe Hochschullehrer zu jeder Zusammenarbeit bereit."[506]

Die gewünschte Intervention *Himmlers* blieb jedoch aus. Vielmehr setzte der SD zu seinem nächsten Schlag gegen *Schmitt* an. Dafür lancierte man einen Artikel in dem SS-Organ „Das Schwarze Korps". Diese 1935 gegründete SS-Wochenzeitschrift war zur „gefürchtetsten publizistischen Einrichtung der 30er Jahre" aufgestiegen und arbeitete eng mit dem SD zusammen; die Arbeitsteilung lief darauf hinaus, dass „der SD recherchierte und das ‚Schwarze Korps' liquidierte".[507] Am 3. Dezember 1936 erschien dort ein anonymer Artikel unter dem Titel „Eine peinliche Ehrenrettung".[508] Dieser bezog sich auf einen Aufsatz von *Günther Krauss* drei Wochen zuvor in dem Publikationsorgan der Jungen Rechtswahrer im NSRB „Jugend und Recht". Der vom SD als „einer der ausgeprägtesten Vertreter der katholischen Richtung"[509] qualifizierte *Krauss*, der eigentlich ein Zögling *Schmitts* sowie Referent in der von diesem geleiteten „Wissenschaftlichen Abteilung" des Rechtswahrerbundes war, hatte am 10. November 1936 unter der Überschrift „Zum Neubau deutscher Staatslehre" den Werdegang seines Förderers als einen Weg „von der Kirche über den Staat zum Reich" bezeichnet, wobei er den Wechsel vom Staat zum Reich auf das Jahr 1933 datierte.[510] Damit hatte er den Vorwurf, *Schmitt* sei ein Märzgefallener, der sein Staatsrecht nach der Machtergreifung dem Nationalsozialismus angepasst habe, noch bekräftigt, obwohl dies vermutlich nicht beabsichtigt war. Zwar musste *Krauss* auf Betreiben *Schmitts* seinen Posten als Referent räumen und auch *Schmitt* selbst, so erfuhr der SD, trug sich „ernstlich" mit dem Gedanken, „den Rechtswahrerbund um

---

506 BArch R 58/ 854, Bl. 138.

507 Koenen, Der Fall Carl Schmitt, S. 676. Griff das „Schwarze Korps" nicht auf SD-Materialien zurück, kam es gelegentlich zu Falschmeldungen und Fehldeutungen. Dies veranlasste den SD-Inland-Chef Otto Ohlendorf 1942 zu der Feststellung, die Artikel der Zeitung würden von falschen Voraussetzungen und ebensolchen Verallgemeinerungen strotzen. „Sie würden in ihrer unglaublich diffamierenden Art sicherlich nicht dazu beitragen, positiv die Angesprochenen zu beeinflussen." Im Gegenteil hätten sich durch die Art der Formulierung und des Tons „auch die anständigen Nationalsozialisten mit den zu Recht Angegriffenen zu einer Einheitsfront zusammengeschlossen." (Höhne, Der Orden unter dem Totenkopf, S. 208).

508 Eine peinliche Ehrenrettung, in: „Das Schwarze Korps" vom 3. Dezember 1936, Folge 49.

509 BArch R 58/ 854, Bl. 9.

510 Krauss, Zum Neubau deutscher Staatslehre, S. 252.

seine Entlassung zu bitten".[511] Doch hielt man dies beim SD nur für eine hinterlistige Verteidigungsstrategie, weshalb die Demission *Schmitts* weiterhin forciert wurde. Im „Schwarzen Korps" mokierte sich die SS nun über die „kraussen Gedankengänge" und den „Eiertanz", mit dem *Krauss* seinen Lehrer zu dem berechtigten Wehruf veranlassen müsste: „Herr, rette mich vor deinen Freunden".[512]

Und der Artikel verfehlte seine Wirkung keineswegs. Unter dem 8. Dezember 1936 notierte *Höhn*, dass Oberstaatsanwalt *Bühler* im Auftrag *Franks* angerufen habe und mitteilte, dass Schmitt weder im NSRB noch in der AfDR in amtlicher Stellung verwendet werden wird.[513]

Den entscheidenden Angriff unternahm das „Schwarze Korps" aber erst in seiner nächsten Ausgabe am 10. Dezember 1936. Unter der Überschrift „Es wird immer noch peinlicher" wurden die „Ausführungen eines Sachkenners" über „den sachlichen Gehalt der wissenschaftlichen Lehre" *Schmitts* abgedruckt,[514] die im Wesentlichen den Recherchearbeiten der SD-Abteilung *Höhns* entsprachen und deren Hauptanschuldigungen wiedergaben.[515] So wurde zum Vorwurf des Philosemitismus ausgeführt:

> „Juden waren seine Freunde; Juden bahnten ihm den Weg; ihnen widmete er Bücher. ... Die Juden Erich Kaufmann und Moritz Julius Bonn begleiteten mit warmherziger Förderung die Laufbahn des Prof. Schmitt. Und warmherzig waren auch die Worte, die dieser dankbare Prof. Schmitt für seinen Vorgänger auf dem Berliner Lehrstuhl der Handelshochschule, den Juden Hugo Preuß, fand."

Und auch *Schmitts* Nähe zum politischen Katholizismus wurde ausgebreitet:

> „Den Kennern der Lehre des Prof. Schmitt war zu gut bekannt, daß er ... mit päpstlichem Unbedenklichkeitsvermerk beachtliche Beiträge zur theoretischen Unterbauung des politischen Katholizismus geliefert und diese seine Haltung in der aktiven Unterstützung der Zentrumspartei und später der Zentrumsregierung Brüning durch die Tat weithin sichtbar bekräftigt hatte.... Ist es da verwunderlich, daß die katholische Wissenschaft ihn noch heute unwidersprochen für sich in Anspruch nimmt und zu ihren maßgeblichen Vertretern zählt, ihn, der durch die katholische Schule gegangen war und die ‚lateinische' und katholische Geistigkeit in seltener Reinheit repräsentiert?"

Zuletzt wurde zudem der Hauptvorwurf der politischen Wandlungsfähigkeit *Schmitts* in dem Artikel wiederholt:

---

511 BArch R 58/ 854, Bl. 270.
512 Eine peinliche Ehrenrettung, in: „Das Schwarze Korps" vom 3. Dezember 1936, Folge 49.
513 BArch R 58/ 854, Bl. 11.
514 Es wird immer noch peinlicher, in: „Das Schwarze Korps" vom 10. Dezember 1936, Folge 50.
515 Von Lösch, Der nackte Geist, S. 465.

„Am 30. Januar 1933 war es soweit. Nachdem die Entscheidung gefallen war, konnte auch Prof. Schmitt ohne Gefahr für sich eine Entscheidung vollziehen. Schweigend und voller Verwunderung sahen die Kenner seiner Persönlichkeit und seines Werdeganges, wie er sich nun plötzlich zum Hüter der nationalsozialistischen Idee aufzuschwingen verstand. … Auch Carl Schmitt erwies sich nun als echter Antisemit."

Daneben, so der unbekannte Autor, hätte sich „auch noch einiges andere mehr, was wir jedoch lieber nicht bringen und veröffentlichen wollen" gefunden. Auf dieser Basis wurde sodann das Ergebnis präsentiert: „Sollte es Carl Schmitt wirklich gelungen sein, einen echten Zugang zur nationalsozialistischen Wissenschaft gefunden zu haben? Wir meinen, daß Prof. Carl Schmitt allen Grund hätte zu dem Ausruf: ‚Der Herr bewahre mich vor meinen Konsequenzen'."[516]

Der Autor der beiden anonym erschienenen Artikel ist nach wie vor unbekannt.[517] Allerdings kann es als sicher angenommen werden, dass die Beiträge in der SS-Zeitung von *Höhn* initiiert wurden. Dafür spricht schon der große Einfluss des SD auf das „Schwarze Korps", welches obendrein von dessen Recherchen und Materialien abhängig war. So war die Schriftleitung gezwungen, allein schon um unnötige Konflikte zu vermeiden, zahlreiche Artikel auf Wunsch *Heydrichs* in ihre Zeitung aufzunehmen.[518] Auch der Schriftwechsel zwischen *Höhn* und dem Hauptschriftleiter des „Schwarzen Korps", SS-Standartenführer *Gunter d'Alquen*, lässt auf *Höhns* Urheberschaft schließen. Dieser schickte *Höhn* sämtliche Reaktionen, darunter auch die Schreiben *Görings* und *Franks*,[519] sowie Leserbriefe auf die beiden Artikel.[520]

ee) Schmitts Entmachtung

Schmitt war indes weitestgehend entmachtet. *Frank* unternahm zwar noch einen halbherzigen Verteidigungsversuch und verwahrte sich aus „kameradschaftlicher Anstandspflicht" gegenüber Hauptschriftleiter *d'Alquen* gegen die „anonymen" Verdächtigungen, die „im wesentlichen nur das wiederholen, was seit langem von jüdischen Emigranten in der Hetzpresse des Auslandes vorgebracht" worden sei.[521] Gleichzeitig sandte er jedoch eine Abschrift des Briefes an *Himmler* und schrieb: „Ich habe Staatsrat Schmitt ohnedies zum 1. Januar aller Ämter enthoben."[522] Die offizielle Version im Mitteilungsblatt des NSRB lautete dann am 15. Dezember: „Der Reichsgruppenwalter, Staatsrat Prof. Dr. Schmitt, hat aus gesundheitlichen Gründen, die

516 Es wird immer noch peinlicher, in: „Das Schwarze Korps" vom 10. Dezember 1936, Folge 50.

517 Gross, Poltische Polykratie, S. 122.

518 Heiber/von Kotze, Facsimile Querschnitt durch das Schwarze Korps, S. 13 und S. 17.

519 BArch R 58/ 854, Bl. 60 f.

520 BArch R 58/ 854, Bl. 78, 113, 132 f.

521 BArch R 58/ 854, Bl. 72 f.

522 Frank an Himmler vom 11. Dezember 1936, BArch R 58/ 854, Bl. 69.

auf seiner starken Arbeitsbelastung … in den letzten Wochen beruhen, den Reichsrechtsführer gebeten, ihn aus seinen Ämtern zu entlassen. Der Reichsrechtsführer hat dieser Bitte entsprochen und Staatsrat Schmitt gebeten, die Geschäfte bis zum 1.Januar 1937 zu führen."[523] *Carl Schmitt* ging mithin schlussendlich als Verlierer aus diesem Streit hervor und musste seine politischen Posten abgeben.[524] Er verlor neben seinen Ämtern im NSRB auch seine Mitgliedschaft im Führerrat der AfDR. Zudem wurde die DJZ eingestellt.[525]

Höhn sah damit hingegen nur ein Etappenziel erreicht. *Schmitt* sollte aus allen Stellungen entfernt werden, also auch noch aus der Universität. Bereits Mitte Dezember startete er weitere Aktionen. So ließ er in der Reichskanzlei und im Innenministerium intensiv nach einer Denkschrift *Schmitts* suchen, die dieser 1932 über die Möglichkeit einer Koalition von Zentrum und NSDAP verfasst hatte.[526] Im SD wusste man von einem „Vertrauten Schmitts", dass die Denkschrift „vollauf" genügen würde, „um Schmitt das Genick zu brechen." Sie blieb aber unauffindbar.[527] Daneben sollte der SD Oberabschnitt Süd-München mit *Koellreutter* Kontakt aufnehmen, um Näheres über *Schmitt* zu erfahren. Von besonderem Interesse war abermals sein Verhältnis zum Katholizismus und Judentum vor 1933.[528]

Außerdem verfasste man im SD einen Briefentwurf für den „Reichsstudentenführer" *Scheel* an den Kultusminister *Rust*, um diesen auf die Vorwürfe gegen *Schmitt* hinzuweisen. *Höhn* selbst änderte diesen Briefentwurf noch einmal ab. Schließlich hieß es am 18. Dezember, *Schmitt* sei nicht mehr „tragbar". Der Kultusminister wurde gebeten, „angesichts der ohnedies schwierigen hochschulpolitischen Lage an der Berliner Universität … zu erwägen, ob nicht eine entsprechende Personalveränderung durchführbar erscheint".[529]

Allerdings genoss *Schmitt* auch gerade nach den Artikeln im „Schwarzen Korps" großen Rückhalt in der Berliner Studentenschaft. So berichtete ein SD-Spitzel, *Schmitt* sei zu seiner Völkerrechtsvorlesung am 10. Dezember 1936 von seinen Studenten mit „ungewöhnlich lautem Beifall empfangen" worden. Zudem hielt er eine „Verteidigungsrede". Daneben, so der SD-Informant, stellten die „letzten Worte" der Vorlesung „indirekt eine ungeheuerliche Beschuldigung des ‚Schw. K.' und der SS" dar.[530] Ein Angriff der NS-Dozentenschaft auf *Schmitt* ist ebenfalls nicht bekannt.[531] In der Berliner Dozentenschaft gab es zwar Überlegungen, Schmitt von

523 Mitteilungsblatt des NSRB 1936, S. 248 (zitiert nach von Lösch, Der nackte Geist, S. 466).
524 Rüthers, Reinhard Höhn, S. 2868 f.
525 Von Lösch, Der nackte Geist, S. 466.
526 Von Lösch, Der nackte Geist, S. 466 f.
527 BArch R 58/ 854, Bl. 6, 38 ff., 140.
528 BArch R 58/ 854, Bl. 18.
529 BArch R 58/ 854, Bl. 59.
530 Bericht von SS-Rottenführer Hans Dieter Schmitt vom 19. Dezember 1936, BArch R 58/ 854, Bl. 130.
531 Von Lösch, Der nackte Geist, S. 467.

seinen Lehrverpflichtungen zu entbinden, doch behielt *Schmitt* schlussendlich seine Berliner Professur.[532]

Zudem war *Höhn* gleichermaßen bestrebt, seinen Kontrahenten aus dem Preußischen Staatsrat zu drängen, weshalb der SD im Verlauf „der Aktion gegen Carl Schmitt" bereits Mitte Dezember kurz nach Erscheinen der Artikel im „Schwarzen Korps" den preußischen Ministerpräsidenten *Göring* mit dem subtilen Hinweis, „dass Carl Schmitt Preussischer Staatsrat ist", über die von diesem ausgehende Gefahr für den Nationalsozialismus in Kenntnis setzte.[533] Daneben wurde auch Staatssekretär *Körner* „in der Angelegenheit des Staatsrats Professor Dr. Carl Schmitt" eingeschaltet und der Vorschlag unterbreitet, dessen „Ausscheiden zu veranlassen".[534]

Mit der Einbeziehung *Görings* verfolgte der SD dabei noch eine andere Stoßrichtung. Diesem war von *Hitler* die Behörde zur Durchführung des vor kurzem beschlossenen 4-Jahres-Plans der deutschen Wirtschaft übertragen worden. Nunmehr sollte *Göring* unter Druck gesetzt werden, um bei den diesbezüglich anstehenden Personalentscheidungen die Wünsche der SS zu berücksichtigen.[535]

Doch blieb der preußische Ministerpräsident standhaft. Schon am 21. Dezember 1936 hatte er sich in einem Brief an *d'Alquen* gewandt und seine grundsätzliche Unterstützung für Schmitt signalisiert. Darin schrieb er:

> „Ohne zu den gegen Schmitt erhobenen sachlichen Vorwürfen, die an sich nicht unberechtigt sein mögen, hier Stellung nehmen zu wollen, muß ich mit Nachdruck darauf hinweisen, daß es nicht angeht, daß Persönlichkeiten, von denen bekannt ist, daß sie durch mein Vertrauen in ein hohes öffentliches Amt berufen worden sind, durch Ihre Zeitung in dieser Weise herabgewürdigt werden. Wenn gegen einen Preußischen Staatsrat Vorwürfe zu erheben sind, so steht es jedermann frei, bei mir vorstellig zu werden. Gegebenenfalls werde ich selbst alles Erforderliche veranlassen. Ich kann aber nicht dulden, daß gegen Mitglieder des Preußischen Staatsrats in der von Ihnen beliebten Weise vorgegangen wird."[536]

Darüber hinaus forderte er *d'Alquen* auf, „den Pressefeldzug gegen den Staatsrat Professor Dr. Schmitt sofort einzustellen" und dies in der nächsten Ausgabe kenntlich zu machen.[537] Dementsprechend lehnte *Göring* es in der Folge auch ab, *Schmitt* seines Amtes als Preußischer Staatsrat zu entheben,[538] womit er diesen vor weiteren Konsequenzen bewahrte. Im Visier des SD blieb er trotz alledem. Ende 1938 ermittelte der SD erneut gegen *Schmitt*.[539] Ebenso sollten sich die Wege von *Höhn*

532 Von Lösch, Der nackte Geist, S. 468 f.
533 BArch R 58/ 854, Bl. 21 f.
534 BArch R 58/ 854, Bl. 24 f.
535 Blasius, Carl Schmitt, S. 176.
536 BArch R 58/ 854, Bl. 61.
537 BArch R 58/ 854, Bl. 61.
538 Noack, Carl Schmitt, S. 210.
539 BArch R 58/550.

und *Schmitt* sowohl an der Universität Berlin als auch im staatsrechtlichen Diskurs noch des Öfteren kreuzen,[540] wobei *Höhn* in der späteren Großraum-Debatte abermals versuchte, *Schmitts* politische Position und wissenschaftliche Reputation zu schwächen.[541]

5. Reinhard Höhns Kaltstellung – Der Fall „Walter Frank"[542]

Doch auch *Höhn* wurde Opfer einer Intrige, als ihn *Walter Frank*, Leiter des „Reichsinstituts für die Geschichte des neuen Deutschlands", im Frühjahr 1937 wegen seiner Tätigkeit im Jungdeutschen Orden vor der Machtergreifung denunzierte. Anlass für die Angriffe *Franks* waren die Kandidaturen *Karl August Eckhardts* für die Präsidentschaft des „Reichsinstituts für ältere deutsche Geschichtskunde" und die Generaldirektion der Preußischen Archive. *Frank* vermutete hinter den Bestrebungen *Eckhardts* einen „Einkreisungsplan" *Höhns*, um ihn „entweder gefügig zu machen oder zu stürzen".[543]

---

540 Höhn selbst stellte sein Verhältnis zu Schmitt später als durchaus freundschaftlich dar. Man hätte einander geachtet, sich sogar besucht und einen regen Gedankenaustausch betrieben. Noch gegen Kriegsende soll er zu Schmitt gesagt haben: „wenn jetzt die Sache zu Ende geht, dann werde ich erschossen und Sie werden gehängt.", worauf Schmitt erwidert haben soll: „warum haben Sie für mich einen so unehrenvollen Tod vorgesehen?". Allerdings sind Höhns Aussagen insgesamt zu bezweifeln. So hatte er später auch behauptet, keine SD-Ermittlungen gegen Schmitt geführt zu haben, was nachweislich widerlegt ist (Von Lösch, Der nackte Geist, S. 437 f.). Schmitt äußerte sich nach dem Zweiten Weltkrieg zwiespältig über die Person Höhn. Dieser, so Schmitt in einem Interview für Prof. Dr. M.W. Kempner in Nürnberg am 28. April 1947, sei zwar „ungeheuer fleissig und auch begabt" gewesen, weshalb er in „normaleren Zeiten ... ein guter Lehrer und Forscher seines Faches" geworden wäre, doch hätte sich Höhn „in Zielstrebigkeit und einem im Grunde nur relativen Dogmatismus" verkrampft. Er hätte den „Ehrgeiz, eine intellektuelle Elite darzustellen" gehabt, sich zugleich aber auch „als Ausdruck wahren Hitlerismus" geriert (Teilweise Antwort Schmitts auf die Frage: „Wieweit haben Sie die theoretische Untermauerung der Hitlerischen Grossraumpolitik gefördert?", zitiert nach Schmoeckel, Die Großraumtheorie, S. 155, Anm. 22).

541 Hueck, „Spheres of influence" and„völkisch" legal thought: Reinhard Höhns notion of Europe, S. 72 ff.

542 Eine ausführliche Aufarbeitung der Auseinandersetzung zwischen Höhn und Walter Frank findet sich bereits bei Helmut Heiber (Heiber, Walter Frank, S. 865 ff.) und Anna-Maria Gräfin von Lösch (Von Lösch, Der nackte Geist, S. 412–424). Das folgende Kapitel ist an Inhalt und Gliederung dieser Forschungen angelehnt, was in Anbetracht der Vorzüge einer chronologischen Darstellung der Ereignisse und mangels neuer Quellen aber auch unumgänglich ist.

543 BArch R 43 II/ 1228, Bl. 29.

Die Ursachen für die daraus resultierende Auseinandersetzung waren dabei vielschichtig. Entscheidend war sicherlich der hohe Stellenwert, den die Nationalsozialisten den historischen Wissenschaften zugestanden.[544] Die Geschichte wurde von den Nationalsozialisten als wichtiges politisches Instrument benutzt und diente dem eigenen Machterhalt sowie der Legitimierung des Eroberungskrieges.[545] Das nationalsozialistische Geschichtsverständnis suggerierte dabei, dass diese Eingriffe aus der „tiefsten geschichtlichen Verbundenheit" heraus erfolgen müssten, um die urdeutschen Rechte und Ansprüche durchzusetzen.[546] Aus dieser besonderen Bedeutung speiste sich die Motivation *Höhns* und *Eckhardts*, ihren persönlichen Einfluss auf dem Gebiet der Geschichtswissenschaft zu erweitern. Hinzu kam, dass auch die SS einen maßgeblichen Anteil an den Geschichtsinterpretationen im Dritten Reich wünschte.[547] So erklärte *Heydrich* im Laufe des Konflikts denn auch, *Himmler* habe „in Übereinkunft mit dem Ministerpräsidenten Einfluss genommen auf die Besetzung der Staatsarchive und Wert darauf gelegt, dass ein SS-Führer diese Stelle besetzt".[548] *Frank*, der sich als „den verantwortlichen Führer der deutschen Geschichtswissenschaft und … tatsächlichen Schöpfer des nationalsozialistischen Aufbaus dieser Wissenschaft" betrachtete und selbst um eine Ausweitung seines ohnehin schon großen Kompetenzbereichs bestrebt war, sah in den Kandidaturen demzufolge auch einen Angriff der Schutzstaffel unter der Parole „Die SS gegen den Monopolanspruch Walter Franks".[549]

Zuletzt boten die beiden Posten auch rein karrieretechnische Chancen. Hatten *Höhn* und *Eckhardt* bereits einen Lehrstuhl inne und einen gewissen akademischen Einfluss erlangt, würde die Übernahme des Reichsinstituts und der Generaldirektion vor allem die Vergrößerung des Machtbereichs außerhalb der Universitäten mit sich bringen. *Frank* dagegen sah in den Ambitionen der beiden SS-Juristen eben eine Gefährdung seines Kompetenzbereichs und begann seinerseits Einfluss auf die Besetzung der vakanten Positionen zu nehmen. Dementsprechend muss in den Kandidaturen sicherlich ein gezielter Angriff *Höhns* und *Eckhardts* sowie der SS auf

544 Deutlich wird dies vor allem am Geschichtsverständnis Hitlers, welcher der Geschichte eine besondere Bedeutung zumaß. So führte er schon in „Mein Kampf" aus: „Denn man lernt eben nicht durch Geschichte, um nur zu wissen, was gewesen ist, sondern man lernt Geschichte, um in ihr eine Lehrmeisterin für die Zukunft und für den Fortbestand des eigenen Volkstums zu erhalten." (Hitler, Mein Kampf, S. 468).

545 Schönwälder, Historiker und Politik, S. 268ff.

546 Schreiner, Führertum, Rasse, Reich, S. 164.

547 Die Bemühungen der SS, auf diesem Gebiet Einfluss zu erlangen, wurden dabei sicherlich von Himmlers „Steckenpferd", der „vorgeschichtliche(n) Forschung und Dokumentenforschung", begünstigt (BArch R 43 II/ 1228, Bl. 331).

548 BArch R 43 II/ 1228, Bl. 331.

549 BArch R 43 II/ 1228, Bl. 31.

die Person *Walter Frank* gesehen werden, um dessen monopolartige Stellung auf dem Gebiet der Geschichtswissenschaft zu schwächen und den eigenen Einfluss zu vergrößern. Somit war der Konflikt in erster Linie ein Ergebnis des Wettlaufs um die machtpolitisch bedeutungsvolle und karrierefördernde Deutungshoheit der Geschichte im Nationalsozialismus.

Neben diesen Komponenten dürfte aber auch die Intrigenkultur im nationalsozialistischen Funktionärsapparat ausschlaggebend für die Auseinandersetzung gewesen sein.[550] Sowohl die Kaltstellung *Carl Schmitts* als auch der Konflikt zwischen *Höhn* und *Frank* zeigen aber exemplarisch, dass es gerade bei den vermeintlichen Eliten im NS-Staat eine Art Verfolgungswettbewerb im Sinne der Vergangenheitserforschung von potentiellen und tatsächlichen Gegnern innerhalb der nationalsozialistischen Bewegung gab. Denn eines der am besten geeigneten Mittel zur Entledigung von unliebsamen Widersachern war der Nachweis mangelnder Linientreue vor der Machtergreifung. Wer vor dem Jahr 1933 dem Nationalsozialismus kritisch gegenüberstand oder zumindest mit einer konkurrierenden Organisation oder geistigen Haltung sympathisierte, konnte jedenfalls ab einer gewissen Stufe der Karriereleiter durch die strategische Etikettierung als Opportunist unter erheblichen Rechtfertigungsdruck geraten. Insofern diente der gleichfalls einsetzende ideologische Überbietungswettbwerb, bei dem sich auch *Höhn* besonders hervortat, in welchem man sich nicht nur als überzeugter Nationalsozialist, sondern möglichst gleich als glühender Fanatiker gerierte, dem beruflichen Fortkommen und der Abdeckung.

a) Erste Begegnungen mit Walter Frank

Befördert wurde diese Kultur des Misstrauens hier noch durch persönliche Differenzen. Zwischen *Eckhardt* und *Frank* war es bereits Ende 1934 zu ersten Kränkungen gekommen. *Eckhardt* hatte *Frank* trotz fehlender Habilitation den freigewordenen Lehrstuhl des zuvor von *Frank* gestürzten *Hermann Oncken* angeboten, doch wollte dieser allein den Professorentitel ohne einen Lehrauftrag, was *Eckhardt* mit dem Hinweis auf das „mittelalterliche(m) Pfründenunwesen" und der Belehrung, dass der Begriff „Professor" nicht von „Profit" abzuleiten sei, beantwortet hatte.[551] Eine

550 Höhn selbst wies 1960 noch auf diesen anderen Grund als Auslöser hin: „Es war allmählich bekannt geworden, daß ich ein ganze Reihe von Leuten, die früher nicht in der Partei und z.T. gegnerisch eingestellt waren, in die SS gebracht hatte und sie dadurch abdeckte. Insbesondere regten sich aus Thüringen diejenigen alten Kämpfer der NSDAP, mit denen ich mich auf Versammlungen des Jungdeutschen Ordens herumgestritten hatte, und fragten über ihre Gauleitung offiziell an, wie es möglich gewesen sei, daß ich überhaupt in die SS gelangt wäre. Diese Angriffe vermochte ich mehr oder weniger abzuwehren." (Aktenvermerk Höhns vom Dezember 1960, S. 9, in: Privatarchiv H. Borsch.)

551 Heiber, Walter Frank, S. 859.

Unterredung beider im Februar 1935 verschlechterte das Verhältnis nochmals. Auf *Eckhardts* Aussage, die Größe von *Franks* neuem Reichsinstitut mache auch die Mitarbeit von jüdischen Historikern unumgänglich, erwiderte der konsternierte *Frank*, ob das Reichswissenschaftsministerium ihn nun dazu zwingen wolle. *Eckhardt* hatte dies lachend mit der Antwort: „So dumm werden wir nicht sein. Sie können uns ja jederzeit die Partei auf den Hals hetzen" quittiert.[552]

Auch die Wege *Franks* und *Höhns* hatten sich schon zuvor gekreuzt. Anfang 1935 war *Höhn* an dem Versuch *Ernst Kriecks* beteiligt, *Frank* für einen historischen Lehrstuhl an der Universität Heidelberg zu gewinnen. Den von *Höhn* persönlich überbrachten Ruf lehnte dieser allerdings ab.[553] Zudem unterstützte er *Frank* sogar in seiner Auseinandersetzung mit dem Vizepräsidenten der Deutschen Forschungsgemeinschaft Dr. *Eduard Wildhagen*.[554] Damals bat *Höhn* den späteren Kontrahenten sogar zu einer Besprechung, um diesem die Rückendeckung des SD zu versichern. Darüber hinaus verfasste er auch ein SD-Gutachten für *Frank*. Während *Höhn* seine Hilfe als „persönliche Gefälligkeit hinzustellen" versuchte, sah *Frank* in dessen Tätigkeit jedoch nur die dienstliche Ausführung der Anordnung *Himmlers*.[555]

Zu ersten persönlichen Differenzen kam es dann aber, als *Höhn* versuchte, in den Beirat des neu geschaffenen „Reichsinstituts für Geschichte des neuen Deutschlands" berufen zu werden. Leiter des Instituts war auf Vorschlag von Reichminister *Rudolf Heß* seit Juli 1935 *Walter Frank*,[556] was *Eckhardt* zuvor erfolglos zu verhindern versucht hatte,[557] wodurch der Bruch mit *Frank* schon abzusehen war.[558] Gleichwohl

552 Heiber, Walter Frank, S. 859.

553 Außerdem begegneten sich beide „einmal im Vorzimmer des Amtes Rosenberg, einmal in der Vorortbahn" (BArch R 43 II/ 1228, Bl. 23).

554 Wildhagen hatte Franks Nominierung als Vizepräsident des Bereichs Geisteswissenschaft torpediert, indem er Frank bei Rosenberg in Misskredit brachte. Daneben warf ihm Frank sowohl Opportunismus gegenüber der Bewegung als auch mangelnden Antisemitismus vor. Zuletzt fand Frank seine Geschichtswissenschaft in der Forschungsgemeinschaft nur unzureichend berücksichtigt, was er dem Einfluss Wildhagens zuschrieb (Heiber, Walter Frank, S. 779ff.). Die daraus resultierende Auseinandersetzung, die fast in einen zivilrechtlichen Prozess zwischen Wildhagen und Frank wegen eines diffamierenden Artikels Franks über seinen Widersacher mündete, endete mit dem von Frank mit Unterstützung der SS herbeigeführten Sturz Wildhagens (Heiber, Walter Frank, S. 787ff., S. 842ff.).

555 BArch R 43 II/ 1228, Bl. 9, 23 und 25.

556 Von Lösch, Der nackte Geist, S. 413.

557 Nehlsen, Karl-August Eckhardt, S. 507.

558 Belastet wurde das Verhältnis zwischen Frank und Eckhardt zudem noch durch den Versuch von Eckhardts Schwager, dem Agrarhistoriker und SS-Mann Günther Franz, Einfluss auf das „Reichsinstitut für Geschichte des neuen Deutschlands" zu nehmen, um Forschungsgelder für seine Bauernforschung zu akquirieren (Müller, Diktatur und Revolution, S. 103ff.).

unterbreitete ihm *Höhn*, so *Frank*, seinen Ernennungsvorschlag mit dem Argument, dass er „damit den massgebenden Mann beim Reichsführer SS als Mitarbeiter gewinnen würde". *Frank* wies *Höhns* Gesuch aber mit der Erklärung zurück, „dass ich auf die Zusammenarbeit mit der Reichsführung SS grössten Wert lege, dass diese jedoch nicht an die Person Höhns gebunden sein könne und dass ich zu Höhn nicht das ausreichende Vertrauen hätte, um ihn in das Institut zu berufen".[559] Damit war die Feindschaft zwischen beiden besiegelt. *Höhn*, so *Frank*, habe dann „nach anderen Mitteln" gesucht, um ihn „entweder gefügig zu machen oder zu stürzen".[560]

b) Eckhardt und die „Monumenta Germaniae Historica"

Eine erste Gelegenheit bot sich dazu mit der Kandidatur *Eckhardts* als Präsident der Zentraldirektion des „Reichsinstituts für ältere deutsche Geschichtskunde". Das Institut, welches nach einer organisatorischen Umstrukturierung aus der „Monumenta Germaniae Historica" (MGH) hervorging, gab die wichtigsten wissenschaftlich bearbeiteten Editionen mittelalterlicher Quellentexte heraus. Nachdem ein erster Versuch *Eckhardts*, einen Posten in der MGH zu erhalten, im April 1933 scheiterte,[561] wurde er mit Wirkung zum 1. April 1935 schließlich kommissarischer stellvertretender Vorsitzender der Zentraldirektion.[562]

Nur kurze Zeit später sollte *Eckhardt* auf Wunsch *Paul Kehrs*, dem Präsidenten der Zentraldirektion, dessen Nachfolge übernehmen.[563] Jedoch hatte *Frank* gegen die Berufung *Eckhardts* opponiert. Auf seine Initiative protestierte *Alfred Rosenberg* beim Reichswissenschaftsminister *Rust* „im Namen der Partei". *Rosenberg* bemängelte im Ministerium, dass *Eckhardt* keine ideologische Standfestigkeit besäße und zudem als Jurist für ein historisches Institut kaum geeignet sei. Daneben würde *Eckhardt* die erforderliche Kooperation mit dem Schwesterinstitut *Franks* ablehnen.[564] Als im Dezember 1935 auch noch im „Völkischen Beobachter" ein Artikel erschien, der offen *Eckhardts* Ambitionen auf den Präsidentenposten in Frage stellte, lenkte *Rust* ein und ernannte mit dem Einverständnis *Rosenbergs* überraschend den bislang völlig unbekannten thüringischen Archivrat *Wilhelm Engel* mit Wirkung zum 1. April 1936 zum kommissarischen Leiter der MGH.[565]

Dieser war bisher als Amtsvorstand der Thüringischen Staatsarchive in Altenburg tätig und hatte sich 1935 an der Universität Marburg habilitiert.[566] Zudem war er seit März 1935 „Vertrauensmann" des SD in *Eckhardts* Abteilung im

---

559 BArch R 43 II/ 1228, Bl. 25.
560 BArch R 43 II/ 1228, Bl. 29.
561 Heiber, Walter Frank, S. 863f.
562 Fuhrmann, „Sind eben alles Menschen gewesen", S. 58.
563 Fuhrmann, „Sind eben alles Menschen gewesen", S. 58.
564 Nehlsen, Karl-August Eckhardt, S. 508.
565 BArch DS A 18, PA Engel (REM).
566 BArch DS A 18, PA Engel (REM).

Reichswissenschaftsministerium,[567] wohin ihn vermutlich ausgerechnet *Höhn*, mit dem er zusammen auf das Gymnasium in Meiningen gegangen war, empfohlen hatte.[568] Mit wissenschaftlichen Leistungen war *Engel* dagegen bisher nicht aufgefallen. Im Gegensatz zum anerkannten Rechtshistoriker *Eckhardt* hatte er nur zwei Publikationen herausgebracht und war in der MGH noch gar nicht in Erscheinung getreten.[569] Jedoch hatte er sich auf die Seite *Franks* geschlagen, von dem er nach kurzer Zeit schon vollkommen vereinnahmt war. Dieser setzte sich jedenfalls vehement für die Ernennung *Engels* ein.[570] Folglich war seine Berufung auch eher dem politischen Kalkül *Franks* als seinen akademischen Würden geschuldet.[571]

Eckhardt war damit vorerst geschlagen und zog sich, gesundheitlich beeinträchtigt, kurzzeitig an die Universität Bonn zurück, bevor er wieder nach Berlin kam und einen erneuten Versuch unternahm, die MGH zu übernehmen.[572] Im März 1936 schrieb er an Minister *Rust*, dass er zumindest die rechtshistorische Abteilung der MGH für sich beanspruchen würde und sich für die Leitung des gesamten Reichsinstituts „nur mangels einer geeigneten anderen Persönlichkeit" bereit erklären würde.[573] Allerdings hatte *Engel* zwischenzeitlich schriftlich bei *Rust* gegen *Eckhardts* Anliegen Stellung bezogen.[574] Zudem betrieb auch Dr. *Bachér*, Leiter der Hochschulabteilung im REM und damit Vorgesetzter *Eckhardts*, die Demission *Eckhardts* im Ministerium, wobei er insbesondere persönliche Vorbehalte gegen seinen Untergebenen für sein Handeln verantwortlich machte.[575]

Rust wandte sich daraufhin zwar nicht völlig von *Eckhardt* ab, hielt jedoch an seiner Vereinbarung mit *Rosenberg* fest, *Engel* zum kommissarischen Leiter der MGH zu machen. Derweil wurde *Eckhardt*, nicht zuletzt abermals auf Betreiben *Bachérs*, an die Berliner Juristische Fakultät überwiesen und dort Professor für Germanische Rechtsgeschichte und Familienrecht.[576] Im April 1936 legte *Eckhardt* deshalb seine bisherigen Ämter in der MGH als stellvertretender Direktor und Leiter der Abteilung Scriptores nieder und kündigte an, seine Quelleneditionen in Zukunft anderswo zu veröffentlichen.[577]

---

567 BArch R 43 II/ 1228, Bl. 96; BArch DS A 18, PA Engel (REM).
568 Heiber, Walter Frank, S. 869.
569 Heiber, Walter Frank, S. 869.
570 Heiber, Walter Frank, S. 868ff.
571 Fuhrmann, „Sind eben alles Menschen gewesen", S. 62ff.
572 Von Lösch, Der nackte Geist, S. 415f.
573 BArch (ehem. BDC) REM PA, Bl. 9000–9003, Eckhardt, Karl August, 05.03.01, zitiert nach von Lösch, Der nackte Geist, S. 416.
574 BArch (ehem. BDC) REM PA, Bl. 9002f., Eckhardt, Karl August, 05.03.01, zitiert nach von Lösch, Der nackte Geist, S. 416.
575 BArch (ehem. BDC) REM PA, Bl. 9006–9010, Eckhardt, Karl August, 05.03.01, zitiert nach von Lösch, Der nackte Geist, S. 416.
576 Von Lösch, Der nackte Geist, S. 417f.
577 Heiber, Walter Frank, S. 874.

Seinen nächsten Höhepunkt erreichte der Konflikt um die Präsidentschaft der MGH im Frühjahr 1937, wobei sich die Chancen *Eckhardts* vorläufig merklich verbesserten. Zunächst hatte sich *Himmler* bereits Ende 1936 dafür eingesetzt, dass *Eckhardt* die rechtshistorische Abteilung der MGH übertragen werde, womit auch die Präsidentschaft für das gesamte Reichsinstitut wieder in den Fokus rückte.[578] Zudem machte sich spätestens zu diesem Zeitpunkt gleichfalls *Höhn* für seinen Freund *Eckhardt* stark. Laut *Frank* soll *Höhn* seit Anfang des Jahres 1937 erneut den „Sturz" seines Intimus *Engel* und die Berufung *Eckhardts* im Reichswissenschaftsministerium „betrieben" haben.[579] Entscheidend war dabei wohl ein personeller Wechsel im Rustschen Ministerium. Seit Januar 1937 war der SS-Oberführer und badische Erziehungsminister *Otto Wacker* Leiter des Amtes Wissenschaft und damit zuständig für die Hochschulberufungspolitik. Dieser war vom Reichsführer SS in das Ministerium gehoben worden, vermutlich nicht zuletzt, um damit einen potentiellen SS-Nachfolger für *Rust* in Stellung zu bringen.[580] *Wacker*, so *Frank*, habe nun „von Herrn Höhn dauernde Informationen empfangen".[581] Dass *Höhn* fortan die Kandidatur *Eckhardts* offensiv unterstützte, darf als sicher gelten. So schrieb er auch nach dem Krieg, dass er „ihm von der Kulturabteilung der SS helfend zur Seite" stand.[582] Die Präsidentschaftsfrage schien damit wieder offen zu sein. Allerdings rückte zunächst ein anderer Posten in den Vordergrund des Konflikts.

c) Die Generaldirektion der Preußischen Staatsarchive

Anfang 1937 wurde nämlich eine weitere Schaltstelle auf dem Gebiet der Geschichtswissenschaften vakant: Die Generaldirektion der Preußischen Archive. Da der Posten des Generaldirektors zudem die Leitung des Reichsarchivs beinhaltete, bedeutete er die Kontrolle über das gesamte deutsche Archivwesen, womit ein entscheidender Einfluss auf die historischen Wissenschaften gesichert war.[583]

Während *Frank* den Berliner Prorektor und Historiker *Willy Hoppe*,[584] der auf seine Initiative von *Rudolf Heß* vorgeschlagen wurde, als Bewerber protegierte,[585] kandidierte auch *Eckhardt* als Generaldirektor. *Frank* sah darin „eine Kampfkandidatur"

---

578 Nehlsen, Karl-August Eckhardt, S. 508.
579 BArch R 43 II/ 1228, Bl. 29 und Bl. 95.
580 Schrecke, Otto Wacker, S. 724, in: Die Führer der Provinz, S. 705–732.
581 BArch R 43 II/ 1228, Bl. 31.
582 Aktenvermerk Höhns vom Dezember 1960, S. 9, in: Privatarchiv H. Borsch.
583 Von Lösch, Der nackte Geist, S. 421.
584 Auch Hoppe war wohl nur ein Strohmann Franks und für den Posten des Generaldirektors der Preußischen Archive auch fachlich nur bedingt geeignet. In gewohnt amüsanter Diktion schreibt Heiber, dass Hoppes „einzige Qualifikation genaugenommen darin bestand, daß er als märkischer Landesgeschichtler häufiger Archivbenutzer war" (Heiber, Walter Frank, S. 874).
585 BArch R 43 II/ 1228, Bl. 29.

gegen seine Person,[586] „unterstützt“[587] und „aufgestellt(e)“[588] durch *Reinhard Höhn.*[589] Dessen SD-Chef *Heydrich* dagegen behauptete, dass *Himmler* selbst *Eckhardt* für den Posten des Generaldirektors vorgeschlagen hatte, ohne diesen zuvor darüber in Kenntnis zu setzen.[590] Den Vorwurf *Franks*, gerade *Höhn* hätte *Eckhardt* „von sich aus als seinen Kandidaten“ vorgeschlagen, wies er dabei scharf zurück.[591] Ob die Kandidatur *Eckhardts* tatsächlich auf *Höhn* oder den Reichsführer-SS zurückzuführen ist, lässt sich den Quellen nicht mit Sicherheit entnehmen.[592] Zumindest dürfte *Höhn* die Bewerbung *Eckhardts* als dessen persönlicher Freund und SS-Ordensbruder

---

586 So soll Eckhardt, laut Frank, auf einer Konferenz, die sich mit der Nachfolge des zuvor ausgeschiedenen Generaldirektors der Preußischen Archive Brackmann befasste, gegenüber anderen Teilnehmern erklärt haben: „Walter Franks Totenliste trägt die Namen Oncken, Wildhagen und Brackmann. Wer wird noch auf die Liste kommen, wenn nicht der Tote Numero 4 Walter Frank selbst ist!“ (BArch R 43 II/ 1228, Bl. 33). Gemäß den Ausführungen Heydrichs soll Eckhardt an einer solchen Sitzung allerdings gar nicht teilgenommen haben (BArch R 43 II/ 1228, Bl. 7). Tatsächlich basierte der Eckhardt zugeschriebene Ausspruch auf der Erinnerung Engels an die Aussagen des Direktors des Wiener Instituts für Geschichtsforschung Hans Hirsch, der sich nach einer Tagung der volksdeutschen Forschungsgemeinschaft letztlich nur besorgt über den Zustand der deutschen Geschichtswissenschaft geäußert hatte, ohne den Namen Eckhardt überhaupt erwähnt zu haben. Frank hatte Eckhardts Drohung schlicht konstruiert und benutzte diesen Vorwurf in der weiteren Auseinandersetzung dann auch nicht mehr (Heiber, Walter Frank, S. 896 f.).

587 BArch R 43 II/ 1228, Bl. 29.

588 BArch R 43 II/ 1228, Bl. 41.

589 An anderer Stelle bezichtigte er Höhn in pathetischer Weise als Anführer einer „neonationalsozialistischen Klique liberaler Opportunisten”, dermit der Kandidatur Eckhardts Franks Feinden einen „Dolch“ gereicht hätte, der wenigstens nationalsozialistisch zu sein scheint, um ihn damit ins „Herz“ treffen zu können (BArch R 43 II/ 1228, Bl. 5, Bl. 7).

590 BArch R 43 II/ 1228, Bl. 5, Bl. 329.

591 BArch R 43 II/ 1228, Bl. 5, Bl. 329.

592 Bisher wurde in der Literatur den Ausführungen Heydrichs, dass Eckhardts Kandidatur ein Vorschlag Himmlers war, Glauben geschenkt (Heiber, Walter Frank, S. 891ff.; von Lösch, Der nackte Geist, S. 422). Diese Ansichten sind allerdings zumindest in Zweifel zu ziehen. Aus den Akten geht allein die Bemerkung Himmlers hervor, er halte „Eckhardt für den besten Mann für die Stelle des Generaldirektors der Preussischen Archive“ (BArch R 43 II/ 1228, Bl. 105). Dass er ihn auch vorgeschlagen habe, wird nur von Heydrich behauptet. Dabei finden sich vor allem in den Schreiben Heydrichs, die in erster Linie der Verteidigung Höhns und Eckhardts dienten, mehrere Stellen, die faktisch falsch und inhaltlich fragwürdig sind. Auch Himmlers Initiative kann zuerst als Rettungsversuch der bedrängten SS-Mitarbeiter gesehen werden. Dies macht vor allem die sehr dürftige Rechtfertigung von Eckhardts Pappenheim-Nachruf deutlich, für den Himmler außenpolitische Gründe als Motivation ausmacht (BArch R 43 II/ 1228, Bl. 105). Mithin könnte Himmler die

maßgeblich gestützt haben. Formell vorgeschlagen wurde *Eckhardt* letztlich von *Hermann Göring*, dem als preußischer Ministerpräsident die Zuständigkeit für die Preußischen Staatsarchive oblag.[593] *Göring* befürwortete dabei auch die Beibehaltung der Berliner Professur *Eckhardts* und der daraus resultierenden doppelten Entlohnung, wenn nötig, sogar aus seinem eigenen Haushalt.[594]

Frank dagegen sorgte sich erneut um den Verlust seines monopolartigen Kompetenzbereichs auf dem Gebiet der historischen Wissenschaft, sollte ihm die Kontrolle über das Archivwesen entzogen sein. Zudem vermutete er in der Kandidatur *Eckhardts* einen persönlichen Angriff auf sich und fürchtete, dessen „triumphale Wiederkehr" würde eine „derartige Erschütterung" seiner Position bedeuten, dass er zwangsläufig zurücktreten müsse.[595]

Bereits am 11. Januar 1937 wandte er sich deshalb an den Reichsführer-SS persönlich. Diesem schickte er seine Broschüre „Deutsche Wissenschaft und Judenfrage" und bat bei Gelegenheit um einen „persönlichen Empfang" in nächster Zeit,[596] was von *Himmler* in einem kurzen Dankschreiben[597] jedoch übergangen wurde.[598] *Frank* ließ sich davon aber nicht beirren und verkündete kurz darauf seinen Getreuen in Berlin: „Ich habe mich jetzt entschlossen und werde den Kampf gegen Eckhardt und Höhn aufnehmen".[599]

aa) Der Pappenheim-Nachruf

Zunächst ging er dabei gegen *Eckhardt* vor und durchsuchte dessen Vergangenheit und wissenschaftliches Werk nach kompromittierendem Material. Solches fand er in einem Nachruf *Eckhardts*, den er 1935 für seinen Lehrer und Vorgänger an der Universität Kiel *Max Pappenheim* verfasst hatte,[600] wobei ihn *Höhn* laut Eigenaussage damals in diesem Vorhaben bestärkt haben will.[601] Darin wies *Eckhardt Pappenheim*

Verantwortung für die Kandidatur Eckhardts auch nur deshalb auf sich genommen haben, um Höhn vor weiteren Angriffen Franks zu schützen.

593 Von Lösch, Der nackte Geist, S. 421.

594 BArch (ehem. BDC) REM PA, Bl. 9042, Eckhardt, Karl August, 05.03.01, zitiert nach von Lösch, Der nackte Geist, S. 421.

595 BArch R 43 II/ 1228, Bl. 31.

596 Zitiert nach Heiber, Walter Frank, S. 888.

597 Aus Himmlers knappem Dankschreiben machte Frank später dann im Übrigen „einen liebenswürdigen persönlichen Brief" (BArch R 43 II/ 1228, Bl. 31).

598 Heiber, Walter Frank, S. 890.

599 Heiber, Walter Frank, S. 888.

600 Eckhardt verteilte Sonderdrucke seines Nachrufes im Sommer 1935 sogar an die Referenten des Amtes Wissenschaft im Reichserziehungsministerium. Als diese sich über Eckhardts Verhalten empörten und eine lebhafte Diskussion entstand, soll dieser abschließend nur mit Befriedigung festgestellt haben, „dass er sich diesen Nachruf ‚leisten' könne" (BArch R 43 II/ 1228, ohne Bl.).

601 Undatierter Lebenslauf Höhns, S. 3, in: Privatarchiv H. Borsch.

trotz jüdischer Herkunft[602] einen „Ehrenplatz in der germanischen Rechtsgeschichte" zu und rühmte dessen wissenschaftliches Werk.[603] Zudem hob er seine freundschaftlichen Beziehungen zur Familie *Pappenheim* hervor und gab zu, *Pappenheim* noch kurz vor seinem Tod aus wissenschaftlicher Hochachtung besucht zu haben.[604]

Ferner ließ *Frank* auch *Eckhardts* Familienstammbaum erforschen, um dem Gerücht, dieser hätte jüdische Ahnen, nachzugehen. Doch blieben diese Untersuchungen ergebnislos,[605] weshalb vorerst nur *EckhardtsPappenheim*-Nachruf als Beweismaterial blieb. *Frank* versendete diesen Nachruf zusammen mit einem Beitrag *Eckhardts* aus der „Festschrift für Max Pappenheim" von 1931 anlässlich des 50. Jahrestages von dessen Promotion, in der auch Beiträge von *Gustav Radbruch*, *Hermann Kantorowicz* und *Walter Jellinek* waren und *Pappenheim* als „magister totius Germaniae in elucidando iure quod ad res maritimas spectat" gefeiert wurde, am 22. Januar 1937 an *Heinrich Himmler*, das Reichswissenschaftsministerium und die Reichskanzlei.[606]

Daneben aktivierte *Frank* auch seine Verbündeten aus der Wissenschaft. So richtete etwa Professor *Karl Alexander von Müller*, Präsident der Bayerischen Akademie der Wissenschaften, einen *Frank*übermäßig lobenden Brief an Reichswissenschaftsminister *Rust*.[607] Später folgten noch Unterstützerschreiben des österreichischen Historikers und ehemaligen Unterrichtsministers *Heinrich Ritter von Srbik*[608] und des Geheimrats *Lenard*.[609]

---

602 Nichtsdestotrotz bleibt Eckhardts Antisemitismus in seinem Nachruf unweigerlich erkennbar. Schon zu Beginn schreibt er, sein Lehrer Pappenheim hätte „so gar nichts gemein mit dem unerfreulichen jüdischen Literatentyp, der ein Menschenalter lang unsere Hochschulen überflutet hat". Vielmehr litt Pappenheim „schwer an dem Pariagefühl des Rassefremden, da er mit allen Fasern an deutschem Wesen hing und zum Deutschtum strebte, während er seinen eigenen Rassegenossen zumeist mit tiefinnerlicher Ablehnung gegenüberstand" (Eckhardt, Max Pappenheim, S. 3).

603 Eckhardt, Max Pappenheim, S. 6, S. 7 ff.

604 Eckhardt, Max Pappenheim, S. 13 f.

605 Heiber, Walter Frank, S. 889 f.

606 Heiber, Walter Frank, S. 890.

607 Frank, so von Müller, sei „ein wissenschaftlicher Forscher von umfassender Kenntnis und Gründlichkeit, ein historischer Künstler von stärkster Gestaltungskraft und zugleich ein geborener geistiger Kämpfer von brennender schöpferischer Leidenschaft und unbändigen Willen". Ein Rücktritt Franks dagegen wäre „für die Wissenschaftspolitik des nationalsozialistischen Deutschlands ein Ereignis von sehr weittragender und schwerwiegender Bedeutung", da „das wachsende Gebäude einer Neugestaltung unserer deutschen Geschichtswissenschaft im Geist der nationalsozialistischen Revolution" ohne ihn zusammenbrechen würde (BArch R 43 II/ 1228, Bl. 47–53).

608 BArch R 43 II/ 1228, Bl. 55–57.

609 BArch R 43 II/ 1228, Bl. 151–153.

bb) *Franks „Stellung zu Professor Höhn"*

Zwischenzeitlich hatte *Frank* zudem auch Recherchen über *Höhn* angestellt und frühere kritische Äußerungen *Höhns* über den Nationalsozialismus gefunden. Diese machte er nun abermals in einem Schreiben vom 3. Februar 1937 an das Reichswissenschaftsministerium und *Himmler* öffentlich. An den Reichsführer-SS wandte sich *Frank* dabei erneut, um „in einem der schwersten Kämpfe meiner bisherigen öffentlichen Laufbahn" dessen „persönliches Urteil anzurufen im Angesicht der Angriffe, die zur Zeit durch einen Ihrer Referenten, Herrn Professor Höhn, gegen mich und meine Arbeit vorgetragen werden". Rückendeckung versprach er sich vor allem aufgrund *Himmlers* vorheriger Unterstützung in seiner Fehde mit Dr. *Eduard Wildhagen.*[610] Nachdem er in dem Schreiben kurz seinen Konflikt mit *Eckhardt* noch einmal darstellte und erneut den „Fall Pappenheim" ansprach, erläuterte er seine „Stellung zu Professor Höhn bis 1936".[611] Über den ihm bis „vor Kurzem nur flüchtig" bekannten *Höhn*, wusste *Frank* zu berichten: „Herr Höhn stammt aus der wissenschaftlichen Schule des jüdischen (1933 seines Amtes enthobenen) Strafrechtlers Professor Dr. Max Grünhut, dem er 1929 eine Arbeit als ‚seinem sehr verehrten Lehrer in herzlicher Dankbarkeit' widmete. (Photokopie dieser Widmung beiliegend)."[612]

Zudem erwähnte *Frank Höhns* 1929 erschienenes Werk über *Artur Mahraun*, welches er *Himmler* in der Anlage gleich mitsandte. *Frank* führte sodann Zitate daraus an, ohne jedoch zu unterscheiden, ob sie von *Mahraun* oder *Höhn* selbst stammten. So schrieb er *Höhn* zu, „den Nationalismus als ‚ein Strohfeuer' und *Hitler* als den Organisator ‚einer grossen Stimmung des Antigeistes', eines ‚Fanatismus', der niemals ‚grosse Aufgaben lösen' könne", bezeichnet zu haben. Auch soll *Höhn Hitlers* Antisemitismus „als eine ‚rein negative verseuchende Hetze' abgelehnt" haben und den Führer mit der „Parole" „Ich will nicht, weil ich hasse" diffamiert haben.[613] Nahezu alle von *Frank* angeführten Zitate stammten dabei eigentlich von *Mahraun* oder waren Darstellungen der Ansichten *Mahrauns* durch *Höhn. Höhn* selbst hatte in seinem Vorwort sogar auf mögliche Missverständnisse hingewiesen. Es sei technisch notwendig gewesen, „oft Gedankengänge des Hochmeisters in dem die einzelnen Aussprüche verbindenden Text zu benutzen, ohne daß dies aus der Druckanordnung selbst hervorgeht".[614]

Daneben fand *Frank* auch noch zahlreiche republikfreundliche Bekenntnisse *Höhns*, etwa den Vorschlag, der Jungdeutsche Orden möge sich dem demokratischen Kampfbund Reichsbanner Schwarz-Rot-Gold und den christlichen Gewerkschaften annähern und die Bezeichnung der katholischen Zentrumspartei als letzte

---

610 BArch R 43 II/ 1228, Bl. 21.
611 BArch R 43 II/ 1228, Bl. 23.
612 BArch R 43 II/ 1228, Bl. 23.
613 BArch R 43 II/ 1228, Bl. 23 ff.
614 Höhn, Artur Mahraun, S. 6.

„unbestrittene Weltanschauungspartei" sowie eine Kritik am Volksbegehren *Hitlers* gegen den Youngplan.[615] Dies ließ *Frank* schlussendlich zu folgendem Urteil über *Höhn* kommen:

> „Solche Dokumente der geistigen Einstellung Höhns vor der Machteroberung der NSDAP verbunden mit seinem Eintreten für einen Mann wie Eckhardt, der sich noch 1935 projüdisch öffentlich betätigt hat, liessen mich für meine Person und mein Arbeitsgebiet die Zusammenarbeit mit Höhn ablehnen. Trotzdem habe ich niemals den Versuch gemacht, die Tätigkeit Höhns im SD oder auch seine Tätigkeit auf rechtswissenschaftlichem Gebiet zu stören. Erst als Höhn auch in meinem eigenen Arbeitsgebiet Einfluss verlangte, musste ich ihm aus der Überzeugung meines Gewissens heraus eine unbedingte Absage erteilen."[616]

Insgesamt zeigte sich *Frank* gegenüber *Himmler* entschlossen, „den Plänen der Herren Höhn und Eckhardt bis zur letzten Patrone Widerstand zu leisten".[617]

cc) Die Reaktion des SD

Allerdings reagierte zunächst die Gegenseite. Am 17. Februar 1937 nahm SD-Chef *Heydrich* auf Weisung *Himmlers* schriftlich zu den gegen seine Mitarbeiter erhobenen Beschuldigungen Stellung.[618] Sein Schreiben richtete er sogleich an den gesamten nationalsozialistischen Machtapparat. Ein Exemplar erhielten der Staatssekretär in der Reichskanzlei *Lammers*, Reichswissenschaftsminister *Rust*, Reichsjugendführer *von Schirach*, Innenminister *Wilhelm Frick*, *Hermann Göring*, der Chef der Kanzlei des Führers *Philipp Bouhler* und *Rudolf Heß*.[619] *Heydrich* entkräftete darin sämtliche Anklagepunkte *Franks* und schloss seinerseits mit dem Vorwurf, *Frank* würde „in der leichtfertigsten Weise mit der Ehre seiner Mitmenschen" umgehen und mit „einer unerhörten Skrupellosigkeit" den SD bezichtigen „private(n) Interessen" zu verfolgen. Dementsprechend stellte er beim Reichswissenschaftsministerium einen Antrag auf ein Disziplinarverfahren wegen Verleumdung gegen *Frank*, welches später auch durchgeführt wurde.[620]

Am 25. Februar 1937 wurde *Frank* zudem auf Weisung *Heydrichs* von der Gestapo vorgeladen. *Höhn* behauptete noch viel später, er hätte gegen das Vorgehen seines Vorgesetzten erhebliche Einwände erhoben, doch wäre *Heydrich* fest entschlossen

615 BArch R 43 II/ 1228, Bl. 27.
616 BArch R 43 II/ 1228, Bl. 27f.
617 BArch R 43 II/ 1228, Bl. 35.
618 BArch R 43 II/ 1228, Bl. 3–15.
619 Heiber, Walter Frank, S. 894.
620 Frank und Höhn wurden deshalb am 15. Mai 1937 im Reichswissenschaftsministerium von dem untersuchenden Beamten Oberregierungsrat Dr. Krüger vernommen (BArch R 43 II/ 1228, Bl. 289). Ein innerparteiliches Verfahren gegen Frank kam nicht in Betracht, da Frank zu keinem Zeitpunkt Mitglied der NSDAP war (BArch R 43 II/ 1228, Bl. 15).

gewesen, den Druck auf *Frank* zu verstärken.[621] Im Geheimen Staatspolizeiamt, so *Frank*, wurde ihm von einem Kriminalrat *Wipper* in einer „amtliche[n] Eröffnung" im Auftrage *Heydrichs* „strengstes staatspolitisches Vorgehen" angedroht, sollte er weiter seine Behauptungen über *Höhn* und *Eckhardt* verbreiten.[622] Als *Frank* aber die gesammelten Vorwürfe gegen diese vortrug und obendrein den oben bereits erwähnten „sehr freundlichen persönlichen Brief" *Himmlers* erwähnte, ließ ihn der überrumpelte Kriminalrat ohne weitere Belehrungen gehen.[623] Dieser berichtete seinen Mitarbeitern im Reichsinstitut sogleich, er habe *Wipper* „fertiggemacht".[624]

Frank sah sich daraufhin noch am selben Tage zu einem Beschwerdebrief an *Heß*, Reichswissenschaftsminister *Rust* und wiederum *Himmler* veranlasst, indem er seine beiden SS-Rivalen als Drahtzieher der Vorladung ausmachte.[625] Doch blieb der Protest *Franks* dort unerhört.[626] *Himmler* seinerseits hatte unterdessen selbst im REM wegen der Kandidatenfrage um die Generaldirektion vorfühlen lassen. *Höhn* hatte die Angelegenheit mit Minister *Rust* besprochen und von diesem erfahren, dass er *Eckhardt* wegen des Pappenheim-Nachrufes als Bewerber ablehne.[627] Zugleich hatte sich *Höhn* wohl bei seinem Förderer *Himmler* für *Eckhardt* eingesetzt und diesen umfassend über die Hintergründe informiert.[628] Obwohl *Rusts* Ministerium für die Preußischen Staatsarchive gar nicht zuständig war, wandte sich der Reichsführer-SS sodann am 27. Februar 1937 schriftlich auch selbst an den Minister. Darin verteidigte er seinen Schützling *Eckhardt* als jemanden der schon vor 1933 jüdische Professoren aus den Universitäten entfernt habe. Zwar sei *Eckhardts* Nachruf politisch ungeschickt gewesen, doch habe er dazu inzwischen eine dienstliche Erklärung abgegeben, die sämtliche Zweifel an seiner Gesinnung ausräumen würde. Darin hätte *Eckhardt* nun außenpolitische Gründe für seinen Nachruf angeführt. *Pappenheims* guter Ruf in Skandinavien hätte eine Ehrung von deutscher Seite erforderlich gemacht, um antideutschen Tendenzen vorzubeugen. Zudem habe er den Nachruf trotz vorheriger Ablehnung nur geschrieben, da andere Kollegen sich aufgrund der

---

621 Heiber, Walter Frank, S. 897.
622 BArch R 43 II/ 1228, Bl. 39.
623 BArch R 43 II/ 1228, Bl. 41 f.
624 Heiber, Walter Frank, S. 897.
625 BArch R 43 II/ 1228, Bl. 39–45.
626 BArch R 43 II/ 1228, Bl. 17f.
627 Heiber, Walter Frank, S. 897.
628 So behauptete Höhn später: „Ich setzte mich bei Himmler für Eckhardt ein, um seine Abdeckung zu erreichen. Ich legte sämtliche Werke Pappenheims vor, sprach über seine Bedeutung für die Germanistik, seinen unbestrittenen Ruf in der gesamten skandinavischen Gelehrtenwelt, die begeisterte Aufnahme, die der bewusste Artikel gefunden habe und erreichte, dass Himmler erklärte, er decke den Aufsatz. Eckhardt habe aus ehrlicher wissenschaftlicher Überzeugung gehandelt, ob es taktisch klug gewesen sei, sei eine andere Frage. Himmler unterrichtete den Kultusminister entsprechend." (Undatierter Lebenslauf Höhns, S. 3, in: Privatarchiv H. Borsch)

politischen Verhältnisse nicht getraut hätten. Der ausführliche Hinweis auf die jüdische Abstammung *Pappenheims* sollte allein dazu dienen, den Skandinaviern das Judenproblem zu schildern. Auch hätte er mit seinem Amtsvorgänger kein freundschaftliches Verhältnis gepflegt, sondern nur in einer kollegialen Beziehung mit ihm gestanden. Jedoch habe er dessen wissenschaftliche Leistung und einwandfreien Charakter stets geachtet.[629]

Dennoch setzte sich *Frank* rund einen Monat später am 2. April 1937 erneut mit dem Staatssekretär der Reichskanzlei *Lammers* in Verbindung, welchem er sämtliche Vorwürfe gegen *Eckhardt* und *Höhn* als Anlage mitschickte. Er erklärte in seinem Schreiben zudem, dass eine erfolgreiche Kandidatur *Eckhardts* sein Amt irreparabel beschädigen würde, weshalb er Wissenschaftsminister *Rust* bitten wollte, ihn von seinem „Amt als Präsident des ‚Reichsinstituts für Geschichte des neuen Deutschlands' zu entheben". Zuletzt bat er „den Führer und Reichskanzler über die tatsächlichen Hintergründe meines bevorstehenden Rücktritts zu unterrichten".[630] Spätestens jetzt war damit auch *Adolf Hitler* in den Konflikt involviert.

Daneben schaltete sich auf der Seite *Franks* der mittelfränkische Gauleiter und Herausgeber des Hetzblattes „Der Stürmer" *Julius Streicher* ein. *Frank* war extra nach Nürnberg gereist, um mit dem fanatischen Antisemiten *Streicher* einen Vertrauten *Hitlers* zu gewinnen,[631] der seit Konflikten in der Judenpolitik obendrein ein Gegner der SS war.[632] Dieser schickte am 12. April 1937 sodann auch unverzüglich ein Telegramm an *Lammers*, in welchem er ihn darum ersuchte, zu verhindern, dass mit *Eckhardt* „ein Gesinnungsloser dem Fuehrer zur Ernennung vorgeschlagen wird".[633] Bedingt durch *Streichers* Eingreifen entschloss sich *Hitler*, die Frage der Besetzung der Generaldirektion nunmehr nochmals persönlich zu prüfen.[634]

In der Zwischenzeit sollte auch eine Entscheidung um die Präsidentschaft des „Reichsinstituts für ältere Deutsche Geschichtskunde" näher rücken. Am 8. März 1937 hatte *Höhn* dessen kommissarischen Leiter *Wilhelm Engel* in das SD-Hauptamt in der Wilhelmstraße geladen. Ganz offensichtlich wollte man *Franks* Getreuen unter Druck setzen und so *Eckhardts* Kandidatur vorantreiben. Flankiert von *Otto Ohlendorf* erklärte *Höhn* seinem Schulfreund *Engel* dort, „daß er ihm im Auftrag des Gruppenführers Heydrich eine Eröffnung zu machen habe". *Engel*, so *Höhn*, hätte „als Vertrauensmann des Sicherheitsdienstes" im Reichswissenschaftsministerium „vollkommen versagt" und „sich als untreu erwiesen", weshalb man ihn aus dem SD ausschließen würde. Die Unterredung endete mit einer Drohung *Höhns*. Sollte *Engel* „über die im Sicherheitsdienst erfahrenen Vorgänge sprechen", würde er „als Verräter behandelt werden".[635] Nur kurze Zeit später wurde *Engel* am 6. April

629 Heiber, Walter Frank, S. 899.
630 BArch R 43 II/ 1228, Bl. 18ff.
631 Heiber, Walter Frank, S. 902 f.
632 Ruault, Julius Streicher im Kampf gegen Rassenschande, S. 346 f.
633 BArch R 43 II/ 1228, Bl. 87.
634 BArch R 43 II/ 1228, Bl. 91.
635 BArch R 43 II/ 1228, Bl. 96.

1937 dann auch als Referent im Reichswissenschaftsministerium entlassen. *Frank* vermutete, dass alsbald auch der Verlust der kommissarischen Leitung des Reichsinstituts folgen würde.[636]

Dementsprechend wandte er sich abermals über Staatssekretär *Lammers* mit einem Schreiben an *Hitler*. Am 14. April 1937 meldete er die Ereignisse um *Engel* schriftlich dem Führer und erbat um den bei seiner Ernennung formal zugesicherten Schutz des Führers.[637] Daneben forderte er auch wieder „eine persönliche Entscheidung des Führers" wegen der, laut Frank, „auf Initiative" des „moralisch verantwortliche[n] Beamte[n]" *Höhns* gegen ihn ausgesprochenen Verhaftungsandrohung aus dem vergangenen Februar.[638]

Hitlers Entscheidung ließ jedoch noch auf sich warten. Zudem hielt *Himmler* nach wie vor zu *Höhn* und *Eckhardt*. Gegenüber *Streicher* verteidigte er den Nachruf *Eckhardts* auf *Max Pappenheim* wiederholt mit dem recht fadenscheinigen Argument, er sei „aus aussenpolitischen Gründen" geschrieben.[639] Auch *Göring*, dem als Ministerpräsident schließlich das Vorschlagsrecht zustand, stimmte der Ernennung *Eckhardts* trotz der Vorwürfe weiterhin ausdrücklich zu.[640] Die Ernennungsurkunde hatte *Göring* bereits unterschrieben und an die Reichskanzlei geschickt.[641]

Frank dagegen führte seine Fehde mit *Eckhardt* und *Höhn* unbeirrt fort. Um ein Votum des Führers zu forcieren, schickte er *Lammers* am 28. April und 2. Mai 1935 neue Vorwürfe gegen seinen Kontrahenten *Höhn*. Dieser habe den Artikel „Wir sind enttäuscht" in dem Organ des Nationalsozialistischen Studentenbundes „Bewegung" initiiert. Darin wurden der von *Frank* organisierte Deutsche Historikertag und *Franks* liberale Haltung gegenüber der katholischen Kirche kritisiert. Kurz darauf erschien derselbe Beitrag auch noch in der „Frankfurter Zeitung".[642] Da der Artikel von der Reichsstudentenführung selbst geliefert wurde und *Höhn* über gute Kontakte zu Reichsstudentenführer *Gustav Adolf Scheel*, den er ja einst zum SD lotste, verfügte, war *Franks* Verdacht wohl auch zumindest nicht völlig unbegründet.

d) Höhns Niederlage und Rückzug

Schließlich trug *Lammers* den gesamten Konflikt am 4. und 7. Mai 1937 *Hitler* vor, der durch die Beiordnung des Reichsarchivs an das Preußische Staatsarchiv neben Ministerpräsident *Göring* schließlich mit zuständig für die Ernennung war. *Hitler* traf daraufhin eine erste Entscheidung. Er sprach sich „ganz entschieden dagegen" aus, dass „Professor Eckhardt zum Generaldirektor der Reichs- und Preußischen Staatsarchive und zum Präsidenten des Reichsinstituts für ältere deutsche

636 BArch R 43 II/ 1228, Bl. 97.
637 BArch R 43 II/ 1228, Bl. 89–97.
638 BArch R 43 II/ 1228, Bl. 91f.
639 BArch R 43 II/ 1228, Bl. 105.
640 BArch R 43 II/ 1228, Bl. 112.
641 BArch R 43 II/ 1228, Bl. 203.
642 BArch R 43 II/ 1228, Bl. 155ff.

Geschichtskunde ernannt wird". Aufgrund des Nachrufs für *Max Pappenheim* hielt *Hitler* „Eckhardt auch in der SS für unmöglich". Auch gegenüber *Höhn* äußerte der Führer „die schwersten Bedenken", fällte jedoch kein endgültiges Urteil. Vielmehr sollte im Rahmen weiterer Nachforschungen *Höhns* Werk über *Artur Mahraun* beschafft[643] und diesbezüglich „baldige Rücksprache" gehalten werden.[644] *Höhn* vermutete nach Ende des Dritten Reichs, *Lammers* hätte *Hitler* maßgeblich beeinflusst, um seine Demission zu betreiben, wofür ausgerechnet sein alter Rivale *Otto Koellreutter* gesorgt hätte.[645]

Mithin war *Eckhardt* unwiederbringlich zu Fall gebracht. Dessen Ablehnung teilte Staatssekretär *Lammers* am 12. Mai 1937 „vertraulich" in einem Schreiben an *Frank* und seinen Verbündeten *Streicher* mit.[646] Zudem unterrichtete er einen Tag später auch Ministerpräsident *Göring* über die erheblichen Bedenken des Führers hinsichtlich der Ernennung *Eckhardts*.[647] Daneben gab es kurze Zeit darauf eine persönliche Besprechung über den Fall zwischen *Hitler*, *Göring* und *Himmler*.[648] Für den Reichführer-SS war die Angelegenheit damit abgeschlossen.[649] *Eckhardt* kehrte nach Bonn zurück, wo er seinen ehemaligen Lehrstuhl wieder einnahm, nachdem *Himmler* seiner Bitte um „Umzugsgenehmigung" entsprochen hatte.[650] Den Ausschluss *Eckhardts* aus der SS hatte die Affäre dagegen nicht zur Folge.[651] Das Wissenschafts- und Finanzministerium hingegen bekamen *Hitlers* Entscheidung zunächst überhaupt nicht mit.[652]

---

643 Bereits einen Tag später erhielt die Reichskanzlei das Buch von einem Antiquariat aus Rendsburg aus einer übriggebliebenen Privatsammlung. Im freien Verkauf war es nicht mehr zu erwerben (Heiber, Walter Frank, S. 909).

644 BArch R 43 II/ 1228, Bl. 165.

645 Heiber, Walter Frank, S. 907.

646 BArch R 43 II/ 1228, Bl. 191–193.

647 BArch R 43 II/ 1228, Bl. 201.

648 Heiber, Walter Frank, S. 910.

649 BArch R 43 II/ 1228, Bl. 333.

650 Niemann, Karl-August Eckhardt, S. 163 und S. 172; Heiber, Walter Frank, S. 911.

651 Erst am 5. September 1937 schied Eckhardt als SS-Führer im SD-Hauptamt aus und gehörte fortan zumindest rein formal zum persönlichen Stab von Reichsführer-SS Heinrich Himmler (BArch (ehem. BDC) SSO, Eckhardt, Karl August, 5.3.1901).

652 Reichswissenschaftsminister Rust war die Angelegenheit zwar bereits Anfang Mai 1937 durchaus bekannt, nachdem er von Lammers informiert wurde, doch hatte er von einer etwaigen Entscheidung nichts gehört (BArch R 43 II/ 1228, Bl. 169–170). Folglich korrespondierte er noch Ende Mai mit Finanzminister Popitz über den möglichen Fall, dass Eckhardt im Fall seiner Ernennung zum Generaldirektor durch seine Berliner Professur eine Doppelfunktion mit höheren Bezüge innehätte, was beiden im Übrigen widerstrebte (BArch (ehem. BDC) REM PA, Bl. 9018–9045, Eckhardt, Karl August, 05.03.01, zitiert nach von Lösch, Der nackte Geist, S. 421). Rust fürchtete insbesondere, dass durch eine „Doppelbesetzung die Aufgaben sowohl des Ordinarius, wie die eines Generaldirektors der Preuß. Staatsarchive

Hatte *Frank* sich nunmehr also gegen *Eckhardt* durchgesetzt, so war *Höhn* zwar schwer beschädigt, doch konnte er sich zunächst noch halten. *Frank*, vermutlich nach wie vor durch die Vorladung der Gestapo gekränkt, nahm sich der Angelegenheit dementsprechend ein weiteres Mal an. Ende Mai 1937 kündigte er *Lammers* an, ihm „weiteres Material über Professor Höhn zugehen" zu lassen.[653] Und seine Recherchen waren auch alsbald erfolgreich. Bereits am 28. Mai 1937 schickte er dem Chef der Reichskanzlei neue belastende Unterlagen über *Höhn*. Insbesondere das Buch „Der bürgerliche Rechtsstaat und die neue Front", welches er „dem Hochmeister des Jungdeutschen Ordens Artur Mahraun in Dankbarkeit und Verehrung" widmete und seine Mitgliedschaft sowie sein später Austritt aus dem Jungdeutschen Orden wurden darin angeführt.[654] Die Brisanz lag dabei in dem feindseligen Verhältnis der Nationalsozialisten zum Jungdeutschen Orden. Anfangs wurde der NSDAP vom Orden zwar noch keine allzu große Bedeutung zugemessen. Seit dem Jahr 1925 entstand dann aber eine zunehmende Gegnerschaft des Jungdeutschen Ordens gegenüber dem Nationalsozialismus, die später sogar in offenen Widerstand der Mehrheit der Mitglieder mündete,[655] was allerdings auch taktische Gründe gehabt haben dürfte, konkurrierte man doch um Anhänger und mit der Deutschen Staatspartei letztlich auch um Wähler aus ähnlichen Schichten. Im Juni 1933 wurde der Jungdeutsche Orden von den Nationalsozialisten schließlich verboten und aufgelöst.[656]

Zudem hatte *Frank* einen Beitrag *Höhns* mit dem Titel „Carl Schmitt als Gegner der liberalen Politik" aus der Zeitschrift „Gegner" vom 5.Mai 1932 gefunden. *Höhn* hatte den Artikel auf Bitten des Schriftleiters *Harro Schulze-Boysen*, den er aus gemeinsamen Zeiten im Jungdeutschen Orden kannte, eingereicht.[657] Brisant waren dabei vor allem das Umfeld und die Autorenschaft des „Gegners". Herausgeber war das ehemalige KPD-Mitglied *Franz Jung*. Außerdem waren wiederholt antinationalsozialistische oder kommunistische Artikel erschienen. Unter anderem gehörten *Leo Trotzki*, *Otto Strasser* und *Wiegand von Miltenberg* zu den Autoren in der Ausgabe, an der sich *Höhn* beteiligt hatte. Zuletzt kritisierte *Frank* auch noch die sexuelle Freizügigkeit des Blattes.[658]

Am 11. Juni 1937 kam es dann zum vorläufigen Höhepunkt in der Auseinandersetzung zwischen *Frank* und *Höhn*. *Heydrich*, der nach wie vor bedingungslos zu *Höhn* hielt, hatte *Frank* auf „Weisung des Reichsführers SS" postalisch in sein Büro

---

eigentlich etwas degradiert würden". (BArch (ehem. BDC) REM PA, Bl. 9043, Eckhardt, Karl August, 05.03.01, zitiert nach von Lösch, Der nackte Geist, S. 421).

653 BArch R 43 II/ 1228, Bl. 223.

654 BArch R 43 II/ 1228, Bl. 223.

655 Hornung, Der Jungdeutsche Orden, S. 128f.; Maste, Vom Staat zum Gemeinwesen, S. 133.

656 Kessler, Der Jungdeutsche Orden in den Jahren der Entscheidung II; S. 80, Hornung, Der Jungdeutsche Orden, S. 139 f.).

657 Heiber, Walter Frank, S. 913.

658 BArch R 43 II/ 1228, Bl. 233–239.

gebeten, um die Angelegenheit persönlich aufzuklären. In dieser Unterredung wies er erneut den Vorwurf zurück, *Höhn* habe *Eckhardt* als Kandidaten für die Generaldirektion der Preußischen Archive und die Präsidentschaft des „Reichsinstituts für ältere deutsche Geschichtskunde" vorgeschlagen.[659] Stattdessen betonte er abermals, „dass der Reichsführer (und nicht andere SS-Führer ohne Wissen des Reichsführers) Professor Eckhardt vorgeschlagen habe". Zudem wandte er sich auch direkt an *Frank* und erklärte „im Namen des Reichsführers...,daß die SS ein Korps sei, deren einzelne Führer und die als Gesamtheit nicht ungestraft beleidigt werden könnten" und „daß die Verwarnung durch die Geheime Staatspolizei keine willkürliche Maßnahme oder Eigenmächtigkeit das sachbearbeitenden SS-Führers (Höhn) gewesen sei", sondern er „diese Weisung gegeben hätte". Als *Heydrich Frank* jedoch zu verstehen gab, dass „der Reichsführer SS gezwungen sei, staatspolitische Maßnahmen zu erwägen", sollte dieser seine „unsachlichen, beleidigenden Vorwürfe nicht unterlassen", eskalierte die Unterredung und *Frank* verließ unter lautem Protest das Amtszimmer des SD-Chefs.[660] Noch am selben Tag wandte sich *Heydrich* daraufhin an den persönlichen Sekretär von *Rudolf Heß, Martin Bormann*, um sich über die „Unbeherrschtheit", „Ungezogenheit" und die „ans Psychopathische grenzenden Ausfälle" *Franks* zu beschweren und um Vortrag der Geschehnisse beim Führer und seinem Stellvertreter zu bitten.[661] Eine Reaktion *Bormanns* blieb wohl allerdings aus, jedenfalls ist in den Akten keine vermerkt.

Frank seinerseits wählte den Weg zu *Hitler* wiederum über die Reichskanzlei. Sofort nach der Unterredung mit *Heydrich* wurde er dort vorstellig und bat Oberregierungsrat *Ehrich*, einen Vermerk für *Lammers* zwecks Vorlage beim Führer zu verfassen. Dieser aber hielt es für besser, dass sich *Frank* persönlich an *Lammers* und *Hitler* wenden sollte.[662] Ebenfalls am 11. Juni 1937 bat er demgemäß Staatssekretär *Lammers* schriftlich um Weiterleitung des Vorfalls an *Hitler*, wobei er in gewohnt dramatisierender Darstellung von einer Verhaftungsandrohung *Heydrichs* berichtete.[663]

Hitler wurde wenige Tage später am 16. Juni 1937 von *Lammers* informiert, traf aber wohl keine persönliche Entscheidung mehr. Stattdessen beauftragte er *Lammers*, mit *Himmler* zu sprechen.[664] Das Ergebnis dieser Unterredung, die am 23. Juni 1937 stattfand, lässt sich nur vermuten. *Höhn* selbst behauptete viel später, er sei nach Pfingsten 1937 „auf unmittelbaren Befehl Hitlers an Himmler aus der SS entfernt" worden.[665] *Heydrich*, von dem er *Hitlers* Anordnung persönlich empfangen

659 BArch R 43 II/ 1228, Bl. 329.
660 BArch R 43 II/ 1228, Bl. 335ff.
661 BArch R 43 II/ 1228, Bl. 329.
662 Heiber, Walter Frank, S. 915.
663 BArch R 43 II/ 1228, Bl. 293–299.
664 Handschriftliche Notiz von Lammers vom 16. Juni 1937, BArch R 43 II/ 1228, Bl. 293.
665 Undatierter Lebenslauf Höhns, S. 3, in: Privatarchiv H. Borsch. Seine angebliche Entfernung aus der SS beschrieb Höhn im Jahr 1958 wie folgt: „Himmler war über

haben will, soll ihm gesagt haben: „Sie haben noch Glück gehabt, Sie sind knapp am KZ vorbeigekommen."[666] Laut *Höhn* hatte *Heydrich* zudem sogar erwogen, ihn vorübergehend in Schutzhaft zu nehmen.[667] Entgegen seiner späteren Behauptung blieb *Höhn* allerdings in der SS und wurde weiterhin befördert.[668] Auch ein von *Höhn* später behauptetes Parteigerichtsverfahren gegen ihn mit dem Ziel des Ausschlusses aus der NSDAP und Versuche, ihn von seinem Lehrstuhl zu entfernen, verliefen ergebnislos im Sande.[669] Wahrscheinlich um den drohenden Konsequenzen zu entgehen, hatte sich *Höhn* auf Anraten *Stuckarts* indes kurzzeitig nach Skandinavien zurückgezogen,[670] wo er im Juli 1937 eine Studienreise nach Kopenhagen, Lund und Oslo unternahm.[671]

Dennoch war *Höhns* Karriere beim SD damit vorerst beendet. Den Posten als Leiter der Zentralabteilung musste er räumen. *Himmler* empörte sich über diese Vorgänge zwar noch und nannte die Kaltstellung *Höhns* eine „Schweinerei", doch blieb selbst er gegen die Intrige von *Frank* und *Streicher* machtlos.[672] *Ohlendorf* sprach später denn auch von einem „zwangsweisen Ausscheiden meines Chefs, Professor Höhn, aus dem SD auf Betreiben der Partei".[673]

---

das vorgelegte Material bestürzt und fügte sich sofort. Der Jurist seines Stabes war noch päpstlicher als der Papst. Er bezeichnete meine Aufnahme in die SS als nichtig. In dem von ihm verfassten und von Himmler unterschriebenen Schreiben hiess es u.a. Wäre meine Stellungnahme gegen die Person des Führers und die NSDAP bekannt gewesen, wäre meine Aufnahme in die SS niemals erfolgt." (Undatierter Lebenslauf Höhns, S. 3, in: Privatarchiv H. Borsch).

666 Landesarchiv Berlin B Rep. 057–01, Nr. 1509, Bl. 71.

667 Heiber, Walter Frank, S. 935; Aktenvermerk Höhns vom Dezember 1960, S. 12, in: Privatarchiv H. Borsch.

668 BArch (ehem. BDC) SSO, Höhn, Reinhard, 29.7.1904.

669 Höhne, Der Orden unter dem Totenkopf, S. 219;Heiber, Walter Frank, S. 936; Undatierter Lebenslauf Höhns, S. 3, in: Privatarchiv H. Borsch; Aktenvermerk Höhns vom Dezember 1960, S. 12, in: Privatarchiv H. Borsch.

670 Landesarchiv Berlin B Rep. 057–01, Nr. 1509, Bl. 71; Aktenvermerk Höhns vom Dezember 1960, S. 12, in: Privatarchiv H. Borsch.

671 UA Berlin, Jur. Fak., PA Höhn 515, Bl. 100. Diese vom REM geförderte Studienreise hatte Höhn jedoch schon am 4. Juni 1937, also vor der Anordnung Hitlers, beantragt (UA Berlin, Jur. Fak., PA Höhn 515, Bl. 97, Bl. 100), weshalb sie wohl unabhängig von den Ereignissen im Konflikt mit Frank ohnehin stattgefunden hätte.

672 Heiber, Walter Frank, S. 935. Gleichzeitig trat Höhns Förderer und Freund Ernst Krieck erbost aus Franks Reichsinstitut aus, bevor er ein Jahr später jedoch wieder zurückkehrte. Auch für Frank hatte der Konflikt noch ein kleines Nachspiel. Im Zuge seines Kampfes hatte Höhn dem Kontrahenten vorgeworfen, in seinem Umfeld vermehrt Katholiken zu fördern. Als Beispiel führte er Franks Judenreferenten Wilhelm Grau an. Im März 1938 wurden Grau und Frank deshalb zur Klärung der Vorwürfe ins Reichswissenschaftsministerium bestellt, wo die Angelegenheit dann aber fallengelassen wurde (Heiber, Walter Frank, S. 923).

673 Gnadengesuch Otto Ohlendorfs vom 21. Juni 1950, in: BArch N 1634/2, Bl. 37.

Letztendlich wurde die SS mit einer weiteren internen Untersuchung des Falles betraut. *Himmler* hielt dabei nach wie vor seine schützende Hand über *Höhn* und beauftragte ausgerechnet *Wilhelm Stuckart*, einen persönlichen Freund *Höhns*,[674] mit der Erstellung eines Gutachtens. Darin erklärte dieser rund ein Jahr nach der Affäre, dass *Höhn* unter anderem bereits 1930 mit dem Jungdeutschen Orden gebrochen hätte und dem Nationalsozialismus spätestens seit dem Jahr 1931 positiv gegenüberstand. Darüber hinaus wies er die im Zuge der Auseinandersetzung aufgekommenen Gerüchte, *Höhn* sei homosexuell und obendrein Kommunist,[675] entschieden zurück.[676] *Stuckarts* schützende Stellungnahme, die auch bewusst falsche Tatsachen zur Verteidigung *Höhns* enthielt und von diesem später dementsprechend als „Freundeserklärung" bezeichnet wurde,[677] bewahrte ihn schließlich vor weiteren Konsequenzen.

Somit war *Höhn* in der SS zwar weitestgehend rehabilitiert, jeglichen politischen Einfluss hatte er nach seiner Demission jedoch verloren. In den obersten Parteikreisen war sein Name irreparabel beschädigt. Als *Stuckart* im Juni 1939 den Reichskanzleichef *Lammers* bat, seinem Freund *Höhn* anlässlich dessen fünfjährigen Jubiläums als Hauptschriftleiter des „Deutschen Rechts" „als der engste Mitarbeiter des Führers auf dem Gebiete des Rechtes ... einige anerkennende Worte" zukommen zu lassen,[678] lehnte dieser ab. Laut Aktenvermerk der Reichskanzlei galt die Person *Höhn* schließlich als „mindestens umstritten", so dass mit „Rücksicht auf die Meinungsäußerung des Führers" vorgeschlagen wurde, der Anregung *Stuckarts* nicht zu entsprechen.[679]

6. Exkurs: Höhns Stellung zum Nationalsozialismus

Höhn behauptete nach dem Ende des Nationalsozialismus, dass er dem Regime und der Partei bereits zu Anfang sehr kritisch gegenüberstand. Ein überzeugter Nationalsozialist wäre er ohnehin zu keinem Zeitpunkt gewesen. Deshalb, so *Höhns* Argumentation, sei er auch der SS beigetreten. Schließlich hätte eine Aufnahme nicht auf einer „absoluten Zuverlässigkeit im Sinne der Partei" beruht. Vielmehr

---

674 So zumindest von Lösch, Der nackte Geist, S. 457; Auch Eberhard Mäding schrieb in seinen Erinnerungsblättern nach 1945 über das Verhältnis Höhns zu Stuckart: „... politisch stand er in engem Kontakt zu Staatssekretär Dr. Stuckart" (Erinnerungsblätter Erhard Mäding, BArch N 1561/1, Bl. 57).

675 In der Tat hatte der Konflikt mitunter groteske Züge angenommen, wobei sich Höhn verschiedensten Beschuldigungen ausgesetzt sah. Neben der Behauptung, er sei homosexuell und Kommunist, wurde Höhn etwa vorgeworfen, er sei Mitglied im von den Nationalsozialisten abgelehnten „Bund deutsche Schlaraffia e.V.", was er später dementierte (UABerlin, PA Höhn 365 Bd. 2, Bl. 24, Bl. 25).

676 BArch (ehem. BDC) SSO, Höhn, Reinhard, 29.7.1904.

677 Aktenvermerk Höhns vom Dezember 1960, S. 5, in: Privatarchiv H. Borsch.

678 Stuckart an Lammers vom 27. Juni 1939, in: BArch R 43 II/913, Bl. 164.

679 Aktenvermerk vom 28. Juni 1939, in: BArch R 43 II/913, Bl. 165 f.

galt die SS, so *Höhn* weiter, als „gemäßigte Gruppe gegenüber den Rabauken der SA" und Zufluchtsort für Intellektuelle.[680] Die Zentralabteilung II/2 sollte *Höhn* zufolge sodann auch der Beobachtung der NSDAP dienen, womit „der Sicherheitsdienst so etwas wie ein Korrektiv der NS-Diktatur, eine Stimme der Kritik" werden sollte.[681]

a) Einsatz für gefährdete Personen

Schon vor Beginn des Zweiten Weltkriegs will sich *Höhn* darüber hinaus fortwährend für politisch Verfolgte und durch den Nationalsozialismus Gefährdete eingesetzt haben. Dabei, so *Höhn*, hätte er oft mit *Wilhelm Stuckart* zusammengewirkt. So hätte er in seiner Funktion als Direktor des Instituts für Staatsforschung in einem Gutachten die von Parteistellen geforderte sofortige Erschießung norwegischer Soldaten, die in der englischen Armee kämpften, nach ihrer Gefangennahme als völkerrechtswidrig qualifiziert. *Stuckart* sei von seinen Argumenten so „stark beeindruckt" gewesen, dass er sie entsprechend in der Reichskanzlei vertreten hätte. Schlussendlich hätte man seinem Gutachten entsprochen, was Hunderten von Norwegern das Leben rettete.[682] Darüber hinaus, so *Höhn* nach 1945, habe „ich, wo ich nur konnte, meine persönlichen Beziehungen dazu verwandt, um Bedrängten zu helfen". Beispielhaft nannte er die Fälle seines griechischen Mitarbeiters Dr. *Elef Sossidi*, den er nach Kriegsausbruch vor der Internierung bewahren konnte, und des Bruders des jüdischen Staatsrechtlers *Walter Jellinek*, den er durch persönliche Intervention aus einem Gestapo-Gefängnis befreien konnte. Außerdem will er sich bei *Himmler* für die Freilassung des verhafteten Arztes *Ludwig Johannes Schmidt* eingesetzt und zusammen mit *Stuckart* für die Finanzierung der Krebsforschungen des Mediziners Dr. *von Brehmer* gesorgt haben.[683]

b) Höhn ein Widerstandskämpfer?

Auch die Expansionspolitik *Hitlers* will *Höhn* abgelehnt haben. In seiner berühmten SPIEGEL-Serie über die SS aus dem Jahr 1966 beschrieb der Journalist *Heinz Höhne* die Erinnerungen *Höhns* an die deutsche Besetzung des restlichen Staatsgebiets der Tschechoslowakei im März 1939. *Höhn* befand sich angeblich mit dem SS-Oberführer *Werner Best* auf einem Morgenritt durch den Berliner Tiergarten. Dieser soll damals gesagt haben: „Kamerad Höhn, das ist das Ende. Bisher haben uns die Leute geglaubt, daß der Nationalsozialismus die völkische Idee verkörpert und daß diese völkische Idee Grenzen kennt. Mit dem Einmarsch in Prag

---

680 Aktenvermerk Höhns vom Dezember 1960, S. 4, in: Privatarchiv H. Borsch.
681 Höhne, Der Orden unter dem Totenkopf, 7.Fortsetzung: Die Entstehung des Reichssicherheitshauptamts, in: Der SPIEGEL vom 28. November 1966, Nr. 49, S. 96; Höhne, Der Orden unter dem Totenkopf, S. 454.
682 Aktenvermerk Höhns vom Dezember 1960, S. 13, in: Privatarchiv H. Borsch.
683 Undatierter Lebenslauf Reinhard Höhn, S. 6, in: Privatarchiv H. Borsch.

aber wird der Nationalsozialismus zum Imperialismus."[684] Dementsprechend will sich *Höhn* zusammen mit *Best* und *Stuckart* dann auch gegen den deutschen Angriff auf die Westmächte und für die Beendigung des Krieges eingesetzt haben.[685] Deshalb zog er angeblich kurz nach Kriegsbeginn erneut den Unmut des Führers auf sich. So soll er laut eigener Aussage, wie Autor *Höhne* später gleichfalls berichtete, im September 1939 wegen verschiedener Denkschriften an gemäßigte NS-Funktionäre, in denen er zusammen mit dem liechtensteinischen Prinz *Maximilian Egon zu Hohenlohe-Langenburg* einen Sonderfrieden mit den westlichen Alliierten forderte, eine Verwarnung *Hitlers* erhalten haben.[686] Tatsächlich führte *Hohenlohe* im Oktober 1939 inoffizielle Sondierungsgespräche mit Vertretern des englischen Foreign Office. Dabei war er auch im Namen *Himmlers* tätig und übermittelte den Briten auf dessen Geheiß die Bereitschaft der SS zu einem Kompromissfrieden, ohne dass hieraus jedoch ernsthafte Verhandlungen resultierten.[687] Eine Beteiligung *Höhns* an diesen Friedensbemühungen hingegen wird nirgends erwähnt.

Dass er dennoch zu einer Gruppe von SS-Führern gehörte, die auf einen schnellen Frieden mit den Westmächten drängten, ist aber durchaus möglich. Seit Kriegsausbruch gab es in der Schutzstaffel Bestrebungen, Außenminister *Ribbentrop*, den *Himmler* für die Kriegspolitik in Westeuropa mitverantwortlich machte, zu stürzen,[688] obwohl dieser die Zusammenarbeit zwischen SS und Auswärtigem Amt nachdrücklich gefördert hatte[689] und sich zudem selbst für Verhandlungen mit den Briten einsetzte.[690] Zu dem konspirativen Kreis in der SS, der die Ablösung *Ribbentrops* anstrebte, zählten offensichtlich auch *Höhn* und *Stuckart*. Dies belegt zumindest unter deutlichem Vorbehalt in Bezug auf die Rolle *Höhns* ein Tagebucheintrag des Diplomaten und Widerstandskämpfers *Ulrich von Hassell*. Nach einer Unterredung mit dem deutschen Botschafter in Paris, Graf *Johannes von Welczeck*, hatte er am 22. Oktober 1939 notiert:

---

684 Höhne, Der Orden unter dem Totenkopf, 17. Fortsetzung: Die SS und der Hitler-Mythos, in: „Der SPIEGEL" vom 6. Februar 1967, Nr. 7, S. 55. So auch in der Buchausgabe der Serie (Höhne, Der Orden unter dem Totenkopf, S. 454).

685 Höhn an Dr. Bernt Richter vom 8. Juni 1971, in: Privatarchiv H. Borsch.

686 Höhne, Der Orden unter dem Totenkopf, S. 480.

687 Zelle, Hitlers zweifelnde Elite, S. 219.

688 Höhne, Der Orden unter dem Totenkopf, 17. Fortsetzung: Die SS und der Hitler-Mythos, in: „Der SPIEGEL" vom 6. Februar 1967, Nr. 7, S. 55 f.; Höhne, Der Orden unter dem Totenkopf, S. 455.

689 Conze, Das Amt und die Vergangenheit, S. 124 f. Schon während seiner Tätigkeit als Botschafter hatte Ribbentrop mit dem SD zusammengearbeitet. Und spätestens nach seiner Ernennung zum Außenminister bestand ein fast freundschaftliches Verhältnis zu Himmler (Döscher, SS und Auswärtiges Amt im Dritten Reich, S. 150 ff).

690 Kley, Hitler, Ribbentrop und die Entfesselung des Zweiten Weltkriegs, S. 304 f.

„Interessante Unterhaltung mit Welczeck, der sehr tätig ist. Sein Aktionskreis sind Leute der obersten SS-Führung – Stuckart und Höhn -, von denen er behauptet, dass sie im Grunde so dächten wie er und besonders schon erwögen, ob man Ribbentrop der Gegenseite zum Fraß hinwerfen solle. Man überlege dort schon die Zusammensetzung eines neuen Ministeriums. ... Ich habe Sorge, dass diese Leute ein doppeltes Spiel treiben, wenigstens teilweise. Popitz warnte mich später vor Höhn, mit dem Welczeck mich zusammenbringen wollte; Stuckart sei ordentlich, aber vorsichtig – korrekt und ohne Handlungswillen."[691]

Ein von *Welczeck*[692] vermitteltes Gespräch fand vermutlich nicht statt. Nichtsdestotrotz hatten *Höhn* und *Hassell* in der Folgezeit Kontakt, auch wenn die Beziehungen weniger politischer Art waren. Belegt ist ein Treffen zwischen beiden am 29.Juni 1943. *Höhn* hatte diesen auf Veranlassung *Jens Jessens* seinerzeit zu sich gebeten und ihm eine Honorarprofessur an der Universität Berlin angeboten. Über etwaige Vorbehalte in der Partei, so *Höhn*, müsse er sich keine Sorgen machen. *Hassell* gab auch ein Exposé mit seinen Vorstellungen und Ideen ab, war sich jedoch nicht sicher, ob *Höhn* „die Sache ernsthaft aufnimmt".[693] Letztendlich kam eine Professur nicht zustande. *Höhns* Position bei der versuchten Absetzung des Außenministers bleibt insgesamt undurchsichtig, was schon die von *Hassell* ausdrücklich erwähnte Warnung des preußischen Finanzministers *Johannes Popitz* vor *Höhn* zeigt.

Dass ausgerechnet *Popitz* von einer Zusammenarbeit abriet, ist nicht zuletzt deshalb bemerkenswert, weil *Höhn* später behauptete, dass er gute Beziehungen zu diesem gehabt hätte.[694] Angeblich soll er *Popitz* nach dessen Verhaftung anlässlich des Attentats vom 20.Juli 1944 wegen der Verbindungen zu den Verschwörern umfänglich geholfen haben. So will sich *Höhn* zusammen mit *Stuckart*, der schon vor dem Putschversuch in Kontakt mit *Popitz* gestanden haben will,[695] dafür eingesetzt

691 Von Gaertringen, Die Hassell-Tagebücher, S. 131 f.

692 Höhn und Welczeck kannten sich schon länger persönlich. Höhn betreute sogar die rechtswissenschaftliche Dissertation von Hans von Welczeck, dem Sohn des Diplomaten (Von Welczeck, Die Überwindung der Lehre von der Gewaltenteilung durch die Grundsätze der Führung und Volksgemeinschaft, Berlin 1940; in dem Begleitwort richtete von Welczeck einen besonderen Dank an seinen Professor Höhn „für wertwolle Winke und Fingerzeige bei der Herstellung dieser Arbeit").

693 Von Gaertringen, Die Hassell-Tagebücher, S. 324.

694 Gesprächsprotokoll der Befragung Reinhard Höhns durch Anna-Maria Gräfin von Lösch vom 21. August 1993; Samwer sprach sogar von einer Freundschaft zwischen beiden (Karl Samwer vom 22. Juli 1958, in: Privatarchiv H. Borsch). Auch Höhns SD-Mitarbeiter Eberhard Mäding erinnerte sich nach dem Krieg an solche persönlichen Beziehungen. Popitz soll die militärhistorischen Forschungen Höhns gelobt haben, dann jedoch auch festgestellt haben: „ ... aber wenn Höhn Otto von Gierke widerlegen will, dann ist es ein wenig so, als wenn ein Hündchen den Mond anbellt." (Erinnerungsblätter Erhard Mäding, BArch N 1561/1, Bl. 81).

695 So zumindest Stuckart selbst, Eidesstattliche Erklärung Wilhelm Stuckarts vom 20. August 1950, in: Landesarchiv Hannover VVP 18, Nr. 95, S. 4.

haben, dass dieser eine Sekretärin zur Verfügung gestellt bekam, damit er niederlegen konnte, wie er sich eine künftige Gemeinde- und Finanzordnung nach dem Endsieg vorstellte. Damit sollte *Popitz* die Haft erleichtert und seine Hinrichtung hinausgezögert werden. *Höhn* will als Direktor des Instituts für Staatsforschung deshalb immer wieder neue Auftragsarbeiten für den Inhaftierten beantragt haben.[696]

In der Tat wurde das gegen *Popitz* am 3. Oktober 1944 vom Volksgerichtshof ausgesprochene Todesurteil zunächst nicht vollstreckt. Stattdessen erhielten *Popitz* und auch der gleichfalls inhaftierte Mitverschwörer *Goerdeler* die Aufgabe, Vorschläge für den Wiederaufbau Deutschlands nach dem Ende des Krieges auszuarbeiten. Nachdem beide jeweils maschinengeschriebene Denkschriften abgegeben hatten, bekamen sie neue Aufgaben gestellt.[697] Verantwortlich für diese Art der Beschäftigung der Gefangenen waren zwei ehemalige Mitarbeiter *Höhns* im SD, die er überdies selbst angeworben hatte. Die Auftrag gebende Stelle war nämlich ausgerechnet die Abteilung III (Deutsche Lebensgebiete) des RSHA der SS unter der Leitung *Ohlendorfs*. Der dort zuständige Referent war *Eberhard Mäding* (Referat III A 3), der auch den Fragebogen für die erste Auftragsarbeit der Inhaftierten konzipiert hatte[698] und mit dem *Höhn* nach wie vor in Kontakt stand.[699] *Himmler* selbst hatte die so erreichte Hinauszögerung der Urteilvollstreckung genehmigt.[700] Und unterstützt wurden die Auftragsarbeiten dabei auch tatsächlich durch das Reichsinnenministerium über *WilhelmStuckart*, der die entsprechenden Ausfertigungen für äußerst wertvoll hielt.[701] Folglich ist es durchaus möglich, dass gerade die SS für den Vollstreckungsaufschub maßgeblich verantwortlich war.[702]

Dass *Höhn* hieran in irgendeiner Form beteiligt war, erscheint ebenfalls zumindest plausibel. *Reimer Voß* nennt ihn im Zusammenhang mit dem Versuch von *Popitz* im Sommer 1943, die SS für seine Umsturzpläne zu gewinnen, sogar als eine der Kontaktpersonen, ohne dies jedoch quellenmäßig zu belegen.[703] Sicher ist, dass *Popitz* sich am 26. August 1943 diesbezüglich mit *Himmler*, dem inzwischen ernste Zweifel am Endsieg gekommen waren,[704] traf, wobei sich dieser dann nachträglich mit *Hitler* abstimmte und dem Führer versicherte, die Verschwörer nur aushorchen zu wollen.[705] Darüber hinaus verfügte er durch *Jessen* wohl gleichermaßen über

---

696 Karl Samwer vom 22. Juli 1958, in: Privatarchiv H. Borsch.
697 Ritter, Carl Goerdeler und die deutsche Widerstandsbewegung, S. 417 f.
698 Ritter, Carl Goerdeler und die deutsche Widerstandsbewegung, S. 417 und S. 419.
699 Erinnerungsblätter Erhard Mäding, in: BArch N 1561/1, Bl. 53.
700 Voß, Johannes Popitz, S. 309.
701 Ritter, Carl Goerdeler und die deutsche Widerstandsbewegung, S. 419.
702 Voß, Johannes Popitz, S. 309; Ritter, Carl Goerdeler und die deutsche Widerstandsbewegung, S. 419.
703 Voß, Johannes Popitz, S. 296f.
704 Ritter, Carl Goerdeler und die deutsche Widerstandsbewegung, S. 420.
705 Zelle,Hitlers zweifelnde Elite, S. 224 f.

Verbindungen zu *Ohlendorf* und eben auch zu *Stuckart*,[706] doch entwickelte sich daraus bekanntermaßen keine Kooperation. Eine Mitwirkung *Höhns* an den Verhandlungen oder den Vorbereitungen des Putsches ist indes äußerst unwahrscheinlich. Nicht einmal er selbst nahm nach dem Ende des Krieges für sich in Anspruch, an diesen Widerstandsaktivitäten beteiligt gewesen zu sein, obgleich er sonst nur selten darum verlegen war, seine Distanz zum NS-Regime aufzuzeigen.

c) Bewertung

Ob und in welcher Weise *Höhn* tatsächlich dem Regime kritisch gegenüberstand, ist anhand der vorliegenden Quellen nur sehr schwer zu beantworten. *Höhns* diesbezügliche Aussagen nach Ende des Dritten Reichs lassen sich kaum verifizieren. Bestätigt wurden sie nur von Bekannten *Höhns*. So hatte er Dr. *von Brehmer* um die Beglaubigung seiner damaligen Unterstützung gebeten,[707] was dieser auch tat. Allerdings hatte ihm *Höhn* bereits eine selbst vorformulierte Erklärung mitgesandt, welche *Brehmer* so beließ und unterschrieben zurückschickte.[708] Als Kronzeugen für seine „helfende Tätigkeit in jenen Jahren" hatte *Höhn* nach dem Krieg den Hamburger Rechtsanwalt Dr. *Karl Samwer* benannt. Dieser *Samwer* war ein alter Freund, der während der Zeit des Nationalsozialismus *Höhns* Institut für Staatsforschung als Mäzen mitfinanzierte und diesem Kontakte in die Wirtschaft vermittelt hatte.[709] Nun gab er sich als verfolgter Freimaurer aus und bestätigte *Höhns* Ausführungen. In seinem Schreiben, das den Charakter eines „Persilscheins" besaß, mutierte *Höhn* denn auch zum verkappten Widerstandskämpfer. *Höhn*, so *Samwer*, habe ihm und „einer Reihe weiterer Angehöriger der Freimaurerei ... bis an die Grenzen des Möglichen geholfen". Mit seinem Ausscheiden aus der SS hätte man „einen wichtigen Helfer" verloren.[710]

Ebenso sind die Darstellungen *Heinz Höhnes* nicht kritiklos zu übernehmen. Der Journalist hatte für seine Recherchen Kontakt zu *Höhn* aufgenommen. Dieser versorgte ihn nun mit Informationen über seine Tätigkeit in SD und SS,[711] die *Höhne* recht unkritisch übernahm. Unter anderem hatte ihm *Höhn* Zitate aus seinem Buch über *Artur Mahraun* geschickt. *Höhne* schrieb daraufhin, dass *Höhn* keinesfalls Antisemit gewesen sei, schließlich habe er den Antisemitismus schon 1929 eine „verseuchende Hetze" genannt.[712] Dabei bemerkte er jedoch nicht, dass *Höhn* hier nur

---

706 Voß, Johannes Popitz, S. 296f.; Ritter, Carl Goerdeler und die deutsche Widerstandsbewegung, S. 420.
707 Höhn an Brehmer vom 4. Juli 1958, in: Privatarchiv H. Borsch.
708 Brehmer an Höhn vom 7. Juli 1958, in: Privatarchiv H. Borsch.
709 Von Lösch, Der nackte Geist, S. 330.
710 Karl Samwer vom 22. Juli 1958, in: Privatarchiv H. Borsch.
711 Heinz Höhne an Höhn vom 14. November 1966, in: Privatarchiv H. Borsch.
712 Höhne, Der Orden unter dem Totenkopf, 10. Fortsetzung: Die antijüdische Politik der SS, in: „Der SPIEGEL" vom 19. Dezember 1966, Nr. 52, S. 66–84; Höhne, Der Orden unter dem Totenkopf, S. 302.

Mahrauns Worte wiedergab. Dass es sowohl bei *Mahraun* als auch im Jungdeutschen Orden deutliche antisemitische Tendenzen gab, übersah er gleichermaßen. Somit entsteht der Eindruck, *Höhn* habe seinerzeit bewusst nur Auskünfte gegeben, die sein Wirken im Dritten Reich beschönigten.

Dies wird auch durch die Stellungnahmen, die *Höhn* selbst nach 1945 verfasste, unterstrichen. Problematisch an den eigenen Zeugnissen über seine Zeit im Nationalsozialismus ist vor allem, dass sie zahlreiche Fehler und historische Unkorrektheiten aufweisen. Teilweise widerspricht sich *Höhn* auch selbst. Somit sind diese Quellen zumindest in großen Teilen in Zweifel zu ziehen. Es erscheint jedenfalls wenig plausibel, warum ausgerechnet sämtliche entlastende Inhalte der Wahrheit entsprechen sollten, während *Höhn* insbesondere die kompromittierenden Kapitel seiner NS-Vergangenheit fortwährend kaschiert und verschleiert.

Insgesamt wird so der Anschein erweckt, dass die Beteuerungen *Höhns* in erster Linie der Rechtfertigung und Entlastung dienten, mithin Schutzbehauptungen waren. Dass sie vor allem Teil einer Verteidigungsstrategie waren, zeigt auch, dass *Höhn* seinen angeblichen Einsatz für Gefährdete sowie seine Ablehnung des Regimes erstmals zur Verteidigung im Berliner Spruchkammerverfahren 1958 anführte. In der Folge wiederholte er seine Aussagen dann bei jedem weiteren prozessualen oder medialen Versuch, seine Vergangenheit aufzuarbeiten. Ohnehin war es nach dem Ende des Nationalsozialismus eine beliebte Abwehrtaktik bei ehemaligen NS-Funktionären, sich nachträglich in die Nähe des Widerstandes zu rücken. Besonders auffällig ist dies ausgerechnet bei *Höhns* SS-Kamerad und mutmaßlichem Mitverschwörer *Wilhelm Stuckart*. Dieser behauptete 1950 unter anderem, er wäre zu dem „von der Partei bestgehaßten Mann in der deutschen Verwaltung" und „schärfsten Gegner des nationalsozialistischen Systems" geworden.[713] Vor allem gegen *Himmler*, die SS und deren Polizeistaat habe er sich mit „allen Mitteln gewandt". Außerdem, so *Stuckart*, gehörte er zu den Attentätern vom 20. Juli 1944, noch unmittelbar vor der Durchführung nahm er an Besprechungen mit *Stauffenberg* teil.[714] Während *Höhn* in seinen Ausführungen immer die Zusammenarbeit mit *Stuckart* betonte, erwähnte dieser *Höhn* in seinen Rechtfertigungsschreiben im Übrigen mit keinem Wort. Belegen lässt sich der Großteil der Aussagen hingegen nicht. Ein Widerstandskämpfer war *Stuckart* hingegen kaum.[715] Für *Höhn* lässt sich mit Sicherheit dasselbe feststellen. Dass er jedoch spätestens seit Kriegsausbruch innere Vorbehalte gegen das Regime hatte, ist zumindest nicht vollkommen unmöglich.

---

713 Eidesstattliche Erklärung Wilhelm Stuckarts vom 20. August 1950, in: Landesarchiv Hannover VVP 18, Nr. 95, S. 1 und S. 4.

714 Eidesstattliche Erklärung Wilhelm Stuckarts vom 20. August 1950, in: Landesarchiv Hannover VVP 18, Nr. 95, S. 1 und S. 4.

715 Jasch, Staatssekretär Wilhelm Stuckart und die Judenpolitik, S. 188.

7. Im Auftrag der SS – Höhn an der Universität Berlin

Nach seiner politischen Kaltstellung konzentrierte sich *Höhn* vornehmlich auf seine akademische Karriere. Zwar setzte er seinen Aufstieg in der Rangordnung der SS fort. Am 30. Januar 1939 wurde er zum Staffelführer befördert,[716] obwohl er alle Beförderungen fortan als ehrenhalber bezeichnete.[717] Allerdings hatte ihn seine Demission in der Hierarchie abrutschen lassen, so dass er in der SS nur noch zur machtpolitischen Peripherie gehörte. Über Kontakte zum Führungszirkel des Ordens verfügte er aber weiterhin.[718]

Auch blieb er dem SD nach wie vor eng verbunden, ohne dort jedoch ein offizielles Amt zu bekleiden. Kurz nach dem deutschen Überfall auf Polen nahm er am 11. September 1939 an einer Amtschefbesprechung im Reichssicherheitshauptamt (RSHA) teil. Bei dem Arbeitsessen bei *Werner Best* waren neben *Höhn* die SS-Führer *Six*, *Ohlendorf*, *Rauff*, *Klingemann* und *Kannstein* anwesend. Laut Sitzungsprotokoll gab es dabei keine außergewöhnlichen Vorkommnisse. „Es wurden laufende Fragen besprochen. Keine besonderen Ereignisse."[719] Doch legt die Teilnahme *Höhns* nahe, dass er umfassend über die Ermordung von polnischen Offizieren und Zivilisten durch die Einsatzgruppen des SD und der Sicherheitspolizei im rückwärtigen Heeresgebiet Bescheid wusste. Schließlich standen die Exekutionen in dieser Zeit öfters auf den Tagesordnungen der RSHA-Besprechungen. Zweifelsfrei belegen lässt sich dies jedoch nicht. Sicher ist dagegen, dass *Höhn* weiter in den höchsten Kreisen von SD und SS verkehrte und nach wie vor als potentieller Mitarbeiter geschätzt wurde. Auf der Amtschefbesprechung am 19. September 1939, an der er selbst nicht teilnahm, schlug *Heydrich* etwa vor, „den SS-Standartenführer Höhn mit der besonderen Nachrichtenerfassung aus Schweden und Dänemark zu beauftragen".[720] Dazu kam es jedoch nicht. Ebenso wenig nahm *Höhn*, der ohnehin von schmächtiger, dünner Statur war und auch keinen Wehrdienst abgeleistet hatte,[721] direkt am Kriegsgeschehen teil.[722] Stattdessen wurde er aber zumindest mittelbar weiterhin für SD und SS tätig.

---

716 BArch (ehem. BDC) SSO, Höhn, Reinhard, 29.7.1904.

717 Undatierter Lebenslauf Höhns, S. 4, in: Privatarchiv H. Borsch.

718 So soll ihn SD-Chef Heydrich anlässlich seiner Ernennung zum stellvertretenden Reichsprotektor von Böhmen und Mähren noch im September 1941 aufgefordert haben, als Staatsrechtler in seinen persönlichen Stab zu wechseln, was Höhn jedoch ablehnte (Undatierter Lebenslauf Höhns, S. 5, in: Privatarchiv H. Borsch).

719 BArch R 58/825, Bl. 9 f.

720 BArch R 58/825, Bl. 14.

721 BArch (ehem. BDC) SSO, Höhn, Reinhard, 29.7.1904.

722 Höhn behauptete später, Heydrich hätte ihn während des Krieges aufgefordert, sich freiwillig zur Waffen-SS zu melden. Unter Verweis auf seine Arbeit am Institut für Staatsforschung hätte er dies jedoch abgelehnt (Undatierter Lebenslauf Höhns, S. 5, in: Privatarchiv H. Borsch).

a) Die Friedrich-Wilhelms-Universität Berlin

So stellte *Höhn* den Einfluss der SS an der Friedrich-Wilhelms-Universität sicher, wo seine akademische Karriere derweil unberührt von den Affären um seine Person vorangeschritten war. Ob *Höhn* im Rahmen seiner Tätigkeit als Professor auch noch selbst für den SD tätig wurde und die Universität überwachte, bleibt indes fraglich. In einem Bericht über die Naturwissenschaftliche Fakultät aus dem Jahr 1942, für den ihm auch die Dokumente des Dekans zur Verfügung standen, beschrieb er immerhin seine vertrauensvolle Zusammenarbeit mit dem Rektor, mit dem er gelegentliche Aussprachen geführt habe.[723]

aa) Höhns Berufung zum ordentlichen Professor

Bereits im Dezember 1938 hatte das REM wegen der Verdienste *Höhns* vorgeschlagen, dessen Besoldung anzuheben, was der Dekan *Weigmann* und der Führer des NSD-Dozentenbundes und der Dozentenschaft *Holtz* zunächst vollends unterstützten.[724] Schließlich, so der Dekan, sei *Höhns* Tätigkeit als Direktor des Instituts für Staatsforschung bislang nicht vergütet worden, so dass er nur 659,64 Reichsmark monatlich und 1.400 Reichsmark Jahres-Kolleggeldgarantie erhalte.[725] Jedoch zog *Weigmann* einen entsprechenden Antrag im Februar 1939 wieder zurück und beantragte nunmehr, *Höhn* zum ordentlichen Professor zu berufen, wobei er folgende Begründung anführte: „Er hat ausgesprochene pädagogische Neigungen und Anlagen. Sein Vortrag findet, in Anbetracht der Schärfe seiner Formulierungen und gewisser stimmlicher Härten, nicht immer allgemein Beifall, ist jedoch inhaltlich einwandfrei und steht auf anerkannt hohem Niveau."[726] Unterstützung erhielt *Weigmann* dabei vom Dozentenführer der Universität und von *Ernst Heymann*, der vor allem das umfangreiche Werk des jüngeren Kollegen lobte. Zwar lehne er gewisse Theorien *Höhns* ab, doch schätze er die „geradezu staunenswerte Menge an Arbeit" und einen rastlosen Drang nach Erkenntnis.[727]

Dennoch gab es auch Vorbehalte gegen die Ernennung *Höhns* zum Ordinarius. So erklärte Gaudozentenführer Prof. *Willing*, dass „bei gewissen zuständigen Stellen Schwierigkeiten entgegenstehen könnten".[728] Rektor Hoppe hielt einen Antrag deshalb vorerst zurück, da *Höhn* mit *Willing* „eine klärende Rücksprache halten wollte".[729] Um was für Unstimmigkeiten es sich dabei handelte, bleibt allerdings unklar. Schließlich schickte Hoppe einen Ernennungsvorschlag im Mai 1939 an das Ministerium. Die Juristische Fakultät musste vom REM dagegen noch ermahnt

723 Von Lösch, Der nackte Geist, S. 334.
724 UA Berlin PA Höhn 365 Bd. 2, Bl. 72; UA Berlin Jur. Fak., PA Höhn 515, Bl. 79.
725 UA Berlin Jur. Fak. PA Höhn 515, Bl. 77.
726 Von Lösch, Der nackte Geist, S. 333.
727 Von Lösch, Der nackte Geist, S. 333.
728 UABerlin PA Höhn 365 Bd. 2, Bl. 172.
729 UABerlin PA Höhn 365 Bd. 2, Bl. 170.

werden, bevor auch sie einen entsprechenden Antrag einreichte.[730] Letztendlich wurde *Höhn* dann erst am 27.Dezember 1939 rückwirkend zum 1.Oktober zum ordentlichen Professor ernannt.[731] Dabei wurden auch seine Bezüge auf 9.000 Reichsmark pro Jahr erhöht.[732] Am 9.Januar 1940 leistete er sodann seinen Diensteid auf *Adolf Hitler*.[733]

bb) Höhns Tätigkeit an der Universität Berlin

Zusätzlich zu seinen Lehrveranstaltungen an der Friedrich-Wilhelms-Universität las *Höhn,* der den Hörsaal angeblich in SS-Uniform zu betreten pflegte,[734] im Jahr 1940 für zwei Trimester die Vorlesungen und Übungen im Staatsrecht an der Technischen Hochschule in Berlin.[735] Im September 1943 hielt er einen Ferienkurs für Kriegsversehrte.[736] Daneben unternahm *Höhn* im Rahmen seiner Professur mehrere Vortrags- und Studienreisen. Nachdem er vor Kriegsausbruch bereits des Öfteren zu Forschungszwecken in Skandinavien war,[737] besuchte er fortan verschiedene Universitäten im deutschen Besatzungsgebiet. Im Winterhalbjahr 1940 absolvierte er eine Vortragsreise durch Jugoslawien.[738] Später folgten vom REM in Auftrag gegebene Vorträge in Spanien und Sofia.[739] Zuletzt hielt *Höhn* noch im März 1944 in Paris einen Vortrag zu dem Thema: „Staat und Volk in der deutschen Reichswerdung“ für die Reihe „Das Reich und seine europäische Sendung“ des dortigen Deutschen Instituts.[740]

Höhns Zeit an der Juristischen Fakultät Berlin war aber auch durch persönliche Schicksalsschläge und große gesundheitliche Probleme gekennzeichnet. Nach der Geburt der dritten Tochter im Frühjahr 1939 musste seine Ehefrau *Susanne* zweimal operiert werden, weshalb *Höhn* wohl kurzzeitig in finanzielle Schwierigkeiten geriet. Aufgrund der hohen Behandlungskosten in Höhe von insgesamt 5.300

730 Von Lösch, Der nackte Geist, S. 334.
731 UA Berlin Jur. Fak., PA Höhn 515, Bl. 63.
732 UABerlin PA Höhn 365 Bd. 2, Bl. 182. Zuvor hatte Höhn ein Jahresgehalt in Höhe von 8.000 Reichsmark zuzüglich Wohngeldzuschuss und Kinderbeihilfen erhalten (UA Berlin Jur. Fak. PA Höhn 515, Bl. 107).
733 UABerlin PA Höhn 365 Bd. 2, Bl. 184.
734 Mehring, Carl Schmitt, S. 368.
735 UA Berlin Jur. Fak., PA Höhn 515, Bl. 60.
736 UA Berlin Jur. Fak., PA Höhn 515, Bl. 14.
737 Studienreise nach Kopenhagen, Lund und Oslo im Juli 1937 (UA Berlin Jur. Fak., PA Höhn 515, Bl. 100). Studienreise nach Schweden vom 4. Juli 1938 bis zum 29. Juli 1938 (UA Berlin Jur. Fak., PA Höhn 515, Bl. 80).
738 UA Berlin Jur. Fak., PA Höhn 515, Bl. 57.
739 Vortrag für die Deutsche Botschaft in Spanien am 17. März 1943 (UA Berlin Jur. Fak., PA Höhn 515, Bl. 18); Vortrag über „Grundprobleme des NS-Verfassungsrechts“ für die Deutsche Gesandtschaft in Sofia am 15. September 1943 (UA Berlin Jur. Fak., PA Höhn 515, Bl. 13).
740 UA Berlin Jur. Fak., PA Höhn 515, Bl. 12.

Reichsmark stellte er am 6. Juli 1939 einen Antrag auf Beihilfe beim Reichswissenschaftsministerium,[741] den Dekan *Weigmann* im Übrigen „wärmstens" befürwortete.[742] Und auch *Höhn* selbst litt unter großen gesundheitlichen Beeinträchtigungen. Es ging ihm „ungemein schlecht", so dass er monatelang arbeitsunfähig war.[743] Erneut hatte *Höhn* Probleme, die Heilungskosten zu bewältigen, und beantragte Notstandsbeihilfe.[744] Die fortwährenden Erkrankungen erforderten zudem mehrfach Erholungsurlaube.[745] Im Wintersemester 1940/41 musste *Höhn* wegen erneuter gesundheitlicher Probleme sogar eine Gastprofessur in Brüssel absagen. Aufgrund seiner Beschwerden war er fast zwei Monate krankgeschrieben und konnte nur mit Mühe seine Vorlesungen halten.[746] Im April 1942 nahm er wegen einer Kieferoperation ein weiteres Mal vier Wochen Krankheitsurlaub im Sanatorium Berggiesshübel.[747]

Insgesamt war *Höhn* an der Universität Berlin dabei einer derjenigen, die noch bis zum Ende des Krieges nationalsozialistisches Rechtsdenken an der Universität lehrten,[748] wobei seine Vorlesungen immer besonders gut besucht gewesen sein sollen.[749] Dies belegt etwa ein Gutachten über das „Fachgebiet Wissenschaft" des Amtes Rosenberg im Auftrag der Reichspropagandaleitung. Untersucht wurde die Linientreue der Professoren an den Universitäten, wobei man *Höhn* in die Gruppe „uneingeschränkt positiv" einordnete.[750] Dass *Höhn* dem Regime nach wie vor durchaus loyal gegenüberstand, zeigt auch der mit 46 % exorbitant hohe Ideologisierungsgrad bei Dissertationen im öffentlichen Recht, für den sich eben gerade *Höhn* als produktivster Betreuer auf diesem Gebiet verantwortlich zeichnete.[751] 1939

741 UA Berlin Jur. Fak., PA Höhn 515, Bl. 66.

742 UA Berlin Jur. Fak., PA Höhn 515, Bl. 65.

743 Aktenvermerk Höhns vom Dezember 1960, S. 8, in: Privatarchiv H. Borsch. Schon seit Jahren hatte er eine Fokalinfektion, aus der eine schwere Sepsis resultierte. Es kam zu Organschäden an Leber und Galle. Ferner mussten ihm sämtliche Zähne entfernt werden. Dazu kamen ein ungewöhnlich niedriger Blutdruck und immer wiederkehrende Gleichgewichtsstörungen (UA Berlin PA Höhn 365 Bd. 2, Bl. 141.).

744 UA Berlin PA Höhn 365 Bd. 2, Bl. 141.

745 UA Berlin PA Höhn 365 Bd. 2, Bl. 124, 127, 134.

746 UA Berlin Jur. Fak., PA Höhn 515, Bl. 56.

747 UA Berlin Jur. Fak., PA Höhn 515, Bl. 29, 30.

748 Noack, Carl Schmitt, S. 233 f.

749 Höhn zufolge besuchten durchschnittlich rund 200 Studenten, die auch noch ein Hörgeld zahlen mussten, seine Vorlesungen (Gesprächsprotokoll der Befragung Reinhard Höhns durch Anna-Maria Gräfin von Lösch vom 21. August 1993).

750 Heiber, Universität unterm Hakenkreuz, S. 376.

751 Aßmann, Die Dissertationen an der Juristischen Fakultät zwischen 1933 und 1945, S. 126 f. und S. 140. Gegen Ende des Krieges betreute Höhn dann auch vor allem militärhistorische Dissertationen: Helmut Karehnke, Wehrmacht und Verfassung (1941); Philipp Königs, Das Bild vom Kriege im Frühliberalismus (1943); Franz Drutschmann, Die Parlamente Süddeutschlands und ihre Stellung zum Heer

promovierten bei ihm sieben Doktoranden, ein Jahr später neun, wobei die Anzahl der Dissertationen durch den Kriegsausbruch und die rege Betreuungstätigkeit mancher Professoren ohnehin stark angestiegen war.[752]

Zudem förderte er die Habilitation seines Schülers *Roger Diener*, den er bereits aus Jena kannte.[753] *Diener* war nunmehr im Rahmen eines Forschungsstipendiums am Institut für Staatsforschung tätig, wo er faktisch aber als *Höhns* Assistent fungierte. Aufgrund seiner Vorgeschichte war er an der Universität jedoch nicht unumstritten. *Diener* war der NSDAP zwar schon am 1. Dezember 1931 beigetreten (Nr. 860 895), jedoch nur drei Monate später am 29. Februar 1932 wieder aus der Partei ausgeschlossen worden, da er keine Mitgliedsbeiträge mehr gezahlt hatte und sein Aufenthaltsort unbekannt war.[754] Nachdem sich im September 1937 mehrere Seminarteilnehmer über *Dieners* fehlende nationalsozialistische Gesinnung bei dem damaligen Studentenführer *Lemke* beschwert hatten, erstattete dieser Anzeige beim Dozentenbund. Der NSDB wandte sich daraufhin an *Höhn*, der seinen Schützling vehement verteidigte. *Diener*, so *Höhn*, sei ein „überzeugter Nationalsozialist" und sogar „Fanatiker", der schon im Jahr 1931 in Jena „in dem berüchtigten roten Schottviertel oftmals als einziger die Hakenkreuzfahne" gehisst habe. Den Parteiaustritt erklärte er mit der mangelnden politischen Reife des jungen *Dieners*. Letztendlich war *Höhns* Intervention erfolgreich, so dass *Diener* Stipendiat blieb.[755]

Auch in der Folgezeit unterstützte *Höhn* seinen Assistenten. Als dieser 1940 einen Antrag auf Wiederaufnahme in die Partei stellte, setzte sich *Höhn* persönlich für eine positive Bescheidung und den Erhalt der früheren Mitgliedsnummer ein. So schrieb er seinem ehemaligen Doktoranden, dem Rechtsberater des Reichsschatzmeisters der NSDAP *Anton Lingg*, im Juli 1941, dass *Diener* „politisch unbedingt zuverlässig" sei und der damalige Ausschluss allein der wirtschaftlichen Not geschuldet gewesen sei. Seine nunmehrige wissenschaftliche Arbeit leiste „einen wertvollen Beitrag zur Durchdringung der Staats- und Rechtswissenschaft mit nationalsozialistischem Geist".[756]

1870–1914 (1940); Lisbeth Stiller-Petereit, Das Kriegsbild des Liberalismus in der Zeit von 1890–1914 (Aufgrund der Betreuung durch Höhn wurde der Titel erst 1947 verliehen).

752 Aßmann, Die Dissertationen an der Juristischen Fakultät zwischen 1933 und 1945, S. 111.

753 Liebs, Habilitationen in der Zeit des Nationalsozialismus, S. 222. Nach dem Ende des Nationalsozialismus behauptete Höhn sogar, Diener sei Halbjude gewesen und nur durch seine Deckung unbehelligt geblieben (Aktenvermerk Höhns vom Dezember 1960, S. 16, in: Privatarchiv H. Borsch).

754 BArch (ehem. BDC) SSO, Diener, Roger, 20.12.1910.

755 Liebs, Habilitationen in der Zeit des Nationalsozialismus, S. 223.

756 BArch (ehem. BDC) SSO, Diener, Roger, 20.12.1910.

Einen solchen Beitrag leistete *Diener* sodann mit seiner Habilitationsschrift über „Das Reich im Weltanschauungskampf und Theorienstreit. Staatswissenschaftliche Studien zum deutschen Reichsproblem im Mittelalter", die er 1943 einreichte. Das Werk war durchdrungen von einer rassisch-völkischen Weltanschauung. Betreuer *Höhn* und Zweitgutachter *Carl Schmitt* waren zwar nicht vollends überzeugt von der Abhandlung, sprachen sich aber dennoch beide für die Zulassung der Arbeit aus.[757]

cc) Die SS-Juristen an der Universität Berlin

Darüber hinaus förderte *Höhn* gezielt weitere Juristen aus dem Umfeld von SD und SS. Etwa den SS-Sturmbannführer und hauptamtlichen SD-Führer im Oberabschnitt Süd *Karl Gengenbach*,[758] dessen Dissertation er angeregt und betreut hatte und die 1940 schließlich in seinem Institut für Staatsforschung fertiggestellt wurde.[759]

(1) Die Dissertation von Justus Beyer

Von wesentlich größerem Umfang war seine Unterstützung für *Justus Beyer*. *Beyer* war bereits bis Mitte 1933 *Höhns* wissenschaftlicher Hilfsarbeiter in Jena, bevor er am 1. Mai 1934 in die SS eintrat (Nr. 107 138) und ihn *Höhn* mit zum SD nahm, wo er Leiter der Abteilung II/211 wurde. Später war Beyer noch Referent im RSHA und dort Verbindungsführer zur Parteikanzlei.[760] Dabei wurde er durchgängig von *Höhn* protegiert, der unter anderem auch für sämtliche Beförderungen *Beyers* warb. *Höhn* nannte seinen Schützling ein „vorbildliches Mitglied des SS-Führerkorps", dessen Leistungen den Durschnitt weit überragen.[761] So betreute er denn auch *Beyers* Promotionsvorhaben über „Die Ständeideologien der Systemzeit und ihre Überwindung". *Beyer* hatte seine Arbeit schon 1938 am Institut für Staatsforschung fertiggestellt, wofür ihm vom SD-Hauptamt großzügig ein längerer Urlaub gewährt wurde.[762] Gutachter neben *Höhn* war erneut *Carl Schmitt*. Die mündliche Doktorprüfung fand am 10. Mai 1939 statt.[763] Die Promotion erfolgte dann allerdings erst am 25. Februar 1942, da *Beyer* zum Kriegsdienst eingezogen wurde.

---

757 Liebs, Habilitationen in der Zeit des Nationalsozialismus, S. 223 f.

758 Grüttner, Biographisches Lexikon, S. 57.

759 Gengenbach, Ständegedanke und Verwaltungseinheit, S. 4.

760 Justus Beyer (*16. April 1910 in Schurow in Pommern, † 26. September 1989 in Fürstenfeldbruck) studierte nach dem Besuch der Volkschule in Möhrenbach und des humanistischen Gymnasiums in Sonderhausen Rechtswissenschaften in Marburg, Jena und München. Der NSDAP trat er schon am 9. November 1931 (Nr. 860 875) bei. Zudem war er von März 1932 bis April 1934 Mitglied der SA. 1939 wurde er zum Fronteinsatz nach Polen eingezogen und erhielt für seinen Einsatz als Schütze in einem Infanterieregiment das Kriegsverdienstkreuz II. Klasse (BArch (ehem. BDC) SSO, Beyer, Justus, 16.04.1910).

761 BArch (ehem. BDC) SSO, Beyer, Justus, 16.04.1910.

762 Beyer, Die Ständeideologien der Systemzeit und ihre Überwindung, S. 21.

763 BArch (ehem. BDC) SSO, Beyer, Justus, 16.04.1910.

(2) Die Habilitation von Herbert Lemmel

Ebenso förderte Höhn die universitäre Karriere des SS-Hauptsturmführers *Herbert Lemmel*.[764] Bemerkenswert ist dabei, dass sich *Lemmel* vom bisherigen Typus des elitären SS-Akademikers wesentlich unterschied. Im Gegensatz zu den arrivierten Karrieretechnokraten mit bildungsbürgerlichem Hintergrund in SS und SD um *Höhn* war *Lemmel* jemand, der sich hochgearbeitet hatte. Er kam aus einfachen Verhältnissen, hatte nach dem Schulabbruch eine Ausbildung absolviert und sein Abitur nachgeholt, während er arbeitslos war. Sein Studium in Leipzig und Königsberg hatte er sich als selbstständiger Reiseleiter und stellvertretender Exportleiter einer chemischen Fabrik für Stoffhandschuhe verdient. Der NSDAP war er bereits am 1. Mai 1930 beigetreten (Nr. 237 070)[765] und er galt als bewährter und überzeugter Nationalsozialist.[766] Der SS hatte er sich dagegen erst am 1. Januar 1936 angeschlossen (Nr. 276576).[767] Anders als SS-Juristen an den Universitäten hatte er aber parallel auch noch eine militärische Laufbahn bei der Waffen-SS eingeschlagen. *Lemmel*, der sich schon durch seine Vitalität und sportliche Statur von den anderen SS-Akademikern abhob, befand sich dementsprechend seit Kriegsbeginn die meiste Zeit im Feld und brachte es zum hochdekorierten Offizier in der SS-Division „Nord“.[768] Er wurde im

764 Herbert Lemmel wurde am 29. Mai 1911 in Pleißa bei Chemnitz als Sohn des Kaufmanns Edmund Lemmel und dessen Frau Fanny, geb. Aurich, geboren. Lemmel besuchte zunächst die Dorfschule in Pleißa und die Bürgerschule in Limbach, bevor er auf die Schloßschule Chemnitz wechselte. Von 1921 bis 1927 ging er auf das Reform-Realgymnasium in Chemnitz. Mit 16 Jahren brach er die Schule ab und absolvierte sodann bis 1929 eine Kaufmannslehre in einer Chemnitzer Strumpffabrik. Im Anschluss daran war er als Korrespondent für Englisch, Französisch und Spanisch tätig. 1931 wurde Lemmel arbeitslos und begann sich im Selbststudium auf das Abitur vorzubereiten, welches er schließlich im September 1932 ablegte. Fortan war er als selbstständiger Reiseleiter und stellvertretender Exportleiter einer chemischen Fabrik für Stoffhandschuhe beschäftigt, bevor er im Wintersemester 1933/34 ein Studium der Rechtswissenschaften in Leipzig begann. Ein Jahr später wechselte er an die Universität Königsberg, wo er dem NSDStB beitrat und Leiter der Juristischen Fachschaft der Studentenschaft wurde. Sein 1. Staatsexamen absolvierte Lemmel am 25. November 1936. Lemmel war seit 1937 mit Ilse Leskie, einer BDM-Gruppenführerin, verheiratet und hatte einen Sohn, den am 13. September 1938 geborenen Ulrich (UA Berlin Jur. Fak. 131, Habilitationen L, Bl. 75 ff.; UA Berlin Jur. Fak., PA Lemmel 162, o. Bl.; BArch (ehem. BDC) SSO, Lemmel, Herbert, 29.05.1911).

765 UA Berlin Jur. Fak. 131, Habilitationen L, Bl. 76.

766 BArch (ehem. BDC) SSO, Lemmel, Herbert, 29.05.1911.

767 UA Berlin, PA Lemmel 108, Bl. 65.

768 Lemmel wurde am 26. August 1939 eingezogen und kämpfte zunächst als Feldwebel in der Wehrmacht. Später gehörte er zur SS-Division „Nord“, wo er Zugführer und Kompanieführer war, bevor er Leiter der Abteilung IV der Division wurde. Kriegseinsätze Lemmels: Vom 6. September 1939 bis 31. Mai 1940 Polenfeldzug/Krakau; 1. Juni 1940 bis 18. September 1940 Westfeldzug; 19. September

Mai 1943 mit dem Kriegsverdienstkreuz II. Klasse ausgezeichnet und im Juli 1944 zum SS-Hauptsturmführer befördert.[769] *Höhn* dagegen hatte nicht einmal einen Wehrdienst abgeleistet.[770]

Seine steile akademische Karriere gelang *Lemmel* ebenfalls mit Unterstützung der SS. Gefördert wurde er dabei zunächst von dem Rassentheoretiker und SS-Sturmbannführer *Falk Ruttke*. Der promovierte Jurist *Ruttke* war Geschäftsführender Direktor des Reichsausschusses für Volksgesundheit im Reichsinnenministerium[771] und verschaffte *Lemmel* 1937 dort eine Anstellung als wissenschaftlicher Hilfsarbeiter.[772] Daneben holte ihn *Ruttke* auch an die Friedrich-Wilhelms-Universität Berlin, wo dieser einen Lehrauftrag für „Rasse und Recht" hatte.[773] Seit dem Sommersemester 1937 war *Lemmel* dort als Volontärassistent beschäftigt und übernahm für *Ruttke* Vorlesungsvertretungen, die Leitung von Seminaren und Übungen sowie die Ferienvorlesung über „Rasse und Recht".[774] Zudem hielt er Vorträge vor der SS.[775] Im April 1938 promovierte er dann auch bei *Ruttke* mit einer Arbeit über „Ludwig Kuhlenbeck – Ein Beitrag im Kampf um lebensgesetzliches Recht" mit der Gesamtnote „magna cum laude", obwohl ihm sein Förderer und Doktorvater sogar die Auszeichnung „summa cum laude" bescheinigte.[776]

Ein Jahr später stellte *Lemmel* am 14. Februar 1938 sein Habilitationsgesuch an den Dekan *Weigmann*.[777] Als Habilitationsschrift reichte er eine Abhandlung über „Die Erfassung der Gemeinschaft im lebensgesetzlichen Recht" ein. Ursprünglich sollte erneut *Ruttke* Erstgutachter von *Lemmels* Habilitation werden, doch fehlte diesem als Lehrbeauftragten die formelle Befugnis dazu. Deshalb wandte sich *Lemmel* an *Höhn*,[778] der sich, so *Lemmel* in einem Schreiben an den Dekan, „in dankenswerter Weise als Berichterstatter" bereiterklärte,[779] so dass das Habilitationsvorhaben trotz alledem unter Aufsicht der SS blieb. *Höhn* sorgte mit einem äußerst wohlwollenden Gutachten maßgeblich für die Zulassung *Lemmels*, der inzwischen auch noch ehrenamtlich beim SD tätig war und dort später zum Leiter der Kulturaußenstelle des SD-Ost aufstieg,[780] zur Habilitation. Besonders überzeugend

1940 bis 27. April 1941 Sicherung des Generalgouvernements; seit dem 15. Juni 1942 Ostfeldzug/Karelien (BArch (ehem. BDC) SSO, Lemmel, Herbert, 29.05.1911; UA Berlin, Jur. Fak., PA Lemmel 162, o. Bl.).

769 BArch (ehem. BDC) SSO, Lemmel, Herbert, 29.05.1911.

770 BArch (ehem. BDC) SSO, Höhn, Reinhard, 29.7.1904.

771 Grüttner, Biographisches Lexikon, S. 143.

772 BArch (ehem. BDC) SSO, Lemmel, Herbert, 29.05.1911.

773 Grüttner, Biographisches Lexikon, S. 144.

774 UA Berlin, PA Lemmel 108, Bl. 65.

775 UA Berlin, Jur. Fak., PA Lemmel 162, o. Bl.

776 UA Berlin, Jur. Fak. 131, Habilitationen L, Bl. 77 ff.

777 UA Berlin, Jur. Fak., PA Lemmel 162, o. Bl.

778 UA Berlin, Jur. Fak., PA Lemmel 559, Bl. 28.

779 UA Berlin, Jur. Fak., PA Lemmel 162, o. Bl.

780 BArch (ehem. BDC) SSO, Lemmel, Herbert, 29.05.1911.

war *Lemmels* Werk offensichtlich aber nicht. So wollte *Höhn* auch weniger dessen wissenschaftliche Leistung bewerten und „nicht so sehr auf Mängel der Arbeit hinweisen", sondern vielmehr auf die „im Verfasser ruhenden Entwicklungsmöglichkeiten" abstellen.[781] Entscheidend, so *Höhn* in Hinblick auf die politische Einstellung seines SS-Kameraden, sei, ob die Habilitation als „Eintritt eines jungen Kameraden in die Front nationalsozialistischer Wissenschaftler" zu sehen ist.[782] Zwar stellte er noch fest, dass *Lemmel* „mit der vorliegenden Arbeit die Befähigung zu selbstständiger wissenschaftlicher Forschung nachgewiesen" habe,[783] doch geriet seine Stellungnahme insgesamt eher zu einer entgegenkommenden Prognose.

Zweitgutachter war wiederum ausgerechnet der von *Höhn* bekämpfte *Carl Schmitt*, den *Lemmel* in seiner Habilitationsschrift obendrein auch noch kritisiert hatte. *Schmitt* hielt die Arbeit dennoch für zweifellos ausreichend für die Zulassung. Zu den Vorwürfen *Lemmels* gegen sein Rassenverständnis schrieb er, vermutlich mit Sicht auf die Angriffe *Höhns*,[784] sie seien „nicht schlechter und oberflächlicher, sogar ehrlicher und sympathischer als das was meistens sonst dazu gesagt worden ist".[785] Und auch *Lemmels* Förderer *Ruttke* hielt es trotz fehlender Befugnis „aus sachlichen Gründen für selbstverständlich", ein Gutachten beizusteuern,[786] in dem er sich bei leichter Kritik an der Arbeit seines Schülers *Höhns* Votum anschloss.[787]

Am 14. Juli 1939 beschloss die Juristische Fakultät nach einer wissenschaftlichen Aussprache, an der auch *Ruttke* und *Schmitt*, nicht aber *Höhn* teilnahmen, schließlich einstimmig, *Lemmel* „den akademischen Grad eines Dr. jur. habil. zu verleihen".[788] Die Probevorlesung, die sich aufgrund *Lemmels* Teilnahme am Polenfeldzug verzögert hatte,[789] fand sodann am 2. November 1939 statt. Die Fakultät war durch *Lemmels* Vortrag über „Die Erbpflege in Deutschland, USA und den Nordischen Staaten, eine rechtsvergleichende Darstellung" insgesamt „voll befriedigt".[790] Selbst *Schmitt* zufolge war die Lehrprobe „als durchaus gelungen anzusehen".[791] Folglich stellte man auch einen Antrag auf Ernennung zum Dozenten.[792] Am 25. Januar 1940

781 UA Berlin, PA Lemmel 108, Bl. 10.
782 UA Berlin, PA Lemmel 108, Bl. 10.
783 UA Berlin, PA Lemmel 108, Bl. 10.
784 Liebs, Habilitationen in der Zeit des Nationalsozialismus, S. 221.
785 UA Berlin, PA Lemmel 108, Bl. 14.
786 UA Berlin, Jur. Fak., PA Lemmel 162, o. Bl.
787 UA Berlin, PA Lemmel 108, Bl. 12.
788 UA Berlin, Jur. Fak., PA Lemmel 162, o. Bl.
789 BArch (ehem. BDC) SSO, Lemmel, Herbert, 29.05.1911.
790 Zudem, so Dekan Weigmann, habe sich Lemmel „durch seine allseits als gut anerkannte Habilitationsschrift" ausgewiesen. „Als Persönlichkeit macht Herr Dr. Lemmel den Eindruck eines ernsten, strebsamen, bescheidenen und doch selbstsicheren Menschen, welcher seinen Mann steht." (UA Berlin, PA Lemmel 108, Bl. 17).
791 UA Berlin, PA Lemmel 108, Bl. 16.
792 UA Berlin, PA Lemmel 108, Bl. 17.

erhielt *Lemmel* vom Rektor die Lehrbefugnis für rassische Grundlagen des Rechts[793], bevor er am 20. Februar vom REM offiziell zum Dozenten ernannt wurde.[794] Als ihm am 11. März die Ernennungsurkunde ausgehändigt werden sollte,[795] war er hingegen schon wieder an der Front, wo er am Westfeldzug teilnahm und anschließend im Generalgouvernement Polen stationiert war.[796] Zuvor waren mehrere von *Ruttke* initiierte Versuche, *Lemmel* vom Heeresdienst freizustellen, gescheitert.[797]

Erst im April 1941 kehrte er von seinem Kriegseinsatz zurück an die Universität Berlin, bevor er im Juni 1942 wieder einberufen und nach Karelien versetzt wurde.[798] Dennoch bemühte sich *Lemmel* um die gleichzeitige Fortführung seiner akademischen Laufbahn. So beantragte er in der Folgezeit erfolglos die Ausdehnung seiner Dozentur auf Staatslehre und deutsches Staatsrecht sowie die Ernennung zum außerplanmäßigen ordentlichen Professor.[799] Unterstützung erhielt er hierbei abermals von *Höhn*, der diesbezüglich am 15. Oktober 1944 an den Dekan schrieb:

> „Ich persönlich habe alles Verständnis für die Situation von Lemmel und bin bereit ihm in jeder Weise zu helfen, würde es aber für richtiger halten, dass Lemmel zunächst einmal das Wintersemester liest und damit unter Beweis stellt, dass er in der Lage ist, die Fächer zu vertreten, für die er die Ausdehnung der venia verlangt. Damit hängt natürlich auch auf das engste die Frage der ausserordentlichen Professur zusammen. Wenn er in der Lage ist ein anständiges Kolleg zu lesen, so ist damit sehr viel gewonnen und man könnte m.E. auf den Nachweis einer besonderen Arbeit verzichten."[800]

Nach dem Krieg wurde *Lemmel* aufgrund seiner Mitgliedschaft in SS und NSDAP vom Universitätsrektor und dem Senat am 29. Dezember 1945 mit sofortiger Wirkung entlassen.[801]

b) Das Institut für Staatsforschung

Dass *Höhn* aber auch noch unmittelbar mit SS und SD zusammenarbeitete, zeigt vor allem seine Tätigkeit als Direktor des Instituts für Staatsforschung an der Universität Berlin. Bereits bei seiner Berufung zum planmäßigen außerordentlichen Professor im Jahr 1935 wurde *Höhn* zugleich vom Reichswissenschaftsministerium am 30.Oktober 1935 mit Wirkung zum 1.November zum Stellvertretenden Direktor

---

793 UA Berlin, PA Lemmel 108, Bl. 20.
794 UA Berlin, PA Lemmel 108, Bl. 19.
795 UA Berlin, PA Lemmel 108, Bl. 22.
796 BArch (ehem. BDC) SSO, Lemmel, Herbert, 29.05.1911.
797 UA Berlin, Jur. Fak., PA Lemmel 559, Bl. 33, Bl. 39.
798 BArch (ehem. BDC) SSO, Lemmel, Herbert, 29.05.1911.
799 UA Berlin, Jur. Fak., PA Lemmel 559, Bl. 12 und Bl. 27. Der Antrag Lemmels vom 4. Juli 1940 auf Ausdehnung seiner Dozentur auf Staatslehre und deutsches Staatsrecht wurde jedoch abgelehnt (UA Berlin, Jur. Fak., PA Lemmel 559, Bl. 27).
800 UA Berlin, Jur. Fak., PA Lemmel 559, Bl. 4.
801 UA Berlin, PA Lemmel 108, Bl. 46.

des Instituts ernannt.[802] Ein halbes Jahr später wurde er dann durch einen Ministerialerlass vom 4.Juni 1936 rückwirkend zum 28.Mai 1936 Direktor der Einrichtung.[803]

Ursprünglich untersuchte das 1932 an der Christian-Albrechts-Universität in Kiel für den Professor *Friedrich Poetzsch-Heffter* gegründete Institut die Veränderungen des Staatsrechts in der Weimarer Republik. Als *Poetzsch-Heffter*im Jahr 1935 nach Leipzig berufen wurde, sollte ihm das Institut folgen, doch verunglückte er tödlich, woraufhin das Institut zusammen mit dem Archiv für Staatsleben an die Universität Berlin verlegt wurde,[804] wo es zunächst in den ersten Stock des Hauses Teutonenstraße 18 in Berlin-Nikolassee zog.[805] Als nunmehr *Höhn* Direktor wurde, änderte sich die wissenschaftliche Ausrichtung des Instituts. Unter seiner Leitung rückten aktuelle staatsrechtliche Problemstellungen in den Vordergrund. *Höhn* strebte eine gänzliche Erneuerung des Staatsrechts an, um den historischen Ereignissen des Jahres 1933 Rechnung zu tragen. Die Grundlagen des Staatsrechts sollten an die neue Verfassungswirklichkeit angepasst werden. Nach *Höhns* Vorstellung sollte das Institut unter den gewandelten Bedingungen der nationalsozialistischen Rechtsentwicklung „die wissenschaftliche Erarbeitung völlig neuer Grundlagen des gesamten Staats- und Verwaltungsrechts“ leisten. So stand die wissenschaftliche Tätigkeit des Instituts auch „unter dem Leitsatz, nicht etwa nationalsozialistische Begriffe in das überkommene Rechtssystem einzubauen, sondern die Grundlinien eines neuen völkischen Rechtes, das von dem Prinzip der Volksgemeinschaft bestimmt wird, aufzuzeigen“.[806] Das Hauptaugenmerk *Höhns* lag dabei „neben der laufenden Bearbeitung staatsrechtlicher Fragen vor allem auf gründlichen Einzeluntersuchungen auf dem Gebiete des Wehrrechts, Beamtenrechts, Verwaltungsrechts und Polizeirechts“.[807] So gliederte er der Verfassungsabteilung eine besondere Wehrrechtsabteilung an und errichtete eine neue selbstständige Polizeirechtsabteilung.[808]

Entscheidender war aber, dass mit der Besetzung *Höhns* als Direktor SS und SD direkten Zugriff auf das Institut für Staatsforschung erhielten, so dass sie ihren Einfluss auf die staatsrechtlichen Entwicklungen in der Wissenschaft und die Universität Berlin massiv erhöhen konnten. So war es nicht zuletzt auch dem SD zu verdanken, dass *Höhn* überhaupt in die Stellung geriet.[809] Die politische Vereinnahmung des Instituts wurde bereits zu Beginn deutlich. *Höhn* erhielt schon im Oktober 1936 vom Reichsführer-SS *Himmler* den Auftrag, eine Gelehrten-Kartothek

802 UA Berlin, Jur. Fak., PA Höhn 515, Bl. 107.
803 UABerlin, PA Höhn 365 Bd. 2, Bl. 6.
804 Botsch, Der SD in Berlin-Wannsee 1937–1945, S. 78; von Lösch, Der nackte Geist, S. 328.
805 Chronik der Friedrich-Wilhelms-Universität zu Berlin 1935/36, S. 57.
806 Chronik der Friedrich-Wilhelms-Universität zu Berlin 1935/36, S. 57.
807 Chronik der Friedrich-Wilhelms-Universitätzu Berlin 1935/36, S. 57.
808 Von Lösch, Der nackte Geist, S. 329.
809 Von Lösch, Der nackte Geist, S. 328.

über SS-Angehörige anzulegen.[810] Zudem halfen SS und SD bei der Akquirierung von Fördergeldern für das Institut. Daneben setzte sich auch das Reichsinnenministerium für eine finanzielle Privilegierung ein. Von beiden Seiten wurde wiederholt in Schreiben ohne ausdrücklichen Adressaten deutlich gemacht, dass das Institut für Staatsforschung „zur Bearbeitung staatspolitisch wichtiger Aufgaben herangezogen" werde, weshalb es bei der Vergabe von Geldmitteln einer besonderen Berücksichtigung bedürfe.[811]

Dementsprechend verfügte das Institut nach der Übernahme durch *Höhn* über große finanzielle Kapazitäten. Im Jahr 1937 hatte das Institut etwa einen regulären Etat von insgesamt rund 8.400 Reichsmark. Dazu kamen zwei Zuschüsse „zur Verstärkung" in Höhe von insgesamt 4.000 Reichsmark. Ein Jahr später war der Haushalt des Instituts mit rund 7.800 Reichsmark angesetzt,[812] wobei *Höhn* 1938 ebenfalls noch einen Zuschuss in Höhe von 2.000 Reichsmark erhielt.[813] Darüber hinaus erreichte *Höhn* auch die personelle Vergrößerung der Einrichtung. War das Institut ursprünglich sehr klein und bestand hauptsächlich aus *Poetzsch-Heffter* selbst, erhielt *Höhn* bereits 1935 einen außerplanmäßigen Assistenten und sieben Referenten als Mitarbeiter.[814] Diese Mitarbeiter bezogen ihr Gehalt dabei nicht vom Institut selbst, sondern wurden über Stipendien des Wissenschaftsministers separat

---

810 BArch (ehem. BDC) SSO, Höhn, Reinhard, 29.7.1904. Diese SS-Gelehrten-Kartothek, so Höhn nach dem Krieg, war keineswegs Teil einer Strategie zur Verwissenschaftlichung der SS, sondern diente allein der Statistik (Antworten Reinhard Höhns auf die Fragen von Herrn Prof. Dr. Sven Papcke zur Rolle der Soziologie/Sozialwissenschaften im Dritten Reich, in: Privatarchiv H. Borsch).

811 Von Lösch, Der nackte Geist, S. 332.

812 Diese staatliche Finanzierung des Instituts wurde 1938 ausgerechnet durch Höhns Freund Karl August Eckhardt gefährdet. Als Eckhardt nach seiner Auseinandersetzung mit Walter Frank an die Universität Bonn zurückkehrte, beantragte er kurze Zeit später im Juli 1937 beim REM die Errichtung eines Deutschrechtlichen Instituts in Bonn, was vom Ministerium letztendlich auch bewilligt wurde. Der dafür benötigte Jahresetat von rund 2.000 RM, so teilte das REM dem Berliner Universitätskurator am 27. Januar 1938 mit, sollte aus den Haushaltsmitteln der Universität Berlin für Höhns Institut für Staatsforschung stammen. Höhn wurde daraufhin persönlich im Ministerium vorstellig und erklärte, „dass damit seinem Institut völlig die Grundlage entzogen sei und dass die Durchführung des Erlasses selbst im Falle der späteren Aufhebung und der Milderung die schwerwiegendsten Folgen für das Institut haben müsse". Diese Intervention Höhns führte schließlich zur Rücknahme des Erlasses, so dass die Finanzierung des Instituts für Staatsforschung nach wie vor gesichert war (BArch R 4901/14307, Bl. 4–13).

813 Im Jahr 1939 betrug der reguläre Etat rund 8.500 Reichsmark und 1941 bekam das Institut neben einem Etat von rund 7.200 Reichsmark eine Unterstützung von 1.500 Reichsmark (Von Lösch, Der nackte Geist, S. 332).

814 Chronik der Friedrich-Wilhelms-Universität zu Berlin 1935/36, S. 57.

gefördert.[815] Zudem betreute das Institut zahlreiche Doktoranden. Schon im ersten Halbjahr gab es 30 Dissertationen heraus.[816] Dazu gehörten allerdings auch noch die Arbeiten von *Höhns* Doktoranden aus seiner Zeit in Heidelberg.[817] Anfang 1937 erhöhte sich die Zahl der wissenschaftlichen Hilfsarbeiter sodann auf neun und die der ausgegebenen Dissertationen auf fünfzig.[818] Für die Forschungsarbeiten im Institut hatte man sogar die eigene Schriftenreihe „Forschungen zum Staats- und Verwaltungsrecht".[819] Durch die fortwährende finanzielle Förderung des Instituts verbesserte sich außerdem auch die Ausstattung. So sorgte *Höhn* für einen beträchtlichen Ausbau der Institutsbibliothek. Verzeichnete diese bereits im ersten Jahr einen Zuwachs von über 4800 Büchern, sodass der Bestand rund 8000 Werke zählte,[820] war die Bibliothek im Berichtsjahr 1936/37 auf circa 14000 Bücher angewachsen.[821] Nach dem Umzug in die Königsstraße umfasste der Bestand dann 24000 Bände.[822] *Höhn* kaufte dabei vor allem die zurückgelassenen Sammlungen von Emigranten auf.[823] Daneben erhielt das Institut auch einen Teil der Bestände des aufgelösten SPD-Parteiarchivs.[824] Zudem wurde der fortschreitende Ausbau der Bücherei noch durch Spenden des Justiziars der Firma *Hugo Stinnes*, des Rechtsanwaltes und Notars Dr. *Karl Samwer*, finanziert.[825] Durch *Samwer* verfügte *Höhn* außerdem über gute Kontakte in der Wirtschaft. Im Oktober 1937 wurde er zum Schiedsmann in einem Streit zwischen dem Rheinisch-Westfälischen Kohlensyndikat in Oberhausen und der Gewerkschaft „Mathias Stinnes" in Essen als Vertreter der Gewerkschaft ernannt. Es ging dabei um die Rechtswirksamkeit eines Beschlusses der Mitgliederversammlung des Syndikats, mit dem die Errichtung der „Ruhr-Elektrizitätsgesellschaft AG" beschlossen worden war.[826] Für diese Schiedsrichtertätigkeit, die sich *Höhn* vom Reichswissenschaftsministerium genehmigen ließ,[827] erhielt er laut Eigenaussage eine Vergütung von 35.000 Reichsmark. Insgesamt, so *Höhn*, sei das Institut für Staatsforschung eng mit der Wirtschaft verflochten gewesen, wodurch die

815 UA Berlin, Jur. Fak., Nr. 582, Bl. XXII (zitiert nach von Lösch, Der nackte Geist, S. 492, Rn. 2).
816 Chronik der Friedrich-Wilhelms-Universität zu Berlin 1935/36, S. 57.
817 Besonders zu erwähnen sind hier etwa die Abhandlungen von Annemarie Vocke und Anton Lingg, Rechtsberater des Reichsschatzmeisters der NSDAP, die Höhn in die Institutsveröffentlichungen aufnahm (UA Heidelberg – II 852/ 41, Bl. 760).
818 Chronik der Friedrich-Wilhelms-Universität zu Berlin 1936/37, S. 56 f.
819 Von Lösch, Der nackte Geist, S. 329f.
820 Chronik der Friedrich-Wilhelms-Universität zu Berlin 1935/36, S. 57.
821 Chronik der Friedrich-Wilhelms-Universität zu Berlin 1936/37, S. 57.
822 Chronik der Friedrich-Wilhelms-Universität zu Berlin 1937/38, S. 60.
823 Botsch, Der SD in Berlin-Wannsee 1937–1945, S. 78.
824 Bungert, Flucht, Verkauf und Verschleppung, S. 94.
825 Von Lösch, Der nackte Geist, S. 330.
826 Von Lösch, Der nackte Geist, S. 330, Anm. 502.
827 Reichswissenschaftsministerium vom 12. Oktober 1937, UABerlin, PA Höhn 365 Bd. 2, Bl. 32.

Finanzierung der Einrichtung mitgetragen worden sei.[828] Sicher ist, dass das Institut auch für die private Wirtschaft gutachterlich tätig gewesen ist. Belegt ist hierzu eine Expertise für den Verein zur Wahrung der Rheinschifffahrtsinteressen e.V. aus Duisburg.[829] Ferner war *Höhn* als Gutachter im Norddeutschen Ölmühlen-Prozess tätig, wofür er ein Honorar zwischen 5.000 bis 10.000 RM erzielte.[830]

Inzwischen war das Institut so stark angewachsen, dass die Räumlichkeiten in der Teutonenstraße zu klein wurden. Im Mai 1937 zog das Institut deshalb nach Berlin-Wannsee in den ersten Stock einer Villa in der Königsstraße 71.[831] Durch den Umzug erhöhte sich allerdings auch der monatliche Mietpreis. Hatte die Miete in Nikolassee noch 250 Reichsmark betragen, musste nunmehr eine Miete in Höhe von 400 Reichsmark entrichtet werden. *Höhn* beschaffte die daraus resultierende Differenz „von dritter Seite“:[832] Den Mehrbetrag stellte dann der SD zur Verfügung.[833]

Auch nach seiner Verlegung fokussierte sich das Institut auf das Staatsrecht. Seit 1937 beschränkte sich die Arbeit aber nicht nur auf die Beobachtung und Analyse der staatsrechtlichen Entwicklungen, sondern es erhielt eine besondere Praxisnähe. So wurden für die Sitzungen des Polizeirechtsausschusses der Akademie für Deutsches Recht, dessen stellvertretender Vorsitzender *Höhn* war, „laufend größere Gutachten vorbereitet“. Ferner „beteiligte sich das Institut durch Bearbeitung des deutschen Ländergutachtens sowie des Generalreferats ... maßgeblich an den deutschen Arbeiten zum Internationalen Kongreß für Rechtsvergleichung im Haag 1937“.[834] Zudem verrichtete das Institut vor allem im Polizei- und Ordnungsrecht praktische Arbeit. Auf Wunsch des Staatssekretärs und Chefs der Reichskanzlei *Lammers* übernahm *Höhns* Institut im Juni 1937 die sogenannte Verfassungskartothek vom Reichsministerium des Innern. Diese Verfassungskartothek enthielt eine lückenlose Sammlung sämtlicher Äußerungen und Stellungnahmen führender Politiker, Wissenschaftler und Journalisten zu Fragen der Weimarer Verfassung in der Öffentlichkeit, der Tagespresse sowie den Fachzeitschriften“. *Höhn* versprach, *Lammers´* Vertrauen „durch gewissenhafte wissenschaftliche Auswertung“ zu rechtfertigen.[835]

---

828 Gesprächsprotokoll der Befragung Reinhard Höhns durch Anna-Maria Gräfin von Lösch vom 21. August 1993.

829 UABerlin, PA Höhn 365 Bd. 2, Bl. 41.

830 Stellungnahme Höhns zu den Vorwürfen der Berliner Spruchkammer 1958, in: Privatarchiv H. Borsch.

831 Die Villa gehörte dem rumänischen Generalkonsul in Antwerpen, Lucien Lang, der gemäß der Genehmigung des Oberfinanzpräsidenten/ Devisenstelle für das gesamte Grundstück höchstens eine monatliche Miete in Höhe von 750 Reichsmark erhalten durfte (Von Lösch, Der nackte Geist, S. 330, Rn. 504).

832 UA Berlin, UK, Nr. 826, Bl. 11 (zitiert nach von Lösch, Der nackte Geist, S. 492, Rn. 2).

833 Botsch, Der SD in Berlin-Wannsee 1937–1945, S. 79.

834 Chronik der Friedrich-Wilhelms-Universität zu Berlin 1937/38, S. 60.

835 UA Berlin, Jur. Fak., PA Höhn 515, Bl. 98.

Im Jahr 1938 kam es dann zur endgültigen politischen Zweckentfremdung des Instituts für Staatsforschung durch die SS. Durch Erlass vom 29.August 1938 wurde das Institut für die Dauer des geplanten Krieges „zur Verfügung des Reichsführers SS und Chef der Deutschen Polizei“ beordert.[836] *Höhn* ließ sich die Kriegswichtigkeit später schriftlich vom RSHA und von *Stuckart* bescheinigen.[837] In der Folge war das Institut mithin hauptsächlich für die SS tätig.[838] So erklärte *Höhn* am 13.Juni 1941, dass das Institut „seit dem 1.9.1939 eine Reihe vom Reichsminister des Inneren und vom Chef der Sicherheitspolizei und des SD übertragener Aufgaben“ bearbeite.[839] Und am 16. September 1939 ersuchte *Himmler*, mit dem *Höhn* auch nach wie vor in persönlichem Kontakt stand,[840] im Auftrag von *Werner Best* in einem geheimen

---

836 Dass das Institut in jedem Fall kriegsbeordert wurde, gilt als sicher. Diese Einschätzung ist nicht zuletzt durch die großzügige Finanzierung wissenschaftlicher Arbeiten aus den Mitteln des Reichsforschungsrates belegt, die in der Regel für kriegswichtige Arbeiten verwendet wurden (Botsch, Der SD in Berlin-Wannsee 1937–1945, S. 80;von Lösch, Der nackte Geist, S. 331f.). Höhn behauptete nach Ende des Dritten Reichs, das Institut für Staatsforschung sei erst bei Kriegsausbruch vom Reichsinnenminister „kriegsbeordert und als Gutachten- und Auskunftsstelle für staats- und völkerrechtliche Fragen bereitgestellt“ worden (Undatierter Lebenslauf Höhns, S. 4, in: Privatarchiv H. Borsch).

837 Botsch, Der SD in Berlin-Wannsee 1937–1945, S. 80.

838 Höhn dagegen erinnerte sich nach Kriegsende wieder etwas anders an diese Aufträge. So habe er sich „zum Teil energisch gegen die Übergriffe von SS-Dienststellen wenden“ müssen, dass diese glaubten, „das einmal kriegsbeorderte Institut so einspannen zu können, wie sie es für den Augenblick als zweckdienlich betrachteten“. Zudem will er „binnen kurzem aufs neue in heftige Konflikte mit dem Obergruppenführer Heydrich“ geraten sein, der ihm „ständig in die Gutachtertätigkeit hineinzureden versuchte“ und ihn wegen seiner „unbequemen, selbstständigen“ Art sogar loswerden wollte, indem er ihn zum Dienst in der Waffen-SS aufforderte (Undatierter Lebenslauf Höhns, S. 4 f., in: Privatarchiv H. Borsch).

839 BArch, R 4901/ 14307.Auch Himmlers Chefadjutant Karl Wolff bezeichnete das Institut im März als „im Auftrage und im Sinne des Reichsführers SS arbeitend“ (Wolff an Eckhardt vom 22. März 1939, zitiert nach Heiber, Walter Frank, S. 882).

840 Höhn behauptete nach dem Krieg zwar, dass er Himmler nach seiner Kaltstellung im Jahr 1937 nur ein einziges Mal getroffen habe. Tatsächlich hielten beide aber, abgesehen von der Zusammenarbeit im Rahmen des Instituts für Staatsforschung, auch nach wie vor persönlichen Kontakt. So übersandte ihm Höhn beispielweise am 6. August 1942 eine Studie seines Bekannten Prof. Kollath (Undatierter Lebenslauf Reinhard Höhn, S. 7, in: Privatarchiv H. Borsch), Direktor des hygienischen Instituts in Rostock, über Bleivergiftungen und deren bevölkerungspolitische Gefahren (Höhn an Himmler vom 6. August 1942, in: Privatarchiv H. Borsch). Zudem existiert ein Schreiben des Sanitätsoffiziers Dr. Pokorny aus dem Oktober 1941, in dem dieser Himmler vorschlägt, Zwangssterilisierungen an sowjetischen Kriegsgefangenen durchzuführen. In einem Begleittext schrieb

Schnellbrief den Rektor der Berliner Universität „um Zustimmung für die Beiordnung des SS-Standartenführers Professor Dr. Höhn, des Gerichtsreferendars Helmut Just und des Gerichtsassessors Dr. Muth zur Dienstleistung bei dem Hauptamt Sicherheitspolizei, ... da das Personal des IfS in der Universität Berlin während des Krieges von [Himmler] für sicherheitspolitische Aufgabe dringend benötigt“ werde. *Höhn* erklärte daraufhin, dass die Institutsarbeit trotz der Beiordnung weitergeführt werden könne.[841] Allerdings hatten diese SS-Aufträge auch eine solche Priorität, dass *Höhn* etwa geplante Vortragsreisen absagen musste.[842] Darüber hinaus erteilte *Himmler* dem Institut auch Aufträge in seiner Funktion als Reichskommissar für die Festigung des deutschen Volkstums.[843] Im Gegenzug sorgte *Himmler* wohl nach wie vor für eine großzügige Finanzierung des Instituts. Allein zwischen August 1944 und Januar 1945 wurden dem Institut von der Deutschen Forschungsgemeinschaft Forschungsmittel und Gehaltszahlungen in Höhe von rund 70.000 Reichsmark bewilligt, wobei *Höhn* allerdings auch ein „sehr großzügiges Abrechnungsverfahren“ betrieben haben soll.[844]

Hinzu kamen Auftragsarbeiten für das Auswärtige Amt, die Parteiamtliche Prüfungskommission[845], das Geheime Staatspolizeiamt und das Reichserziehungsministerium.[846] Nachdem sich das Deutsche Reich zunehmend ausländische Territorien durch Annektierung oder Eroberung einverleibt hatte, änderte sich auch der Aufgabenbereich des Instituts. Standen zunächst noch staatstheoretische Problemstellungen im Vordergrund, war der Fokus nunmehr auf den deutschen „Groß- und Lebensraum“ gerichtet. Schon seit 1938 war das Institut beim Aufbau der deutschen Herrschaftsstrukturen und der Anfertigung von Gesetzesvorlagen in Österreich, dem Protektorat Böhmen und Mähren sowie in Polen behilflich.[847] *Höhn* selbst

---

Pokorny, er habe Höhn um Übermittelung des Briefes gebeten, um den direkten Weg zu Himmler zu wählen. Höhn selbst konnte sich später an ein solches Schreiben allerdings nicht mehr erinnern (Aktenvermerk Höhns vom Dezember 1960, S. 18, in: Privatarchiv H. Borsch).

841 Von Lösch, Der nackte Geist, S. 331.

842 UA Berlin, Jur. Fak., PA Höhn 515, Bl. 34.

843 Darunter etwa die Studie „Die Ausbildung von Landarbeitern“ aus dem Projekt „Auswertung der Erfahrungen der deutschen Ostsiedlung bis zur Machtergreifung“ vom 8. Juni 1940 (Klingemann, Ursachenanalyse und ethnopolitische Gegenstrategien, S. 195).

844 BArch (ehem. BDC) VBS 307, Signatur 8200001215.

845 BArch, R 4901/ 14307.

846 So verfasste Höhn im Rahmen des Instituts für Staatsforschung ein Gutachten im Auftrag des Auswärtigen Amtes und des REM in der Strafsache gegen Kreuger (UA Berlin, Jur. Fak., PA Höhn 515, Bl. 48).

847 Botsch, Der SD in Berlin-Wannsee 1937–1945, S. 80. Dabei beschäftigte sich Höhns engster Mitarbeiter Roger Diener mit antiken und mittelalterlichen Reichskonzepten, die als positive und negative Vorbilder dienen sollten.

wurde schließlich auch Mitglied des wissenschaftlichen Beirats der Gesellschaft für europäische Wirtschaftsplanung und Großraumwirtschaft.[848] Daneben erforschte das Institut noch die deutsche Heeresgeschichte des 19. Jahrhunderts,[849] wodurch man *Höhns* persönlichen Neigungen entsprach.

Zuletzt wurde das Institut vor allem vom Reichsinnenministerium und dessen Staatssekretär *Stuckart* in Anspruch genommen.[850] Dieser beauftragte *Höhn* beispielsweise mit der wissenschaftlichen Vorbereitung des vom 13. bis 19. September 1939 in Berlin geplanten VII. Internationalen Verwaltungsrechtskongresses des Internationalen Instituts für Verwaltungswissenschaften, dessen Präsident *Stuckart* war.[851] *Höhn*, der schon seit Februar 1937 Mitglied der nationalen Sektion des Instituts für Verwaltungswissenschaften in Brüssel unter der Leitung *Stuckarts* war,[852] sollte dort zudem ein Referat über „Wesen, Aufgabe und Stellung der Verwaltung" halten, doch wurde der Kongress wegen der politischen Lage schließlich verschoben.[853] Später wurde er auch wissenschaftlicher Direktor der am 9. Mai 1942 unter Förderung des Auswärtigen Amtes von *Stuckart* gegründeten Internationalen Akademie für Staats- und Verwaltungswissenschaften.[854] Praktisch beschäftigte sich die Akademie vor allem mit der Edition von Verfassungs- und Verwaltungsgesetzen anderer europäischer Staaten. Das eigentliche politische Ziel bestand hingegen darin, „durch persönliche Bindung und geistige Führung der führenden Staats- und Verwaltungswissenschaftler, vor allem der Frontgeneration und der Jugend der europäischen Völker, die psychologischen und wissenschaftlichen Voraussetzungen dafür [zu] schaffen, dass sich die Entwicklung von Staat, Verwaltung und Wirtschaft der europäischen Völker in einer den Interessen des Reiches Rechnung tragenden und durch die politische und wirtschaftliche Neuordnung Europas gebotenen Richtung vollzieht". Durch „deutsche Kulturpropaganda" und „geistige Kriegsführung" sollte der deutsche Führungsanspruch gesichert werden.[855] Unterstützt wurde die Gründung auf Bitten *Stuckarts*[856] wiederum von Reichsführer-SS

---

848 Klingemann, Soziologie im Dritten Reich, S. 149, Rn. 105.
849 UA Berlin, PA Höhn 365 Bd. 2, Bl. 149.
850 Botsch, Der SD in Berlin-Wannsee 1937–1945, S. 79.
851 Von Lösch, Der nackte Geist, S. 331.
852 UA Berlin, PA Höhn 365, Bd. 2, Bl. 23.
853 Jasch, Die Gründung der Internationalen Akademie für Verwaltungswissenschaften, S. 712.
854 Jasch, Die Gründung der Internationalen Akademie für Verwaltungswissenschaften, S. 717. Zuvor hatte Stuckart bereits 1941 das Internationale Institut für Verwaltungswissenschaften in Brüssel geschlossen und dessen gesamtes Forschungsgut, die Bücherei, die Personalkartei und wissenschaftlichen Karteien in Gewahrsam genommen, um es einer dem Reich dienenden Institution zu übergeben (BArch NS 19/3406, Bl. 2).
855 BArch NS 19/3406, Bl. 2.
856 BArch NS 19/3406, Bl. 3.

Himmler, der diesem schrieb, er halte eine Akademie, „die unsere Kultur in Europa, auch im Frieden gegen fremden Einfluss sichern und im Laufe der Jahre und Jahrzehnte in den Intelligenzkreisen der europäischen Völker den französischen und englischen Kultureinfluss verdrängen helfen soll, für sehr gut".[857]

Höhns Institut für Staatsforschung arbeitete in der Folge mit der Internationalen Akademie für Staats- und Verwaltungswissenschaften, die nur unweit des Instituts in Potsdam-Babelsberg firmierte,[858] eng zusammen. So wurde die von *Höhn* und *Stuckart* seit dem Herbst 1941 zusammen mit den SS-Führern *Best* und *Gerhard Klopfer* herausgegebene Zeitschrift „Reich-Volksordnung-Lebensraum" zum offiziellen Publikationsorgan der Akademie. Als Schriftleiter der Reihe fungierte *Höhn*, der sein Institut als Sitz der Zeitschrift nutzte.[859]

Diese Kooperationen mit der SS im Rahmen seiner Tätigkeit an der Universität Berlin waren dann auch für *Höhns* Karriere in der Schutzstaffel förderlich. So wurde er von Himmler mit dem Ehrendegen ausgezeichnet.[860] Von *Hitler* erhielt er das Kriegsverdienstkreuz 2. Klasse ohne Schwerter.[861] Und noch im November 1944 wurde *Höhn* auf persönlichen Wunsch des Reichsführers-SS zum SS-Oberführer befördert. *Himmler* hatte die Beförderungsurkunde am 3. November 1944 im Sonderzug unterschrieben. Zwei Wochen später bedankte sich *Höhn* persönlich bei seinem Förderer.[862]

Während der Luftangriffe auf Berlin kam die Arbeit des Instituts für Staatsforschung dann langsam zum Erliegen. *Höhn* war gezwungen, einen Teil des Bibliotheksbestandes in der Ausweichstelle des RSHA in Deutsch-Gabel im Sudetenland zu lagern.[863] Als diese keinen Platz mehr bot, beantragte er im März 1944 die restliche Institutsbibliothek in das Schloss Wehrau-Klitschdorf (Niederschlesien) des Fürsten *Solms* zu bringen.[864] Ein Jahr später musste das Institut seine Tätigkeiten aufgrund der Kämpfe einstellen. Im März 1945 trat *Höhn* die Institutsräumlichkeiten dann an RSHA-Dienststellen ab, bevor es nach der Eroberung Berlins als Quartier für amerikanische Soldaten diente und es schließlich im Januar 1947 von der Universität aufgelöst wurde.[865]

---

857 BArch NS 19/3406, Bl. 1.

858 Jasch, Die Gründung der Internationalen Akademie für Verwaltungswissenschaften, S. 717.

859 Botsch, Der SD in Berlin-Wannsee 1937 – 1945, S. 80; Herbert, Werner Best, S. 284.

860 BArch (ehem. BDC) SSO, Höhn, Reinhard, 29.7.1904.

861 Von Lösch, Der nackte Geist, S. 322.

862 BArch (ehem. BDC) SSO, Höhn, Reinhard, 29.7.1904.

863 Botsch, Der SD in Berlin-Wannsee 1937 – 1945, S. 81.

864 UA Berlin, PA Höhn 365 Bd. 2, Bl. 153.

865 Botsch, Der SD in Berlin-Wannsee 1937 – 1945, S. 81.

IV. Reinhard Höhn und die Harzburger Akademie – Eine Nachkriegskarriere

Reinhard Höhn konnte noch im April 1945 aus dem umkämpften Berlin nach Süddeutschland fliehen,[866] wo er nach Kriegsende zunächst eine Anstellung bei einem Landwirt fand.[867] Seinen Lehrstuhl an der Rechtwissenschaftlichen Fakultät der Universität Berlin verlor er und sollte ihn auch nicht zurückbekommen. Auch keine andere Universität im Nachkriegsdeutschland bemühte sich darum, *Höhn* wieder als Professor zu gewinnen. *Höhn* selbst ergriff wohl auch keine Initiative, um in den Hörsaal zurückzukehren.[868]

1. Höhn in den Nachkriegsjahren

Anschließend tauchte er vorläufig für mehrere Jahre unter falschem Namen unter,[869] da er Repressionen von Seiten der alliierten Besatzer wegen seiner SS-Vergangenheit fürchtete und arbeitete fast fünf Jahre als Heilpraktiker für Augendiagnostik und Masseur.[870] *Höhn* begründete diesen ungewöhnlichen Schritt später mit seinem seit dem Studium bestehenden Interesse an der Homöopathie.[871] Er unterzog sich erfolgreich zwei Prüfungen als Heilpraktiker und erlangte eine Erlaubnisurkunde. *Höhn* selbst beschrieb diese Tätigkeit später als überaus erfolgreich. Nach eigener Aussage will er sogar an der Entwicklung von Arzneimitteln großer pharmazeutischer Firmen beteiligt gewesen sein. Allerdings wurde seine Identitätstäuschung von der

---

866 Undatierter Lebenslauf Reinhard Höhn, S. 7, in: Privatarchiv H. Borsch; Molt, Von der Wehrmacht zur Bundeswehr, S. 149.

867 Gesprächsprotokoll der Befragung Reinhard Höhns durch Anna-Maria Gräfin von Lösch vom 21. August 1993.

868 Prof. Dr. Hubert Armbruster an Prof. Dr. Erich Welter vom 29. Juni 1962, in: BArch N 1314/186.

869 Welchen Namen Höhn benutzte, ist nicht bekannt. Als Geburtsort gab er Nürnberg an, um in Süddeutschland nicht als Flüchtling aufzufallen. Zudem tarnte er sich als unverheiratet bzw. verwitwet, weshalb er sogar höhere Steuern in Kauf nahm. Er habe, so Höhn später, in sehr bescheidenen Verhältnissen gelebt und in einem kleinen Hotelzimmer gewohnt und praktiziert (Undatierter Lebenslauf Reinhard Höhn, S. 8f., in: Privatarchiv H. Borsch).

870 Prof. Dr. Hubert Armbruster an Prof. Dr. Erich Welter vom 29. Juni 1962, BArch N 1314/186; Undatierter Lebenslauf Reinhard Höhn, S. 7ff., in: Privatarchiv H. Borsch.

871 So habe er mehrere Vorlesungen über Naturheilkunde besucht, verschiedene homöopathische Verfahren eingehend studiert, Freunde mit Atem- und Entspannungsübungen behandelt und sogar an fachwissenschaftlichen Aufsätzen über „Moderne Ernährungstherapie" und „Grenzen und Möglichkeiten der Augendiagnose" gearbeitet. Dementsprechend, so Höhn, war kaum ein Heilpraktiker „für seinen Beruf besser vorbereitet" als er (Undatierter Lebenslauf Reinhard Höhn, S. 7ff., in: Privatarchiv H. Borsch).

Heilpraktikerschaft in München fast aufgedeckt, was *Höhn* wohl nur durch die Abgabe einer falschen eidesstattlichen Erklärung abwenden konnte.[872] Schlussendlich wurde ihm Ende der vierziger Jahre eine Fortführung dieser Beschäftigung unter Verwendung seines Professoren- und Doktortitels wegen des Verschweigens des Zusatzes „jur." durch die Ärztekammer untersagt.[873]

Fortan wohnte *Höhn* dann in Essen, Hohe Buchen 9,[874] wo er sich im Umfeld des Essener Rechtsanwalts *Ernst Achenbach* aufhielt.[875] Der promovierte Jurist *Achenbach* hatte im Dritten Reich im Auswärtigen Amt gearbeitet, wo er seit Herbst 1943 als Referent von *Franz Alfred Six* in der Kulturpolitischen Abteilung tätig war.[876] Nach dem Krieg trat er in die FDP ein und verteidigte prominente NS-Verbrecher im IG-Farben- und Wilhelmstraßen-Prozess. Von seinem Essener Büro steuerte er ein Netzwerk aus aufstrebenden Freidemokraten, ehemaligen NS-Funktionären und potenten Förderern aus der Industrie.[877]

Neben *Höhn* gehörten später auch andere SD-Mitarbeiter zum Dunstkreis *Achenbachs.* So waren *Werner Best* und eben auch *Six* nach ihren Freilassungen im Herbst 1952 in dessen Kanzlei tätig,[878] von wo aus Anfang der fünfziger Jahre die Amnestiekampagnen mit dem Ziel, Verfolgungs- und Straffreiheit in allen NS-Strafsachen zu erreichen, oder die rechtsnationale Unterwanderung der FDP geplant wurden.[879]

Da hatte *Höhn* Essen allerdings schon verlassen und lebte nunmehr seit dem 1. November 1950 in Hamburg in der Fehlandtstraße 11.[880] Nachdem eine rechtliche Amnestie für belastete NS-Funktionäre erlassen wurde, meldete sich er bei den Besatzern und erhielt am 19. Januar 1951 von der Hansestadt Hamburg eine Entnazifizierungsbescheinigung, nach der er in die Gruppe V (Entlastete) eingestuft wurde.[881] Eine Mitwirkung *Höhns* an den politischen Unternehmungen *Achenbachs* ist eher unwahrscheinlich. Zumindest gibt es keine Belege für einen Beitrag *Höhns.* Vielmehr versuchte er, nicht aufzufallen, widmete sich wieder militärhistorischen Forschungen und begann eine umfangreiche Korrespondenz mit verschiedenen Militärhistorikern. Anfang der fünfziger Jahre gehörten seine Untersuchungen zu seinen wichtigsten Tätigkeitsfeldern. Daneben knüpfte er Kontakte zur Hamburger Unternehmerschaft.

---

872 Undatierter Lebenslauf Reinhard Höhn, S. 8, in: Privatarchiv H. Borsch.
873 Van Laak, S. 94, Anm. 117.
874 Hachmeister, Der Gegnerforscher, S. 305.
875 Hachmeister, Die Rolle des SD-Personals in der Nachkriegszeit, S. 350f.
876 Hachmeister, Der Gegnerforscher, S. 247.
877 Buchna, Nationale Sammlung an Rhein und Ruhr, S. 66ff.
878 Hachmeister, Der Gegnerforscher, S. 295f., S. 305.
879 Buchna, Nationale Sammlung an Rhein und Ruhr, S. 157ff.
880 Hachmeister, Der Gegnerforscher, S. 305.
881 Entnazifizierungsbescheinigung des Stadtkommissars der Hansestadt Hamburg für die Entnazifizierung vom 19. Januar 1951, in: Privatarchiv H. Borsch.

2. Höhn und die Volkswirtschaftliche Gesellschaft

Spätestens seit Ende des Jahres 1952 war *Höhn* für die Volkswirtschaftliche Gesellschaft in Hamburg tätig.[882] Mitte Januar 1953 wurde er sodann ihr geschäftsführendes Präsidialmitglied.[883] Die Volkswirtschaftliche Gesellschaft war im Herbst 1946 von einem Kreis ambitionierter Unternehmer der Nachkriegswirtschaft, die sich nach Kriegsende zunächst zu sogenannten Unternehmeraussprachen trafen, als Unternehmerverband in der Hansestadt gegründet worden. Initiator und erster Präsident der Gesellschaft, die ihren Sitz in der Eppendorfer Heilwigstraße hatte, war der Hamburger Maschinenfabrikant *Curt Köhler* (1884–1960). Wohl prominentestes Gründungsmitglied war der Ökonom und spätere Staatssekretär im Bundeswirtschaftsministerium *Alfred Müller-Armack*.[884] Das Ziel der Volkswirtschaftlichen Gesellschaft war es, „einen neuen Weg für ein echtes Zusammenwirken der Sozialpartner zu finden". Die wirtschaftlichen und sozialen Probleme des jungen Deutschlands sollten auf „einer neutralen Basis gelöst werden".[885] Vor allem ging es den Gesellschaftern aber „um die Gestaltung einer freien Wirtschaft ohne staatliche Sozialisierung, die zugleich eine tragfähige soziale Ordnung für alle Bevölkerungsschichten bilden konnte", womit sich die Gesellschaft faktisch der sozialen Marktwirtschaft verschrieb.[886] Gleichwohl war die Gesellschaft parteipolitisch stets unabhängig.[887]

Fraglich ist, wie *Höhn* dieser Wechsel in die Privatwirtschaft gelang. Bisher war er vor allem als Staatsrechtler und Militärhistoriker in Erscheinung getreten. Über

882 Dies ergibt sich aus der Korrespondenz Höhns mit dem „Amt Blank". So war er schon im November 1952 an der Organisation der Tagung „Wehrordnung und Wirtschaftsordnung" der Gesellschaft beteiligt (Drews an Höhn vom 6. November 1952, in: BArch BW 9/775).

883 Eine soziale Erfindung – Zum 25jährigen Dienstjubiläum von Prof. Dr. Reinhard Höhn, in: management heute 2/78, S. 4

884 Katzler, 25 Jahre Deutsche Volkswirtschaftliche Gesellschaft e.V., in: Harzburger Hefte 1971, Heft 6, S. 382.

885 Katzler, Eröffnungsansprache zur 10-Jahres-Feier der Harzburger Akademie für Führungskräfte, in: Harzburger Hefte 1966, Heft 4, S. 212.

886 Katzler, 25 Jahre Deutsche Volkswirtschaftliche Gesellschaft e.V., in: Harzburger Hefte 1971, Heft 6, S. 382.

887 Die Volkswirtschaftliche Gesellschaft stand keiner Partei besonders nahe und wurde parteipolitisch auch zu keiner Zeit aktiv. Allerdings verfügte sie über beste Kontakte bis in höchste Parteikreise. Dies lag schon daran, dass mehrere Funktionäre der Gesellschaft gehobene Partei- und Regierungsämter bekleideten. Dazu gehörten beispielweise: Harald Koch (SPD-Bundestagsabgeordneter und niedersächsischer Wirtschaftsminister), Ernst Wolf Mommsen (SPD-Mitglied und späterer Staatssekretär im Verteidigungsministerium), Rolf Dahlgrün (Mitglied der Hamburger Bürgerschaft, FDP-Bundestagsabgeordneter und späterer Bundesfinanzminister) und Carl-Gisbert Schultze-Schlutius (CDU-Mitglied der Hamburger Bürgerschaft).

eine besondere volkswirtschaftliche Expertise verfügte er jedoch nicht. *Norbert Frei* sieht in der Wahl *Höhns* zum Geschäftsführer und Vorstand keine rationale Geschäftsentscheidung, sondern einen Gnadenakt.[888] Aus dessen Sicht mag diese Einschätzung insofern zutreffend sein, als dass sich *Höhn* nach der Untersagung einer Tätigkeit als Heilpraktiker auf der Suche nach einer neuen Anstellung befunden haben dürfte. Und zwar auch aus wirtschaftlichen Gründen. Vom Standpunkt der Volkswirtschaftlichen Gesellschaft aus betrachtet, ist diese Ansicht allerdings wenig überzeugend. Dass sich die noch im Aufbau befindliche Gesellschaft einen zumindest zu diesem Zeitpunkt fachlich ungeeigneten Mitarbeiter in führender Position leistete, um diesen nur mit einer Stellung zu versorgen, erscheint nicht besonders realistisch. *Adelheid von Saldern* hält eher private Verbindungen aus *Höhns* NS-Zeit für ausschlaggebend, wobei dem Unternehmer *Ernst Wolf Mommsen* eine entscheidende Rolle zukam.[889] *Mommsen,*[890] der seit Anfang der fünfziger Jahre zum Vorstand der Volkswirtschaftlichen Gesellschaft gehörte,[891] war im Dritten Reich Mitglied der Geschäftsführung der Reichsgruppe Industrie sowie Hauptabteilungsleiter und später im Rüstungsministerium enger Mitarbeiter *Speers*. Diesem blieb

---

888 Frei, Hitlers Eliten nach 1945, S. 316.

889 Saldern, Das „Harzburger Modell“, S. 327f.; dies., Bürgerliche Werte für Führungskräfte und Mitarbeiter in Unternehmen, S. 183, Rn. 97.

890 Ernst Wolf Mommsen (*12. Mai 1912 in Charlottenburg, † 23. Januar 1979 in Düsseldorf), ein Enkel von Theodor Mommsen, studierte Rechtswissenschaft und war sodann als Rechtsanwalt in Berlin tätig, bevor er das Referat für innerwirtschaftliche Fragen beim Reichsverband der Industrie übernahm. Nachdem er dort zum Mitglied der Geschäftsführung aufstieg, wurde er 1939 vom Reichsverband in das Rüstungsministerium abgestellt, wo er Hauptabteilungsleiter im Rang eines Ministerialdirigenten war. Ab 1944 war er für die zentrale Zusammenfassung der rüstungswirtschaftlichen Organisation zuständig. Im November 1944 nahm Mommsen am Ardennenfeldzug teil, ehe er an der Weichselfront verwundet wurde. In der Regierung Dönitz war er Stellvertreter von Rüstungsminister Albert Speer. Im Nachkriegsdeutschland machte Mommsen eine beachtliche Karriere in Wirtschaft und Industrie und war demgemäß äußerst gut vernetzt. Nach seiner Internierung war er zunächst Angestellter bei einer Firma der Hamburger Elektroindustrie. 1948 wurde Mommsen Geschäftsführer der Walzstahl-Vereinigung, bevor er 1953 stellvertretendes Vorstandsmitglied im Klöckner-Konzern und 1954 Vorstandsmitglied der Phoenix-Rheinrohr AG war. Im Jahr 1965 war er dann Vorstandsvorsitzender der Thyssen-Röhrenwerke AG und Vorsitzender der Arbeitsgemeinschaft Interzonenhandel. 1970 wurde Mommsen zum Beauftragten für Technik und Beschaffung im Verteidigungsministerium von Helmut Schmidt ernannt, wodurch er den Rang eines Staatssekretärs innehatte. Ab 1972 war er im Wirtschaftsministerium tätig und zwischen 1972 und 1975 Vorstandsvorsitzender der Friedrich Krupp GmbH in Essen. Zuletzt war Mommsen dann Aufsichtsratsvorsitzender der Beton- und Monierbau AG Düsseldorf (Lebenslauf Ernst Wolf Mommsen, in: BArch N 1300/172).

891 Bericht über die Tätigkeit der Volkswirtschaftlichen Gesellschaft 1954, S. 1.

Mommsen auch nach dem Zweiten Weltkrieg verbunden, als er während dessen Haft zum Kreis der Unterstützer der Familie *Speers* zählte.[892] Dass sich *Höhn* und *Mommsen* aus ihrer NS-Zeit kannten, ist zumindest nicht ausgeschlossen. Sicher ist wohl, dass persönliche Bekanntschaften eine Rolle gespielt haben. Nach Ende des Krieges wohnte *Höhn* in Hamburg. Auch die Volkswirtschaftliche Gesellschaft war dort gegründet worden. Zudem lebte und arbeitete Gründungspräsident *Köhler* in der Hansestadt. Der stellvertretende Vorsitzende und Kassenwart der Gesellschaft, *Hubert von Katzler*,[893] der 1960 Nachfolger *Köhlers* als Präsident wurde,[894] kam aus dem nur wenige Kilometer entfernten Wohltorf bei Aumühle. Denkbar ist somit, dass *Höhn* hier also lokale Kontakte nutzte. Zudem befand sich die Gesellschaft Anfang der fünfziger Jahre noch im Aufbau, weshalb die Akquirierung neuen Personals, vor allem wenn es wie *Höhn* überdurchschnittlich gut ausgebildet und vernetzt war, nicht ungewöhnlich erscheint. Die Vergangenheit *Höhns* war der Volkswirtschaftlichen Gesellschaft derweil zumindest teilweise bekannt. Das Präsidium hatte sich sogar „sehr eingehend mit der Tätigkeit von Herrn Professor Höhn während der Zeit des Dritten Reiches beschäftigt und anhand der vorliegenden Unterlagen eindeutig festgestellt, daß Herrn Professor Höhn aus seiner menschlichen und persönlichen Haltung während der Zeit des Nationalsozialismus keine Vorwürfe zu machen seien und ihm persönlich ein in jeder Weise einwandfreies Verhalten bestätigt werden müsse".[895] Auch *Höhns* Entnazifizierungsbescheinigung lag der Gesellschaft vor.[896]

Für die Volkswirtschaftliche Gesellschaft war die Rekrutierung *Höhns* in jedem Fall der Beginn einer fruchtbaren Zusammenarbeit. Vor seinem Amtsantritt war sie wirtschafts- und gesellschaftspolitisch kaum in Erscheinung getreten. Nachdem *Höhn* nunmehr die Geschicke der Unternehmervereinigung führte, entwickelte sie eine äußerst rege Tätigkeit. Zu seiner maßgeblichen Aufgabe wurde dabei der Entwurf einer Management-Akademie.[897] Zwar hielt die Volkswirtschaftliche Gesellschaft vereinzelt bereits seit dem Gründungsjahr 1946 Weiterbildungsseminare für junge Führungskräfte in der Wirtschaft ab,[898] doch begann mit *Höhn* eine Phase der Expansion. So wurden fortan Lehrgänge für Unternehmer und leitende Mitarbeiter

---

892 Soell, Helmut Schmidt, Bd.2, S. 45.

893 Hubert von Katzler, geboren 1890, war während des Ersten Weltkrieges Leiter einer Sperrholzfabrik in Karlshafen/Weser. Von 1932 bis 1959 war er dann aktives Vorstandsmitglied der New York Hamburger Gummi-Waren Compagnie in Hamburg-Harburg (Mitteilung, in: Harzburger Hefte 1965, Heft 2, S. 65f.).

894 Mitteilung, in: Harzburger Hefte 1965, Heft 2, S. 66.

895 Gisela Böhme an Kurt Beermann vom 8. April 1968, in: Privatarchiv H. Borsch.

896 Gisela Böhme an die Fa. Sulzer AG vom 9. November 1965, in: Privatarchiv H. Borsch.

897 Hachmeister, Die Rolle des SD-Personals in der Nachkriegszeit, S. 351.

898 Höhn, 10 Jahre Stabsarbeit für die Wirtschaft, in: Harzburger Hefte 1966, Heft 3, S. 135; Bericht über die Tätigkeit der DVG 1956, S. 3.

regelmäßig flächendeckend im gesamten norddeutschen Raum angeboten.[899] Zudem wurden 1953 eine Zweigstelle in Braunschweig und ein Büro in Hannover eröffnet.[900] Ende des Jahres beschloss die Gesellschaft ferner, die Schriftenreihe „Lebendige Wirtschaft" herauszugeben.[901] Nur ein Jahr später erweiterte man das Ausbildungsangebot auf Wirtschaftsseminare für Lehrer.[902] Ferner hatte *Höhn* die Vernetzung der Volkswirtschaftlichen Gesellschaft innerhalb der Weiterbildungsinstitute für Führungskräfte gestärkt und ihr so eine Vorreiterrolle auf diesem Gebiet gesichert. Er war 1954 Mitbegründer der vom Bundesverband der deutschen Industrie im Einvernehmen mit der Bundesvereinigung der deutschen Arbeitgeberverbände, dem deutschen Industrie- und Handelstag und der Arbeitsgemeinschaft Selbstständiger Unternehmer initiierten „Baden-Badener Unternehmergespräche."[903] Aus diesen losen Treffen entstand dann ein Jahr später der einflussreiche Wuppertaler Kreis, ein Zusammenschluss mehrerer Einrichtungen, die sich der Schulung von Führungskräften in der Wirtschaft verschrieben hatten. Auch hier war *Höhn* als Teilnehmer an der ersten Zusammenkunft am 27. Mai 1955 in Wuppertal an der Gründung beteiligt, so dass die Volkswirtschaftliche Gesellschaft diesem Kreis von Anfang zugehörte. Damit einher ging die Erschließung des gesamten Ruhrgebiets als Markt für die Lehrgänge der Gesellschaft.[904]

Daneben richtete die Volkswirtschaftliche Gesellschaft nunmehr zahlreiche öffentlichkeitswirksame Veranstaltungen mit hochrangigen Politikern aus. So veranstaltete sie 1954 etwa eine Tagung zu den Fragen der Ordnungs- und Strukturpolitik mit dem Thema „Das Wettbewerbsproblem in der Grundstoffindustrie", an der sogar der damalige Bundeswirtschaftsminister *Ludwig Erhard* teilnahm.[905] *Erhard* schrieb später auch noch ein Geleitwort für den in der hauseigenen Schriftenreihe erschienenen Band „Freizügigkeit von Menschen, Gütern, Kapital und Europäische Integration".[906] Auch andere bundespolitische Prominenz nahm an Veranstaltungen der Volkswirtschaftlichen Gesellschaft teil. Im März 1954 trat *Theodor Oberländer*, Bundesminister für Vertriebene, Flüchtlinge und Kriegsgeschädigte, auf einer Veranstaltung der Volkswirtschaftlichen Gesellschaft in Hamburg als Referent auf und hielt einen Vortrag über das Thema „Die Überwindung der deutschen Not".[907] Nur zwei Monate danach, im Mai 1954, hielt der Bundesverkehrsminister *Hans*

---

899 Bericht über die Tätigkeit der Volkswirtschaftlichen Gesellschaft 1954, S. 5f.
900 Bericht der Volkswirtschaftlichen Gesellschaft über die Tätigkeit 1952/53, in: BArch BW 9/775.
901 Bericht über die Tätigkeit der Volkswirtschaftlichen Gesellschaft 1954, S. 8.
902 Bericht über die Tätigkeit der Volkswirtschaftlichen Gesellschaft 1954, S. 6f.
903 Hilger, „Amerikanisierung" deutscher Unternehmen, S. 255, Rn. 1127.
904 Bericht über die Tätigkeit der DVG 1955, S. 17.
905 Katzler, 25 Jahre Deutsche Volkswirtschaftliche Gesellschaft e.V., in: Harzburger Hefte 1971, Heft 6, S. 384.
906 Bericht über die Tätigkeit der DVG 1957, S. 11.
907 Bericht über die Tätigkeit der Volkswirtschaftlichen Gesellschaft 1954, S. 3.

Christoph Seebohm ein Referat auf einer Tagung der Gesellschaft.[908] Bereits im November 1953 hatte die Gesellschaft die Tagung „Wirtschaft und Schule" organisiert, woraus eine gleichnamige Schrift entstand, für die sogar der Kultusminister von Schleswig-Holstein bei seinen Landesbeamten warb.[909] Im Februar 1955 gab es in Berlin eine Konferenz zum Thema „Der junge Mensch in Schule und Wirtschaft" unter Beteiligung der Senatoren *Tiburtius* und *Hertz*. Im Oktober 1955 wurde eine gleichnamige Veranstaltung in Essen veranstaltet.[910] In der Folge nahm sich die Volkswirtschaftliche Gesellschaft neben volkswirtschaftlichen Fragestellungen vor allem der Ostforschung an. Unter anderem führte sie ein Ostarchiv, in dem sie Aufsätze mit technischem oder wirtschaftlichem Inhalt aus sowjetischen Fachzeitschriften und Tageszeitungen erfasste.[911]

Insgesamt schaffte es *Höhn* also, die Volkswirtschaftliche Gesellschaft innerhalb weniger Jahre in den Fokus von Wirtschaft und Politik zu rücken. Das Seminarangebot konnte ausgebaut und bedeutende Vertreter von Parteien und Unternehmen konnten für eine Zusammenarbeit gewonnen werden. Entsprechend dem so erlangten Stellenwert in Westdeutschland wurde die Gesellschaft am 6. Juni 1955 in „Deutsche Volkswirtschaftliche Gesellschaft e.V." (DVG) umbenannt.[912] Nachdem nach Norddeutschland und dem Ruhrgebiet inzwischen auch Seminare in Berlin angeboten wurden,[913] wollte man als nächstes den südwestdeutschen Raum für sich erschließen.[914] Um die weitere Ausdehnung des Tätigkeitsbereichs der Gesellschaft besser zu gestalten und den Schulungsbetrieb weiter zu vergrößern, forcierte *Höhn* nunmehr die Einrichtung eines eigenen Weiterbildungsinstituts.

3. Höhn und die Harzburger Akademie

Am 15. März 1956 gründete die DVG auf *Höhns* Initiative hin die „Harzburger Akademie für Führungskräfte der Wirtschaft e.V." (AFW) mit Sitz in Bad Harzburg in der Amsbergstraße 9a. Dem feierlichen Gründungsakt wohnte neben hohen Funktionsträgern aus Industrie und Wirtschaft auch der niedersächsische Wirtschaftsminister *Hermann Ahrens* bei.[915] *Höhn* wurde Geschäftsführer der von den staatlichen Behörden als gemeinnützig anerkannten Akademie. Zudem blieb er im Vorstand der Trägergesellschaft DVG.[916]

---

908 Bericht über die Tätigkeit der Volkswirtschaftlichen Gesellschaft 1954, S. 4.
909 Bericht über die Tätigkeit der Volkswirtschaftlichen Gesellschaft 1954, S. 7f.
910 Bericht über die Tätigkeit der DVG 1955, S. 11f.
911 Die Information, in: Harzburger Hefte 1967, Heft 1, S. 62.
912 Katzler, 25 Jahre Deutsche Volkswirtschaftliche Gesellschaft e.V., in: Harzburger Hefte 1971, Heft 6, S. 382.
913 Bericht über die Tätigkeit der DVG 1955, S. 8f.
914 Bericht über die Tätigkeit der DVG 1955, S. 17.
915 Bericht über die Tätigkeit der DVG 1956, S. 3.
916 Katzler, 25 Jahre Deutsche Volkswirtschaftliche Gesellschaft e.V., in: Harzburger Hefte 1971, Heft 6, S. 384.

a) Die Harzburger Akademie in den Anfangsjahren

Die Anfänge der AFW indes waren zunächst bescheiden. Von März bis Juni 1956 beteiligten sich zwar schon 16 Firmen an den Lehrgängen, weshalb man Mitte des Jahres in das Harzburger Hotel „Kurhof“ umziehen musste, da die ursprünglichen Räumlichkeiten zu klein wurden.[917] Im Anfangsjahr 1956 bot die Harzburger Akademie aber insgesamt nur 19 Kurse für insgesamt 381 Seminarteilnehmer an.[918] Dabei war man zu Beginn auf das Handwerk sowie die untere und mittlere Führungsebene beschränkt. Ausbildungsprogramme wurden vor allem für Meister, Vorarbeiter, Gruppenführer und technische oder kaufmännische Führungskräfte angeboten. Daneben umfasste das Programm Lehrgänge über Konferenzleitung und Verhandlungsführung im Betrieb.[919] Nach einem Jahr konnte die Akademie dann bereits ein beachtliches Wachstum verzeichnen. Die Kurszahl wurde auf 39 verdoppelt. Die Teilnehmerzahl verdreifachte sich sogar auf 1188.[920]

b) Das Berliner Spruchkammerverfahren 1958

Jedoch geriet *Höhn* ausgerechnet in der Aufbauphase seiner Akademie erstmalig in das Visier der Justiz. Im Sommer 1958 sollten in einem Spruchkammerverfahren in Berlin seine Verwicklungen im Nationalsozialismus aufgedeckt werden. Der Vertreter der Einleitungsbehörde warf *Höhn* vor, als Professor, Schriftsteller und SS-Führer die NS-Großraumpolitik aktiv unterstützt und gefördert zu haben und forderte ein Sühnegeld in Höhe von 30.000 DM.[921] *Höhn*, der noch sein Haus in Berlin-Zehlendorf besaß,[922] vermutete dagegen materielle Motive hinter dem Prozess, der nur dazu diene, „Vermögensbeschlagnahmen im Verwaltungswege“ durchzuführen.[923]

Eine umfassende Ermittlung seiner SS-Vergangenheit wurde in jedem Fall nicht unternommen. *Höhn* selbst, der an der Verhandlung nicht persönlich teilnahm,[924]

---

917 Bericht über die Tätigkeit der DVG 1956, S. 5.

918 Die Information, in: Harzburger Hefte 1962, Heft 1, S. 48.

919 Höhn, 10 Jahre Stabsarbeit für die Wirtschaft, S. 142.

920 Die Information, in: Harzburger Hefte 1962, Heft 1, S. 48.

921 „FR“ vom 4. August 1958, Nr. 177.

922 Stellungnahme Höhns zu den Vorwürfen der Berliner Spruchkammer 1958, in: Privatarchiv H. Borsch.

923 „Bei der Spruchkammer in Berlin handelt es sich nicht um ein mit unabhängigen Richtern besetztes Gericht, sondern um eine mit besonderen Aufgaben betraute Stelle außerhalb der Justiz. Sie ist Bestandteil der Exekutive und führt Vermögensbeschlagnahmen im Verwaltungswege durch, die Enteignungsmaßnahmen vergleichbar sind. Auch das Verfahren gegen mich gründet sich auf die Tatsache, daß ich in Berlin Grundbesitz habe. Es ist demgemäß (nicht) auf eine erneute Entnazifizierung, sondern auf die Einziehung von in Berlin vorhandenen Vermögenswerten gerichtet.“ (Stellungnahme Höhns zu den Vorwürfen der Berliner Spruchkammer 1958, in: Privatarchiv H. Borsch).

924 Leserbrief „Großraumpolitiker Höhn...“, in: „FR“ vom 10. September 1958, Nr. 209.

sorgte für eine Verschleierung seiner Tätigkeiten im Dritten Reich. Im Verfahren ließ er verlautbaren, dass er schon vor dem Krieg aus der SS ausgeschlossen worden sei und sich zudem für gefährdete Personen eingesetzt habe.[925] So behauptete er in einem für das Gericht bestimmten Lebenslauf wahrheitswidrig, *Himmler* hätte nach der Auseinandersetzung mit *Walter Frank* seine Aufnahme in die SS für nichtig erklärt.[926] Gleichzeitig führte er darin den bereits erwähnten Einsatz für vom Regime Verfolgte an.[927] Diesen ließ er der Spruchkammer auch von Dritten bezeugen.[928]

Daneben reagierte *Höhn* auf die im Rahmen des Spruchkammerverfahrens gegen ihn in verschiedenen Zeitungen erhobenen Vorwürfe mit Gegendarstellungen in der Presse. So erschien in mehreren Printmedien eine persönliche Erklärung des Angeklagten *Höhn*:[929]

> „1. Ich war niemals Generalleutnant der Waffen-SS.[930]
> 2. Ich bin im Jahre 1937 aufgrund einer persönlichen Anordnung Hitlers wegen Eintretens für nichtarische Professoren und frueherer Aueßerungen gegen den Antisemitismus meiner Stellung in der SS enthoben worden und habe seitdem keine Tätigkeit mehr in der SS ausgeübt.
> 3. Ich habe niemals versucht, vor Monaten einen größeren Bundeszuschuß für ein Buch zu bekommen, das den Titel ‚Reich, Volksordnung und Lebensraum' tragen sollte."[931]

---

925 „12000 DM Sühne für ehemaligen NS-Professor", in: „Der Tagesspiegel" vom 12. August 1958, Nr. 3928.

926 Undatierter Lebenslauf Reinhard Höhn, S. 3, in: Privatarchiv H. Borsch.

927 Undatierter Lebenslauf Reinhard Höhn, S. 6, in: Privatarchiv H. Borsch.

928 Karl Samwer vom 22. Juli 1958, in: Privatarchiv H. Borsch; Brehmer an Höhn vom 7. Juli 1958, in: Privatarchiv H. Borsch.

929 „Professor Höhn antwortet", in: „Die Welt" vom 18. August 1958; „FR" vom 19. August 1958, Nr. 190.

930 Dieser Vorwurf war fälschlicherweise in verschiedenen Zeitungen kolportiert worden (zum Beispiel:„FR" vom 2. August 1958, Nr. 176). Wahr ist hingegen, dass Höhn zu keiner Zeit Mitglied der Waffen-SS war, sondern lediglich zur Allgemeinen SS gehörte.

931 Der letzte Vorwurf resultierte wohl aus der Aussage von Höhns Ehefrau vor der Spruchkammer, die dort behauptete, ihr Mann habe einen Zuschuss für ein Werk mit dem oben genannten Titel erhalten. Ein Anklagevertreter gab sogar an, nicht Höhn, sondern ein Bundestagsabgeordneter aus Bonn sei diesbezüglich initiativ geworden (Leserbrief „Großraumpolitiker Höhn...", in: „FR"vom 10. September 1958, Nr. 209). In Wirklichkeit handelte es sich aber um eine von Höhn zusammen mit den SS-Führern Wilhelm Stuckart, Gerhard Klopfer und Werner Best seit 1941 betreute Schriftenreihe. Dementsprechend dementierte Höhn gerade diese Unterstellung mit Vehemenz: „Es ist mir unverständlich, wie man überhaupt annehmen kann, dass ein vernünftiger Mensch sich heutzutage mit der Absicht trägt, ein solches Buch herauszugeben, geschweige denn dafür Bundesmittel zu beantragen." („FAZ" vom 20. August 1958).

Das Urteil der Berliner Spruchkammer im August 1958 fiel denn auch verhältnismäßig milde aus. *Höhn* wurde nur zu einer Sühnestrafe in Höhe von 12.000 DM verurteilt. Das Gericht sah eine aktive Tätigkeit *Höhns* für den Nationalsozialismus vor allem darin, dass er in Veröffentlichungen die Gestapo als notwendig bezeichnet und sich am Kampforgan der NS-Justiz „Deutsches Recht" beteiligt hatte. Zudem habe *Höhn* als Professor „an besonders verantwortungsvoller Stelle dazu beigetragen, den Ungeist des Nationalsozialismus vor allem in die Herzen der Studenten zu senken, die später einmal in Deutschland hätten Recht sprechen sollen".[932] Der zuständige Berliner Innensenator legte am 25. November 1958 zwar Berufung ein,[933] nahm diese jedoch schließlich zurück.[934]

Abgesehen von der niedrigen Geldstrafe hatte das Verfahren allerdings keine weiterreichenden Konsequenzen. Das Präsidium der DVG ordnete immerhin eine erneute Untersuchung über *Höhns* Vergangenheit an, bedauerte im Ergebnis dann aber nur, „daß der Name von Professor Höhn durch das Verfahren der Berliner Kammer, das allein durch das Vermögen von Herrn Höhn in Berlin hervorgerufen wurde, in einer zum Teil diffamierenden und nicht den Tatsachen entsprechenden Weise in der Öffentlichkeit ins Gespräch gekommen ist" und sprach ihm das „volle Vertrauen" aus.[935] Der wirtschaftliche Erfolg *Höhns* und seiner Harzburger Akademie für Führungskräfte blieb von dem Spruchkammerverfahren trotz kleinerer Unruhen im Kundenkreis[936] völlig unberührt. Im Jahr 1958 hatte man sogar einen Zuwachs von hundert Prozent. Die Akademie bot 84 Kurse mit insgesamt 1995 Teilnehmern an.[937] Ein Jahr später konnten die Zahlen abermals verbessert werden. So gab es 1959 an der AFW 157 Kurse mit einer Teilnehmerzahl von 3631.[938] Mithin gelang es *Höhn* trotz der negativen Schlagzeilen, seine Karriere unvermindert fortzusetzen.

Dafür sorgten auch seine persönlichen Beziehungen. Obwohl die DVG grundsätzlich politisch unabhängig war, warben führende DVG-Vorstandsmitglieder mit Verbindungen in die Politik für eine Rückendeckung *Höhns* in Parteikreisen.

---

932 „12000 DM Sühne für ehemaligen NS-Professor", in: „Der Tagesspiegel" vom 12. August 1958, Nr. 3928.

933 Senator für Inneres an Berufungsspruchkammer Berlin vom 25. November 1958, in: Privatarchiv H. Borsch.

934 Senator für Inneres an Berufungsspruchkammer Berlin vom 26. März 1959; Berufungsspruchkammer Berlin an Höhn vom 7. April 1959, in: Privatarchiv H. Borsch.

935 Stellungnahme des Präsidiums der Deutschen Volkswirtschaftlichen Gesellschaft e.V. zu dem Verfahren betreffend Herrn Professor Dr. Reinhard Höhn vor der Berliner Spruchkammer vom 19. August 1958, in: Privatarchiv H. Borsch.

936 Höhn an die Bundesarbeitsgemeinschaft der Mittel- und Großbetriebe des Einzelhandels e.V. vom 25. November 1958, in: Privatarchiv H. Borsch; Dr. Mansfeld, Geschäftsführer des Deutschen Industrieinstituts, an Höhn vom 20. August 1958, in: Privatarchiv H. Borsch.

937 Die Information, in: Harzburger Hefte 1962, Heft 1, S. 48.

938 Die Information, in: Harzburger Hefte 1962, Heft 1, S. 48.

Entsprechende Hilfe bekam er vom FDP-Bundestagsabgeordneten und späteren Finanzminister *Rolf Dahlgrün*, der zum Präsidium der Gesellschaft gehörte,[939] und dem Hauptausschussmitglied und Mannesmann-Vorstandsvorsitzenden *Hermann Winkhaus*.[940] Auch DVG-Präsidiumsmitglieder aus dem sozialdemokratischen Lager setzten sich für ihn ein. Der SPD-Bundestagsabgeordnete und frühere niedersächsische Wirtschaftsminister *Harald Koch* sowie der SPD-Mann und Gewerkschaftler *Franz Grosse*, der auf Bitten *Höhns* auch ein Gutachten über dessen Tätigkeiten nach 1945 für die Berliner Spruchkammer beisteuerte,[941] bemühten sich um parteipolitische Hilfe. Darüber hinaus konnte *Höhn* auch auf die Unterstützung einer Gruppe Sozialdemokraten um den hessischen Bundestagsabgeordneten *Hermann Schmitt-Vockenhausen*[942] zählen. Dieser hatte *Höhn* auf Empfehlung des SPD-Bundestagsabgeordneten *Adolf Arndt* einen Berliner Rechtsanwalt mit sozialdemokratischem Hintergrund für das Verfahren vermittelt.[943] Zudem organisierte er auch die politische Deckung *Höhns* seitens der SPD. Anlässlich der Berichterstattung über *Höhn* nach Beginn des Spruchkammerverfahrens schrieb er dem Angeklagten:

> „Ich bedauere sehr, daß durch diese Verfahren ... Ihr Name in dieser Weise in der Öffentlichkeit ins Gespräch gekommen ist. Sie haben sich nicht wieder in die Politik begeben und ... sich in jeder Weise loyal zu dem demokratischen Staat gestellt. Ihre Arbeit war in so ausgezeichneter Weise darauf gerichtet, für den Ausgleich der sozialen Gegensätze zu wirken. Meines Erachtens haben Sie damit einen guten Beitrag für den Aufbau des jungen demokratischen Staates geleistet. Ich hoffe mit Ihnen, daß es in den nächsten Tagen möglich sein wird, Berichtigungen in verschiedenen größeren Tageszeitungen

---

939 Bericht der DVG über die Tätigkeit 1958, in: BArch BW 9/775.

940 Höhn an von Katzler vom 30. August 1958, in: Privatarchiv H. Borsch.

941 Höhn an RA Dr. Günther Rühe vom 24. Juli 1958, in: Privatarchiv H. Borsch.

942 Hermann Schmitt-Vockenhausen (*31.1.1923 Vockenhausen/Taunus, †2.8.1979 Bad Soden) diente während des Zweiten Weltkriegs von 1941 bis 1945 in der Wehrmacht. Nach dem Krieg war er zunächst als Referent für allgemeine Verwaltung und Haushaltsfragen im hessischen Innenministerium tätig, bevor er von Januar bis Juni 1949 hauptamtlicher Lehrer und Leiter des Verwaltungsseminars Wiesbaden im Hessischen Verwaltungsschulverband war. Daneben studierte er von 1947 bis 1950 Rechtswissenschaften. Seit 1950 war er Geschäftsführer des Verlages Dr. Max Gehlen in Bad Homburg. Nachdem er bereits 1946 in die SPD eingetreten und von 1950 bis 1970 Kreisvorsitzender der SPD Main-Taunus war, zog er 1953 in den Bundestag ein. Am 25. Januar 1961 wurde er Vorsitzender des Innenausschusses des Bundestages. Zudem war er Vorsitzender des Arbeitskreises fürInnenpolitikder SPD-Fraktion und anschließend bis 1972 des Arbeitskreises „Innen, Bildung und Sport". Seit 1969 war erVizepräsident des Deutschen Bundestages. Ferner war Schmitt-Vockenhausen Präsident des Deutschen Städte- und Gemeindebundes (Mittag, „Schmitt-Vockenhausen, Hermann", S. 243–244).

943 Schmitt-Vockenhausen an Höhn ohne Datum, in: Privatarchiv H. Borsch; Korrespondenz zwischen Höhn und RA Dr. Lucht, in: Privatarchiv H. Borsch.

erscheinen zu lassen. Ich selbst bin jedenfalls bemüht entsprechende Berichtigungen im Frankfurter Raum herbeizuführen und habe auch ... meinen politischen Freundeskreis unterrichtet..."[944]

Darüber hinaus stellte *Schmitt-Vockenhausen* gegenüber *Höhn* fest, dass im besagten Spruchkammerverfahren „offensichtlich keine Vorgänge zur Sprache gekommen sind, die nach dem in der Bundesrepublik geltenden Recht zu irgendwelchen Maßnahmen gegen Sie führen würden".[945] Eine entsprechende Erklärung gab er auch vor der SPD-Bundestagsfraktion ab.[946]

c) Höhn und die Sozialdemokratie

Dass *Höhn* schon während des Prozesses Rückhalt aus bestimmten Kreisen der SPD erhielt, erscheint angesichts der Vergangenheit *Höhns* im Dritten Reich zunächst eher verwunderlich. Allerdings verfügte *Höhn* spätestens seit Mitte der fünfziger Jahre über beste Verbindungen zu verschiedenen SPD-Funktionären und -Mandatsträgern. Dies lag allein schon an den hervorragenden Beziehungen der DVG zur Sozialdemokratie. Zum Präsidium der Gesellschaft gehörten die bereits genannten *Koch* und *Grosse*. Im Hauptausschuss saß zudem der SPD-Kommunalpolitiker und spätere Landtagsabgeordnete *Ernst Wilczok*.[947]

Die entscheidenden Kontaktpersonen in der Partei waren aber jener *Schmitt-Vockenhausen* und der SPD-Verteidigungsexperte *Friedrich Beermann*,[948] den *Höhn* spätestens seit 1953 über die Volkswirtschaftliche Gesellschaft kannte. Damals

---

944 Schmitt-Vockenhausen an Höhn, Anfang 1958, zitiert nach „Vorwärts" vom 13. Januar 1972.

945 Schmitt-Vockenhausen an Höhn, Anfang 1958, zitiert nach „Vorwärts"-Meldung bestritten, in: „FR" vom 14. Januar 1972, Nr. 11.

946 Dies wird zumindest in einem Gutachten über Höhn von der Hauptabteilung Wirtschaftspolitik für die Mitglieder des Geschäftsführenden Bundesvorstands des GBV vom 15. November 1960 behauptet, in: Privatarchiv H. Borsch.

947 Bericht der DVG über die Tätigkeit 1958, in: BArch BW 9/775.

948 Friedrich „Fritz" Beermann (* 9. Oktober 1912 in Moskau, † 24. November 1975 in Kiel) war zunächst Leutnant in der Wehrmacht, bevor er 1942 Major und 1944 schließlich Oberstleutnant und Regimentskommandeur wurde. Nach dem Krieg war er Arbeiter in einer Lübecker Konservenfabrik. 1947 trat er in die SPD ein und war dort als wehrpolitischer Berater tätig. Daneben studierte er ab 1948 Jura. 1953 wurde er promoviert. Anschließend war er bis 1959 als Rechtsanwalt tätig. Beermann gehörte in der Partei zu den Befürwortern der Wiederbewaffnung und prägte schon 1952 den Begriff des „Staatsbürgers in Uniform". Von 1955 bis 1959 war er Referent für Sicherheitsfragen beim SPD-Parteivorstand und zudem Assistent für Wehrfragen der Bundestagsfraktion. Sodann schloss er sich als Oberst der Bundeswehr an, wo er 1962 bei der Standing Group der NATO in Washington und danach als Militärattaché in Indien tätig war. 1968 wurde Beermann zum Brigadegeneral ernannt, womit er der erste Bundeswehrgeneral war, der Mitglied der SPD war. 1969 kehrte er in die Politik zurück und war bis zu seinem Tod

nahm *Beermann* an der Tagung der Gesellschaft zum Thema „Wehrordnung und Wirtschaftsordnung" teil und trat als Mitautor der daraus resultierenden Publikation „Menschenführung, Personalauslese, Technik in Wirtschaft und Armee" in der DVG-Reihe „Lebendige Wirtschaft" auf.[949] *Beermann* war nunmehr seit 1955 Referent für Sicherheitsfragen des SPD-Parteivorstandes und auf Empfehlung seines ehemaligen Studienfreundes *Helmut Schmidt* auch Assistent für Wehrfragen der SPD-Bundestagsfraktion. Er gehörte damit zu den engsten Mitarbeitern *Schmidts* und des Wehrexperten *Fritz Erler*.[950] Vermutlich über *Beermann* entstand auch die Bekanntschaft *Höhns* zu den beiden aufstrebenden Abgeordneten. So stand er mit *Helmut Schmidt* bereits 1955 in persönlichem Kontakt. Beide planten gemeinsam damals 60 Exemplare des in der DVG-Reihe „Lebendige Wirtschaft" erschienenen Bandes „Menschenführung, Personalauslese, Technik in Wirtschaft und Armee" für die Mitglieder des Sicherheitsausschusses zur Verfügung zu stellen.[951]

Das Interesse der SPD-Politiker an *Höhn* lag an dessen militärhistorischen Forschungen. Höhn arbeitete seit längerem an seinem dreibändigen Werk „Sozialismus und Heer", welches dann im Jahr 1959 im Verlag Dr. Max Gehlen erschien. Dessen Geschäftsführer war der SPD-Bundestagsabgeordnete und *Höhn*-Unterstützer *Hermann Schmitt-Vockenhausen*. In der Abhandlung befasste sich *Höhn* mit dem Verhältnis des Sozialismus zu den entscheidenden Heeresproblemen des 19. Jahrhunderts und revidierte das bislang weit verbreitete Geschichtsbild, das die Sozialisten der Armee und Landesverteidigung grundsätzlich ablehnend gegenüberstanden und einen radikalen Pazifismus vertraten. Vielmehr hob er die Ansichten führender Sozialisten heraus, die dem Soldatentum und der Schlagkraft einer Armee eine besondere Bedeutung zumaßen. Er zeigte, dass die Führer der Sozialdemokratie damals eine „allgemeine Volksbewaffnung" statt eines stehenden Heeres forderten, die Wehrpflicht und Wehrhaftigkeit des Volkes ständig betonten und eine Abrüstung oder Entwaffnung als realitätsfern verwarfen.[952] Der pazifistische Ansatz, so *Höhn*, hätte allein darin bestanden, dass man in der „allgemeinen Volksbewaffnung" aufgrund der militärischen Überlegenheit gegenüber dem Söldnerheer ein Mittel zur Verhinderung von Kriegen sah.[953] Insgesamt sah *Höhn* in dieser positiven Stellung der Sozialdemokratie zur Armee sogar den Vorläufer zum Prinzip des „Staatsbürgers im Waffenrock".[954]

Bundestagsabgeordneter für den Wahlkreis Stormarn/Hzgt. Lauenburg (Opitz, Friedrich Beermann und die Wehrpolitik der SPD von 1955 bis 1959, S. 869–872).

949 Karst/Beermann/Grosse: Menschenführung, Personalauslese, Technik in Wirtschaft und Armee (Lebendige Wirtschaft 1954, Band 4).

950 Soell, Fritz Erler, Bd.1, S. 595, Rn. 76;

951 Höhn an Beermann vom 4. Juni 1955, in: BArch N 597/66, Bl. 54.

952 Höhn, Sozialismus und Heer, S. 260ff.

953 Höhn, Sozialismus und Heer, S. 276f.

954 Höhn, Sozialismus und Heer, S. XXXI.

In dem parteiinternen Richtungsstreit der SPD über die Frage der Wiederbewaffnung Deutschlands hatte *Höhns* Studie für die Befürworter der Bundeswehr einen besonderen Wert. Angeführt wurde diese Gruppe von *Erler*, der damals stellvertretender Vorsitzender des SPD-Sicherheitsausschusses und Vorsitzender des Sicherheitsausschusses der Fraktion war,[955] *Schmidt*[956] und auch *Beermann*, der zu den überzeugtesten Verfechtern der Bundeswehr als Mittel zur Landesverteidigung gehörte.[957] In der Debatte, in der seit Mitte der fünfziger Jahre zunehmend mit historischen Einsichten und den vergangenen Erfahrungen der Sozialdemokratie mit dem Heer argumentiert wurde,[958] diente sie ihnen als geschichtliche Rechtfertigungsgrundlage. *Höhns* historisches Werk erhielt somit einen aktuellen politischen Bezug. Schließlich wurde im selben Jahr auf dem Godesberger Parteitag der Grundstein für den sicherheitspolitischen Kurswechsel der SPD hin zur Bejahung von Bundeswehr und Wiederbewaffnung gelegt.[959] So schrieb *Fritz Erler* anlässlich der Veröffentlichung der Arbeit in einem Dankschreiben an *Höhn*, dass er hoffe, „daß das Buch eine gute Verbreitung findet und insbesondere von denen gelesen wird, die es in erster Linie angeht: von den Soldaten und den Sozialdemokraten".[960] Dementsprechend hatten sich die Befürworter in der Wehrfrage auch schon vor der Fertigstellung für *Höhns* Arbeit eingesetzt, wobei ihnen *Höhns* Tätigkeit im Dritten Reich zumindest nicht gänzlich unbekannt war.[961] So hatte sich *Beermann* bereits spätestens seit Ende des Jahres 1957 um Fördergelder des Presse- und Informationsdienstes der Bundesregierung für *Höhns* Werk bemüht.[962] Nachdem dies an

955 Soell, Fritz Erler, Bd.1, S. 195 und 203.

956 Longerich, Die SPD als „Friedenspartei", S. 79ff.

957 Beermann hielt die Ablehnung der Bundeswehr schon aus wahltaktischen Gründen für fatal. Für ihn konnte es nur um die Art und Weise der Wiederbewaffnung gehen, nicht aber um das grundsätzliche Erfordernis einer deutschen Armee. Helmut Schmidt sagte 1975, dass es „Fritz Beermanns historisches Verdienst" gewesen sei, „die Aussöhnung zwischen SPD und Bundeswehr herbeigeführt zu haben" (Opitz, Friedrich Beermann und die Wehrpolitik der SPD von 1955 bis 1959, S. 872).

958 Longerich, Die SPD als „Friedenspartei", S. 79ff.

959 Gerster, Zwischen Pazifismus und Verteidigung, S. 39.

960 Erler an Höhn vom 2. Januar 1959, in: BArch N 597/66, Bl. 129.

961 So setzte sich etwa Friedrich Beermann für die Veröffentlichung seiner Rezension beim Chefredakteur der SPD-Zeitschrift „Die Neue Gesellschaft" und SPD-Bundestagsabgeordneten Ulrich Lohmar mit dem Argument ein, die Abhandlung Höhns sei „unbeschadet der politischen Vergangenheit des Verfassers" ein Standardwerk (Beermann an Lohmar vom 5. Mai 1959, in: BArch N 597/66, Bl. 90). Zudem war natürlich das Verfahren der Berliner Spruchkammer bekannt. Inwieweit jedoch Höhns Tätigkeit für den SD und die SS geläufig war, ist in Anbetracht der Tatsache, dass Höhn seine Vergangenheit bislang recht erfolgreich verschleierte, eher fraglich.

962 Beermann an Drews vom 21. Dezember 1957, in: BArch N 597/66, Bl. 151.

formalen Gründen gescheitert war,[963] unternahm *Beermann* im Sommer 1959 erneut einen Versuch, für *Höhns* nunmehr dritten Band „Geld flüssig zu machen“[964] und beantragte Fördergelder beim Presse- und Informationsdienst der Bundesregierung in Höhe von 10000 DM.[965] Zudem planten *Beermann* und *Schmitt-Vockenhausen* eine Kampagne zur Verbreitung des Werkes innerhalb der SPD. Vor allem wollte *Beermann* die sozialdemokratischen Mitglieder im Sicherheitsausschuss zum Kauf der Studie bewegen.[966] Ferner lancierte er eine äußerst wohlwollende Buchkritik in der SPD-Zeitschrift „Die Neue Gesellschaft“.[967] Daneben erschien eine positive Buchbesprechung im SPD-Parteiorgan „Vorwärts“.

Insgesamt sorgte das Buch somit für einiges Aufsehen in sozialdemokratischen Kreisen. Ob es tatsächlich den Richtungsstreit der SPD in der Wehrfrage beeinflusst hat, lässt sich allerdings kaum feststellen. *Beermann* konstatierte später jedenfalls, dass *Höhns* Werk „auf führende Kreise der Partei positiv in Richtung: Vertiefung des Verteidigungswillens“ gewirkt habe[968] und insgesamt erheblich dazu beigetragen habe „den neuen Kurs der SPD wissenschaftlich zu untermauern“.[969] Fraglich bleibt zudem, ob *Höhn* diese parteipolitische Rezeption seiner Abhandlung überhaupt bewirken wollte. Sicher ist, dass er selbst parteipolitisch nicht aktiv geworden ist. Zwar wurde in der Presse später kolportiert, *Höhn* habe sich nach Kriegsende in Hamburg vergebens um Aufnahme in die SPD bemüht.[970] Belegt ist allerdings nur ein Vortrag *Höhns* im Juli 1959 beim Sozialistischen Studentenbund in Marburg zum Thema „Heer und Gesellschaft“.[971] Dazu passen auch *Hermann Schmitt-Vockenhausens* Aussagen aus dem Jahr 1972. Dieser behauptete, er hätte sich zwar Ende der fünfziger Jahre für eine Zusammenarbeit zwischen der SPD und *Höhn* eingesetzt. Auch die Partei, so der Bundestagsabgeordnete, habe damals „Höhn als Kronzeugen für unsere Militärpolitik“ bemüht. Das Berliner Spruchkammerverfahren verhinderte dann aber eine weitere Kooperation, so dass er „diese Sache abgeblockt habe“.[972]

963 Höhn an Beermann vom 25. März 1958, in: BArch N 597/66, Bl. 162.
964 Beermann an Höhn vom 11. Mai 1959, in: BArch N 597/66, Bl. 85.
965 Beermann an Küffner (PID) vom 2. Juni 1959, in: BArch N 597/66, Bl. 79.
966 Beermann an Höhn vom Dezember 1958, in: BArch N 597/66, Bl. 140.
967 Beermann, Die Sozialdemokratie und Moltke, in: „Die Neue Gesellschaft“6. Jg., 1959, Heft 12,S. 480–481.
968 Beermann an Küffner (PID) vom 2. Juni 1959, in: BArch N 597/66, Bl. 79.
969 Beermann an Höhn vom 26. Juni 1961, in: BArch N 597/66, Bl. 73.
970 Sozialdemokraten – Wie lange noch, in: „Der SPIEGEL“ vom 24. Januar 1972, Nr. 5, S. 59.
971 Höhn an Beermann vom 15. Mai 1959, in: BArch N 597/66, Bl. 83.
972 Sozialdemokraten – Wie lange noch, in: „Der SPIEGEL“vom 24. Januar 1972, Nr. 5, S. 59.

Dennoch erhielt *Höhn* nur kurze Zeit später abermals Unterstützung aus den Reihen der Sozialdemokraten. *Höhn* hatte am 26. Oktober 1959 die „Wirtschaftsakademie für Lehrer e.V." (WFL) in Bad Harzburg gegründet,[973] womit nunmehr das Engagement der DVG in der Lehrerfortbildung intensiviert werden sollte.[974] Ziel war es, bei Lehrern ein „besseres Verständnis der Wirtschaft" zu erreichen.[975] Dabei bemühte man sich um eine enge Zusammenarbeit mit den Kultusministerien. Unter anderem traf sich *Höhn* auch mit Vertretern des Niedersächsischen Kultusministeriums, um für eine Kooperation zu werben.[976] Allerdings gab es dort Vorbehalte gegen *Höhn* wegen dessen NS-Vergangenheit, weshalb der zuständige Staatssekretär 1960 ein Gutachten über die Person *Höhn* in Auftrag gab.[977] Darin wurden *Höhns* Tätigkeit für den SD sowie seine Beziehungen zum Reichsführer-SS *Himmler* thematisiert.[978] Dementsprechend sah man von der Entsendung von Landesbediensteten an die WFL zunächst ab. Ähnliche Akzeptanzprobleme gab es in Hamburg, wo der SPD-Bundestagsabgeordnete *Peter Blachstein* gegen *Höhns* Wirtschaftsakademie protestiert hatte.[979] *Höhn* aktivierte daraufhin seine Kontaktpersonen in der SPD, um gegen die aus seiner Sicht „zweckbestimmte politische Tendenzschrift" vorzugehen.[980] *Grosse*, inzwischen auch Vorsitzender des Kuratoriums der WFL, sicherte sogleich Unterstützung zu und riet *Höhn*, sich zudem an *Schmitt-Vockenhausen* zu wenden.[981] Dieser sollte „bei seinen SPD-Freunden ... vorstellig werden" und geltend machen, wie stark *Höhn* und die Akademie als „sozialistisch angesehen werden".[982]

---

973 Hickel, Eine Kaderschmiede bundesrepublikanischer Restauration, S. 111.

974 Nachdem die DVG bereits seit 1954 Wirtschaftsseminare für Lehrer anbot und schon ein Jahr später gleich 37 solcher Lehrgänge durchführte (Bericht über die Tätigkeit der Volkswirtschaftlichen Gesellschaft 1954, S. 6f.; Bericht über die Tätigkeit der DVG 1955, S. 15), wurde dieser Bereich durch die Gründung der WFL stark ausgebaut. Bereits 1957 wurde das Kursangebot auf Sonderlehrgänge für Dozenten der Höheren Wirtschaftsfachschulen ausgebaut (Die Information, in: Harzburger Hefte 1962, Heft 2, S. 50f.). Im Sommer 1962 wurde sodann der 50. Wochenlehrgang der WFL durchgeführt (Die Information, in: Harzburger Hefte 1962, Heft 4, S. 48). Die WFL gab zudem die Schriftenreihe „Wirtschaft und Schule" heraus.

975 Die Information, in: Harzburger Hefte 1963, Heft 4, S. 53.

976 Koch an Kultusminister Richard Voigt vom 19. Februar 1960, in: Privatarchiv H. Borsch.

977 Aktenvermerk Höhns vom Dezember 1960, S. 2, in: Privatarchiv H. Borsch.

978 Dies ergibt sich aus der Aufzeichnung über ein Telefongespräch von Höhn mit dem Staatssekretär Dr. Müller vom 10. November 1960, in: Privatarchiv H. Borsch.

979 Höhn an Hermann Schmitt-Vockenhausen vom 6. Februar 1961, in: Privatarchiv H. Borsch.

980 Aktenvermerk Höhns vom Dezember 1960, S. 2, in: Privatarchiv H. Borsch.

981 Höhn an Hermann Schmitt-Vockenhausen vom 17. Dezember 1960, in: Privatarchiv H. Borsch.

982 So Höhn an Hermann Schmitt-Vockenhausen vom 6. Februar 1961, in: Privatarchiv H. Borsch.

Höhn wandte sich in der Angelegenheit dann auch an *Schmitt-Vockenhausen*, woraufhin sich dieser für ihn einsetzte.[983] Daneben versuchte auch *Harald Koch* auf Bitten *Höhns* Einfluss zu nehmen. *Koch* intervenierte sogar mehrmals direkt beim niedersächsischen Kultusminister *Richard Voigt*.[984]

Auch in der Folgezeit blieb *Höhn* mit führenden Vertretern der Sozialdemokratie, vor allem *Beermann*, in Kontakt. Dabei ging es jedoch in der Regel um Fragen zur militärhistorischen Forschung und persönliche Angelegenheiten.[985] Parteipolitische Belange hatten keine Relevanz. Eine gewisse Nähe *Höhns* zur deutschen Sozialdemokratie blieb jedoch. Dies zeigt etwa der Umgang der SPD-Zeitschrift „Die Neue Gesellschaft" mit *Höhn*. So verfasste der sozialdemokratische Bundestagsabgeordnete und Chefredakteur der Zeitung *Ulrich Lohmar*, der in den fünfziger Jahren zu den Befürwortern der Bundeswehr im SPD-Sicherheitsausschuss um *Erler* gehörte,[986] 1962 eine Buchkritik über *Höhns* Werk „Die Führung mit Stäben in der Wirtschaft". In seiner wohlwollenden Besprechung lobte er die Harzburger Akademie etwa dafür, dass sie keine „ideologischen Leitbilder" verfolge, sondern nach der „Effektivität" und „der Machbarkeit der Dinge" frage.[987] Auch *Höhns* militärhistorischen Studien fanden Anklang bei der Redaktion. Mit seinem Buch „Die Armee als Erziehungsschule der Nation – das Ende einer Idee", so *Lohmar*, der Mitte der sechziger Jahre überdies mit der DVG zusammenarbeitet,[988] hätte sich *Höhn* darum verdient gemacht, „Freunde und Gegner einer Integration der Bundeswehr in den demokratischen Staat an die wechselvolle Geschichte der Beziehung zwischen Armee, Staat und Gesellschaft erinnert zu haben".[989] Für seine vorurteilslose und unbefangene Geschichtsschreibung in „Die vaterlandslosen Gesellen" dankte man *Höhn*,

983 Höhn an Hermann Schmitt-Vockenhausen vom 17. Dezember 1960, in: Privatarchiv H. Borsch; Höhn an Hermann Schmitt-Vockenhausen vom 6. Februar 1961, in: Privatarchiv H. Borsch.

984 Abschrift des Schreibens von Koch an Voigt vom 12. September 1960; Koch an Voigt vom 26. Januar 1961; Höhn an Koch vom 28. November 1960, in: Privatarchiv H. Borsch.

985 Der ehemalige Heilpraktiker Höhn gab Beermann etwa Ratschläge zu Gesundheits- und Ernährungsfragen und schickte ihm homöopathische Arzneimittel (Höhn an Beermann vom 11. November 1963, in: BArch N 597/66, Bl. 63). Später bot er Beermann auch an, ihm nach Ablauf seiner Bundeswehrzeit für die Zukunft behilflich zu sein (Höhn an Beermann vom 27. Oktober 1967, in: BArch N 597/66, Bl. 54).

986 Soell, Fritz Erler, Bd.1, S. 196.

987 Lohmar, in: „Die neue Gesellschaft" 9. Jg., 1962, Heft 3, S. 245f.

988 So nahm Lohmar im Mai 1964 an einer Tagung der DVG zu dem Thema „Die Investionen für Ausbildung, Erziehung und Forschung in ihrer Bedeutung für die Wirtschaft" teil und trat dort gleichermaßen als Referent auf (Die Information, in: Harzburger Hefte 1964, Heft 4, S. 239 ff.).

989 Lohmar, in: „Die neue Gesellschaft" 10. Jg., 1963, Heft 2, S. 175 f.

dem „ausgezeichneten Kenner der Materie“.[990] *Höhn* trat sogar selbst als Rezensent in der Zeitschrift auf.[991] Bemerkenswert ist dabei, dass die positiven Rezensionen über *Höhns* Werke zwar schon früh für Unmut bei Lesern der Zeitschrift sorgten, da man dessen Vergangenheit gänzlich ausließ. Doch zog die Redaktion keine Konsequenzen daraus. Als sich ein Leser deshalb beschwerte, antwortete ihm Chefredakteur *Lohmar*, der viel später auch noch als Autor der Harzburger Akademie auftreten sollte:[992]

> „Was Ihre Bemerkungen zu Reinhard Höhn anbelangt, so hat sich die Redaktion unserer Zeitschrift bisher persönliche Wertungen von Verfassern versagt, sondern sich ausschließlich mit dem Inhalt von Publikationen beschäftigt. Ich weiß, daß das in einem oder anderem Falle nicht unproblematisch ist, aber andererseits bitte ich um Ihr Verständnis dafür, daß man ins Uferlose gerät, wenn solche persönlichen Wertungen des einen oder anderen Autors in einer Zeitschrift einmal üblich werden.“[993]

d) Höhn und der Aufstieg der Harzburger Akademie

Derweil konnte *Höhns* Harzburger Akademie ihren wirtschaftlichen Erfolg nach wie vor stetig steigern. Darüber hinaus begann eine Phase der Expansion. Nach der Gründung der WFL im Jahr 1959 ließ *Höhn* auch die Bandbreite der Lehrangebote der AFW, deren Kurs- und Teilnehmerzahlen weiterhin unvermindert stiegen,[994] vergrößern. Neben den Zentralkursen gab es fortan auch Seminare zum Arbeits- und Sozialrecht und Spezialkurse für Führungskräfte im Bergbau.[995] Eine besondere Neuerung waren die Lehrgänge für Chefsekretärinnen, die *Höhn* zusammen mit

---

990 Cunis, in: „Die neue Gesellschaft“ 12. Jg., 1965, Heft 2, S. 674 f. Nur unwesentlich kritischer fiel die Rezension des sozialistischen Staatsrechtslehrers Wolfgang Abendroth, der wegen seiner Nähe zum offen marxistischen Sozialistischen Deutschen Studentenbund (SDS) 1961 aus der SPD ausgeschlossen worden war, aus. Obwohl Abendroth während der Zeit des Nationalsozialismus von der Gestapo verfolgt und wegen Hochverrats für vier Jahre inhaftiert wurde, hielt er es für „wirklich verdienstlich, daß Reinhard Höhn, ein führender Jurist des Dritten Reiches, jetzt der Leiter einer Akademie für Führungskräfte der Wirtschaft, die damals geheimen Lageberichte des Berliner Polizeipräsidenten herausgibt“. Allein dass „Höhn die Dialektik von Reform und Revolution bei Marx und bei den Marxisten weder kennt noch versteht“ wusste er zu bemängeln (Abendroth, Über den Polizeiverstand, in: „Der SPIEGEL“ vom 17. Februar 1965, Nr. 8, S. 105).

991 Höhn, Stabsarbeit und Delegation, in: „Die neue Gesellschaft“ 13. Jg., 1966, Heft 5, S. 414f.

992 Lohmar, Zielkonflikte der Unternehmer, in: management heute 7/76, S. 8–10.

993 Zitiert nach „Folgen des Taktierens“, Leserbrief von Dr. Wolfgang Beutin, in: „FR“ vom 19. Januar 1972, Nr. 15.

994 Im Jahr 1960 konnte die AFW 6005 Teilnehmer in insgesamt 229 Seminaren verbuchen (Die Information, in: Harzburger Hefte 1962, Heft 1, S. 48).

995 Die Information, in: Harzburger Hefte 1963, Heft 4, S. 53; Die Information, in: Harzburger Hefte 1962, Heft 2, S. 58.

Gisela Böhme, der Tochter des ersten Präsidenten der Volkswirtschaftlichen Gesellschaft *Kurt Köhler*, die schon *Höhns* Sekretärin und Assistentin in der DVG war, entwickelte[996] und großen Anklang fanden.[997] *Höhn* gehörte somit zu den ersten, die der Sekretärin einen eigenverantwortlichen Handlungs- und Kompetenzbereich zugestanden und als selbstständige Führungskraft wahrnahmen. Auf diese Weise trug er in gewisser Weise zur Lockerung des bis dahin geltenden klassischen Frauenbildes bei.[998]

Das Kollegium der Akademie wurde entsprechend den Veränderungen auf 11 hauptamtliche Dozenten ausgebaut.[999] Zuletzt wurde am 31. Januar 1961 noch die „Akademie für Fernstudien e.V." (AFF) in Bad Harzburg eröffnet.[1000] Die Fernstudienakademie, die im Rahmen des beruflichen Förderungsprogrammes der Bundesregierung wie die beiden anderen Akademien als gemeinnützige Einrichtung gegründet wurde,[1001] sollte „einer breiten Schicht von Nachwuchskräften erweiterte Bildungs- und Aufstiegschancen" ermöglichen.[1002] Unterstützt wurde sie zu Beginn vom Bundesministerium für Arbeit und Soziales, welches sich unter anderem an der Zusammenstellung des Lehrplans beteiligte[1003] und das Fernstudium in ihr berufliches Förderungsprogramm einbezog.[1004] Empfohlen wurden die Kurse von der Bundesanstalt für Arbeitsvermittlung.[1005] Die Leitung der AFF wurde *Gisela Böhme* übertragen. Damit umfasste das Tätigkeitsgebiet der DVG inzwischen folgende Institutionen und Aufgaben: Die Akademie für Führungskräfte der Wirtschaft, die Wirtschaftsakademie für Lehrer und die Akademie für Fernstudien, welche zusammen den Harzburger Bildungsverbund bildeten, sowie die Ostforschung. Den drei Gesellschaften war von den Finanzbehörden die Gemeinnützigkeit zugesprochen worden. Einzig der 1961 gegründete akademieeigene Verlag für Wissenschaft, Wirtschaft und Technik (wwt) fungierte als Wirtschaftsunternehmen im Harzburger

---

996 Die Information, in: Harzburger Hefte 1962, Heft 2, S. 58; Einst heiß diskutiert – heute unbestrittenes Führungsmodell. Delegieren à la Harzburg, in: „Handelsblatt" vom 22. Juli 1988, Nr. 139.

997 Schnabel, Mein Chef ist meine recht Hand, in: „Die Zeit" vom 15. Juni 1962, Nr. 24.

998 Zumindest trat in der Akademie selbst mit Zeit „eine gewisse Aufgeschlossenheit" gegenüber Frauen als Führungskräften ein (Saldern, Bürgerliche Werte für Führungskräfte und Mitarbeiter in Unternehmen, S. 176).

999 Höhn, 10 Jahre Stabsarbeit für die Wirtschaft, S. 143.

1000 Die Information, in: Harzburger Hefte 1962, Heft 1, S. 49.

1001 Bericht über die Tätigkeit der DVG 1963, S. 19.

1002 Die Information, in: Harzburger Hefte 1965, Heft 2, S. 66, 27 f. Die AFF bot zunächst vor allem Sprachkurse in Englisch und Französisch an. Daneben gab es einen Fernkurs „Führen im Betrieb" und einen Vorbereitungskurs zur Fachhochschulreife (Die Information, in: Harzburger Hefte 1963, Heft 6, S. 55). Später erstreckte sich das Fernstudiensortiment auf sämtliche Lehrgänge des Harzburger Bildungsverbundes.

1003 Bericht über die Tätigkeit der DVG 1962, S. 27.

1004 Die Information, in: Harzburger Hefte 1961, Heft 7, S. 48.

1005 Bericht über die Tätigkeit der DVG 1963, S. 27.

Bildungsverbund. Daneben hatte *Höhn* zusammen mit *Horst-Günther Hisam*, der als Dozent in Bad Harzburg tätig war, im Jahr 1959 die Gesellschaft für Vermögensanlagen mbH (GEVA) gegründet, die der Akademie Räumlichkeiten zur Verfügung stellen sollte. Der GEVA gehörten die Hotels „Kurhotel Juliushall", „Jagdhof Bad Harzburg" und „Hotel am Papenberg". Allerdings konnte die Gesellschaft zu Beginn keine besonders hohe Gewinnerzielung verzeichnen. Durch den Erwerb der Häuser verbuchte sie anfangs sogar erhebliche Verluste.[1006]

Während sich die Harzburger Akademie folglich immer besser im Wirtschaftsleben der jungen Bundesrepublik etablierte, hatte *Höhn* mitunter noch Schwierigkeiten, seine eigene Wandlung zu vollziehen. Seiner beanspruchten Rehabilitation stand teilweise noch seine belastete Vergangenheit im Weg. So versuchte *Höhn*, Anfang der sechziger Jahre auch als Autor in der bundesweiten Presse für seine Managementlehre zu werben. Ein Artikel *Höhns* erschien etwa in der „Zeit".[1007] Im Sommer 1962 fragte er auch bei der „FAZ" an, ob er im Wirtschaftsteil der Zeitung eine Sonderseite unter der Überschrift „Wie führt man denkende Menschen?" veröffentlichen könnte. Der zuständige Wirtschaftsredakteur der „FAZ" Dr. *Eick*, der *Höhn* noch aus seiner Studentenzeit als Professor an der Friedrich-Wilhelms-Universität Berlin während des Nationalsozialismus kannte,[1008] wandte sich deshalb an *Erich Welter*, den Herausgeber der Zeitung. In seinem Schreiben an diesen lobte er die Vorträge seines ehemaligen Professors über das betreffende Thema als „ausgezeichnet", und empfahl, *Höhn* den Artikel letztendlich zu gewähren, gleichwohl er die Brisanz einer Autorenschaft erkannte:

> „Aber der Mann war ein schrecklicher Nazi, Staatsrechtler in Berlin, und nach meinem Gefühl sehr viel schlimmer als Carl Schmitt."[1009]

Welter wiederum stellte Nachforschungen über *Höhns* Vergangenheit im Dritten Reich an. Er wandte sich an den Mainzer Völkerrechtler *Hubert Armbruster*, welcher dringend von einem Gastbeitrag *Höhns* abriet und zu dessen Rolle im Dritten Reich unmissverständlich ausführte:

> „Er war im Dritten Reich mit Abstand derjenige unter den deutschen Staatsrechtlern, der sich am stärksten dem damaligen Regime verschrieben hatte. ... Im Übrigen hatte er einen sehr hohen SS-Rang, den er nach außen nach Kräften betont hat."[1010]

1006 Höhn an Katzler vom 12. Juli 1961, in: Privatarchiv H. Borsch.

1007 Höhn, Wie man einen Betrieb leitet – Der Chef kann nicht alles wissen, in: „Die Zeit" vom 17. März 1961, Nr. 12.

1008 Er hätte, so Eick an Welter, bei Höhn in Berlin studiert und von ihm im Öffentlichen Recht eine nicht gerechtfertigte Eins bekommen, was die Sache für ihn noch komplizierter mache (Dr. Eick an Prof. Dr. Erich Welter vom 13. Juni 1962, in: BArch N 1314/186).

1009 Dr. Eick an Prof. Dr. Erich Welter vom 13. Juni 1962, in: BArch N 1314/186.

1010 Dr. Hubert Armbruster an Dr. Erich Welter vom 29. Juni 1962, in: BArch N 1314/186.

Schlussendlich lehnte die „FAZ" *Höhns* Gesuch jedoch ab. Die Redaktion befürchtete Schwierigkeiten wegen dessen Vergangenheit. Es würde, so schrieb *Eick* entschuldigend an *Höhn*, „einen Sturm der Entrüstung geben" und Leserbriefe, „die möglicherweise auch einen ‚Fall Höhn' schaffen könnten".[1011]

Derweil ging der Aufstieg der Harzburger Akademie nach erfolgreicher Expansion unvermindert weiter,[1012] wobei sich nunmehr die Akzentuierung ändern sollte. Während sich die Kernklientel der Akademie bisher vornehmlich aus selbständigen Kleinunternehmern sowie Angestellten aus den unteren und mittleren Führungsebenen rekrutierte, wollte man mit Beginn der sechziger Jahre auch das gehobene Management erreichen. Im November 1962 wurde unter der Leitung von *Höhn* und *Gisela Böhme* das erste Chefseminar angeboten. Die Teilnehmer dieses Kurses stammten allesamt aus der oberen Führungsebene. Insgesamt nahmen 32 „Spitzenkräfte der Wirtschaft" teil, von denen acht selbständige Unternehmer und die restlichen 24 leitende Persönlichkeiten von Kapitalgesellschaften waren.[1013] Dennoch blieben die meisten Spitzenmanager aus den Firmenzentralen der Akademie zunächst fern, so dass das Schwergewicht weiterhin auf der Ausbildung des unteren und mittleren Führungspersonals lag.[1014]

Der wirtschaftliche Erfolg blieb davon aber unberührt. Laut Eigeninformation der Harzburger Akademie wandten die Firmen allein 1962 rund 3,2 Millionen DM für die Aus- und Weiterbildung ihrer Angestellten auf.[1015] Zudem expandierte *Höhns* Akademie in andere Länder. Im Mai und Juni 1963 gab es erstmals Speziallehrgänge

1011 Dr. Eick an Höhn vom 6. Juli 1962, in: BArch N 1314/186.

1012 Im Jahr 1961 konnte die AFW ihre Teilnehmer- und Seminarzahlen indes nur verhältnismäßig leicht erhöhen. Angeboten wurden 305 Lehrgänge für 7029 Teilnehmer (Die Information, in: Harzburger Hefte 1962, Heft 1, S. 48). 1962 führte die AFW dann 365 Kurse durch, die von 7500 Teilnehmern besucht wurden, davon waren 118 Wochenlehrgänge und 247 Kurzlehrgänge. Ein Wochenlehrgang an der Harzburger Akademie kostete 1962 rund 520 DM und wurde von 2750 Teilnehmern besucht, ein Kurzlehrgang insgesamt 320 DM, wobei dieser im selben Jahr von 4750 Hörern gebucht wurde (Die Information, in: Harzburger Hefte 1963, Heft 2, S. 56). Außerdem wurde ein Lesezentrum mit Präsenzbibliothek in Bad Harzburg eingerichtet (Bericht über die Tätigkeit der DVG 1962, S. 16).

1013 Die Information, in: Harzburger Hefte 1963, Heft 1, S. 44.

1014 Die Information, in: Harzburger Hefte 1962, Heft 2, S. 58. Noch 1965 gehörten zwei Drittel der Lehrgangsteilnehmer zur mittleren Führungsebene. Zudem stammte mit rund 65 % der überwiegende Teil aus der Industrie. Etwa 24 % kamen aus dem Handel. Fast 90 % der Teilnehmer waren männlich (Die Information, in: Harzburger Hefte 1966, Heft 2, S. 119; Bericht über die Tätigkeit der DVG 1965, S. 6f.).

1015 Die Information, in: Harzburger Hefte 1963, Heft 2, S. 56. Im Jahr 1963 konnte die Akademie ihre Zahlen abermals verbessern. Es fanden 375 Lehrgänge mit circa 9000 Teilnehmern statt. Dabei sandten 1250 Firmen ihre Mitarbeiter zur AFW und investierten rund 4 Millionen DM (Die Information, in: Harzburger Hefte 1964, Heft 1, S. 40; Bericht über die Tätigkeit der DVG 1963, S. 5).

im österreichischen Strobl am Wolfgangsee.[1016] Daneben wurde eine Zweigstelle der AFW in Seengen in der Schweiz eröffnet.[1017] Ein Jahr später stieg die Teilnehmerzahl mit 10053 erstmals in den fünfstelligen Bereich, wobei die Unternehmen für die 403 durchgeführten Seminare rund 4,5 Millionen DM in Bad Harzburg investierten.[1018] Und auch in den Folgejahren setzte die Harzburger Akademie ihren Aufwärtstrend fort,[1019] wobei man sich weiterhin um die Schulung der obersten Führungsetagen bemühte. Das seit zwei Jahren angebotene Chefseminar wurde inzwischen von 600 „Unternehmern und Spitzenkräften der Wirtschaft" besucht.[1020] Ferner wurde im Jahr 1965 das „Harzburg-Kolleg der deutschen Wirtschaft" eingeführt, ein zehnwöchiger Lehrgang, der mit dem sogenannten „Harzburg-Diplom" als Abschluss beendet werden konnte. Der erste dieser exklusiven Kurse fand vom 27. September bis zum 4.Dezember 1965 statt.[1021] 1966 gab es sodann ein Harzburg-Kolleg mit zehn Unternehmersöhnen und Führungskräften aus Kapitalgesellschaften, deren Beschäftigtenzahlen zwischen 150 und 6000 lagen. Darunter befanden sich bekannte Firmen wie Reemtsma und Beate Uhse.[1022]

Der Aufstieg der Akademie wurde dabei von mehreren Faktoren begünstigt. Zunächst wirkte sich wohl auch ausgerechnet *Höhns* Vergangenheit im Dritten Reich positiv auf die Harzburger Akademie aus. So hält es etwa *von Saldern* für wahrscheinlich, dass *Höhns* Tätigkeiten in der NS-Zeit die vielen ehemaligen NS-Funktionäre und Parteimitglieder sowie die Wehrmachts- und SS-Offiziere, welche in führende Positionen in der Wirtschaft des Nachkriegsdeutschland gelangt waren, „für die Akzeptanz des Harzburger Modells aufgeschlossen machen konnte".[1023] Daneben war *Höhn* mit der Harzburger Akademie in gewisser Hinsicht auch in eine Marktlücke gestoßen. In den fünfziger und sechziger Jahren waren die Weiterbildungsmöglichkeiten für Führungskräfte noch rar. Die universitäre Ausbildung im Fach BWL war nicht besonders praxisorientiert und damit keine echte Konkurrenz.

1016 Die Information, in: Harzburger Hefte 1963, Heft 2, S. 57.
1017 Die Information, in: Harzburger Hefte 1964, Heft 6, S. 376.
1018 Die Information, in: Harzburger Hefte 1965, Heft 2, S. 117; Die Information, in: Harzburger Hefte 1965, Heft 4, S. 239. Die Investitionen umfassten jeweils die Fahrtkosten, Tagegelder, Lehrgangsgebühren und Hotelkosten (Die Information, in: Harzburger Hefte 1966, Heft 2, S. 119).
1019 1965 konnte man eine Steigerung um rund 30 % verzeichnen. So wurden 540 Kurse angeboten, die von 13396 Hörern besucht wurden. Dabei wurde die AFW von 1622 Firmen frequentiert, die etwa 6 Millionen DM für die Beschickung der verschiedenen Kurse aufwendeten (Bericht über die Tätigkeit der DVG 1965, S. 5; Die Information, in: Harzburger Hefte 1966, Heft 1, S. 50). Daneben bildete die Harzburger Akademie seit 1965 in Zusammenarbeit mit der Carl-Duisberg-Gesellschaft e.V. Führungskräfte aus Entwicklungsländern aus (Höhn, 10 Jahre Stabsarbeit für die Wirtschaft, S. 144).
1020 Die Information, in: Harzburger Hefte 1964, Heft 1, S. 40.
1021 Die Information, in: Harzburger Hefte 1965, Heft 3, S. 173.
1022 Information, in: Harzburger Hefte 1966, Heft 1, S. 50ff.
1023 Saldern, Das „Harzburger Modell", S. 327.

Auch fehlte es in Deutschland an Graduiertenprogrammen.[1024] Des Weiteren kam seit Mitte der sechziger Jahre eine jüngere Unternehmergeneration zum Zuge, die sich gegenüber neuen Konzepten und Ideen aufgeschlossener zeigte, wovon *Höhns* Managementlehre nachhaltig profitieren sollte.

Ein entscheidender Grund für den außerordentlichen Erfolg der Akademie war das von *Höhn* entwickelte und dort gelehrte sogenannte „Harzburger Modell". Diese Gesamtkonzeption war nicht zuletzt einer der Gründe für den außerordentlichen Erfolg der Akademie. *Höhn* lieferte ein Modell, das in sehr konkrete und einfach verständliche Ausführungen gekleidet war, so dass es Angehörigen aller Bildungsstufen und Führungsebenen im Kern zugänglich war.[1025] Das Modell galt als flexibel und damit universell verwendbar. Es war nicht auf einen bestimmten Wirtschaftszweig beschränkt und galt sowohl für Großbetriebe als auch für Kleinunternehmen.[1026] Ferner wurde es in einer historischen Situation angeboten, in der man nach neuen Führungsformen suchte. Nach dem Zweiten Weltkrieg gab es ein Bedürfnis nach der Ablösung des autoritären Führungsstils.[1027]

aa) Höhn und das „Harzburger Modell"

Bereits Mitte der fünfziger Jahre hatte *Höhn* seine Managementlehre der „Führung im Mitarbeiterverhältnis" konzipiert, welche später plakativ als „Harzburger Modell" bezeichnet wurde.[1028] Mit seiner Konzeption lieferte er dabei ein Gegenstück zu dem damals als nicht mehr zeitgemäß empfundenen autoritär-patriarchalischen Führungsstil in den Unternehmen, das fortan die theoretische Lehrgrundlage der Harzburger Akademie bildete.

(1) Das „Harzburger Modell" – Die Konzeption der Führung im Mitarbeiterverhältnis

Das Kernelement des „Harzburger Modells" war die kooperativistische Unternehmensführung durch die „Delegation von Verantwortung". Die Organisation des Unternehmens sollte nicht absolutistisch „von oben nach unten", sondern

1024 Jungblut, Hartes Training für weiche Sessel, in: „Die Zeit" vom 29. März 1968, Nr. 13.

1025 Saldern, Das „Harzburger Modell", S. 325; Bolte, Die gesellschaftliche Bedeutung des Harzburger Modells, S. 15f.

1026 Bolte, Die gesellschaftliche Bedeutung des Harzburger Modells, S. 17.

1027 Bolte, Die gesellschaftliche Bedeutung des Harzburger Modells, S. 9.

1028 Höhn selbst verwandte für sein Managementmodell die Titel „Führung im Mitarbeiterverhältnis" oder „Delegation von Verantwortung". Sowohl damals als auch noch heute wird es unter diesen Begriffen gelehrt. Der Name „Harzburger Modell" wurde von Höhn und den Einrichtungen des Harzburger Bildungsverbunds eher selten benutzt. Vielmehr wird er seit den siebziger Jahren vor allem von der kritischen Fachliteratur und den Medien verwandt.

„von unten nach oben" aufgebaut werden.[1029] Damit konzentrierte sich die Verantwortung nicht mehr allein in der Firmenleitung. Die Unternehmensführung delegierte die Verantwortung auf die nachgeordneten Instanzen. Durch die Einführung von mittleren und unteren Führungsebenen mit eigenem Verantwortungsbereich in der sogenannten Linie und beratenden Stäben neben diesen Ebenen sollte die Verantwortung innerhalb eines Großunternehmens umverteilt und somit die Unternehmensführung entlastet werden. Somit wurde einerseits Entscheidungsverantwortung auf die Mitarbeiter in den untergeordneten Ebenen innerhalb der Linie delegiert und zum anderen ergänzend Beratungsverantwortung und damit auch die Fachkompetenz und das Spezialwissen an die Stabsabteilungen neben der Linie delegiert.[1030]

(a) Führungs- und Handlungsverantwortung in der Linie

Die zentrale Neuerung des „Harzburger Modells" in der Mitarbeiterführung war die Delegation von Verantwortung auf die nachgeordneten Ebenen, was faktisch zu einer vertikalen Arbeitsteilung führte. Betriebliche Entscheidungen sollten „nicht mehr lediglich von einem einzelnen oder einigen Männern an der Spitze des Unternehmens getroffen" werden, „sondern jeweils von den Mitarbeitern auf den Ebenen, zu denen sie ihrem Wesen nach gehören". Die Mitarbeiter auf den verschiedenen Ebenen des Betriebs sollten nicht nur einzelne Aufträge vom Vorgesetzten erhalten, vielmehr sollte ihnen ein fester „Aufgabenbereich mit bestimmten Kompetenzen" auf die Ebene übertragen werden, „in dem sie selbständig handeln und entscheiden" konnten.[1031]

Um die Delegation von Verantwortung zu gewährleisten, musste die exakte Festlegung der Delegationsbereiche durch die Unternehmensführung und nicht durch den ranghöheren Vorgesetzten erfolgen. Für jede einzelne Position sollten Aufgaben, Kompetenzen und die daraus erwachsende Verantwortung festgelegt werden, wobei diese im Sinne eines Kongruenzprinzips zwingend übereinstimmen mussten.[1032] Diese geschaffenen Delegationsbereiche fanden ihre schriftliche Fixierung in der sogenannten Stellenbeschreibung, welche unter anderem Stellenbezeichnung, Rang, Über- und Unterstellungsverhältnis, Aufgaben, Ziele und Kompetenzen konkretisierte und den eigenständigen Verantwortungsbereich somit sinnvoll abgrenzte.[1033] Abgesichert wurde diese betriebliche Autonomie der Ebenen durch das grundsätzliche Verbot der Rücknahme der Verantwortung durch den Vorgesetzten und Rückdelegation von Verantwortung durch den Mitarbeiter.[1034] Der Vorgesetzte musste die mit den Delegationsbereichen gegebenen Grenzen achten,

1029 Höhn, Führungsbrevier der Wirtschaft, S. 6.
1030 Höhn, Die Führung mit Stäben in der Wirtschaft, S. 30.
1031 Höhn, Führungsbrevier der Wirtschaft, S. 6.
1032 Höhn, Führungsbrevier der Wirtschaft, S. 20.
1033 Höhn, Stellenbeschreibung und Führungsanweisung, S. 59f.
1034 Höhn, Führungsbrevier der Wirtschaft, S. 32f.

seine Mitarbeiter unter Berücksichtigung des Subsidiaritätsprinzips selbstständig handeln und entscheiden lassen und sich hier auf die Führung des delegierten Bereichs beschränken. Ein Durchgriff auf alle Ebenen war dem Vorgesetzten nur ausnahmsweise im Rahmen der Selbstinformation erlaubt.[1035]

Maßgebliche Konsequenz dieser klaren Abgrenzung war die Differenzierung zwischen Handlungsverantwortung und Führungsverantwortung. Der Vorgesetzte hatte neben der Handlungsverantwortung für die Aufgaben im eigenen Fachbereich die Führungsverantwortung für die ihm zugewiesenen Führungsaufgaben wie Mitarbeiterauswahl, Information und Kontrolle zu tragen. Der Mitarbeiter musste im Rahmen seiner Handlungsverantwortung für die ihm zugewiesenen Entscheidungen in seinem Delegationsbereich einstehen. Gleichzeitig hatte er Führungsverantwortung gegenüber der ihm nachgeordneten Ebene, was wiederum der Aufsicht des Vorgesetzten oblag, womit auch die übernächste Ebene in die Führungsverantwortung des Vorgesetzten einbezogen wurde.[1036]

Eine entscheidende Auswirkung hatte die Trennung von Handlungs- und Führungsverantwortung dabei für die deliktische Haftung. So sollte der Vorgesetzte im „Harzburger Modell" für die Fehler seines Untergebenen nur noch verantwortlich gemacht werden, wenn er seinen Mitarbeiter nicht mit der notwendigen Sorgfalt ausgewählt hat, ihn nicht ordnungsgemäß eingeführt oder informiert hat, seine Dienstaufsicht verletzt oder die Leistung des Mitarbeiters nicht gegebenenfalls durch entsprechende Kritik korrigiert hat. Zudem trägt der Vorgesetzte nicht die Verantwortung für Fehler der den leitenden Mitarbeitern unterstellten Kräfte, es sei denn, er hätte es versäumt, den ihm unterstehenden Mitarbeiter als Vorgesetzten richtig auszusuchen oder einzuweisen bzw. über seine Führungspflicht zu informieren oder seine Dienstaufsicht und Erfolgskontrolle darüber auszuüben, ob der ihm unterstehende Mitarbeiter als Vorgesetzter seine Führungspflichten erfüllt.[1037] Folglich wurden nicht nur die unternehmerische Verantwortung des Vorgesetzten, sondern gleichermaßen die daraus resultierenden Verpflichtungen, also auch die Haftung für Fehler, auf den Mitarbeiter delegiert. Schließlich, so *Höhn*, sei das „Harzburger Modell" keine „weiche Welle". Delegation von Verantwortung lasse sich nur verwirklichen, wenn „Mitarbeiter wie Vorgesetzte für Fehler, die sie begehen, auch zur Rechenschaft gezogen werden". „Wer als selbstständige Persönlichkeit im Unternehmen gewertet und behandelt werden will, muß auch bereit sein, für seine Fehler einzustehen und die unvermeidlichen Konsequenzen auf sich zu nehmen."[1038]

1035 Höhn, Stellenbeschreibung und Führungsanweisung, S. 11.

1036 Höhn, Führungsbrevier der Wirtschaft, S. 7. In einer mehrstufigen Organisationshierarchie würde sich die Führungsverantwortung auf den nachgeordneten Ebenen immer mehr zugunsten der Handlungsverantwortung verschieben, so dass die unterste Instanz nur noch über Handlungsverantwortung verfügt.

1037 Höhn, Der Weg zu Delegation von Verantwortung im Unternehmen, S. 4.

1038 Höhn, Führungsbrevier der Wirtschaft, S. 12.

(b) Die Führung mit Stäben

In dem zweiten Schritt der Delegation von Verantwortung sollte ergänzend Verantwortung an die Stäbe delegiert werden, welche neben den Ebenen der vertikalen Linie agierten. Es wurde zwischen zwei Formen von Stäben unterschieden: Dem Stab der Spezialisten für bestimmte fachliche Aufgaben und dem Führungsstab.[1039] Im Gegensatz zu den Delegationsbereichen der Ebenen besaßen die Stabsabteilungen jedoch keine Befehlsgewalt. Sie übernahmen nur eine beratende Funktion innerhalb des Unternehmens.[1040] Die zentrale Aufgabe des Stabes der Spezialisten war die Beratung und Information in seinem jeweiligen Fachbereich.[1041] Der Führungsstab dagegen trat als Gehilfe des Chefs auf. Er sollte vorbereiten, beraten und dem Chef möglichst viel Arbeit abnehmen. Die Führungsentscheidungen musste dieser dann selbst treffen.[1042]

(2) „Harzburger Modell" und Volksgemeinschaft – Alte Führer in neuem Gewand?

Mit dem „Harzburger Modell" entwickelte *Höhn* keine grundlegend neue Führungslehre. Vielmehr griff er bei der Konzeption seines Modells auf Erkenntnisse aus verschiedenen Fachgebieten zurück.

Die Delegation der Verantwortung in der Ebene und die damit einhergehende Übernahme der Haftung für Fehler durch den Mitarbeiter bei einer etwaigen Exkulpation durch den Vorgesetzten basierten teilweise auf geltenden gesetzlichen Regelungen im Deliktsrecht. Insbesondere die rechtliche Inanspruchnahme des Mitarbeiters für Fehler im eigenen Delegationsbereich, sofern der Vorgesetzte seine Führungsverantwortung ordnungsgemäß ausgeübt hatte und sich mithin exkulpieren konnte, beruhte im Wesentlichen auf der Haftungsregelung für eigenes vermutetes Verschulden des Geschäftsherrn des § 831 BGB. Die Übertragung der Haftung für Fehler in den Ebenen auf den leitenden Mitarbeiter entsprach der ständigen Rechtsprechung des Reichsgerichts und später des BGH zum dezentralisierten Entlastungsbeweis seit dem Jahr 1906.[1043]

Neben juristischen Grundlagen hatte das „Harzburger Modell" vor allem Vorbilder im militärischen Bereich. Bei der Entwicklung des Linie-Stab-Prinzips lehnte sich *Höhn* an die Grundsätze der modernen Heeresführung des 19. Jahrhunderts an.[1044] Als entscheidende geistige Grundlage seiner Konzeption gab *Höhn* dabei den

1039 Höhn, Die Führung mit Stäben in der Wirtschaft, S. 30ff.

1040 Höhn, Führungsbrevier der Wirtschaft, S. 195.

1041 Höhn, Die Führung mit Stäben in der Wirtschaft, S. 34.

1042 Höhn, Die Führung mit Stäben in der Wirtschaft, S. 190.

1043 Vgl. zu den jeweiligen Entscheidungen des RG und BGH: Heiss, Der dezentralisierte Entlastungsbeweis und die Versuche seiner Überwindung, S. 22ff.

1044 Berghahn, Unternehmer und Politik, S. 254.

Generalstab der preußischen Armee an,[1045] welcher von *Scharnhorst*[1046] während der Befreiungskriege als Antwort auf die Problematik der Massenheere entwickelt wurde. Dieser hatte schon damals Stäbe eingeführt, die ‚ohne Befehlsgewalt zu haben, neben die Linienorganisation, die nach dem Prinzip von Befehl und Gehorsam funktionierte, traten, um den kommandierenden General zu beraten.[1047]

Bei der Übertragung dieses militärischen Stabsprinzips auf die Betriebsführung bezog sich *Höhn* dann auf verschiedene Ökonomen, welche hier schon eine Vorreiterrolle übernommen hätten, wobei sie die Unternehmensführung keineswegs militarisieren, sondern das Instrument des Stabes für die Wirtschaft dienstbar machen wollten.[1048] So erwähnte er den Amerikaner *Frederick W. Taylor*, der schon 1903 für die Einführung von Spezialistenstäben, die auf ihrem Gebiet sogar weisungsbefugt sein sollten, eintrat. Zudem rezipierte er *Harrington Emerson* und den Franzosen *Henri Payol*, die dieses System zu rein beratenden Stäben weiterentwickelt hätten.[1049] Bei der von ihm geforderten Umstrukturierung der Hierarchie des Managements bezog sich *Höhn* auf den Berliner Betriebswirt *Konrad Mellerowicz*, der bereits in den zwanziger Jahren gefordert hatte, dass die Führung im Betrieb nicht mehr von „oben nach unten", sondern von „unten nach oben" aufzubauen sei.[1050]

Fraglich ist, ob *Höhns* Managementlehre eine inhaltliche Kontinuität zu seinen Führungstheorien im Dritten Reich oder zum organisatorischen Aufbau der SS aufweist. Dass *Höhns* Konzept seine geistigen Grundlagen im Nationalsozialismus habe, ist noch heute ein wesentlicher Kritikpunkt am „Harzburger Modell". *Höhn* soll sich demnach direkt bei seinen eigenen Führer-Gefolgschaftsmodellen aus dem Dritten Reich bedient haben, womit das „Harzburger Modell" nichts anderes als die Fortsetzung und Transformation seiner Volksgemeinschaftslehre in die Betriebswirtschaftslehre der jungen Bundesrepublik Deutschland wäre.

1045 Daneben verweist er darauf, dass die Führungsspitze der katholischen Kirche bereits seit Jahrhunderten mit beratenden Spezialistenstäben arbeite (Höhn, Die Führung mit Stäben in der Wirtschaft, S. 3).

1046 Mit dem preußischen General Gerhard von Scharnhorst hatte sich Höhn schon während des Dritten Reichs intensiv beschäftigt. Im Jahr 1952 veröffentlichte er ein äußerst lobendes Buch über den General unter dem Titel „Scharnhorsts Vermächtnis".

1047 Clausewitz und Moltke entwickelten das Modell des Generalstabs dann weiter, wobei letzterer auch eine Umstellung der Führungsmethode in der Armee einführte. Den Truppenführern sollte nunmehr eine große Direktive gegeben werden, in der Wahl der Mittel zur Erreichung des angegebenen Ziels wurde ihnen jedoch die weitreichendste Freiheit gelassen. Er führte damit die Delegation der Verantwortung gegenüber den Unterführern in der Armee ein (Höhn, Die Führung mit Stäben in der Wirtschaft, S. 6ff.)

1048 Höhn, Die Führung mit Stäben in der Wirtschaft, S. 1.

1049 Höhn, Die Führung mit Stäben in der Wirtschaft, S. 13ff.

1050 Höhn, Die Führung mit Stäben in der Wirtschaft, S. 28.

Diese Behauptung geht im Kern auf *Kieser* zurück.[1051] Ihm zufolge „unterscheidet sich die ‚Führung im Mitarbeiterverhältnis' nicht wesentlich von der Führerversammlung einer SS-Standarte", was er mit den allgemeinen Führungsanweisungen *Höhns* für die Mitarbeiterbesprechung, die auf eine autoritäre „Diskussionsleitung", „Gesprächstaktik" und vor allem Entscheidung des Vorgesetzten hinauslaufen würden, begründete. Diesen autoritären Entscheidungsprozess, so *Kieser*,[1052] habe es auch in der SS-Führerversammlung gegeben, was *Höhn* in seinem 1934 veröffentlichten Aufsatz „Staat als Rechtsbegriff" schließlich selbst beschrieben hätte:

> „Der Standartenführer sagt in der Führungsversammlung, nachdem er die Unterführer angehört hat: ‚Wir machen das so.' Damit meint er nicht sich im pluralis majestaticus, sondern er will sagen, in ihm habe sich der Wille der Gemeinschaft gebildet. Er weiß, nachdem er die verschiedenen Ansichten gehört hat, was er nun richtungsgebend der Gemeinschaft zu sagen hat. Dabei ist er kein Diktator, sondern das, was er beschließt, ist entstanden aus dem Gemeinschaftsgeist."[1053]

Der Vorwurf, dass *Höhns* Harzburger Modell letztlich Führungselemente der SS aufnahm und Mitarbeiterführung in Anlehnung an die Organisation von SS-Einheiten lehrte, wurde dann von anderen Autoren übernommen, so dass er sich verfestigte.[1054]

Allerdings wirkt diese etwas polemisch anmutende Verknüpfung des Harzburger Modells mit der NS-Vergangenheit recht konstruiert. Allein aus der Gemeinsamkeit, dass sowohl in der Mitarbeiterbesprechung als auch in der SS-Führerversammlung der Vorgesetzte respektive der Führer die Entscheidung trifft, lässt sich wohl kaum eine gewollte Kontinuität zwischen *Höhns* Managementlehre und seinen Führer-Gefolgschaftskonzepten ableiten. Eine bewusste Transformation von SS-Organisationsstrukturen in das Harzburger Modell ist insgesamt sehr unwahrscheinlich. In jedem Fall findet sich die ehemals völkisch-rassische, antisemitische Ideologie *Höhns* in seinen Managementkonzepten nicht wieder.[1055] Zudem lehnte *Höhn*, so *von Saldern*, die nationalsozialistischen Konzepte zur Aus- und Weiterbildung von Führungsnachwuchs wie beispielweise das Modell des Deutschen Instituts für technische Arbeitsschulung (DINTA) entschieden ab, übernahm andererseits aber die „NS-Konstruktion der sozialen Betriebsharmonie", die nunmehr als sogenannte „Sozialpartnerschaft" Aufnahme fand.[1056]

1051 Kieser, Organisationstheorien, S. 131.
1052 Kieser, Organisationstheorien, S. 131.
1053 Höhn, Staat als Rechtsbegriff, S. 42.
1054 Schanetzky, Unternehmer: Profiteure des Unrechts, S. 115f.; Scholten, Offizier: Im Geiste unbesiegt, S. 165; Botsch, Der SD in Berlin-Wannsee 1937–1945, S. 81f.
1055 So auch Wildt, Reinhard Höhn, S. 2; Kleinschmidt, Der produktive Blick, S. 197 f. Für letzteren ist eher eine Verknüpfung mit amerikanischen Methoden der wissenschaftlichen Betriebsführung erkennbar.
1056 Saldern, Das „Harzburger Modell", S. 305 f.

bb) Elitenkontinuität und Harzburger Akademie – Das „old boys network"

Höhn nutzte seine inzwischen gewonnene Führungsstellung in DVG und Harzburger Akademie aber, um alte Funktionseliten aus SD und SS zu versorgen. Er nahm eine Schlüsselposition in einem Netzwerk ein, dessen Seilschaften nunmehr vornehmlich der gegenseitigen Hilfe bei der Rückkehr ins Berufsleben im Nachkriegsdeutschland dienten. So wurden gleich mehrere einstige Weggefährten *Höhns* im Dozentenstab der Akademie untergebracht, wobei diese Anstellungsverhältnisse in der Regel hauptsächlich der wirtschaftlichen Versorgung und weniger dem Aufbau sowie der Reputation der Harzburger Akademie dienten.

(1) Der Marketingexperte – Franz Alfred Six

Das prominenteste Beispiel ist sicherlich der ehemalige SS-Brigadeführer, Inlands-Chef im SD-Hauptamt und spätere Gegnerforscher im Amt II des RSHA *Franz Alfred Six*. *Höhn* und *Six* trafen sich schon 1952 bei dem Rechtsanwalt *Ernst Achenbach* in Essen wieder. Nach seiner Haftentlassung aus dem War Criminal Prison in Landsberg im Oktober 1952 war *Six* dort in der Kanzlei beschäftigt. *Achenbach* vertrat *Six* zudem im Verfahren gegen das Auswärtige Amt auf Anerkennung zur Wiederverwendung gemäß Art. 131 Grundgesetz und damit Festsetzung eines Übergangsgeldes.[1057] Und auch *Höhn* beteiligte sich früh an der Unterstützung des alten Weggefährten. Im Jahr 1953 vermittelte er ihn zusammen mit *Werner Best* und *Ernst Achenbach* zum Verlag C.W. Leske, wo der studierte Zeitungswissenschaftler *Six* künftig als Geschäftsführer tätig war.[1058] *Höhn* verfügte über den damaligen Mitinhaber Dr. *Werner Wittich* bereits während des Dritten Reichs über beste Kontakte zum Darmstädter Verlagshaus. *Wittich* war ein großer Anhänger von *Höhns* Volksgemeinschaftslehre,[1059] so dass der Verlag zahlreiche Schriften *Höhns* und anderer SS-Juristen wie *Justus Beyer* und *Wilhelm Stuckart* herausgab.[1060] Nunmehr machte er den Platz als Verlagsgeschäftsführer bei C.W. Leske für seinen Nachfolger *Six* frei.[1061] Und *Höhn* sorgte in seiner Funktion als geschäftsführendes Präsidialmitglied

1057 Hachmeister, Der Gegnerforscher, S. 295.

1058 Hachmeister, Der Gegnerforscher, S. 313.

1059 Wittich, Volk als Rechtsbegriff, in: DR 1934, S. 325–327.

1060 Im Verlag Wittich erschienen von Höhn neben verschiedenen Aufsätzen auch die Monographien „Frankreichs demokratische Mission in Europa und ihr Ende" (1940), „Der Kampf die Wiedergewinnung des deutschen Ostens – Erfahrungen der deutschen Ostsiedlung" (1941) und „Revolution, Heer, Kriegsbild" (1944) sowie die von Höhn zusammen mit Wilhelm Stuckart herausgegebene Zeitschrift „Reich – Großraum – Großmacht" (1942). Von Höhn und Stuckart erschienen außerdem noch „Verfassungs-, Verwaltungs- und Wirtschaftsgesetze Norwegens" und „Verfassungs-, Verwaltungs- und Wirtschaftsgesetze der Völker" (1942). Justus Beyer veröffentlichte seine Doktorarbeit „Die Ständeideologien der Systemzeit und ihre Überwindung" (1941) im Verlag Wittich.

1061 Hachmeister, Der Gegnerforscher, S. 313.

der Volkswirtschaftlichen Gesellschaft auch umgehend für Aufträge für den Verlag. Die seit Anfang 1954 von der Gesellschaft herausgegebene Schriftenreihe „Lebendige Wirtschaft" erschien fortan bei *Six* im Verlag C.W. Leske.[1062] Die Verbindung zwischen *Höhn* und *Six* blieb auch in der Folgezeit bestehen. *Six*, seit 1956 nebenbei Berater bei der „Porsche Diesel Motorenbau GmbH" in Friedrichshafen,[1063] steuerte 1957 einen Beitrag mit dem Titel „Stellung des Werbeleiters in der Unternehmerorganisation" zum DVG-Sammelband „Der Werbeleiter im Management" bei. In den sechziger Jahren war er sogar nebenamtlich als Dozent an der AFW tätig.[1064] 1968 gab er im Akademieverlag wwt das Lehrbuch „Marketing in der Investitionsgüterindustrie: Durchleuchtung, Planung, Erschließung" heraus. Noch Ende 1971 trat *Six* als Dozent für „Marketing" in der Harzburger Akademie auf.[1065]

(2) Die Honorardozenten – Justus Beyer und Karl August Eckhardt

Daneben holte *Höhn* noch weitere ehemalige Mitarbeiter aus dem SD nach Bad Harzburg. Dazu gehörte sein einstiger wissenschaftlicher Mitarbeiter und Doktorand *Justus Beyer*. SS-Obersturmbannführer *Beyer*, der in den Nürnberger Prozessen als Entlastungszeuge für *Six* und *Otto Ohlendorf* aufgetreten war,[1066] wurde zunächst als freier Dozent in der Akademie angestellt.[1067] Zu Beginn seiner Tätigkeit trat er kaum in Erscheinung. In den Lehrgangs- und Seminarprogrammen der AFW wurde *Beyer* nahezu nie als Dozent angeführt. Seit den siebziger Jahren entwickelte er sodann aber eine rege publizistische Tätigkeit für die Akademie. Vor allem in der akademieeigenen Zeitschrift „management heute" veröffentlichte er fast in jeder Ausgabe Beiträge.

Ebenfalls als Honorardozent für die DVG und Harzburger Akademie angestellt war *Höhns* alter Mitstreiter und früherer SS-Sturmbannführer *Karl August Eckhardt*. Dieser hatte nach zweijähriger Kriegsgefangenschaft und Entnazifizierung „als Mitläufer ohne Berufsbeschränkung" wie auch *Höhn* keinen Lehrstuhl mehr erhalten.[1068] Doch blieb er seinen rechtswissenschaftlichen Forschungen treu und veröffentlichte noch zahlreiche Beiträge zur germanischen Rechtsgeschichte.[1069] Im Juni 1958 wurde er von *Höhn* als Lektor für die Harzburger Akademie geworben[1070] und gehörte fortan für kurze Zeit zum Lehrstab.[1071] Die Anstellung als Dozent an der Harzburger Akademie war dabei vermutlich nur ein Nebenverdienst. *Eckhardt*

1062 Bericht über die Tätigkeit der Volkswirtschaftlichen Gesellschaft 1954, S. 8.
1063 Hachmeister, Der Gegnerforscher, S. 328.
1064 Hachmeister, Der Gegnerforscher, S. 340.
1065 Hickel, Eine Kaderschmiede bundesrepublikanischer Restauration, S. 136, Rn. 73.
1066 Höhne, Der Orden unter dem Totenkopf, S. 389.
1067 Wildt, Der Fall Reinhard Höhn, S. 266.
1068 Niemann, Karl August Eckhardt, S. 164f.
1069 Nehlsen, Karl August Eckhardt, S. 521ff.
1070 Höhn an Eckhardt vom 26. Juni 1958, in: Privatarchiv H. Borsch.
1071 Tätigkeitsbericht der DVG 1958, in: BArch B 136/5965.

wurde nur sehr selten für *Höhns* Akademie tätig. Er gehörte weder zu den vielen Autoren der Schriftenreihen und Sammelbände noch geben die Seminarführer Aufschluss über seine Vortragstätigkeit.

(3) Der Pressechef – Roger Diener

Von Beginn an fest angestellt an der AFW war dagegen *Roger Diener*, vormals *Höhns* Mitarbeiter an der Universität Berlin und im Institut für Staatsforschung. *Diener* lebte wie *Höhn* Anfang der fünfziger Jahre in Hamburg. Als *Höhn* Vorstand der Führungskräfteakademie wurde, nahm er *Diener* mit nach Bad Harzburg, wo dieser Leiter der Presse- und Informationsabteilung und zugleich Chef der Abteilung Wissenschaft an der Harzburger Akademie wurde.[1072] Auch *Dieners* Ehefrau *Louise* wurde Dozentin und war „maßgeblich an der Entwicklung des Lehrprogramms für Chefsekretärinnen" beteiligt.[1073]

(4) Der Mediziner – Karl Kötschau

Ein anderer Mitarbeiter an der AFW mit belasteter NS-Vergangenheit war der Arzt *Karl Kötschau. Kötschau* war im Dritten Reich Leiter der 1935 gegründeten „Reichsarbeitsgemeinschaft für Neue Deutsche Heilkunde" sowie Inhaber eines 1934 umgewidmeten Lehrstuhls für Biologische Medizin an der Universität Jena.[1074] Er gehörte damals zu den Vertretern einer auf die Vorsorge gerichteten Medizin, die eine karitative Fürsorge ablehnte und eine Ausmerzung von sogenanntem minderwertigem Leben propagierte.[1075] Nach dem Krieg war *Kötschau* als leitender Arzt in einem Sanatorium am Burgberg tätig, wo er von *Höhn* für die Harzburger Akademie angeworben wurde, als dieser Patient bei ihm war.[1076] Fortan war *Kötschau* dort von 1960 bis 1964 Leiter der Abteilung „Lebensführung und Leistungssteigerung", wo er sein altes Konzept „entnazifizierte", indem er und sein Nachfolger Dr. *Wilhelm Preußer* „einfach die in der NS-Zeit verbreitete Negativsicht auf die Gebrechlichen" fortließen.[1077]

1072 MfS HVA, Nr. 176.
1073 Die Information, in: Harzburger Hefte 1972, Heft 10, S. 575.
1074 Kudlien, Fürsorge und Rigorismus, S. 100f.
1075 So schrieb Kötschau: „Der Schwächling ist nicht dazu da geschont zu werden. ... Ich denke an den Krebskranken, den Tuberkulösen, den Rheumakranken und andere chronische Leiden. ... Der Invalidisierte oder zu Invalidisierende ... ist auf Leistung und Gesundheit zu trainieren, auch wenn dadurch der ungünstige Ausgang seiner Krankheit beschleunigt werden sollte. Mit anderen Worten: ... entweder Leitungsfähigkeit oder natürliche Ausmerze." (Kötschau, Kämpferische Vorsorge statt karitative Fürsorge, zitiert nach: Kudlien, Fürsorge und Rigorismus, S. 101).
1076 Kötschau, Rückblick, in: Harzburger Hefte 1967, Heft 1, S. 44.
1077 Saldern, Bürgerliche Werte für Führungskräfte und Mitarbeiter in Unternehmen, S. 182.

Folglich fanden gleich mehrere ehemalige Mitarbeiter und alte Freunde *Höhns* aus der Zeit des Nationalsozialismus Unterschlupf in der Harzburger Akademie und konnten nicht zuletzt so mit *Höhns* Hilfe ihre finanzielle Existenzgrundlage im Nachkriegsdeutschland absichern. *Höhns* Verbundenheit zum SS-Orden wird noch durch eine weitere Verbindung deutlich. So unterhielt er Anfang der fünfziger Jahre Kontakt zu dem einstigen Befehlshaber der 5. SS-Panzer-Division „Wiking", *Herbert Otto Gille*, und somit auch zu der Hilfsgemeinschaft auf Gegenseitigkeit der Angehörigen der ehemaligen Waffen-SS (HIAG). SS-Obergruppenführer *Gille* gehörte zu den Initiatoren des SS-Veteranenverbandes und war seit 1953 Mitglied des Präsidiums der HIAG-Bundesverbindungsstelle. Zudem gab er die einflussreiche Zeitschrift „Wiking-Ruf" heraus und organisierte zahlreiche Soldaten- und HIAG-Treffen in Hannover und Umgebung.[1078] *Höhn* schien dabei sogar durchaus Einfluss auf *Gille* und die HIAG gehabt zu haben, was folgender Vorfall zeigt. Zu einem der HIAG-Kongresse in Hannover hatte *Gille* 1953 auch ehemalige belgische SS-Veteranen eingeladen. Das Rundschreiben gelangte an die Presse und sorgte für großes Aufsehen in der belgischen Öffentlichkeit. Um persönlichen Schaden von den belgischen SS-Männern abzuwenden, sah sich das „Amt Blank" gezwungen, *Höhn* einzuschalten, damit dieser „in geeigneter Form gelegentlich auf Herrn Gille einwirken" könnte.[1079]

cc) Das RSHA-Verfahren 1966

Mitte der sechziger Jahre war *Höhns* Vergangenheit im Nationalsozialismus abermals Gegenstand einer gerichtlichen Untersuchung. Acht Jahre nach dem Spruchkammerverfahren gegen ihn wurde er nun erneut in Berlin angeklagt. Von 1963 an hatte eine elfköpfige Gruppe der Berliner Staatsanwaltschaft, gestützt auf Akten und Geschäftsverteilungspläne des RSHA, gegen ehemalige Angehörige des SD und Reichssicherheitshauptamtes (RSHA) wegen Mordes an polnischen Bürgern und Offizieren durch die Einsatzgruppen der SS im rückwärtigen Heeresgebiet ermittelt.[1080] Das Berliner Kammergericht eröffnete 1966 ein Ermittlungsverfahren. Zu den Beschuldigten gehörte auch *Höhn*. In das Verfahren einbezogen wurde er wegen seiner Teilnahme an der Amtschefbesprechung im RSHA am 11. September 1939. Die Staatsanwaltschaft vermutete aufgrund des Datums, dass in der besagten Amtschefbesprechung auch über den Einsatz der Sicherheitspolizei und der Einsatzgruppen in Polen gesprochen wurde. Schließlich hatte der Polenfeldzug Mitte September 1939 seinen Höhepunkt erreicht.[1081]

Dabei drohten *Höhn* durch das Berliner Kammergerichtsverfahren nicht nur juristische Konsequenzen. Animiert durch die dort erhobenen Vorwürfe prüfte das

---

1078 Wilke, Die „Hilfsgemeinschaft auf Gegenseitigkeit", S. 38ff. und S. 50.
1079 Drews an Höhn vom 4. September 1953, in: BArch BW 9/775.
1080 Hachmeister, Der Gegnerforscher, S. 341.
1081 Staatsanwalt Filipiak vom 2. Dezember 1966, Landesarchiv Berlin, B Rep. 057-01, Nr. 1509.

Personalamt des Hamburger Senats, ob *Höhn* seine Pensionsansprüche nach Art. 131 GG verlieren könnte. Eine Pension hatte *Höhn* vermutlich schon wenige Jahre nach Kriegsende beantragt und auch zugesprochen bekommen.[1082] Entschieden werden sollte, ob die Ernennungen *Höhns* zum Beamten nur „wegen enger Verbindung zum Nationalsozialismus vorgenommen worden sind" oder gegen beamtenrechtliche Vorschriften verstoßen haben und daher gemäß dem einschlägigen Versorgungsgesetz „unberücksichtigt zu bleiben haben". Ferner prüfte das Personalamt, ob *Höhn* „durch sein Verhalten während der Herrschaft des Nationalsozialismus gegen die Grundsätze der Menschlichkeit oder Rechtsstaatlichkeit verstoßen hat" und deshalb von einer Versorgung gänzlich auszuschließen sei.[1083]

Höhn wies sämtliche Vorwürfe von sich und dementierte die Anklagepunkte in bewährter Manier. In einem Schreiben an den Generalstaatsanwalt wiederholte er zu seiner Entlastung, dass er „auf persönliche Anordnung Hitlers" von seinem Amt beim SD enthoben worden sei, was durch die Aussagen *Ohlendorfs* im Nürnberger Prozess und das Urteil der Berliner Spruchkammer 1958 auch festgestellt worden sei. Überdies legte *Höhn* wahrheitsgemäß dar, dass er während des gesamten Krieges zu keiner Zeit ein Kommando innegehabt habe.[1084] Zu der quellenmäßig belegten Teilnahme an der Amtschefbesprechung im September 1939 erklärte er jedoch:

> „Im September 1939 war ich bereits seit zwei Jahren und vier Monaten nicht mehr Amtschef. Ich konnte daher an der Amtschefbesprechung vom 11. September 1939 im RSHA nicht teilnehmen und habe an ihr auch nicht teilgenommen. Durch Ihr Schreiben habe ich zum ersten Mal erfahren, dass eine solche Besprechung überhaupt stattgefunden hat. Ich habe daher auch keine Ahnung davon, was in dieser Besprechung gesagt worden ist. ...
> Im übrigen ist dies allen denjenigen, die eine führende Stellung im RSHA bis zum Kriegsbeginn hatten, bekannt. Bei dieser Sachlage ist mir unverständlich, wie Sie zu der Annahme kommen können, dass ich im September 1939 noch Amtschef im RSHA gewesen sein und an der Amtschefbesprechung vom 11.September 1939 teilgenommen haben soll."[1085]

Zwar unternahm die Berliner Staatsanwaltschaft weitere Bemühungen, um den Sachverhalt aufzuklären, doch konnte nicht ermittelt werden, was tatsächlich Gegenstand der Amtschefbesprechung war. Zudem wurde *Höhn* durch den ehemaligen Chef der Gestapo-Leitstelle Berlin, den ebenfalls angeklagten SS-Brigadeführer *Paul*

1082 Darauf lässt ein Schreiben des Hamburger Personalamtes, Besoldungs- und Versorgungsstelle, an die Universität Heidelberg aus dem Jahr 1964 schließen (UA Heidelberg, PA 4245).

1083 Regierungsdirektor Pillat an Generalstaatsanwalt Severin vom 16. März 1966, Landesarchiv Berlin, B Rep. 057-01, Nr. 1509.

1084 Höhn an Generalstaatsanwalt Severin vom 29. September 1966, Landesarchiv Berlin, B Rep. 057-01, Nr. 1509.

1085 Höhn an Generalstaatsanwalt Severin vom 29. September 1966, Landesarchiv Berlin, B Rep. 057-01, Nr. 1509.

Kanstein, entlastet. *Kanstein*, laut Protokoll wie *Höhn* auf der maßgeblichen Sitzung im RSHA anwesend, konnte sich „an diese Amtschefbesprechung überhaupt nicht erinnern".[1086] In erster Linie fehlten aber vor allem die belastenden Beweise gegen *Höhn*. So konstatierte die Staatsanwaltschaft, dass die „bloße Anwesenheit oder Teilnahme an einer Besprechung, die möglicherweise sicherheitspolitische Fragen zum Gegenstand hat", strafrechtlich irrelevant sei, „wenn nicht festgestellt werden kann, daß auf Grund dieser ‚Besprechung' eine bestimmte Entscheidung getroffen wurde, durch die eine bestimmte Anzahl von Polen, insbesondere Angehörige der polnischen Intelligenz, der Vernichtung zugeführt wurde". Darüber hinaus müsse auf Grund von *Höhns* Stellung als ehemaliger Amtsleiter im SD „davon ausgegangen werden, daß er, der im September 1939 nur an einer einzigen Amtschefbesprechung teilgenommen hat, allenfalls eine beratende Tätigkeit ausgeübt haben kann".[1087] Mithin schied eine mittelbare Täterschaft *Höhns* wegen Mordes aus. Daneben kam auch eine Anklage wegen Beihilfe zum Mord nicht in Betracht.[1088]

Damit blieb *Höhn* straffrei. Das Ermittlungsverfahren gegen ihn wegen des Verdachts der Teilnahme an Mordhandlungen gegen Polen wurde am 2. Dezember 1966 gemäß § 170 II 1 StPO eingestellt.[1089] Auch die Untersuchung des Personalamts des Hamburger Senats gegen Höhn wurde ergebnislos abgeschlossen, so dass er seine Pensionsansprüche aus seiner Beschäftigung als Professor behielt.[1090] Mithin entging er erneut einer umfassenden Aufarbeitung seiner Tätigkeit im Dritten Reich. Seine Karriere im Nachkriegsdeutschland blieb davon ebenso unberührt. Der Prozess konnte kein mediales Echo entfalten, wodurch *Höhn* seine erfolgreiche Arbeit in seiner Harzburger Akademie unbeirrt fortsetzen konnte.

Die Akademie konnte trotz des Verfahrens gegen ihren Geschäftsführer ihren Aufwärtstrend 1966 unvermindert fortsetzen. Es wurden 641 Lehrgänge angeboten,

---

1086 Staatsanwalt Filipiak vom 2. Dezember 1966, Landesarchiv Berlin, B Rep. 057-01, Nr. 1509.

1087 Staatsanwalt Filipiak vom 2. Dezember 1966, Landesarchiv Berlin, B Rep. 057-01, Nr. 1509.

1088 Die Staatsanwaltschaft hielt dies zwar durchaus für aussichtsreich. Jedoch wäre eine etwaige Beihilfe verjährt. Zur Tatzeit im September 1939 betrug die Höchststrafe für Beihilfe zum Mord gemäß §§ 49, 44, 211 i.V.m. § 14 StGB alter Fassung nämlich nur 15 Jahre Zuchthaus. Der Strafrahmen der vollendeten Tat wurde für die Beihilfe erst durch § 4 der Verordnung gegen Gewaltverbrecher vom 5. Dezember 1939 begründet. Da diese Verordnung aber rückwirkende Kraft hatte, war sie wegen eines Verstoßes gegen den Grundsatz „nulla poena sine lege" nichtig. Folglich betrug die Verjährungsfrist nach wie vor 15 Jahre. Somit war die Beihilfe verjährt (Staatsanwalt Filipiak vom 2. Dezember 1966, Landesarchiv Berlin, B Rep. 057-01, Nr. 1509). Dies war im Übrigen selbst dann der Fall, wenn man, wie vom Bundestag am 23. März 1965 beschlossen, den Beginn der Verjährungsfrist für NS-Morde auf den 1. Januar 1950 festlegte.

1089 Oberstaatsanwalt Severin an den Senat der Freien und Hansestadt Hamburg vom 2. Dezember 1966, Landesarchiv Berlin, B Rep. 057–01, Nr. 1509.

1090 Landesarchiv Berlin, B Rep. 057–01, Nr. 1509.

die von insgesamt 15834 Teilnehmern besucht wurden. Dabei nutzten 2440 Firmen das Ausbildungsangebot der Akademie und sorgten so für Investitionen in Höhe von rund 8 Millionen DM.[1091] Im Jahr 1967 stagnierten die Zahlen zwar zum ersten Mal,[1092] doch schon ein Jahr später erfolgte ein rasanter Anstieg,[1093] so dass Mitte 1968 bereits über 100000 Personen an der AFW ausgebildet wurden.[1094]

e) Die Harzburger Akademie auf dem Zenit

Anfang der siebziger Jahre erreichte der Aufwärtstrend der Harzburger Akademie dann seinen Höhepunkt.[1095] 1970 betrug der Gesamtumsatz der DVG als Trägerin des Bildungsverbunds aus AFW, AFF und WFL insgesamt 10 Millionen DM. Im Jahr 1971 erwartete man sogar einen Umsatz von rund 12 Millionen DM.[1096] Schließlich lag die absolute Teilnehmerzahl 1971 mit 35660 bei 1389 Kursen auf einem neuerlichen Rekordhoch.[1097] Seit der Gründung 1956 bis zum Ende des Jahres 1971 wurden

---

1091 Die Information, in: Harzburger Hefte 1967, Heft 2, S. 129. Inzwischen kamen die Dozenten der Akademie auch zu den einzelnen Firmen, um vor Ort die jeweiligen Führungskräfte weiterzubilden. Nichtsdestotrotz fand der Großteil der Lehrgänge weiterhin in Bad Harzburg statt (Die Information, in: Harzburger Hefte 1967, Heft 2, S. 129).

1092 Zwar konnte die Zahl der Kurse und Seminare auf 665 erhöht werden. Jedoch fiel die Hörerzahl an der AFW auf 14963. Dies lag vor allem an einem Rückgang der Zahlen bei den Meistern und Vorarbeitern. Die Zahlen im gehobenen Management konnten dagegen weiter gesteigert werden. Lediglich die AFF und WFL konnten eine Steigerung der Teilnehmerzahlen verbuchen. So absolvierten 1967 insgesamt 8093 Studenten ein Fernstudium (Bericht über die Tätigkeit der DVG 1967, S. 5; Die Information, in: Harzburger Hefte 1969, Heft 1, S. 52). Die 18 Wochenlehrgänge der Wirtschaftsakademie wurden von 476 Lehrern besucht (Die Information, in: Harzburger Hefte 1968, Heft 3, S. 190).

1093 18679 Führungskräfte nahmen an den 796 Lehrgängen teil (Die Information, in: Harzburger Hefte 1969, Heft 1, S. 52).

1094 Die Information, in: Harzburger Hefte 1968, Heft 6, S. 395. Auch die AFF verzeichnete mit 9224 Studenten eine Verbesserung gegenüber dem Vorjahr. Zudem erweiterte Höhn das Angebot seiner Akademie. So gab es seit 1968 auch Spezialkurse für Bank- und Außenhandelskaufmänner, Datenverarbeitung sowie für Marketing und Werbung. Obendrein wurde in Bad Harzburg ein Rechenzentrum eingerichtet und ein Computer für Ausbildungszwecke angeschafft (Die Information, in: Harzburger Hefte 1969, Heft 1, S. 52; Die Information, in: Harzburger Hefte 1967, Heft 6, S. 388; Die Information, in: Harzburger Hefte 1968, Heft 6, S. 395).

1095 Im Jahr 1970 verzeichnete die AFW einen Teilnehmeranstieg in Höhe von 33 % gegenüber dem Vorjahr. Insgesamt hatte man 34740 Besucher. Daneben waren rund 6000 Studierende an der Fernstudienakademie AFF eingeschrieben (Die Information, in: Harzburger Hefte 1971, Heft 1, S. 50; Bericht über die Tätigkeit der DVG 1971, S. 18).

1096 In eigener Sache, in: Harzburger Hefte 1972, Heft 1–2, S. 38.

1097 Die Information, in: Harzburger Hefte 1972, Heft 3–4, S. 160.

damit mehr als 200000 Führungskräfte in der AFW geschult.[1098] Um dem Wachstum Rechnung zu tragen, gab *Höhn* sogar Kompetenzen ab und berief im Juni eine neue Geschäftsleitung, zu der auch seine ehemalige Assistentin *Gisela Böhme* gehörte.[1099] Daneben expandierte *Höhns* Akademie im Süden der Bundesrepublik. Neben den bereits bestehenden Akademieorten in der Schweiz und Österreich kamen noch Seminare im Raum von Stuttgart und München dazu. Auch der Lehrkörper der Akademie wuchs weiter an. 1971 waren 32 hauptamtliche und 90 Gastdozenten in Bad Harzburg beschäftigt.[1100] Insgesamt lag die Zahl der festangestellten Mitarbeiter bei 220.[1101] Für die Region wurden *Höhns* Einrichtungen zu einem entscheidenden Wirtschaftsfaktor. So gab es teilweise bis zu 10000 Übernachtungen pro Monat in Bad Harzburg.[1102]

Der Harzburger Bildungsverbund war somit zu einem festen Bestandteil in der deutschen Wirtschaft nach dem Zweiten Weltkrieg aufgestiegen. Die Akademie hatte sich als maßgebliche Ausbildungsstätte für Manager und Führungskräfte etabliert. Zahlreiche große und prominente Unternehmen ließen ihre Mitarbeiter von *Höhns* Akademie weiterbilden. Für besondere Kunden wurden sogar firmenspezifische Extrakurse angeboten. Dazu gehörten unter anderem VW, die Phoenix Rheinrohr AG, die Continental Gummi-Werke AG, C & A, die Karstadt AG, Kaufhof, die Mannesmann AG, Oetker, die Friedrich-Krupp Hüttenwerke AG, BMW, Bayer-Farbwerke, die Hoesch AG, Opel, die Grundig Werke GmbH, Esso und die August Thyssen AG.[1103]

Der Erfolg der Harzburger Akademie und des zugrundeliegenden Modells war dabei fest an die Person *Reinhard Höhn* gekoppelt. Ohne ihn hätte die Harzburger Managementlehre wohl kaum den massiven Zulauf aus der Wirtschaft erhalten. *Höhn* galt als ein glänzender Rhetoriker und begeisternder Lehrer. Es war sein autoritärer, forscher Lehrstil, den er durch Anekdoten und Erfahrungsberichte anreicherte, der ihm die ungeteilte Aufmerksamkeit seiner Zuhörer sicherte. So wurde in einer Befragung der Harzburger Akademie der Erfolg der Institution nicht zuletzt

1098 Saldern, Das „Harzburger Modell“, S. 312.
1099 Weitere Mitglieder waren Wolfgang Borkel, Werner Glahe, Fritz Raidt und Otto Roller (Die Information, in: Harzburger Hefte 1971, Heft 4, S. 252).
1100 Die Information, in: Harzburger Hefte 1972, Heft 3–4, S. 160. Fest angestellte Dozenten wurden ein halbes Jahr geschult, bevor sie selbst unterrichten durften. Die Honorardozenten erhielten einen Tagessatz zwischen 500 und 1000 DM (Deutschlands Manager-Schulen: Nicht befriedigend, in: Capital 4/1970, S. 126).
1101 Die Information, in: Harzburger Hefte 1971, Heft 4, S. 252.
1102 Miss-Management-Schulen?, in: „Handelsblatt“ vom 27. Oktober 1989, Nr. 209. Von den zahlreichen Übernachtungen profitierte natürlich auch die DVG als Trägergesellschaft der Harzburger Akademie selbst. So wurde 1970 das akademieeigene Hotel „Jagdhof“ aufgrund der großen Nachfrage ausgebaut. Fortan gab es dort 3 Hörsäle und mehr Zimmer (Bericht über die Tätigkeit der DVG 1970, S. 5).
1103 Saldern, Die „Harzburger Akademie“, S. 312.

auch auf die „überzeugende Persönlichkeit von Höhn" zurückgeführt.[1104] *Höhn* war also selbst zu einer Institution in der Ausbildung von Führungskräften in Wirtschaft und Industrie in der Bundesrepublik Deutschland geworden. Nachdem er nach Kriegsende noch abtauchen musste, stand er nun an exponierter Stelle im Wirtschaftsleben der Republik und erhielt die Anerkennung, die ihm damals noch verwehrt wurde. Er hatte es geschafft, jegliche Aufklärungsversuche über seine SS-Vergangenheit erfolgreich zu unterbinden. Zwei Gerichtsverfahren überstanden er und seine Akademie nahezu unbeschadet. Insgesamt legte *Höhn* eine fast beispiellose Nachkriegskarriere hin. Dabei stellte er erneut seine außerordentliche Anpassungsfähigkeit unter Beweis. Er vollzog eine fast geräuschlose Wandlung vom überzeugten Nationalsozialisten und SS-Juristen zum „Management-Papst". Nach einer mustergültigen NS-Karriere hatte er sich als Teil der Funktionselite in der Bundesrepublik etabliert. Er hatte eine bislang unerreichte wirtschafts- und gesellschaftspolitische Bedeutung erlangt, wobei er es vollbrachte, seine Akademie und sich in der Mitte der Gesellschaft zu platzieren.

Auch finanziell dürfte er hervorragend situiert gewesen sein. Die Akademie galt schließlich auch als eine der teuersten gemeinnützigen Managementschulen in Deutschland.[1105] In der Presse wurde sogar kolportiert, er sei mehrfacher Millionär.[1106] Seit dem 27. März 1969 hatte *Höhn* zumindest einen Zweitwohnsitz im noblen Pöcking am Starnberger See in der Alten Bahnhofsstraße 30.[1107]

aa) Verwaltung und Harzburger Akademie

Bemerkenswert am Erfolg *Höhns* und der Harzburger Akademie war, dass er sich keineswegs auf die Wirtschaft und Industrie beschränkte. Vielmehr hatte *Höhns* Managementlehre unlängst auch die staatlichen Institutionen erreicht. Ungeachtet der belasteten Vergangenheit *Höhns* entstand früh eine enge Kooperation. Die Zusammenarbeit zwischen den Behörden und *Höhns* Bad Harzburger Bildungsverbund hatte dabei zwei Komponenten. Zum einen wurden die Akademien schon seit ihrer Gründung vom Bund gefördert. So wurde bereits die Trägergesellschaft DVG in den fünfziger Jahren vom Presse- und Informationsdienst der Bundesregierung mit Geldmitteln versorgt.[1108] Bis zum Jahr 1960 wurde sie sodann in begrenztem Umfang mit ERP-Mitteln, die vom Bundesministerium für Wirtschaft und Finanzen verwaltet wurden, gefördert.[1109] Daneben gab es Formen indirekter staatlicher Hilfestellungen.

1104 Befragung, in: Harzburger Hefte 1962, Heft 1, S. 192.

1105 Schlechte Zeiten, in: Capital 12/71, S. 50.

1106 „Schmiede der Elite: Wo Bosse kommandieren lernen", in: „Vorwärts" vom 9. Dezember 1971.

1107 Hachmeister, Der Gegnerforscher, S. 305.

1108 Presse- und Informationsdienst der Bundesregierung an Höhn vom 22. Juni 1953, in: BArch BW 9/775.

1109 Bundesministerium für Wirtschaft und Finanzen an das Bundespräsidialamt vom 21. Februar 1972, in: BArch B 122/ 8393, Bl. 6.

Mehrere Kultusministerien beteiligten sich bereits zu Beginn an den Kursgebühren der WFL.[1110] Zuletzt wurde auch die AFF vom Bundesministerium für Arbeit und Soziales unterstützt.[1111]

Auf der anderen Seite frequentierten Behörden und Kommunen *Höhns* Akademie auch als Kunden. In den sechziger Jahren gab es geschäftliche Beziehungen zwischen der Harzburger Akademie und dem Presse- und Informationsdienst der Bundesregierung.[1112] Auch wurden Kurse der Akademie von Bundes- und Landesbeamten besucht.[1113] Zu den Kunden der Akademie zählten schon 1958 das niedersächsische Ministerium für Wirtschaft und Verkehr sowie das Bundesministerium für Arbeit und Sozialordnung.[1114] An der WFL wurden Sonderkurse für verschiedene Kultusministerien veranstaltet, in denen nur Lehrer eines bestimmten Bundeslandes geschult wurden.[1115] Die AFF arbeitete seit den sechziger Jahren auf dem Gebiet der Fremdsprachenkurse eng mit der öffentlichen Verwaltung zusammen.[1116] 1971 absolvierten zudem Mitarbeiter der Landratsämter Landau/Bad Bergzabern, Ludwigshafen und Mayen-Koblenz Kurse an der AFF.[1117] Später wurde dort das Harzburger Modell in der Kreisverwaltung eingeführt.[1118] Daneben wurden 1971 rund 350 führende Angestellte der Bayerischen Staatsforstverwaltung an der AFF ausgebildet.[1119] Das zuständige bayerische Staatsministerium für Ernährung, Landwirtschaft und

1110 Voelmy, Ein Forum für Schule und Wirtschaft – vom Gedankenaustausch zur erfolgreichen Zusammenarbeit, S. 260, in: Aspekte des Fortschritts in Staat, Wirtschaft und Gesellschaft, Festschrift für Reinhard Höhn zum 20jährigen Bestehen der Akademie für Führungskräfte der Wirtschaft, S. 259–264.

1111 Bericht über die Tätigkeit der DVG 1962, S. 27.

1112 BArch B 145/6171.

1113 An dem Speziallehrgang „Öffentlichkeitsarbeit der öffentlichen Hand“ vom 8.-11. Mai 1967 nahmen beispielsweise Vertreter des Bundesministeriums für Post- und Fernmeldewesen, des schleswig-holsteinischen Landwirtschaftsministeriums, des hessischen Justizministeriums und verschiedener Städte teil (BArch B 145/6171).

1114 Bericht der DVG über die Tätigkeit 1958, in: BArch BW 9/775.

1115 Voelmy, Ein Forum für Schule und Wirtschaft – vom Gedankenaustausch zur erfolgreichen Zusammenarbeit, S. 261, in: Aspekte des Fortschritts in Staat, Wirtschaft und Gesellschaft, Festschrift für Reinhard Höhn zum 20jährigen Bestehen der Akademie für Führungskräfte der Wirtschaft, S. 259–264.

1116 So wurden die Fremdsprachenkurse der AFF vom Sprachdienst des Auswärtigen Amtes und dem Innensenator Berlins positiv in Hinblick auf die Verwendung zur Spracherziehung der Bediensteten in der Verwaltung beurteilt (AFF an ORR Peter/Verteidigungsministerium vom 29. Mai 1963, in: BW 1/315364).

1117 Bericht über die Tätigkeit der DVG 1971, S. 19.

1118 Schwetje, Erfahrungen mit dem Harzburger Modell in der öffentlichen Verwaltung, S. 247f., in: Aspekte des Fortschritts in Staat, Wirtschaft und Gesellschaft, Festschrift für Reinhard Höhn zum 20jährigen Bestehen der Akademie für Führungskräfte der Wirtschaft, S. 247–251.

1119 Bericht über die Tätigkeit der DVG 1971, S. 19.

Forsten wurde dabei sogar von *Höhn* persönlich unterrichtet.[1120] Auch andere staatliche Forstverwaltungen befassten sich mit dem Harzburger Modell. So empfahl beispielsweise eine Kommission der Forstverwaltungen Baden-Württembergs die Einführung in der Behördenspitze.[1121] Ferner wurde *Höhns* Managementkonzept in den siebziger Jahren an der Polizeiführungsakademie in Münster gelehrt.[1122] Selbst in höchsten politischen Kreisen gab es Überlegungen, das Managementmodell einzuführen. Ausgerechnet das Bundeskanzleramt unter *Willy Brandt* diskutierte die Möglichkeit der Übernahme von *Höhns* Lehren.[1123]

bb) Gewerkschaften und Harzburger Akademie

Daneben beschränkte sich die Harzburger Akademie auch nicht auf die Unternehmerschaft als Kundschaft. Schon kurz nach dem Beginn seiner Amtszeit als geschäftsführendes Präsidialmitglied der Volkswirtschaftlichen Gesellschaft versuchte *Höhn* die Arbeitnehmerseite einzubinden und lud im Mai 1953 Vertreter der Gewerkschaften zu einer Veranstaltung zum Thema „Maßnahmen zur Sicherung des sozialen Friedens“ ein, wobei man sich zunächst noch mit Skepsis begegnete.[1124] Anfang 1959 wurde im Geschäftsführenden Bundesvorstand der Gewerkschaften sogar vereinbart, die Beziehungen zur Akademie zu beenden, doch wurde dieser Plan von einer großen Gruppe von Befürwortern unterbunden. Die Hauptabteilung Wirtschaftspolitik erstellte dafür eine äußerst wohlwollende Stellungnahme zur Person *Höhn*, die an alle Vorstandsmitglieder geschickt wurde.[1125] Mitinitiator war dabei DVG-Präsidiumsmitglied *Harald Koch*,[1126] der obendrein gleichermaßen bereits für die Aufnahme von Geschäftsbeziehungen zwischen Gewerkschaften und

1120 Eisenmann, Zeitgemäßer Führungsstil in der Landwirtschafts- und Forstverwaltung Bayerns, S. 94, in: Aspekte des Fortschritts in Staat, Wirtschaft und Gesellschaft, Festschrift für Reinhard Höhn zum 20jährigen Bestehen der Akademie für Führungskräfte der Wirtschaft, S. 93–98.

1121 Höhn/Freilinger, Moderner Führungsstil in der Forstwirtschaft, S. IV und S. 81.

1122 Schenk, Hans Frank, S. 125.

1123 Die Information, in: Harzburger Hefte 1971, Heft 4, S. 252.

1124 An einer Tagung der Volkswirtschaftlichen Gesellschaft in Zusammenarbeit mit der Auslandswissenschaftlichen Gesellschaft in Hamburg zum Thema „Maßnahmen zur Sicherung des sozialen Friedens“ am 16. und 17. Mai 1953 nahmen Vertreter der Gewerkschaften teil. In einem Bericht über die Tagung befand man von Gewerkschaftsseite, dass es erfreulich wäre, „wenn die Volkswirtschaftliche Gesellschaft die Öffentlichkeit davon überzeugen würde, daß sie ohne Hintergedanken auf einen Ausgleich der sozialen Gegensätze und eine Verständigung mit den Gewerkschaften hinarbeitet“ (Becker, Um die Sicherung des sozialen Friedens, in: Gewerkschaftliche Monatshefte 6/1953, S. 380).

1125 Hauptabteilung Wirtschaftspolitik an die Mitglieder des Geschäftsführenden Bundesvorstands (GBV) vom 15. November 1960, in: Privatarchiv H. Borsch.

1126 Hauptabteilung Wirtschaftspolitik an die Mitglieder des Geschäftsführenden Bundesvorstands (GBV) vom 15. November 1960, in: Privatarchiv H. Borsch.

Akademie hauptverantwortlich war. So gab es schon früh eine besonders enge Zusammenarbeit der AFW mit dem Betriebsrat der Hoesch Werke AG,[1127] deren Arbeitsdirektor *Koch* war.

Später kam es dann immer wieder zu gemeinsamen Projekten und Veranstaltungen. So trat beispielsweise *Rudolf Henschel*, DGB-Vorstandssekretär und Leiter der Abteilung Wirtschaftspolitik beim DGB-Bundesvorstand, vermehrt als Referent bei Tagungen der DVG auf.[1128] In der Folge beriet die AFW außerdem mehrere Betriebsräte.[1129] Daneben gehörten auch Gewerkschaften zum Kundenstamm der Akademie.[1130] Auch die anderen Akademien des Bad Harzburger Bildungsverbunds kamen mit den Gewerkschaften in Berührung. Die Gründung der WFL wurde von der GEW begrüßt.[1131] Danach hielt man „engere Kontakte".[1132] Über die AFF gründete die DVG 1968 sogar gemeinsam mit der Briefschule des DGB ein eigenes Sprachinstitut unter der Bezeichnung „eurosprach".[1133] Noch 1971 veranstaltete die DVG etwa das 5. Konjunkturgespräch, an dem auch hohe Funktionäre des DGB und der IG Metall teilnahmen.[1134]

cc) Bundeswehr und Harzburger Akademie

Als erstaunlichstes Beispiel für die Verbindungen der Harzburger Akademie zu den Institutionen der Bundesrepublik kann aber wohl die Zusammenarbeit zwischen dem Harzburger Bildungsverbund und der Bundeswehr sowie dem Bundesministerium für Verteidigung gelten. Aufschlussreich sind insbesondere das Zustandekommen und die Art und Weise der Kooperation.

Die Beziehungen der Harzburger Akademie basierten dabei in erster Linie auf *Höhns* guten Kontakten zu Führungskräften in Armee und Behörde. Bereits zum „Amt Blank", der Vorgängerinstitution des Bundesverteidigungsministeriums, hatte er spätestens seit Ende 1952 beste Verbindungen. *Höhn* verfügte über persönliche Kontakte zu Behördenleiter *Theodor Blank*[1135] und anderen Spitzenfunktionären der Dienststelle. So unterhielt er seit Anfang der fünfziger Jahre einen regen Schriftverkehr zu Generalleutnant *Hans Speidel*, seinerseits ehemaliger militärischer Berater *Adenauers* und von 1950 bis 1955 Sachverständiger im Amt Blank und im Verteidigungsministerium sowie Chefdelegierter der deutschen Delegation beim

---

1127 Bericht über die Tätigkeit der DVG 1958, S. 17.

1128 Bericht über die Tätigkeit der DVG 1958, S. 3f.; Die Information, in: Harzburger Hefte 1963, Heft 3, S. 53 und in: Harzburger Hefte 1965, Heft 2, S. 110ff.

1129 Schanetzky, Unternehmer, S. 117.

1130 Beispielsweise die Gewerkschaft Handel, Banken und Versicherungen, Düsseldorf (Bericht der DVG über die Tätigkeit 1958, in: BArch BW 9/775).

1131 Bericht über die Tätigkeit der DVG 1955, S. 15.

1132 In eigener Sache, in: Harzburger Hefte 1972, Heft 1–2, S. 40.

1133 Bericht über die Tätigkeit der DVG 1968, S. 25f.

1134 In eigener Sache, in: Harzburger Hefte 1972, Heft 1–2, S. 40.

1135 Höhn an Theodor Blank vom 10. Oktober 1953, in: BArch BW 9/775.

Interimsausschuss der Konferenz für die Organisation der Europäische Verteidigungsgemeinschaft (EVG).[1136] Dabei ging es vor allem um einen Austausch über die militärhistorischen Forschungen *Höhns*.[1137] *Speidel* befürwortete, durch *Höhns* Werk inspiriert, beispielsweise die Gründung einer „Scharnhorst-Gesellschaft".[1138] Denkbar ist aber auch, dass *Höhn* diesen Kontakt dazu nutzte, Geschäftsbeziehungen zwischen der Volkswirtschaftlichen Gesellschaft und der Bundeswehr zu lancieren.

Höhns maßgebliche Einbruchstelle im Amt war allerdings der Oberstleutnant a.D. und spätere Bundeswehrgeneral *Werner Drews*.[1139] *Drews* war dort Referent für Allgemeine Wehrfragen, spätestens seit 1952 auch mit der Presse- und Öffentlichkeitsarbeit des Amtes betraut und trotz seines nachgeordneten Rangs in der Organisationshierarchie gut vernetzt.[1140] Zwar ging es auch hier mitunter um *Höhns* militärhistorische Untersuchungen.[1141] Im Vordergrund standen aber geschäftliche Dinge. *Höhn* kontaktierte Drews zu Beginn seiner Tätigkeit bei der Volkswirtschaftlichen Gesellschaft regelmäßig.[1142] So organisierte *Höhns* Gesellschaft vom 8. bis 10. Oktober 1953 eine Tagung zu dem Thema „Wehrordnung und Wirtschaftsordnung" in Hamburg-Blankenese, an der nach Absprache mit *Drews* auch Vertreter des „Amtes Blank" teilnahmen.[1143] Die Militärs steuerten sogar einen Vortrag zur Tagung

1136 Lowry, The forge of West German rearmement, S. 48; Scholten, Offizier: Im Geiste unbesiegt, S. 143; Krüger, Das Amt Blank, S. 197.

1137 Korrespondenz zwischen Generalleutnant Speidel und Höhn, in: BArch BW 9/3365, Bl. 243–251.

1138 Generalleutnant Dr. Speidel an Höhn vom 8. August 1953, in: BArch BW 9/3365, Bl. 243.

1139 Werner Willi Drews (1914–1974) war 1932 in die Reichswehr eingetreten und zwei Jahre später zum Leutnant befördert worden. Während des Zweiten Weltkriegs wurde er zunächst in Kavallerieeinheiten und in verschiedenen Generalstäben eingesetzt, bevor er Oberstleutnant der 11. Panzerdivision wurde. Nach der Entlassung aus der Kriegsgefangenschaft arbeitete er als Verkaufsleiter. Von 1951 bis 1955 war er im „Amt Blank" Referent für Allgemeine Wehrfragen. 1955 trat er in die Bundeswehr ein, wobei seine Beförderung zum Oberst auf das Eintrittsdatum zurückdatiert wurde. Von 1955 bis 1958 sodann Tätigkeit als Unterabteilungsleiter im Verteidigungsministerium. 1958 wurde er Brigadekommandeur, bis er 1960 zum Brigadegeneral befördert wurde. Von 1964 bis 1967 war er Divisionskommandeur. 1965 Beförderung zum Generalmajor. Zuletzt war er von 1967 bis 1969 Abteilungsleiter für „Grundsatzfragen und Planung" im Internationalen Militärstab und von 1969 bis 1970 Befehlshaber des Territorialkommandos Süd (Krüger, Das Amt Blank, S. 186; Nägler, Der gewollte Soldat und sein Wandel, S. 92, Rn. 17).

1140 Loch, Das Gesicht der Bundeswehr, S. 135f.

1141 Drews versprach beispielsweise, für Höhns Werk „Scharnhorsts Vermächtnis" zu werben (Werner Drews an Höhn vom 6. November 1952, in: BArch BW 9/775).

1142 BArch BW 9/775.

1143 Drews an Höhn vom 6. November 1952, in: BArch BW 9/775.

bei.[1144] Mit dem Brigadegeneral *Heinz Karst*,[1145] der fortan mit *Höhn* und dessen späterer Akademie des Öfteren zusammenarbeitete, trat zudem ein Mitarbeiter des Amtes als Autor in der aus dieser Tagung resultierenden Abhandlung „Menschenführung, Personalauslese, Technik in Wirtschaft und Armee", die 1954 in der Reihe „Lebendige Wirtschaft" der Volkswirtschaftlichen Gesellschaft erschien, auf.[1146]

Darüber hinaus nutzte *Höhn* seine Kontaktpersonen im „Amt Blank" auch für andere Zwecke. Die Arbeit der Volkswirtschaftlichen Gesellschaft wurde zu Beginn mit Bundesmitteln gefördert. Auf Antrag *Höhns* erhielt man etwa für die Publikation über die Tagung „Wehrordnung und Wirtschaftsordnung" vom Juli 1953 vom Presse- und Informationsdienst der Bundesregierung aus Mitteln zur Förderung des Informationswesens eine Beihilfe in Höhe von 2000 DM.[1147] Zudem beantragte man im selben Jahr Zuschüsse für die Drucklegung von Vorträgen der Tagungen „Wirtschaft und Schule" und „Maßnahmen zur Sicherung des sozialen Friedens in der gegenwärtigen Weltspannung". Um die Förderungsaufträge positiv zu gestalten, versuchte *Höhn* über das Amt Blank Druck auf den Presse- und Informationsdienst der Bundesregierung auszuüben. So bat er *Drews*, „sich der Angelegenheit" anzunehmen, diese „möglichst bald" zu erledigen,[1148] was jedoch erfolglos blieb.[1149] Auch bei der Finanzierung eigener Projekte ersuchte *Höhn* um Unterstützung in der Dienststelle. So wandte er sich an Amtschef *Theodor Blank* persönlich, um an Geldmittel „für einen Mitarbeiter und eine Schreibkraft" zur Fertigstellung seiner privaten Forschungsvorhaben zu gelangen.[1150]

Durch seine militärhistorischen Untersuchungen blieb *Höhn* auch unabhängig von der AFW im Fokus des Ministeriums. So stieß sein Werk „Sozialismus und Heer"

1144 Höhn an Theodor Blank vom 10. Oktober 1953, in: BArch BW 9/775.

1145 Heinz Karst (* 1. Dezember 1914 in Aachen, † 13. Januar 2002 auf der Insel Reichenau) war Leutnant der Wehrmacht und Teilnehmer am Polen- und Russlandfeldzug. Nach kurzer amerikanischer Kriegsgefangenschaft arbeitete er als Privatlehrer, Übersetzer und Dolmetscher. Von 1952 bis 1955 sodann Beschäftigung im Amt Blank, bevor er 1955 als Major in die Bundeswehr eintrat. Im Bundesministerium für Verteidigung war er bis 1957 Hilfsreferent in der Unterabteilung IV B (Innere Führung) und Stellvertreter von Baudissins. Danach war Karst Lehrgruppenkommandeur an der Schule für Innere Führung der Bundeswehr, Kommandeur des Panzeraufklärungsbataillons 11 und bis 1963 Referent in der Abteilung B I 4. 1961 wurde er zum Oberst befördert. Von 1963 bis 1967 wurde er als Kommandeur der Panzerbrigade 32 eingesetzt und wurde 1965 zum Brigadegeneral befördert. Bis zu seinem Ruhestand 1970 war er General im Erziehungs- und Bildungswesen im Truppenamt (Nägler, Der gewollte Soldat und sein Wandel, S. 33, Rn. 7).

1146 Karst/Beermann/Grosse, Menschenführung, Personalauslese, Technik in Wirtschaft und Armee, in: Lebendige Wirtschaft 1954, Band 4.

1147 Presse- und Informationsdienst der Bundesregierung an Höhn vom 22. Juni 1953, BArch BW 9/775.

1148 Höhn an Werner Drews vom 3. Juli 1953 und 17. Juni 1953,in: BArch BW 9/775.

1149 Drews an Höhn vom 10. Juli 1953, in: BArch BW 9/775.

1150 Höhn an Theodor Blank vom 10. Oktober 1953, in: BArch BW 9/775.

1959 auf großen Zuspruch bei den Militärs. Neben lobenden Briefen von seinem alten Bekannten *Hans Speidel*,[1151] der nunmehr Oberbefehlshaber der alliierten Landstreitkräfte in Mitteleuropa war, und dem ehemaligen Leiter der Abteilung für „Innere Führung“ im Amt Blank und Verteidigungsministerium Oberst *Graf Wolf von Baudissin*[1152] erhielt *Höhn* Anerkennung von höchster Stelle. Verteidigungsminister *Franz Josef Strauß*, dem *Höhn* seine Abhandlung samt persönlichen Begleitschreiben zukommen ließ, dankte diesem für seine Arbeit und den Beitrag, „daß die hier bestehenden Meinungsverschiedenheiten sachlich diskutiert werden“.[1153] Das Bundesverteidigungsministerium plante überdies den Ankauf einer großen Anzahl von Exemplaren der Schrift.[1154]

Höhns militärhistorische Expertise brachte ihm sogar eine beratende Tätigkeit für das Ministerium ein. Im Jahr 1961 wurde er von *Strauß* in den „Beirat für Innere Führung“ des Verteidigungsministeriums berufen. Dem Beirat kam die Aufgabe zu, einen Entwurf für einen Traditionserlass für die Bundeswehr zu entwerfen. Verteidigungsminister *Strauß* hatte den Beirat reaktiviert, nachdem zuvor mehrere Entwürfe zur inneren Führung der Bundeswehr des ersten Beirats an seinem Veto gescheitert waren. *Strauß* hatte vor allem das Fehlen eines brauchbaren Geschichtsbildes bemängelt. Im neuen Beirat sollten nunmehr auch Personen außerhalb des Ministeriums beteiligt werden. Dazu gehörten neben dem Brigadegeneral *Ulrich de Maizière*, Kommandeur der Schule für Innere Führung, Prof. Dr. *Gerhard Möbius*, Leiter des Forschungsstabes der Schule für Innere Führung, und Oberst Dr. *Hans Meier-Welcker* vom Militärgeschichtlichen Forschungsamt auch mehrere Historiker, die sich in der Vergangenheit durch Arbeiten zur Heeresforschung ausgezeichnet hatten. Zu diesem Kreis gehörten *Gerhard Ritter*, *Percy Ernst Schramm*, *Max Braubach*, *Walter Görlitz* und eben auch *Höhn*.[1155] Nach einem regen Gedankenaustausch und Schriftwechsel wurde dem Verteidigungsministerium ein Erlassentwurf vorgelegt, der bei den Ministerialen allerdings auf wenig Begeisterung stieß. Schließlich wurde er vom Verteidigungsministerium zurückgezogen, da auch der Verteidigungsausschuss des Bundestags dem Ministerium signalisierte, dass der Entwurf kaum

1151 Speidel an Höhn vom 10. Februar 1959, in: BArch N 597/66, Bl. 98.

1152 Baudissin, der inzwischen Kommandeur der Kampfgruppe C bzw. Panzergrenadierbrigade 4 in Göttingen war (Schlaffner/Schmidt, Wolf Graf von Baudissin, S. 235ff.), schrieb an Höhns Gehilfen Stolzmann: „Sie wissen, wie sehr ich bemüht bin, den in Deutschland unter ganz bestimmten Verhältnissen gewachsenen Graben zwischen Soldat und politischer Linken überbrücken zu helfen und die Gegensätze nicht als grundsätzlich und damit unabänderlich hinzustellen. Gerade für diese Arbeit wird das neue Werk ein notwendiger und entscheidender Beitrag sein.“ (Baudissin an Stolzmann vom 27. Dezember 1959, in: BArch N 597/66, Bl. 128).

1153 Strauß an Höhn vom 14. Februar 1959, in: BArch N 597/66, Bl. 99.

1154 Beermann an Max Gehlen vom 20. Februar 1959, in: BArch N 597/66, Bl. 100.

1155 Abenheim, Bundeswehr und Tradition, S. 137.

Chancen habe, angenommen zu werden.[1156] Man sah die Leistungen der deutschen Soldaten in den beiden Weltkriegen nicht ausreichend gewürdigt. Zudem empfand man die Sprache als nicht truppengerecht.[1157] *Höhns* gute Beziehungen zum Verteidigungsministerium blieben vom Scheitern des Entwurfs jedoch unberührt. Ende 1961 wurde er sogar auf die Hardthöhe nach Bonn eingeladen und hielt dort vor rund 90 Offizieren einen Vortrag.[1158] Auch zur Bundeswehr, so berichtete er zur selben Zeit *Fritz Beermann*, hatte er „nach wie vor gute Beziehungen".[1159]

Bemerkenswert an *Höhns* privater Zusammenarbeit mit der Bundeswehr und dem Bundesministerium für Verteidigung ist dabei, dass er aufgrund seiner Mitgliedschaft in der Allgemeinen SS und dem SD als Bewerber für ein gehobenes Offiziersamt in der Truppe vermutlich abgelehnt worden wäre. Der seit dem 27. Juli 1955 für die Auswahl und Einstellung von Soldaten mit dem Dienstgrad vom Oberst aufwärts zuständige „Personalgutachterausschuss für die Streitkräfte" hatte am 13. Oktober 1955 die „Richtlinien für die Prüfung der persönlichen Eignung vom Oberstleutnant – einschließlich – abwärts" verbschiedet. Darin wurde ein Einstellungsverbot für „Bewerber im Generals- oder Oberstenrang der früheren Waffen-SS" festgelegt, wobei man keinen Unterschied zwischen der Zugehörigkeit zur Allgemeinen SS, Waffen-SS oder zum SD machte.[1160] Im Februar 1956 lockerte man die Regelung zwar, so dass sie nicht mehr für Bewerber galt, die der SS nicht freiwillig beigetreten waren. Allerdings konnten Angehörige der Allgemeinen SS und des SD selbst bei einer Zwangsrekrutierung nur durch persönliche Entscheidung des Ministers eingestellt werden.[1161] *Höhn* trat der SS freiwillig bei und war im Januar 1939 zum Staffelführer befördert worden, was einem Standartenführer und somit dem Rang des Obersts der Wehrmacht entsprach. Daneben war er noch im November 1944 auf Geheiß *Himmlers* in den Ehrenrang des Oberführers gehoben worden. Mithin hätte er als Bewerber für die Bundeswehr abgelehnt werden müssen. Folglich wurde mit *Höhn* jemand in den Beirat für Innere Führung berufen, der noch wenige Jahre zuvor grundsätzlich ungeeignet für ein Offiziersamt war.

Darüber hinaus gab es in dieser Zeit auch erstmals geschäftliche Beziehungen zwischen der Armee und der Harzburger Akademie. So nahmen bereits 1961 Offiziere der Truppe an Kursen der AFW teil, wobei ein Oberstleutnant auch vom Bundesverteidigungsministerium kam.[1162] Dieser Kontakt zwischen der Bundeswehr und der Harzburger Akademie intensivierte sich in den nächsten Jahren. Ende 1962 nahm die AFF Gespräche mit dem Verteidigungsministerium auf. Die Militärs zeigten großes

1156 Abenheim, Bundeswehr und Tradition, S. 143; Harder, Tradition und Reform, S. 129.
1157 Nägler, Der gewollte Soldat und sein Wandel, S. 458f.
1158 Höhn an Beermann vom 18. Dezember 1961, in: BArch N 597/66, Bl. 68.
1159 Höhn an Beermann vom 18. Dezember 1961, in: BArch N 597/66, Bl. 68.
1160 Scholten, Offiziere: Im Geiste unbesiegt, S. 159.
1161 Nägler, Der gewollte Soldat, S. 73.
1162 Höhn an Beermann vom 18. Dezember 1961, in: BArch N 597/66, Bl. 68.

Interesse an den Menschenführungskursen der Fernstudienakademie.[1163] Nach mehreren Treffen wurde dann auch ein Abschnitt des Studienganges „Menschenführung und Betriebsorganisation" in das Berufsförderungsprogramm übernommen und im Mai 1963 in allen Wehrbereichsverwaltungen eingeführt.[1164] Allerdings stieß der Fernunterricht der AFF zunächst nur auf wenig Resonanz bei den Soldaten. Die Lehrhefte wurden kaum ausgeliehen. Zudem fehlten geeignete Lehrkräfte.[1165] Nichtsdestotrotz blieben die Kurse der Akademie im Programm und wurden vom Verteidigungsminister höchstpersönlich weiterhin als „berufsförderungswürdig für die Weiterbildung länger dienender Soldaten bezeichnet".[1166]

Derweil waren *Höhns* persönliche Verbindungen zum Offizierskorps nach wie vor intakt. Mit den Generälen *Drews* und *Karst,* der immer noch als Autor für die Akademie auftrat,[1167] sowie *Baudissin* stand er weiterhin in Kontakt über seine Forschung im Bereich der Militärgeschichte.[1168] Nicht zuletzt aufgrund seines Netzwerkes fand auch sein nächstes wissenschaftliches Werk „Die Armee als Erziehungsschule der Nation – Das Ende einer Idee" großen Widerhall bei den Militärs. Lobende Besprechungen erschienen in den Zeitschriften „Truppenpraxis" und „Information für die Truppe". Das Bundesverteidigungsministerium nahm 200 Exemplare des Buches ab. Der Oberst und spätere baden-württembergische CDU-Generalsekretär *Wolfgang Schall,* der *Höhn* und der Harzburger Akademie schon früh nahe stand, später auch Honorarmitarbeiter[1169] war und im akademieeigenen Verlag sein Werk „Führungstechnik und Führungskunst in Armee und Wirtschaft" veröffentlichte, schlug sogar vor, für jeden Leutnant ein Exemplar von *Höhns* Abhandlung anzuschaffen.[1170]

Im Jahr 1969 wurden die Geschäftsbeziehungen der Harzburger Akademie zu den Militärs mit den Kursen der AFW für die ehemaligen Offiziere noch weiter verstärkt. Neben den bereits bestehenden Beziehungen waren wohl auch personelle Wechsel im Ministerium für den Ausbau der Zusammenarbeit verantwortlich. So holte der neue Verteidigungsminister *Helmut Schmidt,* dem *Höhn* seit Anfang der fünfziger Jahre persönlich bekannt war, den Vorstandsvorsitzenden der Thyssen-Röhrenwerke AG und DVG-Vorstand *Ernst Wolf Mommsen* 1969 als Staatssekretär in die

1163 AFF an Oberregierungsrat Peter im Verteidigungsministerium, in: BW 1/315364; Aktenvermerk des Verteidigungsministeriums, in: BW 1/315364.
1164 Verteidigungsministerium an die Wehrbereichsverwaltungen I-VI vom 7. Mai 1963, in: BW 1/315364.
1165 Wehrbereichsverwaltungen I, III, IV, V, VI ans Verteidigungsministerium vom November 1963, in: BW 1/315364.
1166 Bericht über die Tätigkeit der DVG 1963, S. 27.
1167 Karst, Höhns Werke zur Wehrgeschichte, in: Harzburger Hefte 1969, Heft 5–6,S. 321–328.
1168 Höhn an Beermann vom 17. März 1961, in: BArch N 597/66, Bl. 75; Höhn an Beermann vom 13. Januar 1964, in: BArch N 597/66, Bl. 60.
1169 Hickel, Eine Kaderschmiede bundesrepublikanischer Restauration, S. 142.
1170 Höhn an Beermann vom 26. September 1963, in: BArch N 597/66, Bl. 66.

Behörde.[1171] Mithin ist es nicht unwahrscheinlich, dass sich *Mommsen*, der weiter von der Wirtschaft bezahlt wurde und vom Bundesverteidigungsministerium nur das symbolische Gehalt von 1 DM erhielt,[1172] persönlich für die Intensivierung der Verbindungen zur Harzburger Akademie einsetzte. Diese wurden in der Folgezeit jedenfalls noch ausgeweitet. Schließlich fand seit 1969 nunmehr zweimal jährlich ein zehnwöchiges Harzburg-Kolleg für ehemalige Offiziere der Bundeswehr an der AFW statt. An den ersten vier Lehrgängen, die mit 3600 DM pro Person verhältnismäßig teuer waren, nahmen 64 Offiziere teil.[1173] Die Idee, das Kursrepertoire der Führungskräfteakademie auf Soldaten auszuweiten, stammte dabei von *Höhn* selbst.[1174] Auch die Fernstudienakademie AFF bot 1969 wieder in Zusammenarbeit mit dem Berufsförderungsdienst der Bundeswehr dienstbegleitende Ausbildungsgänge für Zeitsoldaten an. Im Sommer 1969 gab es Informationsveranstaltungen der AFF und des Berufsförderungsdienstes an verschiedenen Standorten der Bundeswehr. 1970 fanden sodann insgesamt 26 Seminare für Zeitsoldaten statt.[1175] Außerdem nahmen 25 Offiziere am Harzburg-Kolleg teil.[1176]

Besonders bemerkenswert an der nunmehr beginnenden groß angelegten Partnerschaft zwischen Bundeswehr und Harzburger Akademie war, dass das Bundesinnenministerium im Rahmen seiner Koordinationsfunktion für die Entsendung der Angehörigen der Ministerien zu Fortbildungseinrichtungen im selben Jahr darauf hingewiesen hatte, dass zivile Bundesbedienstete nicht mehr nach Bad Harzburg entsandt werden sollten.[1177] Während diese Bundesbeamten die Akademie fortan mieden, wurde die Kooperation mit den Militärs gerade erst umfassend ausgebaut. Denn ab dem Jahr 1971 gab es dann auch noch Langzeitkurse für Feldwebel, die in den Zivilbereich übergehen sollten.[1178] Bis 1971 wurden so 107 Zeit- und 6 Berufsoffiziere nach Beendigung ihrer Dienstzeit an der AFW im Rahmen des „Harzburg-Kollegs" umgeschult.[1179] Dabei konnten vor allem die ausscheidenden Bundeswehroffiziere, aber auch andere Seminarteilnehmer, aufgrund des 1969 in Kraft getretenen Ausbildungsförderungsgesetzes durch die Bundesanstalt für Arbeit obendrein bezuschusst werden.[1180] Von den ehemaligen Offizieren und Feldwebeln

1171 Soell, Helmut Schmidt, Bd.2, S. 45f.
1172 Faulenbach, Die deutsche Sozialdemokratie, S. 231.
1173 Die Information, in: Harzburger Hefte 1971, Heft 2, S. 108.
1174 Offiziere an der Wirtschaftsfront, in: Capital 7/1970,S.32–40
1175 Bericht über die Tätigkeit der DVG 1970, S. 26f.
1176 Die Information, in: Harzburger Hefte 1971, Heft 1, S. 50.
1177 Bundesministerium für Wirtschaft und Finanzen an das Bundespräsidialamt vom 21. Februar 1972, in: BArch B 122/ 8393, Bl. 6.
1178 Höhn, Zukunftsaufgaben der Deutschen Volkswirtschaftlichen Gesellschaft e.V. und ihrer Institutionen, in: Harzburger Hefte 1971, Heft 6, S. 389.
1179 Die Information, in: Harzburger Hefte 1972, Heft 5–6, S. 276.
1180 Bericht über die Tätigkeit der DVG 1971, S. 18.

nahm bis 1971 rund ein Drittel diese Förderung in Anspruch.[1181] Die Zuschüsse für die Aus- und Weiterbildungsseminare kamen somit auch der Harzburger Akademie indirekt zugute. Allein die Fördersumme durch die jeweiligen Arbeitsämter im Jahr 1971 betrug etwa 800000 DM.[1182]

f) Höhn und der „Engelmann-Report" 1971

Die Zusammenarbeit des Harzburger Bildungsverbundes mit dem Bundesverteidigungsministerium und der Bundeswehr war Ende des Jahres 1971 allerdings auch einer der Anlässe für die wohl schwerwiegendste Imagekrise *Höhns* und der Harzburger Akademie, wobei vor allem *Höhns* Vergangenheit abermals für ein negatives Echo in der deutschen Presselandschaft sorgte.

aa) Angriff auf die Harzburger Akademie – Der „Engelmann-Report"

Auslöser war eine Reportage des Journalisten und Autors *Bernt Engelmann*,[1183] die im November und Dezember 1971 fast zeitgleich in der Gewerkschaftszeitschrift „Metall", dem linken Informationsblatt „Berliner Extra-Dienst" und in dem SPD-Parteiorgan „Vorwärts" erschien.[1184] Der erste Teil der Dokumentation des Gewerkschaftsmitglieds und SPD-Funktionärs *Engelmann*, der seine Informationen vermutlich auch vom Ost-Berliner Ministerium für Staatssicherheit, bei dem er als inoffizieller Mitarbeiter geführt wurde,[1185] bezog,[1186] wurde am 23. November 1971 mit dem Titel „So wird man General-Direktor" in der Zeitschrift „Metall" veröffentlicht.[1187] Die Intention dieses ersten Artikels war dabei keineswegs nur, die Vergangenheit *Höhns* aufzuarbeiten oder die Harzburger Akademie anzugreifen. Stattdessen sollten nicht zuletzt die Arbeitgeberseite und ihre Unternehmens- und

---

1181 Deutscher Bundestag – 6. Wahlperiode, 164. Sitzung, Bonn den 21. Januar 1972, S. 9475.

1182 Ausbildungsstätte für mündige Wirtschaftsbürger – eine Gegendarstellung, in: Harzburger Hefte 1972, Heft 1–2, S. 37–42, hier S. 38.

1183 Bernt Engelmann (* 20. Januar 1921 in Berlin, † 14. April1994 in München) arbeitete als freier Schriftsteller und Journalist unter anderem für den „SPIEGEL" und verschiedene Gewerkschaftszeitungen. Er war Mitglied der P.E.N.-Clubs, der IG Metall und des Unterbezirksvorstands der SPD im bayerischen Oberland. Daneben war er inoffizieller Mitarbeiter der DDR-Staatssicherheit (Normann, Rechts im Spiegel von Links, S. 164 f.).

1184 So wird man General-Direktor, in: „Metall" 24/71, S. 13f.; Lehrkörper von Bad Harzburg, Manch ein Bock wurde zum Gärtner gemacht, in: „Metall" 25–26/71, S. 13; „Schmiede der Elite: Wo Bosse kommandieren lernen", in: „Vorwärts" vom 9. Dezember 1971; Management „nach Art des Hauses", in: „Berliner Extra-Dienst" vom 4. Dezember 1971, Nr. 96.

1185 Normann, Rechts im Spiegel von Links, S. 165.

1186 So zumindest Wildt, Der Fall Reinhard Höhn, S. 267.

1187 So wird man General-Direktor, in: „Metall" 24/71, S. 13.

Menschenführung im Zusammenhang mit den Tarifkämpfen des Herbstes 1971 entlarvt werden. Dementsprechend lautete der Hauptvorwurf *Engelmanns* zunächst auch, die Akademie sei gewerkschafts- und demokratiefeindlich. Zudem sei *Höhn* über die Bundesanstalt für Arbeit „mit zweckentfremdeten Arbeitergroschen" aus den Lohntüten der „untersten Handlungsebene" mehrfacher Millionär geworden.[1188]

Nur eine Ausgabe später legte *Engelmann* in der „Metall" und dem „Berliner Extra-Dienst" nach.[1189] Fast zeitgleich erschien am 9. Dezember 1971 in der sozialdemokratischen Wochenzeitschrift „Vorwärts" ein weiterer Bericht *Engelmanns* unter der Überschrift „Schmiede der Elite: Wo Bosse kommandieren lernen". Darin erneuerte er seine Behauptung, dass es „kaum eine demokratie- und gewerkschaftsfeindlichere Ausbildungsstätte als die Harzburger Führungskräfte-Akademie" gäbe und *Höhn* dort die „wissenschaftlichen Argumente für den Kampf reaktionärer Unternehmer gegen jedwede Demokratisierung der Arbeitswelt" liefere. Überdies würde *Höhns* Managementlehre viel Ähnlichkeit zu den „Kasernen alten Stils" aufweisen. Ferner konkretisierte er den Vorwurf der Akademiefinanzierung durch die Bundesanstalt für Arbeit. Diese würde über die Landesämter die finanzielle Hauptlast an den Kursen und Seminaren tragen. Über diesen Weg wären allein 1970 rund 20 Millionen DM an die Harzburger Akademie gezahlt worden. Dazu käme noch einmal das Doppelte an Begleitkosten.[1190]

Entscheidender aber waren die nunmehr erhobenen Vorwürfe gegen das Bundesverteidigungsministerium. *Engelmann* breitete die Geschäftsbeziehungen zwischen den Militärs und der Harzburger Akademie aus und konnte so öffentlichkeitswirksam Kritik an Verteidigungsminister *Helmut Schmidt* üben. Eine besondere Brisanz erhielt diese Zusammenarbeit dadurch, dass *Engelmann* sie im Kontext mit *Höhns* SS-Vergangenheit darstellte und somit den Verdacht eines Zusammenhangs erweckte. Zwar waren die Behauptungen *Engelmanns* in Bezug auf *Höhns* Wirken im Dritten Reich mitunter überzogen und historisch unkorrekt. So behauptete er fälschlicherweise, *Höhn* sei beim SD einst direkter Vorgesetzter von *Adolf Eichmann* und als Leiter des Instituts für Staatsforschung Hausherr der Wannsee-Konferenz gewesen.[1191] Zudem, so *Engelmann*, sei das Institut für Staatsforschung nur auf

1188 So wird man General-Direktor, in: „Metall" 24/71, S. 13.

1189 Lehrkörper von Bad Harzburg, Manch ein Bock wurde zum Gärtner gemacht, in: „Metall" 25–26/71, S. 13; Management „nach Art des Hauses", in: „Berliner Extra-Dienst" vom 4. Dezember 1971, Nr. 96.

1190 „Schmiede der Elite: Wo Bosse kommandieren lernen", in: „Vorwärts" vom 9. Dezember 1971.

1191 Tatsächlich fand die Wannsee-Konferenz aber im Gästehaus des SD, der Villa Marlier/Minoux, Am Großen Wannsee 56–58, statt (Botsch, Der SD in Berlin-Wannsee 1937–1945, S. 82). Höhns Institut lag jedoch in der Königstraße 71, rund einen Kilometer entfernt. Eichmann war zwar beim SD. Allerdings gehörte er dort zunächst dem Referat IV (Freimaurerei) an, bevor er unter Leopold von Mildenstein in der Abteilung II/112 (Judenreferat) tätig und damit Franz Alfred Six unterstellt war (Cesarani, Adolf Eichmann, S. 58 und S. 68ff.).

Befehl von Reichsführer-SS *Heinrich Himmler* eingerichtet worden, was den historischen Fakten ebenfalls widersprach. Dass *Höhn* Einfluss bis in die höchsten Kreise des NS-Regimes besaß, machte *Engelmann* an dem von *Höhn* angeblich überreichten Schreiben des Oberarztes *Adolf Pokorny* an *Himmler* fest. Damit enthüllte er grundsätzlich zwar keinerlei neue Erkenntnisse, sondern gab zunächst nur einen STERN-Artikel aus dem Jahr 1968 wieder.[1192] Viel maßgeblicher als *Höhns* Vergangenheit war für den Journalisten aber, dass *Höhn* in seiner Harzburger Akademie *Franz Alfred Six*, *Roger Diener*, den *Engelmann* kurzerhand zu einem engen Mitarbeiter *Heydrichs* aufsteigen ließ, und weitere „SS-, SD- oder Gestapo-Schergen" anstellte. Folglich würde „die größte anti-gewerkschaftliche ‚Schulungsburg für Bosse'", die „sovielen ehemaligen SS- und SD-Prominenten Unterschlupf bietet", als Geschäftspartner des Bundesverteidigungsministeriums auftreten.[1193]

bb) Höhns Reaktion – Die Gegendarstellungen

Höhn wiederum versuchte sich mit den bisher bewährten Methoden gegen die Vorwürfe zu wehren. Er erwirkte in den folgenden Wochen mehrere Gegendarstellungen. Die erste erschien bereits Ende Dezember 1971 in der „Metall".[1194] Eine weitere, gerichtlich durchgesetzte,[1195] folgte am 6. Januar 1972 im „Vorwärts".[1196] Zudem wurde mit identischem Inhalt eine Gegendarstellung in der ersten Jahresausgabe der „Harzburger Hefte" von 1972 veröffentlicht.[1197]

In diesen Gegendarstellungen nahmen *Höhn* und der Vorstand der DVG, der sich gleichzeitig auch in einer internen Stellungnahme für seinen Akademieleiter aussprach,[1198] ausführlich zu den erhobenen Vorwürfen Stellung. Zu der Behauptung, die Harzburger Akademie werde durch Gelder der Bundesanstalt für Arbeit gefördert, erklärte man, dass keinerlei direkte Zahlungen geleistet wurden „und daß von den annähernd 35000 Seminarteilnehmern weniger als 5 % die Förderung der

1192 Der Artikel im „STERN" hatte jedoch kaum Aufsehen erregt und auch bei den Kunden des Harzburger Bildungsverbundes nur für wenig Unruhe gesorgt (AFF an die Firma P.A. Rentrop GmbH vom 8. April 1968, in: Privatarchiv H. Borsch; AFF an Vereinigung der Arbeitgeberverbände im Aachener Industriegebiet e.V. vom 28. Mai 1968, in: Privatarchiv H. Borsch).

1193 „Schmiede der Elite: Wo Bosse kommandieren lernen", in: „Vorwärts" vom 9. Dezember 1971; Lehrkörper von Bad Harzburg, Manch ein Bock wurde zum Gärtner gemacht, in: „Metall" 25–26/71, S. 13.

1194 Gegendarstellung, in: „Metall" 25–26/71, S. 13.

1195 Beschluss des Landgerichts Bonn, 7. Zivilkammer, vom 10. Januar 1972, in: Privatarchiv H. Borsch.

1196 Nochmals – Schmiede der Elite, in: „Vorwärts" vom 6. Januar 1972.

1197 In eigener Sache, in: Harzburger Hefte 1972, Heft 1–2, S. 37ff.

1198 Stellungnahme der Deutschen Volkswirtschaftlichen Gesellschaft e.V. zu den von Herrn Bernt Engelmann gegen die Akademie für Führungskräfte der Wirtschaft und Herrn Professor Höhn als ihren Leiter erhobenen Vorwürfen vom Januar 1972, in: Privatarchiv H. Borsch.

Bundesanstalt für Arbeit in Anspruch genommen haben". Dabei hätte das zuständige Arbeitsamt Goslar die betroffenen Seminarteilnehmer im Jahr 1971 nur mit rund 800000 DM gefördert.[1199] Auch der Vorwurf, das Harzburger Modell propagiere einen autoritär-militärischen Führungsstil, wurde zu entkräften versucht. Vielmehr würde es „soziologisch und historisch die wohl fundierteste Gegenkonzeption zum autoritären Führungsstil" darstellen. Schließlich verlange das Modell „von allen Vorgesetzten und insbesondere von der Unternehmensführung selbst den Verzicht auf ihre bisherige Allmacht und läßt den Betriebsuntertan zum mündigen Mitarbeiter am Arbeitsplatz werden".[1200] Aufgrund „seiner Forderung nach dem selbstständig denkenden, handelnden und entscheidenden Mitarbeiter auf allen Ebenen" sei es zudem auch keineswegs demokratiefeindlich, sondern schaffe „eine der Grundlagen für eine funktionsfähige Demokratie".[1201]

Besonders ausführlich äußerte man sich zu der Unterstellung der Gewerkschaftsfeindlichkeit. Zunächst würde „die von der Akademie herausgegebene Literatur keinerlei Ablehnung der Mitbestimmung" enthalten.[1202] Außerdem verwiesen *Höhn* und der Vorstand auf die seit langem bestehende fruchtbare Zusammenarbeit mit den Gewerkschaften.[1203]

Ebenso nahm *Höhn* zu den Vorwürfen im Zusammenhang mit seiner NS-Vergangenheit umfassend Stellung. Er sei zu keiner Zeit der Vorgesetzte *Eichmanns* gewesen, den er „nicht einmal gekannt" habe, sondern bereits 1937 aus dem Dienst der SS ausgeschieden, da „er sich in früheren Veröffentlichungen gegen die Diffamierung der Juden gewandt hatte". Das Institut für Staatsforschung habe „mit Himmler nicht das geringste zu tun" gehabt. Außerdem hätte die Wannsee-Konferenz nicht in den Räumlichkeiten des Instituts stattgefunden und er selbst auch nicht an ihr teilgenommen. Überhaupt biete die Harzburger Akademie keinen Unterschlupf für SS- und SD-Mitglieder. Wahr sei vielmehr, „daß kein einziger SS- oder SD-Prominenter Angestellter der Akademie ist". So sei *Roger Diener* nur im Institut für Staatsforschung angestellt gewesen und habe keinesfalls zum engeren Mitarbeiterkreis von SD-Chef *Heydrich* gehört. Der SS-Karriere von *Six* widersprach *Höhn* zwar nicht, doch stellte er klar, dass *Six* nur ein nicht angestellter freier Dozent sei, der gelegentlich Vorträge über Marketing in Bad Harzburg halte.[1204]

Gleichzeitig ging *Höhn* auch gerichtlich gegen *Engelmanns* Behauptungen vor. Diesem wurde auf Antrag der DVG vom Landgericht Hamburg durch eine einstweilige Verfügung verboten, weiterhin zu behaupten, dass *Höhn* das Institut für Staatsforschung auf Befehl *Himmlers* erhielt und Gastgeber der Wannsee-Konferenz

---

1199 Gegendarstellung, in: „Metall" 25–26/71, S. 13.
1200 In eigener Sache, in: Harzburger Hefte 1972, Heft 1–2, S. 38f.
1201 In eigener Sache, in: Harzburger Hefte 1972, Heft 1–2, S. 39.
1202 Nochmals – Schmiede der Elite, in: „Vorwärts" vom 6. Januar 1972.
1203 In eigener Sache, in: Harzburger Hefte 1972, Heft 1–2, S. 40.
1204 In eigener Sache, in: Harzburger Hefte 1972, Heft 1–2, S. 40f.

war.[1205] *Höhn* hatte zuvor eidesstattlich versichert, dass die genannten Vorwürfe unwahr seien und er „nach 1937 nicht im aktiven Dienst der SS gestanden" habe.[1206]

cc) „Sozialdemokraten decken Himmler-Freund" – Engelmanns Antwort

Die Abwehrmaßnahmen *Höhns* und der DVG brachten jedoch keine Beruhigung des Konfliktes. Stattdessen legte *Engelmann* noch einmal nach, wobei er den Ton merklich verschärfte. So antwortete er den Ausführungen *Höhns* im „Vorwärts" vom 6. Januar 1972 seinerseits mit einer Gegendarstellung in derselben Ausgabe unter der Überschrift „Schon einmal das Volk belogen".[1207] Darin ruderte er in Hinblick auf die Behauptung, die Harzburger Akademie werde durch die Bundesanstalt für Arbeit direkt bezuschusst, zwar zurück. Die Millionenbeträge würden „vielmehr indirekt und über die Kursbesucher" erfolgen. Jedoch erneuerte und verstärkte er seine Vorwürfe gegen die Person *Höhn*. *Eichmann* selbst, so *Engelmann*, habe in seinen Jerusalemer Vernehmungen behauptet, Untergebener von *Höhn* gewesen zu sein. Zudem blieb er bei der Anschuldigung, dass das Institut für Staatsforschung auf Anweisung *Himmlers* eingerichtet worden sei. Auch hielt der Journalist an dem Vorwurf fest, die Wannsee-Konferenz habe in der Villa des Instituts stattgefunden. Dafür würde sich sogar „als Zeuge ein angesehener Rechtsanwalt und Notar" verbürgen. Wichtiger aber sei, „daß Höhn die pseudo-juristischen Grundlagen für die Ausrottung der Juden geliefert hat". Am Ende des Berichts formulierte Engelmann den bisher drastischsten Vorwurf. Es hätten sich inzwischen „weitere Zeugen, darunter ehemalige Mitarbeiter, gemeldet, die unter anderem eine direkte Verantwortung Höhns für bestimmte Exekutionen beweisen wollen". *Höhn* sei ein „tausendfach schuldiger Schreibtisch-Mörder", der seiner verdienten Strafe entgangen sei. Nun solle er „zumindest schweigen".[1208] Nur eine Woche später wiederholte *Engelmann* im „Vorwärts" seine Anschuldigungen. In der Ausgabe des SPD-Parteiorgans vom 13. Januar 1972 erschien eine weitere Reportage über *Höhn* und die Harzburger Akademie.[1209] *Höhn* selbst hatte zuvor erfolglos versucht, eine weitere negative Berichterstattung über sich und seinen Harzburger Bildungsverbund zu verhindern. Um einen erneuten Angriff *Engelmanns* abzuwehren, hatte er ein Dossier an den Verlagsleiter des „Vorwärts", *Walter Petersen*, geschickt.[1210] *Engelmanns* Artikel wurde dennoch gedruckt. Es sei „vielfach belegt", so der Autor darin, „daß der SS-Führer, Himmler-Freund, Heydrich-Mitarbeiter und Eichmann-Vorgesetzte

---

1205 Beschluss des Landgerichts Hamburg, 24. Zivilkammer, vom 21. Dezember 1971, in: Privatarchiv H. Borsch.
1206 „Strafanzeige gegen Höhn erstattet", in: „FR" vom 13. April 1972, Nr. 86.
1207 „Schon einmal das Volk belogen", in: „Vorwärts" vom 6. Januar 1972.
1208 „Schon einmal das Volk belogen", in: „Vorwärts" vom 6. Januar 1972.
1209 „Sozialdemokraten decken Himmler Freund: Wie lange noch?", in: „Vorwärts" vom 13. Januar 1972.
1210 Sozialdemokraten – Wie lange noch, in: „Der SPIEGEL"vom 24. Januar 1972, Nr. 5, S. 59 f.

Höhn ein Schreibtischtäter des Hitler-Regimes war“. *Höhn* sei ein Mann, „der nahezu jedes Verbrechen der SS-Diktatur rechtfertigte und damit moralisch Mitschuldiger am Tode vieler Millionen Menschen ist“. Dabei unterlegte *Engelmann* seinen Bericht mit kompromittierenden Zitaten *Höhns* aus verschiedenen Epochen.[1211] Auch wurde die Forderung formuliert, die Bundesanstalt für Arbeit sollte ihre Geschäftsbeziehungen zur Harzburger Akademie sofort beenden.[1212]

Zudem wurde der Druck auf das Verteidigungsministerium erhöht. Auf derselben Seite des „Vorwärts“ erschien ein offener Brief prominenter Schriftsteller und Autoren, darunter *Erich Kästner, Siegfried Lenz, Günter Wallraff* und eben auch *Bernt Engelmann*[1213] an Verteidigungsminister *Helmut Schmidt.* Die „unglaublich Tatsache“, dass *Höhns* Akademie „unbehelligt deutsche Unternehmer und ausscheidende Bundeswehrsoldaten in Menschenführung“ unterrichte, veranlasste die Unterzeichner folgende Fragen an *Schmidt* zu richten:

> „1. Ist es Ihnen bekannt, daß Prof. Höhn, ... einer der entscheidenden Rechtshistoriker der Nazis war?
> 2. Wissen Sie, daß in der Bad Harzburger Akademie weitere stark belastete ehemalige Nationalsozialisten, unter anderem Pressechef Dr. Diener und Akademie-Mitarbeiter Prof. Six, tätig sind?
> 3. Ist es Ihnen bekannt, daß Staatssekretär Dr. Ernst Wolf Mommsen zum Trägerkreis der Harzburger Akademie gehört?
> 4. Sind Sie der Überzeugung, daß es mit den Grundsätzen des freiheitlich-demokratischen Rechtsstaates in Übereinstimmung zu bringen ist, daß ausscheidende Bundeswehroffiziere und neuerdings auch Unteroffiziere auf Kosten der Allgemeinheit (Bundesanstalt für Arbeit) in Bad Harzburg ausgebildet werden?“[1214]

Insgesamt erhielt dieser Teil des *Engelmann*-Reports noch eine etwas andere Stoßrichtung. Denn der „Vorwärts“ druckte auch den Brief *Hermann Schmitt-Vockenhausens*, der inzwischen Bundestagsvizepräsident war, anlässlich des Urteils der Berliner Spruchkammer aus dem Jahr 1958 ab,[1215] womit *Engelmann*, der zum linken, gewerkschaftsnahen Flügel der SPD gehörte, noch ganz nebenbei dem Parteigenossen *Schmitt-Vockenhausen* als Vertreter des konservativen Kreises der Partei

1211 „Sozialdemokraten decken Himmler Freund: Wie lange noch?“, in: „Vorwärts“ vom 13. Januar 1972.

1212 „Sozialdemokraten decken Himmler Freund: Wie lange noch?“, in: „Vorwärts“ vom 13. Januar 1972.

1213 Die weiteren Unterzeichner waren Paul Schallück, Dieter Lattmann, Hans Helmut Kirat, Hans Lamm, Ulrich Sonnemann, Erika Runge und Gerhard Szcezeny („Vier Fragen an H. Schmidt“, in: „Vorwärts“ vom 13. Januar 1972).

1214 „Vier Fragen an H. Schmidt“, in: „Vorwärts“ vom 13. Januar 1972.

1215 „Sozialdemokraten decken Himmler Freund: Wie lange noch?“, in: „Vorwärts“ vom 13. Januar 1972.

politisch schaden konnte.[1216] Überhaupt muss zumindest der zweite Teil der Reportage *Engelmanns* damit auch unter dem Gesichtspunkt der beginnenden Flügelkämpfe zwischen der sich formierenden innerparteilichen Linken und der gemäßigteren Regierungs-SPD innerhalb der Sozialdemokratie Anfang der siebziger Jahre betrachtet werden.[1217] Es ist sicherlich nicht ausgeschlossen, dass der Parteilinke *Engelmann* mit seiner Dokumentation über *Höhn* und die Harzburger Akademie auch die bürgerlichen Kräfte der Partei um Verteidigungsminister *Schmidt*, der maßgeblich gegen die sich ausbreitenden linken Tendenzen eintrat,[1218] und eben *Schmitt-Vockenhausen* treffen wollte.

Höhn versuchte sich derweil erneut gegen die Anschuldigungen zur Wehr zu setzen. Dazu erwirkte er in der Gewerkschaftszeitung „Metall" eine zweite Gegendarstellung.[1219] Eine weitere erschien in den „Harzburger Heften".[1220] Ferner gab er dem Saarländischen Rundfunk am 18. Januar 1972 ein ausführliches Interview, in

---

1216 Schmitt-Vockenhausen repräsentierte damals die eher rechten Strömungen in der Sozialdemokratie und war so „zum Markenzeichen für konservative Positionen in der SPD geworden". Innerhalb der Partei war der hessische Bundestagsabgeordnete deshalb höchst umstritten. Als er sich etwa 1968 für die Notstandsgesetzgebung im Bundestag engagierte, veranstalteten die Jusos sogar Protestdemonstrationen vor seinem Wohnhaus in Bad Soden (Ziegler, „HSV" auf Rechtsaußen, in: „Die Zeit" vom 21. Januar 1972, Nr. 3). Für Schmitt-Vockenhausen besonders ärgerlich war, dass ausgerechnet Höhn selbst das belastende Schriftstück dem „Vorwärts" zugespielt hatte. In seinem Dossier an „Vorwärts"-Verlagsleiter Petersen zur Unterbindung weiterer Artikel hatte er den Brief beigefügt (Sozialdemokraten – Wie lange noch, in: „Der SPIEGEL"vom 24. Januar 1972, Nr. 5, S. 59 f.). Schmitt-Vockenhausen reagierte auf die gegen ihn erhobenen Vorwürfe zunächst mit einer Gegendarstellung in der „FR". Darin erklärte er: „Unwahr ist, daß ich Herrn Prof. Höhn decke. Wahr ist vielmehr, daß die Akademie für Führungskräfte der Wirtschaft in Bad Harzburg noch nicht bestand, als ich vor 14 Jahren an Prof. Höhn schrieb." Auch sei der Privatbrief an Höhn im „Vorwärts" völlig aus dem Zusammenhang gerissen. Höhns Tätigkeit in der SS sei ihm 1958 noch gar nicht bekannt gewesen. Zudem habe er seit dem Urteil der Berliner Spruchkammer keinerlei Verbindungen mehr zu Höhn oder der Harzburger Akademie gehabt. Wegen der grundsätzlichen Bedeutung der Angelegenheit behalte er sich überdies vor, den Bundespresserat mit dem Fall zu befassen („Vorwärts"-Meldung bestritten, in: „FR" vom 14. Januar 1972, Nr. 11). Zusätzlich schrieb er einen Leserbrief an den „Vorwärts", in dem er die Redaktion des SPD-Blatts als „Hohepriester der Kritik" scharf anging. Überhaupt vermutete Schmitt-Vockenhausen hinter der Veröffentlichung eine politische Kampagne gegen seine Person. Ihm zufolge dachten die Redakteure des Parteiorgans wohl, „dem Bumsen wir mal einen" (Sozialdemokraten – Wie lange noch, in: „Der SPIEGEL"vom 24. Januar 1972, Nr. 5, S. 59 f.).

1217 Faulenbach, Die deutsche Sozialdemokratie, S. 300ff.

1218 Faulenbach, Die deutsche Sozialdemokratie, S. 305f.

1219 Gegendarstellung, in: „Metall" 2/72, S.15.

1220 Ausbildungsstätte für mündige Wirtschaftsbürger – eine Gegendarstellung, in: Harzburger Hefte 1972, Heft 1–2, S. 37–42.

welchem er sämtliche Vorwürfe von sich wies.[1221] Ebenso griff er auch *Engelmann* direkt an. *Höhn* und das Präsidium der DVG erhoben Privatklage gegen den Journalisten wegen Verstoßes gegen die §§ 185,186 StGB, da dieser trotz einstweiliger Verfügung nach wie vor „beleidigende und wahrheitswidrige Äußerungen" über *Höhn* verbreite.[1222]

dd) Die Auswirkungen des „Engelmann-Reports"

Dennoch hatte Engelmanns Dokumentation erhebliche Folgen für *Höhn* und die Harzburger Akademie. Zunächst hatte die Reportage ein breites Medienecho entfacht, wobei die Berichterstattung überwiegend negativ war.[1223] Auch in der DDR sorgten die Artikel für einiges Aufsehen.[1224] Der Engelmann-Report führte schließlich zu einer Beobachtung der Harzburger Akademie durch die DDR-Staatssicherheit,[1225] wobei diese fast ausschließlich in der Sammlung und Archivierung von Presseberichten bestand.[1226]

1221 Ausschnittsammlung Saarländischer Rundfunk, Sendung „Zwischen heute und morgen" vom 18. Januar 1972, in: Privatarchiv H. Borsch.

1222 Privatklage der DVG und Höhn an das Amtsgericht Hamburg vom 16. Februar 1972, in: Privatarchiv H. Borsch.

1223 Vgl. dazu unter anderem: Der „Vorwärts" verdammt Professor Höhn, in: „Süddeutsche Zeitung" vom 13. Januar 1972; SPD attackiert Leiter der Harzburger Akademie, in: „Die Welt" vom 13. Januar 1972; Schmidt prüft Vorwürfe gegen Offizier-Ausbilder, in: „Der Abend" vom 20. Januar 1972; Harzburger Akademie verteidigt sich gegen „Vorwärts"-Vorwürfe, in: „Die Welt" vom 23. Januar 1972. Dagegen eher wohlwollend und mit Kritik an Engelmann: Werner Mühlbrandt, Bad Harzburg kreiert den liberalen Stil, in: „Die Welt" vom 13. Januar 1972; Hauskrach in der SPD, in: „Bonner Rundschau" vom 14. Januar 1972; „Allgemeine unabhängige jüdische Wochenzeitung" vom 17. Dezember 1971; „FR" vom 11. Januar 1972; „Hamburger Morgenpost" vom 13. Januar 1972; „Konkret" vom 30. Dezember 1971; „Westfälische Rundschau" vom 2. März 1972; „Süddeutsche Zeitung" vom 10. März 1972

1224 BRD-Kriegsministerium und Manager eng verbunden, in: „Neues Deutschland" vom 1. März 1972. Darüber hinaus befasste sich auch die im Staatsverlag der DDR erscheinende Zeitschrift „IPW-Berichte" des Instituts für Internationale Politik und Wirtschaft mit Höhn und der Harzburger Akademie. Dort erschien eine Kurzbiographie, in der dieser in gewohnter DDR-Diktion als reaktionärer SS-Funktionär und das Harzburger Modell als gewerkschaftsfeindlich bezeichnet wurden. Zudem wurden die Beziehungen der Akademie zum „BRD-Verteidigungsministerium" kritisch erwähnt (Sabban, Reinhard Höhn, in: IPW-Berichte, 1. Jg., Heft 5, August 1972, S. 75).

1225 MfS HVA, Nr. 176, Nr. 178; MfS ZAIG 29225.

1226 Besonderes Interesse galt vor allem dem Bereich der Ostforschung der Harzburger Akademie (MfS HVA, Nr. 178). Das Ministerium für Staatssicherheit gelangte dabei mitunter auch an interne Informationen über „die von maßgebenden westdeutschen Monopolen eingerichtete Akademie", die „im Interesse der Sicherheit

Gerade die Zusammenarbeit mit dem Bundesverteidigungsministerium rief wiederholt Proteste hervor. Nach einer entsprechenden Bürgeranfrage war sogar das Bundespräsidialamt mit der Angelegenheit betraut. Bundespräsident *Heinemann* veranlasste daraufhin umfassende Nachforschungen, so dass am Ende auch das Bundesinnenministerium und das Bundesministerium für Wirtschaft und Finanzen mit dem Fall befasst waren.[1227] Ferner beschäftigte sich der Bundestag mit *Höhn* und der Harzburger Akademie. Bereits am 5.Januar 1972 hatte der Nürnberger SPD-Bundestagsabgeordnete *Hans Batz* eine schriftliche Anfrage an die Bundesregierung gestellt. Darin formulierte er zwei Fragen:

> „Frage 1: Ist der Bundesregierung bekannt, daß der ehemalige Vorgesetzte des Judenmörders Eichmann, Prof. R. Höhn, im Auftrag der Bundesanstalt für Arbeit pensionierte Bundeswehroffiziere ausbildet?
> Frage 2: Ist die Bundesregierung mit mir der Meinung, daß so stark belastete, ehemalige NSDAP-Mitglieder nicht als Ausbilder für die Bundesanstalt für Arbeit in Frage kommen dürfen?"[1228]

Die Bundesregierung antwortete zwei Wochen später, dass ein „Auftragsverhältnis der Bundesanstalt für Arbeit zu den Lehrkräften der Akademie" nicht bestünde, sondern nur der einzelne Offizier individuell gefördert werden könne. Außerdem sei „Prof. Höhn nach Feststellungen des Bundesministers der Verteidigung bisher als Dozent nicht in Erscheinung getreten".[1229] Konsequenzen für die Zusammenarbeit des Ministeriums mit der Akademie gab es allerdings noch nicht.

---

der Quelle nicht publizistisch ausgewertet werden" durften (MfS HVA, Nr. 176). Die Beobachtung endete im Jahr 1986 mit der Streichung der Akademie von der Liste der überprüften Objekte. Man hielt sie zwar noch für politisch bedeutsam, doch erfülle sie nicht mehr die Kriterien, um als „feindliche Stelle" qualifiziert zu werden (MfS ZAIG 29225).

1227 Korrespondenz, in: BArch B 122/8393, Bl. 2–6.

1228 Deutscher Bundestag – 6. Wahlperiode, Drucksache VI/3016, Fragen Nr. 34 und 35.

1229 Antwort der Bundesregierung durch Staatssekretär Dr. Ehrenberg: „Ein Auftragsverhältnis der Bundesanstalt zu den Lehrkräften der Akademie für Führungskräfte besteht nicht. Die Bundesanstalt für Arbeit fördert vielmehr im Rahmen des Arbeitsförderungsgesetzes individuell bei Vorliegen der gesetzlichen Voraussetzungen stets nur den einzelnen, der hierauf einen Rechtanspruch hat sowie seine Aus- und Fortbildung nach Neigung und Eignung und damit seine berufliche Bildungsstätte frei wählen kann. Auf die Geschäfts- und Personalpolitik der Bildungseinrichtungen hat sie damit keinen unmittelbaren Einfluß. Zur beruflichen Förderung der von Ihnen angesprochenen Bundeswehroffiziere ist allgemein zu bemerken, daß die Bundesanstalt von den 113 ehemaligen Offizieren auf Zeit, die an den bisher durchgeführten Kollegs der Harzburger Akademie teilgenommen haben, seit Inkrafttreten des Arbeitsförderungsgesetzes im Jahre 1969 nach uns vorliegenden Informationen etwa ein Drittel gefördert hat. In diesen Kollegs ist Prof. Höhn nach Feststellungen des Bundesministers der Verteidigung bisher als Dozent nicht in Erscheinung getreten. Seit dem 1. Oktober 1971 werden die

Diese zogen zunächst andere. Vor allem die regierende SPD war bemüht, sich von der Person *Höhn* und seinem Bildungsverbund zu distanzieren. Schließlich hatte die Affäre um *Höhn* und die Harzburger Akademie unangenehme Züge für die Partei angenommen.[1230] Es sollte nunmehr der Eindruck vermieden werden, es bestünden geschäftliche oder ideologische Verbindungen zwischen Partei und Akademie. Hinzu kam innerparteilicher Druck aus den eigenen Reihen. Die Jusos, die Anfang der siebziger Jahre zur linken Opposition in der Partei zählten,[1231] forderten von der SPD-Bundestagsfraktion öffentlich eine schnellstmögliche Aufklärung im „Fall Höhn".[1232] Neben der Anfrage durch *Batz* ließ man folglich auch lancieren, der kommunalpolitische Ausschuss des SPD-Parteivorstandes hätte schon vor geraumer Zeit in einem vertraulichen Rundschreiben vor der Harzburger Akademie gewarnt.[1233] Sogar *Höhns* einstiger Verbündeter *Schmitt-Vockenhausen* stand nicht mehr bedingungslos zu ihm.[1234] Dasselbe galt für die sozialdemokratischen Politiker innerhalb der DVG, die erstmals von *Höhn* abrückten. *Harald Koch* meldete ernste Bedenken an.[1235] DVG-Vorstandsmitglied und Staatssekretär im Verteidigungsministerium *Ernst Wolf Mommsen* machte deutlich, dass er aus dem Präsidium ausscheiden und die Bundeswehr keine weiteren Aufträge an die Akademie erteilen werde, sollte keine „annehmbare Führungslösung gefunden" werden.[1236] Der Großteil des Vorstands hingegen stand weiterhin hinter *Höhn*. Den parteipolitisch

---

Ausbildungskosten der Offiziere auf Zeit nach der 8. Novelle zum Soldatenversorgungsgesetz von dem Förderungsdienst der Bundeswehr übernommen. Auch nach dem Soldatenversorgungsgesetz hat der Offizier auf Zeit das Recht, seine Aus- und Fortbildung nach Neigung und Eignung und damit seine berufliche Bildungsstätte frei zu wählen." (Deutscher Bundestag – 6. Wahlperiode, 164. Sitzung, Bonn den 21. Januar 1972, S. 9475).

1230 So kritisierte der Schriftsteller Heinrich Böll die Verbindungen einiger SPD-Politiker zu Höhn als „naiv". Diese „Naivität", so Böll, sei sogar „objektiv bösartig", „wenn man nicht reflektiert und mitbedenkt, daß Eichmanns Vernichtungspolitik auch auf ihre Weise auf eine fürchterliche Weise ‚effektiv' war". Überhaupt sei die „Glaubwürdigkeit der Demokratie" in Gefahr und werde zum Hohn, „wenn ein Mann, dessen administrative Fähigkeiten offenbar unbestreitbar sind, diese Fähigkeiten unter Umständen verbesserte oder erwarb, wo Administration Todesadministration bedeutete" (Leserbrief von Heinrich Böll, in: „Vorwärts" vom 27. Januar 1972).

1231 Faulenbach, Die deutsche Sozialdemokratie, S. 290ff.

1232 Licht im „Fall Höhn" gefordert, in: „FR" vom 15. Januar 1972, Nr. 12.

1233 „Sozialdemokraten decken Himmler-Freund", in: „FR" vom 13. Januar 1972, Nr. 10.

1234 Gesprächsnotiz vom 25. April 1972 von Gisela Böhme über das Gespräch mit Hermichen am 20. April 1972, in: Privatarchiv H. Borsch.

1235 Gesprächsnotiz vom 25. April 1972 von Gisela Böhme über das Gespräch mit Hermichen am 20. April 1972, in: Privatarchiv H. Borsch.

1236 Abschrift des Schreibens von Koch an Katzler vom 3. Mai 1972, in: Privatarchiv H. Borsch.

engagierten Präsidiumsmitgliedern wurde dementsprechend ein Austritt aus der DVG nahegelegt.[1237]

Auch die Gewerkschaften distanzierten sich von *Höhns* Bildungsverbund. Der Bundesvorstand des DGB ließ Behauptungen dementieren, wonach der DGB seit Jahren Teilnehmer zur Harzburger Akademie entsende.[1238] Daneben erklärte die IG Metall öffentlich, sie würde keinerlei Geschäftsbeziehungen zur Akademie unterhalten.[1239] Der Chefredakteur der Zeitschrift „Metall", *Jakob Moneta*, wiederholte zudem den Vorwurf der Gewerkschaftsfeindlichkeit noch einmal von offizieller Seite.[1240] Ebenso erschien eine Dokumentation des Pressedienstes der demokratischen Aktion, welcher damals als „Lancierungsmittel für die SED-Propaganda in der Bundesrepublik" fungierte,[1241] über die Harzburger Akademie und *Höhn* unter Mitwirkung von *Moneta, Engelmann* und *Heinrich Böll*.[1242]

Derweil geriet auch das Verteidigungsministerium zunehmend unter Druck. Der SPD-Bundestagsabgeordnete *Batz* reichte abermals eine offizielle Anfrage ein, diesmal zusammen mit seinem Fraktionskollegen *Buchstaller*, an das Bonner Ministerium auf der Hardthöhe. Im März 1972 ließ Minister *Schmidt* dann verlauten, die Zusammenarbeit mit der Harzburger Akademie sei aufgekündigt worden.[1243] Nach Ablauf des Jahres sollten keine besonderen Seminare für Zeitsoldaten und ausscheidende Offiziere mehr vereinbart, sondern eigene Lehrgänge eingerichtet werden.[1244] Damit verloren *Höhn* und die Akademie einen nicht unbedeutenden und prestigeträchtigen Geschäftspartner. Hinzu kamen ein erheblicher Imageverlust in der Öffentlichkeit und Unruhe im Dozentenstab und Kundenkreis. Selbst in der Schweiz hatte die Affäre Wellen geschlagen und die dortige Klientel beunruhigt.[1245] Dies wirkte sich auch auf den wirtschaftlichen Erfolg der Harzburger Akademie aus. 1972 sanken die Teilnehmerzahlen um rund 5000 auf 29495. Die Zahl der Lehrgänge schrumpfte sogar um 75 % auf 399.[1246]

Für *Höhn* hatte die Affäre noch ein persönliches Nachspiel. Wegen seiner Erklärung an Eides statt vor einer Zivilkammer in Hamburg, um eine einstweilige Verfügung gegen *Engelmann* zu erwirken, stellte dieser Strafanzeige gegen *Höhn*.

1237 Gesprächsnotiz vom 25. April 1972 von Gisela Böhme über das Gespräch mit Hermichen am 20. April 1972, in: Privatarchiv H. Borsch.

1238 „Vorwärts"-Meldung bestritten, in: „FR" vom 14. Januar 1972, Nr. 11.

1239 „Sozialdemokraten decken Himmler-Freund", in: „FR" vom 13. Januar 1972, Nr. 10.

1240 Leserbrief von Jakob Moneta, in: „Vorwärts" vom 20. Januar 1972.

1241 Normann, Rechts im Spiegel von Links, S. 160.

1242 Harzburger Front 1972? Dokumentation des PDA (Pressedient Demokratische Aktion, München).

1243 Hardthöhe beendet Zusammenarbeit, in: „FR" vom 2. März 1972, Nr. 52; Keine Soldaten zu SS-Höhn, in: Metall 6/72, S. 2.

1244 BArch B 122/8393, Bl. 4.

1245 P. Brechtbühl, Generaldirektor der VITA AG an Höhn vom 11. Juni 1971, in: Privatarchiv H. Borsch.

1246 Hickel, Eine Kaderschmiede bundesrepublikanischer Restauration, S. 110.

Engelmann legte dem Gericht mehrere belastende Dokumente vor, die *Höhn* der Unwahrheit überführen sollten, und beschuldigte ihn, eine falsche eidesstattliche Erklärung abgegeben zu haben.[1247] Das mit der Sache befasste Hamburger Amtsgericht forderte daraufhin ein Gutachten über die NS-Verstrickungen *Höhns* an, welches vom Münchener Institut für Zeitgeschichte angefertigt wurde.[1248] *Höhn* wurde darin von dem Vorwurf freigesprochen, Vorgesetzter *Eichmanns* und Ausrichter der Wannsee-Konferenz gewesen zu sein. Andere Fragen, wie beispielweise die Verbindungen des Instituts für Staatsforschung zur SS oder *Höhns* Verhältnis zu *Himmler*, konnten im Gutachten aufgrund der schlechten Quellenlage jedoch nicht erschöpfend beantwortet werden.[1249]

g) Niedergang und Verkauf der Harzburger Akademie

In der Folgezeit wurde es zunächst still um die Person *Höhn*. Seine Harzburger Akademie hingegen geriet wegen wirtschaftlicher Schwierigkeiten schon Anfang der siebziger Jahre erneut in die Schlagzeilen.

So musste die AFW zwischen September 1971 und Juni 1973 ihren Personalstand um 30 auf 185 Lehrkräfte reduzieren.[1250] Pressemeldungen zufolge sank der Jahresumsatz auf 3 Millionen DM und es zog sich ein Teil der Großkundschaft zurück.[1251] Bis zum Jahr 1976 wurden die Kurse der Führungskräfteakademie von rund 270000 Teilnehmern besucht,[1252] was einem Jahresdurchschnitt von nur noch 14000 Besuchern entspricht. Im Vergleich zum Rekordjahr 1971 hatten sich die Zahlen also um fast zwei Drittel verschlechtert. Dabei waren wohl weniger die spezifischen Probleme der Akademie mit der Vergangenheit *Höhns* auschlaggebend für diese Phase der Rezession, doch dürfte der aus dem „Engelmann-Report" resultierende Imageverlust die Krisensymptome in Bad Harzburg noch verstärkt haben. Tatsächlich war die gesamte Branche von Umsatzeinbrüchen betroffen. Ursächlich war die Vielzahl an neugegründeten Instituten und das damit verbundene Angebot an Lehrgängen, wobei nunmehr auch vermehrt Universitäten mit Führungslehrgängen um Manager warben.[1253] Das unübersichtliche Angebot sorgte zudem für Verwirrung bei den

1247 „Strafanzeige gegen Höhn erstattet", in: „FR" vom 13. April 1972, Nr. 86.

1248 Gutachten des IFZ München, Dr. Hildegard von Kotze, vom 7. Juni 1974, in: Privatarchiv H. Borsch.

1249 Gutachten des IFZ München, Dr. Hildegard von Kotze, vom 7. Juni 1974, in: Privatarchiv H. Borsch.

1250 Bremke, „Lehrer vor leeren Bänken", „Die Zeit" vom 13. Juli 1973, Nr. 29.

1251 Miss-Management-Schulen?, in: „Handelsblatt" vom 27. Oktober 1989, Nr. 209.

1252 Freilinger, Harzburger Modell – Konzeption des „Goldenen Mittelweges"?, S. 121, in: Aspekte des Fortschritts in Staat, Wirtschaft und Gesellschaft, Festschrift für Reinhard Höhn zum 20jährigen Bestehen der Akademie für Führungskräfte der Wirtschaft, S. 121–130.

1253 So bot das Universitätsseminar der Wirtschaft seit 1969 Semesterkurse in Unternehmensführung an. Auch amerikanische Institute wie das Maynard Institute in

Unternehmen. Hinzu kam die Sparsamkeit vieler Firmen. Auch wurden viele Ausbildungseinrichtungen oft selbst schlecht geführt.[1254] Zudem hatte die Bundesanstalt für Arbeit die Zuschüsse für die Seminare an den Instituten drastisch gekürzt.[1255]

Gleichzeitig zu dieser ohnehin schwierigen Wirtschaftslage musste sich *Höhn* auch zunehmend der Kritik an seinem Harzburger Modell erwehren. Nachdem sein Managementkonzept bisher noch vornehmlich von Gewerkschaftsseite und Kapitalismuskritikern als antidemokratisch und arbeitnehmerfeindlich attackiert wurde, wobei nicht selten politische Hintergründe eine Rolle spielten,[1256] änderte sich jetzt die Stoßrichtung. Die Betriebswissenschaft begann sich fortan vermehrt mit dem Modell zu befassen. Die umfassendste wissenschaftliche Kritik veröffentlichten 1972 *Richard Guserl* und *Michael Hofmann*.[1257] In ihrer umfänglichen Auseinandersetzung

---

Düsseldorf drängten auf den Markt (Bremke, „Lehrer vor leeren Bänken", in: „Die Zeit" vom 13. Juli 1973, Nr. 29; Winter, Pauken für die Karriere, in: „Die Zeit" vom 12. Februar 1971, Nr. 7).

1254 So wohl auch die Harzburger Akademie. Ein Grund für den Niedergang war vermutlich auch Höhns eigensinniger Führungsstil. Entgegen seinem eigenen Modell delegierte der „Herr Professor", wie er sich bevorzugt nennen ließ, nur sehr selten Verantwortung, sondern herrschte patriarchalisch (Derschka, Politur eines Oldtimers, in: Manager-Magazin 11/1983,S. 174–181).

1255 Bremke, „Lehrer vor leeren Bänken", in: „Die Zeit" vom 13. Juli 1973, Nr. 29; Winter, Pauken für die Karriere, in: „Die Zeit" vom 12. Februar 1971, Nr. 7.

1256 Von Gewerkschaftsseite erschien 1971 eine erste größere Studie über das Harzburger Modell (Bieding/Scholz, Personalführungssysteme – Methoden und Auswirkungen). Zwar wurde das Modell bereits hier pauschal als praxisfern und formalistisch abgetan, doch lag das Hauptaugenmerk auf dem Vorwurf der Demokratie- und Gewerkschaftsfeindlichkeit. So sei das Harzburger Modell „ein Instrument" zur Umgehung der Mitbestimmungs- und Mitwirkungsrechte von Betriebsräten, dem jegliche Ansätze „für einen demokratischen Führungsstil" fehlen würden. Insgesamt würde es damit „der Sicherung überkommener Herrschaftsstrukturen durch die Anpassung überholter Hierarchien an die heutigen technischen und betriebswirtschaftlichen Verhältnisse" dienen (ebd., S. 94f., S. 104 ff. und S. 108). Daneben veröffentlichte das Institut für Marxistische Studien (IMSF), welches kommunistischen Kreisen in der BRD nahestand und mit dem IPW aus der DDR zusammenarbeitete, inspiriert durch den „Engelmann-Report", 1972 eine kritische Untersuchung über das Harzburger Modell (Boni/Deppe/Maase/Wilbert, Kaderschule für das Kapital – Theorie und Praxis der Harzburger Akademie für Führungskräfte der Wirtschaft). Die Autoren kamen darin zu dem nicht zuletzt auch politisch motivierten Ergebnis, dass der moderne Führungsbegriff Höhns mit der ebenfalls von Höhn mitgestalteten NS-Ideologie „des Führer-Gefolgschafts-Verhältnisses wesensverwandt" sei. Auch sei das Harzburger Modell „an dem Vorbild der militärischen Führung sowie an einzelnen Varianten des Kampfes des preußischen Militärs gegen Sozialismus und Sozialdemokratie orientiert" sowie demokratie- und gewerkschaftsfeindlich (ebd., S. 1ff.).

1257 Guserl/Hofmann, Das Harzburger Modell – Idee und Wirklichkeit. Ein weiterer eher wissenschaftlich konzipierter Aufsatz wurde 1974 von dem Bremer

mit dem Harzburger Modell, von der ein Vorabdruck auch noch öffentlichkeitswirksam im „Manager-Magazin" erschien,[1258] kamen die Autoren zu dem Ergebnis, dass *Höhns* Prinzip der Delegation den patriarchalisch-autoritären Führungsstil lediglich durch ein bürokratisch-autoritäres Konzept ersetze. Die Teilhabe und Selbstständigkeit der Angestellten werde nur scheinbar erweitert. Die Kompetenzen des Vorgesetzten würden dagegen faktisch vergrößert und abgesichert. Überhaupt sei das Modell nur „ein gut gemeinter Gemeinplatz",[1259] der die einzelfallbezogene Ausgangssituation im Betrieb kaum berücksichtige und damit „ungerechtfertigt grobe Vereinfachungen" aufzeige.[1260] Folglich versage das Modell allzu oft bei der betrieblichen Anwendung.[1261] Des Weiteren führe das Harzburger Modell nur sehr selten zu einer Verhaltensänderung der Führungskräfte in einem Unternehmen. Zudem habe es „eindeutig verbürokratisierende Tendenzen". Dieser „extreme Formalismus des Modells führt zur Starrheit".[1262] Die „vom Modell aufgestellten bürokratischen Normen" würden „den Blick zum kooperativen Verhalten" versperren.[1263] Insgesamt sei es mithin nicht praktikabel. In einer Umfrage hätte sich gezeigt, dass „das Modell bei 11 von 13 Unternehmen erhebliche Misserfolge bzw. starke Einschränkungen in der Anwendung aufweist".[1264]

Die Harzburger Akademie wiederum reagierte auf die Untersuchung von *Guserl* und *Hofmann* mit Gegendarstellungen.[1265] *Höhn* arbeitete zudem an einem neuen Buch mit dem Titel „Das mißverstandene Harzburger Modell",[1266] welches jedoch

---

Ökonomieprofessor Rudolf Hickel verfasst (Hickel, Eine Kaderschmiede bundesrepublikanischer Restauration). Darin wurde das Harzburger Modell als neokonservativ und restaurativ bezeichnet. Es würde der „Instrumentalisierung einer sozialen Schicht für die funktionale ‚Despotie' der Führung und Lenkung" dienen (ebd., S. 152).

1258 Guserl/Hofmann, Harzburger Modell: Bürokratie statt Kooperation, S. 62ff., in: Manager-Magazin 2/1972; Guserl/Hofmann, Modell-Kritik: Kampf um Harzburg, in: Manager-Magazin 7/1972. Daneben erschien im Zusammenhang mit der Studie ein weiterer Artikel in einer Fachzeitschrift: Guserl, Konfrontation mit Harzburg, in: Betriebswirtschafts-Magazin 24/1972.

1259 Guserl/Hofmann, Harzburger Modell: Bürokratie statt Kooperation, in: Manager-Magazin 2/1972, S. 62.

1260 Guserl/Hofmann, Das Harzburger Modell, S. 245.

1261 Guserl/Hofmann, Harzburger Modell: Bürokratie statt Kooperation, in: Manager-Magazin 2/1972, S. 64.

1262 Guserl/Hofmann, Das Harzburger Modell, S. 243.

1263 Guserl/Hofmann, Das Harzburger Modell, S. 237.

1264 Guserl/Hofmann, Das Harzburger Modell, S. 248.

1265 Harzburger Modell, Praxisgerechte Führung oder Utopie?, in: Harzburg aktuell, Informationen für die Praxis vom 25. Februar 1972; Glahe, Ist das Harzburger Modell verstaubt?, in: Plus 6 (1972), Nr. 4, S. 43ff.

1266 Höhn, Der mißverstandene Professor, in: Manager-Magazin 2/1972, S. 63.

nie veröffentlicht wurde. Die Kritik riss allerdings nicht ab. In einem Interview, das das „Manager-Magazin" anlässlich seines siebzigsten Geburtstages führte, musste sich *Höhn* zunehmend mit skeptischen und kritischen Fragen auseinandersetzen. Gleichwohl verteidigte er darin sein „Lebenswerk". Die angeblichen Mängel seines Modells würden „aus falscher Handhabung unserer Konzeption oder aus menschlichen Problemen" resultieren.[1267] Dennoch wurden Umstrukturierungen an der Harzburger Akademie vorgenommen. So reduzierte man die Anzahl der offenen-externen Seminare. Dafür bot man vermehrt innerbetriebliche Lehrgänge an. Im ersten Halbjahr 1974 gab es rund 250 dieser firmeninternen Kurse. Daneben bot die Akademie nunmehr auch öffentlich-rechtlich anerkannte Abschlüsse an.[1268] Außerdem konzentrierte man sich intensiver auf die öffentliche Verwaltung als potentielle Kundschaft.[1269]

Die Presseberichte über die Akademie und ihre Lehrgänge wurden trotz alledem nach wie vor zunehmend schlechter.[1270] So stellte etwa das „Manager-Magazin" im Oktober 1979 fest: „Wer heute hinter Harzburg zurückfällt, muß sich den Vorwurf gefallen lassen, ein Steinzeitmanager zu sein."[1271] Dementsprechend führte die

---

1267 „Harzburgs Strahlkraft ist ungebrochen", in: Manager-Magazin 8/1974, S. 64–65.

1268 So gab es Vorbereitungskurse für die Ausbildung zum „Fachwirt" und „Management-Assistenten" („Harzburgs Strahlkraft ist ungebrochen", in: Manager-Magazin 8/1974, S. 64–65).

1269 Dabei war man weiterhin vor allem in Süddeutschland aktiv. Im November 1973 veranstaltete die AFW beispielsweise zusammen mit der Akademie für Politik und Zeitgeschehen der Hans-Seidel-Stiftung aus München eine Arbeitskonferenz für führende Kommunalpolitiker aus ganz Bayern unter dem Motto „Moderner Führungsstil in der Kommunalverwaltung", bei der es um die Einführung des Harzburger Modells in der öffentlichen Verwaltung ging (Auf der Suche nach neuem Führungsstil – Tagung in München diskutiert „Harzburger Modell", in: „Bayernkurier" vom 3. November 1973, zitiert nach MfS HVA, Nr. 176).

1270 Mitunter nahm die Kritik an der Harzburger Akademie auch etwas groteske Züge an. So hielt sich in der DDR-Presse hartnäckig das Gerücht, dass im Jahr 1963 ein Code in den Seminaren der AFW entwickelt worden sei, mit dem sich Unternehmer untereinander über die in der Regel ahnungslosen Arbeiter verständigen konnten. Mit dem Code würden die Firmenchefs in Abschlussbeurteilungen durch harmlose, unverfängliche Formulierungen diskriminierende Feststellungen über das berufliche, menschliche, vor allem aber auch das politische Verhalten einschließlich der gewerkschaftlichen Betätigung verschlüsseln, die den eingeweihten Personalchef eines anderen Konzerns vor unbequemen Bewerbern warnen. Laut Pressebericht wurde der Code 1975 von einem Rechtsschutzsekretär der westdeutschen Angestelltengewerkschaft DAG entschlüsselt (Geheime Chiffre der Top-Manager wurde geknackt, in: „Sächsische Zeitung" vom 21. Februar 1975, zitiert nach MfS HVA, Nr. 176; Belastete SS-Führer schulen Manager, in: „Sächsische Zeitung" vom 25. Mai 1982, zitiert nach MfS HVA, Nr. 176).

1271 Derschka, Ritual und Ratio, in: Manager-Magazin 10/1979, S. 101–104. Der Bericht basierte auf den Erfahrungen des Redakteurs Peter Derschka, der am dreitägigen

Harzburger Akademie die bereits begonnenen Veränderungsmaßnahmen fort. Der Schwerpunkt der Akademie verschob sich weiter von den freien Lehrgängen zu innerbetrieblichen Beratungen und Seminaren. Davon bot die Akademie etwa 500 pro Jahr an, so dass man 1982 auch den Status der Gemeinnützigkeit aufgab.[1272] Zudem wurde die Organisationsstruktur des Bildungsverbundes reformiert. Ein Aufsichtsgremium ersetzte die Präsidien der drei Akademien. Neuer Präsident wurde *Fritz Raidt*, zuvor Personalvorstand der Vereinigten Versicherungsgruppe in München, der sich fortan von *Höhns* Modell eher distanzierte.[1273] Insgesamt konnte sich die Harzburger Akademie bis Anfang der achtziger Jahre konsolidieren. Auch die Teilnehmerzahlen erhöhten sich. Zwar konnten die früheren Spitzenwerte nicht mehr erreicht werden, doch wurden bis Ende des Jahres 1981 immerhin insgesamt rund 400000 Führungskräfte an der AFW geschult,[1274] womit also seit 1976 pro Jahr durchschnittlich immerhin circa 26000 Teilnehmer die Seminare besuchten. Die Fernstudienakademie AFF kam auf etwas mehr als 120000 Studierende.[1275] Des Weiteren startete 1983 ein großangelegtes Projekt der Wirtschaftsakademie für Lehrer. In Zusammenarbeit mit dem Bundesbildungsministerium, den Kultusministerien von Schleswig Holstein und Rheinland Pfalz sowie der Bundesanstalt für Arbeit schulte die WFL arbeitslose Lehrer in einjährigen Fernstudiengängen für eine Tätigkeit im Wirtschaftsleben um.[1276] Bis 1988 konnten so rund 1000 Lehrer per Fernstudium zu Direktions-, Management-, Personal- oder Marketing-Assistenten ausgebildet und in die freie Wirtschaft vermittelt werden.[1277]

Doch schon Mitte der achtziger Jahre sanken die Kurs- und Teilnehmerzahlen drastisch. 1987 hatte die AFW laut Presseberichten nur noch 10000 Seminarbesucher.[1278] Zwar fand *Höhns* neues Projekt, die Kurse zum Thema der „Inneren

---

Chefseminar „Moderne Führungs- und Organisationsprinzipien – Einführung in das Harzburger Modell" teilnahm. Derschka lobte darin zwar Höhns Rhetorik und dessen unterhaltsamen Vorträge, das Harzburger Modell kritisierte er aber als „bürokratisch" und „schwer umsetzbar".

1272 Derschka, Politur eines Oldtimers, in: Manager-Magazin 11/1983, S. 174–181.

1273 Stellvertreter wurden der Bremer Konsul Gerhard Beier und der Rechtsanwalt Klaus Ullrich (Derschka, Politur eines Oldtimers, in: Manager-Magazin 11/1983, S. 174–181).

1274 Mit und gegen den Strom, in: management heute 11/81, S. 6.

1275 Lebenslanges Lernen als Forderung unserer Zeit, in: management heute 12/81, S. 11.

1276 Hilfe zur Selbsthilfe – Der Harzburger Modellversuch „Lehrer für die Wirtschaft" hat begonnen, in: management heute 11/83, S. 21ff.; Pedell, Nach der Schule – statt der Schule, in: „Die Zeit" vom 29. April 1983, Nr. 18.

1277 Auch die sogenannten „Harzburg-Kollegs der deutschen Wirtschaft" wurden nach wie vor zweimal jährlich angeboten und konnten mit einer Handelskammer-Prüfung abgeschlossen werden. Das Harzburg-Diplom als Management-Assistent blieb ebenfalls (Einst heiß diskutiert – heute unbestrittenes Führungsmodell: Delegieren à la Harzburg, in: „Handelsblatt" vom 22. Juli 1988, Nr. 139).

1278 Einst heiß diskutiert – heute unbestrittenes Führungsmodell: Delegieren à la Harzburg, in: „Handelsblatt" vom 22. Juli 1988, Nr. 139.

Kündigung“ und zum „Null-Bock-Phänomen“ große Resonanz. Bis zum Jahr 1988 nahmen mehr als 2600 Geschäftsführer und leitende Angestellte an den rund 60 Lehrgängen teil.[1279] Nichtsdestotrotz geriet die Akademie im Jahr 1989 immer tiefer in die Krise. Die Teilnehmerzahl an der AFW war auf 5000 geschrumpft.[1280] Die Zahl der Mitarbeiter, zu denen inzwischen auch *Höhns* Tochter *Elke* gehörte,[1281] musste auf rund 80 reduziert werden.[1282] Zudem steckte die Harzburger Akademie inzwischen in großen finanziellen Schwierigkeiten. Laut der Zeitung „Wirtschaftswoche“ hatte sie bei ihrer Hausbank, der BAG Bankaktiengesellschaft Hamm/Westfalen, Schulden in Höhe von rund 20 Millionen Mark angehäuft. Ende des Jahres war die Akademie nicht mehr in der Lage, die Gehälter der Mitarbeiter zu zahlen.[1283] Der Grund für die finanziellen Schwierigkeiten war die Modernisierung und Flexibilisierung der Unternehmen. Das Harzburger Modell war den neuen Anforderungen der Betriebe nicht mehr gewachsen. Es wurde von Praktikern weiterhin als zu bürokratisch und hierarchisch kritisiert. Zudem wurde vor allem *Höhns* Missmanagement beklagt. Dem Juristen mangelte es an betriebswirtschaftlichen Fähigkeiten und Geschick im eigenen Unternehmen. Über Jahre soll er sich sowohl geweigert haben, Übernahme- oder Sanierungsangebote anzunehmen, als auch, die Leitung des Unternehmens einem Jüngeren zu übertragen.[1284] Auch *Höhns* guter Ruf in der Wirtschaft konnte den Erfolg der Akademie nicht mehr gewährleisten. *Höhn*, inzwischen 85-jährig, reagierte trotzig auf die Berichte in der Presse. Gegenüber der Zeitung „Die Welt“ sagte er: „Das ist alles Geschwätz.

1279 „Wirtschaftswoche“ vom 16. September 1988, Nr. 38; Einst heiß diskutiert – heute unbestrittenes Führungsmodell: Delegieren à la Harzburg, in: „Handelsblatt“ vom 22. Juli 1988, Nr. 139. Auch die Politprominenz frequentierte die Akademie wieder. Vor dem Wahlkampf um das Bürgermeisteramt in Berlin 1989 holte sich der SPD-Spitzenkandidat Walter Momper professionelle Hilfe in Höhns AFW, wo er einen Crashkurs im Führen und eine Imageberatung erhielt („Berlin – Ja, wir wollen“, in: „Der SPIEGEL“ vom 6. Februar 1989,Nr. 6, S. 25).

1280 „Der Harzburger Akademie schlägt die Stunde der Wahrheit“, in: „Die Welt“ vom 6. November 1989. Laut dem Nachruf der Wirtschaftsjournalistin Dagmar Deckstein sollten dennoch bis zur Auflösung der Akademie rund 600000 Führungskräfte geschult worden sein, von denen 100 000 das sogenannte „Harzburg-Diplom“ erworben hätten. Einen Beleg für diese wohl etwas hochgegriffenen Zahlen gibt Deckstein jedoch nicht (Deckstein, Ein Lehrer für 600000 Manager, Zum Tode von Reinhard Höhn, dem Gründer der Harzburger Akademie, in: „Süddeutsche Zeitung“ vom 22. Mai 2000, Nr. 116, S. 18).

1281 Harzburger Management-Termine Februar 1988.

1282 Akademie für Führungskräfte, in: „Wirtschaftswoche“ vom 10. November 1989, Nr. 46.

1283 Akademie für Führungskräfte, in: „Wirtschaftswoche“ vom 10. November 1989, Nr. 46.

1284 Akademie für Führungskräfte, in: „Wirtschaftswoche“ vom 10. November 1989, Nr. 46.

Die Arbeit geht weiter." Er lasse sich sein Lebenswerk nicht „kaputtmachen".[1285] Die Probleme seiner Akademie erklärte er mit dem „Sommerloch" und kündigte an, durch neue Gesellschafter frisches Kapital zu akquirieren.[1286]

Gleichwohl dramatisierte sich die wirtschaftliche Lage der Akademie gegen Ende des Jahres. Die BAG erwog, einen Konkursantrag zu stellen. Das Immobilienvermögen der Trägergesellschaft DVG, das die Akademiegebäude und das Seminarhotel „Jagdhotel" umfasste, wurde auf Antrag der Bank vom Amtsgericht Goslar unter Zwangsverwaltung gestellt. Darüber hinaus ließ die Staatsanwaltschaft die Akademieräume wegen des Verdachts auf Vollstreckungsvereitelung durchsuchen und Akten beschlagnahmen.[1287] *Höhn* musste Anfang November 1989 vor dem Amtsgericht Goslar zudem einen Offenbarungseid ableisten und die Vermögenslosigkeit seiner Harzburger Akademie versichern. Als er zu dem dafür angesetzten Termin nicht erschien, prüfte die zuständige Richterin einen Haftbefehl gegen ihn.[1288]

Höhn war nunmehr gezwungen, sich vom gesamten Harzburger Bildungsverbund zu trennen. Bereits im September 1989 hatte er einen Gesellschafterwechsel eingeläutet.[1289] Diese neuen Gesellschafter waren die Hamburger Cognos Service AG[1290] und der Rechtsanwalt *Jörg Hisam*. Um seine Harzburger Akademie dabei vor dem völligen Ruin zu bewahren, griff *Höhn* Medienberichten zufolge zu einem juristischen Schachzug. Er löste die wirtschaftlich gesunde und noch umsatzstärkste AFW aus dem Bildungsverbund heraus und benannte sie in „Verein zur Förderung der berufsbegleitenden Weiterbildung e.V." um. So wurde der renommierte Name der Akademie für Führungskräfte frei und von *Höhn* dann auch sogleich wieder eingesetzt. Er änderte den Namen der „Harzburger Akademie GeschäftsführungsGmbH", die bislang nur als Dienstleistungsgesellschaft der drei hochverschuldeten Akademien agierte, in „Akademie für Führungskräfte der Wirtschaft GmbH". Diese neu entstandene Gesellschaft verkaufte er sodann

---

1285 „Der Harzburger Akademie schlägt die Stunde der Wahrheit", in: „Die Welt" vom 6. November 1989, Nr. 259.

1286 Führungsmodell mit Problemen, in: „Der SPIEGEL" vom 28. August 1989, Nr. 35, S. 85.

1287 „Der Harzburger Akademie schlägt die Stunde der Wahrheit", in: „Die Welt" vom 6. November 1989, Nr. 259.

1288 Richterin prüft Haftbefehl gegen Prof. Höhn, in: „Handelsblatt" vom 7. November 1989, Nr. 215.

1289 Programmschnellschuss aus Bad Harzburg verspricht noch keine inhaltliche Sanierung, in: „Handelsblatt" vom 27. Oktober 1989, Nr. 209.

1290 Leiter der Cognos AG war der Firmengründer Bernhard Peters. Das Unternehmen wurde Anfang 1989 gegründet und war ein Dachverband von acht Bildungsinstituten in Nord- und Westdeutschland mit einem Jahresumsatz von 50 Millionen DM (Bad Harzburger Akademie für Führungskräfte Wirtschaft, in: „Handelsblatt" vom 4. Oktober 1989, Nr. 192).

für den symbolischen Preis von 2 DM an die beiden neuen Gesellschafter.[1291] Die Cognos Service AG übernahm 75 Prozent der neu gegründeten Akademie für Führungskräfte der Wirtschaft GmbH. Der Hamburger Jurist *Hisam* hielt 25 Prozent der Anteile. Die Harzburger Akademie wurde abermals umbenannt. Als Rechtsnachfolger fungierte nunmehr eine neu gegründete Gesellschaft, die unter dem plakativen Namen „Die Akademie" firmierte. Diese übernahm 23 der insgesamt 29 Mitarbeiter der alten AFW. Die 21 Angestellten der anderen Bildungseinrichtungen des Harzburger Verbundes wurden nicht übernommen. Bei den Gläubigern erwirkten die neuen Träger einen Abbau der Verbindlichkeiten um 2 Millionen DM.[1292] Neuer Geschäftsführer wurde *Hisams* Vater, *Horst Günther Hisam*,[1293] ein früherer Mitarbeiter *Höhns* in Bad Harzburg.[1294]

Doch konnte auch die Neugründung die Krise der Akademie nicht beenden. So hatte die Cognos AG aufgrund des arg gelittenen Rufs des Harzburger Instituts erhebliche Schwierigkeiten, neue Dozenten zu gewinnen. Zudem stellten ehemalige Mitarbeiter *Höhns*, die von der neuen Gesellschaft nicht übernommen wurden, einen Konkursantrag, nachdem ihre Gehälter monatelang nicht gezahlt wurden. Ferner geriet die Akademie in Konflikt mit den Behörden. Das Bildungsministerium hatte *Höhns* Institut Zuschüsse gezahlt, um arbeitslose Lehrer in Bad Harzburg zu Wirtschaftsassistenten umschulen zu lassen. Nunmehr mussten 500 arbeitslose Lehrer ihre Weiterbildung in Bad Harzburg abbrechen und von anderen Instituten übernommen werden.[1295] Zuletzt drohte auch ein juristischer Streit mit der BAG Bank, welche die Herauslösung der AFW aus dem Harzburger Bildungsverbund kritisierte und auf eine gesamtschuldnerische Haftung pochte.[1296]

1291 „Der Harzburger Akademie schlägt die Stunde der Wahrheit", in: „Die Welt" vom 6. November 1989, Nr. 259.

1292 Bad Harzburger Akademie für Führungskräfte Wirtschaft, in: „Handelsblatt" vom 4. Oktober 1989, Nr. 192.

1293 Hisam senior war früher SPD-Bürgermeister von List auf Sylt und hatte sich nach einer 30 Millionen DM-Pleite mit dem Schleswiger Apartmenthaus „Wiking" in die USA abgesetzt. In Bad Harzburg vermutete man, Hisam hätte nur Interesse an den Immobilien („Der Harzburger Akademie schlägt die Stunde der Wahrheit", in: „Die Welt" vom 6. November 1989, Nr. 259).

1294 Akademie für Führungskräfte, in: „Wirtschaftswoche" vom 10. November 1989, Nr. 46.

1295 Akademie für Führungskräfte, in: „Wirtschaftswoche" vom 10. November 1989, Nr. 46. Obendrein hatte das Bundesministerium für Bildung und Wissenschaft die WFL noch im August 1988 mit einem Modellversuch zu dem Thema „Handlungshilfen für die Arbeit mit ausländischen Mädchen und Frauen" beauftragt (schule heute, in: management heute 4/88, S. 1 f.).

1296 „Der Harzburger Akademie schlägt die Stunde der Wahrheit", in: „Die Welt" vom 6. November 1989, Nr. 259.

Höhn selbst blieb freier Mitarbeiter und Dozent bei den verschiedenen Nachfolgeinstituten des Harzburger Bildungsverbundes. Im ersten Halbjahr 1990 bot er an der „Akademie" etwa den Kurs „Die Führungsfähigkeit des Vorgesetzten" an.[1297] Publizistisch blieb er ebenfalls aktiv.[1298] Zudem wurde er Vorsitzender des Beirats der AFW Wirtschaftsakademie,[1299] dem Rechtsnachfolger der AFF.[1300] Mit seiner Vorstandskollegin *Gisela Böhme*, die inzwischen nach dem Tod seiner Frau Anfang der achtziger Jahre[1301] auch seine Lebensgefährtin war,[1302] lebte er weiterhin in Bad Harzburg in der Fritz-König-Straße 39. Mit ihr zusammen lehrte er seit den neunziger Jahren sein Harzburger Modell dann vor allem in Russland, wo er mit verschiedenen Wirtschaftsinstituten wie der Akademie für Volkswirtschaft bei der Regierung der Russischen Föderation[1303] oder dem St. Petersburger Institut für Wirtschaft und Verwaltung[1304] kooperierte. Trotz SS-Vergangenheit und Niedergang der Harzburger Akademie blieb *Höhns* gesellschaftlicher Stellenwert auch im hohen Alter nach wie vor beachtlich. Anlässlich seines 95. Geburtstags, der am 31. Juli 1999 mit Sektempfang und Festbuffet im großen Rahmen in Bad Harzburg begangen wurde, erreichten ihn zahlreiche Glückwünsche von namhaften Vertretern aus Wirtschaft und Politik. Siemens-Chef *von Pierer* und Sachsens Ministerpräsident *Kurt*

1297 Programmschnellschuss aus Bad Harzburg verspricht noch keine inhaltliche Sanierung, in: „Handelsblatt" vom 27. Oktober 1989, Nr. 209.

1298 Im Jahr 1989 veröffentlichte er noch das Ratgeberbuch „Examen ohne Angst". Und 1992 erschien sein Buch „Meine Jäger und ich", in dem Höhn, der seit längerem mit einem befreundeten Unternehmer eine Jagd in Österreich hatte, seine Jagdgeschichten zusammenfasste.

1299 Deckstein, Ein Lehrer für 600000 Manager, Zum Tode von Reinhard Höhn, dem Gründer der Harzburger Akademie, in: „Süddeutsche Zeitung" vom 22. Mai 2000, Nr. 116, S. 18.

1300 Die Fernstudienakademie AFF arbeitete zunächst unabhängig weiter, bevor sie dann 1993 von einem anderen Betreiber, dem IBM-Tochterunternehmen Computer Service GmbH, übernommen wurde. Seit 1999 ist die AFF nunmehr wieder selbständig und firmiert unter dem Namen AFW Wirtschaftsakademie Bad Harzburg GmbH. Das „Harzburger Modell" wird dort in modifizierter Form als Harzburger Führungslehre (HFL) weiterhin gelehrt (Wiedergeburt eines Managementmodells, in: Personal Magazin 6/2005,in: Privatarchiv H. Borsch).

1301 Gesprächsprotokoll der Befragung Reinhard Höhns durch Anna-Maria Gräfin von Lösch vom 21. August 1993.

1302 So zumindest „Wirtschaftswoche" vom 10. November 1989, Nr. 46. Auch die Kondolenzanzeigen zum Tode Höhns lassen auf eine solche Beziehung schließen.

1303 Gisela Böhme an den Prorektor Oleg Protsenko, Akademie für Volkswirtschaft bei der Regierung der Russischen Föderation, vom 15. Juni 2005, in: Privatarchiv H. Borsch.

1304 Gisela Böhme an Prof. Dr. Victor Gnevko, Institut für Wirtschaft und Verwaltung, vom 30. Juni 2004, in: Privatarchiv H. Borsch.

Biedenkopf sandten herzliche Geburtstagsgrüße[1305] und der Präsident des Bundesverbandes deutscher Arbeitgeber, *Dieter Hundt*, würdigte *Höhns* Verdienste für die Wirtschaftswissenschaft.[1306]

Reinhard Höhn verstarb am 14. Mai 2000 im Alter von 95 Jahren an Gehirnversagen in Pöcking am Starnberger See.[1307].

1305 Biedenkopf an Höhn vom 29. Juli 1999, in: Privatarchiv H. Borsch; Von Pierer an Höhn vom 31. Juli 1999, in: Privatarchiv H. Borsch.

1306 Deckstein, Ein Lehrer für 600000 Manager, Zum Tode von Reinhard Höhn, dem Gründer der Harzburger Akademie, in: „Süddeutsche Zeitung“ vom 22. Mai 2000, Nr. 116; FAZ vom 19. Mai 2000, Nr. 116, S. 18.

1307 „Goslarsche Zeitung“ vom 18. Mai 2000; Grüttner, Biographisches Lexikon, S. 76.

C. Die „Volksgemeinschaft“ als Rechtsbegriff – Reinhard Höhns Staatsrechtslehre im Nationalsozialismus

Kurz nach der nationalsozialistischen Machtergreifung begann *Reinhard Höhn* unter dem Eindruck der politischen Veränderungen mit der Entwicklung einer nationalsozialistisch konnotierten Staatsrechtslehre, die plakativ als Lehre von der „Volksgemeinschaft“ oder „Volksgemeinschaftslehre“ bezeichnet werden kann. Diese Staatsrechtslehre *Höhns* soll im Folgenden in ihren Wesensmerkmalen dargestellt und anschließend erläutert und interpretiert werden.

I. Darstellung der Lehre von der „Volksgemeinschaft“

In seiner Lehre von der „Volksgemeinschaft“ propagierte *Höhn* nicht nur eine vollkommene Erneuerung des Staatsrechts, sondern die Ersetzung des Staatsrechts durch ein sogenanntes „Volksrecht“.[1308] Dieses „Volksrecht“ sollte als Ausdruck der gemeinschaftsorientierten Geisteshaltung des Nationalsozialismus der nach der Machtergreifung hergestellten tatsächlichen Verfassungswirklichkeit entsprechen und somit eine radikale Abkehr von der Staatsrechtslehre der Weimarer Republik und deren positivistischer, formaljuristischer Methodik zugunsten eines völkischen Vitalismus darstellen. Die inhaltliche Essenz dieses „Volksrechts“ war die Substituierung des Staates als juristischer Person durch die „Volksgemeinschaft“,[1309] die fortan Fundament und maßgebliches Rechtsprinzip des Staates sein sollte:

> „An die Stelle des individualistischen Prinzips ist heute ein anderes getreten, das Prinzip der Gemeinschaft. Nicht mehr die juristische Staatsperson ist Grund und Eckstein des Staatsrechts, sondern die Volksgemeinschaft ist der neue Ausgangspunkt“.[1310]

1. Die „Volksgemeinschaft“ als Rechtsbegriff

Der Begriff der „Volksgemeinschaft“ rückte als entscheidende Rechtsquelle ins Zentrum der Staatsrechtslehre *Höhns*. Zum einen wurde die „Volksgemeinschaft“ zur überpositiven Grundlage des angestrebten „Volksrechts“ und damit zum maßgeblichen Auslegungsmittel für Recht und Gesetz. Gleichzeitig wurde der vormals außerjuristische, rein soziologische Begriff der „Volksgemeinschaft“ als „juristisches Grundprinzip“[1311] zu einem staatsrechtlichen Terminus erhoben. *Höhn* positivierte

1308 Höhn, Volk, Staat und Recht, S. 4.
1309 Höhn, Der individualistische Staatsbegriff, S. IX.
1310 Höhn, Die staatsrechtliche Lage, S. 284; ders., Staat als Rechtsbegriff, S. 323.
1311 Höhn, Die Wandlung im staatsrechtlichen Denken, S. 33.

die „Volksgemeinschaft" zum „Rechtsbegriff", was für ihn eben „Ausdruck einer tiefgehenden weltanschaulichen Auffassung von Recht" und damit „Ausdruck der Wirklichkeit" war.[1312]

Damit wertete *Höhn* den Volksgemeinschaftsbegriff auf, ohne dass jedoch eine klare Definition des Begriffs gegeben wurde. Stattdessen sollte sich der Begriffsinhalt aus einer antithetischen Gegenüberstellung ergeben. Der Begriff der „Volksgemeinschaft" und seine grundlegende Bedeutung für das Staatsrecht, so *Höhn*, müssten aus seinem Verhältnis zur individualistisch geprägten Rechtsgemeinschaft erklärt werden. Denn:

> „Die rechtliche Erfassung und Ausgestaltung des Prinzips der Volksgemeinschaft ist deshalb so schwierig, weil dieser Begriff bisher in seiner heutigen Bedeutung völlig unbekannt war, sodann aber auch deshalb, weil er mit ähnlichen Begriffen ständig verwechselt und zum Teil zusammengeworfen wird. Die maßgebliche Verwirrung richtet hier die Vorstellungswelt der Rechtsgemeinschaft an. Deshalb ist der Begriff der Rechtsgemeinschaft und seine Stellung innerhalb des Rechts insbesondere zur Volksgemeinschaft zu klären. Erst dann wird man auch an die wirkliche Klärung des Begriffes der Volksgemeinschaft gehen und seine grundlegende Bedeutung für ein neues Staatsrecht dogmatisch auswerten können."[1313]

Unter dem Begriff der Rechtsgemeinschaft verstand *Höhn* die Basis und geistige Grundlage des individualistischen Rechtssystems. Innerhalb der individualistischen Rechtsgemeinschaft galten allgemeine Rechts- oder Wertvorstellungen, an denen sich jede einzelne Person als Rechtssubjekt und somit Einzelpersönlichkeit orientierte und auf Grund deren der Staat als Verbandseinheit, also als juristische Person, durch seine Organe handelte.[1314]

Höhn erfasste diese Rechtsgemeinschaft als „eine passive Gemeinschaft, in der bestimmte Wertvorstellungen leben, die aber ihrer Natur nach nicht aktiv handelnd aus sich heraus wirkt".[1315] Sie könne nicht eigenständig tätig werden, sondern benötigte dazu die Staatspersönlichkeit und deren Organe als Mittler.[1316] Damit erhalte die Rechtsgemeinschaft den Staat als juristische Persönlichkeit aufrecht.[1317] Dieser individualistische Staat begreife das Volk aber nur als Summe der Untertanen und trage folglich „die Tendenz in sich, alles Gemeinschaftsleben zu zerstören".[1318] Denn jeder Einzelne stünde als individuelles Rechtssubjekt dem Staat als Untertan oder Träger subjektiv öffentlicher Rechte und jeder anderen Einzelpersönlichkeit als

1312 Höhn, Volk und Verfassung, S. 204.
1313 Höhn, Rechtsgemeinschaft und Volksgemeinschaft, S. 20.
1314 Ebenda, S. 7;ders., Der individualistische Staatsbegriff, S. 1ff.
1315 Höhn, Rechtsgemeinschaft und Volksgemeinschaft, S. 73.
1316 Ebenda, S. 73.
1317 Ebenda, S. 80.
1318 Höhn, Vom Wesen der Gemeinschaft, S. 26.

potentieller Anspruchsinhaber gegenüber,[1319] was die Entstehung und Bildung von konkreten Gemeinschaften verhindern würde. Demzufolge sei die Rechtsgemeinschaft trotz ihres Wortlauts „keine Gemeinschaft des klaren Wollens und der Tat, keine bewusst bejahte Gemeinschaft".[1320]

Eine entscheidende Folge aus diesem Zustand sei darüber hinaus, dass Führung hier nicht möglich wäre, da Führung eben eine „konkrete Gemeinschaft" voraussetzen würde.[1321] In der Rechtsgemeinschaft wäre der „Führer" dagegen nur Organ der juristischen Staatsperson, also Mittler.[1322] Hinzu käme, so *Höhn*, dass die Rechtsgemeinschaft dem Rassegedanken mit „seiner das heutige Recht beherrschenden Bedeutung"[1323] sowie nationalsozialistischen Grundbegriffen wie Ehre oder Treue nicht gerecht würde.[1324] Deshalb müsse das Ziel einer nationalsozialistischen Rechtserneuerung die Ersetzung der Rechtsgemeinschaft durch die „Volksgemeinschaft" sein:

> „So geht der Kampf heute darum, die Rechtsgemeinschaft als unsichtbare Wertgemeinschaft und typischer Ausdruck der individualistischen Geisteshaltung zu überwinden und an ihrer Stelle die Volksgemeinschaft in ihren Ordnungen zur Entfaltung kommen zu lassen."[1325]

Der Begriff der „Volksgemeinschaft" gerierte sich bei *Höhn* sodann faktisch als Antithese der als statisch abgelehnten Rechtsgemeinschaft, was auf ein vitalistisches Begriffsverständnis hinauslief. Demgemäß war die „Volksgemeinschaft" für *Höhn* eine „lebendige und aktionsfähige Einheit", die aus sich selbst heraus entstand und somit den Staat als Quelle oder Gestaltungsinstrument nicht mehr benötigte.[1326] Die „Volksgemeinschaft" war eine „aktiv wirkende Gemeinschaft, eine Gemeinschaft der Tat" und somit eine „wirkliche sichtbare Gemeinschaft".[1327]

Mit der Ersetzung der Rechtsgemeinschaft durch diese konkrete „Volksgemeinschaft" sollte der Dualismus von Staat und Individuum überwunden werden. Die einzelne Person mit ihren Abwehrrechten stand dem Staat schließlich nicht mehr gegenüber, sondern war als Glied in der Gemeinschaft ein Teil der „Volksgemeinschaft". Zwar gab es nach wie vor Einzelpersonen, „aber nicht mehr als individuelle, auf sich gestellte Persönlichkeiten, sondern als Träger der Gemeinschaft".[1328] Ein

1319 Höhn, Rechtsgemeinschaft und Volksgemeinschaft, S. 81; ders., Der Führerbegriff im Staatsrecht, S. 296 f.; ders., Rechtsgemeinschaft oder konkrete Gemeinschaft, S. 234.

1320 Höhn, Rechtsgemeinschaft und Volksgemeinschaft, S. 73f.

1321 Ebenda, S. 75.

1322 Höhn, Der individualistische Staatsbegriff, S. 227.

1323 Höhn, Rechtsgemeinschaft und Volksgemeinschaft, S. 77.

1324 Höhn, Rechtsgemeinschaft oder konkrete Gemeinschaft, S. 236.

1325 Ebenda, S. 236.

1326 Höhn, Volk, Staat und Recht, S. S. 8.

1327 Höhn, Rechtsgemeinschaft und Volksgemeinschaft, S. 74.

1328 Höhn, Der Führerbegriff im Staatsrecht, S. 297.

gemeinsamer Wertekanon zur Regulierung der rechtlichen Beziehungen wurde nicht mehr benötigt.

Infolgedessen sollte das „Volk" gemäß *Höhns* Vorstellungen nicht mehr rein formalistisch als Zusammenschluss oder Summe aller Individuen, sondern vielmehr als eine lebendige, homogene Gemeinschaft mit einem einheitlichen Willen im Sinne einer rechtlichen Einheit verstanden werden. Das „Volk" war in konkrete Gemeinschaften gegliedert. Die „Volksgemeinschaft" danach nichts anderes als das „Volk" in Gemeinschaft, so dass die Begriffe „Volk" und „Volksgemeinschaft" faktisch synonym verwandt werden konnten.

Die „Volksgemeinschaft" integrierte dabei alle Lebensbereiche und Sachgebiete, so dass sie eine allumfassende Wirkung erlangte. Eine Zersplitterung in verschiedene Gemeinschaften wurde überflüssig:

> „Es gibt innerhalb der Volksgemeinschaft nicht eine besondere Rechtsgemeinschaft, nicht eine besondere Kulturgemeinschaft, nicht eine besondere Sprachgemeinschaft. Das würde eine Aufteilung der Volksgemeinschaft bedeuten, würde bedeuten, daß nach wie vor die Volksgemeinschaft in Sachgebiete zerlegt wird, die als sich einengende Kreise nebeneinander stehen. Die Volksgemeinschaft als konkrete Gemeinschaft mit ihren Gliederungen bringt vielmehr das Recht hervor, aus ihr entsteht eine kraftvolle Kultur und eine völkische Sitte, entsteht die Sprache und wächst die Religion eines Volkes, es bedarf nicht besonderer allgemeiner Wertvorstellungen, einer Rechts-, Kultur- und Sprachgemeinschaft, auf denen Recht, Kultur, Sitte, Sprache usw. besonders basiert werden."[1329]

Damit zeichnete sich der Volksgemeinschaftsbegriff zunächst nur durch eine vitalistische Grundausrichtung und seine absorptive Allgegenwärtigkeit aus. Eine konkrete Definition der „Volksgemeinschaft" mit klar umrissenen Begriffsmerkmalen gab *Höhn* dagegen nicht. Abgesehen von vagen Formulierungen und Umschreibungen blieb es bei der redundanten Erklärung, „Volksgemeinschaft" fasse „das Volk als konkret handelnde Gemeinschaft, gegliedert in Ordnungen" auf.[1330] *Höhn* verzichtete sogar bewusst auf eine begriffliche Schärfe, da diese Ausdruck des abgelehnten liberal-individualistischen Rechtssystems und damit gemeinschaftsfeindlich sei.[1331] Die „Volksgemeinschaft" blieb folglich ein weitgehend inhaltsloser und ausfüllungsbedürftiger Terminus im Sinne eines unbestimmten Rechtsbegriffs.

An einer begrenzten Deutlichkeit gewann der Volksgemeinschaftsbegriff nur durch zwei wiederkehrende konstitutive Voraussetzungen. Die „Volksgemeinschaft", so *Höhn*, umfasse nämlich nicht nur „einen bloßen Raum zwischenmenschlicher Beziehungen", sondern „die biologische und geistige Seite des Menschen in seiner gesamten Existenz".[1332] Die Herleitung des Volksgemeinschaftsbegriffs erfolgte

1329 Höhn, Rechtsgemeinschaft und Volksgemeinschaft, S. 83.
1330 Höhn, Rechtsgemeinschaft oder konkrete Gemeinschaft, S. 236.
1331 Höhn, Staat als Rechtsbegriff, S. 323.
1332 Höhn, Volk, Staat und Recht, S. 8.

bei *Höhn* entsprechend aus einem subjektiven und einem objektiven Identitätskriterium. Bedingungen waren das Vorliegen eines Gemeinschaftsgeistes und die Artgleichheit des Volkes, also eine psychische und eine physische Homogenität des Volkes. Das Volk respektive die Volksgemeinschaft wurde mithin aus Blut und Geist extrahiert.

a) Gemeinschaftsgeist

Der Gemeinschaftsgeist musste alle Individuen eines Volkes erfassen, so dass „der einzelne aus diesem Gemeinschaftsgeist heraus handelt und in diesem Gemeinschaftsgeist lebt". Denn dadurch würde der Einzelne erst zur Persönlichkeit in der Gemeinschaft.[1333] *Höhn* beschrieb den Gemeinschaftsgeist vielsagend als „eine Realität anderer Art"[1334], den man „nicht vernunftmäßig erfassen" könne.[1335] Er komme vielmehr in einem Gemeinschaftserlebnis zum Ausdruck, welches die Einzelpersönlichkeit als Glied einer Gemeinschaft auffasse und durch ein gemeinsames geistiges Band verbinde.[1336] Letztendlich blieb der Inhalt dieses Gemeinschaftsgeistes damit konturlos, so dass sich dieses Definitionsmerkmal des Volksgemeinschaftsbegriffs gleichermaßen durch eine vollkommene Deutungsoffenheit auszeichnete.

b) Rasse

Der subjektive Gemeinschaftsgeist konnte dabei nur entstehen, wenn die Menschen auch über eine objektive biologische Gemeinsamkeit verfügten. Darin lag *Höhn* zufolge „die ungeheure Bedeutung der Rasse und des Blutes für die Gemeinschaftsbildung".[1337] Die Rasse war mithin „Gewähr der Gemeinschaft."[1338] Auf der anderen Seite erforderte „der Rassegedanke gerade eine konkrete Gemeinschaft", da Rasse „immer nur in einer konkreten Gemeinschaft und ihrem Typus wirksam werden" könne.[1339]

Höhn verknüpfte den Rechtsbegriff der „Volksgemeinschaft" folglich zwingend mit dem Rassegedanken. Rasse und Gemeinschaft bedingten sich damit gegenseitig, weshalb sie denknotwendig immer zusammen gegeben sein mussten. Demnach beinhaltete eine Gemeinschaft unbedingt rassische Gleichheit. Das Rasseprinzip wurde so zum entscheidenden deskriptiven Begriffsmerkmal und zum eigentlichen Inhalt der „Volksgemeinschaft". „Volksgemeinschaft" war damit vor allem „Artgemeinschaft des Volkes"[1340] mit dem Ziel des „rassischen Zuchtideals", „daß nur

---

1333 Ebenda, S. 8.
1334 Ebenda, S. 8.
1335 Höhn, Vom Wesen der Gemeinschaft, S. 9.
1336 Ebenda, S. 9.
1337 Ebenda, S. 9.
1338 Höhn, Rechtsgemeinschaft und Volksgemeinschaft, S. 78.
1339 Ebenda, S. 77 f.
1340 Höhn, Reich – Großraum – Lebensraum, S. 169.

die Erbtüchtigen sich heiraten, daß sie in Verbundenheit mit Blut und Boden eine Nachkommenschaft erzeugen, die das Volkstum in seinen ewigen Bestand erhält".[1341]

Die konkrete Ausgestaltung der Artgleichheit dokumentierte sich bei *Höhn* im Reichsbürgerrecht. Dem Reichsbürgergesetz vom 15. September 1935[1342] entsprechend unterschied auch *Höhn* zwischen Staatsangehörigem und Reichsbürger. Staatsangehöriger war demgemäß jeder der zum territorialen Machtbereich des Deutschen Reiches gehörte. Das Reichsbürgerrecht dagegen erforderte zusätzlich die Zugehörigkeit zur deutschen Blutsgemeinschaft. Der Status des Reichsbürgers wurde mithin nicht vom Staat aus bestimmt, sondern durch die Zugehörigkeit zu einer biologisch homogenen Volksgruppe. Für *Höhns* Staatsrechtslehre war diese Differenzierung entscheidend, denn nur der Reichsbürger konnte ihm zufolge Volksgenosse innerhalb der „Volksgemeinschaft" werden. Folglich benötigte der Staatsangehörige das Reichsbürgerrecht, um Volksgenosse zu werden. Im Umkehrschluss wurden Staatsangehörige nicht-deutschen oder nicht artverwandten Blutes aus der „Volksgemeinschaft" ausgeschlossen,[1343] was zwangsläufig zu einem exklusiven Begriffsverständnis und einer ausgrenzenden Funktion der „Volksgemeinschaft" führte.

Während hier ein rassisch-völkisches Rechtsdenken deutlich erkennbar wird, kam der Antisemitismus bei *Höhn* allenfalls mittelbar zum Vorschein. So erklärte *Höhn* beschwichtigend, dass die Ausgrenzung aus der „Volksgemeinschaft" „keine Ehrenminderung und keine Aechtung" bedeute, was vor allem für die Juden gelte. Diesen bliebe die „Volksgemeinschaft" zwar verschlossen, doch würden sie Schutz vom deutschen Volk erhalten, sofern sie bestimmte Pflichten diesem gegenüber erfüllen.[1344] Bedenkt man jedoch, dass *Höhn* sich hier auf ein Gesetz bezieht, das gleichzeitig mit dem sogenannten „Blutschutzgesetz" erlassen und fortan von klar antisemitischen Verordnungen ergänzt wurde, verlieren diese ohnehin nur relativierenden Aussagen weitgehend an Wirkungskraft.[1345]

2. Der Staat in der „Volksgemeinschaft"

Während die „Volksgemeinschaft" zum maßgeblichen Rechtsprinzip erhoben wurde, verlor der Staat hingegen seine ursprüngliche Bedeutung als eigener Rechtsträger

1341 Höhn, Vom Wesen der Gemeinschaft, S. 27.

1342 Das Reichsbürgergesetz war eines der beiden Nürnberger Rassegesetze und beinhaltete im Wesentlichen die Punkte 4–6 des NSDAP-Parteiprogramms, welches Hitler schon am 24. Februar 1920 im Münchener Hofbräuhaus verkündet hatte.

1343 Höhn, Staatsangehöriger und Reichsbürger, S. 23.

1344 Höhn, Staatsangehöriger und Reichsbürger, S. 23.

1345 Besonders deutlich werden antisemitische Tendenzen bei Höhn in dem Aufsatz „Die Juden im Staatsrecht". Darin versuchte er am Staatsverständnis Georg Jellineks darzulegen, dass sich die individualistisch konnotierten staatsrechtlichen Grundbegriffe durch jüdischen Einfluss herausgebildet hätten (Höhn, Die Juden im Staatsrecht, S. 33 ff.).

mit eigenem Willen und Wert. *Höhn* ging dabei von einem Zusammenhang zwischen den politischen Verhältnissen und der rechtlichen Begriffsentwicklung aus. Rechtsbegriffe hatten demnach keine universelle geschichtliche Sendung, sondern bildeten sich immer wieder neu entsprechend der herrschenden politischen Gegenwart heraus. Der Staat als juristische Person, so *Höhn*, sei ein ideengeschichtliches Produkt des Liberalismus mit Ursprung im absolutistischen Fürstenstaat und mit einem gemeinschaftlichem „Volksrecht" unvereinbar. Die nationalsozialistische Machtergreifung habe schließlich zu einer neuen Begriffsbildung geführt. Die „Volksgemeinschaft", das Volk in seiner politischen Gestalt als Gemeinschaft, sei als Rechtsbegriff anerkannt und müsse nunmehr die juristische Staatspersönlichkeit ersetzen. Der werthafte Begriff der „Volksgemeinschaft" stellte den Staat dar, was bei *Höhn* zu einer völligen Bedeutungsverschiebung und Entformalisierung des bislang vorherrschenden Staatsbegriffs führte. Der Staat wurde zu einem reinen Apparat degradiert:

> „Staat ist nicht mehr unsichtbare Persönlichkeit, Staat ist vielmehr nur der Behörden- und Beamtenapparat. ... Dieser Staat hat keinen eigenen Wert mehr, sondern dient in der Hand des Führers der Volksgemeinschaft..."[1346]

Der Staat war bei *Höhn* mithin nicht mehr eigene Herrschaftspersönlichkeit,[1347] sondern ein reiner Behörden- und Beamtenapparat, wobei schon die Bezeichnung als Apparat die dienende Funktion und den niederen Rang gegenüber der „Volksgemeinschaft" implizierte.Staat war also nicht mehr die unsichtbare juristische Person, sondern der sichtbare Apparat.

Überwacht werden sollte der Apparat von der Partei, die diesem damit ebenfalls übergeordnet war.[1348]

Indem er dem Staat seine Gestalt als eigener Rechtsträger nahm, entfiel mangels Obrigkeit auch das Staat-Untertanenverhältnis, so dass der Bürger dem Staat nicht mehr als Rechtssubjekt gegenübertrat, um ein Rechtsverhältnis zu begründen.[1349] Der Einzelne stand schließlich nicht nach wie vor gegen den Staat, sondern organisch in der „Volksgemeinschaft". Es wurde „vielmehr für Menschen, die als Glieder konkreter Gemeinschaften in diesen Gemeinschaften leben, der Staatsapparat in Tätigkeit gesetzt",[1350] womit *Höhn* die Bedeutung des Staates auf „eine Funktion im Dienste der Volksgemeinschaft" beschränkte.[1351] Der Staat empfing seinen Wert

1346 Höhn, Die Wandlung im staatsrechtlichen Denken, S. 35.
1347 Höhn, Der individualistische Staatsbegriff, S. 227f.
1348 Höhn, Partei und Staat, S. 476.
1349 Höhn, Das subjektive öffentliche Recht und der neue Staat, S. 59.
1350 Höhn, Das subjektive öffentliche Recht und der neue Staat, S. 59.
1351 Höhn, Volk, Staat und Recht, S. 22. Höhn war sich durchaus bewusst, dass der Staat auch im Absolutismus, Marxismus und Liberalismus als Apparat aufgefasst wurde. Allerdings, so Höhn, würde er nunmehr nicht allein dem Fürsten oder einer Klasse dienen, sondern dem gesamten Volk in der „Volksgemeinschaft".

letztendlich allein aus der „Volksgemeinschaft", sein Inhalt wurde durch die „Volksgemeinschaft" bestimmt.[1352]

Dementsprechend wurde das subjektive öffentliche Recht des Einzelnen nicht mehr benötigt. Es bestand schließlich kein Grund mehr, das Individuum mit gegen die Obrigkeit gerichteten Abwehr-, Freiheits- oder Leistungsrechten auszustatten. Gegen den Staat konnten diese nicht mehr gerichtet sein, da dieser mangels eigenem Wesen als Träger öffentlicher Gewalt wegfiel, und stattdessen als Apparat dem Einzelnen als Glied der „Volksgemeinschaft" dienen würde.[1353] Rechte oder Ansprüche gegen die „Volksgemeinschaft" waren unnötig, da der Einzelne in dieser völlig aufging. Diese faktische Außerkraftsetzung der klassisichen liberalen Grundrechte sorgte letztendlich dafür, dass das Handeln von Staatsapparat und „Volkgemeinschaft" nicht mehr durch eine geschützte Spähre des Einzelnen begrenzt war.

Durch die „Verneinung des Staates als einer eigenen Größe und damit als juristischer Persönlichkeit" war „zugleich auch eine Gerichtsbarkeit über Streitigkeiten zwischen dem Staat und dem einzelnen Volksgenossen undenkbar".[1354] Die Aufgabe der Gerichtsbarkeit sollte fortan darauf beschränkt sein, „zwischen Gemeinschaftspersönlichkeiten die gestörte Gemeinschaftsordnung wiederherzustellen", da nur zwischen diesen Rechtsstreitigkeiten überhaupt möglich wären.[1355]

Insgesamt führte dies zu einer Bedeutungsverschiebung des bislang geltenden Staatsbegriffs bei *Höhn*. Zunächst folgte aus der Substituierung durch die „Volksgemeinschaft", dass diese, also das „Volk" in Gemeinschaft, anstelle des Staates im weiteren Sinne trat. Daneben war der Staat im engeren Sinn nur noch ein Behörden- und Beamtenapparat.

3. Der „Führer" in der „Volksgemeinschaft"

Neben der „Volksgemeinschaft" erhob *Höhn* auch das Führerprinzip zu einem Kernelement seiner Staatsrechtslehre.[1356] Der „Führer" sollte die zentrale Rolle im Staatsgebilde einnehmen. Der Begriff des „Führers" wurde von *Höhn* ebenfalls positiviert und zu einem echten staatsrechtlichen Begriff erhoben,[1357] der „im Mittelpunkt

1352 Höhn, Das Gesetz als Akt der Führung, S. 434; ders., Führung und Verwaltung, S. 74.
1353 Höhn, Das subjektive öffentliche Recht und der neue Staat, S. 57 ff. Eine Steuerzahlung war somit auch kein Eingriff in die Rechte des Bürgers, sondern ein Akt der Gefolgschaftstreue gegenüber dem Führer" (Höhn, Die Wandlung im staatsrechtlichen Denken, S. 36).
1354 Höhn, Das subjektive öffentliche Recht und der neue Staat, S. 62 f.
1355 Höhn, Das subjektive öffentliche Recht und der neue Staat, S. 62.
1356 Höhn, Die Wandlung im staatsrechtlichen Denken, S. 33.
1357 Höhn, Der Führerbegriff im Staatsrecht, S. 299; ders., Staat als Rechtsbegriff, S. 324.

unserer gesamten Rechtsordnung steht".[1358] Die konkrete „Volksgemeinschaft" war dabei unbedingte Voraussetzung für das Führerprinzip.[1359] Denn, so *Höhn*:

> „Der Führer wächst aus einer derartigen sichtbaren Gemeinschaft und führt die Gemeinschaft weiter."[1360]

Der „Führer" erhielt seine Macht also nicht durch ein nachvollziehbares demokratisches Entscheidungsverfahren,[1361] sondern wuchs im Zuge eines organischen Ausleseprozesses aus der „Volksgemeinschaft" heraus. Begleitet wurde dieser natürliche Vorgang der Machtübertragung von der Partei als Repräsentantin des Volkes, die den „Führer", so *Höhn*, quasi als höhere Macht einsetzte, durch Vorsehung auswählte und anschließend erzog,[1362] in aber anders als den Staatsapparat nicht überwachen sollte.

Durch die Abkehr von der individualistischen Auffassung vom Staat als unsichtbarer Persönlichkeit konnte der „Führer" kein Staatsorgan sein.[1363] Der „Führer" stand vielmehr in der „Volksgemeinschaft", die er fortan als „stärkste Gemeinschaftspersönlichkeit"[1364] anführen sollte:

> „Nur als Gemeinschaftspersönlichkeit, die der Gemeinschaft richtunggebend vorangeht, kann auch der Führer begriffen werden. Man kann den Führer nicht aus der Gemeinschaft herauslösen. Er vollzieht ja als aktivster artgleicher Genosse die Funktion für die Gemeinschaft, in ihm konzentriert sich gewissermaßen die Gemeinschaft. Seine Befehle sind der Ausdruck dieser Gemeinschaft."[1365]

Damit stellte *Höhn* zwischen der „Volksgemeinschaft" und dem „Führer" Deckungsgleichheit her. Einerseits umschloss der „weltanschauliche einheitliche Wille der Volksgemeinschaft" den „Führer" und das „Volk", andererseits erschuf der „Führer" erst die „Volksgemeinschaft" und ihren einheitlichen Willen.[1366]

Aufgrund dieser Kongruenz, so *Höhn*, würde der „Führer" auch „begrifflich notwendigerweise richtunggebend im Geiste der Gemeinschaft" handeln.[1367] In der Führung des „Führers" artikulierte sich der Wille der „Volksgemeinschaft". Das Führerprinzip stellte mithin keine Form von Repräsentanz dar. Der „Führer" stand nicht als individuelle Persönlichkeit außerhalb, sondern als stärkste

1358 Höhn, Rechtsgemeinschaft und Volksgemeinschaft, S. 75.
1359 Höhn, Der Führerbegriff im Staatsrecht, S. 297.
1360 Höhn, Rechtsgemeinschaft und Volksgemeinschaft, S. 75.
1361 So interpretierte er die Reichstagswahlen vom 12. November 1933 auch nur als Volksbefragung, durch welche sich Hitler der Gefolgschaft seines Volkes versichere (Höhn, Die Wandlung im staatsrechtlichen Denken, S. 35).
1362 Höhn, Partei und Staat, S. 477.
1363 Höhn, Der Führerbegriff im Staatsrecht, S. 299.
1364 Höhn, Volk, Staat und Recht, S. 8.
1365 Höhn, Der Führerbegriff im Staatsrecht, S. 298.
1366 Höhn, Volk und Verfassung, S. 208.
1367 Höhn, Die Wandlung im staatsrechtlichen Denken, S. 40.

Gemeinschaftspersönlichkeit innerhalb der Gemeinschaft. „Führer" und Gefolgschaft waren in ihrem Willen identisch. Die so konstruierte Einheit von Volks- und Führerwillen machte auch eine Willensbildung mittels demokratischer Wahlverfahren nach dem Mehrheitsprinzip obsolet. Da das „Volk" nicht mehr formalistisch als Summe der Staatsangehörigen und Wahlberechtigten verstanden wurde und der Volkswillen ohnehin in der Person des „Führers" verkörpert war, wurde die Ermittlung des Volkswillen durch Abstimmungen erst gar nicht notwendig.

Im Umkehrschluss schloss dieses Führerprinzip bei *Höhn* auch eine Diktatur aus, obgleich der „Führer" nicht vom „Volk" abgesetzt werden konnte.[1368] Schließlich würde diese von dem Diktator als Einzelpersönlichkeit ausgehen, während der „Führer" eben eine Gemeinschaftspersönlichkeit darstelle.[1369] Sobald der „Führer" nämlich nicht mehr im Sinne der „Volksgemeinschaft" agierte, entspräche sein Handeln automatisch dem „Verhalten eines Einzelmenschen, der von der Gemeinschaft nicht mehr getragen wird".[1370]

Dieser Logik entsprechend war die erdachte Identität von „Führer" und „Volk" auch zugleich Legitimationsgrundlage der besonderen Machtkonzentration in der Person des „Führers". Wenn der „Führer" als herausragende Gemeinschaftspersönlichkeit sowieso nur den Willen der „Volksgemeinschaft" wiedergeben würde und demnach nicht gegen die Gemeinschaft handeln könne, so die Begründung, müssten ihm denknotwendig auch sämtliche Kompetenzen übertragen werden. Welche wiederum schon insofern unbegrenzt waren, als dass der Führer mangels subjektiv öffentlicher weder Verpflichteter noch potentieller Grundrechtsgefährder sein konnte. Rechtefolglich zeichnete sich das Führerprinzip bei *Höhn* gerade durch seine Unbegrenztheit aus, was weitreichende Veränderungen in der Staatsorganisation nach sich zog.

a) Die Führung der Reichsregierung in der „Volksgemeinschaft"

Diese Unbegrenztheit der Führergewalt manifestierte sich bei *Höhn* vor allem in der organisatorischen Neugestaltung der Reichsregierung. War die Reichsregierung in der juristischen Staatsperson noch ein entscheidendes Organ, verlor sie diese Stellung in *Höhns* „Volksgemeinschaftslehre".[1371] Die Reichsregierung verkörperte sich nicht mehr als Kollegium aus Kanzler und Ministern, „sondern allein im Führer" *Adolf Hitler*.[1372] Diesem zur Seite standen sogenannte Amtswalter, so dass die Reichsregierung formal aus dem „Führer" mit seinen Amtswaltern bestand.[1373] Faktisch aber war allein der „Führer" die Reichsregierung.

1368 Höhn, Die Wandlung im staatsrechtlichen Denken, S. 40.
1369 Höhn, Volk und Verfassung, S. 298.
1370 Höhn, Die Wandlung im staatsrechtlichen Denken, S. 40.
1371 Ebenda, S. 34.
1372 Ebenda, S. 37.
1373 Ebenda, S. 39

Begründet wurde dieser begriffliche Wandel wiederum mit der Erhebung der „Volksgemeinschaft“ zur maßgeblichen Rechtsquelle. Denn, so *Höhn*:

> „Regiert wird überall da, wo man nicht auf der Gemeinschaft aufbaut. Im Regieren kommt das Fürst-Untertanenverhältnis zum Ausdruck. ... Wo man auf der Volksgemeinschaft aufbaut, da wird nicht mehr regiert, sondern geführt. ... In der heutigen Zeit kann das Prinzip der Regierung im bisherigen Sinn nicht mehr aufrechterhalten werden, sondern macht dem Prinzip der Führung Platz.“[1374]

Mithin sei die vom „Führer“ personifizierte Reichsregierung auch nicht mehr dem Reichstag, der seine ursprüngliche Funktion als Gesetzgebungsorgan ohnehin einbüßen müsse,[1375] gegenüber verantwortlich, sondern nur noch dem „Volk“, welches schließlich nicht mehr nur „Summe der Wahl- und Stimmberechtigten und damit Kreationsorgan und sodann Summe der Untertanen“ ist,[1376] als „Volksgemeinschaft“.[1377] Dies, so *Höhn*, ergebe sich schließlich abermals aus der Führerstellung und der nunmehr hergestellten Identität zwischen „Volk“ und „Führer“.[1378]

aa) Der Reichskanzler

Dies bedingte bei *Höhn* auch eine grundlegende Veränderung der Stellung des Reichskanzlers *Adolf Hitler*, welcher „Führer der Bewegung und als solcher Reichskanzler“ und damit auch „Führer“ der „Volksgemeinschaft“ war.[1379]

Aus dem Führerstatus des Reichskanzlers musste zwingend eine erhebliche Erweiterung der Befugnisse folgen, um keinen Widerspruch zum totalitären Führergrundsatz entstehen zu lassen. Denn während die Kompetenzen des vormaligen Reichskanzlers beschränkt gewesen wären, umfasse echte Führung „auch die Möglichkeit da, wo sie führen will, die Mittel in der Hand zu halten“.[1380] Deshalb sollte dem „Führer“ auch „unbehindert von allen bisherigen formalen Kompetenzregelungen“ die Gesetzgebung zustehen.[1381] Der Reichstag indes war „kein Parlament im bisherigen Sinn“ mehr und hatte allenfalls eine deklaratorische Funktion.[1382] Entsprechend wären „Parlamentsbeschlüsse und Abstimmungen überholt“, es würden „Entscheidungen getagt und ausgeführt“.[1383] Das Führertum trat mithin an die Stelle des Parlamentarismus.

1374 Höhn, Die Wandlung im staatsrechtlichen Denken, S. 34.
1375 Höhn, Das Gesetz als Akt der Führung, S. 435.
1376 Höhn, Staat als Rechtsbegriff, S. 322.
1377 Höhn, Die Wandlung im staatsrechtlichen Denken, S. 40.
1378 Ebenda, S. 40.
1379 Ebenda, S. 35.
1380 Ebenda, S. 40.
1381 Höhn, Das Gesetz als Akt der Führung, S. 435; ders., Die Wandlung im staatsrechtlichen Denken, S. 40.
1382 Höhn, Die Wandlung im staatsrechtlichen Denken, S. 40.
1383 Ebenda, S. 36.

Hatte der Reichskanzler bislang nur exekutive Befugnisse, wurde er bei *Höhn* folglich mit einer umfassenden legislativen Macht ausgestattet. Das Gesetz war nunmehr ein „Akt der Führung".[1384] Die Unterscheidung von formellem und materiellem Gesetz entfiel. Zudem sollte das Gesetz nicht mehr die Summe einzelner Willensäußerungen sein, sondern nur noch der „Ausgestaltung der Volksgemeinschaft in festen Ordnungen" dienen, indem es eine Ordnung begründete, in welche der Einzelfall eingeordnet werden konnte.[1385]

Diese gebündelte Allgewalt des „Führers" als Reichskanzler bedeutete insgesamt die völlige Missachtung des Vorrangs und Vorbehalts des Gesetzes und damit die Irrelevanz von jeglichem geschriebenen Recht. Da die Partei obendrein als letzte Gerichtsinstanz fungieren sollte, war der „Führer" als „Führer" der Partei auch oberster Richter, so dass in seiner Person alle drei Gewalten vereinigt waren und es mithin keine rechtsstaatliche Gewaltenteilung mehr gab. Vielmehr wurde alle Macht in der Person des „Führers" konzentriert, was wiederum durch das Führerprinzip selbst legitimiert wurde.

bb) Die Amtswalter

Die Minister dagegen waren gerade keine „Führer", sondern hatten nur noch eine bloße Amtswalterfunktion.[1386] Sie waren „lediglich Gehilfe" oder „Berater des Führers" respektive Reichskanzlers, den sie bei der Führung des Volkes unterstützten.[1387] Dieser konnte die Amtswalter jederzeit entlassen. Schließlich, so *Höhn*, war der Reichskanzler „Führer" und nicht mehr primus inter pares innerhalb der Reichsregierung.[1388] Mithin wurde bei *Höhn* das Kollegialprinzip einfach abgeschafft.

Kompetenzen behielten die Minister allein in ihrem Ressort. Hier waren sie „Chef der Bürokratie, d.h. oberste Spitze eines Ressorts als Leiter im staatlichen Apparat", wobei die Minister auch hier „an die Befehle des Reichskanzlers gebunden" waren.[1389]

b) Die Verwaltung in der „Volksgemeinschaft"

Vervollständigt wurde die absorptive Führermacht bei *Höhn* durch die Stellung des „Führers" in der Verwaltung des Staatsapparats. Der „Führer" war nicht nur „Führer"

1384 Höhn, Das Gesetz als Akt der Führung, S. 435.
1385 Höhn, Rechtsgemeinschaft und Volksgemeinschaft, S. 11.
1386 Innerhalb der Verwaltung konnten die Amtswalter keine Führer sein. Außerhalb der Behörde konnten sie dennoch gleichzeitig eine Führerposition in der Bewegung bekleiden, beispielsweise in der SA, SS oder Rechtsfront (Höhn, Die Wandlung im staatsrechtlichen Denken, S. 37).
1387 Höhn, Die Wandlung im staatsrechtlichen Denken, S. 37.
1388 Ebenda, S. 37 f.
1389 Ebenda, S. 39.

der „Volksgemeinschaft“, sondern zugleich „Leiter des gesamten Staatsapparats“,[1390] den er für die Durchführung seiner Planung einsetzte.[1391]

Höhn unternahm dabei jedoch eine entscheidende Differenzierung zwischen Führung und Verwaltung.[1392] Während die Gemeinschaft geführt wurde, diente die Verwaltung nur als Instrument „zu Zwecken der Führung“.[1393] In der Verwaltung des Staatsapparats galt das sogenannte „Führerprinzip in der Verwaltung“,[1394] während echte Führung mangels konkreter Gemeinschaften, die geführt werden könnten, nicht möglich war. Im Gegensatz zur Führung mit der Gemeinschaft als Voraussetzung galt hier noch das Über- und Unterordnungsverhältnis.[1395] Folglich wurde innerhalb des Staates als Verwaltungs- und Behördenapparat mangels gemeinschaftsmäßiger Beziehungen „nicht geführt, sondern befohlen und gehorcht“[1396]:

1390 Höhn, Führung und Verwaltung, S. 74; ders., Die Wandlung im staatsrechtlichen Denken, S. 35.

1391 Höhn, Das Führerprinzip in der Verwaltung, S. 305 f.; ders., Führung und Verwaltung, S. 74.

1392 Als Modell dieser Differenzierung diente die NSDAP. Höhn übertrug die Organisationsform der Partei auf den Staatsapparat, so dass dieser grundsätzlich die Projektion der Parteiverwaltung war. In der NSDAP, so Höhn, würde „in aller Klarheit zwischen Führung und Verwaltung geschieden, auf der anderen Seite aber die Verwaltung zu Zwecken der Führung eingesetzt“ und somit „den Zielen der Bewegung“ dienen. Dabei wurde innerhalb der Partei geführt, währenddessen im Verwaltungsapparat der NSDAP nach wie vor das Über- und Unterordnungsverhältnis galt: „Wer in der Parteiverwaltung arbeitet, steht nicht als Untergebener seines übergeordneten Amtsleiters im Verwaltungsapparat der Partei, sondern stellt sich als Parteigenosse zur Mitarbeit in die Verwaltung der Bewegung.“ Es wurde also zwischen dem „Mitarbeiter“ in der Partei als Gemeinschaft und dem „Untergebenen“ im Verwaltungsapparat der Partei unterschieden (Höhn, Führung und Verwaltung, S. 71).

1393 Höhn, Führung und Verwaltung, S. 71.

1394 Ebenda, S. 71.

1395 Höhn, Die Wandlung im staatsrechtlichen Denken, S. 35 f.

1396 Höhn, Führung und Verwaltung, S. 72. Die Weitergeltung des Über- und Unterordnungsverhältnisses in der Verwaltung des Staatsapparats stand dabei grundsätzlich in Widerspruch zu der Kernforderung Höhns, der Aufhebung des Gegensatzes von Volk und Staat durch die Einführung der „Volksgemeinschaft“. Während die Untertanenstellung in der konkreten Gemeinschaft entfiel, blieb sie im Behördenapparat weiterhin bestehen. Gleichzeitig bediente sich der „Führer“ bei der Gesetzgebung als Führungsakt des Staatsapparats, so dass es zu einer Vermischung von Führung und Verwaltung kam und das Gesetz ein Resultat eines Unterordnungsverhältnisses darstellte, wenngleich es aufgrund der von Höhn gedachten Identität von Volks- und Führerwillen kein Zwangsmittel gegen das Volk, sondern eben vom „Führer“ artikulierter Ausdruck des Volkswillens wäre.

„Menschen werden geführt, Apparate aber werden verwaltet, darin liegt ein grundlegender Unterschied."[1397]

Um die Effektivität der Verwaltung als Werkzeug zur Erreichung der politischen Ziele des „Führers" zu gewährleisten, lehnte *Höhn* den Grundsatz der Gesetzmäßigkeit der Verwaltung ab, damit geschriebene Rechtsnormen die Führung der „Volksgemeinschaft" nicht beeinträchtigen konnten.[1398]

Grundsätzlich stand die Trennung von Führung und Verwaltung in einem Widerspruch zum restlichen „Volksrecht" *Höhns.* Ausgerechnet die zum übergesetzlichen Ausgangspunkt deklarierte und zum Rechtsbegriff positivierte „Volksgemeinschaft" sollte gerade im Staatsapparat nicht gelten, so dass der Staat als Apparat in gewisser Hinsicht unvereinbar mit einer strengen Durchführung des Gemeinschaftsgedankens war.

Der Dienstbetrieb der Verwaltung war hingegen „nicht auf Führung und Gefolgschaft eingestellt, sondern auf Befehlen, Gehorchen, Kompetenzabgrenzung und die Notwendigkeit präzisen Funktionierens eines Apparates".[1399] Der Behördenvorstand war gerade kein „Führer". Vielmehr war er nur „Vorgesetzter innerhalb eines Amtsapparates". Er hatte zwar eine monokratische Entscheidungsgewalt, doch war er dem „Führer" verantwortlich.[1400] Im Gegensatz zur Führung sollten in der Verwaltung auch weiterhin bestimmte Rechtsnormen gelten, um einen wirkungsvollen Ablauf zu sichern, weshalb *Höhn* an der Verwaltungsverordnung festhielt.[1401]

II. Untersuchung und Interpretation der Lehre von der „Volksgemeinschaft"

Zum Verständnis der Lehre *Höhns* von der „Volksgemeinschaft" soll diese nun interpretiert und erläutert werden. Dabei müssen mehrere Faktoren beachtet werden. Zuerst sollen biographische und politische Einwirkungen im historischen Zusammenhang untersucht werden, um die Ursachen und Gründe für *Höhns* Ansichten zu analysieren. Anschließend soll eine Betrachtung im Kontext der nationalsozialistischen Staatrechtslehre nach der Machtergreifung erfolgen. Hier sollen gegebenenfalls bestehende Unterschiede und Gemeinsamkeiten aufgezeigt werden.

1397 Höhn, Das Führerprinzip in der Verwaltung, S. 305.
1398 Höhn, Führung und Verwaltung, S. 77.
1399 Ebenda, S. 73.
1400 Ebenda, S. 72 f.
1401 Höhn, Das Gesetz als Akt der Führung, S. 435.

1. Erläuterungen aus dem historischen und biographischen Kontext

Eine Erläuterung der staatsrechtlichen Thesen *Höhns* aus ihrem geschichtlichen Rahmen unter besonderer Berücksichtigung der Biographie soll die äußeren Einflüsse und geistigen Ursprünge aufzeigen. Zunächst soll *Höhns* politischer und ideologischer Ausgangspunkt in der Weimarer Republik bestimmt werden, wobei eine Einordnung seines theoretischen Frühwerks in den historischen Zusammenhang sowie die Herausarbeitung textimmanenter Anknüpfungen an zeitgenössische Strömungen erforderlich ist. Darauf aufbauend soll der inhaltliche Entwicklungsprozess der staatsrechtlichen Lehren *Höhns*, bedingt durch seine politische Sozialisation und die geschichtlichen Umwälzungen, dargestellt werden, bevor die „Volksgemeinschaftslehre" auf ideologische Interdependenzen oder Übereinstimmungen in Bezug auf die nationalsozialistischen Weltanschauungen untersucht werden soll.

a) Ausgangspunkt: Die politisch-ideologische Standortbestimmung Höhns in der Weimarer Republik

Zu Beginn ist hier dementsprechend die politische und ideologische Verortung *Höhns* sowie auch des Jungdeutschen Ordens als sein persönlicher Erfahrungsraum in der Weimarer Republik von entscheidender Bedeutung.

aa) Ursprünge in der völkisch-nationalen Bewegung

Einen maßgeblichen Einfluss auf *Höhn* hatte zunächst die völkische Bewegung.[1402] Diese hatte ihren Ursprung bereits Ende des 19. Jahrhunderts,[1403] wobei keine einheitliche Organisation entstand. Stattdessen bildeten sich viele verschiedene Splittergruppen mit unterschiedlicher politischer Akzentuierung heraus, die sich unter dem Begriff der völkischen Bewegung im Spektrum der antidemokratischen Rechten sammelten.[1404] Diese strukturelle Heterogenität hatte auch das Fehlen einer

---

1402 Die völkische Bewegung ist bisher noch nicht ausreichend untersucht, so dass in bestimmten Bereichen noch Forschungsdesiderate bestehen (Puschner, Die völkische Bewegung, S. 9; Puschner, Ein Volk, S. 25). Dementsprechend soll hier nur eine abrissartige Darstellung unter Berücksichtigung der wichtigsten Punkte erfolgen.

1403 Breuer, Die Völkischen, S. 25 ff.

1404 Puschner, Die völkische Bewegung, S. 263 ff. Die Heterogenität der Bewegung lässt sich schon am Begriff „völkisch" ablesen, dem es bereits an Präzision fehlt, was eine Abgrenzung von anderen Strömungen problematisch erscheinen lässt (Sontheimer, Antidemokratisches Denken, S. 131). Beachtlich ist dabei, dass sich der Begriff „völkisch" im Laufe der Jahre verändert hat und somit auch Aufschlüsse über die völkische Bewegung geben kann. So steht der Begriff 1909 noch für die Verdeutschung des Fremdwortes „national", während ihm nur kurze Zeit später antisemitische und rassistische Merkmale zugeschrieben werden, was von

konsistenten Ideologie zur Folge, obgleich die verschiedenen völkischen Verbände und Vereine eine gewisse inhaltliche Schnittmenge verband. Inspiriert von der Romantik war ihnen vor allem eine irrational-emotionale Betonung von Volk und Gemeinschaft, gespeist aus einer Rückbesinnung auf ein verklärtes Germanentum, gemeinsam. Die Völkischen propagierten die Rückkehr zum Germanischen,[1405] indem sie die germanische Gemeinschaft, Treue und Sippe idealisierten und den Germanenmythos als „antirömischen" und damit antiindividualistischen „Effekt" erhöhten.[1406] Die Heroisierung der Germanen diente dabei als Versuch, eine Kontinuitätslinie zum gegenwärtigen deutschen Volk zu ziehen, und war zugleich als Förderung des Nationalgefühls zu deuten. Demgegenüber wurden der bürgerliche Liberalismus und dessen Institutionen des Parlamentarismus und Kapitalismus als westliche, gemeinschaftsfeindliche Negativfolie abgelehnt.[1407] Daneben gehörte eine religiöse Komponente, welche sich in Variationen von deutschchristlichen Erneuerungsbestrebungen bis zur Wiederbelebung eines nordisch-germanischen Glaubens mit heidnisch-esoterischem Okkultismus niederschlug, zur weltanschaulichen Grundsubstanz.[1408] *Puschner* konzentriert dieses inhaltliche Fundament der Völkischen unter der Parole „Ein Volk, ein Reich, ein Gott".[1409]

In diesem radikal-antidemokratischen Dunstkreis der völkischen Bewegung lag der politische Ursprung *Höhns*. Schon 1922 hatte er sich dem Deutschvölkischen Schutz- und Trutzbund (DVSTB), dem stärksten antisemitischen Verband der Völkischen nach dem Ersten Weltkrieg,[1410] angeschlossen, bevor er ein Jahr später dem Jungdeutschen Orden beitrat, der zu jener Zeit gleichermaßen in den Kontext der Völkischen einzuordnen war. Insbesondere in seiner Anfangszeit, als er noch „Freikorpscharakter"[1411] besaß und sich als paramilitärischer Wehrverband in der außerparlamentarischen Opposition gerierte, zeichnete er sich durch einen radikal-völkischen Charakter aus.[1412] Zwar fehlte noch eine ausgereifte, von allen Bruderschaften mitgetragene Ordensideologie, gleichwohl indizierten bereits die inhaltlichen Grundpositionen –Antiparlamentarismus, Antisemitismus,[1413]

---

völkischen Autoren aber ebenfalls nicht als ausreichend empfunden wurde, um die Vielschichtigkeit der Bewegung zu charakterisieren (Puschner, Anti-Semitism, S. 55 f.; Puschner, Die völkische Bewegung, S. 27).

1405 Puschner, Ein Volk, S. 30.

1406 Klaus von See, Deutsche Germanen-Ideologie vom Humanismus bis zur Gegenwart, S. 9 f. (zitiert nach Puschner, Die völkische Bewegung, S. 92).

1407 Mosse, Ein Volk, ein Reich, ein Führer, S. 21.

1408 Sontheimer, Antidemokratisches Denken, S. 167.

1409 Puschner, Ein Volk, S. 41.

1410 Breuer, Die Völkischen, S. 148 ff.; Breuer, Ordnungen der Ungleichheit, S. 340.

1411 Posse, Die politischen Kampfbünde Deutschlands, S. 51.

1412 So auch Mosse, Ein Volk, ein Reich, ein Führer, S. 243 f.

1413 Vogel, Katholische Kirche und nationale Kampfverbände, S. 16. Obwohl ein rassistischer Antisemitismus innerhalb der völkischen Bewegung keinesfalls Grundkonsens war (Puschner, Ein Volk, S. 27 ff.), gehörte er doch vornehmlich in radikalen

Antibolschewismus[1414] und die christlich konnotierte Idealisierung des Deutschtums,[1415] die sich schon in der organisatorischen Anlehnung an den Deutschen Ritterorden ausdrückte – die geistige Zugehörigkeit zum völkisch-nationalen Spektrum, so dass Hochmeister *Artur Mahraun* seinerzeit auch von einer „gewissen ideellen Verwandtschaft"[1416] sprach.

Hatte sich eine programmatische Orientierung an die Völkischen also zumindest angebahnt, vollzog sich die praktische Einordnung in die völkisch-nationale Bewegung bereits in der Frühphase des Jungdeutschen Ordens. Unterhielt man zunächst begrenzte Verbindungen zu Verbänden des rechtsnationalen Lagers,[1417] so gipfelten diese organisatorischen Verflechtungen schließlich im November 1923 in dem Anschluss des Ordens an den „Deutschen Kampfbund", den von *Ludendorff* und *Hitler* mit dem Ziel eines rechtsnationalen Umsturzes geführten Zusammenschluss von rechtsradikalen Wehrverbänden, dem auch die SA und der „Bund Oberland" angehörten.[1418]

Höhn war während dieser radikal-völkischen Periode zum Orden gestoßen, weshalb er nach wie vor unter dem geistigen Einfluss der völkischen Weltanschauung stand. Durch den Wechsel vom extremen DVSTB zum weltanschaulich noch rudimentär ausgebildeten, gleichfalls aber moderateren Jungdeutschen Orden änderte sich die politische Sozialisation *Höhns* folglich nicht grundlegend. Er blieb im nationalistisch geprägten Milieu der Kampfbünde verankert, so dass ihm schon zu Beginn seiner politischen Laufbahn ein hoher Radikalisierungsgrad attestiert werden kann.

Gruppierungen zum Wertekanon (Puschner, Anti-Semitism, S. 55 ff; Puschner, Die völkische Bewegung, S. 49 ff.), weshalb der Jungdeutsche Orden jedenfalls in seiner Frühphase sogar zum radikal-rassistischen Flügel zu zählen war.

1414 Rätsch-Langejürgen, Das Prinzip Widerstand, S. 165 ff.

1415 Der christlichen Religion kam im Jungdeutschen Orden eine durchaus entscheidende Bedeutung bei der ideologischen Ausrichtung zu, wobei man sich weder auf den katholischen noch den evangelisch-lutherischen Glauben fixierte, sondern offen für jegliche Einflüsse, auch nordisch-heidnisches Brauchtum, war. Insgesamt führte dies zu einer „liberal-indifferenten Haltung gegenüber dem Christentum" (Vogel, Katholische Kirche und nationale Kampfverbände, S. 18).

1416 Mahraun, Gegen getarnte Gewalten, S. 34.

1417 Dazu gehören in erster Linie die mutmaßlichen Verbindungen des Ordens zum Deutschvölkischen Schutz- und Trutzbund (Hornung, Der Jungdeutsche Orden, S. 31). Ferner unterhielt man schon früh Beziehungen zum völkischen Kampfbund Stahlhelm, mit dem der Orden im Januar 1925 schließlich sogar für kurze Zeit ein Bündnis schloss und den sogenannten „Nationalausschuss" bildete (Berghahn, Der Stahlhelm, S. 32, Rn. 2; Posse, Die politischen Kampfbünde Deutschlands, S. 54). Die spätere Kooperation des Stahlhelms mit der DNVP stieß im Orden aber auf Ablehnung und führte zu einer nachhaltigen Verschlechterung der Beziehungen (Crim, Weimar's „Burning Question", S. 208). Daneben gab es Kontakte zum rechtsradikalen „Verband nationalgesinnter Soldaten" (Vogel, Katholische Kirche und nationale Kampfverbände, S. 11).

1418 Vogel, Katholische Kirche und nationale Kampfverbände, S. 13.

Allerdings stellte bereits das Scheitern des Hitler-Putsches eine erste Zäsur in der politischen Entwicklung des Ordens dar. Noch am Tag des missglückten Umsturzversuches, über den *Mahraun* angeblich nicht unterrichtet wurde,[1419] rückte der Orden von den Putschisten ab, wobei die Distanzierung von den vorherigen Bündnispartnern nicht zuletzt aus Gründen der Sicherung des eigenen Fortbestandes unternommen wurde.[1420] Fortan begann sich der Orden in einem sukzessiven ideologischen Reifungsprozess aus der extremen völkisch-nationalen Bewegung herauszulösen. Hochmeister *Mahraun* wollte den Orden nunmehr als Vorkämpfer einer flügelübergreifenden „neuen Front" etablieren,[1421] die sich von den etablierten radikal-nationalen Kräften um NSDAP, Alldeutschen Verband und DNVP abheben sollte. Diesen warf er Kollaboration mit dem Parteiensystem als Werkzeug des Großkapitals mit dem Ziel einer Plutokratie vor. Zudem würde die nationale Bewegung nur noch vom Gegensatz zum Marxismus leben. Der Jungdeutsche Orden dagegen sollte weder „rechts oder links" stehen, sondern „eine Garde für den Kampf der Nation sein" und den Parteienstaat durch einen Volksstaat ablösen.[1422] Diese politische Wendung zog zwar Spannungen innerhalb des rechten Blocks nach sich, welche vor allem durch die aufkommende Gegnerschaft des Ordens zur DNVP und dem Alldeutschen Verband[1423] sowie zur langsam erstarkenden NSDAP, die *Mahraun* als volksspaltende Partei der vollends Verzweifelten missbilligte,[1424] deutlich werden. Verstärkt wurden diese Differenzen noch durch die frankophile außenpolitische Agenda des Ordens, die im übrigen rechten Lager auf breite Ablehnung stieß.[1425] Zudem hatte *Mahraun* dem Reichswehrministerium 1926 Informationen über illegale Grenzschutzverbände zugespielt, da diese auch Ordensmitglieder rekrutiert hatten, weshalb er auch persönlich bei den anderen nationalen

---

1419 Offenbar wurde Mahraun erst kurz vor dem Putsch telefonisch und darüber hinaus ausgerechnet von Seiten der Regierung und nicht durch die Verbündeten aus dem Deutschen Kampfbund informiert (Hornung, Der Jungdeutsche Orden, S. 39; Mahraun, Gegen getarnte Gewalten, S. 33; Rätsch-Langejürgen, Das Prinzip Widerstand, S. 166).

1420 Vogel, Katholische Kirche und nationale Kampfverbände, S. 13. Der Orden wurde zuvor bereits zweimal verboten, im Dezember 1920 und im August 1922 nach dem Mord an Außenminister Walther Rathenau.

1421 Mahraun, Die neue Front, S. 104 f.

1422 Mahraun, Gegen getarnte Gewalten, S. 53 und S. 201; Mahraun, Der Aufbruch, S. 21 ff.

1423 Mahraun, Die neue Front, S. 34–70 und S. 87 ff.; ders., Gegen getarnte Gewalten, S. 127–178.

1424 Mahraun, Der Aufbruch, S. 40.

1425 Mahraun trat nach dem Ruhrkampf für einen Kurs des Dialogs mit Frankreich ein und entwickelte sogar die Idee eines deutsch-französischen Wirtschaftsbündnisses zur Bekämpfung des Bolschewismus. Außerdem trafen sich Repräsentanten des Ordens mit Vertretern französischer Organisationen (Rätsch-Langejürgen, Das Prinzip Widerstand, S. 167).

Gruppen in der Kritik stand.[1426] Trotz der forcierten graduellen Abspaltung aus dem Wirkungskreis der Völkischen kam es indes weder organisatorisch noch ideologisch zu einem vollständigen Bruch mit der Bewegung.[1427] Deutlich wird dies insbesondere durch den weiterhin im Orden schwelenden Antisemitismus. Im Zuge der nachlassenden Radikalisierung während der programmatischen Konsolidierungsphase nahm der Führungszirkel zwar Abstand von der „Methode des Münchener Antisemitismus"[1428] *Hitlers* und dessen „jüdisch-demagogischer Taktik"[1429], so dass ein polemisierender Radau-Antisemitismus nicht mehr zum weltanschaulichen Fundament des Ordens gehörte. Jedoch basierte diese inhaltliche Ausrichtung nicht zuletzt auf taktischen Überlegungen. So fürchtete *Mahraun*, ein „falscher Antisemitismus" wäre ungefährlich für das Judentum, da er die Gefahr in sich berge, „ein schädliches jüdisches Solidaritätsgefühl zu erzwingen", das die jüdische Minderheit nur stärken würde. Eine Vertreibung der Juden, so *Mahraun*, sei ohnehin utopisch. Das deutsche Volk müsse sich einen Staat geben, der die Herrschaft einer jüdischen Minorität nicht zulasse.[1430] Folglich gab es im Orden nach wie vor antisemitische Tendenzen, wenngleich diese eher in den Hintergrund rückten,[1431] aber auch durch die Gründung der auch Juden offenstehenden Deutschen Staatspartei nicht völlig verschwanden.[1432]

Von *Höhn* selbst sind keine antisemitischen Bekenntnisse aus dieser Zeit bekannt. Ungeachtet dieser Tatsache lässt sein tatsächliches faktisches Verhalten – die frühere Mitgliedschaft im radikal-rassistischen DVSTB und nunmehrige Sozialisation im

---

1426 Hornung, Der Jungdeutsche Orden, S. 63 f.

1427 Der Orden unterhielt weiterhin Verbindungen zu völkischen Organisationen wie dem Deutschbund, einer der bedeutendsten Gruppierungen der völkischen Bewegung der Weimarer Republik (Breuer, Die Völkischen, S. 161). Dieser hatte 1925 die Deutschchristliche Arbeitsgemeinschaft als Zusammenschluss sämtlicher deutschchristlicher Verbände initiiert, der auch Vertreter des Jungdeutschen Ordens angehörten (Hufenreuter, Völkisch-religiöse Strömungen in Deutschland, S. 226), was gleichzeitig auch die stetige inhaltliche Anlehnung des Ordens an die völkische Ideologie dokumentierte.

1428 Mahraun, Gegen getarnte Gewalten, S. 220.

1429 Mahraun, Der Jungdeutsche Orden und die Parteien, in: DER MEISTER, 1. Jg., Heft 3, Januar 1926, S. 1.

1430 Mahraun, Gegen getarnte Gewalten, S. 220 ff.

1431 Ein weiteres Beispiel für diesen „getarnten" Antisemitismus ist die Replik Artur Mahrauns auf den Vorwurf des Parteivorsitzenden der DNVP, Alfred Hugenberg, der Orden sei gegen einen „unfruchtbaren und blödsinnigen Antisemitismus". Mahraun konterte, Hugenberg lasse sich von „Juden vorschreiben, wie man die Politik vom Standpunkt eines nationalen Deutschen handhaben soll" (Mahraun, Der Aufbruch, S. 23), wodurch er diesem gleichzeitig absprach, ein echter Antisemit zu sein. Auch verlor der Arierparagraph zwar an Bedeutung (Kessler, Der Jungdeutsche Orden auf dem Wege zur Deutschen Staatspartei, S. 26), abgeschafft wurde er aber offenbar nicht.

1432 Crim, Weimar's „Burning Question", S. 210 f.

unterschwellig antisemitischen Jungdeutschen Orden – die Schlussfolgerung zu, dass er sich antisemitischem Gedankengut zumindest nicht vollends verschlossen haben dürfte.

bb) Konsolidierung im konservativ-rechtsintellektuellen Spektrum

Nichtsdestotrotz begann *Höhns* funktionell-politische Aktivierung im Jungdeutschen Orden Mitte der zwanziger Jahre auch in einer Phase, in der sich der Orden schon im gemäßigteren Spektrum der antidemokratischen Rechten in der Weimarer Republik befand, wenngleich Antiliberalismus und Antiparlamentarismus weiterhin zur ideologischen Grundsubstanz gehörten. Der Orden hatte seinen originären Charakter als reinen Wehrverband inzwischen schrittweise verändert und verstand sich fortan in gleicher Weise als politischer Gesinnungsbund mit eigenem Programm. Diese grundsätzlich moderatere politische Ausrichtung des Jungdeutschen Orden manifestierte sich schließlich besonders in dem 1927 erschienenen „Jungdeutschen Manifest“ von Hochmeister *Artur Mahraun*. Das Manifest enthielt einen ordenseigenen Verfassungsentwurf, den sogenannten „Jungdeutschen Staatsvorschlag“, an dessen Entwicklung und Ausarbeitung *Höhn* vermutlich mitgewirkt hatte,[1433] wobei es sich dabei weniger um ein wissenschaftlich begründetes Staatskonzept als um eine politische Streitschrift zur Verbreitung der Ordensprogrammatik mit internen Leitlinien für die Ordensmitglieder handelte, weshalb das Manifest auch primär unter politischen und strategischen Aspekten betrachtet werden muss.

(1) Der „Jungdeutsche Staatsvorschlag“ als bündischer Staatsgedanke im Kontext der „Konservativen Revolution“

Inhaltlich konzentrierte sich der „Jungdeutsche Staatsvorschlag“ auf die Ersetzung der parlamentarischen Demokratie der Weimarer Republik durch einen Volksstaat in Gestalt einer organischen Volksgemeinschaft basierend auf einem in Nachbarschaften untergliederten Volk.[1434] Im Jungdeutschen Volksstaat sollte der Gegensatz von Volk und Staat überwunden und stattdessen die Einheit von Volk und Staat herbeigeführt werden. Das Volk selbst sollte der Staat sein.[1435] Der Staat sollte nicht mehr als starrer Zustand betrachtet werden,[1436] vielmehr sollte ihm als „etwas Beseeltes“[1437] wieder ein überpersönlicher Wert zukommen. Der Staat sollte dem Volk nicht mehr als Apparat gegenüberstehen, sondern Ausdruck der Volksgemeinschaft, also Organisationsform des in Gemeinschaften gegliederten Volkes und äußere Rechtsgestalt der organischen Volksgemeinschaft sein.[1438]

1433 Hornung, Der Jungdeutsche Orden, S. 78.
1434 Mahraun, Das Jungdeutsche Manifest, S. 46 und S. 50.
1435 Ebenda, S. 96.
1436 Ebenda, S. 125.
1437 Höhn, Der bürgerliche Rechtsstaat und die neue Front, S. 101.
1438 Höhn, Nachbarschaft und wahre Demokratie, S. 537.

Zwingende Voraussetzung für die Entstehung des Staates als organische Volksgemeinschaft sollte eine Form sein, in welcher der Einzelne ein Gemeinschaftsleben vollziehen konnte, so dass sich der Staat als lebendige Gemeinschaft, mithin als „Prozeß, der ständiger Erneuerung bedarf",[1439] vor Vergreisung schützen und seine dauernde Jugendfrische sichern konnte.[1440] Diese Bedingung war erfüllt, sofern das Volk als Staatsbürgerschaft in Gemeinschaften organisiert war und durch seine Beteiligung an der Führerauslese die Vereinigung mit dem Staat vollziehen konnte.

Erforderlich für die Gestaltung des Staates als Gemeinschaft war dementsprechend zunächst, dass die Bürger selbst in Gemeinschaft leben sollten. Diese Organisationsform war für den „Jungdeutschen Staatsvorschlag" das Konstrukt der Nachbarschaft. Aus ihr heraus sollten sich „das Wesen und Werden des Staates und seine ständige Erneuerung vollziehen".[1441] Die an altgermanische Gemeinschaftsstrukturen angelehnte Nachbarschaft[1442] war das grundlegende Gliederungsinstrument der Volksgemeinschaft.[1443] Sie war im Jungdeutschen Volksstaat „der kleinste Volksteil staatlicher Gliederung".[1444] Insgesamt sollte eine systematische politische Organisation der gesamten Volksmasse in Nachbarschaften erfolgen.[1445] Die Nachbarschaft war das in überschaubare Gemeinschaften gegliederte Fundament der großen Volksgemeinschaft:

> „Ohne Rücksicht auf soziale Unterschiedlichkeit sollen die räumlich Zusammenwohnenden in eine bestimmte Organisationsform, die neue Nachbarschaft, als kleinster Volksteil staatlicher Gliederung zusammengefaßt werden."[1446]

Die Nachbarschaft war somit als klassen- und ständeübergreifende Gemeinschaft konzipiert.[1447] Sie sollte „die Blutsgemeinschaft als ursprüngliche Gemeinschaft ablösen",[1448] was den Verzicht auf rassisch-biologische Identitätskriterien bedeutete. In der Nachbarschaft sollte „die weitest gehende Bindung zwischen einzelnem und Staat geschaffen werden, so weitgehend, daß der einzelne rückhaltlos erfaßt,

---

1439 Höhn, Der bürgerliche Rechtsstaat und die neue Front, S. 101.

1440 Mahraun, Das Jungdeutsche Manifest, S. 124 f.

1441 Höhn, Der Staatsaufbau im Jungdeutschen Manifest, S. 203.

1442 Mahraun nannte vor allem den altgermanischen Thingplatz als historisches Vorbild der Nachbarschaft (Mahraun, Das Jungdeutsche Manifest, S. 105 f.). Daneben orientierte sich das Jungdeutsche Nachbarschaftsmodell vermutlich an dem gesellschaftlichen Zusammenleben deutschstämmiger Bevölkerungsgruppen im Ausland. So berief sich Höhn beispielsweise auf die Banater Schwaben (Höhn, Staatsbürgerliche Bildsamkeit, S. 514).

1443 Höhn, Nachbarschaft und wahre Demokratie, S. 537.

1444 Mahraun, Das Jungdeutsche Manifest, S. 96.

1445 Höhn, Der Staatsaufbau im Jungdeutschen Manifest, S. 203.

1446 Höhn, Der bürgerliche Rechtsstaat und die neue Front, S. 103.

1447 Mahraun, Das Jungdeutsche Manifest, S. 96 f.

1448 Höhn, Der bürgerliche Rechtsstaat und die neue Front, S. 103.

eingegliedert und zum Gemeinschaftsmenschen umgebildet wird", um die Einheit von Volk und Staat zu verwirklichen.[1449] Demgemäß diente die Nachbarschaft als staatsbürgerliche Erziehungsschule, die den liberalen, wirtschaftsorientierten Privatmann mithilfe einer politischen Schulung durch einen Staatsbürger ersetzen sollte, indem dieser verpflichtet wurde, an den Nachbarschaftsversammlungen teilzunehmen.[1450] Daneben sicherte sie als ausgegliederte Urwählerschaft die Partizipation des Einzelnen am Staatsleben:

> „Die erste staatsbürgerliche Pflicht der Nachbarschaft ist die Kürung des Führers. Sobald diese erfolgt ist, ist die Nachbarschaft als verantwortlicher Teil der Staatsbürgerschaft des ganzen Volkes in den Volksstaat eingereiht."[1451]

Durch die Wahl des Nachbarschaftsführers wurde der in der Nachbarschaft geformte Staatsbürger in den lebendigen Staatsorganismus eingeordnet. Zugleich vollzog sich durch die Führerwahl die kontinuierliche Vitalisierung des Staates als organische Volksgemeinschaft.

Die Besonderheit des Führermodells lag in der speziellen Ausgestaltung. Die Auslese der Besten als Führer sollte durch das Konstrukt der Kur gewährleistet werden. Im Kurführertum wurden zwei Elemente vereinigt: Die Wahl durch die Gemeinschaft als Vertreter des Volkes und die Bestätigung des Gewählten durch den übergeordneten Führer, den sogenannten Kurführer, als Vertreter des Staates.[1452] Die Kur sollte somit als „Einigungsakt zwischen Volk und Staat" den „Willen des Staates mit dem Willen des Volkes" verbinden.[1453] Die Wahl sicherte, dass nur Führer werden konnte, wer das Vertrauen der Gefolgschaft hatte. Die Bestätigung beugte vor, dass Führer wurde, wer mit Hilfe der Demagogie die Gefolgschaft über seine Mängel täuschte.[1454] Eine Ausnahme stellte die Kur des Reichsführers dar. Hier war eine Bestätigung mangels eines übergeordneten Führers nicht möglich, weshalb ein vom vorherigen Reichsführer bestimmter und vom Reichskapitel bestätigter Reichsverweser die Rechtmäßigkeit der Reichsführerkur feststellte und den neuen Reichsführer vereidigte.[1455]

Nachdem das Volk in die Gemeinschaft der Nachbarschaften gegliedert wurde, vollzog sich auch die Anordnung der Führerschaft auf dieser Gliederung der Gemeinschaften von unten nach oben, wodurch ein stetes Aufströmen aus der

---

1449 Höhn, Der bürgerliche Rechtsstaat und die neue Front, S. 103.
1450 Höhn, Der Staatsaufbau im Jungdeutschen Manifest, S. 205.
1451 Mahraun, Das Jungdeutsche Manifest, S. 98. Die staatsbürgerliche Betätigung der Frauen sollte vom männlichen Staatsbürgertum getrennt und „auf das ureigenste Gebiet des Frauentums verwiesen" werden (Mahraun, Das Jungdeutsche Manifest, S. 50), weshalb es zumindest fraglich ist, ob Frauen im Jungdeutschen Staatsvorschlag wahlberechtigt waren.
1452 Ebenda, S. 212.
1453 Mahraun, Das Jungdeutsche Manifest, S. 135.
1454 Höhn, Der bürgerliche Rechtsstaat und die neue Front, S. 112.
1455 Mahraun, Das Jungdeutsche Manifest, S. 137.

Gemeinschaft der Geführten in die Führerstellung ermöglicht und die ständige Erneuerung des Staates gewährleistet werden sollte. Während der unterste Führer von der Gemeinschaft der Staatsbürger in der Nachbarschaft gewählt wurde, wurde die Wahl des nächsthöheren Führers nicht mehr von den Einzelpersonen übernommen, sondern von der Gemeinschaft der Führer, die den einzelnen Nachbarschaften vorstanden, dem sogenannten Kapitel. Das Kapitel, das also faktisch die Nachbarschaft der Führer verkörperte, trat an die Stelle des Parlaments, obwohl es keine Volksvertretung, sondern „eine Körperschaft der Führer" war.[1456] Folglich entstand an Stelle eines direkten ein indirekter Führeraufbau aus Gemeinschaften.[1457] Organisatorisch führte dies zu einem pyramidenartigen Staatsaufbau. Die Führer der einzelnen Nachbarschaften bildeten als Nachbarschaft der Führer das sogenannte Kapitel der Führer. Eine bestimmte Anzahl von Nachbarschaften sollte zu einem Bezirk vereinigt werden, wobei die Führer der Nachbarschaft des Bezirkes das Bezirkskapitel bildeten, welches den Bezirksführer wählte. Mehrere Bezirke bildeten sodann einen Gau und die Führer der Bezirke eines Gaues das Gaukapitel, an dessen Spitze der Gauführer stand. Mehrere Gaue bildeten ein Stammesgebiet, wobei die Führer der Gaue des Stammesgebiets wiederum das Stammeskapitel bildeten, an dessen Spitze der Stammesführer stand.[1458] Die Führer der einzelnen Stammesgebiete bildeten schließlich das ranghöchste Kapitel, das Reichskapitel, welches den Reichsführer auf Lebenszeit wählte und „dem im Einvernehmen mit den Reichsführern die Verantwortung für die Führung des Reiches" oblag.[1459] Insgesamt war jedes Kapitel und jeder Führer verantwortlich nach oben wie nach unten, nicht aber dem Ganzen unmittelbar gegenüber, sondern nur stufenweise mittelbar.[1460]

Damit orientierte sich der „Jungdeutsche Staatsvorschlag" in seiner theoretischen Ausgestaltung im Wesentlichen an der Organisationsstruktur des Jungdeutschen Ordens.[1461] Der eigene Orden hatte Modellcharakter, so dass der angestrebte Staat letztendlich nur ein Abbild des Ordens war.[1462] Demgemäß kann der „Jungdeutsche Staatsvorschlag", entsprechend der politisch-ideologischen Verortung des Ordens als Gesinnungsbund mit kampfbündischem Hintergrund, der konsequenterweise

1456 Mahraun, Das Jungdeutsche Manifest, S. 139.
1457 Höhn, Der bürgerliche Rechtsstaat und die neue Front, S. 111.
1458 Ebenda, S. 112.
1459 Höhn, Der Staatsaufbau im Jungdeutschen Manifest, S. 220.
1460 Höhn, Der bürgerliche Rechtsstaat und die neue Front, S. 113.
1461 Bereits auf dem 10. Ordenskapitel am 22. Oktober 1921 wurde das oben beschriebene Kursystem im gesamten Jungdeutschen Orden eingeführt (Mahraun, Das Jungdeutsche Manifest, S. 183 f.).
1462 Die Bruderschaften des Jungdeutschen Ordens, so hatte schon Mahraun bereits früher erklärt, sollten „als die Vorschulen jener Volksgemeinschaft der Zukunft" dienen (Mahraun, Der Weg für Deutschlands Zukunft, S. 5).

auch im Spektrum der sogenannten „Bündischen“[1463] zu verorten war,[1464] auch als genuin bündischer Staatsgedanke klassifiziert werden.[1465] Beherrschendes Identitätskriterium bündisch geprägter Staatsvorstellungen war eben der Bund selbst,

---

1463 Zu den Bündischen gehörten grundsätzlich sowohl die etablierten Kampfbünde als auch die Gruppierungen der bündischen Jugend, die sich von der ursprünglichen Wandervogelbewegung durch ihre politische Ausrichtung und Wehrverbandsstrukturen abhob (Treziak, Deutsche Jugendbewegung am Ende der Weimarer Republik, S. 12 f.; Jovy, Jugendbewegung und Nationalsozialismus, S. 27). Analog zu den anderen außerparlamentarischen Bewegungen der Weimarer Republik bildete sich auch hier keine homogene Gruppe heraus. Vielmehr wurden mehrere Bünde mit verschiedener Akzentuierung, die unterschiedlich eng kooperierten, unter dem Oberbegriff der „bündischen Jugend“ zusammengefasst (Raabe, Die Bündische Jugend, S. 67 ff. und S. 96 f.).

1464 Vogel, Katholische Kirche und nationale Kampfverbände, S. 11. Zu den Gruppierungen der bündischen Jugend gehörte er dagegen nicht (so auch Treziak, Deutsche Jugendbewegung am Ende der Weimarer Republik, S. 13. Treziak ordnet den Jungdeutschen Orden jedoch deshalb nicht der bündischen Jugend zu, da er allein der Wehrertüchtigung dienen würde, was – wenn überhaupt – nur für die Anfangszeit des Ordens gelten könnte), da schon die Altersstruktur des Ordens eine Zugehörigkeit ausschloss. Zweifelsfrei strukturell der bündischen Jugend zuzuordnen war dagegen die Jungdeutsche Ordensjugend, die lokal in eigenen Jungmannschaften organisiert war. Die Jungdeutsche Ordensjugend bestand aus den „Junggefolgschaften“ für die 11–15jährigen und den „Jungtrupps“ für die 12–16jährigen. Geführt wurden die Gruppen vornehmlich von Mitgliedern der Wandervogelbewegung. Angeblich soll allein die Ordensjugend im Jahr 1929 rund 50.000 Jungen und 5.000 Mädchen umfasst haben, was in Hinblick auf die Gesamtgröße des Jungdeutschen Ordens als eher unwahrscheinlich erscheint (Kneip, Jugend der Weimarer Republik, S. 152 f.; Kindt, Die bündische Zeit, S. 976 ff.). Daneben existierten auch personelle Verflechtungen. Hochmeister Mahraun und andere Ordensführer stammten aus der Jugendbewegung und waren Mitglieder des Wandervogels (Laqueur, Die deutsche Jugendbewegung, S. 181).

1465 Neben der Orientierung am eigenen Orden wies der Jungdeutsche Staatsvorschlag noch weitere bündische Charakteristika auf. Die zahlenmäßige Begrenzung der Nachbarschaft durch das Erfordernis der persönlichen Bindung zum Führer war Ausdruck des bündischen Prinzips der Brüderlichkeit, das sich im Vertrauen zwischen dem Führer und der Gefolgschaft ausdrückte (Hellfeld, Bündische Jugend und Hitlerjugend, S. 34). Ohnehin war die Betonung der Nachbarschaft als Ausdruck der Sehnsucht nach einem idyllischen Landleben in der bündischen Romantik verortet. Zwar verwies Mahraun explizit darauf, dass die Nachbarschaft sowohl den ländlichen als auch den städtischen Raum bezeichnete (Mahraun, Das Jungdeutsche Manifest, S. 97), doch entsprang das Konstrukt der Nachbarschaft keineswegs der Ideologie einiger Rechtsintellektueller, welche die Großstadt im Gegensatz zu den Bündischen weniger als anonymes Produkt von Vermassung und Industrialisierung, denn als Chance begriffen (Dupeux, „Kulturpessimismus“, konservative Revolution und Modernität, S. 417). Vielmehr diente die Nachbarschaft hier als gemeinschaftsorientierter Gegenentwurf zur urbanen Klassengesellschaft.

weshalb der bündische Staat im Grunde genommen die „Erweiterung, Übersetzung und Projektion des Bundes auf die äußere Welt" darstellte.[1466] Die natürlich gewachsene Gemeinschaft des Bundes war demnach die Keimzelle der organischen Volksgemeinschaft.[1467]

Der Rückgriff auf den Bund oder den wesensverwandten Orden[1468] als Vorbild war dabei durchaus konsequent, konzentrierte sich die ideologische Grundsubstanz der „Bündischen" doch bereits in ihrer Organisationsform. Zum einen hatte die exklusive Ausgestaltung als Bund, Orden, Club oder Wehrverband die Intention, eine „antirepublikanische(n) Gegenöffentlichkeit"[1469] zu schaffen und war somit Ausdruck der antiliberalen Ablehnung der parlamentarischen Parteiendemokratie.[1470] Während die Parteien als gemeinschaftsfeindliche Vertreter von Partikularinteressen diffamiert wurden, sollte eine bündische Organisation Autonomie und „Überparteilichkeit"[1471] suggerieren. Gleichzeitig erfuhren die Forderungen nach Einführung eines Führertums und Erfassung des Volkes in Gemeinschaften ihre praktische Ausgestaltung schon im Bund, wobei ein aus der Frontgemeinschaft des Ersten Weltkriegs gespeister Wehrgedanke konserviert werden sollte. Das gemeinschaftsstiftende Fronterlebnis sollte im Bunderlebnis lebendig bleiben. Die Bünde und auch der Jungdeutsche Orden waren deshalb phänotypisch an Heeresstrukturen

---

1466 Jovy, Jugendbewegung und Nationalsozialismus, S. 108. Eine einheitliche bündische Staatsidee existierte gleichwohl nicht. So gab es innerhalb der „Bündischen" auch den Ruf nach einem Ständestaat (Beppo Fürstenau vom Wandervogel, Man ruft uns zur Wahl ..., in: Die Kommenden vom 18. Mai 1928, S. 234), Arbeiter-, Bauern- und Soldatenstaat (Gerhard Warneck von den Adlern und Falken, Wo stehen Wir?, in: Die Kommenden vom 25. April 1930, S. 203) oder nach Wiederbelebung einer Monarchie (Adolf Krummacher vom Deutschen Pfadfinderbund Westmark, Monarchie und Jugend, in: Die Kommenden vom 2. August 1928, S. 274).

1467 Treziak, Deutsche Jugendbewegung am Ende der Weimarer Republik, S. 31. „Der Bund soll ‚zur Vorschau eines deutschen Staates der Zukunft werden, der auf diesem Erbe (des mittelalterlichen und preußischen Menschen und Staates) bauend, es aus dem Wollen der heutigen Jugend erneuert'. Damit ist der Gegensatz zur Masse und Formaldemokratie gegeben. ‚Unser Bund soll ein Stück der deutschen Volksgemeinschaft lebendig werden lassen. Volksgemeinschaft ist Gliederung und Führung'. Der Bund ist also Erziehungsbund für den neuen deutschen Staat." (Wendland, „Die jungnationale Bewegung", S. 157, zitiert nach Pross, Jugend, Eros, Politik, S. 302).

1468 Während der Jungdeutsche Orden jedoch an das historische Vorbild des Deutschen Ritterordens anknüpfte, entstanden die Bünde durch die politische Aktivierung der deutschen Jugendbewegung nach Ende des Ersten Weltkriegs (Jovy, Jugendbewegung und Nationalsozialismus, S. 27).

1469 Mommsen, Das Trugbild der „nationalen Revolution", S. 23.

1470 Treziak, Deutsche Jugendbewegung am Ende der Weimarer Republik, S. 29; Hellfeld, Bündische Jugend und Hitlerjugend, S. 59 f.; Sontheimer, Antidemokratisches Denken, S. 208 f.

1471 Hering, Die Ideologie der Überparteilichkeit, S. 34 ff.

angelehnt, wodurch sie versuchten, die Frontgemeinschaft „in das politische Kampffeld der Zeit“ zu retten.[1472]

Neben der Orientierung am eigenen Orden wies der „Jungdeutsche Staatsvorschlag“ noch weitere bündische Charakteristika auf. Die zahlenmäßige Begrenzung der Nachbarschaft durch das Erfordernis der persönlichen Bindung zum Führer war Ausdruck des bündischen Prinzips der Brüderlichkeit, das sich im Vertrauen zwischen dem Führer und der Gefolgschaft ausdrückte.[1473] Ohnehin war die Betonung der Nachbarschaft als Ausdruck der Sehnsucht nach einem idyllischen Landleben in der bündischen Romantik verortet. Zwar verwies *Mahraun* explizit darauf, dass die Nachbarschaft sowohl den ländlichen als auch den städtischen Raum bezeichnete,[1474] doch entsprang das Konstrukt der Nachbarschaft keineswegs der Ideologie einiger Rechtsintellektueller, welche die Großstadt im Gegensatz zu den Bündischen weniger als anonymes Produkt von Vermassung und Industrialisierung, denn als Chance begriffen.[1475] Vielmehr diente die Nachbarschaft hier als gemeinschaftsorientierter Gegenentwurf zur urbanen Klassengesellschaft.

War die bündisch geprägte Gestaltung des „Jungdeutschen Staatsvorschlags“ einerseits der Anlehnung am eigenen Orden als organisatorischer Wesensart der „Bündischen“ geschuldet, dürften zum anderen auch machtpolitische Überlegungen ausschlaggebend gewesen sein. So manifestierte sich im „Jungdeutschen Staatsvorschlag“ nicht zuletzt die Bestrebung des Ordens, sich als politischer Arm der „Bündischen“ zu etablieren. Entsprechend kann die Rezeption des bündischen Gedankens im „Jungdeutschen Staatsvorschlag“ auch als früher Versuch interpretiert werden, die vielfältigen bündischen Gruppierungen unter der Ägide des Ordens zu sammeln. Schließlich hatte auch die später vollzogene Partizipation mit dem Parteiensystem die Intention, der in der Jungdeutschen Staatsidee dokumentierten bündischen Gesinnung politische Geltung zu verschaffen,[1476] was in begrenztem Umfang auch gelingen sollte, als führende Vertreter bündischer Verbände[1477] die „Reichsgruppe

---

1472 Gerstenberger, Der revolutionäre Konservativismus, S. 40 f.; Sontheimer, Antidemokratisches Denken, S. 133.

1473 Hellfeld, Bündische Jugend und Hitlerjugend, S. 34.

1474 Mahraun, Das Jungdeutsche Manifest, S. 97.

1475 Dupeux, „Kulturpessimismus“, konservative Revolution und Modernität, S. 417.

1476 Darin lag schon die Intention der Gründung der volksnationalen Aktion (Mahraun, Der Aufbruch, S. 43 ff.).

1477 Dazu gehörten Normann Körber, Mitglied der Politischen Gilde der Deutschen Freischar, die zu den wichtigsten Gruppen der bündischen Jugend zählte (Pross, Jugend, Eros, Politik, S. 494; Kindt, Grundschriften der deutschen Jugendbewegung, S. 569 f.; Jovy, Jugendbewegung und Nationalsozialismus, S. 29), oder Werner Pohl, der für die Deutsche Freischar Kontakte zur politischen Linken unterhielt (Kindt, Die bündische Zeit, S. 987; Jovy, Jugendbewegung und Nationalsozialismus, S. 56), sowie Vertreter christlicher Jugendbünde (Kneip, Jugend der Weimarer Republik, S. 226 f.).

bündischer Jugend" innerhalb der Deutschen Staatspartei gründeten,[1478] so dass der Orden schlussendlich „das am stärksten herausragende Beispiel für das Eindringen des bündischen Prinzips in das politische System" darstellte.[1479] Gleichwohl entfaltete der „Jungdeutsche Staatsvorschlag" in der vermeintlichen Zielgruppe der „Bündischen" keine nennenswerte Anziehungskraft.[1480] Zwar wurde die Entwicklung eines bündischen Staatsentwurfs von verschiedenen Wortführern bündischer Vereinigungen grundsätzlich begrüßt, gleichzeitig wurde er aber auch als utopisch und politisch noch nicht umsetzbar abgelehnt.[1481]

Aufgrund der Konzeption als bündischer Staatsgedanke mit antiparlamentarischer Stoßrichtung kann der „Jungdeutsche Staatsvorschlag" zugleich auch in den Kontext der antiliberalistischen Staatsmodelle der rechtsintellektuellen Strömung der sogenannten „Konservativen Revolution" eingeordnet werden.[1482]

1478 Raabe, Die Bündische Jugend, S. 109 f.; Pross, Jugend, Eros, Politik, S. 407. Nach dem Scheitern der Staatspartei gab es 1932 erneut Bestrebungen, eine Einflussnahme der Bündischen unter Mitwirkung des Jungdeutschen Ordens auf die Politik zu sichern. Das geplante „Kabinett der Bünde", dem neben dem Orden noch Gregor Strasser, der Deutsche Handlungshilfenverband sowie Heinrich Brüning und August Winning angehören sollten, blieb jedoch erfolglos (Hellfeld, Bündische Jugend und Hitlerjugend, S. 63). Genauso verlief ein Treffen verschiedener Bünde im Berliner Büro des Ordens im Februar 1933 ohne politische Resultate (Rätsch-Langejürgen, Das Prinzip Widerstand, S. 193).

1479 Mommsen, Die Auflösung des Bürgertums seit dem späten 19. Jahrhundert, S. 26.

1480 Eine tatsächliche Verbreitung erlangte der „Jungdeutsche Staatsvorschlag" ohnehin wohl nur innerhalb des Ordens (Hornung, Der Jungdeutsche Orden, S. 85; Maste, Vom Staat zum Gemeinwesen, S. 144, Anm. 66a, S. 131), wenngleich Mahraun im Vorwort zur zweiten Auflage des Manifestes schrieb, dass schon wenige Tage nach Erscheinen der ersten Ausgabe rund „500 Zeitungsbesprechungen ernstzunehmender Natur" vorgelegen hätten (Mahraun, Das Jungdeutsche Manifest, S. 5).

1481 So fielen die meisten Rezensionen durch bündische Autoren grundsätzlich wohlwollend aus. Eine besondere politische Bedeutung maßen sie dem „Jungdeutschen Staatsvorschlag" hingegen nicht zu (Ludwig Ahrens, Bündische Jugend und Jungdeutsches Manifest, in: Der Zwiespruch Nr. 29 vom 22. Juli 1928; Normann Körber, Der Jungdeutsche Orden und sein Manifest, in: Der Zwiespruch Nr. 29 vom 22. Juli 1928; Ottokar Henschel, Positive Utopie, in: Der Zwiespruch Nr. 29 vom 22. Juli 1928; Eugen Maß, Parteistaat und Ständestaat, in: Der Zwiespruch, März 1927; Normann Körber, Bündische Staatsauffassung und Friedensidee, in: Deutsche Freischar, Band 1, 1928, S. 104–110). Ein Vertreter des Bundes Oberland, einer Konkurrenzorganisation des Ordens, sprach dem Staatsvorschlag dagegen sogar jeglichen Nutzen ab (Joseph Drexel, Das Jungdeutsche Manifest, in: Widerstand 2/1928, S. 43–47).

1482 Der Begriff „Konservative Revolution" wurde ursprünglich bereits seit Mitte des 19. Jahrhunderts in verschiedenen historischen Kontexten gebraucht, ohne eine besondere politische Bedeutung zu erlangen, bevor er 1927 durch die Rede „Das Schrifttum als geistiger Raum der Nation" von Hugo von Hofmannsthal

Die antagonistische Wortkombination „Konservative Revolution" bezeichnet eine geistige Sammelbewegung des antidemokratischen Spektrums und deren tragende Autoren nach dem Ende des Ersten Weltkrieges.Der Begriff wird heute zwar noch als historisch wirksam in der politischen Ideengeschichte verwandt, doch gilt er aufgrund seiner semantisch-paradoxen Widersprüchlichkeit und relativierenden Deutungsmöglichkeiten sowie der fehlenden weltanschaulichen Homogenität der darunter gefassten Akteure ebenso wie sein Urheber *Armin Mohler*[1483] als umstritten.[1484]

---

auch in der politischen Literatur Verbreitung fand und von den Protagonisten der Bewegung selbst zur eigenen Kennzeichnung benutzt wurde (Moeller van den Bruck, Das dritte Reich, S. 27 und S. 264; Jung, „Deutschland und die konservative Revolution", S. 380), was ihm schon eine gewisse Legitimität verleiht. In seiner ideengeschichtlichen Form geht der Begriff auf Armin Mohler zurück, der ihn 1950 als klassifizierenden Sammelbegriff einführte (Mohler, Die konservative Revolution in Deutschland 1918–1932). Dabei umfasste der Terminus der „Konservativen Revolution" bei Mohler folgende fünf Gruppen: Die Jungkonservativen, die Nationalrevolutionäre, die Völkischen, die Bündischen und die Landvolkbewegung.

1483 Armin Mohler (* 12. April 1920 in Basel, † 4. Juli 2003 in München) hatte während des Zweiten Weltkriegs versucht, sich nach einer kurzen Zeit bei der Schweizer Armee der Waffen-SS anzuschließen. In der Bundesrepublik arbeitete er vor allem als Journalist und Publizist und war von 1949 bis 1953 Privatsekretär von Ernst Jünger. Politisch stand er zunächst der CSU nahe und arbeitete auch für Franz Josef Strauß, bevor er Franz Schönhuber und dessen zumindest partiell rechtsextreme Partei „Die Republikaner" unterstützte. Nicht zuletzt diese Aktivitäten handelten Mohler den Vorwurf ein, die von ihm in seiner Doktorarbeit beschriebene Konstruktion „Konservative Revolution" diene vor allem dazu, bestimmte rechtskonservative Autoren vom Nationalsozialimus abzutrennen, um deren Denkmuster so als unbelastetes Gedankengut im Nachkriegsdeutschland weiterverwenden und verbreiten zu können.

1484 Breuer hält den Begriff wegen der ideologischen Heterogenität der darunter gefassten Vertreter für unhaltbar, da er „mehr Verwirrung als Klarheit" stifte (Breuer, Anatomie der konservativen Revolution, S. 181), während Mohler seine Methodik damit rechtfertigt, die Heterogenität des antidemokratischen Spektrums erlaube ohnehin keine abschließende Einteilung aller Organisationen und Autoren. Als Kerngruppe der „Konservativen Revolution" werden heute zumeist die sogenannten „Jungkonservativen" angesehen, welche beide Wortelemente – also „konservativ" und „revolutionär" – am stärksten in ihrer Ideologie verinnerlichten (Pfahl-Traughber, „Konservative Revolution" und „Neue Rechte", S. 52 f.). Alternativ werden Synonyme wie „neuer Nationalismus" (Breuer, Anatomie der konservativen Revolution, S. 181) oder „Neu-" (Klemperer, Konservative Bewegungen, S. 81 ff.) respektive „Neo-Konservativismus" (Struve, Elites against democracy, S. 224) als zusammenfassende Termini vorgeschlagen, ohne dass dabei grundlegende inhaltliche Wesensänderungen unternommen werden.

Unabhängig von der Bezeichnung hatten die dieser Richtung zugeordneten Protagonisten in jedem Falleinen großen ideellen Einfluss auf die „Bündischen“,[1485] weshalb zweifellos eine ideologische Verwandtschaft zwischen beiden Bewegungen konstatiert werden kann,[1486] wobei es jeweils auch immer wieder punktuell Schnittmengen mit völkischem Gedankengut gab.[1487] Im Gegensatz zu den „Bündischen“ waren die „konservativen Revolutionäre“ strukturell weder durch Verbände oder Gruppen noch parteipolitisch zusammengeschlossen, sondern durch weit verzweigte publizistische Netzwerke oder Diskussionszirkel wie den „Juni-Klub“ oder „Tat-Kreis“ verbunden, die mitunter aber großen Einfluss auf die politisch organisierte Rechte ausübten.[1488] Entsprechend existierte keine einheitliche Bewegung,[1489] jedoch bildete das Bürgertum als biographischer Erfahrungsraum der Protagonisten einen gemeinsamen Rahmen, so dass sie immerhin als bürgerliche Bewegung qualifiziert werden kann.[1490] Ideologisch war die Bewegung durch eine bestimmte inhaltliche Agenda geeint, die sich in bei allen Akteuren präsenten Denkmustern ausdrückte,[1491] wenngleich sich Widersprüche nicht ausschlossen. *Mohler* fasste diese gemeinsame Ausrichtung der „konservativen Revolutionäre“ unter folgender abstrakter Formel zusammen:

> „Denn zu ihr gehört, wie schon die paradoxe Koppelung der beiden Wörter zeigt, nur, wer die Grundlagen des Jahrhunderts des Fortschritts angreift und doch nicht einfach irgendein Ancien Regime wiederherstellen will.“[1492]

1485 Müller, Die Jugendbewegung als deutsche Hauptrichtung neokonservativer Reform, S. 290 ff.; Jovy, Jugendbewegung und Nationalsozialismus, S. 55.

1486 Gemäß der Einteilung Mohlers waren die Bündischen eine eigene Untergruppe der „Konservativen Revolution“ (Mohler, Konservative Revolution in Deutschland 1918–1932, S. 169 f.).

1487 Schon die originäre Jugendbewegung war anfällig für die Ideologie der völkischen Bewegung (Mosse, Ein Volk, ein Reich, ein Führer, S. 186 f. und S. 291). In manchen Bünden traten die völkischen Elemente später sogar noch verstärkt hervor (Mosse, Ein Volk, ein Reich, ein Führer, S. 281 f.). Die Betonung des Völkischen war jedoch nicht zwingend mit einem biologischen Rassismus gleichzusetzen. Schon in der deutschen Jugendbewegung wurde der Begriff „völkisch“ vornehmlich nur als Wiedererweckung des deutschen Volkstums verstanden, ohne dass dabei die Rasse grundsätzlich identitätsstiftend war (Glatzel, Der Jungdeutsche Bund, S. 223, in: Kindt, Grundschriften der deutschen Jugendbewegung, S. 220–229; Kurella, Deutsche Volksgemeinschaft, S. 164 ff., in: Kindt, Grundschriften der deutschen Jugendbewegung, S. 163–179).

1488 Pfahl-Traughber, „Konservative Revolution“ und „Neue Rechte“, S. 50.

1489 Lenk, Deutscher Konservativismus, S. 110; Breuer, Anatomie der konservativen Revolution, S. 180 ff.

1490 Breuer, Anatomie der konservativen Revolution, S. 25 ff.

1491 Lenk, Deutscher Konservativismus, S. 111 f.

1492 Mohler, Die konservative Revolution in Deutschland 1918 – 1932, S. 11.

Faktisch stellte sich die Strömung der „Konservativen Revolution" in erster Linie als intellektuelle Gegenbewegung zu den Ideen der französischen Revolution dar, so dass ein destruktiver Antiliberalismus zu ihrer ideologischen Grundsubstanz gehörte. Der Liberalismus wurde als Hauptursache und Auslöser für den Niedergang von Staat und Gesellschaft diskreditiert. Dabei wurde der Begriff stellvertretend für sämtliche institutionellen Ausprägungen und ideellen Grundlagen des vergangenen Jahrhunderts gebraucht. Der Antiliberalismus beinhaltete somit die Bekämpfung der parlamentarischen Demokratie und des Parteienstaates als auch die Ablehnung des Pluralismus, Individualismus und des Gleichheitsprinzips. Mithin konzentrierte sich die antiliberale Kritik konkret auf den modernen Verfassungsstaat der Weimarer Republik.[1493] Entsprechend der antiliberalen Haltung kam oft auch eine, auch aus einem nationalistischen Impuls gespeiste Ablehnung des Kapitalismus hinzu, da im kapitalistischen System die Gefahr gesehen wurde, dass es zur Einebnung aller kulturellen Unterschiede führen würde.

Damit unterschied man sich kaum von dem kulturpessimistischen Weltbild der Völkischen. Tatsächlich waren die völkische Bewegung und die „konservativen Revolutionäre" konzeptionell kompatibel, wobei Letztere sich unter Ablehnung der radikalen, antisemitischen Völkischen als intellektuelle Elite der antidemokratischen Rechten verstanden und die völkische Bewegung dagegen als „Massenphänomen" betrachteten.[1494] Allerdings hoben sich die „konservativen Revolutionäre" durch einen aktiv-konstruktiven Gestaltungswillen vom völkischen Nihilismus ab. Im Gegensatz zu den Völkischen beinhaltete die Weltanschauung der „Konservativen Revolution" eine positive Zielsetzung. Die geistigen Anführer der Strömung forderten die Ersetzung der Weimarer Republik durch einen autoritären Führerstaat als äußere Rechtsform einer homogenen Volksgemeinschaft, wenngleich sich kein einheitlicher Staatsentwurf innerhalb der Bewegung herauskristallisierte, sondern verschiedene Konzeptionen mit unterschiedlicher Akzentuierung nebeneinanderstanden.[1495]

1493 Pfahl-Traughber, „Konservative Revolution" und „Neue Rechte", S. 70; Sontheimer, Antidemokratisches Denken, S. 183; Maass, Die andere deutsche Revolution, S. 81.

1494 Gerstenberger, Der revolutionäre Konservativismus, S. 113 ff. und S. 129 ff. Mohler fasst die Gruppe der Völkischen sogar unter den Sammelbegriff der konservativen Revolution (Mohler, Die konservative Revolution in Deutschland 1918–1932, S. 169 f.), während Pfahl-Traughber, der ohnehin eine enge Definition der „Konservativen Revolution" favorisiert, die Völkischen eher am Rand der Strömung sieht, da ihnen das konservative Element fehlen würde (Pfahl-Traughber, „Konservative Revolution" und „Neue Rechte", S. 52). Aufgrund der in jedem Fall bestehenden organisatorischen und inhaltlichen Unterschiede erscheint es unabhängig dieser Einordnungsversuche sinnvoll, beide Bewegungen voneinander zu trennen, so dass trotz der inhaltlichen Überschneidungen keine unzulässigen Vermengungen entstehen.

1495 Diese Entwürfe lassen sich grob in autoritäre, totalitäre und ständische Staatsvorstellungen einteilen (Sontheimer, Antidemokratisches Denken, S. 240 ff.).

Als bündisch geprägter Staatsgedanke kann der „Jungdeutsche Staatsvorschlag" grundsätzlich in diese konservativ-revolutionären Staatsmodelle eingeordnet werden. Zum einen hatte der „Jungdeutsche Staatsvorschlag", entsprechend seiner nach wie vor gegebenen völkischen Tendenzen, eine deutlich antiindividualistische und antiparlamentarische, mithin antiliberalistische Ausrichtung, so dass Affinitäten im Sinne eines negativen Konsenses bestanden. Andererseits manifestierten sich im propagierten Jungdeutschen Volksstaat auch vitalistisch-bejahende Vorstellungen, die kennzeichnend für die staatspolitischen Bestrebungen der „Konservativen Revolution" waren. In seiner bündischen, fast romantischen Ausgestaltung, flankiert durch die Rückbesinnung auf das Germanische und Konservierung des Fronterlebnisses, war er konservativ-bewahrend. In seiner Zielsetzung, einen Volksstaat in Form einer auf Nachbarschaften aufbauenden organischen Gemeinschaft mit autoritärem Führermodel, offenbarten sich deutlich herausstechende dynamisch-revolutionäre Elemente.

Bestimmte Inhalte machten sich bedeutende konsvervativ-revolutionäre Autoren sogar zu eigen. So wurde das Kurführersystem des „Jungdeutschen Staatsvorschlags" von *Edgar Julius Jung* und *Leopold Ziegler*, die beide zu den einflussreichsten Vertretern der „Konservativen Revolution" gehörten,[1496] aufgenommen.[1497] Allerdings wurde der „Jungdeutsche Staatsvorschlag" nicht bei allen Akteuren der Strömung positiv aufgenommen und stieß teilweise auch auf Widerspruch. Ebenso wie die Kritiker aus dem bündischen Lager hielten etwa Autoren aus dem Umfeld der Jungkonservativen das Konzept für naiv und unpraktikabel. In der „Ablehnung des Formaldemokratismus und Parlamentarismus" und der angestrebten „deutschen[n] Form der Demokratie", so *Georg Schröder*, ein Vertreter der Jungkonservativen,[1498] stimme man mit dem Orden zwar überein. Das Modell der Nachbarschaft verkenne aber, dass sich die meisten Menschen dieser Form der politischen Erziehung und gemeinschaftsmäßigen Einbindung entziehen würden, und erschöpfe sich obendrein in organisatorischen Änderungen. Mahraun und mit ihm der Jungdeutsche Orden müssten den „liberalisisch-mechanistischen Anschauungen noch so sehr verhaftet" seien, wenn „er glaubt, aus den ... Nachbarschaften, würden sich Gemeinschaften entwickeln, nur deshalb, weil man sich in ihnen in sachlicher Form mit staatspolitischen Fragen beschäftige".[1499]

Ungeachtet solcher Kritik rückte Verfasser *Mahraun* mit dem „Jungdeutschen Staatsvorschlag" gleichzeitig auch den Jungdeutschen Orden unter Berücksichtigung der weiterhin gegebenen völkischen Grundzüge in die Nähe dieser gemäßigteren

---

1496 Breuer, Anatomie der konservativen Revolution, S. 25 f., S. 64.

1497 Jung, Die Herrschaft der Minderwertigen, S. 336 f.; Ziegler, Fünfundzwanzig Sätze vom Deutschen Staat, S. 49.

1498 Postert, Von der Kritik der Parteien zur außerparlamentarischen Opposition, S. 202.

1499 Georg Schröder, Auseinandersetzung mit dem Jungdo, in: Der Ring, 2. Jg., Nr. 44 (zitiert nach Postert, Von der Kritik der Parteien zur außerparlamentarischen Opposition, S. 202).

rechtsintellektuellen Strömung.[1500] Dennoch gehörte gerade der Orden als Organisation keineswegs zum Kern der Bewegung. Stattdessen kann konstatiert werden, dass die politische Lagerung des Jungdeutschen Ordens „zwischen den Fronten“ anzusiedeln war.[1501] Während der politisch-ideologische Ursprung in der völkischen Bewegung lag, lehnte er sich im Zuge einer inhaltlichen Konsolidierung, vor allem durch die moderateren Positionen im „Jungdeutschen Staatsvorschlag“, an die „Konservative Revolution“ an. Nachdem der Orden Ende der zwanziger Jahre eine etappenweise Annäherung an die republiktreuen Parteien der Weimarer Republik vollzogen hatte, die schlussendlich in der Mitwirkung an der Deutschen Staatspartei im Juli 1930 mündete,[1502] zeichnete er sich allerdings durch eine staatserhaltende Grundeinstellung aus, so dass das revolutionäre Element nur noch bedingt vorhanden war. Folgerichtig zählte der Orden nach Abschluss dieses erneuten sukzessiven Wandlungsprozesses nur noch zu den „Reformern“ innerhalb der „Konservativen Revolution“.[1503]

Während der Jungdeutsche Orden aufgrund seiner politischen Entwicklungsstadien und programmatischen Vielfältigkeit als Hybridorganisation im völkisch-konservativen Lager angesehen werden kann, lässt sich der „Jungdeutsche

---

1500 Mohler ordnete den Jungdeutschen Orden innerhalb seines sehr weit gefassten Sammelbeckens der „Konservativen Revolution“ zunächst der Kategorie der Nationalrevolutionäre zu, ohne ihn zum Kern dieser Gruppe zu zählen, da er als Kampfbund ohne ideologische Programmatik nur praktische Politik betreiben würde (Mohler, Die konservative Revolution 1918–1932, S. 84). Allerdings berücksichtigte er dabei nicht, dass der Orden durch den Jungdeutschen Staatsvorschlag unlängst auch zu einem politischen Gesinnungsbund mit eigener inhaltlicher Ausrichtung geworden ist. Auch die Einschätzung Dupeuxs, der den Orden als ultrarechten Verband mit völkischer Grundsubstanz und Anknüpfung an die „Konservative Revolution“ bezeichnete (Dupeux, „Nationalbolschewismus“ in Deutschland, S. 209), ist nur bedingt zu übernehmen, da hier der weltanschauliche Reifungsprozess des Ordens außer Acht gelassen wird.

1501 Posse, Die politischen Kampfbünde Deutschlands, S. 51.

1502 Zuvor hatte der Orden im Juni 1929 die volksnationale Aktion gegründet, welche im November 1929 in der darauf aufbauenden Volksnationalen Reichsvereinigung aufging.

1503 Mohler, Die konservative Revolution 1918–1932, S. 78. Mohlers Qualifizierung des Ordens als „Reformist“ ist in Hinblick auf die letzte Periode des Ordens vor der Auflösung durch die Nationalsozialisten sicherlich korrekt, doch verkennt er, dass der Orden zum einen zuvor eine lange durchaus außerparlamentarisch-revolutionäre Phase durchlebt hatte und andererseits auch danach unveränderlich das Parteiensystem ablehnte. So betonte Mahraun noch 1929, dass man sich Parteibildungen zwar öffne, das Parteienwesen aber nach wie vor missbillige. Die Bereitschaft, in einer Partei mitzuarbeiten, so Mahraun, resultiere allein aus der Notwendigkeit, eine neue nationale Front zu sammeln, um die Einflussnahme von Geldmächten und Klassen auf den Staat zu verhindern (Mahraun, Der Aufbruch, S. 48 ff.).

Staatsvorschlag" als weltanschauliche Konzeption mit bewahrenden und dynamischen Merkmalengrundsätzlich in den historisch-ideellen Kontext der antiliberalen Staatsvorstellungen der „Konservativen Revolution" einordnen. Insofern kann eine ideologische Verortung im Umfeld der „Konservativen Revolution" insgesamt weniger für den gesamten Jungdeutschen Orden, als vielmehr für den „Jungdeutschen Staatsvorschlag" und deren Vertreter festgestellt werden. Im Besonderen galt eine Anlehnung und gleichzeitige Beeinflussung für *Höhn*. Aufgrund der politisch motivierten Verortung im bündisch-romantischen Irrationalismus und der daraus resultierenden Übertragung der Ordensstrukturen auf den angestrebten Staat sowie der Konzeption als politische Absichtserklärung zeichnete sich der „Jungdeutsche Staatsvorschlag" durch Realitätsferne und fehlende Praktikabilität aus,[1504] was die Akzeptanz im politischen Diskurs und innerhalb des Ordens minderte. *Höhn*, inzwischen auch offiziell Berater des Ordens in staatswissenschaftlichen Fragen,[1505] war sich dieser qualitativen Mängel bewusst.[1506] Entprechend seiner Funktion bemühte er sich deshalb um eine wissenschaftliche Begründung, um dem Jungdeutschen Volksstaat so eine gewisse Legitimität zu verleihen, was sowohl beim Hochmeister *Mahraun* als auch bei den einfachen Ordensmitgliedern auf großen Zuspruch stieß.[1507] Dabei entwickelte er keine neuen Argumente aus eigener wissenschaftlicher Forschungstätigkeit, sondern nahm ganz konkret auf antiliberal konnotierte Denkmuster Bezug.

(2) Höhns wissenschaftliche Begründung des „Jungdeutschen Staatsvorschlags"

Bei dem Versuch einer wissenschaftlichen Begründung des „Jungdeutschen Staatsvorschlags" rezipierte *Höhn* im Wesentlichen zwei staatsrechtliche Lehrmeinungen, die im antidemokratischen Spektrum mehrfach aufgenommen und vereinnahmt wurden.

1504 Nach dem Ende des Zweiten Weltkriegs versuchten ehemalige Ordensbrüder dennoch das Nachbarschaftsmodell des Jungdeutschen Staatsvorschlags konkret umzusetzen, doch blieben diese lokal begrenzten Bemühungen von kurzer Dauer und ohne Erfolg (Maste, Die Republik der Nachbarn, S. 27 ff.).

1505 19. Hochkapitel am 26. und 27. Januar 1929, BArch R 161/12, Bl. 47 f.

1506 „Diese Forderung, das Volk wirklich zur Gemeinschaft zu machen, ist etwas derart grundsätzlich Neues, daß man es in der heutigen Zeit liberalen Denkens ... als romantisch und utopisch bezeichnet." (Höhn, Der bürgerliche Rechtsstaat und die neue Front, S. 105) Und auch viele Jahre später empfand Höhn den Jungdeutschen Staatsvorschlag noch als romantisches und wenig praktikables Konzept (Aktenvermerk Höhns vom Dezember 1960, S. 3, in: Privatarchiv H. Borsch).

1507 Mahraun, Wissenschaft und Jungdeutsches Manifest, in: DER MEISTER, 4.Jg., Heft 5, Februar 1929, S. 194. Aber auch bei einfachen Ordensbrüdern stießen Höhns Ausarbeitungen auf großen Zuspruch. Diese zeigten sich vor allem dankbar für die wissenschaftliche Begründung des recht einfach daherkommenden Staatskonstrukts Mahrauns (vgl. etwa einen Leserbrief, in: DER MEISTER, 4.Jg., Heft 7, April 1929, S. 322 ff.).

Zunächst übernahm er den historischen Argumentationsansatz der antiliberalen Parlamentarismuskritik *Carl Schmitts. Schmitt*, der zu den einflussreichsten Autoren der sogenannten „Konservativen Revolution" gehörte,[1508] betrieb in seinen Abhandlungen die intellektuelle Delegitimierung der parlamentarischen Demokratie der Weimarer Republik, indem er einen Verfallsprozess darzulegen versuchte, um ihr so die geistesgeschichtliche Berechtigung abzusprechen. Mit seiner „dekonstruktivistischen Kritik"[1509] verfolgte er das Ziel, „den letzten Kern der Institution des Parlaments zu treffen" und zu zeigen, „wieweit die Institution moralisch und geistig ihren Boden verloren hat".[1510] Die so von *Schmitt* forcierte wissenschaftliche Destruktion der parlamentarischen Demokratie basierte dabei auf einer historisch-politischen Begründung.[1511] Der Parlamentarismus als politisches Ordnungsprinzip war *Schmitts* Prämisse zufolge das Resultat liberaler Verfassungstheorie und keineswegs eine genuin demokratische Einrichtung:

> „Der Glaube an den Parlamentarismus, an ein government by discussion, gehört in die Gedankenwelt des Liberalismus. Er gehört nicht zur Demokratie. Beides, Liberalismus und Demokratie, muss voneinander getrennt werden, damit das heterogen zusammengesetzte Gebilde erkannt wird, das die moderne Massendemokratie ausmacht."[1512]

Ideengeschichtlich gerechtfertigt, so *Schmitt*, sei ein Parlament allenfalls in seiner Idealform als gegen den Absolutismus gerichtetes Honoratiorenparlament, in welchem ein elitäres Bürgertum das gesamte Volk repräsentiere und durch öffentliche Diskussionen zu rationalen politischen Entscheidungen gelange. Zwingende Grundvoraussetzungen des Parlamentarismus seien „also öffentliches Verhandeln von Argument und Gegenargument, öffentliche Debatte und öffentliche Diskussion", folglich ein „Meinungsaustausch, der von dem Zweck beherrscht ist, den Gegner mit rationalen Argumenten von einer Wahrheit und Richtigkeit zu überzeugen oder sich von einer Wahrheit und Richtigkeit überzeugen zu lassen".[1513]

Dem stellte er die Verfassungswirklichkeit der Weimarer Republik als negative Antithese gegenüber. Der Parlamentarismus Weimarer Prägung, so *Schmitt*, befände sich in einem geistesgeschichtlichen Verfallsprozess. Einerseits fehle ihm inzwischen schon die historische Legitimation, da er als staatsrechtliche Institutionalisierung des Liberalismus durch die Überwindung des absolutistischen Feudalismus seinen existentiellen Gegenpart verloren habe.[1514] Zudem erfülle die Weimarer Republik auch nicht mehr die Voraussetzungen der Diskussion und Öffentlichkeit, die aufgrund ihrer antiabsolutistischen Stoßrichtung für die Kompatibilität von

1508 Breuer, Anatomie der konservativen Revolution, S. 3; Pfahl-Traughber, „Konservative Revolution" und „Neue Rechte", S. 59.
1509 Müller, Ein gefährlicher Geist, S. 38.
1510 Schmitt, Die geistesgeschichtliche Lage des heutigen Parlamentarismus, S. 30.
1511 Unruh, Weimarer Staatsrechtslehre und Grundgesetz, S. 116 f.
1512 Schmitt, Die geistesgeschichtliche Lage des heutigen Parlamentarismus, S. 13.
1513 Schmitt, Die geistesgeschichtliche Lage des heutigen Parlamentarismus, S. 9.
1514 Ebenda, S. 32; Schmitt, Der Begriff des Politischen, S. 75.

Parlamentarismus mit dem Prinzip der Demokratie unbedingt erforderlich seien. Das Parlament sei nur noch das Abbild der widerstreitenden Partikularinteressen der verschiedenen Parteien und der einzelne Abgeordnete nicht mehr der überparteiliche, vermeintlich neutrale Honoratior, sondern abhängiger Parteifunktionär und Interessenvertreter. Entscheidungen würden nicht mehr als Resultat offener Aussprachen im Parlament gefällt, sondern außerhalb in geheimen Absprachen der Parteien respektive Koalitionäre.[1515] Statt einer vernunftbasierten Entscheidung durch die gemeinsame Suche nach der Wahrheit, führe das Parlament eine „ewige Diskussion",[1516] die in den Ausgleich der partiellen Parteiinteressen durch Kompromissbildung mündeten.[1517] Infolgedessen wären beide wesentlichen Bedingungen des Parlamentarismus hinfällig,[1518] womit *Schmitt* entsprechend seiner antiliberalen Argumentation die Parteien als Krisenursache identifizierte. Dieser Verfall der geistesgeschichtlichen Grundlagen, so *Schmitt*, führe als Konsequenz zum „Wegfall der ideellen Voraussetzungen des Parlamentarismus in der heutigen Demokratie",[1519] womit die parlamentarische Demokratie historisch illegitim sei.

Höhn vollzog insbesondere in seinem Hauptwerk „Der bürgerliche Rechtsstaat und die neue Front" eine nahezu uneingeschränkte Rezeption dieser Parlamentarismuskritik *Schmitts*,[1520] welcher angeblich sogar bereit war, an der wissenschaftlichen

1515 Schmitt, Die geistesgeschichtliche Lage des heutigen Parlamentarismus, S. 62 f.

1516 Durch den Vergleich der Diskussionskultur des Parlaments in der politischen Wirklichkeit der Weimarer Republik mit dem romantischen „ewige[n] Gespräch" (Schmitt, Politische Romantik, S. 66) stellte Schmitt den Parlamentarismus bewusst in eine Reihe mit der als opportunistisch und entschlussunfähig abgelehnten Romantik (Durner, Antiparlamentarismus in Deutschland, S. 106), um so gleichzeitg die Entscheidungsstärke der Diktatur hervorzuheben (Martin, Die Intellektuellen als sozialer Faktor, S. 412, Rn. 17). Tatsächlich waren Schmitts Darstellung in Hinblick auf den Verfall der Grundsätze der Öffentlichkeit und Diskussion historisch völlig überzeichnet und keine detaillierte Analyse des realen politischen Parlamentarismus der Weimarer Republik (Lepsius, Staatstheorie und Demokratiebegriff in der Weimarer Republik, S. 380 f.; Krockow, Zur Analyse autoritärer Parlamentarismuskritik, S. 41; Becker, Die Parlamentarismuskritik bei Carl Schmitt, S. 62 f.).

1517 Schmitt, Die geistesgeschichtliche Lage des heutigen Parlamentarismus, S. 62 f.

1518 Ebenda, S. 61 ff.

1519 Schmitt, Verfassungslehre, S. 318.

1520 Sontheimer bezeichnet Höhns Schrift sogar als „Abklatsch der Ideen Carl Schmitts, jedoch mit offenem politischen Visier" (Sontheimer, Antidemokratisches Denken, S. 184, Rn. 5), was in Hinblick auf die Parlamentarismuskritik auch bestätigt werden kann. Allerdings beschränkt sich die Rezeption Schmitts nur auf einen verhältnismäßig kleinen Teil des Werkes. Daneben gehört Höhns Abhandlung in erster Linie in den Kontext des „Jungdeutschen Staatsvorschlags", so dass jedenfalls von einer alleinigen Wiedergabe der Thesen Schmitts eher nicht gesprochen werden kann.

Diskussion über den Jungdeutschen Staatsvorschlag mitzuwirken.[1521] Er übernahm *Schmitts* These, dass ein historischer Verfallsprozess der parlamentarischen Demokratie die ideengeschichtliche Legitimation entzogen hätte. Unter Bezugnahme auf *Schmitts* Argumentation führte *Höhn* aus, dass das Parlament der Weimarer Republik im Gegensatz zum Parlament des Bürgertums „nicht mehr das Spiegelbild einer Einheit, sondern die Ausdrucksform völlig widerstrebender Kräfte“ sei, womit auch alle Prinzipien, die sich auf diese Einheit gründeten, also Diskussion und öffentliche Aussprache, entfallen wären. Die Diskussion sei nicht mehr „Mittel gegenseitiger Überredung“ und das Parlament „nicht mehr der Ort, wo die Möglichkeit besteht, daß sich die Abgeordneten durch vernünftige Erwägungen überzeugen“.[1522] Analog den Ausführungen *Schmitts* hätte das Auftreten der Parteien als Vertreter partieller Interessen das Instrument der vernunftgeleiteten, auf einen wahrhaften Beschluss gerichteten Diskussion unterminiert. Ebenso wenig sei der einzelne Abgeordnete noch Vertreter des ganzen Volkes, sondern allein gebundener Parteifunktionär. Insgesamt gehe es nur noch um das Organisieren der Mehrheit, nicht aber darum, „den Gegner von der Richtigkeit und Wahrheit zu überzeugen“.[1523] Auch sei die Öffentlichkeit durch vertrauliche Sitzungen der Parteien, auf denen die eigentliche Entscheidung gefällt würde, obsolet.

Während es sich also zunächst nur um die Wiederholung und Anwendung der Thesen *Schmitts* handelte, erweiterte *Höhn* seine antiliberale Parlamentarismuskritik allerdings noch um eine antikapitalistische Komponente. Die geistesgeschichtliche Krise des Parlamentarismus, so *Höhn*, sei durch das Erscheinen der Arbeiterschaft im Parlament bedingt durch die formale Rechtsgleichheit und das gleichzeitige Versäumnis der Weimarer Verfassung, die soziale Frage zu lösen, hervorgerufen worden.[1524] Daneben wären „gewaltige Besitzmassen plutokratischen Kapitals“ an Stelle des besitzenden Bürgertums im Parlament getreten, welches dadurch zum „Spielball“ der widerstrebenden „großen Mächte von Besitz und Nichtbesitz“ geworden sei.[1525] Dieser wirtschaftliche Gegensatz verhindere die zwingend erforderliche Einheit des Parlaments mit dem Volk. Statt einer identitären Demokratie sei die parlamentarische Demokratie der Weimarer Republik folglich nicht nur undemokratisch, sondern als „Staat des Händlers“[1526] überdies Ausdruck des „drückenden Absolutismus der souveränen Wirtschaft“.[1527]

Mit dieser antikapitalistischen Stoßrichtung nahm *Höhn* ein zentrales, ebenso aus dem Antiliberalismus gespeistes, Element der Ideologie der „Konservativen

---

1521 19. Hochkapitel am 26. und 27. Januar 1929, BArch R 161/12, Bl. 47 f.; Bericht über einen „Staatspolitischen Abend“ an der Universität München am 9. Dezember 1929, in: Der Jungdeutsche vom 22. Dezember 1929.

1522 Höhn, Der bürgerliche Rechtsstaat und die neue Front, S. 62.

1523 Ebenda, S. 62 f.

1524 Ebenda, S. 62 f.

1525 Ebenda, S. 63.

1526 Ebenda, S. 26.

1527 Ebenda, S. 51.

Revolution“ auf. Dieser konservative Kampf gegen den Kapitalismus entstand aus dem historischen Kontext und der daraus resultierenden Sehnsucht nach wirtschaftlicher Sicherheit sowie der Angst vor einer Revolution von links. Dabei handelte es sich zumeist um einen nur „verbalen Antikapitalismus“, der einerseits weniger auf eine sozial motivierte Verbesserung der Wirtschaftsordnung als auf die „Änderung der Wirtschaftsgesinnung“ zulasten des Materialismus gerichtet[1528] und zum anderen als Ausdruck der Furcht vor einer fortschreitenden Desintegration und kulturelle Unterschiede auflösenden Vermassung, mithin als „Verdeckungsideologie“ mit nationalem Hintergrund, zu verstehen war.[1529] Auch *Höhn* forderte keine sozialen und gesellschaftlichen Umwälzungen oder die Veränderung der wirtschaftlichen Produktionsverhältnisse. Die Nachbarschaft im „Jungdeutschen Staatsvorschlag“ war ebenfalls nur klassenübergreifend, nicht klassenlos konzipiert. Der Kapitalismus wird vielmehr nur als Krisensymptom im ideengeschichtlichen Verfallsprozess des Parlamentarismus und damit auch als Argument für die Verwirklichung des Jungdeutschen Staatsvorschlags angeführt. Zudem entsprach die kapitalismuskritische Diktion *Höhns* der politischen Agitation des Jungdeutschen Ordens und seines Hochmeisters *Mahraun*. Einerseits stand der Orden in scharfer Kampfstellung gegenüber dem Kommunismus, so dass sich der Antikapitalismus *Höhns* vornehmlich als Antibolschewismus, also als Mittel zum Zweck, den Bolschewismus durch das Angebot einer Alternative respektive durch die Wegnahme eines seiner Hauptkritikpunkte zu bekämpfen, gerierte. So sollte der Orden auch für die Arbeiterbewegung anschlussfähig sein.[1530] Außerdem polarisierte *Mahraun* gegen andere Gruppierungen der Rechten, die er als Werkzeuge der Großkapitalisten auf dem Weg zur Plutokratie diskreditierte.[1531]

Während *Höhn* mit Hilfe einer geistesgeschichtlichen Verfalltheorie die parlamentarische Demokratie der Weimarer Republik delegitimieren wollte, versuchte er gleichzeitig den „Jungdeutschen Staatsvorschlag“ positiv zu rechtfertigen, indem er ihn als praktisches Resultat einer neuen, antiliberalen Staatsrechtslehre stilisierte.

Dabei berief sich *Höhn* auf die im Jahr 1928, also kurz nach Erscheinen des „Jungdeutschen Manifests“, veröffentlichte Integrationslehre des Verfassungsrechtlers *Rudolf Smend.* Mit seiner Integrationslehre hatte *Smend* den Versuch unternommen, die politische Stellung des Individuums zu Staat und Gemeinschaft zu lösen, indem

1528 Mommsen, Das Trugbild der „nationalen Revolution“, S. 22, Anm. 6.

1529 Breuer, Anatomie der Konservativen Revolution, S. 49 f. Gleichwohl gab es gerade im völkisch-nationalen Lager auch ernstgemeinte, radikale Forderungen nach der Überwindung des Kapitalismus im national-antidemokratischen Spektrum (Hermand, Der alte Traum vom neuen Reich, S. 158 f.).

1530 Bei der Kapitalismuskritik dürfte wohl ein auch antisemitischer Impuls als Triebfeder hinzukommen. So erklärte Mahraun 1924 in einer Rede vor Ordensmitgliedern, er wolle die Arbeiter aus der Arbeiterbewegung herauslösen, da diese von Marxisten dominiert und vom internationalen Judentum kontrolliert werde (Crim, Weimar's „Burning Question“, S. 207).

1531 Mahraun, Der Aufbruch, S. 22 ff.

er den Staat als eine reale Vereinigung von Menschen, als einen realen Willensverband, erfasste.[1532] Der Staat sollte keine starre, ruhende Substanz sein, sondern die Form einer geistigen Gemeinschaft haben.[1533] Voraussetzung für den Staat als realen Willensverband war bei *Smend*, dass die Handlungen der Staatsbürger dauernd darauf ausgerichtet waren, aus ihren Einzelwillen einen einheitlichen Gesamtwillen herzustellen, welcher sich dann in den staatlichen Ausdrucksformen manifestierte. Der Staat war also nur lebendig, sofern ihn seine Staatsbürger stetig aktiv bejahten.[1534] Schließlich lebe er von einem „Plebiszit, das sich jeden Tag wiederholt".[1535] Der Staat war folglich nur bei notwendiger Konsensbildung gegeben.

Damit der Staat „fließendes, sich immerfort erneuerndes Leben" werden konnte, bedurfte es eines Vitalisierungsprozesses „beständiger Erneuerung" und „dauernden Neuerlebtwerdens".[1536] Diesen Prozess definierte *Smend* als „Integration". Der Akt der „Integration", so *Smend*, sei die zwingende Bedingung jeder menschlichen Gemeinschaft, eine Lebensgesetzlichkeit, weshalb er auch für den Staat als geistige Gemeinschaft gelten müsse. Damit der Staat als Gemeinschaftsverhältnis im Sinne eines lebendigen Prozesses entstehen konnte, übertrug *Smend* die Gesetze, die für die Gemeinschaft des täglichen Lebens allgemein galten, auf den Staat. Da sich Freundschafts- und Liebesbeziehungen nur durch die ständige Erneuerung und Bejahung erhalten würden, müsse auch der Staat als großes Gemeinschaftsverhältnis stetig erneuert und bejaht werden.[1537] Der Prozess der „Integration" als Vereinheitlichung staatlichen Lebens im Sinne eines einigenden Zusammenschlusses der Staatsbürger wurde so zum „Kernvorgang des staatlichen Wesens".[1538] *Smends* entscheidende Aussage lautete entsprechend: „Der Staat ist nur, weil und sofern er sich dauernd integriert, in und aus dem Einzelnen aufbaut – dieser Vorgang ist sein Wesen als geistig-soziale Wirklichkeit."[1539]

Smends Integrationslehre stellte insofern eine Abkehr von der herrschenden, rein positivistischen Rechtsauffassung in der Staatsrechtslehre dar. Gleichzeitig implizierte sie, dass sich der moderne Verfassungsstaat der parlamentarischen Demokratie aufgrund seiner pluralistischen Prägung in einem Zustand der Desintegration befinde und durch einen einheitsbildenden, gemeinschaftsorientierten Staat ersetzt werden müsse. Das Konstrukt der Integration versprach schließlich Vereinheitlichung und Homogenität an Stelle von widerstreitender Interessen- und Parteipolitik. Dementsprechend hatte die Integrationslehre eine antiindividualistische

1532 Smend, Verfassung und Verfassungsrecht, S. 127.
1533 Ebenda, S. 136.
1534 Ebenda, S. 134.
1535 Ebenda, S. 18.
1536 Ebenda, S. 136
1537 Ebenda, S. 12 f.
1538 Smend, Verfassung und Verfassungsrecht, S. 120.
1539 Ebenda, S. 138.

und antiliberale Stoßrichtung,[1540] obwohl *Smend*, wenngleich unter dem Vorbehalt seiner Skepsis gegenüber dem Weimarer Parlamentarismus,[1541] dies sich in gewisser Weise auch in seiner Mitgliedschaft in der DNVP ausdrückte,[1542] noch zu den staatserhaltenden Kräften in der Wissenschaft zählte. Zudem war sie durch auslegungsbedürftige Begriffe wie „Integration" und „Gemeinschaft" weit gefasst und folglich besonders anpassungsfähig. Damit war *Smends* Verfassungslehre prädestiniert für eine Aufnahme und Instrumentalisierung durch die intellektuelle Rechte.[1543] Mit ihrer Hilfe ließ sich aufzeigen, dass die Weimarer Republik nicht in der Lage war, eine nationale Einheit herzustellen, so dass *Smends* Integrationstheorie damals „weithin als eine antidemokratische Lehrmeinung registriert" wurde.[1544]

Dieser politisch motivierten Rezeption entsprechend, stützte sich auch *Höhn* bei seinem Versuch, den „Jungdeutschen Staatsvorschlag" wissenschaftlich zu untermauern, auf die Integrationslehre *Rudolf Smends*. Dabei beschränkte *Höhn* sich nicht auf die Übernahme bestimmter Thesen. Vielmehr nutzte er die gesamte Integrationslehre als wissenschaftlichen Unterbau für den „Jungdeutschen Staatsvorschlag". *Smend* habe nur eine neue Betrachtungsweise aufgezeigt, so *Höhn*, jedoch keine konkreten Wege, „in denen ein auf der Erkenntnis des Wesens und der Art

---

1540 Korioth, Integration und Bundesstaat, S. 112; Meinck, Weimarer Staatsrechtslehre und Nationalsozialismus, S. 60. Dagegen hält Robbers die Staatsrechtslehre Smends für eine, „die zum demokratischen Prozeß führt", der aber nicht zu Unrecht vorgeworfen wurde, „zu wenig Festes zu enthalten, zu wenig Rechtssicherheit zu vermitteln in der Überantwortung des Rechts an den politischen Prozeß der Integration" (Robbers, Die Staatsrechtslehre der Weimarer Republik, S. 71). Für Friedrich ist die Integrationslehre nicht nur eine „vorsichtige, auf Bekenntnisse und Standortfestlegungen verzichtende Legitimierung der Weimarer Demokratie", sondern sogar „eine Theorie des parlamentarisch-demokratischen Staates mit seinen entwickelten politischen und sozialen Gegensätzen", den sie zu festigen versucht, „ohne seiner Heterogenität irgendein statisches Einheitskonzept entgegenzustellen" (Friedrich, Die Grundlagendiskussion in der Weimarer Staatsrechtslehre, S. 586).

1541 Anter, Die Macht der Ordnung, S. 222 f. Lhotta, Rudolf Smend und die Weimarer Demokratiediskussion, S. 306. Smend hatte schon vor Carl Schmitt einen geistesgeschichtlichen Verfallsprozess der parlamentarischen Demokratie der Weimarer Republik aufgrund der Nichterfüllung der Bedingung der Öffentlichkeit behauptet (Smend, Die Verschiebung der konstitutionellen Ordnung durch die Verhältniswahl, S. 62).

1542 Jungcurt, Alldeutscher Extremismus in der Weimarer Republik, S. 334.

1543 Durner, Antiparlamentarismus in Deutschland, S. 100. Heinrich Claß, Vorsitzender des Alldeutschen Verbands, behauptete sogar, Smend habe am Gesetzentwurf für das Volksbegehren von Alldeutschem Verband und Stahlhelmgegen den Young-Plan 1929, an dem auch die NSDAP durch Mitarbeit im Vorbereitungsausschuss beteiligt war, mitgewirkt (Jungcurt, Alldeutscher Extremismus in der Weimarer Republik, S. 334).

1544 Sontheimer, Antidemokratisches Denken, S. 99.

von Gemeinschaften, von denen er ausgeht, beruhender Staat immer wieder neu werden kann".[1545] Der Jungdeutsche Volksstaat sei dagegen nunmehr die Vollendung der Theorie Smends in Hinblick auf eine künftige Staatsgestaltung.[1546]

Die verfassungsrechtliche Ausgestaltung der Integrationslehre im „Jungdeutschen Staatsvorschlag" begründete *Höhn* mit dem organischen Aufbau von unten nach oben, in dem sich der Prozess der „Integration" konzentriere. Zunächst sei schon die Nachbarschaft als Gemeinschaft ein Integrationsfaktor, da durch die Nachbarschaft der „Massenmensch zum Gemeinschaftsmenschen erhoben und als lebendiges Glied in die Gemeinschaft integriert" werden sollte,[1547] so dass sich der Staat mit ihrer Hilfe immer wieder erneuern könne.[1548] Außerdem sei auch die Kur ein Integrationsakt. Im Führer sollten zwei Integrationsmomente vereinigt werden. Er war Integrationsfaktor für Geführte und Staat. In der Wahl sprachen die Geführten, verkörpert in der Nachbarschaft, der Persönlichkeit des Führers ihr Vertrauen aus. In der Bestätigung durch sie erhielt er das Vertrauen des Staates, verkörpert durch den oberen Führer.[1549] Der jeweils gewählte Führer war somit „organisch nach unten und oben verflochten", was zu einer Verbindung des Willens des Staates mit dem des Volkes führte. Der Staat sollte so stetig ergänzt und verjüngt werden, so dass er immer wieder von unten nach oben neu wurde, d.h. sich integrierte.[1550] Die Kur als integrierender Prozess war der „Einigungsakt zwischen Volk und Staat".[1551] Allerdings widersprach *Höhn* der Lehre *Smends* in einem entscheidenden Punkt. Während „Integration" für *Smend* ein natürliches Lebensgesetz war, vertrat erdie Ansicht, „daß vollendetes Staatsbürgertum allein der Staat selbst herauszubilden vermag, indem er seine Bürger als Glieder eines lebendigen Organismus einordnet".[1552]

Insgesamt stellte *Höhns* Frühwerk damit eine Einbruchstelle der Ideen *Smends* im rechten, populärwissenschaftlichen Schrifttum dar.[1553] Indem *Höhn* die Integrationslehre durch die Konstruktion einer Verbindungslinie quasi okkupierte, war er nicht zuletzt auch dafür verantwortlich, dass *Smends* Thesen in einen antiliberalen, verfassungsfeindlichen Kontext gezwängt wurden. Zugleich stand *Smend* einer Rezeption seiner Positionen in diesem konkreten Fall wohl auch nicht ablehnend

---

1545 Höhn, Der bürgerliche Rechtsstaat und die neue Front, S. 120.

1546 Ebenda, S. 121.

1547 Höhn, Der Staatsaufbau im Jungdeutschen Manifest, S. 209.

1548 Ebenda, S. 204.

1549 Ebenda, S. 213.

1550 Ebenda, S. 214.

1551 Höhn, Der bürgerliche Rechtsstaat und die neue Front, S. 111.

1552 Höhn, Staatsbürgerliche Bildsamkeit, S. 512.

1553 So auch Lhotta, der die Aufnahme der Integrationslehre Smends als „Einpassung des Werks in die faschistische Bewegung" bezeichnet (Lhotta, Rudolf Smend und die Weimarer Demokratiediskussion, S. 299, Rn. 64), ohne Höhns Schriften in Hinblick auf angebliche faschistische Elemente einer eingehenden Untersuchung zu unterziehen.

gegenüber. So berichtete *Höhn* auf dem Hochkapitel des Jungdeutschen Ordens im Januar 1929 von einer „beginnende[n] Zusammenarbeit mit ... Smend", der sich bereit erklärt hätte, „in eine Diskussion über das Jungdeutsche Manifest und die sich daraus ergebenden staatspolitischen Auffassungen einzutreten".[1554] Zudem war *Smend* Ehrengast auf der westdeutschen Tagung des Ordens im Juni 1929 in Dortmund,[1555] zu deren Anlass *Höhns* Abhandlung „Der bürgerliche Rechtsstaat und die neue Front. Die geistesgeschichtliche Lage einer Volksbewegung", in der er sich umfassend mit der Integrationslehre auseinandersetzte, erschien.

cc) Fazit

Eine exakte Standortbestimmung *Höhns* für den gesamten Zeitraum der Weimarer Republik ist in Anbetracht des hybriden Charakters des Jungdeutschen Ordens als seinem individuellen Sozialisationsraum sowie der strukturellen und inhaltlichen Heterogenität des antidemokratischen Spektrums als politisch-ideologischer Bezugsrahmen kaum möglich. Stattdessen durchlief *Höhn* analog zum Jungdeutschen Orden einen sukzessiven ideologischen Reifungsprozess, weshalb eine differenzierte Bewertung geboten ist.

Höhns weltanschaulicher Ursprung lag in der radikalen völkisch-nationalen Bewegung mit deutlich hervortretenden rassistischen Inhalten, bevor er sich der Entwicklung des Ordens entsprechend schrittweise dem gemäßigteren rechten Spektrum annäherte. Seinen Zenit erreichte diese inhaltliche Konsolidierung in seiner theoretischen Unterstützung des „Jungdeutschen Staatsvorschlags", in dem sich die moderatere Ausrichtung des Ordens ausdrückte. Die daraus resultierende geistige Anbindung an die rechtsintellektuelle Strömung der sogenannten „Konservativen Revolution", und zwar hier vor allem an deren bündische Variante, stellte dabei die prägendste Periode in der ideologischen Ausbildung *Höhns* dar. Grundsätzlich kann die Mitwirkung am „Jungdeutschen Staatsvorschlag" unter Berücksichtigung der Beeinflussung durch die Inhalte der konservativen Revolutionäre als ein Prozess der vorübergehenden Entradikalisierung verstanden werden. Ein völkischer Rassismus ist zu diesem Zeitpunkt im Orden eher partiell und unterschwellig vorhanden. In *Höhns* Schriften sind offen rassistische Elemente gar nicht sichtbar. Konstantes Fundament war dabei ein republikfeindlicher Antiliberalismus und damit insbesondere auch eine antiparlamentarische Geisteshaltung mit antikapitalistischem Anstrich. *Höhn* war immer Anhänger einer autoritären Denkweise. Er blieb insofern auch stets ein Gegner der pluralistischen Parteiendemokratie. Eine zeitliche und inhaltliche Begrenzung fand dieser Vorgang denn auch in der zunehmend republikanischen Orientierung des Jungdeutschen Ordens, die *Höhn* aufgrund seiner Zugehörigkeit zum reaktionären Flügel innerhalb des Ordens allenfalls duldete.

1554 19. Hochkapitel am 26. und 27. Januar 1929, BArch R 161/12, Bl. 47 f.

1555 Kessler, Der Jungdeutsche Orden I, S. 46.

Insgesamt kann damit konstatiert werden, dass *Höhns* Geisteshaltung in besonderem Maße durch die antidemokratische Rechte und deren antiliberal-nationale Ideologie beeinflusst wurde. Durch sein publizistisches Frühwerk etablierte sich *Höhn* zudem lange vor seiner universitären Karriere als politisch motivierter, antiliberaler Staatsdenker. Bereits zu diesem Zeitpunkt errichtete er sein weltanschauliches Fundament, auf das er später zurückgreifen sollte.

b) Wandlung: Höhns inhaltliche Transformation im Nationalsozialismus

Nachdem *Höhns* ideologischer Erfahrungsraum in der Weimarer Republik erörtert wurde, soll nunmehr der inhaltliche Wandlungsprozess der staatsrechtlichen Positionen *Höhns* im Nationalsozialismus betrachtet werden. Dazu soll die Entwicklung zentraler Begriffe unter besonderer Berücksichtigung einer gegebenenfalls vorliegenden Einwirkung der nationalsozialistischen Weltanschauung untersucht werden, um daraus Rückschlüsse auf die Ursprünge und Einflüsse der „Volksgemeinschaftslehre" sowie auf die Motivation *Höhns* bei deren Ausarbeitung ziehen zu können. Zum Verständnis dieser inhaltlichen Genese sollen *Höhns* Ausführungen zum „Jungdeutschen Staatsvorschlag" mit der „Volksgemeinschaftslehre" verglichen sowie etwaige theoretische Veränderungen und Kontinuitäten analysiert und interpretiert werden.

aa) Hintergrund: Das Verhältnis der „Konservativen Revolution" zur NS-Weltanschauung

Zunächst soll die ideologische Entwicklung *Höhns* in den äußeren historischen Rahmen eingeordnet werden. Ausgehend von der politischen Sozialisation *Höhns* im nationalistisch-antidemokratischen Spektrum der Weimarer Republik erscheint sein organisatorischer und inhaltlicher Anschluss an den Nationalsozialismus oberflächlich betrachtet grundsätzlich als geringfügiger Anpassungsakt. Die zunehmende Entradikalisierung des Jungdeutschen Ordens und die damit korrespondierende ablehnende Haltung gegenüber der NSDAP sprechen hingegen für eine ideologische Kehrtwende, wenngleich *Höhn* vor seinem Austritt dem extremeren Flügel des Ordens angehörte. Bedenkt man, dass der Nationalsozialismus sowohl personell als auch weltanschaulich größtenteils der völkischen Bewegung entstammte,[1556] von der sich *Höhn* nach anfänglicher Zugehörigkeit im Zuge eines sukzessiven Reifungsprozesses inhaltlich entfernt hatte, könnte sein Parteieintritt zudem gleichermaßen als eine Rückbesinnung auf die ideologischen Ursprünge im völkisch-nationalen Spektrum gewertet werden.

Von entscheidender Bedeutung ist deshalb das Spannungsverhältnis zwischen der sogenannten „Konservativen Revolution" als *Höhns* wichtigstem geistigen Bezugsrahmen und gleichzeitig ideologischer Umgebung des „Jungdeutschen

---

1556 Puschner, Ein Volk, S. 25; Sontheimer, Antidemokratisches Denken, S. 164; Majer, Grundlagen des nationalsozialistischen Rechtssystems, S. 37 ff.

Staatsvorschlags" sowie der nationalsozialistischen Weltanschauung. Da sich die Beziehung der rechtsintellektuellen Strömung zum Nationalsozialismus weder durch fundamentale politische oder ideologische Konkurrenz noch durch eine signifikante organisatorische oder personelle Schnittmenge auszeichnete, sondern aufgrund der historischen Umwälzungen dauernden Schwankungen unterlag, ist hier eine differenzierte Betrachtung erforderlich.

Zwar gehörte man jeweils zur antidemokratischen Opposition in der Weimarer Republik, doch waren zu Beginn insbesondere die Vertreter der „Konservativen Revolution" um eine Abgrenzung vom Nationalsozialismus bemüht. Bedingt durch ihr Selbstverständnis als rechtsintellektuelle Elite lehnten sie die Nationalsozialisten wegen deren programmatischer Primitivität, welche sich vor allem in dem als destruktiv empfundenen Radau-Antisemitismus manifestierte, sowie der Herkunft aus der Mittel- und Unterschicht ab.[1557] Durch ihre parteipolitische Organisation war die NSDAP, trotz offensichtlich antiparlamentarischer Stoßrichtung,[1558] zudem mit dem Vorwurf der Kollaboration mit dem Parteiensystem konfrontiert. Erst mit den zunehmenden Wahlerfolgen der NSDAP änderte sich auch die Akzeptanz durch die konservativen Revolutionäre. Nachdem man der Bewegung anfangs mit großer Skepsis begegnet war, bot der Nationalsozialismus nunmehr die Möglichkeit einer politischen Konsolidierung und Sammlung der zersplitterten nationalen Kräfte und somit die einzig realistische Chance auf den angestrebten revolutionären Systemwechsel.[1559] Demgemäß schlossen sich vermehrt Akteure aus dem Spektrum der„Konservativen Revolution" dem Nationalsozialismus an, bevor die nationalsozialistische Machtübernahme endgültig zu deutlich erkennbaren personellen Verflechtungen führte,[1560] obwohl sich auch viele Konservative eine zumeist stillschweigende Unabhängigkeit bewahrten oder sogar in offenen Widerstand zur NSDAP traten, was gerade für *Artur Mahraun* und den Jungdeutschen Orden galt, so dass die zur „Konservative Revolution" zählenden Autoren und Gruppierungen keineswegs vollständig vom Nationalsozialismus absorbiert wurden.[1561]

1557 Sontheimer, Antidemokratisches Denken, S. 358.

1558 Hitler hatte schon in „Mein Kampf" die antiparlamentarische Gesinnung der nationalsozialistischen Bewegung deutlich hervorgehoben. Der Parlamentarismus, so Hitler, sei „eine der schwersten Verfallserscheinungen der Menschheit" (Hitler, Mein Kampf, S. 378 f.). Und auch später betonte er, dass die Mitwirkung der NSDAP in den Einrichtungen der Weimarer Republik nur dazu diene, die parlamentarische Demokratie abzuschaffen: „Wir werden unser Volk, indem wir es dazu erziehen, gegen den Irrsinn der Demokratie zu kämpfen und wieder die Notwendigkeit von Autorität und Führertum einzusehen, von dem Unsinn der Parlamentarismus fortreißen." (Rede Hitlers vom September 1928, zitiert nach Anderbrügge, Völkisches Rechtsdenken, S. 59)

1559 Sontheimer, Antidemokratisches Denken, S. 358.

1560 Dupeux, Die Intellektuellen der „Konservativen Revolution", S. 19.

1561 Breuer, Anatomie der konservativen Revolution, S. 167 ff.

Die ideologischen Übereinstimmungen und Interdependenzen waren ohnehin signifikant,[1562] wobei sich diese vor allem in einem Negativkonsens niederschlugen. Die aus einem Antiliberalismus gespeiste Ablehnung der parlamentarischen Demokratie und die Ersetzung der Weimarer Republik durch eine führerzentrierte Herrschaftsstruktur sowie ein radikaler Antibolschewismus war beiden gemeinsam,[1563] weshalb sich das geistige Fundament und insbesondere die politische Zielsetzung nicht wesentlich voneinander unterschieden. Auch gab es sowohl bei konservativen Revolutionären als auch im Nationalsozialimus eine nationalistisch aufgeladene Kapitalismuskritik dergestalt, dass man die Beseitigung der kulturellen Eigenheiten der Völker durch eine internationale, rein materialistische Gesellschaft befürchtete.

Die Strömung der „Konservativen Revolution" nahm dabei die Funktion eines ideologischen Vorreiters ein, indem ihre Akteure entsprechend ihres intellektuellen Anspruchs die geistesgeschichtliche Dekonstruktion des Parlamentarismus argumentativ begründeten und zugleich pseudowissenschaftlich legitimierte führerzentrierte Staatsmodelle entwarfen, während der Nationalsozialismus diese inhaltlichen Positionen rezipierte, ohne selbst einen wesentlichen Beitrag zu leisten.

Tatsächlich zeichnete sich die nationalsozialistische Weltanschauung durch ihre Ausfüllungsbedürftigkeit, Austauschbarkeit und Unbestimmtheit aus.[1564] Es bildete sich weder eine konsistente oder logisch abgeschlossene nationalsozialistische Denkweise noch eine genuin nationalsozialistische Staats- oder Rechtsvorstellung heraus.[1565] Vielmehr wurden durch die „partizipationsfördernde[n] Offenheit"[1566] Begriffe, Elemente und Symbolik wesensverwandter Strömungen wie der völkischen Bewegung[1567] übernommen, sofern sie mit der politischen Agitation kompatibel waren und geeignet erschienen, die Bewegung für möglichst viele zustimmungsfähig zu machen, weshalb die nationalsozialistische Weltanschauung auch als „Konglomerat", „Sammelsurium" oder „Ideenbrei" bezeichnet werden kann.[1568] Diese Inhalts- und Konturlosigkeit erleichterte dabei einerseits die Aufnahme anderer Positionen durch die Nationalsozialisten selbst und förderte zugleich die Mitwirkung

---

1562 Pfahl-Traughber, „Konservative Revolution" und „Neue Rechte", S. 93 f.; Mommsen, Das Trugbild der „nationalen Revolution", S. 29; Majer, Grundlagen des nationalsozialistischen Rechtssystems, S. 50 ff.

1563 Majer, Grundlagen des nationalsozialistischen Rechtssystems, S. 50 f., S. 53 f. und S. 55 ff.; Anderbrügge, Völkisches Rechtsdenken, S. 34 ff.

1564 Gernhuber, „Das völkische Recht", S. 179; Schneider, Die SS und „das Recht", S. 55; Majer, Grundlagen des nationalsozialistischen Rechtssystems, S. 85.

1565 Rüthers, Die Ideologie des Nationalsozialismus, S. 19; Wesel, Geschichte des Rechts, S. 486.

1566 Lepsius, Die gegensatzaufhebende Begriffsbildung, S. 119 und S. 139.

1567 Puschner, Ein Volk, S. 25; ders., Die völkische Bewegung, S. 9 f.; Breuer, Die Völkischen, S. 252 f.

1568 Broszat, Der Nationalsozialismus, S. 16; Neumann, Behemoth, S. 65; Bracher, Die deutsche Diktatur, S. 155 ff.; Grebing, Der Nationalsozialismus: Ursprung und Wesen, S. 50; Majer, Grundlagen des nationalsozialistischen Rechtssystems, S. 33–77.

nicht nationalsozialistischer Autoren, etwa aus der „Konservativen Revolution“, an der Ausgestaltung einer NS-Ideologie.[1569]

Diese konservativen Autoren untergruben also nicht nur „die republikanische Ordnung und deren Autorität“, sondern bereiteten auch „den Boden für ein durch und durch ideologisiertes innenpolitisches Klima, in dem die nationalsozialistische Bewegung gedeihen konnte, die sehr bewußt deren Ideologeme aufgriff und variierte“.[1570] Bereits *Edgar Julius Jung*, einer der bedeutendsten Exponenten der „Konservativen Revolution“,[1571] erkannte diese Funktion als weltanschaulichen Vorläufer des Nationalsozialismus:

> „Die geistigen Voraussetzungen für die deutsche Revolution wurden außerhalb des Nationalsozialismus geschaffen. Der Nationalsozialismus hat gewissermaßen das „Referat Volksbewegung“ in dieser großen Werksgemeinschaft übernommen. Er hat es grandios ausgebaut und ist zu einer stolzen Macht geworden. Wir freuen uns darüber nicht nur, sondern haben das Unsrige zu diesem Wachstum beigetragen. In unsagbarer Kleinarbeit, besonders in den gebildeten Schichten, haben wir die Voraussetzungen für jenen Tag geschaffen, an dem das deutsche Volk den nationalsozialistischen Kandidaten seine Stimme gab. Diese Arbeit war heroisch, weil sie auf den Erfolg, auf die äußere Resonanz verzichtete.“[1572]

Es kann ganz abstrakt von einer gewissen geistigen Kontinuität zwischen den Ideen und bestimmten Begrifflichkeiten der „Konservativen Revolution“ und der nationalsozialistischen Ideologie gesprochen werden,[1573] wenngleich die Weiterentwicklung und Verwirklichung der Inhalte nicht mehr der Kontrolle der konservativen Autoren oblagen. In Bezug auf *Höhn* kann somit zunächst allenfalls festgestellt werden, dass sein Anschluss an den Nationalsozialismus geradezu kennzeichnend war und durch eine ideologische, zumindest aber begriffliche, Schnittmenge begünstigt wurde.

bb) Kritischer Ideologievergleich: Vom „Jungdeutschen Staatsvorschlag“ zur Lehre von der „Volksgemeinschaft“ im Kontext der NS-Rechtsideologie

Welche inhaltlichen Übereinstimmungen und Unterschiede zwischen der NS-Weltanschauung und *Höhn* konkret bestanden und wie sich diese im Zuge der nationalsozialistischen Machtübernahme entwickelten, lässt sich dabei nur aus einer kritischen Gegenüberstellung von *Höhns* Frühwerk und der späteren „Volksgemeinschaftslehre“ ersehen.

Ein solcher Vergleich von *Höhns* Erläuterungen zum „Jungdeutschen Staatsvorschlag“ mit seinen staatsrechtlichen Thesen im Nationalsozialismus zeigt bereits

---

1569 Lepsius, Die gegensatzaufhebende Begriffsbildung, S. 139; Grimm, Die „Neue Rechtswissenschaft“, S. 373 ff.
1570 Mommsen, Das Trugbild der „nationalen Revolution“, S. 29.
1571 Breuer, Anatomie der konservativen Revolution, S. 25 f., S. 64.
1572 Jung, Neubelebung von Weimar?, S. 153 f.
1573 Woods, The Conservative Revolution in the Weimarer Republic, S. 132 ff.

bei oberflächlicher Betrachtung, dass zum einen die Verwendung zentraler Begriffe konsequent fortgesetzt wird, während andererseits auch neue, nationalsozialistisch konnotierte Bezeichnungen eingeführt werden. Angesichts dieser ungleichförmigen Entwicklung ist anhand einer Untersuchung der Begriffe „Führer", „Volksgemeinschaft" respektive „Volk" und „Gemeinschaft" sowie „Rasse" zu zeigen, ob die Weiterführung etablierter Begrifflichkeiten mit einer inhaltlichen Kontinuität oder Diskontinuität verbunden war und in welcher Form die Aufnahme neuer Begriffe und deren Sinngehalte vollzogen wurde. Ferner soll eine Erklärung versucht werden, worin die Gründe für etwaige Bedeutungsverschiebungen und inhaltliche Übernahmen lagen.

Zu berücksichtigen ist allerdings, dass der „Jungdeutsche Staatsvorschlag" kein wissenschaftlich begründeter Staatsentwurf war, sondern in erster Linie als populärwissenschaftlich untermauerte, politische Programmschrift konzipiert wurde. Dementsprechend zeichnete er sich durch einen weitgehend unbedarften Umgang mit Begriffen oder Inhalten aus, ohne dass juristische Fachtermini explizit beachtet wurden. Eine exakte Identifizierung und Einordnung der im „Jungdeutschen Staatsvorschlag" verwendeten Begriffe ist deshalb mitunter nur unter Vorbehalt möglich. Demgegenüber gehörten *Höhns* Schriften nach der Machtergreifung in den Kontext der universitären Staatsrechtslehre. Die terminologische und inhaltliche Ausformung war demnach schon eine Folge der fachlichen Professionalisierung *Höhns* im Zuge seiner zwischenzeitlich begonnenen akademischen Laufbahn. Herausgearbeitet werden deshalb nur bestimmte Anlehnungen und beweisbare Übereinstimmungen.

(1) Der Begriff der „Volksgemeinschaft"

Zunächst soll die Entwicklung der Begriffe „Volksgemeinschaft" respektive „Volk" und „Gemeinschaft" bei *Höhn* untersucht werden. Aufgrund der inhaltlichen Übereinstimmungen und Interdependenzen sowie der regelmäßig synonymen Verwendung können diese Begriffe zusammen betrachtet werden.

(a) Die ideengeschichtliche Entwicklung des Volksgemeinschaftsbegriffs

Während die terminologische Verwendung von „Volk" und „Gemeinschaft" schon lange weit verbreitet war, gehörte die Wortschöpfung „Volksgemeinschaft" erst verhältnismäßig spät zum deutschen Sprachgebrauch.[1574] Doch wurde der Begriff sodann innerhalb kurzer Zeit in verschiedenen historischen Kontexten mit unterschiedlichen Inhalten ausgefüllt und von mehreren Richtungen politisch aufgeladen und besetzt, ohne dass sich ein bestimmender Sinngehalt herausbildete,

1574 Im Schrifttum lässt sich das Wort „Volksgemeinschaft" schon 1809 bei Friedrich Schleiermacher nachweisen, wenngleich ein früherer Gebrauch als sicher gelten darf (Götz, Volksgemeinschaft im synchronen und diachronen Vergleich, S. 57).

weshalb er in Hinblick auf seine konkrete Ausgestaltung zunächst weitgehend inhaltsoffen blieb.

Im Sprachgebrauch des Kaiserreichs kam dem Terminus der „Volksgemeinschaft" nur eine limitierte Relevanz zu. Die „Volksgemeinschaft" verdrängte die bisher gebräuchlichere Bezeichnung der „Volksnation".[1575] Aufgrund des vornehmlich auf die Volkseinheit abzielenden Sinngehalts wurde der Begriff zwar überwiegend vom völkisch-nationalen Lager und der Jugendbewegung rezipiert, doch wurde er grundsätzlich vom gesamten politischen Spektrum, sowohl von antisemitischen Autoren als auch von Zionisten oder Liberalen, verwendet,[1576] wobei ihm analog zum Volksbegriff[1577] bereits zu diesem Zeitpunkt grundsätzlich eine positive Bedeutung zugemesen wurde. In der rechtswissenschaftlichen Literatur tauchte der Begriff nur äußerst selten auf. *Savigny* etwa sprach vom Staat als leiblicher Gestalt einer „geistigen Volksgemeinschaft", womit er eine das Volk verbindende Wertgemeinschaft meinte.[1578]

Eine besondere Aktualität erhielt der Terminus zuerst durch die außenpolitische Instabilität des Deutschen Reiches Anfang des 20. Jahrhunderts, bevor der Ausbruch des Ersten Weltkriegs zum tatsächlichen Initiationsmoment des Volksgemeinschaftsbegriffs avancierte. Gespeist aus der oberflächlichen und teils inszenierten Kriegseuphorie wurde der Kriegsbeginn zum einheitsstiftenden Erweckungserlebnis der Nation stilisiert. Ausgehend von dieser Verklärung des sogenannten „Augusterlebnisses" konstruierte die intellektuelle Elite einen „Geist von 1914" als Ursprung und Auslöser einer neuen „Volksgemeinschaft", die sich dabei allerdings durch eine verengte inhaltliche Auslegung auszeichnete. Durch die Verknüpfung mit der Kriegsbedrohung wurde die „Volksgemeinschaft" primär als eine nationale Verteidigungsgemeinschaft oder „Kriegsnotgemeinschaft" verstanden.[1579] Aus diesem bedingungslosen Verteidigungskonsens sollte gleichzeitig aber auch die Abkehr von einer partikularinteressengesteuerten Kompromisspolitik zugunsten einer dem Volkswillen verpflichteten Gemeinwohlpolitik abgeleitet werden.[1580] Die

1575 Wildt, Volksgemeinschaft und Führererwartung in der Weimarer Republik, S. 182.
1576 Mai, „Verteidigungskrieg" und „Volksgemeinschaft", S. 590.
1577 Der Begriff des „Volkes" wurde im Kaiserreich zunächst in der Regel als abschätzige Bezeichnung für die unterprivilegierten Schichten in der Bevölkerung gebraucht, bevor er sich bis zum Beginn des 20. Jahrhunderts zu „einer durchweg positiv konnotierten politischen Vokabel entwickelt" hatte, die entsprechend der politischen Zielrichtung wahlweise auf gleichberechtigte Teilhabe aller Gesellschaftsschichten oder die organische Einigkeit des „wahren" deutschen Volkes und die Herrschaft des Volkwillens gerichtet war (Retterath, Was ist das Volk?, S. 290 f.).
1578 Savingy, System des heutigen Römischen Rechts, S. 22.
1579 Mai, „Verteidigungskrieg" und „Volksgemeinschaft", S. 590.
1580 Bruendel, Die Geburt der „Volksgemeinschaft" aus dem „Geist von 1914". Entstehung und Wandel eines „sozialistischen" Gesellschaftsentwurfs, in: Zeitgeschichte-online, Thema: Fronterlebnis und Nachkriegsordnung. Wirkung und Wahrnehmung des

Beschwörung der „Volksgemeinschaft" sollte als Anstoß für die Umsetzung wirtschaftlicher und sozialer Reformvorhaben dienen, so dass der Begriff über seine Funktion als rhetorische Solidaritätsformel hinaus eine realpolitische Bedeutung erhielt und zur handlungsorientierten Zielvorgabe wurde. Die im „Geist von 1914" enthaltene gemeinschaftsorientierte Gesinnung sollte konserviert und in konkreten „Zukunftsvisionen", den sogenannten „Ideen von 1914", umgesetzt werden.[1581] Diese Bestrebungen einer institutionellen Ausgestaltung der „Volksgemeinschaft" konzentrierten sich dabei vor allem in konstitutionellen und korporativen Staatsordnungsmodellen, denen eine integrative Gesellschaftsvorstellung unter Einschluss aller politischen, religiösen und ethnischen Gruppen gemeinsam war, sowie einem „nationalen Sozialismus" als gemeinwohlorientierter Planwirtschaft, welche im gesamten Parteienspektrum Anklang fanden.[1582]

Auch als diese Volksgemeinschaftskonzepte nach der Kapitulation und dem Kriegsende durch die faktischen Umwälzungen und die Begründung der Weimarer Republik obsolet wurden,[1583] verschwand der Begriff nicht aus dem Sprachgebrauch, sondern wurde stattdessen zunehmend populärer, was sich in einer noch vielfältigeren Rezeption in Sprachgebrauch und Schrifttum ausdrückte.[1584] Der Begriff der „Volksgemeinschaft" wurde zur „beherrschenden politischen Deutungsformel" der Weimarer Republik,[1585] wobei er aufgrund seiner vielfältigen Verwendung grundsätzlich „deutungsoffen" war.[1586] Seine mitunter sogar konträren Bedeutungsinhalte reichten vom Verständnis „als republikanische Form nationaler Solidarität" und „versöhnende Utopie zur Überwindung von Klassengegensätzen" bis zu der

---

Ersten Weltkriegs, Mai 2004, URL: <www.zeitgeschichte-online.de/md=EWK-Bruendel>. Die „Kriegsnotgemeinschaft" manifestierte sich denn auch in einem parlamentarischen „Burgfrieden" durch die parteiübergreifende Zustimmung zu den Kriegskrediten, welcher „die Suspendierung aller internen Konflikte bis Kriegsende" implizieren sollte (Bruendel, Solidaritätsformel oder politisches Ordnungsmodell?, S 34).

1581 Bruendel, Solidaritätsformel oder politisches Ordnungsmodell?, S. 39.

1582 Bruendel, Solidaritätsformel oder politisches Ordnungsmodell?, S. 44 f.

1583 Der „Burgfrieden" des Jahres 1914 war mit zunehmender Kriegsdauer, dem Einsetzen der Kriegszieldiskussion und aufgrund der unerfüllten Reformversprechen und der daraus resultierenden Spaltung der Sozialdemokratie, deren Beteiligung an der parlamentarischen Allianz wegen ihres vorherigen Charakters als Staatsopposition zwingend notwendig war, ohnehin zerbrochen, ohne dabei die Wirkungsmacht des Volksgemeinschaftsbegriffs nachhaltig zu beeinträchtigen (Bruendel, Die Geburt der „Volksgemeinschaft" aus dem „Geist von 1914". Entstehung und Wandel eines „sozialistischen" Gesellschaftsentwurfs, in: Zeitgeschichte-online, Thema: Fronterlebnis und Nachkriegsordnung. Wirkung und Wahrnehmung des Ersten Weltkriegs, Mai 2004, URL: <www.zeitgeschichte-online.de/md=EWK-Bruendel>).

1584 Schmitz-Berning, Vokabular des Nationalsozialismus, S. 655.

1585 Thamer, Volksgemeinschaft: Mensch und Masse, S. 367.

1586 Müller, Deutsche Soldaten und ihre Feinde, S. 33.

Ausgestaltung als „propagandistischer Kampfbegriff gegen die pluralistisch verfasste demokratische Gesellschaftsordnung“ oder „auf rassistische Vorstellungen gegründete Abstammungsgemeinschaft“.[1587]

Zunächst bemühten sich vor allem die staatstragenden Kräfte um eine politische Besetzung des Begriffs. Obwohl die Geschehnisse des Jahres 1918 die gesellschaftliche und politische Spaltung des Landes deutlich offenbarten, erhofften sich die republiktreuen Parteien ausgerechnet durch die Novemberrevolution eine Vitalisierung des Gemeinschaftsgeistes von 1914. Die „Volksgemeinschaft“ sollte eine Art „Gründungskonsens der Weimarer Republik“ darstellen.[1588] So gab die „Zentrale für Heimatdienst“, welche als amtliche Aufklärungsstelle der Reichsleitung die „Aufgabe des konstruktiven Republikschutzes“ oblag,[1589] im Jahr 1919 eine Aufsatzsammlung mit dem Titel „Der Geist der neuen Volksgemeinschaft“ heraus, um den Volksgemeinschaftsbegriff mit der parlamentarischen Staatsform in Einklang zu bringen.[1590] Daneben waren die Parteien des demokratischen Spektrums bestrebt, eine demokratisch konnotierte Form des Begriffs zu entwerfen, um ihn der alleinigen Einflussnahme durch die Rechten zu entziehen.

Die Sozialdemokraten, die den Ausdruck schon seit der Marokkokrise 1904/05 verwendeten, wollten den Sinngehalt der Kriegsnotgemeinschaft umwandeln und verstanden die „Volksgemeinschaft“ als klassenlose Solidargesellschaft.[1591] Währenddessen der Begriff von der rechtsliberalen DVP in erster Linie zur Propagierung einer nationalen Koalition unter Einbezug aller politischen Strömungen im Sinne einer „parlamentarischen Volksgemeinschaft“ gebraucht,[1592] nutzten die Liberaldemokraten der Deutschen Demokratischen Partei (DDP) den Terminus vornehmlich zur Bekämpfung des Klassenkampfgedankens.[1593] Bereits in den Wahlkämpfen zur Reichtagswahl 1924 und 1928 verwendete die DDP den Begrif „Volkgsgemeinschaft“ in diesem Sinne, um die Massen der Arbeiterschaft von den linken Parteien wegzuziehen und in die politische Mitte einzubinden.[1594] Und auch die vom

1587 Schmiechen-Ackermann, „Volksgemeinschaft“, S. 42 f.
1588 Mai, „Verteidigungskrieg“ und „Volksgemeinschaft“, S. 593.
1589 Knütter, Die Weimarer Republik in der Klammer von Rechts- und Linksextremismus, S. 403.
1590 Zentrale für Heimatdienst, Der Geist der neuen Volksgemeinschaft, Berlin 1919.
1591 Mai, „Verteidigungskrieg“ und „Volksgemeinschaft“, S. 591 f. Der Begriff tauchte sogar im Wortlaut des Görlitzer Programms von 1921 auf, bevor sich die Sozialdemokraten gegen Ende der Republik von ihm distanzierten (Götz, Ungleiche Geschwister, S. 90 ff. und S. 92 f.).
1592 Bruendel, Die Geburt der „Volksgemeinschaft“ aus dem „Geist von 1914“. Entstehung und Wandel eines „sozialistischen“ Gesellschaftsentwurfs, in: Zeitgeschichte-online, Thema: Fronterlebnis und Nachkriegsordnung. Wirkung und Wahrnehmung des Ersten Weltkriegs, Mai 2004, URL: www.zeitgeschichte-online.de/md=EWK-Bruendel.
1593 Wildt, Die Ungleichheit des Volkes, S. 29.
1594 Retterath, Was ist das Volk?, S. 290.

Jungdeutschen Orden, für den der Volksgemeinschaftsbegriff ohnehin zur ideologischen Kernrepertoire gehörte, mitbegründete Deutsche Staatspartei warb im Jahr 1930 mit dem Spruch: „Für Einigkeit, Fortschritt und Volksgemeinschaft!".[1595] Selbst das katholische Zentrum nahm den Begriff ungeachtet der Besonderheit als konfessioneller Regionalpartei auf und gab ihm eine christliche Prägung.[1596] Insgesamt erhielt der Begriff der „Volksgemeinschaft" Einzug in alle Programme der Parteien mit Ausnahme der von KPD und USPD.[1597]

Trotz unterschiedlicher inhaltlicher Akzentuierung waren diese parteipolitischen Volksgemeinschaftskonzepte dabei durch eine bestimmte inhaltliche Schnittmenge verbunden. Die demokratischen Varianten der „Volksgemeinschaft" zielten grundsätzlich auf eine gesamtgesellschaftliche Integration ab. Durch die Einbeziehung möglichst aller Gruppierungen und Schichten sollte das Volk befriedet und ein einheitlicher Volkswille generiert werden. Zugleich führte dieser Homogenisierungsprozess jedoch auch zur Ablehnung eines demokratischen Pluralismus und folglich zur Unterminierung des Parlamentarismus, weshalb die demokratische „Volksgemeinschaft" in Widerspruch zu den demokratischen Prinzipien der Weimarer Republik stand.[1598]

Während sich der Begriff der „Volksgemeinschaft" demnach vor allem durch eine politische oder gesellschaftliche Konnotation und Relevanz auszeichnete, erhielt er in der Weimarer Republik nunmehr auch zunehmend eine staatsrechtliche Bedeutung. Hintergrund und Auslöser dieser terminologischen Verwendung in der Staatsrechtslehre war hier die wissenschaftliche Debatte um die Inhaltsbestimmung des Volksbegriffs. Der Begriff des „Volkes" hatte nach dem Ersten Weltkrieg zwei unterschiedliche Ausdeutungen.[1599] Gemäß dem etablierten, juristisch-positivistischen Verständnis benannte er nach wie vor das „Volk" in seiner Gesamtheit der Staatsbürger. Demgegenüber bildete sich ein neuer Volksbegriff heraus, der von vornehmlich national gesinnten Autoren populärwissenschaftlich begründet,[1600]

1595 Schmiechen-Ackermann, „Volksgemeinschaft", S. 41.

1596 Wildt, Die Ungleichheit des Volkes, S. 31.Ferner wurde der Terminus gerade von katholischen und evangelischen Autoren aufgenommen (Janka, Die braune Gesellschaft, S. 161 ff.; Stolleis, Gemeinschaft und Volksgemeinschaft, S. 19).

1597 Götz, Volksgemeinschaft im synchronen und diachronen Vergleich, S. 59.

1598 Bruendel, Die Geburt der „Volksgemeinschaft" aus dem „Geist von 1914". Entstehung und Wandel eines „sozialistischen" Gesellschaftsentwurfs, in: Zeitgeschichte-online, Thema: Fronterlebnis und Nachkriegsordnung. Wirkung und Wahrnehmung des Ersten Weltkriegs, Mai 2004, URL: <www.zeitgeschichte-online.de/md=EWK-Bruendel>.

1599 Lepsius, Die gegensatzaufhebende Begriffsbildung, S. 14 ff. und S. 30 f. Zur Entwicklung und Ausgestaltung des Volksbegriffs: Lepsius, Die gegensatzaufhebende Begriffsbildung, S. 14 ff.; Leibholz, Strukturprobleme der Demokratie, S. 247–251; Pross, Die Zerstörung der deutschen Politik, S. 264 ff.; Sontheimer, Antidemokratisches Denken, S. 308–315; Plessner, Die verspätete Nation, S. 47 ff.

1600 Stapel, Volk, S. 27.

zugleich aber auch von Staatsrechtlern adaptiert und juristisch ausgebildet wurde.[1601] Das „Volk“ sollte diesem Ansatz entsprechend nicht mehr nur formalistisch als Wahlvolk begriffen, sondern in seiner natürlichen Wirklichkeit erfasst und durch deskriptive Identitätskriterien bestimmt werden, um zu einem realistischeren Begriffsverständnis zu gelangen.[1602] Als konstitutive Begriffsvoraussetzungen wurden dabei verschiedene Elemente herangezogen. Zum einen wurde das „Volk“ objektiv durch messbare politische Merkmale wie eine gemeinsame Geschichte, Kultur, Sprache oder Abstammung bestimmt. Nach anderer Ansicht sollte ein „Volk“ subjektiv mittels eines gemeinsamen Geistes, also durch psychische Faktoren, definiert werden.[1603] Konsequenz dieser vieldeutigen und in der Regel auslegungsbedürftigen Begriffsbestimmungen war eine „inhaltliche Offenheit“ des neuen Volksbegriffs.[1604]

Eine besondere Manifestation erhielt dieser neue Volksbegriff dabei in der Wortkombination „Volksgemeinschaft“. Die beiden Begriffe „Volk“ und „Volksgemeinschaft“ wurden fortan oft bedeutungsgleich gebraucht. Durch die Verknüpfung wurde der neue Volksbegriff faktisch zur Einbruchstelle des Volksgemeinschaftsbegriffs in der Staatsrechtslehre. Entsprechend des synonymen Inhalts wurde die „Volksgemeinschaft“ ebenfalls als Erfassung des „Volkes“ im natürlichen Sinn durch objektiv-empirische oder geistige Merkmale definiert.[1605] Folglich wurde der Sinngehalt des Volksgemeinschaftsbegriffs durch den Wortteil „Volk“ mittels einer Übertragung des neuen Volksbegriffs bestimmt.

Durch die Hinzufügung des Wortteils „Gemeinschaft“ wurde der definitorische Begriffsinhalt der Wortkombination „Volksgemeinschaft“ dagegen weder erweitert noch ergänzt. Die zusätzliche Verwendung des zunehmend populärer werdenden Gemeinschaftsbegriffs diente vielmehr der Steigerung der Wirkungskraft. Dabei hatte ausgerechnet die deutsche Kriegsniederlage zur Vitalisierung des Gemeinschaftsgedankens geführt.[1606] Das Kriegserlebnis wurde als kathartische Wendezeit begriffen,[1607] wobei die Frontgemeinschaft der Auslöser eines geistigen Wandlungsprozesses sein sollte, der sich in der Überwindung der liberalistisch-individualistischen Geisteshaltung und Rückbesinnung auf die heroisierte altgermanische Gemeinschaft manifestierte. In der Frontgemeinschaft, so die Logik, habe der

1601 Laun, Der Wandel der Ideen, S. 332; ders., Volk und Nation; Selbstbestimmung; nationale Minderheit, S. 245; Liermann, Das deutsche Volk als Rechtsbegriff, S. 17.
1602 Lepsius, Die gegensatzaufhebende Begriffsbildung, S. 31.
1603 Ebenda, S. 15.
1604 Ebenda, S. 18.
1605 Vergleiche etwa Liermann, Das deutsche Volk als Rechtsbegriff, S. 17; Leibholz, Das Wesen der Repräsentation, S. 46; Schönfeld, Die Revolution als Rechtsproblem, in: AöR 12 (1927), S. 177; Forsthoff, Der Volksbegriff der Weimarer Verfassung, in: Der Ring 4 (1931), S. 67 (Alle zitiert nach Lepsius, Personengebundene oder strukturorientierte Bewertungskriterien für juristisches Verhalten im Nationalsozialismus, S. 92).
1606 Mommsen, Das Trugbild der „nationalen Revolution“, S. 23.
1607 Dupeux, „Kulturpessimismus“, konservative Revolution und Modernität, S. 415.

Soldat durch seine Aufopferungsbereitschaft für die Kameraden den Tod und somit den Individualismus und seine liberalistische Weltanschauung bezwungen. Das Fronterlebnis wurde zum Initiationsmoment eines neuen überindividualistischen, gemeinschaftsorientierten Menschentypus stilisiert. Dieses Gemeinschaftsgefühl der Frontgemeinschaft sollte nunmehr in die Weimarer Republik transformiert werden, wo sich der Begriff der „Gemeinschaft" mit seiner positiven Konnotation expansiv verbreitete. Dort wurde die Popularität des Begriffs durch die sozialen und politischen Krisenerscheinungen, die parlamentarische Instabilität und gesellschaftliche Immobilität, verstärkt.

Zwar wurde dem Volksbegriff durch seine substanzielle, antiformalistische Bestimmung schon für sich allein eine gewisse Werthaftigkeit zugemessen,[1608] gleichzeitig suggerierte der Begriff „Volk" als letztes beständiges Identitätsmerkmal im Sinne eines „mentalen Rettungsankers"[1609] Kontinuität und Zugehörigkeit in der von Wandel, Umbrüchen und Krisen gezeichneten Weimarer Republik.[1610] Durch die Verbindung mit dem Ausdruck „Gemeinschaft" sollte darüber hinaus nunmehr eine bewusste Bedeutungserhöhung im Sinne des „Volkes" als sakraler Schicksalsgemeinschaft forciert werden.[1611]

Der Begriff der „Volksgemeinschaft" in der Staatsrechtslehre setzte sich demnach aus zwei positiv besetzten und zugleich emotional aufgeladenen Begriffen zusammen, so dass die juristische Bedeutung des Wortes von der Funktion als politischer Sehnsuchtsformel mit einem hohem Identifikationspotenzial und großer Wirkungsbreite überlagert wurde.

Analog zum neuen Volksbegriff wurde auch der Terminus „Volksgemeinschaft", nicht zuletzt wegen seiner politischen Wirkungskraft, verstärkt im antidemokratischen Spektrum rezipiert. Im Gegensatz zu den inklusiven Volksgemeinschaftskonzepten verstanden gerade Rechtskonservative und Nationalisten das „Volk" allerdings überwiegend exklusiv. Gemäß ihrer Definition sollte die „Volksgemeinschaft" zwar gleichermaßen eine Integrationsfunktion übernehmen, doch war diese auf die Herstellung von Homogenität und den Ausschluss heterogener Elemente ausgerichtet, so dass „Grenzen und Exklusion" zu den wesentlichen Begriffsmerkmalen wurden.[1612] Gleichzeitig nahmen rechtsintellektuelle Konservative und Autoren aus dem Sammelbecken der „Bündischen" den Begriff auf und erhoben

1608 Lepsius, Die gegensatzaufhebende Begriffsbildung, S. 17.

1609 Kittel, Republikanischer oder völkischer Nationalismus, S. 116.

1610 Sontheimer, Antidemokratisches Denken, S. 308.

1611 Götz, Volksgemeinschaft im synchronen und diachronen Vergleich, S. 57.

1612 Wildt, „Volksgemeinschaft". Eine Antwort auf Ian Kershaw, in: Zeithistorische Forschungen/Studies in Contemporary History, Online-Ausgabe, 8(2011), H.1, URL: http://www.zeithistorische-forschungen.de/16126041-Wildt-1-2011, S. 3. Dieses exklusive Begriffsverständnis herrschte innerhalb der antidemokratischen Rechten bereits seit der zweiten Kriegshälfte (Bruendel, Die Geburt der „Volksgemeinschaft" aus dem „Geist von 1914". Entstehung und Wandel eines „sozialistischen" Gesellschaftsentwurfs, in: Zeitgeschichte-online, Thema: Fronterlebnis

ihn zur „Staatsidee", wodurch der Ausdruck eine erneute Bedeutungserweiterung erfuhr. Zwar definierte sich die Idee der „Volksgemeinschaft" auch hier als die Zusammenfassung des Volkes in einer harmonisierten, homogenen, organischen und zugleich abgeschlossenen Gemeinschaft und somit als Gegenentwurf zur mechanisierten und vermassten Klassengesellschaft. Daneben wurde die „Volksgemeinschaft" aber als alternative Staatskonzeption zur parlamentarischen Demokratie postuliert.[1613] Die „Volksgemeinschaft" als staatliche Organisationsform sollte den labilen Parteienstaat durch einen Volksstaat mit einem einheitlichen Willen, der sich vornehmlich in einer autoritären Führerperson konzentrierte, ersetzen. Der Staat oder synonyme Ausdrücke wie Nation und Reich wurden nur noch als die äußere Rechtsgestalt der „Volksgemeinschaft" verstanden. Insgesamt kam es zu einer sukzessiven Okkupation des Terminus durch die konservativ-nationale Rechte. Durch die Vereinnahmungen und Umdeutungen wurde der Volksgemeinschaftsbegriff einer demokratischen Deutungsherrschaft vollkommen entzogen, so dass der Begriff spätestens Ende der zwanziger Jahre eine tendenziell antidemokratische Stoßrichtung hatte.[1614]

(b) Die „Volksgemeinschaft" der Nachbarschaften im „Jungdeutschen Staatsvorschlag"

Der Volksgemeinschaftsbegriff im „Jungdeutschen Staatsvorschlag" gehörte grundsätzlich in den Kontext dieser antidemokratisch geprägten Inhaltsbestimmungen. So wurde das „Volk" von *Höhn* einerseits noch formal als Summe der Staatsbürger verstanden,[1615] was dem alten, juristischen Volksbegriff entsprach. Tatsächlich war der „Jungdeutsche Staatsvorschlag" aber dem „Kampf gegen die alten Anschauungen bürgerlich-liberalen Denkens" verpflichtet.[1616] Entsprechend, so *Höhn*, mache sich hier ein „neuer Begriff des Volkes" geltend, der von einer „rein politischen Begriffsbestimmung" abgehe.[1617] Dieser neue Begriff war das „Volk in Gemeinschaft" beziehungsweise die „Volksgemeinschaft",[1618] welche die Einheit des „Volkes" verkörpern sollte.[1619] Der Volksbegriff wurde so mit einer gemeinschaftsmäßigen Vorstellung verbunden und demgemäß gerade nicht mehr als Anzahl der Wahlberechtigten definiert. Stattdessen wurde ihm durch die Gleichsetzung mit der „Volksgemeinschaft" eine werthafte Begründung beigemessen, womit er tatsächlich mit einem antiformalistischen Verständnis von „Volk" übereinstimmte.

---

und Nachkriegsordnung. Wirkung und Wahrnehmung des Ersten Weltkriegs, Mai 2004, URL: <www.zeitgeschichte-online.de/md=EWK-Bruendel>.).

1613 Bruendel, Volksgemeinschaft oder Volksstaat, S. 258 f.

1614 Stolleis, Gemeinschaft und Volksgemeinschaft, S. 19.

1615 Höhn, Der bürgerliche Rechtsstaat und die neue Front, S. 109.

1616 Ebenda, S. 87.

1617 Ebenda, S. 127.

1618 Ebenda, S. 127.

1619 Höhn, Der bürgerliche Rechtsstaat und die neue Front, S. 124.

Erreicht werden sollte diese „Volksgemeinschaft" mittels der Gliederung des „Volkes" in konkrete Gemeinschaften, dargestellt durch die Nachbarschaft. Die Nachbarschaft zeichnete sich wiederum durch die Beschränkung auf den Raum als einzigem deskriptivem Merkmal aus, womit sich der Volksgemeinschaftsbegriff des „Jungdeutschen Staatsvorschlags" von den exklusiven Volksgemeinschaftskonzepten völkischer Gruppierungen abhob. Daneben war das Vorhandensein eines Gemeinschaftsgeistes konstitutive Voraussetzung der angestrebten „Volksgemeinschaft". Seinen Ursprung hatte dieser Gemeinschaftsgeist in der Frontgemeinschaft des Ersten Weltkrieges. Die dort vollzogene Wiederbelebung des Gemeinschaftsgedankens sollte im Jungdeutschen Volksstaat konserviert werden.[1620] Anstellte der Frontgemeinschaft sollte fortan die Gemeinschaft der Nachbarschaft den Gemeinschaftsgeist ausbilden. Insgesamt ergab sich der Volksgemeinschaftsbegriff im „Jungdeutschen Staatsvorschlag" gemäß *Höhn* damit aus einem objektiven und einem subjektiven Tatbestandsmerkmal.

(c) Höhns Volksgemeinschaftsbegriff im Nationalsozialismus

Diesem Volksgemeinschaftsbegriff soll hier als Vergleichswert das Begriffsverständnis *Höhns* nach der Machtergreifung gegenübergestellt werden. Aufgrund der signifikant hohen inhaltlichen Schnittmenge mit der terminologischen Verwendung des Begriffs in der NS-Rechtsideologie muss der nationalsozialistisch konnotierte Volksgemeinschaftsbegriff *Höhns* dabei im Zusammenhang mit der Rezeption und Entwicklung des Begriffs im Nationalsozialismus betrachtet werden.

(α) Der nationalsozialistische Begriff der „Volksgemeinschaft"

Begünstigt durch den fortschreitenden antidemokratischen Sinngehalt des Volksgemeinschaftsbegriffs in der Weimarer Republik und seine agitatorische Eignung übernahmen auch die Nationalsozialisten den Terminus in Weltanschauung und Sprachgebrauch.

Gerade seine Beliebigkeit und Ausfüllungsbedürftigkeit kamen der noch unausgereiften Ideologie der Nationalsozialisten zugute. Folglich fand der Begriff schon in den Anfangsjahren der Bewegung Aufnahme, bevor er nach der Machtergreifung dann endgültig zum Wesensmerkmal der nationalsozialistischen Gesinnung wurde. Infolge der zunehmend inflationären Verwendung und handlungsorientierten Umsetzung der „Volksgemeinschaft" in ihrer nationalsozialistischen Ausgestaltung durch Ausgrenzung und Vernichtung wurde er schließlich nicht nur vereinnahmt, sondern vollständig „kontaminiert".[1621] Im Parteiprogramm von 1920 tauchte die

1620 Höhn, Der bürgerliche Rechtsstaat und die neue Front, S. 85 f.

1621 Bruendel, Die Geburt der „Volksgemeinschaft" aus dem „Geist von 1914". Entstehung und Wandel eines „sozialistischen" Gesellschaftsentwurfs, in: Zeitgeschichte-online, Thema: Fronterlebnis und Nachkriegsordnung. Wirkung und Wahrnehmung des Ersten Weltkriegs, Mai 2004, URL: <www.zeitgeschichte-online.de/md=EWK-Bruendel>.

„Volksgemeinschaft“ zwar noch nicht auf,[1622] doch war sie bereits zu Beginn ein fester Bestandteil der nationalsozialistischen Rhetorik. *Hitler* selbst benutzte den Volksgemeinschaftsbegriff häufig in Reden,[1623] verzichtete aber bewusst auf eine konzeptionelle Fixierung. Auch in „Mein Kampf“ gebrauchte er den Terminus in unterschiedlichen Kontexten. Die meisten Stellen standen hierbei in einem wirtschafts- und sozialpolitischen Zusammenhang, wobei die „Volksgemeinschaft“ als angestrebte klassenlose Solidargemeinschaft gezeichnet wurde:

> „Das Reservoir, aus dem die junge Bewegung ihre Anhänger schöpfen soll, wird also in erster Linie die Masse unserer Arbeitnehmer sein. Diese gilt es dem internationalen Wahne zu entreißen, aus ihrer sozialen Not zu befreien, dem kulturellen Elend zu entheben und als geschlossenen, wertvollen, national fühlenden und national sein wollenden Faktor in die Volksgemeinschaft zu überführen.“[1624]

Gleichzeitig bekam der Begriff aber hier auch schon einen rassistischen Sinngehalt im Sinne einer biologischen Rassegemeinschaft:

> „So wie ich im allgemeinen die Völker auf Grundlage ihrer rassischen Zugehörigkeit verschieden bewerten muß, so auch die einzelnen Menschen innerhalb einer Volksgemeinschaft ... Die erste Konsequenz dieser Erkenntnis ist zugleich die, ich möchte sagen, gröbere, nämlich der Versuch, die innerhalb der Volksgemeinschaft als rassisch besonders wertvoll erkannten Elemente maßgeblichst zu fördern und für ihre besondere Vermehrung Sorge zu tragen.“[1625]

Nach der Machtergreifung wurde der Begriff dann endgültig zum „zentralen Moment der NS-Ideologie“.[1626] Die „Volksgemeinschaft“ war nunmehr sowohl das zentrale Wesensmerkmal der nationalsozialistischen Weltanschauung als auch das Kernelement und die Grundlage des NS-Rechtssystems, ohne eben jedoch eine genuin nationalsozialistische Wortschöpfung zu sein. Analog zur gesamten Weltanschauung der Nationalsozialisten wurde abermals auf bereits bestehende ideologisch aufgeladene Begrifflichkeiten und Inhalte zurückgegriffen, welche sodann der nationalsozialistischen Gesinnung und Interessenpolitik angepasst wurden. Entsprechend ihrer absorbierenden Ideologiebildung adaptierten die Nationalsozialisten dabei nur den Begriff als Versatzstück, ohne einen bestimmten Inhalt zu entlehnen. Stattdessen zeichnete sich der Begriff der „Volksgemeinschaft“ auch in seinem nationalsozialistischen Kontext nach der Machtergreifung durch eine inhaltliche Vielseitigkeit und Offenheit aus.[1627]

1622 Götz, Volksgemeinschaft im synchronen und diachronen Vergleich, S. 59.
1623 Ebenda, S. 59.
1624 Hitler, Mein Kampf, S. 374.
1625 Ebenda, S. 492 f.
1626 Schmiechen-Ackermann, „Volksgemeinschaft“, S. 44.
1627 Bork, Mißbrauch der Sprache, S. 59; Schmitz-Berning, Vokabular des Nationalsozialismus, S. 656. In der jüngeren Forschungsliteratur werden nach Kershaw drei miteinander verflochtene Verwendungsarten unterschieden: Die „Volksgemeinschaft“

Überwiegend wurde der Begriff im Nationalsozialismus als Bezeichnung für die angestrebte und angeblich erreichte klassenlose Gesellschaft gebraucht. Nur auf die Suggestion der Verwirklichung zielte die zweite Anwendungsform des Volksgemeinschaftsbegriffs ab: Die „Volksgemeinschaft" als NS-Propagandaformel zur Stilisierung der Vision einer solidarischen und kollektivierten Gemeinschaftsordnung als Gegenentwurf zur bürgerlich-individualistischen Gesellschaft und gleichzeitig zur Verschleierung der sozialen und politischen Realitäten.[1628] Ob die nationalsozialistische „Volksgemeinschaft" aber konkrete Gestalt und gesellschaftliche Wirklichkeit, dokumentiert durch eine tatsächlich zunehmende Durchlässigkeit und Dynamisierung der sozialen Schichten oder nur soziale Verheißung und propagandistischer Mythos zur Mobilisierung und Täuschung der Bevölkerung war, ist in der neueren Forschung umstritten.

In beschränktem Umfang war die nationalsozialistische „Volksgemeinschaft" in der nationalsozialistischen Bewegung selbst Realität. Die gleichermaßen klassenlos konzipierten NS-Organisationen transportierten als Keimzellen der angestrebten „Volksgemeinschaft" ein Gemeinschafts- und Zugehörigkeitsgefühl und boten ferner vielfältige Karriere- und Aufstiegschancen für vormals sozial Deklassierte. Zudem wurde die „Volksgemeinschaft" in dem alle gesellschaftlichen Gruppen einschließenden Lagerwesen der Nationalsozialisten durch bewusste Indoktrination der Jugend und Zivilbevölkerung vorbereitet. Die militärisch exerzierte und erzwungene Kameradschaft in den Lagern vermittelte den Eindruck einer harmonisierten Einheit ohne Rücksicht auf sozialen Rang, wirtschaftliche Situation oder Bildungsstand, so dass die „Volksgemeinschaft" hier zumindest für eine begrenzte Zeit simuliert wurde. Dennoch bleibt es fraglich, inwiefern eine Bündelung der widerstrebenden gesellschaftlichen Gruppen und eine Aufhebung der sozialen Unterschiede über die nationalsozialistische Bewegung hinaus stattgefunden haben.

Zum einen wird mittels Darstellung der realen Fortschritte durch wirtschafts- und sozialpolitischen Maßnahmen die Ansicht vertreten, diese große „Volksgemeinschaft" sei durchaus gesellschaftliche Wirklichkeit geworden.[1629] Die wohl

---

im Sinne einer angestrebten klassenlosen, harmonisierten Gesellschaft, die „Volksgemeinschaft" als Propagandaformel und die rassische „Volksgemeinschaft" (Kershaw, „Volksgemeinschaft, S. 3 ff.).

1628 Kershaw, „Volksgemeinschaft", S. 4 f.

1629 So schreibt Janka, es sei dem NS-Regime gelungen, „die angestrebte Klassenlosigkeit des Dritten Reichs nicht nur als notwendig zu beschwören, sondern sie auch in Aussicht zu stellen, indem die alten Zuordnungskriterien für die Rangskala innerhalb der Gesellschaft aufgeweicht oder aufgehoben wurden." (Janka, Die braune Gesellschaft, S. 265). Götz Aly bezeichnet den NS-Staat sogar als umverteilende Gefälligkeitsdiktatur und behauptet demgemäß: „Die Sorge um das Volkswohl der Deutschen bildete die entscheidende Triebkraft für die Politik der Terrorisierens, Versklavens und Ausrottens." (Aly, Hitlers Volksstaat, S. 345). Durch eine „spannungsgeladene Koalition zwischen hoch entwickeltem Sachverstand und der auf das Volkswohl fixierten Stimmungspolitik" wären tatsächliche soziale Veränderungen und damit verbunden die Aufwertung der unteren Schichten

herrschende Meinung in der Geschichtswissenschaft sieht in der „Volksgemeinschaft“ dagegen in erster Linie eine Propagandaformel. Obwohl die nationalsozialistischen Reformbemühungen teilweise immerhin auf eine Verbesserung der wirtschaftlichen Lage der sozial benachteiligten Bevölkerungsgruppen abgezielt hätten,[1630] sei eine signifikante gesellschaftliche Mobilität nicht erreicht worden und zudem ohnehin empirisch kaum belegbar. Vielmehr sei die Idee der „Volksgemeinschaft“ zuallererst ein Instrument zur „emotionalen Bindung der Volksgenossinnen und Volksgenossen an das auf Zustimmung und Konsens zielende NS-Herrschaftssystem“[1631] und habe nur ein „Gefühl sozialer Gleichheit“ erzeugt, ohne dass es sie als „neuartigen gesellschaftlichen Aggregatzustand“ jemals gegeben hätte.[1632]

Während dem Begriff der „Volksgemeinschaft“ folglich zunächst eine vorwiegend sozialpsychologische und gesellschaftspolitische Bedeutung zukam, fand er gleichzeitig Aufnahme in der nationalsozialistischen Rechtsideologie und hatte somit auch Einfluss auf die nationalsozialistische Rechtswissenschaft.

(β) Die „Volksgemeinschaft“ in der NS-Rechtsideologie – Der Rassegedanke als „materieller Inhalt“[1633]

In der Rechtswissenschaft wurde der Begriff der „Volksgemeinschaft“ nach der Machtergreifung in allen Fachgebieten, vor allem aber im Staats- und Verwaltungsrecht, rezipiert, woraufhin er zu einem festen Bestandteil der Rechtssprache wurde.[1634]

---

herbeigeführt worden (Aly, Hitlers Volksstaat, S. 350; eine kritische Auseinandersetzung mit den kontroversen Thesen Alys findet sich beispielweise bei Weißbecker, Firmenschild: Nationaler Sozialismus, S. 179 ff.).

1630 Hachtmann, „Volksgemeinschaftliche Dienstleister“?, S. 112 ff.

1631 Pohl, „Volksgemeinschaft“ als Mittel zur Erzeugung von Massenloyalität im Nationalsozialismus, S. 71.

1632 Frei, „Volksgemeinschaft“, S. 107 f. und S. 122. Dementsprechend, so auch Wildt und Bajohr, sei es „ein Missverständnis, wollte man die Formel von der ‚Volksgemeinschaft‘ in dem Sinn als soziale Realität nehmen, als seien soziale Differenzierung oder Eigentums- und Besitzverhältnisse im NS-Deutschland eingeebnet worden“. „In der Verheißung, in der Mobilisierung, nicht in der Feststellung eines sozialen Ist-Zustandes“ würde die eigentliche politische Bedeutung des Ausdrucks liegen (Bajohr/Wildt, Volksgemeinschaft, S. 8). Ebenso hält Peukert die Verwendung des Ausdrucks im Nationalsozialismus nur für eine Art „Fassadekunst“: „Wie jede Fassade nicht ohne prägende und vor allem scheinende Kraft, aber eben nur zu einem geringen Teil Ausdruck der ganzen sozialen Realität.“ (Peukert, Volksgenossen und Gemeinschaftsfremde, S. 221). Mommsen bezeichnet den Volksgemeinschaftsbegriff sogar als rein propagandistisches Schlagwort (Mommsen, Hitler und der Mythos der Volksgemeinschaft, S. 134; ders., Amoklauf der „Volksgemeinschaft“?, S. 15 ff.) und schlägt als Konsequenz den Verzicht auf einen historiographischen Gebrauch vor (Mommsen, Forschungskontroversen zum Nationalsozialismus, S. 14 ff.).

1633 Majer, Nationalsozialismus im Lichte der Juristischen Zeitgeschichte, S. 4.

1634 Stolleis, Gemeinschaft und Volksgemeinschaft, S. 31.

War die „Volksgemeinschaft" bislang jedoch nur eine politische Leitlinie der NS-Weltanschauung, musste sie nunmehr zunächst justiziabel gemacht werden. Der Begriff bedurfte einer juristischen Ausgestaltung. Auf eine gesetzliche Fixierung der „Volksgemeinschaft" wurde von den nationalsozialistischen Machthabern dabei bewusst verzichtet, weshalb die rechtssystematische Erfassung weitgehend der Rechtswissenschaft überlassen war. Doch bildete sich auch hier keine einheitliche juristische Definition heraus. Stattdessen wurden dem Begriff unterschiedlichste, oft divergierende Bedeutungen gegeben, so dass sich die rechtsideologische „Volksgemeinschaft" ebenfalls durch Offenheit und Konturlosigkeit auszeichnete. Gleichwohl waren die verschiedenen Begriffsbestimmungen grundsätzlich durch eine gewisse inhaltliche Schnittmenge verbunden. Der juristische Begriffsinhalt der „Volksgemeinschaft" stimmte im Wesentlichen mit dem in der Weimarer Republik entwickelten und vorbereiteten neuen Volksbegriff überein, der sich nach der Machtergreifung ausnahmslos in der Staatsrechtswissenschaft durchgesetzt und den alten, formalistisch-positivistischen Volksbegriff verdrängt hatte.[1635] Der Begriff „Volksgemeinschaft" war in rechtlicher Hinsicht zumeist bedeutungsgleich mit dem neuen, inzwischen nationalsozialistisch besetzten Volksbegriff.

Ebenso herrschte ein breiter Konsens hinsichtlich der notwendigen Begriffsvoraussetzungen. Zwar wurden nach wie vor unterschiedliche objektive und subjektive Identitätskriterien zur Begriffsbestimmung herangezogen, doch rückte nunmehr fast durchgehend die Rasse als konstitutives Merkmal in den Vordergrund.[1636] Somit beinhaltete der positiv konnotierte und Inklusion suggerierende Begriff der „Volksgemeinschaft" stets den Rassegedanken,[1637] ohne deutlich auf die daraus resultierenden Konsequenzen hinzuweisen, womit zugleich die Exklusion

1635 Lepsius, Die gegensatzaufhebende Begriffsbildung, S. 33 und S. 37. Vergleiche etwa: Koellreutter, Deutsches Verfassungsrecht, S. 67; Lange, Liberalismus, Nationalsozialismus und Bürgerliches Recht, S. 34; Schmidt, Staat, Bewegung, Volk, S. 11 ff.; Huber, Wesen und Inhalt der politischen Verfassung, S. 92; ders., Verfassungsrecht des Großdeutschen Reiches, S. 151; Walz, Artgleichheit gegen Gleichartigkeit, S. 93; Ruttke, Die Verteidigung der Rasse durch das Recht, S. 9; Becker, Führungsordnung und Hierarchie, S. 44.

1636 Lepsius, Die gegensatzaufhebende Begriffsbildung, S. 35; Kalbhen, Die NS-Rechtstheorie als Herrschaftsideologie, S. 98 ff. Das Rasseprinzip und damit auch der darin enthaltene Antisemitismus waren in der Staatsrechtswissenschaft vor 1933 faktisch nicht existent. Erst nach der nationalsozialistischen Machtergreifung fand die Rasse hier als Rechtsprinzip Aufnahme, wobei sich die Staatsrechtslehre an der juristischen Erfassung beteiligte. In Bezug auf die Diskriminierung oder Verfolgung der Juden kam der Staatsrechtslehre damit allenfalls „die Rolle eines Protokollanten zu" (Dreier, Die deutsche Staatsrechtslehre in der Zeit des Nationalsozialismus, S. 29 und S. 39).

1637 Pauly, Die deutsche Staatsrechtslehre in der Zeit des Nationalsozialismus, S. 76; Dreier, Die deutsche Staatsrechtslehre in der Zeit des Nationalsozialismus, S. 24 ff. Nur eine Minderheit war gegen die Aufnahme des Rasseprinzips in die Staatsrechtslehre. So distanzierte sich Ernst Rudolf Huber von der Rasse als Bedingung

und Elimination der nationalsozialistischen Weltanschauung verdeckt werden sollte. Umstritten war allein, ob ausschließlich die Rasse konstitutives Begriffsmerkmal sein sollte oder zusätzlich politische Identitätskriterien wie Kultur oder Sprache zum Tatbestand zählen sollten. Im Gegensatz zu einer verhältnismäßig moderaten Variante, nach welcher die „Volksgemeinschaft" nach wie vor auch mittels politischer Gemeinsamkeiten bestimmt werden sollte,[1638] definierte *Höhn* den Begriff hier rein „vitalistisch"[1639] durch die biologische Rasse und den Gemeinschaftsgeist.[1640]

Der verbindende „materielle Inhalt" des Volksgemeinschaftsbegriffs in der nationalsozialistischen Rechtsideologie war mithin der Rassegedanke, also das sogenannte „Prinzip der völkischen Gleichheit bzw. Ungleichheit".[1641] Da eine programmatische Ausgestaltung dieses Prinzips analog zum restlichen nationalsozialistischen Rechtssystem fehlte, oblag es auch hier der Rechtswissenschaft „irgendeine pseudo-wissenschaftliche, jedenfalls juristisch-technisch akzeptable Umschreibung zu finden, um das Rasseprinzip für die juristische Praxis überhaupt verwendbar zu machen".[1642] Um politisch entlarvende Termini zu vermeiden, wurde das Rasseprinzip der NS-Propaganda entsprechend in den auslegungsfähigen und überdies unverfänglichen Begriff der „Volksgemeinschaft" hineintransportiert und somit justiziabel gemacht. Der Volksgemeinschaftsbegriff war mithin die rechtliche Transformation repektive Hülle des nationalsozialistischen Rasseprinzips.[1643] Durch die Fingierung eines Synonyms, also die begriffliche Ersetzung von „Rasse" durch „Volk" oder „völkisch", sollten der tatsächliche Inhalt des Rasseprinzips verdeckt und die dahinter stehenden Pläne des Regimes verschleiert werden.[1644] Gleichzeitig führte die Betonung der Rasse zu einer inhaltlichen Reduzierung des Volksgemeinschaftsbegriffs. Die „Volksgemeinschaft" wurde auf eine rassische Abstammungsgemeinschaft verengt. Die rassisch bestimmte „Volksgemeinschaft" beinhaltete dabei vor allem eine völkische Gleichheit, woraus zum einen die „Formierung einer

---

des Volkes und warnte vor einer „völkischen Selbstüberheblichkeit und Übersteigerung" (Huber, Bau und Gefüge des Reiches, S. 12).

1638 So verstand etwa Otto Koellreutter das Volk nicht mehr formal als Summe der Staatsangehörigen, sondern „als geschichtlich-kulturelle Einheit durch die ‚Naturgemeinschaft' von ‚Blut und Boden' bestimmt" (Koellreutter, Der Aufbau des deutschen Führerstaats, S. 3).

1639 Majer, „Fremdvölkische" im Dritten Reich, S. 92 f. Ebenso: Becker, der Volk als „konkrete Gemeinschaft artgleicher Menschen" definierte (Becker, Führungsordnung und Hierarchie, S. 44) oder Walz, der das Volk als „völkische Gemeinschaft der artgleichen Deutschen" erklärte (Walz, Autoritärer Staat, nationaler Rechtsstaat oder völkischer Führerstaat, Sp. 1339).

1640 Höhn, Volk, Staat und Recht, S. 8; ders., Staat als Rechtsbegriff, S. 324; ders., Rechtsgemeinschaft und Volksgemeinschaft, S. 73; ders., Reich – Großraum – Großmacht, S. 169.

1641 Majer, Nationalsozialismus im Lichte der Juristischen Zeitgeschichte, S. 4 f.

1642 Majer, Nationalsozialismus im Lichte der Juristischen Zeitgeschichte, S. 6.

1643 Majer, Grundlagen des nationalsozialistischen Rechtssystems, S. 121.

1644 Majer, Nationalsozialismus im Lichte der Juristischen Zeitgeschichte, S. 6.

ideologische homogenen, sozial angepaßten, leistungsorientierten und hierarchisch gegliederten Gesellschaft mit den Mitteln der Erziehung der ‚gut Gearteten'" und andererseits die „Ausmerze" der angeblich „Ungearteten" resultierte.[1645] Durch die Unterscheidung von den Ausgegrenzten wurde die völkische Gleichheit betont, so dass eine „kategorische Exklusion das zentrale integrative Element" der „Volksgemeinschaft" war.[1646]

Während die „Volksgemeinschaft" also nur die Funktion einer sprachlichen Verdeckungsformel hatte, war der Rassegedanke eine der entscheidenden ideologischen Leitlinien der NS-Weltanschauung und in seiner Radikalität eine originär nationalsozialistische Erscheinung.[1647] Das zentrale Wesensmerkmal des Rasseprinzips war der Antisemitismus.[1648] Diese Fokussierung auf das Judentum dokumentierte bereits das NSDAP-Parteiprogramm von 1920. Volksgenosse und damit Teil der Volksgemeinschaft konnte demgemäß nur werden, „wer deutschen Blutes ist", während die Juden explizit ausgeschlossen wurden.[1649] Konsequenz war eine erste Unterteilung der Bevölkerung in arische Volksgenossen und nichtarische Juden.

Nach der nationalsozialistischen Machtergreifung hatte das Rasseprinzip vor allem zwei Ausprägungen, ohne dass es gesetzlich oder programmatisch festgelegt wurde.[1650] Zum einen diente es den Nationalsozialisten als „machttaktisches Instrument" zur Konsolidierung und Erweiterung der eigenen Herrschaft, indem sie die Unbestimmtheit des Rassegedankens nutzten, um willkürlich unliebsame Gruppen aus der „Volksgemeinschaft" auszugrenzen.[1651] Schließlich bedeutete die juristische Verknüpfung von „Volksgemeinschaft" und Rasseprinzip, dass jeder, der nicht dieser Gemeinschaft angehörte, nicht am Rechtsleben teilnehmen konnte und somit faktisch rechtlos war. Das Prinzip der völkischen Gleichheit hatte den Grundsatz der Rechtsgleichheit abgelöst.[1652] Die Zugehörigkeit zur „Volksgemeinschaft" wurde zu einer zwingenden Voraussetzung, um Rechte zu erlangen:

> „Wer außerhalb der Volksgemeinschaft steht, steht auch nicht im Recht. ... Nur als in Gemeinschaft lebendes Wesen, als Volksgenosse ist der Einzelne eine konkrete Persönlichkeit. Nur als Glied der Volksgemeinschaft hat er seine Ehre, genießt er Achtung als Rechtsgenosse. Rechtsgenosse zu sein, das heißt im Recht zu leben und eine bestimmte

---

1645 Peukert, Volksgenossen und Gemeinschaftsfremde, S. 295.
1646 Howind, Der faschistische Einheitstrick, S. 124. Diese „völkische Volksgemeinschaft" war mithin ein „faschistischer Einheitstrick" der NS-Propaganda (Howind, Der faschistische Einheitstrick, S. 113), weshalb die rechtliche Verwendungsart des Volksgemeinschaftsbegriffs wiederum mit seiner Funktion als propagandistisches Instrumentarium verwoben war.
1647 Rüthers, Die Ideologie des Nationalsozialismus, S. 22.
1648 Zischka, Die NS-Rassenideologie, S. 23.
1649 NSDAP-Programm vom 24. Februar 1920.
1650 Majer, Nationalsozialismus im Lichte der Juristischen Zeitgeschichte, S. 5.
1651 Zischka, Die NS-Rassenideologie, S. 73.
1652 Kirchheimer, Die Rechtsordnung des Nationalsozialismus, S. 315.

Gliedstellung auszufüllen, ist also ein Vorrecht des Volksgenossen. ... Rechtsgenosse ist nur, wer Volksgenosse ist; Volksgenosse ist, wer deutschen Blutes ist."[1653]

Die fürchterliche Konsequenz dieser Umdeutung des Gleichheitsgrundsatzes durch die Reduzierung der Geltung von rechtlicher Gleichheit und des Rechts überhaupt innerhalb der rassisch homogenen „Volksgemeinschaft" beschrieb der jüdische Jurist *Ernst Fraenkel* bereits 1941:

> „Wer außerhalb dieser Gemeinschaft steht, ist der wirkliche oder potentielle Feind. Innerhalb der Gemeinschaft gelten Friede, Ordnung und Recht. Außerhalb der Gemeinschaft gelten Macht, Kampf und Vernichtung".[1654]

Zudem war das Rassenprinzip auch eine konkrete politische Zielvorstellung der Nationalsozialisten,[1655] das vor allem in den sogenannten Nürnberger Gesetzen mit der antisemitischen Neuregelung des Staatsangehörigkeitsrechts und dem „Gesetz zum Schutz des deutschen Blutes und der deutschen Ehre" seinen Ausdruck fand.

(d) Synthese: Von der inklusiven zur exklusiven „Volksgemeinschaft"

Das von *Höhn* in seiner „Volksgemeinschaftslehre" gebrauchte Begriffsverständnis kann dieser nationalsozialistischen „Volksgemeinschaft" also nahezu unbeschränkt untergeordnet werden. Stellt man beide Inhaltsbestimmungen nebeneinander, so wird eine vollkommene Deckungsgleichheit deutlich. Die Rasse als „Gewähr der Gemeinschaft"[1656] war auch bei *Höhn* der maßgebende Wert des Begriffs der „Volksgemeinschaft", die demzufolge in erster Linie die Gemeinschaft der Artgleichen des Volkes sein sollte.[1657] Konfrontiert man diesen nationalsozialistischen Volksgemeinschaftsbegriff *Höhns* wiederum mit dem Volksgemeinschaftsbegriff im „Jungdeutschen Staatsvorschlag", lassen sich hinsichtlich der terminologischen Entwicklung bei *Höhn* folgende Schlussfolgerungen ziehen: In Bezug auf das Fundament und die Zielrichtung der „Volksgemeinschaftslehre" konnte *Höhn* ohne wesentliche Korrekturen auf seine Ausführungen zum „Jungdeutschen Staatsvorschlag" zurückgreifen. So waren die Aufhebung des Gegensatzes von Volk und Staat sowie die Organisation des Volkes in einer gegliederten Gemeinschaft der intentionale Grundsatz beider Staatsentwürfe.[1658] Die im „Jungdeutschen Staatsvorschlag" noch propagierte Überwindung der parlamentarischen Demokratie dagegen war aufgrund der politischen Realität nach der nationalsozialistischen Machtergreifung als Forderung obsolet geworden. Gleichwohl diente der Begriff „Volksgemeinschaft" jeweils als

1653 Larenz, Rechtsperson und subjektives Recht, S. 241.
1654 Fraenkel, Der Doppelstaat, S. 193.
1655 Zischka, Die NS-Rassenideologie, S. 53 ff.
1656 Höhn, Rechtsgemeinschaft und Volksgemeinschaft, S. 78.
1657 Höhn, Reich – Großraum – Lebensraum, S. 169.
1658 Höhn, Der Staatsaufbau im Jungdeutschen Manifest, S. 202; Mahraun, Das Jungdeutsche Manifest, S. 95; Höhn, Der Führerbegriff, S. 297.

Verkörperung von willentlicher Homogenität und somit als Gegenentwurf zum pluralistischen Parlamentarismus.

Gemeinsam war beiden Modellen außerdem die ideelle Begründung durch historische Vorbilder. Der Bezugsrahmen war jeweils der germanische Volksstaat als Ursprung des Gemeinschaftsgedankens:

> „In der deutschen Demokratie standen alle Glieder miteinander in lebendiger Verbundenheit. Sie waren nicht im liberalen Sinn frei, sondern gebunden, und verwirklichten in dieser Gebundenheit, die immer wieder auf die Zelle, die Nachbarschaft, die Marktgenossenschaft, zurückging, den Gedanken der Demokratie in der Gemeinschaft."[1659]

> „Der germanische Staat war ein System von Gemeinschaften, der Gemeinschaft der Familie, der Sippe, des Stammes."[1660]

> „Im Schoße dieser Gemeinschaften lag alles soziale Leben. Gemeinschaft und Staat waren hier nicht voneinander getrennt. ... Staat und Gemeinschaft sind eins."[1661]

Die Heranziehung des germanischen Gemeinschaftsgedankens, dem ein verklärtes Germanenbild zugrunde lag,[1662] hatte zunächst einen technisch-darstellerischen Zweck. Die idealisierte Beschreibung des germanischen Volksstaates war Teil des von *Höhn* genutzten antithetischen Argumentationsmusters und verstärkte die destruktive Kritik am jeweils abgelehnten Staatsbild. Im „Jungdeutschen Staatsvorschlag" resultierte die sogenannte „wahre Demokratie" aus der Neubelebung des germanischen Staatsgeistes, welcher der in einem Verfallsprozess gezeichneten parlamentarischen Demokratie der Weimarer Republik als Positivfolie gegenübergestellt wurde.[1663] In der „Volksgemeinschaftslehre" diente der germanische Volksstaat sodann als Gegenmodell zur juristischen Staatsperson.

In erster Linie sollte durch die Beschwörung des germanischen Gemeinschaftsgedankens aber eine geschichtliche Kontinuitätslinie stilisiert und damit die Rechtmäßigkeit und Legitimität des angestrebten Staates konstruiert werden. Sowohl in seinen Abhandlungen zum „Jungdeutschen Staatsvorschlag" als auch in der „Volksgemeinschaftslehre" forderte *Höhn* deshalb nur die Anknüpfung an die Gemeinschaft

---

1659 Höhn, Der bürgerliche Rechtsstaat und die neue Front, S. 34.

1660 Höhn, Staat als Rechtsbegriff, S. 322.

1661 Höhn, Vom Wesen der Gemeinschaft, S. 21.

1662 Die hier zum Vorschein kommende Idealisierung der Germanen, deren Gemeinschaftsleben Modellcharakter zugesprochen wurde, beruhte dabei auf der Annahme, dass die Germanen eine homogene Volksgruppe waren und eine ethnische Kontinuität zum deutschen Volk bestand. Tatsächlich geht man heute davon aus, dass es sich bei den Germanen um gar keine einheitliche ethnologische Volksgruppe handelte. Zudem ist zwar eine Verwandtschaft zwischen Germanen und Deutschen nicht zu bestreiten, doch sind auch gewisse Verwandtschaftszüge zu Kelten, Hunnen und Slawen wahrscheinlich (Römer, Der Germanenmythos in der Germanistik der dreißiger Jahre, S. 226 ff.).

1663 Höhn, Der bürgerliche Rechtsstaat und die neue Front, S. 33 ff. und S. 100.

der Germanen, nicht aber eine Rückkehr zu altgermanischen Staatsaufassungen. Und selbst diese Rückbesinnung hatte allenfalls suggestive Wirkung. Während im „Jungdeutschen Staatsvorschlag" germanische Gemeinschaftsstrukturen immerhin noch erkennbar waren, etwa bei der Anlehnung der Nachbarschaft an den Thing-Platz, hatte die in der „Volksgemeinschaftslehre" gezeichnete Gemeinschaft keinerlei Berührungspunkte mehr mit dem ursprünglich germanischen Begriffsverständnis. Hier diente die Idealisierung des Germanentums nur noch der „Betonung eines nationalen Erwähltheitskonzeptes" im Sinne einer rassischen Abstammungslinie.[1664]

Gleichermaßen erfolgte sowohl im „Jungdeutschen Staatsvorschlag" als auch in der „Volksgemeinschaftslehre" die Vitalisierung des germanischen Gemeinschaftsgedankens durch das Fronterlebnis des Ersten Weltkrieges. Selbst das Argumentationsschema blieb dasselbe. Das Kriegserlebnis wurde zum Auslöser einer Wendezeit stilisiert. Die Frontgemeinschaft hätte durch die Verengung auf das Existentielle eine geistige Abkehr vom Liberalismus zugunsten einer neuen gemeinschaftsorientierten Geisteshaltung bewirkt, welche nun in der „Volksgemeinschaft" konserviert werden sollte:

> „Die Frontkriegsgeneration will die wahre Demokratie für das ganze Volk, so entspricht sie dem Stempel, den den Jungen die große Zeit aufgedrückt hat."[1665]

> „Diese Volksgemeinschaft war keine Ideologie, sondern das Vermächtnis des großen Krieges, der eherne Schatz, den das Frontsoldatentum mit nach Hause brachte. Im Donner der Materialschlachten ging es nicht mehr um das Einzelindividuum, um sein Glück, seine Freiheit, sein Eigentum, seine Rechte innerhalb des Staates und gegen den Staat, sondern um das Leben des Volkes. ... Die Urform des menschlichen Lebens, ohne die überhaupt ein Volk nicht bestehen kann, die Gemeinschaft, entstand hier neu und wurde hier neu erlebt."[1666]

Angesichts der zwischenzeitlich eingetretenen historischen Wirklichkeit nahm *Höhn* nur eine anpassende Korrektur vor. Im „Jungdeutschen Staatsvorschlag" war neben der Frontkriegsgeneration noch die Jugendbewegung in den Bünden Begründerin der „Volksgemeinschaft".[1667] In der Frontgemeinschaft, so *Höhn* damals, hätten sich die „Jungen aus dem Bürgertum", inspiriert durch einen dort lebendigen Gemeinschaftsgeist, gewandelt. Nunmehr würden sie zusammen mit dem durch diesen Mythos angezogenen Nachwuchs der Nachkriegsgeneration ihre Erfahrungen und Ideen über den Jungdeutschen Orden in „ein System" transportieren, „das in allen seinen Teilen den neuen Geist atmet".[1668] Nach der Machtergreifung erweiterte *Höhn* den Entstehungsprozess der „Volksgemeinschaft" sodann um die Anfangszeit der nationalsozialistischen Bewegung, die zusätzlich die Jugend als Trägerin

1664 Hermand, Der alte Traum vom neuen Reich, S. 227.
1665 Höhn, Der bürgerliche Rechtsstaat und die neue Front, S. 38.
1666 Höhn, Reich – Großraum – Großmacht, S. 168.
1667 Höhn, Der bürgerliche Rechtsstaat und die neue Front, S. 38.
1668 Höhn, Der bürgerliche Rechtsstaat und die neue Front, S. 99.

des Gemeinschaftsgeistes ersetzte. Die Vitalisierung des Gemeinschaftsgedankens erfolgte fortan also nicht mehr allein durch die Frontgemeinschaft, sondern auch durch den Kampf der nationalistischen Bewegung:

> „Diese neue Gemeinschaftsauffassung geht von einem neuen Erleben aus, das sich für das deutsche Volk am Weltkriegserlebnis entzündet hat und in der nationalistischen Bewegung seine politische Ausprägung erhielt."[1669]

Oder:

> „Dieses Reich der Volksgemeinschaft ist geschaffen mit dem Blut der Frontsoldaten und mit dem Blut der Opfer der nationalsozialistischen Bewegung."[1670]

Dieser inhaltlichen Kontinuität unter Berücksichtigung anpassender Modifikationen standen deutliche Veränderungen in *Höhns* Begriffsverständnis gegenüber, welche die Unterschiede zwischen seinem Frühwerk und der „Volksgemeinschaftslehre" und damit zugleich seinen ideologischen Entwicklungsprozess dokumentieren.

Die entscheidendste Wandlung ist hier die Aufnahme und sukzessive Hervorhebung des nationalsozialistischen Rasseprinzips als konstitutivem Identitätsmerkmal der „Volkgemeinschaft". Zwar definierte *Höhn* das „Volk" respektive die „Volksgemeinschaft" bereits in seinen pseudowissenschaftlichen Schriften antiformalistisch durch geistige und deskriptive Merkmale, doch wurde die biologische Rasse gerade nicht als physische Voraussetzung für die Entstehung von Gemeinschaft betrachtet. Ganz im Gegenteil stellte die Einführung der Nachbarschaft als Gliederungsinstrument und darüber hinaus als Erzeuger von Gemeinschaft sogar die Abkehr von der Familie und Sippe als ursprünglich kleinster Zelle des Gemeinschaftslebens dar.[1671] Nicht mehr die Blutsverwandtschaft, sondern der Raum diente unabhängig von Rasse, Stand oder Herkunft als maßgeblicher Gemeinschaftsfaktor,[1672] womit biologische Identitätskriterien vollkommen abgelehnt wurden. Stattdessen operierte der Staat selbst und nicht die Rasse als Erzeuger von Gemeinschaft, indem er das Volk in Nachbarschaften untergliedert und innerhalb der Nachbarschaften durch staatliche Schulung ein vollendetes Staatsbürgertum mit gleichen Rechten und Pflichten herausbildet.[1673] Diese Betonung des Staates war Ausdruck eines Etatismus, der kennzeichnend für die konservativ-revolutionären Staatsvorstellungen war.[1674] Entsprechend sollte in der Jungdeutschen Staatsidee der Staat auch nicht überwunden, sondern zur Gemeinschaft umgestaltet werden. Die angestrebte organische „Volksgemeinschaft" konzentrierte sich im Staat als Organisationsform.

1669 Höhn, Volk, Staat und Recht, S. 4.

1670 Höhn, Reich – Großraum – Großmacht, S. 169.

1671 Mahraun, Das Jungdeutsche Manifest, S. 96 f.

1672 Höhn, Der bürgerliche Rechtsstaat und die neue Front, S. 103.

1673 Höhn, Staatsbürgerliche Bildsamkeit, S. 512.

1674 Pfahl-Traughber, „Konservative Revolution" und „Neue Rechte", S. 53.

Nach der Machtergreifung vollzieht *Höhn* dann eine vollkommene Kehrtwende und passt sich erstaunlich schnell an die nunmehr herrschende Weltanschauung und Rechtsideologie der Nationalsozialisten an. Schon in der kurz nach Beginn des Dritten Reichs veröffentlichten Schrift „Vom Wesen der Gemeinschaft" wird dieser Annäherungsprozess deutlich. Der Abhandlung kommt in gewisser Hinsicht der Charakter eines Übergangswerkes zu, weil einerseits vorherige Positionen aufgegeben werden, während in Anlehnung an die NS-Rechtsideologie bestimmte Kernelemente erstmalig auftauchen, ohne dass *Höhns* spätere Staatstheorie im Detail erkennbar wird. Hier betont *Höhn* zum ersten Mal „die ungeheure Bedeutung der Rasse und des Blutes für die Gemeinschaftsbildung"[1675] und erklärt das rassische Zuchtideal zum Hochziel der angestrebten „Volksgemeinschaft".[1676] Gleichzeitig wird der Begriff aber auch noch durch politische Merkmale wie Sprache und Kultur bestimmt, obschon sie der Rasse untergeordnet werden. Auf den Terminus der Nachbarschaft verzichtet *Höhn* dagegen völlig,[1677] da dieser aufgrund der politischen Verfolgung *Artur Mahrauns* und des Jungdeutschen Ordens negativ belegt und als Gemeinschaftskonstrukt mit dem nationalsozialistischen Rassengedanken nicht vereinbar war.

In den folgenden Abhandlungen *Höhns* wurde die Rasse dann zur zwingenden Bedingung und Gewähr der „Volksgemeinschaft", bis der Begriff zuletzt nur noch mit „Artgemeinschaft des Volkes" beschrieben wurde.[1678] Die „Volksgemeinschaft" wurde dadurch im Wesentlichen auf die biologische Rasse als entscheidendstes Identitätsmerkmal reduziert. *Höhn* hatte somit ein besonders vitalistisches Begriffsverständnis entwickelt. Nachdem er vor der Machtergreifung noch auf jegliche völkisch-rassische Voraussetzungen verzichtet hatte, war die Rasse nunmehr neben dem Gemeinschaftgeist zum alleinigen Identitätsmerkmal geworden. Die inklusive Ausrichtung der „Volksgemeinschaft" im „Jungdeutschen Staatsvorschlag" wurde folglich durch eine exklusive Inhaltsbestimmung ersetzt.

Zu diesem „vitalistischen Ansatz" passen die von *Höhn* propagierte Positivierung des Volksgemeinschaftsbegriffs zum rechtlichen Grundprinzip sowie die Ersetzung der juristischen Staatsperson durch die „Volksgemeinschaft" bei gleichzeitiger Degradierung des Staates zum Apparat. Wurden Staat und „Volksgemeinschaft" zuvor nur gleichgesetzt, ersetzte die „Volksgemeinschaft" jetzt den Staat als Organismus.

1675 Höhn, Vom Wesen der Gemeinschaft, S. 9.

1676 Ebenda, S. 27.

1677 Nach der Machtergreifung hatte das „Jungdeutsche Manifest" keinerlei Bedeutung mehr im politischen oder gar wissenschaftlichen Diskurs. In der Zeit des Nationalsozialismus nahm zunächst nur noch Höhns Lehrer F.W. Jerusalem kurz Bezug auf das Modell der Nachbarschaften (Jerusalem, Gemeinschaft und Staat, S. 28), bevor sich erst gegen Ende des Dritten Reichs ein weiteres und zudem äußerst kritisches Werk mit dem „Jungdeutschen Staatsvorschlag" befasste (Lehmann, Volksgemeinschaft aus Nachbarschaften, Eine Volkskunde des deutschen Nachbarschaftswesens, Prag 1944).

1678 Höhn, Reich – Großraum – Großmacht, S. 169.

Der Staat wurde fortan bloß als Organisation verstanden. Während der irrationale Begriff der „Volksgemeinschaft" in den Mittelpunkt rückte, wurde der Staat soweit verdrängt, dass aus der früher angestrebten Einheit von Volk und Staat nunmehr der Vorrang des Volkes gegenüber dem Staat wurde. Die Erhöhung von „Volk" und „Volksgemeinschaft" führte zur vollständigen Entwertung des Staatsbegriffs, so dass der zuvor noch erkennbare Etatismus durch einen völkischen „Vitalismus" abgelöst wird.

(2) Der Begriff des „Führers"

Als nächstes sollen die konkreten inhaltlichen Veränderungen des Führerbegriffs in *Höhns* Werken unter Berücksichtigung der allgemeinen terminologischen Entwicklung untersucht sowie etwaige Veränderungen oder Gemeinsamkeiten herausgearbeitet werden.

(a) Der Führerbegriff im „Jungdeutschen Staatsvorschlag"

Der Begriff des „Führers" bei *Höhn* vor der nationalsozialistischen Machtergreifung entsprach vollkommen dem Kurführer des „Jungdeutschen Staatsvorschlages". Da sich auch das Kurführertum an der organisatorischen Struktur des Jungdeutschen Ordens orientierte, war das theoretische Führermodell wiederum nur die Nachbildung dieses tatsächlich praktizierten Systems. Aufgrund der Deckungsgleichheit beschränkte sich die begriffliche Inhaltsbestimmung hier auf die Wiedergabe eines antidemokratisch geprägten bündischen Führerverständnisses.

Besonders deutlich wird diese Anlehnung in der Führerwahl. Gewählt wurde der Führer von der Nachbarschaft beziehungsweise dem jeweils übergeordneten Kapitel auf unbestimmte Zeit.[1679] Die Größe der Nachbarschaft als kleinster autonomer Zelle der „Volksgemeinschaft" war durch die Forderung begrenzt, dass eine persönliche Verbundenheit zwischen Führer und Geführten entstehen könne,[1680] um eine auf Anerkennung und Vertrauen beruhende Führerschaft gleich der eines Bundes zu gewährleisten.[1681] Der Führer sollte in die „Herzen seiner Geführten" eindringen können, um „durch eine liebevolle, gerechte, peinliche und fürsorgliche Tätigkeit tiefinnerliche Bindungen zwischen sich und den Seinen herzustellen".[1682] Gelang ihm das nicht, konnte er seine Führerstellung gemäß bündischer Tradition unverzüglich verlieren, sofern seine Gefolgschaft ihm das entgegengebrachte Vertrauen wieder entzog.[1683] Das Erfordernis der Wahl durch die Staatsbürger sollte dabei zwar die Wahrung des demokratischen Prinzips sichern,[1684] weshalb das

1679 Höhn, Der bürgerliche Rechtsstaat und die neue Front, S. 113.
1680 Die festgeschriebene Grundzahl benachbarter Staatsbürger sollte dementsprechend bei etwa fünfhundert liegen (Mahraun, Das Jungdeutsche Manifest, S. 97).
1681 Hellfeld, Bündische Jugend und Hitlerjugend, S. 34 und S. 57 f.
1682 Mahraun, Das Jungdeutsche Manifest, S. 121.
1683 Höhn, Der bürgerliche Rechtsstaat und die neue Front, S. 113.
1684 Mahraun, Der Jungdeutsche Staatsvorschlag, S. 119.

Jungdeutsche Führermodell von *Höhn* auch als „Verwirklichung eines Führertums in der Demokratie" bezeichnet wurde.[1685] Tatsächlich wurde das demokratische Mitwirkungsrecht durch die Bestätigung im Rahmen der Kur, das im Umkehrschluss obendrein die Möglichkeit der Absetzung des gewählten Führers durch den Vertrauensentzug des oberen Führers beinhaltete,[1686] deutlich beschränkt, so dass eher von einer Suggestion demokratischer Souveränität gesprochen werden kann.[1687] Unterstrichen wurden diese antidemokratischen Tendenzen im „Jungdeutschen Staatsvorschlag" noch durch das Konstrukt der Einsetzung: Für den Fall, dass sich das wahlberechtigte Kapitel und der bestätigende Kurführer nicht auf einen Führer einigen konnten, trat „das Recht des übergeordneten Führers auf eine zeitlich begrenzte Einsetzung in Kraft", womit „der den Staat vertretende Kurführer die Wahl auf eine bestimmte Zeit ... aussetzen" konnte.[1688]

Damit stimmte der Führerbegriff im „Jungdeutschen Staatsvorschlag" im Wesentlichen mit einem antidemokratischen Führerverständnis überein, das sich in der Weimarer Republik im rechten Sammelbecken expansiv verbreitete, als Kernelement der ideologischen Grundsubstanz etablierte und gerade auch in den Bünden lebendig war.[1689] Hatte der Bund oder Wehrverband durch seine organisatorische Ausgestaltung ohnehin schon eine führerzentrierte und damit antidemokratische Struktur,[1690] folgte nunmehr die theoretische Dokumentation dieser Gesinnung. Intention dieser Führermodelle war dabei eben gleichermaßen dem als gemeinschaftsfeindlich abgelehnten Partikularismus der Parteiendemokratie eine organisch aus der Gefolgschaft herausgewachsene Führereinzelperson als einheitsstiftende Integrationspersönlichkeit entgegenzusetzen.[1691]

Der Beitrag *Höhns* zum Jungdeutschen Führer lag dabei weniger in der konkreten Ausformung oder Darstellung des Inhalts als vielmehr in der wissenschaftlichen Begründung der Führergewalt. Analog zum antidemokratischen Wahlverfahren verfügte der Führer im „Jungdeutschen Staatsvorschlag" nämlich auch über eine besondere Machtfülle. Faktisch führte die Kur zu einem politischen Einkammersystem

1685 Höhn, Der bürgerliche Rechtsstaat und die neue Front, S. 113.
1686 Mahraun, Das Jungdeutsche Manifest, S. 137.
1687 Meinck, Weimarer Staatslehre und Nationalsozialismus, S. 67.
1688 Mahraun, Das Jungdeutsche Manifest, S. 137.
1689 Sontheimer, Antidemokratisches Denken, S. 268 ff.; Lepsius, Die gegensatzaufhebende Begriffsbildung, S. 85 ff. Pfahl-Traughber, „Konservative Revolution" und „Neue Rechte", S. 77; Fick, Die deutsche Jugendbewegung, S. 168 f.; Treziak, Deutsche Jugendbewegung am Ende der Weimarer Republik, S. 36; Mommsen, Das Trugbild der „nationalen Revolution", S. 23; Hellfeld, Bündische Jugend und Hitlerjugend, S. 57 f.
1690 Bracher, Die deutsche Diktatur, S. 770; Sontheimer, Antidemokratisches Denken, S. 269; Mommsen, Das Trugbild der „nationalen Revolution", S. 23; ders., Die Auflösung des Bürgertums seit dem späten 19. Jahrhundert, S. 16; Hering, Die Ideologie der Überparteilichkeit, S. 34 ff.
1691 Lepsius, Die gegensatzaufhebende Begriffsbildung, S. 92.

mit dem vom Reichsführer angeführten Reichskapitel als einziger gesetzgebender und exekutiver Körperschaft und folglich zur faktischen Aufhebung von Parlamentarismus und Gewaltenteilung. Der Führer besaß unbegrenzte Machtbefugnisse, während die Geführten nur eine Beratungsfunktion hatten. Die Entscheidungskompetenz lag „allein in der Hand des Führers",[1692] so dass seine Stellung stärker war „als die Stellung des Monarchen oder des Führers in irgendeiner anderen Staatsform":

> „Im System des Jungdeutschen Staatsvorschlags gibt es keine Mehrheits- oder Fraktionsbeschlüsse sowie ähnliche Erscheinungen des Parlamentarismus. Das in Staatsbürger gegliederte Volk wählt seinen Führer und dieser handelt. Stufenweise dringt der Wille des Volkes nach oben."[1693]

Somit lief der Jungdeutsche Volksstaat auf einen autoritären Führerstaat hinaus. Durch die Konzentration der Staatsgewalt in einer Führerpersönlichkeit verlor gleichzeitig das Nachbarschaftsmodell als Fundament des „Jungdeutschen Staatsvorschlags" erheblich an Bedeutung, während das Führertum als tatsächliches Wesensmerkmal in den Vordergrund rückte.[1694]

Diese entgrenzte Führergewalt wurde bei *Höhn* durch die konstruierte Identität von Führer und Gefolgschaft gerechtfertigt, was wiederum einem bündischen Führerverständnis, wonach der Führer die Personifizierung der Gefolgschaft des Bundes darstellen sollte,[1695] entsprach. Die integrative Wirkung des Kursystems hätte zu einer Homogenisierung des Volkswillens geführt, der schließlich organisch von unten nach oben dränge, wo er sich im Reichsführer konzentriere. „Volk und Führer", so *Höhn*, würden „hier zu einer lebendigen Einheit verbunden".[1696]

Der Ursprung dieses Rechtfertigungsmodells lag in der sogenannten „Identitätslehre" *Carl Schmitts*. Spiegelbildlich zur ideellen Destruktion der parlamentarischen Demokratie postulierte *Schmitt* einen Demokratiebegriff, der Repräsentationsgrundsatz und Pluralismus negierte. Gemäß *Schmitt* erforderte eine echte Demokratie die Einheit von Regierung und regiertem Volk:

> „Demokratie (als Staatsform wie als Regierungs- oder Gesetzgebungsform) ist Identität von Herrscher und Beherrschten, Regierenden und Regierten, Befehlenden und Gehorchenden."[1697]

Zwingende Voraussetzung für eine Demokratie, so *Schmitt*, sei nunmehr Homogenität:

1692 Höhn, Der Staatsaufbau im Jungdeutschen Manifest, S. 216.
1693 Höhn, Der bürgerliche Rechtsstaat und die neue Front, S. 113.
1694 Meinck, Weimarer Staatslehre und Nationalsozialismus, S. 67.
1695 Fick, Die deutsche Jugendbewegung, S. 168 f.; Treziak, Deutsche Jugendbewegung am Ende der Weimarer Republik, S. 36.
1696 Höhn, Der bürgerliche Rechtsstaat und die neue Front, S. 110.
1697 Schmitt, Verfassungslehre, S. 234.

„Zur Demokratie gehört ... notwendig erstens Homogenität und zweitens – nötigenfalls – die Ausscheidung oder Vernichtung des Heterogenen ... Die politische Kraft einer Demokratie zeigt sich darin, daß sie das Fremde und Ungleiche, die Homogenität Bedrohende zu beseitigen oder fernzuhalten weiß."[1698]

Diesem identitären Demokratieverständnis entsprechend zeichnete sich das demokratische Prinzip allein durch die Gleichheit aus, während der Grundsatz der Freiheit an Bedeutung verlor. Demzufolge war gerade der Weimarer Parlamentarismus genuin undemokratisch, da das Parlament durch die Partizipation von Partikularinteressen vertretenden Parteien einerseits über Kompromissbildungen heterogene Mindermeinungen berücksichtige und zum anderen als Zwischeninstanz die Identität von Volk und exekutiver Regierung verhindere.[1699]

Schmitt lehnte nicht das Prinzip der Demokratie als solches ab, sondern nur speziell die parlamentarische Demokratie. Durch sein identitäres Demokratieverständnis interpretierte er den originären Begriff der Demokratie um, woraus – resultierend vor allem durch das ausgrenzende Homogenitätsgebot[1700] – eine antiliberale und insbesondere antipluralistische inhaltliche Bedeutungsverschiebung des Begriffs folgte.[1701] Als Gegenentwurf zum undemokratischen parlamentarischen Weimarer Parteienstaat bevorzugte *Schmitts* identitäres Demokratieverständnis als Konsequenz implizit eine antiparlamentarische cäsaristische Demokratie, was faktisch auf eine Demokratisierung der Diktatur hinauslaufen sollte. Schließlich, so *Schmitt*, könne das Volk anstelle der vielen Abgeordneten im Repräsentativsystem auch nur einen einzigen Vertrauensmann wählen, der fortan sämtliche Entscheidungen im Namen des Volkes treffen würde, ohne dabei gegen das demokratische Prinzip zu verstoßen.[1702] Denn:

„Es kann eine Demokratie geben, ohne das, was man Parlamentarismus nennt, und einen Parlamentarismus ohne Demokratie; und Diktatur ist ebensowenig der entscheidende Gegensatz zu Demokratie wie Demokratie der zu Diktatur."[1703]

Im Zuge der Bestrebung, den „Jungdeutschen Staatsvorschlag" wissenschaftlich zu rechtfertigen, übernahm *Höhn* die „Identitätslehre", um so die Substituierung des Parlamentarismus durch das Kurführertum zu legitimieren. Der Methodik *Schmitts*

1698 Schmitt, Die geistesgeschichtliche Lage des heutigen Parlamentarismus, S. 14.

1699 Pfahl-Traughber, „Konservative Revolution" und „Neue Rechte", S. 75. Schließlich, so Schmitt, liege „... sogar ein Widerspruch darin, daß das Parlament, als der erste Ausschuß (des Volkes) für die Dauer der Wahlperiode vom Volk unabhängig sein soll und nicht beliebig abberufbar ist, während die parlamentarische Regierung, der zweite Ausschuß, in jedem Augenblick vom Vertrauen des ersten Ausschusses abhängig bleibt und daher jederzeit abberufen werden kann" (Schmitt, Die geistesgeschichtliche Lage des heutigen Parlamentarismus, S. 42).

1700 Becker, Die Parlamentarismuskritik bei Carl Schmitt, S. 56 f.

1701 Pfahl-Traughber, „Konservative Revolution" und „Neue Rechte", S. 72 f.

1702 Schmitt, Die geistesgeschichtliche Lage des heutigen Parlamentarismus, S. 42.

1703 Ebenda, S. 41.

entsprechend unternahm auch *Höhn* zunächst den Versuch, den Sinngehalt des Demokratiebegriffs umzuinterpretieren, indem er der parlamentarischen Demokratie die „Uridee der Demokratie"[1704] des altgermanischen Volksstaates gegenüberstellte. Denn Demokratie, so *Höhn*, müsse „in ihrer richtigen, ihrer Urform verstanden werden und nicht in ihrem liberalen Charakter".[1705]

Die echte Demokratie der Germanen würde nunmehr Gleichheit im Sinne substantieller Homogenität und darauf basierend die Identität von Volk und Regierung respektive Führer erfordern.[1706] Dieses identitäre Demokratieverständnis übertrug *Höhn* sodann auf die „wahre Demokratie" der Volksgemeinschaft des „Jungdeutschen Staatsvorschlags" als Neubelebung des germanischen Staatsgeistes. Dort beruhe die Macht des untersten wie auch des obersten Führers „auf dem Volk selbst als Staatsbürger in der Volksgemeinschaft."[1707] Der Kurführer wuchs infolge eines organischen Ausleseprozesses als stärkste Gemeinschaftspersönlichkeit aus der Gemeinschaft heraus. Dabei sollte sich der Wille der Gemeinschaft in der Person des Führers als Teil und Ausdruck der Gemeinschaft konzentrieren, so dass die Entscheidungen des Führers letztendlich nur den Gemeinschaftswillen wiedergeben würden:

> „Das demokratische Element im Führer der Demokratie liegt darin, daß derjenige, der herrscht, aus den Beherrschten heraus entstanden ist, daß seine Herrschaftsfunktion auf dem Willen, dem Auftrag und dem Vertrauen derer, die beherrscht werden, beruht, daß die sich auf diese Weise selbst regieren."[1708]

Der Wille von Führer und Volk war mithin deckungsgleich, so dass der „Jungdeutsche Staatsvorschlag" die „Verwirklichung eines Führertums in der Demokratie" darstellte.[1709] Diese Identität legitimierte den entgrenzten Herrschaftsanspruch des Kurführers, denn „mit dem Vertrauen des Volkes", erlangt durch die einheitsstiftende Integrationskraft von Nachbarschaft und Kur, könne der „Führer alles machen".[1710]

(b) Höhns Führerbegriff im Nationalsozialismus

Dieser Führerbegriff soll nunmehr wiederum mit dem „Führer" in *Höhns* nationalsozialistischer Staatsrechtslehre verglichen werden. Die konkrete Begriffsbestimmung *Höhns* entsprach dabei erneut grundsätzlich dem allgemeinen terminologischen Verständnis im Nationalsozialismus, weshalb eine Gegenüberstellung mit dem in der NS-Rechtsideologie gebrauchten Begriff geboten ist.

1704 Höhn, Der bürgerliche Rechtsstaat und die neue Front, S. 33.
1705 Ebenda, S. 108.
1706 Ebenda, S. 109.
1707 Ebenda, S. 128.
1708 Ebenda, S. 109.
1709 Ebenda, S. 113.
1710 Ebenda, S. 109.

(α) Der „Führer" in der nationalsozialistischen Weltanschauung

Das Führerprinzip war sowohl ein entscheidendes Kernelement als auch der Ausgangspunkt des nationalsozialistischen Rechtsdenkens,[1711] ohne abermals jedoch ein originär nationalsozialistisches Konstrukt darzustellen. Entsprechend der absorptiven Offenheit der NS-Weltanschauung wurde das in der Weimarer Republik aufkommende antidemokratische Führerverständnis aufgenommen und einer Inhaltsveränderung unterzogen.[1712]

Eine Beschreibung, was Führung im Sinne des Nationalsozialismus fortan überhaupt sein sollte und wodurch sich das nationalsozialistische Führerverständnis konkret auszeichnete, gab die NS-Elite zunächst allerdings nicht.[1713] Eine erste Umschreibung des Führerprinzips versuchte *Hitler* zwar wiederum bereits in „Mein Kampf", doch vermied er den Terminus „Führer" und sprach ersatzweise von „Autorität" oder dem „Persönlichkeitsprinzip".[1714] So schrieb er:

> „Die beste Staatsverfassung und Staatsform ist diejenige, die mit natürlichster Sicherheit die besten Köpfe der Volksgemeinschaft zu führender Bedeutung und zu leitendem Einfluß bringt. ... Der Staat muß in seiner Organisation, bei der kleinsten Zelle der Gemeinde angefangen bis zur obersten Leitung des gesamten Reiches, das Persönlichkeitsprinzip verankert haben."[1715]

Und im NSDAP-Parteiprogramm von 1920 hieß es nur:

> „Zur Durchführung alles dessen fordern wir: Die Schaffung einer starken Zentralgewalt des Reiches. Unbedingte Autorität des politischen Zentralparlaments über das gesamte Reich und seine Organisationen im allgemeinen."[1716]

Nach der Machtergreifung propagierten die Nationalsozialisten sodann die Einführung des „Führers" als staatstheoretisches Rechtsprinzip. Doch verzichtete das NS-Regime nach wie vor auf die inhaltliche Ausgestaltung. Ebenso wurden eine gesetzliche Fixierung oder die Schaffung einer verfassungsmäßigen Rechtsgrundlage willentlich unterlassen. Weder in späteren Gesetzen und Rechtsverordnungen noch in amtlichen Verlautbarungen findet sich eine konzeptionelle Ausgestaltung des Führerprinzips.[1717] Die Folge des Verzichts auf eine positiv-rechtliche Bestimmung

---

1711 Rüthers, Die Ideologie des Nationalsozialismus, S. 22; Willoweit, Deutsche Verfassungsgeschichte, S. 391; Frotsch/Pieroth, Verfassungsgeschichte, S. 320, Rn. 596.

1712 An der Entwicklung dieses antidemokratisch konnotierten Führerbegriffs des rechten Spektrums der Weimarer Republik hatten die Nationalsozialisten trotz der politisch-ideologischen Zugehörigkeit keinen erwähnenswerten Anteil (Laux, Führung und Verwaltung in der Rechtslehre des Nationalsozialismus, S. 37).

1713 Laux, Führung und Verwaltung in der Rechtslehre des Nationalsozialismus, S. 47.

1714 Hitler, Mein Kampf, S. 144, S. 498 f. und S. 500 f.

1715 Ebenda, S. 500 f.

1716 Punkt 25 des NSDAP-Parteiprogramms vom 24. Februar 1920.

1717 In der Gesetzgebung deutete sich das Führerprinzip schon im „Ermächtigungsgesetz" vom 24. März 1933 an, wenngleich eine Konzentration der Gewalten hier

war die Offenheit und Auslegungsbedürftigkeit des Führerbegriffs. Der „Führer" blieb ein unbestimmter Rechtsbegriff ohne gesetzliche Beschränkungen, womit er dem Interesse der Nationalsozialisten an der Verschleierung ihres Herrschaftsanspruchs und einem beliebig beugbaren und auslegbaren Recht entsprach.[1718]

(β) Das Führerprinzip in der NS-Rechtsideologie

Stattdessen oblag auch die rechtliche Übersetzung und Aufarbeitung des Führerprinzips der Staatsrechtslehre, die sich fortan intensiv mit der juristischen Erfassung des Begriffs beschäftigte,[1719] so dass es sich vor allem durch programmatische Reden und rechtswissenschaftliches Schrifttum erschloss. Aufgrund der Konturlosigkeit des politisch-ideologischen Führerbegriffs vermochte es aber auch die Staatsrechtslehre nicht, ein gleichförmiges und abgeschlossenes System mit einer einheitlichen technisch-juristischen Definition zu entwickeln. *Höhn* beschrieb den Führer etwa mit der Leerformel „stärkste Gemeinschaftspersönlichkeit"[1720] und erläuterte Führung schlicht mit richtunggebend vorangehen.[1721] Noch deutlicher

---

noch auf die Reichsregierung erfolgte und auch der Wortlaut keinen Hinweis auf einen Führer gab. Dies änderte sich durch das „Gesetz über das Staatsoberhaupt des Deutschen Reiches" vom 1. August 1934. Gemäß § 1 des Gesetzes wurden das Amt des Reichskanzlers und das des Reichspräsidenten in der Person des „Führers und Reichskanzlers" Adolf Hitler vereinigt, so dass nunmehr die drei Gewalten auch formell in die Hand des Führers gelegt wurden (Schneider, Die SS und „das Recht", S. 56 f.).

1718 Schneider, Die SS und „das Recht", S. 55; Majer, Grundlagen des nationalsozialistischen Rechtssystems, S. 85.

1719 Der antiparlamentarische und antipluralistische Führerbegriff hatte zwar auch auf die Staatsrechtslehre in der Weimarer Republik ausgestrahlt (vergleiche etwa Binder, Führerauslese in der Demokratie, S. 51 und S. 61 ff.), jedoch wurde eine inhaltliche Rezeption vor 1933 nur in einem sehr begrenzten Umfang vollzogen (Lepsius, Die gegensatzaufhebende Begriffsbildung, S. 93). In der Staatsrechtslehre vor der Machtergreifung war, bedingt durch die weit verbreitete Ablehnung des Parlamentarismus, allenfalls am Rande eine wissenschaftliche Auseinandersetzung über den Führerbegriff und seinen Bedeutungsinhalt entbrannt. Im Vordergrund der Diskussion standen vor allem, ob das Volk in einem demokratischen Staat durch ein Parlament oder einen Führer respektive eine Führerelite herrschen sollte und wie demokratische Wahl- und Ausleseverfahren gestaltet werden sollten, um eine ideale Herrschaftsausübung zu gewährleisten. Während antidemokratische Führertheorien überwiegend cäsaristische Führermodelle anstelle der modernen Verfassungswirklichkeit favorisierten, verstanden die demokratischen Staatsrechtslehrer Führung vornehmlich als eine bestimmte Herrschaftsform innerhalb der parlamentarischen Demokratie, die von mehreren Personen ausgeübt werden sollte (Groh, Demokratische Staatsrechtslehrer in der Weimarer Republik, S. 191 f. und S. 193).

1720 Höhn, Volk, Staat und Recht, S. 8.

1721 Höhn, Der Führerbegriff im Staatsrecht, S. 298.

wird die Kapitulation der Staatsrechtslehre vor begrifflicher Eindeutigkeit bei *Carl Schmitt*, für den es bezeichnend war, „dass überhaupt jedes Bild versagt".[1722] Demnach verbanden ausgerechnet dieses Scheitern und die daraus resultierende terminologische Unbestimmtheit die unterschiedlichen Begriffsbestimmungen in der Staatsrechtslehre.

Nichtsdestotrotz wurde der Führer wie bei *Höhn* zu einem zentralen Begriff der nationalsozialistischen Staatsrechtslehre.[1723] Und obwohl sich der Führerbegriff auch hier primär durch Deutungsoffenheit auszeichnete, gab es in Bezug auf Ausmaße der verfassungsrechtlichen Kompetenzen des Führers und deren Legitimation zumindest einen Minimalkonsens,[1724] der sich auch in der „Volksgemeinschaftslehre" *Höhns* wiederfand. So herrschte einerseits Einigkeit hinsichtlich einer Absolutheit der Führergewalt. Zudem war es Konsens, dass die „Volksgemeinschaft" funktional als ungeschriebene Legitimationsquelle des Führers und damit gleichermaßen zur Verschleierung der diktatorischen Führergewalt dienen sollte.

(i) Die Vereinigung der Staatsgewalt im Führer

Das wichtigste gemeinsame Kennzeichen des nationalsozialistischen Führerprinzips neben der Unbestimmtheit war die „Verabsolutierung" der Führergewalt.[1725] Der Führer wurde als Inhaber „verfassungstranszendente[r] Gewalt" interpretiert.[1726] In der Person des Führers konzentrierte sich eine unbegrenzte Macht. Er besaß eine absolute Gewalt und sein Wille hatte Gesetzesrang,[1727] womit der Führer selbst Exekutive, Legislative und Judikative in sich vereinte und die rechtsstaatliche Gewaltenteilung faktisch aufgehoben wurde.[1728] Die dreiteilige Staatsgewalt sollte dabei nicht in der Person des Führers zu einer Gewalt verschmelzen, sondern unter dem Führer vereinigt werden.[1729] Das nationalsozialistische Führerprinzip war somit der Gegenentwurf zum gewaltenteiligen Verfassungsstaat der Weimarer Republik. Zudem unterlag der Führer keinen Kontroll- oder Sicherungsmechanismen, was ihm quasi eine übergesetzliche Stellung verlieh.[1730] Mit einem traditionellen Führerverständnis, welches sich durch Pflichten gegenüber der Gefolgschaft sowie rechtliche,

---

1722 Schmitt, Staat, Bewegung, Volk, S. 42.

1723 Krüger, Führer und Führung, S. 6; Schmidt, Staat, Bewegung und Volk, S. 36; Heckel, Staats-, Verwaltungs- und Kirchenrecht im Dritten Reich, S. 18.

1724 Dreier, Die deutsche Staatsrechtslehre in der Zeit des Nationalsozialismus, S. 46 ff.; Pauly, Die deutsche Staatsrechtslehre in der Zeit des Nationalsozialismus, S. 87.

1725 Mayer, „Fremdvölkische" im Dritten Reich, S. 43.

1726 Kägi, Verfassung als rechtliche Grundordnung, S. 100.

1727 Huber, Die Einheit der Staatsgewalt, S. 950 ff.; ders., Verfassungsrecht, S. 237; Becker, Diktatur und Führung, S. 30; Koellreutter, Quellen des nationalsozialistischen Staatsrechts, S. 7.

1728 Schneider, Die SS und „das Recht", S. 54.

1729 Schefer, Führergewalt statt Gewaltenteilung, S. 95.

1730 Majer, Grundlagen des nationalsozialistischen Rechtssystems, S. 82 f.

moralische oder religiöse Beschränkungen auszeichnete, hatte das nationalsozialistische Führerprinzip damit nichts mehr gemein.[1731]

(ii) Die „Volksgemeinschaft“ als Legitimationsquelle der absoluten Führergewalt

Diese grenzenlose Führergewalt wurde durch eine imaginäre Verknüpfung mit der „Volksgemeinschaft“ gerechtfertigt. Während das Rasseprinzip den rechtlichen Inhalt der nationalsozialistischen „Volksgemeinschaft“ darstellte, lag die juristische Funktion des Volksgemeinschaftsbegriffs somit in der Ausgestaltung als Legitimationsinstrument des totalitären nationalsozialistischen Führerprinzips.[1732]

Die „Volksgemeinschaft“ wurde dabei als Legitimationsquelle und Ermächtigungsgrundlage des Führers und der Vereinigung aller Machtbefugnisse in der Person des Führers benutzt, ohne in der Verfassung verankert zu werden. Die Legitimation der unbegrenzten Macht des Führers erfolgte also nicht aus dem Gesetz, sondern wurde durch einen konstruierten Umkehrschluss aus der „Volksgemeinschaft“ legitimiert, die mithin als „fiktive Basis“ der Führergewalt diente.[1733]

Ausgangspunkt dieser Logik nationalsozialistischen Rechtsdenkens war in Anlehnung an *Carl Schmitts* Identitätslehre die Einheit von Volk und Führer.[1734] Der Führer war ein Teil der „Volksgemeinschaft“ und ging infolge eines organischen Ausleseprozesses aus ihr hervor. Er wurde weder gewählt noch bestätigt. Der nationalsozialistische Führer machte sich quasi selbst zum Führer, indem er aus der Gefolgschaft nach vollkommen irrationalen Regeln herauswächst. Die „Volksgemeinschaft“ wurde dabei aber nicht durch einen außerhalb stehenden Führer repräsentiert, da sonst die Möglichkeit eines Auseinanderfallens des Willens von Volk und Führer bestünde. Vielmehr konzentrierte sich der homogene Wille der „Volksgemeinschaft“ in ihrem Führer, der Träger und zugleich Ausdruck dieses Willens war.[1735] Die Herstellung dieser Identität erfolgte nicht durch eine Beteiligung des Volkes, sondern abermals durch den Führer selbst. Folglich war jede

---

1731 Mayer, „Fremdvölkische“ im Dritten Reich, S. 40 und S. 43.

1732 Damit unterschied sich das Begriffsverständnis wesentlich von der Gemeinschaft der Germanen, deren Wiederbelebung durch das Dritte Reich von den Nationalsozialisten propagiert wurde. Während die nationalsozialistische „Volksgemeinschaft“ nur die fiktive Legitimationsgrundlage des Führers war, stand bei den Germanen tatsächlich die Gemeinschaft, verkörpert vor allem in der Familie, Sippe oder Stammesgefolgschaft, im Vordergrund (Majer, Grundlagen des nationalsozialistischen Rechtssystems, S. 120).

1733 Majer, Grundlagen des nationalsozialistischen Rechtssystems, S. 119.

1734 Majer, Grundlagen des nationalsozialistischen Rechtssystems, S. 118.

1735 Ebenda, S. 118. So eben auch Höhn: Höhn, Der Führerbegriff im Staatsrecht, S. 297; ders., Rechtsgemeinschaft und Volksgemeinschaft, S. 74; ders., Vom Wesen der Gemeinschaft, S. 16 f. Vergleiche ferner: Sauer, Schöpferisches Volkstum als national- und weltpolitisches Prinzip, S. 2; Huber, Reichsgewalt und Reichsführung, S. 534; Ule, Herrschaft und Führung im nationalsozialistischen Recht, S. 214 ff.

Form von Willensbildung obsolet, „da der einheitliche nationale Wille jederzeit konkret in Führer und Bewegung lebendig und wirksam ist".[1736] Aufgrund dieser erdachten Deckungsgleichheit konnte der Führer auch nicht gegen die Interessen des Volkes handeln, womit gleichermaßen der Ausschluss einer Diktatur begründet wurde. Da der Führer Teil der Volksgemeinschaft war, handelte er ausschließlich in ihrem Sinne.

Die Herrschaftsgewalt des Führers wurde nicht durch einen formellen Akt gerechtfertigt, sondern durch einen spirituell-irrationalen Vorgang. Der Führer erhielt die unbegrenzte Macht, weil er den Willen der „Volksgemeinschaft" in sich vereinigte, was wieder mit der Macht des Führers begründet wurde. Folglich hatte der Führer die Macht, da er die Macht eben hat, was zu einem „primitiven Existentialismus" führte.[1737]

Insofern konnten auch die Auswahl respektive die Entstehung des Führers auch im vagen oder besser gleich im auslegungsfähigen Irrationalen bleiben, solange sie letztlich als Legitimationsgrundlage der unbeschränkten Machtfülle dienten. Begrenzt war die Offenheit der Art und Weise ohnehin dadurch, dass jeder theoretische Ausleseprozess zwangsläufig auf den faktisch herrschenden Führer, nämlich *Adolf Hitler*, hinauslaufen musste. Dieser, so auch *Höhn*, war als quasi geborene Führerpersönlichkeit für die Stellung des Führers natürlich so vorgesehen wie prädestiniert. *Hitler* sei schließlich „zweifach als Führer verwurzelt". Als Führer des Frontsoldatentums, an deren Gemeinschafterleben er durch das Fronterlebnis im Ersten Weltkrieg mitgewirkt hatte,[1738] und für alle anderen als „der große Vermittler des Gemeinschaftsgedankens".[1739]

Letztendlich wurde der Begriff der „Volksgemeinschaft" aufgrund seiner positiven Wirkungskraft damit zu einem semantischen Platzhalter sowohl für das nationalsozialistische Führerprinzip als auch den NS-Rassegedanken, welche quasi in die „Volksgemeinschaft" hineingelesen wurden.

(γ) Kontinuität: Die intellektuelle Vorbereitung des nationalsozialistischen Führerprinzips

Grundsätzlich zeichnete sich die inhaltliche Entwicklung des Führerbegriffs bei *Höhn* sowohl durch Veränderungen als auch durch bestimmte Kontinuitäten aus.

1736 Demokratische Wahlverfahren oder Volksabstimmungen dienten wie auch bei Höhn nur noch als informelle Bestätigung des Führerwillens (Huber, Verfassungsrecht, S. 217 ff.).

1737 Majer, Grundlagen des nationalsozialistischen Rechtssystems, S. 86.

1738 Dieser auch von der NS-Propaganda verbreitete Mythos von Hitler als Kriegsheld war eine strategische Übertreibung. Tatsächlich hat Hitler im Ersten Weltkrieg wohl nur an einer Kampfhandlung teilgenommen und war ansonsten Meldegänger in der Etappe (Vgl. hierzu etwa Weber, Hitlers erster Krieg, Der Gefreite Hitler im Weltkrieg – Mythos und Wahrheit, S. 63 ff.).

1739 Höhn, Vom Wesen der Gemeinschaft, S. 17.

Nach wie vor wurde das Führertum als antithetischer Gegenentwurf zum Parlamentarismus betont und immer diente der altgermanische Führer als historisches Vorbild. Ebenso sollte der Führer weiterhin organisch aus seiner Gefolgschaft herauswachsen, wobei Wahlen nunmehr nur noch einen deklaratorischen Charakter hatten, während das Volk im „Jungdeutschen Staatsvorschlag" zumindest an der Wahl des untersten Führers noch unmittelbar beteiligt war. Des Weiteren liefen beide Modelle auf ein Ein-Personen-Führertum hinaus, in dem sich die gesamte Staatsgewalt im Führer konzentrierte.

Beinhaltete das System der Kur hingegen immerhin noch ein demokratisches Wahlverfahren und behielt die Nachbarschaft durch das Instrument der Nachbarschaftsabstimmung zumindest einen Rest an Mitbestimmungsrechten, so wurden diese ohnehin allenfalls rudimentär vorhandenen Regulierungsmechanismen ersatzlos gestrichen. Wahlen hatten in der „Volksgemeinschaftslehre" nur noch den Charakter von unverbindlichen Volksbefragungen.

Die inhaltlichen Neuerungen waren in erster Linie das Resultat eines veränderten Bezugspunktes. Nicht mehr der Jungdeutsche Orden mit seinem Kurführertum stand als organisatorisches Vorbild im Zentrum, sondern das auf *Adolf Hitler* zugeschnittene Führerprinzip der NS-Rechtsideologie. Diese Radikalisierung war damit das Resultat eines Anpassungsprozesses. Hatte sich der Führeraufbau im „Jungdeutsche Staatsvorschlag" an die Organisationsstruktur des Jungdeutschen Ordens unter Berücksichtigung bündisch-völkischer Ideologeme angelehnt, entsprach *Höhns* Staatsrechtslehre im Dritten Reich in ihren wesentlichen Grundzügen der nationalsozialistischen Weltanschauung.

Die entscheidendste Gemeinsamkeit zwischen der „Volksgemeinschaftslehre" und *Höhns* Frühwerk war die Legitimation einer verabsolutierten Führergewalt mittels der Herstellung einer imaginären Identität von Führer und Gefolgschaft. In beiden staatstheoretischen Modellen sollte der Führer infolge eines organischen Ausleseprozesses als stärkste Gemeinschaftspersönlichkeit aus der Gemeinschaft herauswachsen. Der Unterschied bestand nur darin, dass der oberste Führer im „Jungdeutschen Staatsvorschlag", der Reichsführer, den Weg zur unbegrenzten Macht über die stufenweise Auswahl mit der Kur als Korrektiv gehen musste, während der Führer in der „Volksgemeinschaftslehre" unmittelbar, ohne Zwischenschritte, aus der Gemeinschaft herauswachsen sollte.

Dabei sollte sich in beiden Führermodellen der Wille der Gemeinschaft in der Person des Führers als Teil und Ausdruck der Gemeinschaft konzentrieren, so dass die Entscheidungen des Führers letztendlich nur den Gemeinschaftswillen wiedergeben würden. Der Wille von Führer und Volk war mithin deckungsgleich. Mit dieser erdachten Identität konnte *Höhn* die besondere Machtfülle des Führers im Jungdeutschen Volksstaat und der „Volksgemeinschaft" legitimieren. Beide Führerbegriffe zeichneten sich durch eine umfassende Machtkonzentration und den Verzicht auf Kontrolle aus, wenngleich *Höhn* die völlige Entgrenzung der Führermacht nach der Machtergreifung offener heraus- und darstellte. *Höhn* konnte also die auf das identitäre Demokratieverständnis *Carl Schmitts* zurückgehende Begründung der Führergewalt im „Jungdeutschen Staatsvorschlag" ohne Korrekturen in seine

„Volksgemeinschaftslehre" transportieren. Denn tatsächlich war gerade *Schmitts* Identitätslehre auch das maßgebliche Argumentationsmuster für die Verbindung von Führer und „Volksgemeinschaft" in der nationalsozialistischen Rechtsideologie. Entsprechend können die Vertreter dieser Lehre, und somit auch *Höhn* als Mittler, als „intellektuelle Wegbereiter der Diktatur" des NS-Regimes bezeichnet werden.[1740]

(3) Fazit

Ein Vergleich von Inhalt und Begrifflichkeiten der Schriften *Höhns* vor und nach der nationalsozialistischen Machtergreifung zeigt, dass sich die Entwicklung seiner staatsrechtlichen Theorie grundsätzlich durch die konsequente Fortführung etablierter Wesensmerkmale einer seit dem Ende des Ersten Weltkrieges aufkommenden antidemokratischen Geisteshaltung bei gleichzeitiger Aufnahme bestimmter Kernelemente der sich herausbildenden NS-Rechtsideologie auszeichnete.

Einer weitgehenden terminologischen Kontinuität stand dabei ein sukzessiver ideologischer Anpassungsprozess gegenüber. Diese anpassende Konstanz bei *Höhn* wird vor allem durch die Weiterverwendung zentraler Begriffe, deren Inhalte unter dem Eindruck der nationalsozialistischen Weltanschauung entweder nur ergänzt oder einer vollkommenen Bedeutungsverschiebung unterzogen werden, ersichtlich. Exemplarisch für die inhaltliche Veränderung gleichbleibender Begriffe ist die Genese des Volksgemeinschaftsbegriffs. *Höhn* modifiziert sein Begriffsverständnis, indem er eine inklusive durch eine exklusive „Volksgemeinschaft" ersetzt. Die Einführung der Rasse als konstitutivem Identitätskriterium stellt sich hier als inhaltlicher Anpassungsakt an die nationalsozialistische Ideologie dar. In geringerem Umfang wird die Anpassung *Höhns* an die NS-Weltanschauung auch dort deutlich, wo neben einer terminologischen Kontinuität auch die Beibehaltung des Begriffsinhalts überwog. Trotz der überwiegend widerspruchsfreien Anknüpfung an die Inhaltsbestimmungen vor der Machtergreifung synchronisiert *Höhn* etwa seinen Führerbegriff durch die Verabsolutierung der Führergewalt und den Zuschnitt auf die Person *Adolf Hitlers* mit dem nationalsozialistischen Führerprinzip. Zugleich verdeutlicht dies, dass *Höhn* bereits vor 1933 über eine ideologische Affinität zum Nationalsozialismus verfügte. Eine Erklärung für diese Überschneidungen lag allerdings auch im absorptiven Charakter der NS-Ideologie. *Höhn* konnte demnach an seinen Ansichten ohne wesentliche Korrekturen festhalten, weil die nationalsozialistische Weltanschauung gleichermaßen an die zentralen Wesensmerkmale der Werke aus diesem antidemokratischen Zusammenhang anknüpfte. Die inhaltliche Kontinuität wurde also auch durch die Rezeptionsfreudigkeit der NS-Ideologie ermöglicht.

Insgesamt zeigt sich, dass *Höhns* Werk im Nationalsozialismus nicht isoliert für sich steht, sondern sich inhaltlich bereits vor der nationalsozialistischen Machtergreifung andeutete. In Hinblick auf die Grundlagen und Entstehung der „Volksgemeinschaftslehre" konnte *Höhn* an sein eigenes Frühwerk anknüpfen. *Höhns* Staatsrechtslehre ist folglich nicht allein dem besonderen historischen

---

1740 Pfahl-Traughber, „Konservative Revolution" und „Neue Rechte", S. 102.

Kontext geschuldet. Stattdessen ist sie nicht zuletzt das Produkt eines sukzessiven Anpassungs- und Radikalisierungsprozesses.

Im Umkehrschluss gehörte *Höhn* damit zu den ideologischen Vordenkern des Nationalsozialismus. Umstritten ist zwar grundsätzlich, inwiefern die Theoretiker für die tatsächliche Realisierung ihrer Ideologie durch eine andere Bewegung, welche diese Konzepte quasi okkupierte und zu einem Unrechtsstaat weiterentwickelte, verantwortlich sind. *Sontheimer* führt dazu an, aus der Teilnahme der Konservativen am politischen Diskurs unter offensiver Verfolgung der eigenen Ziele folge, dass sich diese „nicht auf eine von aller politischen Wirklichkeit losgelöste Freiheit und Unverbindlichkeit des Geistes berufen" könnten.[1741] *Mohler* dagegen zieht eine solche Verantwortlichkeit in Zweifel, indem er die konservativen Revolutionäre als „Trotzkisten des Nationalsozialismus" bezeichnet und damit suggeriert, es handele sich um eine unabhängige und undogmatische Erscheinung innerhalb der nationalsozialistischen Gesamtbewegung.[1742] Während dieser Ansatz auf einzelne Personen durchaus Anwendung finden könnte, führt er jedoch in Anbetracht der Weitläufigkeit der Strömung zu einer pauschalisierenden Deutung und zugleich groben Simplifizierung des Verhältnisses zum Nationalsozialismus. Zudem, so *Sieferle*, relativiere *Mohler* damit die Bedeutung vieler Akteure der „Konservativen Revolution" im Dritten Reich, indem er eine eigenständige, nicht nationalsozialistische Rechte der Weimarer Republik stilisiert, um „einen Großteil von Positionen und Autoren der extremen Rechten vor dem Vorwurf in Schutz [zu] nehmen, es handle sich um bloße ‚Vorläufer', ‚Wegbereiter' oder ‚Weggefährten' des Nationalsozialismus".[1743] Tatsächlich erweckt die pauschale Bewertung *Mohlers* den Eindruck, als würde hier der Versuch unternommen, nachträglich eine rechte Denkschule vom Etikett des Nationalsozialismus zu befreien und so im Nachkriegsdeutschland salonfähig zu machen.

Die Frage, ob die Protagonisten und auch Epigonen der „Konservativen Revolution" als überwiegend geistiger Bewegung für die praktische Umsetzung ihrer Weltanschauung in der totalitären Diktatur des Dritten Reiches verantwortlich zu machen sind, lässt sich für den konkreten Einzelfall *Höhn* aber zweifelsfrei beantworten. An der Person *Reinhard Höhns* und der Transformation seiner staatsrechtlichen Ansichten lässt sich exemplarisch aufzeigen, in welcher Weise Autoren aus dem weitläufigen Sammelbecken der „Konservativen Revolution" nicht nur den geistigen Nährboden der NS-Rechtsideologie bereiteten, sondern sich darüber hinaus auch noch an deren Weiterentwicklung und Verbreitung beteiligten, so dass eine Verantwortung für die Entstehung eines totalitären Unrechtsregimes konstatiert werden kann.

Im Fall *Höhn* zeigt sich insofern, dass er nicht nur zu den geistigen Vorreitern der nationalsozialistischen Weltanschauung gehörte, seine Biographie verdeutlicht

1741 Sontheimer, Antidemokratisches Denken, S. 371.
1742 Mohler, Die konservative Revolution in Deutschland 1918 – 1932, S. 3.
1743 Sieferle, Die konservative Revolution, S. 21.

auch, dass er zu den Nutznießern des Nationalsozialismus, welcher der maßgebliche Katalysator seiner beruflichen und akademischen Laufbahn war, zählte. Seine Lehren waren kein Produkt zwangsläufiger und notwendiger Assimilation. Die Herrschaft des NS-Regimes war für ihn kein hinzunehmendes Übel, dem er sich in seiner Anschauung zu fügen hatte, sondern vielmehr eine große Chance, was sich durch seinen instutionellen Anschluss an die Bewegung, die anschließende Karriere und die inhaltlichen Anpassungen belegen lässt. Die Abkehr von bestimmten, allen voran ordensspezifischen Inhalten des „Jungdeutschen Staatsvorschlags" lässt sich neben einer ideologischen Entfernung *Höhns* nach seinem Ausstritt sicherlich auch damit erklären, dass eine Distanzierung nach dem Verbot des Jungdeutschen Orden durch die Nationalsozialisten notwendig geworden war. Die schnelle und vor allem enge Anpassung *Höhns* lässt sich hiermit jedoch nicht begründen.

Motivation dieser ideologischen Annäherung an den Nationalsozialismus war die Suggestion von Systemkonformität. Eine Staatsrechtslehre, die eine hohe Übereinstimmung mit der Gesinnung und den politischen Zielvorstellungen des NS-Regimes vermuten ließ, sollte als Anbiederung an die neuen Machthaber dienen. Hintergrund dieses Opportunismus war wiederum ein kalkuliertes Karrierestreben, so dass der Anpassungsprozess *Höhns* zunächst primär als Versuch gewertet werden kann, aus der inhaltlichen Unterwürfigkeit wissenschaftlichen Einfluss und damit berufliches Fortkommen zu generieren.

2. Einordnung: Höhns „Volksgemeinschaftslehre" in der NS-Staatsrechtslehre

Zur Untersuchung von *Höhns* „Volksgemeinschaftslehre" ist außerdem eine Betrachtung im Kontext der Staatsrechtslehre im Nationalsozialismus erforderlich. Dabei werden seine Ansichten in den staatstheoretischen Diskurs nach der Machtergreifung eingeordnet. Darauf aufbauend wird herausgearbeitet, welche Positionen *Höhn* in diesem Zusammenhang einnahm, wie sich diese von anderen Lehrmeinungen unterschieden und welche Gründe für diese Differenzen ausschlaggebend sein könnten.

a) Äußerer Rahmen: Die Staatsrechtslehre nach der Machtergreifung

Dazu soll zunächst die Lage der Staatsrechtslehre zu Beginn des Dritten Reiches als zeitlicher Bezugsrahmen der Theorie *Höhns* skizziert werden.[1744] Generell bedeuteten die nationalsozialistische Machtergreifung und die daran anschließende sukzessive

1744 Zur Staatsrechtslehre im Nationalsozialismus: Dreier, Die deutsche Staatsrechtslehre in der Zeit des Nationalsozialismus, S. 15 ff.; Pauly, Die deutsche Staatsrechtslehre in der Zeit des Nationalsozialismus, S. 73 ff.; Stolleis, Geschichte des öffentlichen Rechts, S. 316 ff.; Stolleis, Gemeinschaft und Volksgemeinschaft, S. 20 ff.; Lepsius, Die gegensatzaufhebende Begriffsbildung, S. 133 ff.; Friedrich, Geschichte der deutschen Staatsrechtswissenschaft, S. 399 ff.; Grimm, Die „Neue Rechtswissenschaft", S. 384 ff.

Machtkonsolidierung für die Staatsrechtslehre eine tiefgreifende Zäsur, die sich sowohl in einer personellen Neuformierung als auch einer inhaltlichen Neuausrichtung manifestierte.[1745] Zunächst sorgte die Gleichschaltungs- und Arisierungspolitik der Nationalsozialisten für große Umbrüche in der Staatsrechtslehrerschaft. Während ein Teil der Professorenschaft aus politischen Gründen oder aufgrund ihrer jüdischen Abstammung von den Universitäten entfernt wurde,[1746] befassten sich viele ideologisch neutrale Lehrstuhlinhaber fortan mit unverfänglicheren Rechtsfragen oder verstummten gänzlich.[1747] Gleichzeitig drängten regimetreue Assistenten und Dozenten wie *Höhn* mit Hilfe der neuen Machthaber an die Universitäten, wo sie die vakant gewordenen Stellen einnahmen und zusammen mit den systemkonformen, etablierten Staatsrechtslehren die nationalsozialistische Vorherrschaft über die rechtswissenschaftlichen Fakultäten sicherten.[1748]

Darüber hinaus war die nationalsozialistische Herrschaftsübernahme der Beginn einer vollkommenen inhaltlichen Neuaufstellung. Der Methodenstreit der Weimarer Staatsrechtslehre wurde durch die Machtergreifung und die daraus resultierende Entlassung der einflussreichsten Vertreter des Rechtspositivismus ebenso wie die kontroverse Debatte über den Parlamentarismus faktisch beendet.[1749] Stattdessen hatten verfassungsrechtliche Fragen im Zusammenhang mit den realpolitischen Geschehnissen eine besonders hohe Aktualität. Es begann ein regelrechter „Schöpfungsrausch“[1750], der in einer wahren „Veröffentlichungslawine“[1751] gipfelte, wenngleich sich diese Schriften und Abhandlungen durch eine unpräzise Diktion und niedrige wissenschaftliche Qualität sowie eine hohe Politisierung auszeichneten,

1745 Dreier, Die deutsche Staatsrechtslehre in der Zeit des Nationalsozialismus, S. 15 ff.; Pauly, Die deutsche Staatsrechtslehre in der Zeit des Nationalsozialismus, S. 73 ff.; Stolleis, Geschichte des öffentlichen Rechts, S. 316 ff.

1746 Bis 1935 wurden unter anderem die Staatsrechtslehrer Hans Kelsen, Max Grünhut, Erwin Jacobi, Hermann Heller, Walter Jellinek, Gerhard Leibholz, Karl Strupp, Karl Loewenstein, Erich Kaufmann und Hans Nawiasky wegen ihrer politischen Einstellung zum Nationalsozialismus oder ihrer jüdischen Herkunft entlassen (Limperg, Personelle Veränderungen in der Staatsrechtslehre und ihre neue Situation nach der Machtergreifung, S. 44 ff.; Dreier, Die deutsche Staatsrechtslehre in der Zeit des Nationalsozialismus, S. 16; Stolleis, Geschichte des öffentlichen Rechts, S. 254 ff.; Göppinger, Juristen jüdischer Abstammung im „Dritten Reich“, S. 183 ff.).

1747 Dazu gehörten etwa die Staatsrechtslehrer Rudolf Smend, Gerhard Anschütz und Richard Thoma (Dreier, Die deutsche Staatsrechtslehre in der Zeit des Nationalsozialismus, S. 16).

1748 Dreier, Die deutsche Staatsrechtslehre in der Zeit des Nationalsozialismus, S. 17; Grimm, Die „Neue Rechtswissenschaft“, S. 389.

1749 Grothe, Zwischen Geschichte und Recht, S. 215.

1750 Stolleis, Geschichte des Öffentlichen Rechts, S. 320.

1751 Pauly, Die deutsche Staatsrechtslehre in der Zeit des Nationalsozialismus, S. 78.

da sie überwiegend das Resultat des Geltungsdrangs der Verfasser waren.[1752] Diese Ideologisierungstendenzen in der Staatsrechtslehre fanden sich auch besonders in den Publikationen *Reinhard Höhns* wieder. *Höhn* gab bereits kurz nach der Machtergreifung zahlreiche Broschüren und Aufsätze heraus, deren politisch gefärbter Inhalt sich zumeist fortwährend wiederholte.

Inhaltlich konzentrierten sich die regimetreuen Staatsrechtslehrer anfangs auf die Legalisierung der Machtergreifung,[1753] bevor die Gestaltung eines nationalsozialistisch geprägten Staatsrechts zunehmend in den Fokus rückte. Die Erarbeitung verfassungsrechtlicher Grundlagen des Nationalsozialismus stellte sodann die Hauptaktivität der Disziplin dar und wurde erst wenige Jahre vor Kriegsbeginn durch die Fokussierung auf das Völkerrecht im Zuge der außenpolitischen Expansionspolitik des Dritten Reiches abgelöst. Eine Entwicklung, die sich auch im Schaffensprozess *Höhns* widerspiegelte. Der Grund für die bereitwillige Unterwürfigkeit der Staatsrechtslehrer lag in einem gegenseitigen Interessenverhältnis. Trotz einer grundsätzlich rechtsfeindlichen Einstellung[1754] war die nationalsozialistische Führung aufgrund der angestrebten Herausbildung eines Führerstaates und der damit einhergehenden Gesetzgebungsvorhaben auf eine staatsrechtliche Aufarbeitung der NS-Weltanschauung angewiesen.[1755] Auf der anderen Seite bot die inhaltsoffene und auslegungsbedürftige Ideologie des Nationalsozialismus ein hohes Gestaltungspotenzial und forderte geradezu eine Mitwirkung der Staatsrechtslehre heraus,[1756] da sich die Aussicht ergab, Einfluss auf die Rechtsentwicklung zu erlangen. Diese aus Karrierekalkül gespeisten Bestrebungen einzelner Staatsrechtslehrer nach einer wissenschaftlichen „Meinungsführerschaft“[1757] wurden noch durch

1752 Laux, Führung und Verwaltung in der Rechtslehre des Nationalsozialismus, S. 34 und S. 48. An Stelle von umfassenden Monographien wurden dünne Hefte mit knappen Beiträgen, sogenannte „Flugschriften“, herausgegeben (Voigt, Die Staatsrechtslehrer und das Dritte Reich, S. 195), die zumeist politisch motiviert waren und allenfalls überblicksartige Grundrisse des behandelten Themas darboten. Die beiden Schriften Höhns „Rechtsgemeinschaft und Volksgemeinschaft“ (85 Seiten) und „Die Wandlung im staatsrechtlichen Denken“ (46 Seiten) sind für diese eher unwissenschaftlichen Broschüren exemplarisch.

1753 Dannemann, Legale Revolution, Nationale Revolution, S. 9 ff.; Meinck, Weimarer Staatsrechtslehre und Nationalsozialismus, S. 164 ff.

1754 Vor allem Hitler hegte eine persönliche Aversion gegen alles Juristische und insbesondere auch gegen Juristen selbst (Rüthers, Die unbegrenzte Auslegung, S. 106; Höhne, Der Orden unter dem Totenkopf, S. 199) und hatte dementsprechend kaum ein tatsächliches Interesse an der konkreten verfassungs- und verwaltungsrechtlichen Organisation des nationalsozialistischen Staates (Rebentisch, Führerstaat und Verwaltung, S. 29).

1755 Grothe, Zwischen Geschichte und Recht, S. 190.

1756 Lepsius, Die gegensatzaufhebende Begriffsbildung, S. 133 ff.

1757 Dreier, Die deutsche Staatsrechtslehre in der Zeit des Nationalsozialismus, S. 19.

Hitlers Ankündigung verstärkt, zeitnah eine neue Verfassung erlassen zu wollen.[1758] Realisiert wurde ein solches Vorhaben freilich nicht, weshalb es auch kein originär nationalsozialistisches Staatsrecht gab und die staatsrechtswissenschaftlichen Auseinandersetzungen nur eine vornehmlich virtuelle und theoretische Relevanz hatten. Eine Annäherung an die Staatsrechtslehre im Dritten Reich, insbesondere in den Jahren nach der Machtergreifung, muss sich deshalb auch mit der von den Nationalsozialisten gewollten Diskrepanz zwischen Verfassungswirklichkeit und Verfassungstheorie arrangieren. Kennzeichnend für den nationalsozialistischen Staat war gerade die Nichtbeachtung und Ablehnung der nach wie vor bestehenden Weimarer Reichsverfassung.[1759]

Letztendlich waren damit zwei verschiedene Faktoren für die nationalsozialistische Staatsrechtslehre richtungweisend. In Bezug auf Zweckmäßigkeit und Funktionalität des Rechts waren die rechtspolitischen Ansprüche und Interessen der NS-Führung entscheidend. Denn während eine konkrete Idee eines nationalsozialistischen Rechts nicht existierte, hatte die NS-Führung durchaus einen klar formulierten Anspruch an das Recht im nationalsozialistischen Staat. Das Recht sollte keine gesellschaftliche Sicherheits- und Gerechtigkeitsfunktion mehr erfüllen, sondern im Wesentlichen auf die Herrschaftsfunktion beschränkt werden, wobei die damit üblicherweise zusammenhängende Kontrollfunktion des Rechts bewusst unberücksichtigt bleiben sollte. Folglich sollten das Recht und mithin auch die Staatsrechtslehre nur noch als Mittel zur Legitimation der Macht und Rechtfertigung der

1758 Dreier, Die deutsche Staatsrechtslehre in der Zeit des Nationalsozialismus, S. 32, Fn. 111. In der Staatsrechtslehrerschaft hatte man diese Ankündigung Hitlers aus dem Jahr 1933 durchaus ernst genommen. So lehnte Ernst Rudolf Huber die Herausgabe eines Standardwerks zum nationalsozialistischen Staatsrecht mit dem Hinweis auf die noch bevorstehende Verkündung einer neuen Verfassung ab (Grothe, Zwischen Geschichte und Recht, S. 206 f.). Tatsächlich war Hitler wohl auch gegen die Erarbeitung einer neuen Verfassung, um einerseits den Schein des traditionellen Verfassungsstaats zu wahren und sich andererseits die größtmögliche Flexibilität in seinem Handeln zu sichern (Stolleis, Geschichte des öffentlichen Rechts, S. 316 ff.).

1759 Grundsätzlich hatte die Weimarer Reichsverfassung auch nach der Machtergreifung Geltung, wenngleich sie in weiten Teilen faktisch außer Kraft gesetzt wurde. Die Staatsrechtslehre begegnete diesem Problem mit unterschiedlichen Lösungsansätzen (vgl. dazu Rebentisch, Führerstaat und Verwaltung, S. 3). Nach einer Ansicht wurde die formelle Weitergeltung als Umsetzung bestimmter Elemente der Verfassung „in ein völlig neues politisches und rechtliches System" umgedeutet (Huber, Verfassung, S. 51) oder als Fortbestand eines „Restbestandes" interpretiert (Horneffer, Das Problem der Rechtsgeltung und der Restbestand der Weimarer Verfassung, S. 148 ff.). Andere sahen in der bestehenden Verfassung nur eine „Zwischenverfassung", die alsbald durch eine nationalsozialistische Verfassung abgelöst werde (Walz, Das Ende der Zwischenverfassung, Stuttgart 1934).

Handlungen und Ziele in all ihren Ausprägungen dienen.[1760] Das Recht wurde zum „Verhüllungsinstrument" degradiert.[1761] Inhaltlich wurde die Staatsrechtslehre von der nationalsozialistischen Weltanschauung bestimmt. Entsprechend orientierte sie sich hier an den Wesensmerkmalen der nationalsozialistischen Ideologie,[1762] so dass sich das inhaltliche Spektrum der Staatsrechtslehre fortan vor allem auf die theoretische Ausgestaltung des Führer- und Rasseprinzips, die Rechtsstellung der Partei sowie die Bedeutung zentraler Begriffe wie „Volksgemeinschaft" oder Staat erstreckte.[1763] Der inzwischen weitgehend gleichgeschalteten Staatsrechtslehrerschaft kam somit nicht mehr primär die Aufgabe einer wissenschaftlichen Erforschung und Ausgestaltung des Verfassungsrechts zu. Ganz im Gegenteil oblag ihr die Verrechtlichung der NS-Ideologie, also die Transformation und juristische Übersetzung der inhaltlichen Kernelemente der nationalsozialistischen Weltanschauung in eine Staatsrechtslehre, welche den politischen Zielvorgaben und dem Rechtsverständnis des Regimes entsprach.

b) Inhaltlicher Zusammenhang: Thematische Schwerpunkte der NS-Staatsrechtslehre

Während damit sowohl die Grundlagen als auch die Aufgaben der nationalsozialistischen Staatsrechtslehre verhältnismäßig klar umschrieben waren, gab es bei der inhaltlichen Umsetzung differente Auffassungen. Umstritten war, ob sich die Staatsrechtslehre auf die Interpretation des Verfassungsrechts im Sinne der nationalsozialistischen Gesinnung sowie die juristische Begleitung der vom NS-Regime neu erlassenen Gesetze beschränken oder eine neue, genuin nationalsozialistische Staatsrechtslehre entwickeln sollte.[1764] In Anbetracht der auslegungsfähigen und unbestimmten NS-Weltanschauung bildeten sich dabei verschiedene Ansätze und Ansichten heraus, deren Divergenz sich auch in der unterschiedlichen Auslegung zentraler Ideologeme der nationalsozialistischen Denkweise manifestierte.[1765]

1760 Rüthers, Die unbegrenzte Auslegung, S. 101 f.; Schneider, Die SS und „das Recht", S. 53.

1761 Grothe, Zwischen Geschichte und Recht, S. 190.

1762 Die nationalsozialistische Weltanschauung hatte ohnehin auch eine besondere Bedeutung für das Recht im Allgemeinen. Sie diente als Auslegungsgrundsatz für Gesetze (§ 1 des Steueranpassungsgesetzes 1934, RGBl. I, S. 925). Gleichermaßen war auch das NSDAP-Parteiprogramm von 1920 als wichtige ideologische Grundlage eine Auslegungsrichtlinie (Frank, Rede auf der Schlußkundgebung des deutschen Juristentages, S. 215; Freisler, Nationalsozialistisches Recht und Rechtsdenken, S. 68).

1763 Dreier, Die deutsche Staatsrechtslehre in der Zeit des Nationalsozialismus, S. 33 ff.

1764 Grimm, Recht und Staat der bürgerlichen Gesellschaft, S. 384; ders., Die „Neue Rechtswissenschaft", S. 33 und S. 40.

1765 Lepsius, Die gegensatzaufhebende Begriffsbildung, S. 139 ff.

In diesen Kontext des inhaltlichen Richtungsstreits auf gemeinsamer Basis der Wesensmerkmale der nationalsozialistischen Weltanschauung, dem Führer- und Rasseprinzip,[1766] und eines Negativkonsenses bestehend aus Antiliberalismus und Antiparlamentarismus,[1767] gehörte *Höhns* „Volksgemeinschaftslehre". Eine möglichst genaue Verortung der Theorie *Höhns* in das Spektrum der NS-Staatsrechtslehre lässt sich dabei anhand der Positionierung und Definition bestimmter gemeinsamer Begrifflichkeiten vornehmen.[1768] Zur Differenzierung sollen deshalb die Verwendung des Volksgemeinschaftsbegriffs und dessen Verhältnis zum Staatsbegriff sowie die terminologische und konzeptionelle Ausgestaltung des Führerprinzips in der Verwaltung untersucht werden.

aa) „Volksgemeinschaft" und Staat

Das größte Differenzierungspotenzial liegt hier im unterschiedlichen Verständnis des Begriffs „Volksgemeinschaft" respektive „Gemeinschaft" sowie in der gegensätzlichen Darstellung des begrifflichen Verhältnisses zum Staat.[1769] Der daraus resultierende Richtungsstreit in der nationalsozialistischen Verfassungslehre erfüllt hinsichtlich der Einordnung *Höhns* eine doppelte Funktion. Zunächst können die inhaltlichen Abweichungen innerhalb einer weitgehend konsensgeprägten Grundsatzdebatte in der Staatsrechtswissenschaft herausgearbeitet werden, so dass sich *Höhns* Theorie einer bestimmten Strömung zuordnen lässt. Anhand dieses Diskurses lässt sich zugleich aber auch die Zergliederung der NS-Staatsrechtslehrerschaft in verschiedene Interessen- und Personengruppen mit unterschiedlichem biographischen Hintergrund und Ideologisierungsgrad sowie graduell abgestufter funktioneller Systemzugehörigkeit exemplarisch darstellen.

Inhaltlich befasste sich der Meinungsstreit mit der grundsätzlichen Ausrichtung eines nationalsozialistischen Staatsrechts. Im Vordergrund stand die Frage, in welcher Weise und inwieweit das Staatsrecht begrifflich und theoretisch reformiert oder erneuert werden musste, um der nunmehr herrschenden NS-Weltanschauung angemessen zu entsprechen. Strittig erschien vor allem, ob man wie *Höhn* den ideologischen Leitbegriff der „Volksgemeinschaft" als Rechtsbegriff positivieren oder ihn nach wie vor in einem soziologischen Sinn verstehen und nur als Auslegungsmethode nutzen sollte. Dazu korrespondierend wurde diskutiert, ob man der Kernforderung *Höhns* entsprechend den Staat als juristische Person durch die „Volksgemeinschaft" ersetzen oder die „Volksgemeinschaft" allenfalls ein übergesetzliches Grundprinzip sein sollte.[1770]

1766 Rapp, Die Stellung der Juden in der nationalsozialistischen Staatsrechtslehre, S. 62–144.

1767 Dreier, Die deutsche Staatsrechtslehre in der Zeit des Nationalsozialismus, S. 24 ff.

1768 Pauly, Die deutsche Staatsrechtslehre in der Zeit des Nationalsozialismus, S. 87 f. und S. 103.

1769 Ebenda, S. 87 f. und S. 103.

1770 Stolleis, Gemeinschaft und Volksgemeinschaft, S. 28.

(1) Der Begriff der „Volksgemeinschaft" in der NS-Staatsrechtslehre

Bevor das Verhältnis von Staat und „Volksgemeinschaft" festgelegt werden konnte, musste zunächst die Bedeutung des in der NS-Ideologie zentralen Begriffs der „Volksgemeinschaft" in der Staatsrechtslehre geklärt werden. Zwar herrschte Einigkeit in Bezug auf die Bestrebung, ein gemeinschaftsorientiertes Verfassungsrecht als Gegenentwurf zur individualistischen Weimarer Republik zu schaffen, was angesichts des überragenden Stellenwerts der Gemeinschaft in der nationalsozialistischen Weltanschauung ohnehin unumgänglich war. Fraglich war allerdings, welche Position der Begriff in der Staatsrechtslehre tatsächlich einnehmen sollte.

Gemäß der Theorie *Höhns* sollte eine extensive und besonders weitgehende Rezeption des ursprünglich gesellschaftspolitischen Begriffs der „Volksgemeinschaft" erfolgen. *Höhn* positivierte den Terminus „Volksgemeinschaft" zum Rechtsbegriff. Der Begriff sollte also nicht mehr nur von außerhalb im Sinne einer übergesetzlichen ideologischen Leitlinie auf das Staatsrecht wirken, sondern als juristischer Fachterminus fest eingebunden in dessen Zentrum stehen. Indem *Höhn* dem Begriff eine rechtliche Ausgestaltung gab, verankerte er ihn innerhalb der Staatsrechtslehre. Neben seinem Sinngehalt als Auslegungsprinzip erhielt der Begriff der „Volksgemeinschaft" eine unmittelbare, technische Funktion und Bedeutung in der angestrebten Verfassung. Der Ansatz *Höhns* steht damit exemplarisch für den Versuch, die Staatsrechtslehre besonders eng an den Begrifflichkeiten der nationalsozialistischen Weltanschauung auszurichten.

Demgegenüber wurde die Ansicht vertreten, die Anpassung der Staatsrechtslehre an die NS-Ideologie erfordere nur eine restriktive Übernahme des Begriffs der „Volksgemeinschaft". So plädierte *Hans Helfritz*[1771] angesichts der expansiven Ausbreitung des Gemeinschaftsgedankens in der Staatsrechtslehre zwar dafür, „die neuen Erscheinungen dem bisherigen Bestande der Wissenschaft einzufügen und sie mit ihr zu verbreiten", um sogleich anzumahnen, es dürfe aber nicht sein, dass „Ausdrücke der Propaganda kritiklos in die Wissenschaft" übernommen würden".[1772] Schließlich sei noch keine Epoche der Wissenschaft so reich an Ideen gewesen, „daß sie alles, was vor ihr war, mit einem Federstrich beseitigen konnte".[1773]

Nach dieser vornehmlich von älteren, etablierten Professoren vertretenen Ansicht, sollte die „Volksgemeinschaft" eine mittelbare Ausstrahlungswirkung auf das Staatsrecht im Sinne eines quasi vor die Klammer gezogenen werthaften Auslegungsprinzips haben. Die Erhebung der „Volksgemeinschaft" zu einem

---

1771 Hans Helfritz (* 21. Februar 1877 in Greifswald, † 9. Mai 1958 in Erlangen) lehrte ab 1933 Staatsrecht an der Universität Breslau. Nach der Machtergreifung war er sogar Rektor, wurde aber schon nach kurzer Zeit durch Gustav Adolf Walz abgelöst (Stolleis, Geschichte des öffentlichen Rechts, S. 160; Ditt, „Stoßtruppfakultät Breslau", S. 20 f.).

1772 Helfritz, Rechtsstaat und nationalsozialistischer Staat, Sp. 427 f.

1773 Helfritz, Otto von Gierke und die neueste Lehre von der juristischen Staatsperson, S. 487.

staatsrechtlichen Rechtsbegriff wurde dagegen abgelehnt. Gemeinschaft, so *Ludwig von Köhler*, sei „eine Erscheinung unserer politischen Wirklichkeit, aber kein geformter Rechtsbegriff".[1774] Kritisiert wurde besonders die inhaltliche Konturlosigkeit und Ausfüllungsbedürftigkeit des Volksgemeinschaftsbegriffs. Es sei nicht ersichtlich, so *Helmut Allardt*, wie *Höhn* sich den Rechtsbegriff der „Volksgemeinschaft" konkret vorstelle und welchen Sinn und Wert er habe.[1775] *Otto Koellreutter* lehnte den potentiellen Rechtsbegriff der „Volksgemeinschaft" als „juristisch nicht faßbar" ab.[1776] Und auch *Ernst Rudolf Huber* sprach sich gegen die Erhebung der Gemeinschaft zum Rechtsbegriff aus,[1777] da er befürchtete, dass der Gemeinschaftsbegriff „durch die häufige und unterschiedlose Anwendung, der er ausgesetzt ist, zu einem abstrakten Allgemeinbegriff entarte".[1778] Ebenso *Hermann Ule*, demzufolge der Begriff „der ‚konkreten sichtbaren Gemeinschaft' ... zu einem wahren Schlagwort geworden" ist, der sich mit keinem vernünftigen Sinngehalt mehr verbinden lasse, „da es ‚abstrakte Gemeinschaften' nicht gibt und die Gemeinschaft selbst niemals ‚sichtbar' sein kann."[1779]

(2) Die Stellung der „Volksgemeinschaft" zum Staat – „Vitalisten" vs. „Etatisten"

Hintergrund des unterschiedlichen Begriffsverständnisses war der Richtungsstreit in der nationalsozialistischen Staatsrechtslehre, der sich mit dem inhaltlichen und terminologischen Verhältnis von „Volksgemeinschaft" und Staat befasste. Im Zentrum dieser grundsätzlichen Debatte stand die Frage, was für verfassungsrechtliche Folgen und Konsequenzen die Machtergreifung auf den Staat in seiner bislang geltenden Darstellung als rechtsfähiger Repräsentationsform des Volkes haben musste. Faktisch ging es damit also in erster Linie um die Interpretation des Staatsbegriffs.[1780]

Einigkeit bestand darin, dass der traditionelle Staat aus dem Zentrum des Verfassungsrechts rücken musste. Stattdessen sollte nunmehr das Volk respektive die Bewegung Ausgangspunkt einer nationalsozialistischen Staatsrechtslehre sein, während dem Staat in jedem Fall eine untergeordnete, dienende Funktion zukam.

1774 Köhler, Grundlehren des deutschen Verwaltungsrechts, S. 118 f. (zitiert nach Ditt, „Stoßtruppfakultät Breslau", S. 207).

1775 Allardt, Das deutsche Volk als Gemeinschaft, S. 96 f.

1776 Koellreutter, Führung und Verwaltung, S. 95.

1777 Jürgens, Staat und Reich, S. 180.

1778 Huber, Verfassung, S. 243.

1779 Ule, Herrschaft und Führung im nationalsozialistischen Reich, S. 51, Anm. 75.

1780 Vergleiche zum Streit um die juristische Staatsperson in der nationalsozialistischen Staatsrechtslehre vor allem auch: Uhlenbrock, Der Staat als juristische Person, S. 138 ff.; Stolleis, Geschichte des öffentlichen Rechts, S. 327; ders., Gemeinschaft und Volksgemeinschaft, S. 17 f.

Dieser grundsätzliche Konsens war schon zwangsläufig, entsprach er doch dem Staatsverständnis der nationalsozialistischen Führung. So hatte *Hitler* in „Mein Kampf" geschrieben:

> „Die grundsätzliche Erkenntnis ist dann die, daß der Staat keinen Zweck, sondern ein Mittel darstellt."[1781]

> „Der Staat ist ein Mittel zum Zweck. Sein Zweck liegt in der Erhaltung und Förderung einer Gemeinschaft physisch und seelisch gleichartiger Lebewesen."[1782]

Sollte der Staat hiernach also einerseits auf die funktionelle Organisation beschränkt sein, erhielt der Staat bei *Hitler* gleichzeitig aber auch einen unbestimmten Eigenwert. Denn nur kurz darauf forderte er:

> „Aus einem toten Mechanismus, der nur um seiner selbst willen da zu sein beansprucht, soll ein lebendiger Organismus geformt werden mit dem ausschließlichen Zwecke: einer höheren Idee zu dienen."[1783]

> „Somit ist der höchste Zweck des völkischen Staates die Sorge um die Erhaltung derjenigen rassischen Urelemente, die, als kulturspendend, die Schönheit und Würde eines höheren Menschentums schaffen. Wir, als Arier, vermögen uns unter einem Staat als nur den lebendigen Organismus eines Volkstums vorzustellen, der die Erhaltung dieses Volkstums nicht nur sichert, sondern es auch durch Weiterbildung seiner geistigen und ideellen Fähigkeiten zur höchsten Freiheit führt."[1784]

Tatsächlich hatte *Hitler* somit eine zweideutige Staatsauffassung, wenngleich zu vermuten ist, dass er sich sowohl der inhaltlichen als auch der rechtstechnischen Bedeutung seiner Begriffsverwendungen gar nicht bewusst war oder diese zumindest nicht bedachte. Ungeachtet dessen hatte *Hitler* einen Orientierungsmaßstab geschaffen, der aufgrund seiner Doppeldeutigkeit unterschiedlichen Interpretationen des Staatsbegriffs Vorschub leistete. Zum einen hatte *Hitler* den Staat eindeutig als

---

1781 Hitler, Mein Kampf, S. 431.

1782 Hitler, Mein Kampf, S. 433. So auch NS-Chefideologe Alfred Rosenberg: „Der Staat ist heute kein selbstständiger Götze mehr, vor dem alle im Staube zu liegen hätten; der Staat ist nicht einmal ein Zweck, sondern er ist auch nur ein Mittel zur Volkserhaltung. Ein Mittel unter anderen, wie es Kirche, Recht, Kunst und Wissenschaft ebenso sein sollten. Staatsformen ändern sich und Staatsgesetze vergehen, das Volk bleibt. Daraus folgt allein schon, daß die Nation das Erste und Letzte ist, dem sich alles zu unterwerfen hat." (Rosenberg, Der Mythus des 20. Jahrhunderts, S. 520). Ebenso Reichsjuristenführer Hans Frank: „Der gewaltsame Primat des Staates als Selbstzweck über das Volk ist gebrochen. Der Nationalsozialismus rechnet nur mit dem Volk. Es allein ist Leben, ist Wirklichkeit, ist Macht, ist Glück, ist Glaube. Der Staat ist nur ein Mittel zum Zweck, Anstalt im Dienste des Volkes." (Frank, Die Zeit des Rechts, S. 3).

1783 Ebenda, S. 439.

1784 Ebenda, S. 434.

„Mittel zum Zweck" bezeichnet und dadurch zur Organisation degradiert. Andererseits hatte er den Staat zugleich als „lebendigen Organismus" beschrieben und ihm damit, wenn auch nicht mit derselben Eindeutigkeit und möglicherweise sogar ungewollt, einen Selbstzweck zugesprochen.

Entsprechend dieser Maßgabe der nationalsozialistischen Weltanschauung wurde die staatsrechtliche Debatte über das Verhältnis von Staat und „Volksgemeinschaft" innerhalb eines politisch vorgegebenen Rahmens geführt, der auslegungsbedürftig und in gewisser Hinsicht widersprüchlich war. Umstritten war demgemäß vor allem die Deutung und theoretische Umsetzung dieser Vorgabe. Inhaltlich konzentrierte sich dieser Diskurs folglich darauf, ob der Staat nun den Organismus oder bloß die Organisation bezeichnen oder vielmehr als doppeldeutiger Staatsbegriff beides, mithin den Staat im engeren und weiteren Sinne umfassen sollte. Fraglich war also, ob der Staat weiterhin das gesamte Gemeinwesen erfassen oder nur noch auf eine Verwaltungsfunktion beschränkt werden sollte, während etwa die „Volksgemeinschaft" an seiner Stelle das Gemeinwesen darstellte.

Die Akteure dieses Richtungsstreits in der nationalsozialistischen Staatsrechtslehre lassen sich gemeinhin in zwei übergeordnete Gruppen einteilen, wenngleich auch innerhalb der Gruppen angesichts unterschiedlicher Akzentuierungen wiederum weitere Binnendifferenzierungen möglich wären. Grundsätzlich kann aber verkürzt, so *Pauly*, zwischen den sogenannten „Vitalisten" um *Höhn* und den „Etatisten" unterschieden werden.[1785]

(a) Die völkischen „Vitalisten" – „Volksgemeinschaft" statt juristischer Staatsperson

Der „vitalistische" Ansatz in der nationalsozialistischen Staatsrechtslehre beinhaltete eine vollkommene dogmatische und methodische Kehrtwende: Nicht mehr der Staat, vielmehr ein neuer Rechtsbegriff der „Volksgemeinschaft" sollte im Mittelpunkt des Staatsrechts stehen. Die „Volksgemeinschaft" sollte die Staatspersönlichkeit ersetzen und fortan das Gemeinwesen verkörpern, während dem Staat bloß noch eine dienende Aufgabe als Apparatur zugewiesen wurde. Der Staat sollte hiernach also nur noch die Organisation bezeichnen, während die „Volksgemeinschaft" den Organismus verkörperte. Der „vitalistische" Staatsbegriff beinhaltete damit nur noch den Staat im engeren Sinn. Der Staat wurde auf ein Mittel zum Zweck reduziert. Der Hervorhebung werthafter Begrifflichkeiten wie „Völkisch" und „Volksgemeinschaft" stand somit ein absoluter Staatsnihilismus gegenüber. Insofern ging der völkische „Vitalismus" in seiner Radikalität über die inhaltliche Vorgabe *Hitlers* sogar hinaus. Es wurden nicht nur Funktion und inhaltliche Bedeutung des Staates beschränkt, sondern gleich auch der Begriff des Staates selbst durch den der „Volksgemeinschaft" ersetzt.

1785 Pauly, Die deutsche Staatsrechtslehre in der Zeit des Nationalsozialismus, S. 103. So auch Dreier, Die deutsche Staatsrechtslehre in der Zeit des Nationalsozialismus, S. 35.

Begründet wurde der Austausch der Bezeichnungen, also die Substitution der juristischen Staatsperson durch den Volksgemeinschaftsbegriff, in erster Linie mit der historischen Entstehung und Bedeutung des Staates in seiner Form als rechtsfähiges Subjekt und der vermeintlichen Unvereinbarkeit mit der nationalsozialistischen Weltanschauung. So habe die nationalsozialistische Revolution zur Überholung des liberal-individualistischen Rechtssystems geführt, dessen prägendstes Merkmal der Staat als juristische Person gewesen sei. Zudem widerspreche die Ausgestaltung des Staates als juristische Person der gemeinwohlorientierten NS-Ideologie, da es möglich sei, gegen den Staat Prozesse zu führen, Ansprüche gegen den Staat geltend zu machen und er mithin gegebenenfalls haftbar gemacht werden konnte.

Die „Volksgemeinschaftslehre" *Höhns* war damit der Prototyp einer „vitalistischen" Staatsrechtslehre.[1786] Aufgrund der zeitlichen Abfolge der Veröffentlichungen mit entsprechendem Inhalt kann *Höhn* nicht nur als Begründer dieses „völkischen Vitalismus" in der Staatsrechtslehre bezeichnet werden. Angesichts der Radikalität und herausragenden publizistischen Aktivität etablierte er sich zudem als „Protagonist"[1787] und „Vorkämpfer des Gemeinschaftsgedankens im Staatsrecht"[1788], der den „Hauptangriff"[1789] gegen den Staat als juristische Person führte, so dass *Höhn* eine besonders exponierte Stellung innerhalb der Gruppe einnahm.

Bemerkenswert ist, dass der „Vitalismus" *Höhns* vor allem unter solchen Juristen seine Anhänger fand, die auffällig viele biographische und politische Gemeinsamkeiten mit der Person *Höhn* aufwiesen. In Bezug auf die personelle Zusammensetzung und politische Sozialisation kann das gesamte Lager der „vitalistischen" Gemeinschaftstheoretiker hierbei wiederum in zwei Untergruppen unterteilt werden, wobei die Übergänge aufgrund von Verflechtungen und Überschneidungen, die in der Person *Höhns* kulminierten, fließend waren. Zum einen gab es eine kleine Gruppe von jungen, ambitionierten Staatsrechtslehrern, die sich überwiegend aus der Dozenten- und Assistentenschaft rekrutierte. Daneben hatte sich eine verhältnismäßig große Fraktion von Juristen aus SS und SD herausgebildet. In Anbetracht der akademischen Laufbahn und der damit verbundenen Karriere in SS und SD gehörte *Höhn* damit beiden Gruppen innerhalb der „Vitalisten" an.

(α) Die „Vitalisten" in der universitären Staatsrechtslehre – Die „Höhn-Schule"

Zu den „vitalistischen" Gemeinschaftsvertretern in der akademischen Staatsrechtslehre gehörten weniger bereits habilitierte, einflussreiche Professoren als vielmehr jüngere Dozenten und Assistenten wie auch *Höhn*, die erst am Anfang ihres universitären Werdegangs standen und deren wissenschaftliche Autorität und Reputation noch äußerst begrenzt war. Diese aufstrebenden Staatsrechtslehrer hatten

1786 Kirschenmann, Gesetz im Staatsrecht, S. 45.
1787 Pauly, Die deutsche Staatsrechtslehre in der Zeit des Nationalsozialismus, S. 84.
1788 Stolleis, Gemeinschaft und Volksgemeinschaft, S. 29.
1789 Stolleis, Geschichte des öffentlichen Rechts, S. 327.

sich den von *Höhn* entwickelten und zuerst herausgegebenen Thesen weitgehend angeschlossen, wenngleich sie zumeist eine modifizierte und moderatere Fassung bevorzugten.

Dazu zählte etwa der junge Breslauer Fakultätsassistent *Günther Küchenhoff*,[1790] der gleich *Höhn* „als einer der radikalsten Nazi-Professoren" galt,[1791] ohne jedoch an dessen Bedeutung und Einfluss heranzureichen.[1792] *Küchenhoff* erklärte den nationalsozialistischen Staat „als nationalen Gemeinschaftsstaat mit Führerprinzip".[1793] An die Stelle des Staates sollte die „Volksgemeinschaft" als Rechtsquelle treten,[1794] welche bei *Küchenhoff* allein biologisch durch die rassemäßige Verwandtschaft bestimmt wurde. So schrieb er:

> „Der Staat verkörpert somit die von den Gegebenheiten der arischen Rasse bedingte Volksgemeinschaft ... Staat, Volksgemeinschaft und Volksgenosse sind mithin inhaltlich gleich."[1795]

Es gäbe, so *Küchenhoff* weiter, demnach keinen Gegensatz „mehr zwischen Staat und Staatsbürger, Volksgemeinschaft und Volksgenossen".[1796] Die Funktion des Staates wurde bei ihm hingegen auf „Erhaltung und Förderung" dieser „Volksgemeinschaft" begrenzt.[1797]

Neben *Küchenhoff* tat sich vor allem auch der Staatsrechtler *Theodor Maunz*, seinerzeit noch Privatdozent an der Universität München,[1798] als Verfechter des

---

1790 Günther Küchenhoff (* 21. August 1907 in Breslau, † 13. Februar 1983 in Würzburg) absolvierte sein Studium der Rechtswissenschaften, Philosophie und Nationalökonomie samt Promotion in Breslau, wo er ab 1934 auch als Assistent an der Juristischen Fakultät tätig war. Seiner Eigenaussage zufolge trat er der NSDAP bereits kurz nach der Machtergreifung 1933 bei (Ditt, „Stoßtruppfakultät Breslau", S. 208, Rn. 34). 1934 wurde er Amtsgerichtsrat und wenig später auch Landgerichtsrat. 1936 war er zudem als Hilfsrichter am Oberlandesgericht Breslau tätig. Nachdem er sich 1939 in Breslau habilitierte, erhielt er dort im Jahr 1940 auch einen Lehrstuhl für Staats- und Völkerrecht, bevor er 1943 Ordinarius an der Universität Greifswald wurde (Klee, Personenlexikon, S. 347). Nach dem Zweiten Weltkrieg lehrte er seit 1955 an der Universität Würzburg.

1791 Müller, Furchtbare Juristen, S. 224.

1792 Ditt, „Stoßtruppfakultät Breslau", S. 208.

1793 Küchenhoff, Nationaler Gemeinschaftsstaat, S. 15.

1794 Ebenda, S. 56.

1795 Küchenhoff, Das staatsrechtliche Wesen des Dritten Reiches, S. 19.

1796 Küchenhoff, Nationaler Gemeinschaftsstaat, S. 14.

1797 Ebenda, S. 9. Hinzu kam, dass der Führerbefehl als Erscheinungsform des Rechts in den Gesetzesrang erhoben wurde. Gleichwohl stand der Führerbefehl bei Küchenhoff nur neben dem Gesetz, das auch vom Reichskanzler und Ministern erlassen werden konnte (Ebenda, S. 24 f.), während Höhn hier wesentlich strengere Ansichten vertrat.

1798 Theodor Maunz (* 1. September 1901 in Dachau, † 1. September 1993 in München) wurde nach dem Studium der Rechtswissenschaften und seiner Promotion bei

Gemeinschaftsgedankens hervor. Er forderte ebenfalls die Ersetzung der juristischen Staatsperson durch konkrete Gemeinschaften, die von einem Führer geführt werden sollten. Den Staat beschränkte er dagegen auf ein verwaltendes Ämtersystem,[1799] dessen Aufgabe darin bestünde, „die völkischen Ordnungen zu schützen und damit auch die Rechtsstellung des Volksgenossen im Rahmen der Volksgemeinschaft zu wahren".[1800] Wie *Höhn* lehnte auch *Maunz* als sachliche Folge dieser Staatsverneinung das subjektiv-öffentliche Recht entschieden ab,[1801] wobei er dies damit begründete, dass die Eingliederung in die Gemeinschaftsordnung bereits den Rechtsschutz des Einzelnen einschließe.[1802]

Darüber hinaus bildete sich um *Höhn* ein von diesem initiierter Kreis von Studenten und Doktoranden, die seine Lehre von der „Volksgemeinschaft" protegierten und weiterverbreiteten. In den von *Höhn* betreuten staatsrechtlichen Dissertationen wurden die wichtigsten Elemente seiner „Volksgemeinschaftslehre" zumeist übernommen und auf andere Rechtsprobleme übertragen. Diese Schüler waren damit faktisch die Einbruchstellen der Theorie *Höhns* in der jüngeren Generation von Juristen mit dem Ziel der Erhöhung der wissenschaftlichen Wirkungsmacht seiner kontroversen Ansichten.

In der Dissertation seiner Heidelberger Doktorandin *Annemarie Vocke* über „Grundrechte und Nationalsozialismus"[1803] diente *Höhns* Lehre von der „Volksgemeinschaft" als Ausgangspunkt und theoretische Vorbedingung. Ausgehend von dem Standpunkt *Höhns*, dass die Substitution der juristischen Staatsperson durch die „Volksgemeinschaft" und Eingliederung des Einzelnen in diese „Volksgemeinschaft"

Hans Nawiasky 1925 sowie einer Tätigkeit als Verwaltungsjurist im bayerischen Staatsdienst 1932 an der Universität München habilitiert und arbeitete anschließend als Privatdozent an der dortigen Juristischen Fakultät. Nach der Machtergreifung wurde Maunz 1933 Mitglied in der NSDAP und der SA. 1935 wurde er zudem außerordentlicher Professor in Freiburg, wo er sich hauptsächlich mit dem Polizeirecht beschäftigte (Klee, Personenlexikon, S. 395). Maunz galt nicht als „fanatischer Ideologe oder weltanschaulicher Protagonist", sondern als systemkonformer Opportunist, der vor allem das Verwaltungsrecht den Vorgaben des NS-Regimes anglich (Hollerbach, Die Entwicklung der Freiburger Rechtsfakultät, S. 124, zitiert nach Stolleis, Geschichte des öffentlichen Rechts, S. 268). Nach dem Zweiten Weltkrieg war Maunz zunächst Mitglied der CSU und bayrischer Kultusminister, bevor er im Juli 1964 aufgrund seiner nationalsozialistischen Vergangenheit zurücktreten musste. Zudem fungierte er in den sechziger Jahren als Berater Gerhard Freys, dem späteren Gründer und Vorsitzenden der rechtsextremistischen DVU, und verfasste Artikel für dessen „National-Zeitung" (Stolleis, Theodor Maunz, S. 395 f.).

1799 Maunz, Das Verwaltungsrecht des nationalsozialistischen Staates, S. 32 ff.

1800 Maunz, Das Ende des subjektiven öffentlichen Rechts, S. 92.

1801 Maunz, Neue Grundlagen des Verwaltungsrechts, S. 23 ff.; ders., Das Ende des subjektiven öffentlichen Rechts, S. 71 ff.

1802 Maunz, Das Ende des subjektiven öffentlichen Rechts, S. 92.

1803 Vocke, Grundrechte und Nationalsozialismus, Leipzig 1938.

zur Auflösung des Untertanenverhältnisses und infolgedessen auch zum Wegfall des subjektiven-öffentlichen Rechts führe,[1804] rechtfertigte *Vocke* die Außerkraftsetzung bestimmter Grundrechte als sachliche Konsequenz dieser Ansicht.[1805] Exemplarisch für die Ausstrahlung der Lehren *Höhns* war ferner sein Assistent am Institut für Staatsforschung und späterer Habilitand *Roger Diener.*[1806] Auch seine Doktoranden *Walter Lehder,*[1807] *Horst Beuster,*[1808] *Anna Kottenhoff*[1809] und *Hans von Welczeck*[1810] bezogen sich auf *Höhns* Ansichten, die sie in ihren Studien als selbstverständlich voraussetzten, zur Grundlage ihrer Ergebnisse machten und gleichzeitig gegen Kritiker verteidigten.[1811] Darüber hinaus fanden *Höhns* Thesen Aufnahme und Zuspruch in weiteren Arbeiten junger Juristen.[1812]

Insgesamt führte die Rezeption der Theorie *Höhns* durch seine Doktoranden einerseits zu einer zunehmenden Verbreitung innerhalb der Staatsrechtswissenschaft und so auch zu einer Verstärkung der Lehrmeinung innerhalb des akademischen Diskurses, wobei *Höhn* gerade in der jüngeren Generation von Juristen Unterstützer rekrutieren konnte. In Anbetracht der bewussten Bezugnahme auf *Höhn* und der signifikanten inhaltlichen Übereinstimmungen kann deshalb in gewisser Weise auch von einer „Höhn-Schule“ in der Staatsrechtslehre gesprochen werden, wenngleich die meisten seiner Schüler keine universitäre Laufbahn einschlugen.

(β) „Vitalistische“ Gemeinschaftstheoretiker in SS und SD – Die „SS-Juristen“

In Bezug auf ihre staatsrechtliche Ausrichtung war die von *Höhn* angeführte universitäre Gruppe von völkischen „Vitalisten“ inhaltlich durch eine signifikant hohe

1804 Höhn, Das subjektive öffentliche Recht und der neue Staat, S. 57.

1805 Vocke, Grundrechte und Nationalsozialismus, S. 74 ff.

1806 Diener, Staatsauffassung und Staatsverbrechen, S. 64; ders., Verfassungsdenken in der Neuformung, S. 34.

1807 Lehder, Die staatsrechtliche Stellung des Reichsstatthalters, Berlin 1937.

1808 Beuster, Reichsbürger und Staatsangehöriger, Berlin 1939.

1809 Kottenhoff, Der Staat im Recht, Heidelberg 1940.

1810 Von Welczeck, Die Überwindung der Lehre von der Gewaltenteilung durch die Grundsätze der Führung und Volksgemeinschaft, Berlin 1940.

1811 Lehder, Die staatsrechtliche Stellung des Reichsstatthalters, S. 13; Beuster, Reichsbürger und Staatsangehöriger, S. 55 ff. und S. 60; von Welczeck, Die Überwindung der Lehre von der Gewaltenteilung durch die Grundsätze der Führung und Volksgemeinschaft, S. 34 ff. und S. 40–44; Kottenhoff, Der Staat im Recht, S. 71 f.

1812 Johanny, Partei und Staat, S. 34; Dräger, Primat des Volkes, S. 18 ff.; Freitag, Staatsbegriff und Staatsperson im Dritten Reich, S. 47 f. Höhns späterer Verleger, Dr. Werner Wittich, übernahm seine Ansichten ebenfalls (Wittich, Volk als Rechtsbegriff, S. 325 ff.). Ferner wurde Höhns Lehre auch im Zivilrecht begrüßt und angewendet (Rhode, Die juristische Person im Gemeinschaftsrecht, Sp. 1207 f.; Siebert, Das Wesen der Rechtsfähigkeit privatrechtlicher Personenverbände, S. 713, Anm. 2).

Schnittmenge mit einer Anzahl von Juristen verbunden, die sich durch ihre gemeinsame politische Zugehörigkeit zur SS oder zum Sicherheitsdienst der SS (SD) abhob.[1813]

Schon im Allgemeinen war die Berufsgruppe der Juristen in bemerkenswert hoher Anzahl in SS und SD repräsentiert. Tatsächlich waren von den 30,1 % Akademikern im Führerkorps der SS ein Drittel Juristen, womit diese die größte Gruppe mit universitärer Ausbildung stellten.[1814] Besonders auffällig ist, dass zwischen Februar 1933 und September 1939 fast die Hälfte aller Akademiker, die Mitglied der SS wurden, Juristen waren. Davor waren es nur 13,2 %.[1815] Folglich stieg die Zahl der Juristen in der SS gerade nach der Machtergreifung rapide an. Auch im SD waren die Juristen unter den Personen mit Universitätsabschluss überproportional vertreten. Von 293 Akademikern im SD hatten insgesamt 87, mithin fast ein Drittel, eine juristische Ausbildung.[1816] Ein Grund für das überdurchschnittlich häufige Auftreten von Juristen waren zum einen der schwierige Arbeitsmarkt und die geringen Berufschancen für Juristen in dieser Zeit.[1817] Hinzu kam eine steigende Absolventenzahl im Fach Rechtswissenschaften, was die große Gruppe an Juristen noch weiter erhöhte und die Arbeitsmarktproblematik verschärfte.[1818] Gleichzeitig entsprach eine Laufbahn in der Verwaltung der Organisation oder im Nachrichtendienst aber auch durchaus einem juristischen Berufsbild, so dass die hohe Zahl an Juristen nicht unbedingt überrascht. Daneben waren allen voran Juristen am Aufbau des SD beteiligt, die ihrem akademischen Erfahrungsraum entsprechend wiederum überwiegend Kollegen rekrutierten, wodurch der Kreis der potentiell Angeworbenen ohnehin verengt war.

Zwar engagierte sich von diesen Juristen nur ein verhältnismäßig geringer Anteil auch in der Staatsrechtswissenschaft, doch glichen sich gerade diese Juristen auffallend deutlich hinsichtlich ihres Werdegangs und ihrer gesellschaftlichen Integration. Kennzeichnend für diese Juristen waren, abgesehen von der gemeinsamen Mitgliedschaft in SS oder SD, vor allem ein reger publizistischer Betätigungsdrang, bestimmte biographische Gemeinsamkeiten und eine besonders enge politische Vernetzung, womit sie in der ansonsten grundsätzlich heterogenen Sozialstruktur der SS herausstachen. Meist handelte es sich um junge Karrieristen aus dem gebildeten Bürgertum mit elitärem Selbstverständnis, die aus der Jugendbewegung oder dem national-konservativen Spektrum stammten, ideologisch flexibel waren und mit dem typischen Waffen-SS-Mann an der Front oder kleinbürgerlichen Nationalsozialisten wenig gemein hatten.[1819] Während ihre berufliche und wissenschaftliche

1813 Stolleis, Geschichte des öffentlichen Rechts, S. 327.
1814 Boehnert, The Jurists in the SS-Führerkorps, S. 362.
1815 Ebenda, S. 363.
1816 Banach, Heydrichs Elite, S. 81.
1817 Wildt, Generation des Unbedingten, S. 80.
1818 Banach, Heydrichs Elite, S. 81 ff.
1819 Höhne, Der Orden unter dem Totenkopf, S. 128. Eine Einordnung dieser Gruppe von Juristen um Höhn innerhalb der gesamten SS erscheint deshalb auch als

Laufbahn in den verkrusteten Strukturen der Weimarer Republik stagniert hatte, brachte die Machtergreifung den angestrebten Karriereschub. In dem neuen nationalsozialistischen Staat boten sich vielfältige Optionen, um die ehrgeizigen Ambitionen zu befriedigen.

Diese homogene Gruppe der „SS-Juristen" hatte sich nach der nationalsozialistischen Machtergreifung auch zu einer eigenständigen Fraktion in der Staatsrechtslehre formiert[1820] und war in Hinblick auf die Angriffe auf die juristische Staatsperson neben die universitär sozialisierte Gruppe junger Rechtswissenschaftler aus der Dozentenschaft getreten.[1821] Auch im Lager der „SS-Juristen" nahm *Höhn* dabei eine gehobene Stellung ein. Angesichts seiner Rolle als staatsrechtlicher Wegbereiter und seiner maßgeblichen Beteiligung am personellen Aufbau des SD kann er sogar als Initiator und treibende Kraft dieser Gruppe angesehen werden. Er war nicht nur für einen Großteil der Veröffentlichungen verantwortlich oder zumindest mittelbar daran beteiligt, sondern zugleich auch der Anführer des wissenschaftspolitischen Netzwerks des SD. Sämtliche Verbindungslinien liefen bei *Höhn* zusammen. Neben der leitenden Funktion im SD-Hauptamt war er gleichzeitig auch die wichtigste Einbruchstelle von SS und SD in der Staatsrechtslehre. In der Person *Höhns* konzentrierten sich wechselseitige Beeinflussung und Förderung von SD und Wissenschaft. Zum einen ermöglichte ihm der SD seine akademische Karriere, während *Höhn* der Organisation nachrichtendienstlichen Zugang zu den Universitäten verschaffte. Zum anderen förderte *Höhn* in seiner Funktion als Professor gezielt Juristen aus SS und SD, derweil diese wiederum seine „vitalistische" Staatsrechtslehre protegierten. In gewisser Hinsicht kam *Höhn* mithin die Position eines Verbindungsmannes zu, der beide Lager miteinander verknüpfte, um der propagierten Lehrmeinung mehr Gewicht zu verleihen.

---

wenig sinnvoll. Dagegen sprechen schon die große Mitgliederzahl und der komplexe Apparat mit seinen zahlreichen Ämtern und Gliederungen. So erfordern etwa Einsatzgruppen, Waffen-SS oder die Verwaltung unterschiedliche Beurteilungen. Entsprechend ist auch das Vorhandensein einer einheitlichen „SS-Psychologie" kaum nachweisbar. Hatte der Politologe Eugen Kogon den SS-Männern noch grundsätzlich ein „einfaches psychologisches Schema" attestiert und diese als „Tiefunzufriedene, Nichterfolgreiche, ... Minderbegabte aller Art und ... gescheiterte Existenzen" zusammengefasst (Kogon, Der SS-Staat, S. 344 f.), wird eine kollektive Bewertung der SS inzwischen abgelehnt. Vielmehr wird von einer eher heterogenen Gruppe mit unterschiedlichen Eigenschaften und Motiven ausgegangen (Paetel, Die SS, S. 25).

1820 So Dreier, der die Staatsrechtslehrerschaft nach der nationalsozialistischen Machtergreifung in vier Gruppen unterteilt, von denen eine die sogenannten „SS-Juristen", zu denen er Höhn, Werner Best und Wilhelm Stuckart zählte, waren (Dreier, Die deutsche Staatsrechtslehre in der Zeit des Nationalsozialismus, S. 17 und S. 70). Auch Walkenhaus spricht von einer Gruppe von „anachronistischen Sympathisanten von SA, SS, SD", wozu neben Höhn auch Alfred Rosenberg und Otto Koellreutter gehören sollten (Walkenhaus, Totalität als Anpassungskategorie, S. 95).

1821 Stolleis, Geschichte des öffentlichen Rechts, S. 327.

Als besonders herausstechendes Beispiel für diesen Kreis von „SS-Juristen“ um *Höhn* kann zunächst *Wilhelm Stuckart*[1822] herangezogen werden. Der Staatssekretär im Reichsinnenministerium galt als Freund und Verbündeter *Höhns*,[1823] mit dem er unter anderem zusammen im Polizeirechtsausschuss der „Akademie für Deutsches Recht“ saß. Obwohl *Stuckart* schon Ende 1933 versuchte hatte, in die SS aufgenommen zu werden, wurde er erst im Herbst 1936 Mitglied.[1824] Im selben Jahr begann er staatsrechtliche Schriften zu veröffentlichen, wenngleich sein wissenschaftliches Wirken zu keinem Zeitpunkt an die Produktivität *Höhns* heranreichte. Inhaltlich bezog sich *Stuckart* im Wesentlichen ohnehin auf dessen unlängst erschienene Theorie.

Die „Volksgemeinschaft“, so *Stuckart* in Anlehnung an *Höhn*, „ist zum Rechtsprinzip geworden und hat die Vorstellung von der abstrakten Staatsperson als der Willensträgerin des Staates überwunden“.[1825] Dabei sollte die „Volksgemeinschaft“ antiformalistisch als „völkisch-politische Volksgemeinschaft“ durch „gleichen Siedlungsraum, gleiche Sprache, gleichen Kulturzustand, gleiches Schicksal und vor allem durch Blutsverwandtschaft“ bestimmt werden,[1826] so dass sich *Stuckart* bei Anwendung des neuen Volksbegriffs auch auf politische Kriterien stützte, wenngleich

---

1822 Wilhelm Stuckart (* 16. November 1902 in Wiesbaden, † 15. November 1953 in Hannover) absolvierte Studium und Referendariat in München, Wiesbaden und Frankfurt. Der NSDAP war er bereits im Dezember 1922 nach zweijähriger Leitung einer deutschnationalen Jugendgruppe der DNVP beigetreten, bevor er nach deren Auflösung 1930 erneut Parteimitglied wurde. Im Jahr 1926 wurde er Rechtsberater der Ortsgruppe Wiesbaden und später, nach kurzen Tätigkeiten als Hilfsrichter in Rädelsheim und Wiesbaden sowie als Anwalt in Stettin, Gaurechtsstellenleiter und Rechtsreferent der Untergruppe Pommern West der SA (BArch R 1501/211313, Bl. 1 und Bl. 34). Danach war er von April bis Mai 1933 kommissarischer Bürgermeister von Stettin. Im Juni 1933 wechselte Stuckart als kommissarischer Ministerialdirektor ins preußische Kultusministerium, wo er die Leitung der Abteilung für Unterricht und Erziehung übernahm, ehe er im Juli 1934 Staatssekretär im neugebildeten Reichserziehungsministerium wurde (BArch R 1501/211313, Bl. 3–19). Seit März 1935 war er sodann Staatssekretär im Reichsinnenministerium (Jasch, Staatssekretär Wilhelm Stuckart und die Judenpolitik, S. 108). In dieser Funktion verfasste Stuckart zusammen mit Hans Globke den sogenannten Kommentar zur deutschen Rassengesetzgebung zu den Nürnberger Rassegesetzen. 1936 trat Stuckart dann der SS bei (Weiß, Biographisches Lexikon, S. 453) und wurde sogar nebenamtlicher Hauptstellenleiter im RSHA. Außerdem war er Teilnehmer der Wannsee-Konferenz (Klee, Personenlexikon, S. 611 f.). Während des Krieges versuchte Stuckart wiederholt zum Wehrdienst eingezogen zu werden, weshalb er sich sogar persönlich an Hitler wandte, doch wurden seine Gesuche aufgrund seiner Bedeutung für die Ministerialverwaltung stets abgelehnt (BArch R 43 II 1136/c, Bl. 122–127).

1823 Von Lösch, Der nackte Geist, S. 427; Erinnerungsblätter Erhard Mäding, BArch N 1561/1, Bl. 57.

1824 Jasch, Staatssekretär Wilhelm Stuckart und die Judenpolitik, S. 166 f.

1825 Stuckart, Die Staatsverwaltung, S. 130; Stuckart, Partei und Staat, S. 9.

1826 Ebenda, S. 130.

die biologische Rasse in den Vordergrund gestellt wurde.[1827] Geführt werden sollte die „völkisch-politische Volksgemeinschaft" von der Partei in ihrer „organisatorischen Erscheinungsform", was auf *Adolf Hitler* als Führer hinauslief, dessen Wille verbindlich war und der auch Gesetze erlassen konnte.[1828]

Ferner führte *Stuckart* den Begriff des „Reiches" ein. Das „Reich" war bei ihm „die Volksgemeinschaft in der ihr wesensgemäßen organisatorischen Gestaltung". Der Staat wurde analog zu *Höhn* zur Behörden- und Ämterorganisation im Dienst der Führung reduziert:

> „Von diesem Reich der Volksgemeinschaft als dem völkisch-politisch geordneten Organismus ist zu unterscheiden der Staat im engeren Sinne, der Staatsapparat."[1829]

> „Der Gedanke vom Staat wird nur auf das zurückgeführt, was er allein sein kann, wenn das Volk das Primäre und allein Maßgebliche ist. Der Staat ist danach nichts anderes, als die sinnvolle, durch deutsche Menschen geleitete und durch sie tätige Apparatur."[1830]

Neben *Stuckart* rezipierten noch weitere Juristen aus SS und SD weitgehend widerspruchsfrei die „Volksgemeinschaftslehre" *Höhns* in ihren staatsrechtlichen Werken. Oftmals wurden diese Juristen sogar planvoll von *Höhn* im Rahmen seiner wissenschaftlichen Tätigkeit unterstützt, so dass sie gleichzeitig auch seine Schüler waren.

Dazu zählte etwa die Arbeit des SS-Sturmbannführers und SD-Mitarbeiters *Eberhard Mäding*[1831] über „Die staatsrechtliche Stellung der NSDAP",[1832] in welcher

---

1827 Stuckart, Der nationalsozialistische Führerstaat im Verhältnis zur Demokratie, Diktatur und Selbstverwaltung, S. 343.

1828 Stuckart, Die Staatsverwaltung, S. 131.

1829 Ebenda, S. 130.

1830 Stuckart, Partei und Staat, S. 13.

1831 Eberhard Mäding (* 1. Mai 1909 in Dresden, † 30. November 1998 in Köln) hatte Rechtswissenschaften in Leipzig studiert. Bereits während seines Referendariats bei der Staatsanwaltschaft Leipzig und am Amtsgericht Pirna wurde er Ende 1933 von seinem ehemaligen Ordensbruder Höhn persönlich für den SD rekrutiert, wo er zunächst als ehrenamtlicher Mitarbeiter in der regionalen Leitstelle des SD in Chemnitz tätig war (Erinnerungsblätter Erhard Mäding, in: BArch N 1561/1, Bl. 49 ff.). Daneben arbeitete er nach Vermittlung des SD in einer angesehenen Chemnitzer Rechtsanwaltskanzlei, bevor er Regierungsassessor wurde. 1936 wurde Mäding dann Leiter der Höhn zugeordneten Abteilung Lebensgebiete II/2 im SD-Oberabschnitt Sachsen, bevor er in den Landesdienst zurückkehrte und abermals ehrenamtlich beim SD angestellt und vor allem mit der Anwerbung von Referendaren betraut war. Ab 1942 war er Referent für Landschaftsplanung in Himmlers Dienststelle des „Reichskommissars für die Festigung des Deutschen Volkstums". Im Oktober 1943 wechselte er in das Reichsministerium des Inneren, ehe er am 1. Februar 1944 ins RSHA abkommandiert wurde und dort als Leiter der Abteilung „Verfassung und Verwaltung" tätig war (Schreiber, Elite im Verborgenen, S. 405).

1832 Mäding war zwar kein Doktorand Höhns, doch hatte dieser immerhin mittelbar versucht, das Dissertationsvorhaben seines SS-Kameraden zu unterstützen. Als

der Verfasser in seinen Ausführungen grundsätzlich der Staatsrechtslehre *Höhns* kritiklos folgte. So schrieb er:

> „Im Begriff der Gemeinschaft ist der ‚Grund- und Eckstein' des neuen Rechtes gefunden worden, im Begriffe der Volksgemeinschaft der Grund- und Eckstein des deutschen Staatsrechts. Die Volksgemeinschaft ist der Staat des deutschen Staatsrechts."[1833]

Da nunmehr die „Volksgemeinschaft" als Rechtsbegriff Ausgangspunkt des Staatsrechts sei, müssten sämtliche staatsrechtlichen Begrifflichkeiten daraus abgeleitet werden. Entsprechend, so *Mäding* in Anlehnung an das Staatsverständnis *Höhns*, sei der traditionelle Staat nur noch Apparat im Sinne des öffentlichen Ämter- und Behördenwesens, also „ein Inbegriff dienstverpflichteter Personen und dem öffentlichen Zwecke gewidmeter Sachen" und „Mittel in der Hand des Führers".[1834]

Noch deutlicher wird die von *Höhn* begünstigte Vermischung von universitärer Staatsrechtslehre und SS respektive SD durch die Dissertation *Karl Gengenbachs* und die spätere Habilitation *Herbert Lemmels*, die *Höhn* unmittelbar angeregt und begleitet hatte.[1835] SS-Sturmbannführer *Gengenbach*, hauptamtlich im SD-Oberabschnitt Süd in München tätig,[1836] war *Höhns* Doktorand in Heidelberg, bevor er ihn mit an

---

Mäding einen Verlag für seine Doktorarbeit suchte, wandte sich Höhn an den Deutschen Rechtsverlag und empfahl das Werk. Nachdem das Verlagsamt die Arbeit offiziell als „überholt" ablehnte, schaltete sich auf Betreiben Höhns sogar der SD ein und fand heraus, das ein negatives Gutachten Carl Schmitts, der sich seinerzeit in schweren Auseinandersetzungen mit SS und SD befand, zur Ablehnung geführt hatte (BArch R 58/ 854, Bl. 219).

1833 Mäding, Die staatsrechtliche Stellung der NSDAP, S. 29.

1834 Ebenda, S. 33 f.

1835 Ferner unterstützte Höhn mit Heinrich Malz einen weiteren jungen Juristen aus der SS. Malz (* 26. November 1910 in Chemnitz, † unbekannt) hatte einen Teil seines juristischen Vorbereitungsdienstes bei Höhn am Institut für Staatsforschung abgeleistet. Nach Abschluss seiner Doktorarbeit über „Die Einwirkungen des Gesetzes zur Ordnung der Arbeit in öffentlichen Verwaltungen und Betrieben auf die Rechts- und Dienstverhältnisse der Reichsbahnarbeiter" im Jahr 1935 abgeschlossen hatte, war er für den SD tätig und kehrte spätestens Ende 1936 auch an Höhns Berliner Institut zurück, wo er, bezahlt vom Kultusministerium, als wissenschaftlicher Mitarbeiter arbeitete (Von Lösch, Der nackte Geist, S. 329, Rn. 499). Seit Mai 1940 war Malz dann Referent in der Abteilung Rechtsleben im RSHA, bevor er ab 1944, inzwischen zum SS-Sturmbannführer befördert, sogar zum persönlichen Stab Ernst Kaltenbrunners gehörte (Wildt, Generation des Unbedingten, S. 938).

1836 Karl Gengenbach (* 9. November 1911 in Pforzheim, † 25. Januar 1944 bei Bad Tölz) hatte von 1931 bis 1935 an der Ludwig-Maximilians-Universität in München studiert. Der NSDAP war er bereits 1930 beigetreten. Für den SD war er seit 1935 hauptamtlich im SD-Oberabschnitt Süd in München tätig, bevor er 1939 Leiter der Amtsgruppe III B „Gemeinschaftsleben" im RSHA in Berlin wurde. Nachdem er ab Sommer 1940 als Führer des SD beim Befehlshaber der Sicherheitspolizei und des

die Universität Berlin nahm, wo die Studie 1940 am Institut für Staatsforschung fertiggestellt wurde.[1837] In Anbetracht der Betreuung durch *Höhn* übernahm Gengenbach sogleich dessen Positionen und folgerte aus ihnen Schlüsse für seine Arbeit über die Verwaltungsreform des *Freiherrn vom Stein*:

> „Da heute die Gemeinschaft der artgleichen Volksgenossen zum tragenden Rechtsprinzip geworden ist, nicht als Norm, sondern als konkrete Wirklichkeit, ist der Staat heute nur mehr ein Instrument in der Hand der Führung dieser Gemeinschaft und steht in deren Dienst. Damit ist der Staat zu einer Funktion des Volkes geworden und hat seine bisherige Stellung als eigene Größe verloren, die durch ihre Einrichtungen das Volk formte. Daher bedarf unser Staatsapparat heute auch nicht mehr der Untermauerung durch eine neue Staatsgesinnung im Sinne Steins ...“[1838]

Der SS-Hauptsturmführer und Volontärassistent an der Berliner Universität *Herbert Lemmel* unterstützte *Höhns* Positionen in seiner von diesem betreuten und geförderten Habilitationsschrift „Die „Volksgemeinschaft, ihre Erfassung im werdenden Recht“ sogar ganz offen. So könne abschließend festgestellt werden, „daß Höhns Arbeiten einen entscheidenden Fortschritt im Versuche darstellen, die Volksgemeinschaft rechtlich zu erfassen“:

> „Sie verzichten auf den Versuch, das Neue aus Altem zu begreifen, und fordern damit die Angriffe derer heraus, die an alten Formen und Begriffen um deren Traditionen willen hängen. Da der Ausgangspunkt der Lehre Höhns nicht im Spekulativen liegt, sondern die Wirklichkeit ist, hat er die Möglichkeit geschaffen, dass neu erkannte Gesetze der Gemeinschaft seine bisherigen Forschungen sinnvoll ergänzen.“[1839]

Dementsprechend schließt sich *Lemmel* den Kernelementen der Lehre *Höhns* an und postuliert die Ersetzung der Staatsperson durch den Rechtsbegriff der „Volksgemeinschaft“ bei gleichzeitiger Degradierung des Staates zum Apparat.[1840]

Zustimmung aus der SS-nahen Wissenschaft erhielt *Höhns* „Volksgemeinschaftslehre“ außerdem von dem Soziologen *Andreas Pfenning*, der genauso wie *Höhn* und *Mäding* Mitglied im Jungdeutschen Orden war, bevor er in Heidelberg Mitarbeiter

---

SD in den besetzten Niederlanden, Hans Nockemann, eingesetzt war, kehrte er 1941 ins RSHA zurück, wo er fortan Amtsgruppenleiter III A in der Amtsgruppe III (Deutsche Lebensgebiete – SD-Inland) unter SS-Standartenführer Otto Ohlendorf war. Gengenbach war Teilnehmer der Nachfolgebesprechung zur „Wannseekonferenz“ über die „Endlösung der Judenfrage“ am 27. Oktober 1942 im RSHA (Klee, Personenlexikon zum Dritten Reich, S. 178; Grüttner, Biographisches Lexikon zur nationalsozialistischen Wissenschaftspolitik, S. 57).

1837 Gengenbach, Ständegedanke und Verwaltungseinheit, S. 4.
1838 Ebenda, S. 105.
1839 Lemmel, Die Volksgemeinschaft, ihre Erfassung im werdenden Recht, S. 71.
1840 Ebenda, S. 39, Anm. 57 und S. 159.

von *Ernst Krieck*, dem Förderer *Höhns* und ebenfalls ehemaliger Ordensbruder, wurde und 1935 in die SS eintrat:[1841]

> „Die Volksgemeinschaft ist somit die Daseinsform des politischen Volkes. ... Der Staat als mechanisch organisatorisches Element wird damit wieder zu dem, was er ursprünglich war, zum Mittel der Führung. Er ist zum Instrument in der Hand des Führers geworden. ... Damit ist der Staat als Organisation von seiner Herrschaftsstellung verdrängt und zu einem dienenden Gebilde geworden. Im Mittelpunkt des staatsrechtlichen Denkens steht daher auch nicht mehr der Staat als Selbstmacht und Eigenwert, sondern das politische Volk."[1842]

Die angeführten Beispiele zeigen eine bewusste Flankierung und Unterstützung *Höhns* staatsrechtlicher Lehren durch SS und SD. Ausschlaggebend für dieses Protegieren dürfte abermals die changierende Zweckverbindung zwischen den beiden Organisationen und *Höhn* gewesen sein.

Die angestrebte Erhöhung der Wirkungsmacht bedeutete zum einen die Vergrößerung der wissenschaftlichen Autorität *Höhns*. So beinhaltete die organisatorische Zugehörigkeit zu SS und SD nicht nur politische Rückendeckung und Unterstützung, sondern auch einen erleichterten Zugang zu anderen, von der SS kontrollierten Publikationsorganen und damit eine noch größere Sendungsbreite. Der SD paktierte etwa, nicht zuletzt durch eine Initiative *Höhns*, mit der aufstrebenden Hamburger Verlagsanstalt (HAVA). Die Allianz brachte in den folgenden Jahren für beide Seiten Vorteile. Konnte sich der Hamburger Verlag unter dem Schutz des SD als „führender wissenschaftlicher Verlag des nationalsozialistischen Staates" profilieren, erhielten die Juristen ein zusätzliches Sprachrohr, um ihr radikales Staats- und Verwaltungsrecht in der Wissenschaftslandschaft zu propagieren.[1843] *Karl August Eckhardt* erhielt dort sogar eine eigene, offensiv beworbene Schriftenreihe, die „Grundzüge der Rechts- und Wirtschaftswissenschaften",[1844] wo eben auch *Höhn* veröffentlichte. Daneben konzipierte er seit Ende 1935 mit *Eckhardt* im Auftrag der Minister *Frank* und *Rust*, jedoch vermutlich auf Geheiß der SS,[1845] die Zeitschrift „Deutsche Rechtswissenschaft", die ebenfalls bei der HAVA erschien, neu,[1846] welche

---

1841 Retter, Zwischen Protest und Propaganda, S. 50

1842 Pfenning, Revolution, Staatslehre und Rechtsdogmatik, S. 67.

1843 Lokatis, Hanseatische Verlagsanstalt, S. 61.

1844 Die HAVA warb damit, dass es sich bei der Zeitschrift um eine „von einer einheitlichen politischen Grundeinstellung durchdrungene ... Gemeinschaftsarbeit" einer „einheitlichen Gruppe von jungen Kämpfern" handeln würde (Lokatis, Hanseatische Verlagsanstalt, S. 63).

1845 Angeblich nur „pro forma" im Auftrag der beiden Minister, denn die Gründung der Zeitung „schien Ausdruck einer von der SS gestifteten friedlichen Beilegung eines andauernden, um die juristischen Belange geführten Kompetenzkonfliktes zwischen beiden Ministerien zu sein." (Lokatis, Hanseatische Verlagsanstalt, S. 64 f.)

1846 Von Lösch, Der nackte Geist, S. 447.

ein Forum für Hochschullehrer im „Kampf um eine neue Rechtslehre und die Arbeit an der neuen Hochschulverfassung" sein sollte.[1847] Zählt man das von *Höhn* betreute und mit der „Juristischen Wochenschrift" zusammengelegte Blatt „Deutsches Recht" dazu, stand somit bereits wenige Jahre nach der Machtergreifung ein beachtlicher Teil der juristischen Fachzeitschriften unter direktem Einfluss der „SS-Juristen". Tatsächlich kann hier vom „Aufbau eines Schrifttumsmonopols des Sicherheitsdienstes" durch *Höhn* und *Eckhardt* gesprochen werden.[1848] Später kamen noch die von *Höhn* zusammen mit *Wilhelm Stuckart* und dem SS-Gruppenführer *Gerhard Klopfer*, Staatssekretär und Leiter der Staatsrechtlichen Abteilung in der Reichskanzlei,[1849] herausgegebene Zeitschrift „Reich – Volksordnung- Lebensraum",[1850] die fortan „als geopolitisches und verwaltungswissenschaftliches Organ der SS" benutzt wurde,[1851] sowie das unter direktem Einfluss der SS stehende Institut für Staatsforschung mit seiner Schriftenreihe „Forschungen zum Staats- und Verwaltungsrecht" und die gleichermaßen SS-nahe Internationale Akademie für Staats- und Verwaltungswissenschaften von *Stuckart* hinzu.

Während der Einfluss von SS und SD in der Wissenschaft somit keinesfalls zu unterschätzen ist, war die Förderung der konkreten Theorie *Höhns* im Wesentlichen darauf beschränkt, sie gleichermaßen zu vertreten und somit zu verbreiten. Waren inhaltliche Argumente zur Erlangung der wissenschaftlichen Deutungshoheit nicht ausreichend, erweiterten SS und SD ihre Bemühungen vereinzelt aber auch und verdrängten die Konkurrenz aus den einflussreichen Positionen. So unternahm der SD einfach nachrichtendienstliche Ermittlungen gegen einen mächtigen Kontrahenten in der Staatsrechtslehre wie *Carl Schmitt*, um dessen wissenschaftliche Autorität zu untergraben. Exemplarisch dafür ist auch der im Sommer 1941 im „Schwarzen Korps" erschienene Vorwurf seitens der SS, *Koellreutter* vertrete einen realitätsfernen „Professorenrationalismus" und verkenne, dass Staatsrecht Politik sei.[1852] Ein Beispiel für die wissenschaftspolitische Schlagkraft der SS ist ferner die

---

1847 Eckhardts Geleitwort vom 15. Oktober 1935, in: Deutsche Rechtswissenschaft 1936, S. 5.

1848 Becker, „Schritte auf einer abschüssigen Bahn", S. 143.

1849 Wedekind, Nationalsozialistische Besatzungs- und Annexionspolitik, S. 81.

1850 Die Zeitschrift, die vollständig „Reich, Volksordnung, Lebensraum, Zeitschrift für völkische Verfassung und Verwaltung" hieß, erschien von 1941 bis 1943 in sechs Bänden (Schwegel, Der Polizeibegriff im NS-Staat, S. 266, Rn. 480). Das inhaltliche Hauptaugenmerk der Aufsätze lag neben allgemeinen staatsrechtlichen Fragestellungen vor allem auf Vorschlägen und Ausarbeitungen zur Reformierung und Umstrukturierung der inzwischen besetzten Länder (Stolleis, Geschichte des öffentlichen Rechts, S. 309).

1851 Stolleis, Geschichte des öffentlichen Rechts, S. 308.

1852 „Politik den Berufenen", in: „Das Schwarze Korps" vom 31. Juli 1941, Folge 31. Auslöser des Angriffs war allerdings nicht die Rivalität zwischen Höhn und Koellreutter, sondern Koellreutters Verteidigung seines ehemaligen Doktoranden Hermann Ule. Ule hatte in seiner Habilitationsschrift sowie in zwei Buchbesrpechungen die

Okkupation des „Ausschusses für Polizeirecht der Akademie für Deutsches Recht", der seit seiner Gründung 1936 fest in der Hand von Juristen aus SS und SD war.

Dieser politische Rückhalt sollte wiederum zu einem größeren Einfluss von SS und SD als *Höhns* politischer Machtbasis auf die Entwicklung der Staatsrechtslehre führen. Schließlich verfolgten SS und besonders SD hier ganz eigennützige machtpolitische Interessen. Ziel war ein weitreichender Funktionsverlust im staatlichen Bereich durch die Verschmelzung originär staatlicher Hoheitsbefugnisse mit den Funktionen und Zuständigkeiten von Organisationen der nationalsozialistischen Bewegung, allen voran SS und SD. So ist die von *Höhn* und den „SS-Juristen" betriebene Staatsverneinung auch vor dem Hintergrund des schwelenden Kompetenzkonflikts zwischen SS und Staat zu betrachten.[1853] Eine Staatsrechtslehre, die für den Vorrang von „Volksgemeinschaft" und Partei und zugleich für die Beschneidung des Staates eintrat, rechtfertigte die Beschränkung der Macht staatlicher Stellen und bot gleichermaßen eine Legitimationsgrundlage für die Erweiterung und den sukzessiven Ausbau der rechtlichen Sonderstellung von SS und SD. Eine staatsrechtlich legitimierte und durch die nationalsozialistische Weltanschauung abgedeckte Staatsverneinung konnte etwa bei der von *Himmler* beabsichtigten Zusammenlegung von Polizei und SS von Nutzen sein. Wenn die Polizei nur zum Verwaltungsapparat gehören würde, welcher der Lehre *Höhns* entsprechend wiederum der „Volksgemeinschaft" und der NSDAP als Repräsentantin des Volkes und damit auch der SS als Gliederung der Partei untergeordnet war, rechtfertigte dies aus juristischer Sicht die angestrebte und schrittweise auch vollzogene Herauslösung der Polizei aus der staatlichen Administration und Zusammenlegung mit der SS.[1854]

Juristen und SS-Führer Gottfried Neeße und Hans-Bernhard Brauße kritisiert, was diese wiederum veranlasste ihrerseits die Lehre Ules anzugreifen, woraufhin Koellreutter auf dessen Seite eingriff (Schmidt, Otto Koellreutter, S. 73, Rn. 350).

1853 Himmler lehnte bei seiner Ernennung zum „Chef der Deutschen Polizei" sogar den obligatorischen Eintritt in ein Beamtenverhältnis ab, um sich so einer staatlichen Aufsicht und gleichzeitigen Unterordnung zu entziehen, was die latent staatsfeindliche Haltung in der SS noch unterstreicht (Pinter, Organisatorische Veränderungen im Bereich der Polizei und die Verklammerung von Polizei und SS, S. 185).

1854 Die Erweiterung der Kompetenzen der SS zulasten staatlicher Zuständigkeiten wurde nach der Machtergreifung mittels Sondererlasse und Verordnungen vorangetrieben. Nachdem zunächst die Personalunion von „Höheren Polizei- und SS-Führern" eingeführt wurde, folgte im Juni 1937 die Ernennung Himmlers zum Leiter der neu geschaffenen Abteilung „Reichsführer SS und Chef der Deutschen Polizei" im Reichsinnenministerium, wodurch die gesamte Polizei fortan der SS unterstellt war. Seit 1937 erhielten Gestapo und SS zudem gerichtliche Sonderzuständigkeit, nach der Regimekritiker ohne Recht auf den ordentlichen Rechtsweg gesondert verfolgt werden konnten. Nach Kriegsbeginn und der Errichtung des Himmler unterstellten RSHA im September 1939 wurde ferner eine Sonderverordnung erlassen, die eine Sondergerichtsbarkeit in Strafsachen für Angehörige der SS und Polizei begründete, womit sich diese bei Begehung von Straftaten den

Gleichzeitig lässt die unverkennbare Korrelation zwischen gleichen staatsrechtlichen Lehren und gemeinsamer beruflicher und biographischer Sozialisation bestimmte Rückschlüsse auf die persönliche Motivation zu. Ganz offensichtlich hatte die institutionelle Zugehörigkeit einen entscheidenden Einfluss auf die theoretischen Inhalte. Die Sozialisation in SD und SS dürfte also zu einer sehr engen Rezeption der nationalsozialistischen Rechtsideologie angespornt haben. Wer Mitglied in einer besonders regimetreuen und radikalen Organisation mit einem elitär-nationalsozialistischen Selbstverständnis wie SS oder SD war und sich damit in der Regel ohnehin durch eine überdurchschnittliche Karriereaffinität auszeichnete,[1855] vertrat fast zwangsläufig eine betont extreme Staatsrechtslehre. Diese aus einer anbiedernden Systemkonformität gespeiste Radikalität war folglich auch Ausdruck von Karrierestreben. Der Journalist *Heinz Höhne* sah bereits in den 60er Jahren in der Gruppe der Juristen in SS und SD die machtorientierten, „unsentimentalen SS-Technokraten", welche „die Führerdiktatur mit jeder gewünschten formalrechtlichen oder organisatorischen Formel" bedienten.[1856] Heute kommt *Christina Schneider* zu demselben Ergebnis, wenn sie schreibt: „Diese jungen Juristen waren intelligent, politisch engagiert und wollten Karriere machen".[1857] In Bezug auf *Höhn* lässt sich daraus ableiten, dass seine Laufbahn in SS und SD seine „Volksgemeinschaftslehre" maßgeblich geprägt und beeinflusst haben dürfte. Damit unterstreichen die obigen Ausführungen die These, dass *Höhns* radikale Positionen auch das Produkt seiner ehrgeizigen Ambitionen und somit zugleich das Resultat einer kalkulierten Karriereentscheidung waren.

---

ordentlichen Gerichten entziehen konnten. Zuletzt bekam Himmler im Oktober 1937 als „Reichskommissar für die Festigung des deutschen Volkstums" noch eine weitere eigene Reichsbehörde zugesprochen (Morsey, Die verfassungspolitische Entwicklung, S. 702 f., 705).

1855 Ein Grund für den starken Anstieg von Juristen in SS und SD nach der Machtergreifung der Nationalsozialisten war das Bedürfnis nach sozialer und beruflicher Absicherung und in gesteigerter Form ein bloßes Macht- und Karrierestreben. Schon der Anschluss an die SS „als respektable und gerade für Akademiker passende NS-Organisation" war oft das Resultat eigennütziger Motive (Schulte, SS-Mentalität und Karrierismus, S. 85; Kater, Die nationalsozialistische Machtergreifung an den deutschen Hochschulen, S. 54). Für den SD galt dies umso mehr, wofür vor allem der hohe Anteil an Juristen in Führungspositionen im SD spricht. So schlugen von den oben genannten 87 Juristen 55 eine gehobene Führerlaufbahn ein (Banach, Heydrichs Elite, S. 81). Allerdings verfügte der SD als junge und unausgereifte Einrichtung auch noch über verhältnismäßig dynamische Hierarchien und bot dementsprechend schnelle Aufstiegsmöglichkeiten, was die Aussagekraft der Statistiken jedoch nur unwesentlich mildert.

1856 Höhne, Der Orden unter dem Totenkopf, S. 128.

1857 Schneider, Die SS und „das Recht", S. 51.

(b) „Etatistische“ Ansätze in der Staatsrechtslehre

Den „vitalistischen“ Gemeinschaftstheorien standen in der NS-Staatsrechtslehre gemäßigtere Ansätze gegenüber, denen die Bewahrung bestimmter Begriffe und Inhalte des überkommenen Staatsrechts, besonders in Hinblick auf Funktion und Bedeutung des Staates, gemeinsam war. Personell rekrutierten sich diese sogenannten „Etatisten“[1858] vor allem aus der etablierten Professorenschaft, also aus Staatsrechtslehrern, die schon vor der nationalsozialistischen Machtergreifung einen Lehrstuhl inne hatten und in Anbetracht bereits verfestigter staatsrechtlicher Positionen nur über eine bedingte rechtsideologische Flexibilität verfügten. Obwohl diese Bindung eine vollkommene Anpassung an die NS-Weltanschauung mitunter erschweren konnte, waren diese Juristen ebenso bestrebt, eine genuin nationalsozialistische Staatsrechtslehre zu erarbeiten, die den historischen Umwälzungen und der neuen politischen Realität entsprechen sollte, um so die Entwicklung in Staatsrecht und Staatsrechtslehre mitzubestimmen und den eigenen wissenschaftlichen und politischen Einfluss zu erhöhen.

Während die „Vitalisten“ dem Wandel der Verhältnisse aber mit radikalen Erneuerungsbestrebungen begegneten, versuchten die „etatistischen“ Staatsrechtslehrer, das bekannte Rechtssystem entsprechend zu modifizieren oder umzudeuten. Die nationalsozialistische Rechtsideologie sollte nach Möglichkeit in die bislang geltende Begriffswelt integriert werden. Im Gegensatz zum „vitalistischen“ Ansatz, durch die Verrechtlichung der NS-Weltanschauung ein weitestgehend neues Staatsrecht zu entwerfen, favorisierten die „Etatisten“ mithin deren Aufnahme durch das bereits bestehende Staatsrecht. Am deutlichsten wurde die Diskrepanz in der unterschiedlichen Bewertung der Beziehung von Staat und „Volksgemeinschaft“. Die „etatistisch“ geprägten Modelle beinhalteten gerade keine vollständige Abkehr vom Begriff des Staates als Rechtssubjekt und Vorstellungsform für die politische Einheit und Gesamtheit des Volkes. Stattdessen wurde der Staat hier grundsätzlich als „stabilisierende[s] Kontinuum“[1859] hervorgehoben und weiterhin in einer zentralen konzeptionellen Position belassen.

Im Vergleich zu der inhaltlich verhältnismäßig homogenen Gruppe der „Vitalisten“ um ihren Wortführer *Höhn* bildete der „Etatismus“ keine einheitliche Lehrmeinung innerhalb der NS-Staatsrechtslehre. Vielmehr unterschieden sich die „Etatisten“ hinsichtlich Ausmaß und Intensität des Festhaltens am herkömmlichen Staatsbegriff. Mit Einschränkung lassen sie sich in „Traditionalisten“ und „Moderate“ unterteilen.

(α) Die „Traditionalisten“ – Bewahrung des Staates als Rechtssubjekt

Eine strenge Richtung des „Etatismus“ in der nationalsozialistischen Staatsrechtslehre sprach sich im bewussten Gegensatz zu *Höhn* für die Erhaltung des Staates

---

1858 Pauly, Die deutsche Staatsrechtslehre in der Zeit des Nationalsozialismus, S. 103.
1859 Ebenda, S. 103.

als rechtsfähiger Person aus, wobei die Beibehaltung der Rechtsfähigkeit nicht zwingend durch das Instrument einer unsichtbaren juristischen Person erreicht werden musste. Der Staat sollte hiernach nicht nur Organisation, sondern nach wie vor auch Rechtsform des Volkes und politisches Gemeinwesen als solches sein.

Zu diesen von *Stolleis* als „Traditionalisten"[1860] bezeichneten Staatsrechtslehrern gehörte allen voran der Tübinger Verwaltungsrechtsprofessor *Wilhelm Merk*[1861], der sich in seiner Schrift „Der Staatsgedanke im Dritten Reich" besonders kritisch mit den Positionen *Höhns* auseinandergesetzt hatte, weshalb sie später, vermutlich auf Initiative *Höhns*, sogar verboten wurde.[1862] *Merk* unternahm darin den Versuch, den von *Höhn* propagierten Bezeichnungswechsel von der juristischen Staatsperson zur „Volksgemeinschaft" als inhaltsleer zu entlarven. „Vom Standpunkt des Rechts" gesehen, so *Merk*, sei der Staat nur die Zusammenfassung des Volkes zu einer rechts- und handlungsfähigen Person, die als Trägerin von Rechten und Pflichten für das Volk agieren konnte.[1863] Hauptelement der juristischen Staatsperson sei damit weniger die Darstellung des Staates als unsichtbarer Person, als vielmehr die Rechtsfähigkeit, was *Höhn* nicht ausreichend berücksichtige, wenn er die Staatspersönlichkeit durch eine abstrakte, gleichermaßen unsichtbare „Volksgemeinschaft" ersetzen wolle. Es sei zwar grundsätzlich möglich, alle nicht rechtsfähigen Gemeinschaften des Volkes in einer repräsentativen Gemeinschaft, etwa einer Gemeinschaftsversammlung, zusammenzufassen, doch wäre diese genauso ein Organ des Staates, durch welches dieser Rechts- und Handlungsfähigkeit erlange. Ein „juristisches Gebilde, wie es der Staat ist" könne eben nicht „als unsichtbares Gebilde ... geführt werden".[1864]

Ebenso forderte *Hans Helfritz* die Erhaltung der Rechtsfähigkeit des Staates, gleichwohl auch er nicht auf der Darstellung des Staates als unsichtbarer Staatsperson beharrte. *Helfritz* bezeichnete den nationalsozialistischen Staat als Zusammenfassung aller Mitglieder des Volkes innerhalb eines bestimmten Gebietes zu einer rechtsfähigen Gesamtpersönlichkeit. Der Staat sollte nicht mehr als fiktive juristische Person, sondern als reale Verbandsperson dargestellt werden.[1865] Die von *Höhn* angestrebte vollkommene Ersetzung der Staatspersönlichkeit durch die „Volksgemeinschaft" würde *Helfritz* zufolge nichts an der Rechtsqualität ändern.

1860 Stolleis, Geschichte des öffentlichen Rechts, S. 328.

1861 Wilhelm Merk (* 11.4.1887 in Meersburg/Bodensee, † 5.5.1970 in Tübingen) hatte 1924 nach seinem Studium in Straßburg, Berlin, Heidelberg und Freiburg, wo er 1922 promoviert wurde, zunächst einen Lehrauftrag an der Technischen Hochschule Karlsruhe erhalten, bevor er sich 1928 in Tübingen habilitierte und dort Privatdozent wurde. Im Jahr 1932 wurde Merk a.o. und 1936 sodann zum planmäßigen a.o. Professor mit dem Schwerpunkt Verwaltungsrecht. Eine ordentliche Professur erhielt Merk erst 1945 (Kahlenberg, „Merk, Wilhelm", S. 142).

1862 Stolleis, Geschichte des öffentlichen Rechts, S. 328, Rn. 72.

1863 Merk, Der Staatsgedanke im Dritten Reich, S. 20.

1864 Merk, Der Staatsgedanke im Dritten Reich, S. 29.

1865 Helfritz, Otto von Gierke und die neueste Lehre von der juristischen Staatsperson, S. 489 f.; der. Volk und Staat, S. 55.

Der Rechtsbegriff des Rechtssubjekts sei nur eine Abstraktion und auch die „Volksgemeinschaft" könne „nicht der Fähigkeit entbehren, Trägerin von Rechten und Verbindlichkeiten", mithin Rechtssubjekt, sein.[1866] Die Abschaffung des Staates als Rechtssubjekt, so *Helfritz*, sei zudem auch praktisch nicht umsetzbar. Schließlich würden die subjektiven-öffentlichen Rechte, die sich aus der Rechtsfähigkeit des Staates ergeben, nicht nur aus den von *Höhn* abgelehnten individuellen Freiheitsrechten bestehen, „sondern auch in Ansprüchen auf positive Leistungen, wie Rechtsschutz vor den ordentlichen Gerichten und Verwaltungsgerichten, auf Schutz gegenüber ausländischen Staaten und nicht zuletzt in den staatsbürgerlichen Rechten, wie denen auf Teilnahme an öffentlichen Wahlen und Abstimmungen".[1867] Neben dem Verlust der subjektiven-öffentlichen Rechte würde ferner auch die Amtshaftung wegfallen. Während *Helfritz* also die Notwendigkeit eines rechtsfähigen Staats zu beweisen versuchte, indem er daraus resultierende Vorteile für die Bürger hervorhob, hielt *Höhn* genau diese Vorteile aufgrund der postulierten Einheit von Volk und Staat in der „Volksgemeinschaft" für nachteilhaft oder zumindest obsolet.

Zuletzt kann unter Vorbehalt auch *Otto Koellreutter*[1868] zu den tendenziell traditionalistischen Staatsrechtslehrern gezählt werden. Die Staatsauffassung *Koellreutters* stellte in gewisser Hinsicht einen Mittelweg dar. In seinem „nationalsozialistischen Rechtsstaat"[1869] verlor der Staat seinen Vorrang gegenüber dem Volk. Das „Volk als

---

1866 Helfitz, Die juristische Staatsperson, S. 86.

1867 Helfritz, Otto von Gierke und die neueste Lehre von der juristischen Staatsperson, S. 487.

1868 Otto Koellreutter (* 26. November 1883 in Freiburg im Breisgau, † 23. Februar 1972 ebenda) war Professor für Staats- und Verwaltungsrecht in München. Er trat am 1. Mai 1933 in die NSDAP ein, war Mitglied im NS-Dozentenbund, NS-Rechtswahrerbund und Mitgründer der Akademie für Deutsches Recht (Schmidt, Otto Koellreutter, S. 69 ff.). Ab dem Jahr 1938 trat Koellreutter dem Nationalsozialismus mit immer mehr Skepsis entgegen und wurde später sogar ein Gegner des Regimes (Stolleis, „Koellreutter, Otto", S. 325).

1869 Für Koellreutter war der Staat im Dritten Reich ein „nationalsozialistischer Rechtsstaat", was er mit dem Ewigkeitswert des Rechtsstaates rechtfertigte (Koellreutter, Der nationale Rechtsstaat, Sp. 517). Damit sollten selbst im Dritten Reich bestimmte Rechtsstaatsprinzipien gelten. Insbesondere die Rechtssicherheit müsse „im völkischen Staate geachtet und geschützt werden" (Koellreutter, Der deutsche Führerstaat, S. 21; ders., Der Aufbau des deutschen Führerstaates, S. 29), wenngleich er seinen Rechtsstaat auch auf die Gesetzmäßigkeit der Verwaltung begrenzte, wodurch dieser im Ergebnis durch Offenheit und Beliebigkeit geprägt war (Schellenburg, Die Rechtsstaatskritik, S. 81). Gemäß Koellreutter musste jeder Rechtsstaat dabei immer mit einem ganz bestimmten politischen Inhalt ausgefüllt werden, der sich nach dem jeweiligen Zeitgeist richtete (Koellreutter, Der nationale Rechtsstaat, S. 5). Als Folge dieser antipositivistischen Ansicht erhielt der nationalsozialistische Rechtsstaat bei Koellreutter dann einen autoritären und völkisch-rassistischen Anstrich, ohne dabei eine totalitäre Diktatur zu sein (Koellreutter, DJZ 1934, Sp. 631).

Organismus“ sollte fortan die „entscheidende politische Größe in unserem heutigen Wertsystem“ sein.[1870] Der Staat sollte demgegenüber nur „eine Form, allerdings die politische Lebensform eines Volkes“ sein.[1871]

Gleichzeitig lehnte *Koellreutter* aber die Substituierung des Staates durch die „Volksgemeinschaft“ ab. Die Aufrechterhaltung der Rechtsform des Staates in der Gestalt der juristischen Staatsperson hielt er für unproblematisch, da es sich um einen wertfreien Rechtsbegriff handeln würde. Entscheidend sei schließlich der „politische Inhalt und nicht die Rechtsform“.[1872] Der Staat als Rechtssubjekt, so *Koellreutter*, sei zudem sogar unentbehrlich. Den Staat als juristische Person verteidigte er dabei einerseits mit dem Verweis auf die Verbreitung des Modells im Ausland. Die Beibehaltung der juristischen Staatsperson sei schon deshalb notwendig, „weil die außenpolitische Bedeutung von juristischen Begriffen, die in der ganzen Staatenwelt Gültigkeit haben, gerade auch für die Rechtsform des Staates beachtet werden müssen“.[1873] Zum anderen argumentierte er, dass man die alte Begriffswelt nur zerschlagen könne, wenn man gleichzeitig eine bessere als Ersatz habe. *Höhns* Lehre von der „Volksgemeinschaft“ biete dagegen gerade keine taugliche neue Begriffstechnik. Insbesondere beruhe die Forderung, die juristische Staatsperson durch den Rechtsbegriff der „Volksgemeinschaft“ zu ersetzen, auf einer groben Vereinfachung,

---

1870 Koellreutter, Grundfragen unserer Volks- und Staatsgestaltung, S. 20. Diese Vorrangstellung des Volkes hatte Otto Koellreutter schon vor der nationalsozialistischen Machtergreifung gefordert: „Das Primäre ist also das Volk, das sich politisch im Staate als Ganzheit empfindet und prägt. Diese seelische Verbindung des Volkes mit dem Staate als Ganzheit bildet das Wesen der Staatsautorität.“ (Koellreutter, Volk und Staat in der Verfassungskrise, S. 19).

1871 Koellreutter, Die Gestaltung der deutschen politischen Einheit, S. 12.

1872 Koellreutter, Deutsches Verfassungsrecht, S. 22.

1873 Koellreutter, Deutsches Verfassungsrecht, S. 42. Das Festhalten am Staatsbegriff aufgrund der Notwendigkeit einer einheitlichen internationalen Rechtssprache führte etwa auch Hermann Reuß, Privatdozent an der Verwaltungsakademie Berlin, als Argument gegen Höhn an. Höhn, so Reuß, würde aus dem Begriff der „Volksgemeinschaft“ Folgerungen ziehen, „die auch bei ernstem und entschlossenem Willen zur Rechterneuerung aus dem Geist der Gemeinschaft nicht gezogen zu werden brauchen, zum Teil sogar mit Rücksicht auf einen eingebürgerten, internationalen wissenschaftlichen Sprachgebrauch besser nicht gezogen werden“ (Reuß, Grundfragen der Rechtsauffassung, S. 1309). Ebenso sprach sich K. G. Hugelmann für den Erhalt des Staates als „Völkerrechtssubjekt“ aus (Hugelmann, Der völkische Staat und der Reichsgedanke, S. 183). Mit ähnlicher Stoßrichtung verteidigte der Verwaltungsrechtler Ludwig von Köhler den Staat. Während die „Volksgemeinschaft“ nur die Volksgenossen umfassen würde, wären der Gewalt des Staates aber auch die sonstigen deutschen Staatsangehörigen und in bestimmten Grenzen auch Ausländer unterworfen, so dass der Staat schon aus praktischen Gründen weiterbestehen müsse (Von Köhler, Grundlehren des deutschen Verwaltungsrechts, S. 6).

indem *Höhn* einfach „den absoluten und liberalen Staat auf dieselbe Formel des ‚individualistischen Staates' bringt".[1874]

Die „Volksgemeinschaft" war bei *Koellreutter* eben nur Schicksalsgemeinschaft und rein rechtlich identisch mit der Rechtsgemeinschaft. Das Volk blieb somit als „geistige Einheit ... die Summe der durch das staatliche Rechtsband verknüpften Individuen".[1875] Die Beibehaltung der Rechtsgemeinschaft hielt er für notwendig, da der Begriff der Gemeinschaft juristisch nicht definierbar wäre.[1876] Folglich blieb *Koellreutter* bei den Begrifflichkeiten von Rechtsgemeinschaft, Rechtssubjekt und juristischer Staatsperson und behielt auch den Dualismus von Individuum und Staat bei.[1877] Denn, so *Koellreutter*, es wäre

> „unendlich unbillig und platt, wenn Übereifrige heute im liberalen Rechtsstaat den Inbegriff alles Schlechten und Unfähigen sehen und vollkommen vergessen, dass der liberale Rechtsstaat eine historische Erscheinung ist, der aus dem politischen Geschehen nicht weggedacht werden kann. Einer nationalsozialistischen Haltung entspricht eine solche Auffassung nicht".[1878]

Bei *Höhn* stieß *Koellreutters* Lehre vom nationalsozialistischen Rechtsstaat folglich auf große Kritik. Seiner Ansicht nach ging *Koellreutters* Theorie nicht weit genug. Vielmehr würde dieser das alte Staatsrecht der Weimarer Republik beibehalten. So könne *Koellreutter* seinen deutschen Führerstaat nicht anders erklären als mit Hilfe der juristischen Person. Solange aber *Koellreutter* die juristische Staatsperson als Ausgangspunkt nehme, könne es keine wirkliche Erneuerung des Staatsrechts geben.[1879] Auch den Gegensatz von Staat und Individuum vermochte *Koellreutter*, so *Höhn*, damit nicht zu lösen. *Höhn* kritisierte, dass *Koellreutter* die „Volksgemeinschaft" zwar hervorhob, sie aber einfach mit der alten Rechtsgemeinschaft gleichsetzte. Damit würde *Koellreutter* den individualistischen Ansatz in abgeschwächter Form beibehalten.[1880] Im Ergebnis werde die „Volksgemeinschaft" bei *Koellreutter* auch nicht aktiv.[1881] *Höhn* nannte *Koellreutters* Staatslehre

> „ein Abbild von den heute in der Wissenschaft herrschenden Strömungen, die wohl zur Gemeinschaft hin wollen, aber von der individualistischen Denkweise nicht loskommen können."[1882]

1874 Koellreutter, Führung und Verwaltung, S. 101.
1875 Koellreutter, Grundriß der Allgemeinen Staatslehre, S. 35.
1876 Koellreutter, Führung und Verwaltung, S. 95.
1877 Koellreutter hielt also an alten staatsrechtlichen Strukturen fest und wollte diese nur entsprechend reformieren oder modifizieren. Dadurch ist Koellreutters Werk durch eine rechtsstaatliche Kontinuität geprägt (Schmidt, Otto Koellreutter, S. 161).
1878 Koellreutter, Der nationalsozialistische Rechtsstaat, S. 13.
1879 Höhn, Die Wandlung im staatsrechtlichen Denken, S. 15.
1880 Höhn, Otto Koellreutter, S. 1636.
1881 Höhn, Rechtsgemeinschaft und Volksgemeinschaft, S. 52.
1882 Höhn, Otto Koellreutter, S. 1636.

Dementsprechend konstatierte er bei *Koellreutter*:

„Ohne Bedenken verwendet er die individualistische Vorstellungskraft neben der gemeinschaftsmäßigen, was notwendig zu einer starken Verwirrung führt."[1883]

(β) Der unechte„Etatismus" – Umdeutung des Staatsbegriffs

Neben der gemeinschaftskritischen Haltung traditionalistischer Staatsrechtslehrer gab es unter den „Etatisten" in der nationalsozialistischen Staatsrechtslehre auch eine vermittelnde Strömung. Danach sollte grundsätzlich am Staat als poltischer Form des Volkes festgehalten werden. Dieser begrifflichen Kontinuität stand allerdings eine Veränderung und Umdeutung des Inhalts gegenüber. Der Staatsbegriff blieb zwar ein tragendes Element, doch wurde sein bisher zugesprochener Eigenwert eingeschränkt. Aufgrund der Inhaltsverschiebungen zeichnete sich dieser abgeschwächte oder unechte „Etatismus" weniger durch die Bewahrung des Staates, als vielmehr durch die Relativierung des Staatsbegriffs aus.

Ernst Rudolf Huber[1884] kann etwa zu dieser als gerade noch „etatistisch" zu beschreibenden Gruppe von nationalsozialistischen Staatsrechtslehrern gezählt werden. *Huber* begrüßte die von *Höhn* vollzogene Abkehr von der juristischen Staatsperson,[1885] um gleichzeitig zu warnen, dass die Aufgabe der Staatsrechtslehre nicht „die Polemik gegen den Staat" sei.[1886] *Hubers* staatstheoretisches Konstrukt war gekennzeichnet durch den Dreiklang „Volk, Bewegung und Staat". Damit setzte er zwar das Volk an die erste Stelle und wies ihm die Aufgabe der politischen Integration zu.[1887] Doch blieb der Staat für *Huber* die maßgebliche Organisationsform, die „im Mittelpunkt unseres Seins und Denkens" stehen würde,[1888] wobei *Huber* ein neues Staatsverständnis entwickelte.

Hubers Ausgangspunkt war ein universeller Staatsbegriff, der den Staat als lebendige Wirklichkeit verstand, während *Höhn* vom Rechtsbegriff des Staates als juristischer Staatsperson ausging. Im Gegensatz zu *Höhn,* der eine historische Ausstrahlung des Staates auf die Gegenwart vehement verneinte, trat *Huber* für die Neubelebung und Angleichung dieser universellen Staatsidee ein. Er begriff den nationalsozialistischen Staat als „Gestalt", der als Kompromiss zugleich die

---

1883 Ebenda, S. 1636.

1884 Ernst Rudolf Huber (* 8. Juni 1903 in Oberstein, † 28. Oktober 1990 in Freiburg im Breisgau) übernahm im April 1933 den Lehrstuhl von Walther Schücking an der CAU Kiel und war maßgeblich am Aufbau der Kieler Schule beteiligt. 1937 folgte er dem Ruf der Universität Leipzig, bevor er dann 1941 nach Straßburg ging. Huber trat am 1. Mai 1933 in die NSDAP ein und war unter anderem aktives Mitglied im Bund der Nationalsozialistischen Deutschen Juristen (Grothe, Der Verfassungshistoriker Ernst Rudolf Huber, S. 330 f.).

1885 Huber, Die deutsche Staatswissenschaft, S. 32, Anm. 1.

1886 Huber, Bau und Gefüge des Reiches, S. 13.

1887 Huber, Wesen und Inhalt der politischen Verfassung, S. 79 ff.

1888 Huber, Die deutsche Staatswissenschaft, S. 28.

geschichtliche Ordnung und die „lebendige Form" verkörperte.[1889] Dieser neue politische Begriff des Staates hatte die Aufgabe „die statisch-formale Staatsauffassung zu überwinden und die Einheit von staatlicher Form und politischer Aktion wiederherzustellen".[1890] Der Staat sollte bei *Huber* das natürliche, artbewusste Volk aus seiner „rein biologischen Existenz" herausführen.[1891] Das Volk könne nämlich erst in der „Gestalt" des Staates zu einem wahrhaft politischen Volk werden.[1892] Der Staat sollte also gerade „die Gestalt des politischen Volkes" und nicht nur als Apparat „ein Werkzeug in der Hand des Volkes oder der Bewegung sein".[1893] Die Bewegung als dynamische Verbindung war für die Politisierung des Volkes zuständig.[1894] Sie sollte das politische Volk aktivieren und formieren, um aus ihm den Staat zu erbauen.[1895]

Folglich hielt *Huber* grundsätzlich am Staat als juristischen Terminus fest, verlieh ihm aber dabei eine andere Bedeutung. Eine vollkommene Überwindung des Staates durch die „Volksgemeinschaft" lehnte er hingegen ab. Zwar wurde der Staat durch seine Verbindung mit dem Volk zu einer „höheren Gemeinschaftsordnung",[1896] doch konnte *Huber* zufolge allein die Körperschaft „in ihrer Rechtsform die gefügte und gestaltete Ordnung einer echten Gemeinschaft" sein.[1897] Seine Staatslehre kann damit durchaus als ein „in den Nationalsozialismus hinübergeretteter Etatismus" bezeichnet werden.[1898] *Huber* sprach sich folglich zwar nicht für die Personenqualität des Staates aus, doch hielt er am Staat als Rechtbegriff fest.[1899] Bei *Höhn* stießen seine Ansichten dementsprechend auf erheblichen Widerstand. So schrieb er:

> „Huber konnte auch das Volk, das aus sich heraus lebt und sich zu voller politischer Stellung erhebt, rechtlich nicht erfassen. Er brauchte dazu den Staat. Für die rechtliche

---

1889 Jürgens, Staat und Reich, S. 148f.
1890 Huber, Die deutsche Staatswissenschaft, S. 29.
1891 Ebenda, S. 29 und S. 34f.
1892 Huber, Verfassungsrecht des Großdeutschen Reiches, S. 164.
1893 Huber, Die deutsche Staatswissenschaft, S. 35.
1894 Walkenhaus, Totalität als Anpassungskategorie, S. 99.
1895 Huber, Die deutsche Staatswissenschaft, S. 38.
1896 Huber, Einheit und Gliederung des völkischen Rechts, S. 310.
1897 Huber, Verfassung, S. 286.
1898 Jürgens, Staat und Reich, S. 281.
1899 Ebenso Otto von Schweinichen, der gleichermaßen zwischen der Personen- und Subjektsqualität des Staates unterschied. Der „Person-Begriff", so von Schweinichen, sei auf das verantwortliche menschliche Individuum ... zu beschränken", so dass der „Begriff der Staatspersönlichkeit oder Staatsperson" als hinfällig anzusehen sei, da „er den Staat als ein Analogon zum Einzelmenschen" erscheinen lasse. Allerdings musste von Schweinischen zufolge der Staat „in außenpolitischer und innenpolitischer Hinsicht" zwingend Rechtssubjekt sein. Den Volksgemeinschaftsbegriff verstand er dementsprechend auch rein soziologisch. Einer „Volksgemeinschaft" allein, „die noch nicht einheitlich willensmäßig organisiert ist", könne schließlich keine Subjektivität zukommen (Von Schweinichen, Der Staatsgedanke im Dritten Reich, S. 519 f.).

Erfassung einer Gemeinschaft braucht er als Organisationsform die Körperschaft. Ob man aber die Gemeinschaft selbst als Rechtsbegriff ansieht, oder ob man die Gemeinschaft als Körperschaft rechtlich begreift, ist keine Spielerei, sondern Ausdruck einer tiefgehenden weltanschaulichen Auffassung von Recht."[1900]

Bei *Huber*, so *Höhn*, bleibe das Volk aktionsunfähig, die Bewegung ohne „rechte Stelle" und der Führer letztlich doch nur ein Staatsorgan.[1901]

Auch in der Staatsauffassung von *Höhns* früherem Förderer *Franz Wilhelm Jerusalem* wurde der Staat nicht restlos verdrängt. Für *Jerusalem*, der *Höhns* Widerlegung der juristischen Staatsperson ebenfalls befürwortet hatte,[1902] war der Staat ein „völkischer Staat", ein „Staat der Volksgemeinschaft".[1903] Der Staat war entgegen der Auffassung *Höhns* aber gerade nicht deckungsgleich mit der „Volksgemeinschaft":

„Der Staat der Volksgemeinschaft, in dem also für den Bereich der Vollziehung der Staatsgewalt das Prinzip der Gemeinschaft hergestellt erscheint, ist im übrigen nicht selbst Gemeinschaft. Auch in ihm steht der Träger der Staatsgewalt in der Persönlichkeit des Führers des Volkes den Untertanen als den Adressaten seiner Anordnungen gegenüber. Trotzdem ist seine Stellung eine andere als die des bisherigen Staates. Während der Staat (i.w.S.) in der Hierarchie der Werte, die durch die Gehalte der Kulturgemeinschaft gegeben waren, gegenüber der individuellen Persönlichkeit zurückstand, ist diese nunmehr gegenüber den Staaten der Volksgemeinschaft zurückgetreten."[1904]

Die „Volksgemeinschaft" war für *Jerusalem* weder „eine äußere Wirklichkeit", noch „Niederschlag einer theoretischen Erkenntnis", sondern nur der „Ausdruck des Willens zur Gemeinschaft".[1905] Den Staat ersetzen sollte sie eben nicht:

„Aber der neu erwachte Wille zur Gemeinschaft wird sich so auswirken, daß das individualistische Prinzip zurückgedrängt wird. So bleibt zwar der Gegensatz zwischen Gesellschaft und Rechtsgemeinschaft aufrecht erhalten, aber innerhalb des Staates i.w.S. verliert die Organisation der Staatsgewalt, d.h. der Staat i.e.S., ihren individualistischen

1900 Höhn, Volk und Verfassung, S. 203 f.
1901 Ebenda, S. 201.
1902 Jerusalem, Der Staat, S. 225 und S. 308 ff.
1903 Ebenda, S. 293.
1904 Ebenda, S. 310.
1905 Jerusalem, Der Staat, S. 299. Er warnte sogar vor einer besonderen Betonung des Gemeinschaftsbegriffs gegenüber der bislang geltenden Begriffswelt: „Ein begreiflicher Enthusiasmus, der freilich manchmal auch mit einem Mangel an Scharfblick für die Erfassung der Wirklichkeit gepaart ist, hat manchen dazu verführt, heute schon alle bisherigen Formen als beseitig zu erklären, anstellte der individualistischen Formen nur noch Formen der Gemeinschaft sehen zu wollen. Bei nüchterner Betrachtung zeigt sich aber dann, daß trotz des stürmischen Gestaltungswillens vieles aufrecht geblieben und daß das wirklich Neue in einem neuen Geist besteht mit dem die überkommenen Formen erfüllt werden." (Jerusalem, Das Verwaltungsrecht und der neue Staat, S. 3).

Charakter. Sie wird zur Führergemeinschaft, in der die Staatsgewalt ausschließlich durch den Führer dieser Gemeinschaft vollzogen wird. Darüber hinaus aber wird der Staat i.w.S., wenn er auch nicht selbst Gemeinschaft ist, als Repräsentant von Gemeinschaftsfunktionen zum Träger höheren Wertes gegenüber der individuellen Persönlichkeit."[1906]

Jerusalem begriff den Staat mithin in seiner vergänglichen Gegenwärtigkeit, der sich noch in einem Prozess vom individualistischen Staat zum nationalsozialistischen Staat der Gemeinschaft befinde. Damit zählte *Jerusalem* noch zu den bewahrenden „Etatisten", ohne eine besonders traditionalistsche Lehrmeinung zu vertreten.[1907] *Höhn*, der seinen einstigen Lehrer in Hinblick auf Schärfe und Radikalität mithin überholt hatte,[1908] konterte dennoch umgehend und warf *Jerusalem* in einer Rezension vor, er würde die „Volksgemeinschaft" als neues nationalsozialistisches Rechtsprinzip bewusst nicht beachten und sich stattdessen mit einer Entschiedenheit auf den „individualistischen Boden" stellen, „die mehr als befremdlich in einer Zeit wirken muß, deren ganzes Bemühen darauf gerichtet ist, das individualistische Rechtsprinzip zu überwinden".[1909] Die nationalsozialistische Bewegung, so *Höhn*, habe nicht, wie *Jerusalem* behaupte, die „Rechtsgemeinschaft" wiederbelebt, sondern „das blut- und artmäßig geeinte Volk als konkrete Gemeinschaft" in den Mittelpunkt gerückt.[1910]

Den „völkischen Staat" unter stärkerer Betonung des biologischen Moments forderten auch *Hans Gerber* und *Edgar Tatarin-Tarnheyden*.[1911] Der völkisch-organische Staat *Hans Gerbers*[1912] war keine theoretische Gestalt mit einer isolierten Existenz als

---

1906 Jerusalem, Der Staat, S. 294.

1907 Stolleis zufolge kann Jerusalem sogar noch als „konservativer Liberaler" bezeichnet werden (Stolleis, Verwaltungsrechtswissenschaft und Verwaltungslehre, S. 718).

1908 Hueck, „Spheres of influence" and„völkisch" legal thought: Reinhard Höhns notion of Europe, S. 75. Ebenso wenig entsprach Höhns „völkischer Vitalismus" dem Staatsverständnis seines derzeitigen Förderers Ernst Krieck. Zwar stand der Staat für Krieck „nicht mehr in der Mitte, sondern am Rande politisch-geschichtlichen Geschehens, ein institutionelles Glied zwischen Volksgemeinschaft und politisch-geschichtsbildender Bewegung". Dennoch hielt auch Krieck am Staat als Institution fest, wenngleich dieser nur noch neben und unter der Bewegung stehen sollte (Krieck, Völkisch-politische Anthropologie, S. 73).

1909 Höhn, Das Verwaltungsrecht und der neue Staat, S. 379. Eine weitere Rezension Höhns zu einem Werk seines Lehrers fiel hingegen wohlwollender aus (Höhn, Der Staat, S. 291).

1910 Höhn, Staat und Rechtsgemeinschaft, S. 670 und S. 686.

1911 Gerber, Staatsrechtliche Grundlinien des Neuen Reiches, S. 18 f.; Tatarin-Tarnheyden, Werdendes Staatsrecht, S. 25.

1912 Hans Gerber (* 29. September 1889 in Altenburg, † 16. Oktober 1981 in Freiburg im Breisgau) studierte bis 1912 Rechtswissenschaft in Heidelberg, München, Jena und Berlin. Nach Promotion, Teilnahme am Ersten Weltkrieg und Habilitation war er von 1923 bis 1929 Privatdozent und nicht planmäßiger außerordentlicher Professor in Marburg, bevor er ordentlicher Professor für Öffentliches Recht in Tübingen wurde. 1934 wechselte er an die Universität Leipzig. Von 1941 bis 1957

Herrschaftsorganisation, sondern ein Mittel mit dem bestimmten Zweck, das Volk herauszubilden. Das Volk war *Gerber* zufolge der Staat. Der Staat selbst war „die Seinsart eines lebendigen Volkes, er ist das Volk in seiner geschichtlichen Wirklichkeit“.[1913] „Das nationalsozialistische Staatsdenken“, so *Gerber*, erfasse „den Staat organisch als Lebensform eines Volkes“.[1914] Letztendlich hielt *Gerber* am Staat als autoritärer Herrschaft fest, nur propagierte er dabei eben eine biologische Staatsauffassung, nach welcher der Staat „der in Rasse und Blut verbürgten schöpferischen Individualität, dem Volkstum zu dienen“ hat.[1915] *Tatarin-Tarnheyden*,[1916] der sich schon vor der nationalsozialistischen Machtergreifung für eine weitgehende Abspaltung des Staatsbegriffs vom Rechtsbegriff ausgesprochen hatte,[1917] fasste den Staat als „bionomische“ und „von höchster irdischer Macht getragene, erdverbundene, völkische Lebensganzheit“, gekennzeichnet durch „Blut- und Erdverbundenheit“, auf.[1918] Auch bei *Tatarin-Tarnheyden* sollte der Staat nicht mehr Selbstzweck, sondern nur Mittel zum Zweck sein.[1919] Seinen Wert erhielt der Staat nur aus seiner zwingenden Verbindung mit dem Volk und seiner dienenden Funktion für die Erfassung und Repräsentation der rassisch homogenen „Volksgemeinschaft“. Als verfassungsrechtliche Darstellungsform dieses organischen Volksstaates wählte *Tatarin-Tarnheyden* die „Genossenschaft“ aus.[1920]

Diese Lehren von einem völkischen Staat entsprachen damit im Grundsatz der Ansicht *Höhns*. Sowohl *Gerber* als auch besonders *Tatarin-Tarnheyden* entwerteten den Staat, indem sie ihn aus der Sphäre des Rechts herauslösten und nunmehr

---

war er sodann an der Universität Freiburg (Becker, „Schritte auf einer abschüssigen Bahn, S. 122 f.; Stolleis, Geschichte des öffentlichen Rechts, S. 51). Gerber war Mitglied im NSV, NSKK und NS-Rechtswahrerbund und laut Ernst Rudolf Huber „von Anfang an ein Vertreter der völkischen Staatswissenschaft“ (Huber, „Auf dem Wege zum neuen Reiche“, S. 545).

1913 Gerber, Staatsrechtliche Grundlinien des Neuen Reiches, S. 19.

1914 Gerber, Genossenschaftliche Verwaltung im nationalsozialistischen Staate, S. 83.

1915 Gerber, Staatsrechtliche Grundlinien des Neuen Reiches, S. 20. Ein wahrhafter Staat, so Gerber, sei die „Selbstdarstellung einer rassisch bestimmten Gemeinschaft eines urständigen Volkes“ (Gerber, Politische Erziehung des Beamtentums im Nationalsozialistischen Staat, S. 25).

1916 Edgar Tatarin-Tarnheyden (* 23. Januar 1882 in Riga, † 30. Dezember 1966 in Stuttgart) habilitierte sich 1922 in Marburg und war sodann Professor für Staatsrecht in Rostock. 1937 wurde er Mitglied der NSDAP, nachdem er zuvor erfolglos versucht hatte, in die Partei aufgenommen zu werden.

1917 Tatarin-Tarnheyden, Staat und Recht in ihrem begrifflichen Verhältnis, S. 530 ff. und 542 ff.; ders., Werdendes Staatsrecht, S. 16 ff. Vergleiche zum Verhältnis von Staat und Recht bei Tatarin-Tarnheyden: Hilger, Rechtsstaatsbegriffe im Dritten Reich, S. 173 f.; Song, Politische Parteien und Verbände in der Verfassungsrechtslehre der Weimarer Republik, S. 163.

1918 Tatarin-Tarnheyden, Werdendes Staatsrecht, S. 17.

1919 Ebenda, S. 10 f.

1920 Ebenda, S. 25.

vor allem als organische Erscheinung des Volkes in Gemeinschaft betrachteten. Im Gegensatz zur „Volksgemeinschaftslehre" *Höhns* bedeutete dies aber gleichzeitig auch ein Festhalten am Staat als Form des Volkes. Staat wurde als Organismus verstanden, während *Höhn* gerade eine Degradierung des Staates zum Apparat, mithin zur Organisation, propagierte. Es wurde also nicht der Staat an sich abgelehnt oder negiert, sondern der Begriffsinhalt des Staates durch die Verknüpfung mit dem biologischen Volk umgedeutet. Demgemäß könnte man hier auch von einer Art Staatsvitalismus sprechen. Da aber die Rechtsnatur des Staates bloß geändert, nicht aber vollkommen verneint wurde, ist es trotz alledem vertretbar, diese völkisch-rassistische Staatsauffassung als eine abgeschwächte Ausprägung einer „etatistischen" NS-Staatsrechtslehre zu qualifizieren.

Obwohl der „Etatismus" in der nationalsozialistischen Staatsrechtslehre seine Anhänger damit vor allem unter arrivierten Professoren hatte, gab es vereinzelt auch jüngereStaatsrechtslehrer mit einer staatsbewahrenden Auffassung. Hierzu zählte *Ernst Forsthoff*,[1921] ein Schüler *Carl Schmitts*. *Forsthoff* befürwortete einerseits *Höhns* Angriff auf die juristische Staatsperson,[1922] vertrat andererseits aber zugleich eine besonders staatszentrierte Verfassungslehre, indem er den „totalen Staat" postulierte.[1923] *Forsthoff* trennte zwischen Staat und Bewegung, da beide wesensverschieden seien:

> „Staat und Bewegung sind nicht mit einander identifizierbar. Die Bewegung kann aufgehen in der Person des Führers. Der Staat kann es nicht. Er ist, so stark das Moment persönlicher Führung auch sein mag, mehr als ein persönlicher Führungszusammenhang. Die persönliche Führungsgemeinschaft erlischt mit der Person des Führers und ist darum zeitgebunden. Der Staat darf nicht erlöschen; er ist die Form der politischen

1921 Ernst Forsthoff (* 13. September 1902 in Laar, heute Duisburg, † 13. August 1974 in Heidelberg) war Nachfolger des emigrierten Hermann Heller an der Universität Frankfurt, bevor er nach Stationen in Hamburg, Königsberg und Wien schließlich ab 1943 nach Heidelberg ging. Aufgrund der allgemeinen Aufnahmesperre trat er der NSDAP erst 1937 bei (Meinel, Der Jurist in der industriellen Gesellschaft, S. 226 ff.).

1922 Forsthoff, Von den Aufgaben der Verwaltungsrechtswissenschaft, S. 399.

1923 „Der totale Staat muß ein Staat der totalen Verantwortung sein. Er stellt die totale Inpflichtnahme jedes einzelnen für die Nation dar. Diese Inpflichtnahme hebt den privaten Charakter der Einzelexistenz auf. In allem und jedem, in seinem öffentlichen Handeln und Auftreten ebenso wie innerhalb der Familie und häuslichen Gemeinschaft verantwortet jeder einzelne das Schicksal der Nation. Nicht daß der Staat bis in die kleinsten Zellen des Volkslebens hinein Gesetze und Befehle ergehen läßt, ist wesentlich, sondern, daß er auch hier eine Verantwortung geltend machen kann, daß er den einzelnen zur Rechenschaft ziehen kann, der sein persönliches Geschick nicht dem der Nation völlig unterordnet. Dieser Anspruch des Staates, der ein totaler ist und an jeden Volksgenossen gestellt ist, macht das neue Wesen des Staates aus." (Forsthoff, Der totale Staat, S. 42 f.).

Existenz des Volkes und das Volk darf nicht politisch untergehen. Der Staat ist gebunden an Tradition, Gesetz und Ordnung."[1924]

Staat und Bewegung standen als „dialektische Gegenbegriffe" unvereinbar nebeneinander. Erst gemeinsam bildeten sie die Ganzheit der „Herrschaftsordnung".[1925]

Der junge Völkerrechtler *Gustav Adolf Walz,* Rektor der „Stoßtruppfakultät" Breslau, war, nachdem er zuvor noch von „staatlich organisierten volkischen Gemeinschaften" gesprochen hatte,[1926] der Ansicht, es wäre „völlig verkehrt, an Stelle des Staates eine allgemeine unbestimmte Gemeinschaftsidee treten zu lassen". Statt „Gemeinschaftspietismus" verlange der Nationalsozialismus „harte männliche Gestaltung und Ordnung, und dazu gehört in erster Linie der Staat."[1927] Ebenso *Allardt,* der Höhns „Volksgemeinschaft" als unbeständig ablehnte Da sie einen völligen Bruch mit dem bisherigen Verfassungsrecht darstelle und nur für den Zeitpunkt der Herrschaft der nationalsozialistischen Bewegung über den Staat gelte, so *Allardt,* befinde sich *Höhns* Staat der „Volksgemeinschaft" in einem Übergangsstadium und sei gerade nicht organisch.[1928]

(c) „Anti-Etatismus" – Staatsapparat statt juristischer Staatsperson

Zuletzt gab es in der nationalsozialistischen Staatsrechtslehre auch noch Ansichten, die sich keinem Spektrum eindeutig zuordnen ließen. Zu den Vertretern einer solchen unspezifischen Staatsrechtslehre zählte vor allem *Gottfried Neeße.*[1929] *Neeße,* der ebenfalls der SS angehörte, dieser aber erst Ende 1938 beitrat,[1930] zuvor jedoch lange vor *Höhn* in der NSDAP, SA und HJ aktiv war, galt als „parteiinterne[r] Rivale"[1931] *Höhns.*

1924 Forsthoff, Der totale Staat, S. 31.

1925 Meinel, Der Jurist in der industriellen Gesellschaft, S. 80.

1926 Walz, Das Verhältnis von Völkerrecht und staatlichem Recht nach nationalsozialistischer Rechtsauffassung, S. 147.

1927 Walz, Volkstum, Recht und Staat, S. 27.

1928 Allardt, Das deutsche Volk als Gemeinschaft, S. 96.

1929 Gottfried Neeße (* 25.3.1911 in Auerbach; † 1.5.1987 in Starnberg) hatte nach dem Abitur 1930 in Dresden Rechtswissenschaften in München und Leipzig studiert. Nach dem Staatsexamen im Jahr 1933 wurde er 1935 promoviert. Der NSDAP hatte er sich schon 1929 angeschlossen (Nr. 135 281). Im Mai 1930 folgte der Beitritt zur SA und im November 1931 zur HJ. Er wurde HJ-Oberbannführer in Dresden, wo er auch den NS-Schülerbund gründete. Während seines Studiums engagierte er sich als Führer im Nationalsozialistischen Deutschen Studentenbund (NSDStB) und war später auch Mitglied des Reichsgruppenrates „Junge Rechtswahrer" in der Reichsführung des NSRB (BArch R 1501; BArch VBS 286 6400031226; Becker, „Schritte auf einer abschüssigen Bahn", S. 159).

1930 Neeße trat der SS am 1. Dezember 1938 bei (Nr. 310 480) und brachte es dort bis zum Obersturmbannführer. Im Jahr 1941 hielt er auch Vorlesungen an der Führerschule des RSAH in Berlin-Charlottenburg über Parteirecht (BArch VBS 286 6400031226; BArch VBS 1 1080053320).

1931 Stolleis, Geschichte des öffentlichen Rechts, S. 328.

Für *Neeße*, der als Lehrer an der Dresdener Verwaltungsakademie zu den führenden NS-Juristen der jüngeren Generation gehörte,[1932] war der Staat nicht mehr „der Begriff der politischen Ganzheit",[1933] sondern genauso wie für *Höhn* nur ein Apparat, dessen Organisation „einmal die Gesamtheit der Wehreinrichtungen, zum anderen die Gesamtheit der Behörden" umfasste.[1934] Die Staatsauffassung *Neeßes* und der völkischen „Vitalisten" um *Höhn* waren somit identisch. *Neeße* warnte sogar vor einem doppeldeutigen Begriffsverständnis. Diese würde die Gefahr bergen, „daß sich der Ämter- und Behördenapparat ‚Staat' an die Stelle der politischen Ganzheit ‚Staat' setzt und einen Totalitätsanspruch erhebt, der allein der nationalsozialistischen Idee zustehen kann".[1935]

Der Organismus wurde bei *Neeße* durch das Volk verkörpert.[1936] Gleichzeitig hielt er allerdings die Ersetzung der juristischen Staatsperson durch den Begriff der „Volksgemeinschaft" für verfehlt, so dass sich hier zunächst eine inhaltliche Schnittmenge mit dem traditionellen „Etatismus" abzeichnete. Im Gegensatz zu den „Etatisten" begründete *Neeße* seine Ablehnung jedoch gerade nicht mit der Notwendigkeit des Festhaltens an der überkommenen Begriffstechnik. Vielmehr lehnte auch *Neeße* das Konstrukt des Staates als juristischer Person ab.[1937] Doch würde ein Austausch dem hohen Stellenwert des Gemeinschaftsbegriffs im Nationalsozialismus nicht gerecht:

> „Gerade die umfassende Bedeutung der Gemeinschaft in der deutschen Gegenwart läßt es beinahe als eine Minderung ihres Wertes erscheinen, wenn sie u.a. als Ersatz für einen einzigen – wenn auch bedeutungsvollen – alten Begriff Verwendung finden soll."[1938]

Auch würde ein Bezeichnungswechsel zu einer Vermengung von unterschiedlichen Inhalten führen. Während die juristische Staatsperson nur den Staatsapparat

1932 Neeße war bis zum Jahr 1938 im sächsischen Innenministerium angestellt und von 1934 bis 1937 Lehrer an der Verwaltungsakademie in Dresden. Ab Februar 1938 war er, inzwischen Regierungsrat, Reichsstellenleiter beim Stellvertreter des Führers, bevor er seit Januar 1941 als Bereichsleiter im Rang einers Oberregierungsrats in der Parteikanzlei München tätig war. Nach einem Fronteinsatz im Jahr 1942, bei dem er verwundet wurde, wurde er 1944 für das Amt des Oberbürgermeisters in Görlitz und noch im Februar 1945 als Oberbürgermeister von Salzburg vorgeschlagen (BArch R 1501; BArch VBS 286 6400031226; BArch VBS 1 1080053320).

1933 Neeße, Partei und Staat, S. 13.

1934 Ebenda, S. 17.

1935 Ebenda, S. 14. Ebenso Hermann Reuß, demzufolge eine „etatistische Verfälschung der nationalsozialistischen Staatsauffassung" drohe, sofern man den Staat nicht mit der notwendigen begrifflichen Eindeutigkeit auf die Organisation beschränke (Reuß, Die Verwaltungsgerichtsbarkeit im neuen Reich, S. 2026).

1936 Neeße, Partei und Staat, S. 15 f.

1937 Neeße, Der Streit um den Begriff der juristischen Person, S. 394.

1938 Neeße, Der Streit um den Begriff der juristischen Person, S. 394.

bezeichnet hätte, sollte die Gemeinschaft doch gerade keine Organisation, sondern die Gesamtheit von Menschen darstellen.[1939] *Neeße* zufolge stand das Volk als Organismus neben dem Staat als Organisation. Als verbindendes Element diente die Partei. Diese war „Wesen und Ordnung, Organismus und Organisation zugleich".[1940] Zusammen bildeten Volk, Partei und Staat die politische Ganzheit, welche gemäß *Neeße* solange durch „das gehaltlose, aber nicht vorbelastete und nicht mit geschichtlich besonderem Sinn erfüllte Wort ‚Gemeinwesen'" beschrieben werden sollte, „bis ein neuer gültiger Begriff an seine Stelle zu treten vermag".[1941]

Insgesamt ähnelte *Neeßes* Ansatz somit in einem wesentlichen Umfang der Staatsrechtslehre *Höhns*. Vor allem in der inhaltlichen Beschränkung des Staatsbegriffs auf Behördenapparat und Wehrmacht glichen sich beide Modelle. Aus demselben Grund kann *Neeßes* Staatsverständnis auch nicht als „etatistisch" qualifiziert werden. Sowohl *Höhns* als auch *Neeßes* Lehre stellten einen Angriff auf den Staat dar. Der Bedeutungsverlust des Staates bei *Neeße* resultierte jedoch vor allem aus der Verdrängung des Staates durch die Partei. Zugleich kritisierte er auch *Höhns* Kernforderung nach Überwindung der juristischen Staatsperson durch die „Volksgemeinschaft", weshalb er trotz seiner Mitgliedschaft in der SS nicht vorbehaltlos der Gruppe der „vitalistischen" Gemeinschaftstheoretiker zuzuordnen ist. Gemessen an den grundsätzlichen Gemeinsamkeiten könnte man *Neeße* immerhin als verkappten „Vitalisten" bezeichnen, der *Höhn* nur hinsichtlich Methodik und Argumentation widersprach. Ganz sicher gehörte *Neeße* zu den „Anti-Etatisten" in der NS-Staatsrechtslehre.

(d) Fazit – Der Richtungsstreit als „Generationenkonflikt"

Zusammenfassend kann festgehalten werden, dass die „vitalistischen" Gemeinschaftstheoretiker unter der Führung *Höhns* eine besonders extreme Position innerhalb der Staatsrechtslehre nach der nationalsozialistischen Machtergreifung einnahmen. *Höhn* kam dabei eine exponierte Stellung in dieser Gruppe zu. Einerseits gehörte er zu den Begründern und radikalsten Verfechtern des „völkischen Vitalismus". Zudem war er gleichermaßen der entscheidende Organisator und Verbindungsmann des „vitalistischen" Lagers. Demgegenüber gab es auch moderatere staatsrechtliche Modelle, in denen zumindest ein rudimentärer „Etatismus" beibehalten wurde. Im Gegensatz zur Staatsverneinung der „Vitalisten", beschränkten sich die „Etatisten" in der Regel auf eine Staatsrelativierung. Der Rechtsbegriff des Staates wurde hier zwar mehrheitlich beibehalten, inhaltlich aber in der Regel umgedeutet und entwertet. Nichtsdestotrotz zeigen diese Modelle, dass es in der

---

1939 Ebenda, S. 394.

1940 Neeße, Partei und Staat, S. 56.

1941 Neeße, Partei und Staat, S. 19 f. Als endgültige Bezeichnung favorisierte Neeße den Begriff „Reich". Da der Reichsbegriff jedoch „von jeher etwas Heiliges, Großes, Unantastbares" sei, dürfe dieser nur unter der Voraussetzung, dass es zu keiner Entwertung des Begriffs komme, benutzt werden (Ebenda, S. 19 f.).

NS-Staatsrechtlehre auch eine Strömung gab, welche sich durch eine gewisse inhaltliche Kontinuität und begriffliche Beständigkeit auszeichnete.

Der Einzug des Terminus „Volksgemeinschaft" in die Begriffswelt der Rechtswissenschaft war dabei exemplarisch für die Abkehr vor allem der jüngeren Juristen von der traditionellen Rechtssprache zu Gunsten neuer nationalsozialistischer Begriffsentwicklungen, ohne diese Begriffe aber deutlich zu beschreiben.[1942] Diese verkörperten eine Strömung, die für die völlige Neuordnung des juristischen Begriffssystems stand, während sich ältere Rechtswissenschaftler eher für die Neuinterpretation oder eine eingeschränkte Bewahrung der alten juristischen Ausdrucksformen aussprachen.[1943]

Es kann mithin auch von einem „Generationenkonflikt" in der Staatsrechtslehre nach der Machtergreifung gesprochen werden.[1944] Ein Grund für diese Unterschiede lag sicherlich in der Sozialisation und dem Werdegang. Während viele der moderateren „Etatisten" schon vor der Machtergreifung in der Wissenschaft verankert waren, verfolgten die Juristen um *Höhn* ihre Karriere zumeist erst danach und gehörten teilweise obendrein zu einer Gruppe ideologisierter, überambitionierter SS-Juristen. Der Nationalsozialismus hatte den meisten Vertretern eines völkischen „Vitalismus" den beruflichen Aufstieg erst ermöglicht, weshalb das eigene Fortkommen viel enger mit der nationalsozialistischen Bewegung und ihrer Weltanschauung verknüpft war, was die besonders engagierte Mitwirkung an einer originär nationalsozialistischen Staatsrechtslehre wiederum beförderte. Somit spricht auch hier schon das äußere Umfeld für einen unterschiedlichen Radikalisierungsgrad.

Obwohl *Höhn* eine überehrgeizige, extreme Staatsrechtslehre verfolgte, waren beide Richtungen dennoch durch eine beachtliche inhaltliche Schnittmenge verbunden, die sich vor allem in einem Konsens bezüglich der herausragenden Bedeutung der Rasse und verabsolutierten Führergewalt manifestierte, womit eine Qualifizierung als gemäßigte Opportunisten und Bewahrer wenigstens zweifelhaft erscheint. Ebenso war allen Ansätzen die Intention gemeinsam, neue staatsrechtliche Grundlagen zu entwickeln, um das Recht der Verfassungswirklichkeit anzupassen und dem neuen nationalsozialistischen Staat das nötige Rüstzeug mit auf den Weg zu geben. Sowohl der „Vitalismus" als auch der „Etatismus" boten eine offene Staatsrechtslehre, welche als grenzenlose Rechtfertigungsgrundlage dienen sollte und sich nahezu beliebig interpretieren und somit auch problemlos instrumentalisieren ließ. Im Gegensatz zu der besonders ambitionierten, regimetreuen Dozentenschaft, deren „vitalistische" Gemeinschaftstheorie die völlige Umgestaltung der Staatsrechtslehre beinhaltete und zu einer Ideologisierung und Politisierung von Inhalt und Terminologie führte, ließ sich die etablierte Staatsrechtslehrerschaft demgegenüber von dieser Ideologisierung und Politisierung der Staatsrechtslehre einnehmen oder zumindest zähmen. Die „Vitalisten" wollten die Oktroyierung der Staatsrechtslehre

1942 Stolleis, Gemeinschaft und Volksgemeinschaft, S. 16.
1943 Ebenda, S. 18.
1944 Ebenda, S. 28.

durch die NS-Weltanschauung, während der „Etatismus“ eher eine Absorption der nationalsozialistischen Weltanschauung durch die Staatsrechtslehre verfolgte.

Faktisch war damit die gesamte Staatsrechtslehre ein „Wegbereiter und – durch die Vorbildfunktion – ein wichtiger Legitimationsfaktor der Führerdiktatur“.[1945] Vielmehr ist eine wohlwollende Einschätzung in erster Linie als Ergebnis eines Vergleichs der unterschiedlichen Lehren vertretbar. Richtigerweise könnte man die staatsrechtlichen Ansichten *Höhns* und der „Vitalisten“ etwa als nationalsozialistischer oder besonders nationalsozialistisch bezeichnen, während der „Etatismus“ nur einen weniger radikalen Ansatz darstellte.

Eine Beurteilung der konkreten Geltung und tatsächlichen Wirkung des „völkischen Vitalismus“ *Höhns* ist hingegen äußerst schwierig. Sicher kann festgestellt werden, dass seine „Volksgemeinschaftslehre“ keineswegs die Mindermeinung eines Einzelnen darstellte, sondern vor allem unter jungen, aufstrebenden Staatsrechtslehrern Fürsprecher und Verbreitung fand. Bedenkt man die Ausstrahlung der Lehre durch *Höhns* Doktoranden, kann sogar von einer „Höhn-Schule“ in der NS-Staatsrechtslehre gesprochen werden. Zudem war *Höhn* ohnedies spätestens 1936 selbst einer der führenden Staatsrechtslehrer mit eigener Zeitschrift und eigenem Forschungsinstitut sowie entsprechendem publizistischen Sendungsbewusstsein und wachsender wissenschaftlicher Reputation, so dass die „Volksgemeinschaftslehre“ bereits durch ihren Verfasser eine gewisse Autorität erlangte. Hinzu kam die inhaltliche Unterstützung und politische Flankierung durch SS und SD. Trotz der Verbreitung durch die „SS-Juristen“ hatte *Höhns* „Volksgemeinschaftslehre“ in der Staatsrechtslehre aber nur eine begrenzte Bedeutung. Abgesehen von der Beachtung, die *Höhns* Positionen im theoretischen Diskurs zwischen den Staatsrechtslehrern fanden, hatten sie kaum Relevanz in der Wissenschaft. Nimmt man die staatsrechtlichen Lehrbücher als Gradmesser, hatte der „völkische Vitalismus“ nur wenig Gewicht. Zwar blieb die Kernforderung *Höhns* nach Ersetzung des Staates als juristische Person durch die „Volksgemeinschaft“ weitgehend unbeachtet, doch erhielt immerhin *Höhns* Staatsbegriff, als „Lehre vom Staatsapparat“ oder „Apparaturlehre“,[1946] Einzug in die nach 1933 erschienene Fach- und Ausbildungsliteratur, wo sie allerdings überwiegend abgelehnt wurde.[1947]

1945 Majer, Grundlagen des nationalsozialistischen Rechtssystems, S. 79.

1946 Becker, Volk und Staat in Lehre und Wirklichkeit, S. 14 ff.; Glungler, Lehre von Volk und Staat, S. 80, Rn. 1.

1947 Oftmals werden die staatsrechtlichen Lehren nur angedeutet (Held, Volk, Recht und Staat, S. 15 f.). In der weit verbreiteten juristischen Lehrbuchreihe der Schaefferschen Grundrisse wurde eine Reduzierung des Staates auf seine Funktion als Apparat sogar abgelehnt, ohne dass dabei jedoch immer auf Höhn verwiesen wird (Schmelzeisen, Deutsches Recht, S. 171). In dem populärsten staatsrechtlichen Lehrbuch der damaligen Zeit – 30 000 verkaufte Exemplare bis zur 6. Auflage 1935 (Majer, Grundlagen des nationalsozialistischen Rechtssystems, S. 1) – wurde Höhns Lehre gar nicht erst erwähnt.

Insgesamt hatte der „Etatismus" in der nationalsozialistischen Staatsrechtslehre eine größere Anhängerschaft und damit wohl auch eine größere Wirkungsmacht. Zumindest gelang es *Höhn* nicht, seine „vitalistische" Gemeinschaftstheorie als herrschende Meinung in der Staatsrechtslehre zu etablieren. In der Praxis wurden die staatsrechtlichen Richtungsstreitigkeiten nach der Machtergreifung aufgrund des ausbleibenden Entwurfs einer nationalsozialistischen Verfassung ohnehin nicht entschieden. Stattdessen verlor die Diskussion schon nach wenigen Jahren an Intensität und Relevanz, bevor sie spätestens mit Kriegsbeginn von fortan dringlicheren völkerrechtlichen Fragestellungen aus dem wissenschaftlichen Fokus verdrängt wurde.

(3) Exkurs: „Volksgemeinschaft" und der Begriff der Körperschaft des öffentlichen Rechts

Schon vor Eintritt des Bedeutungsverlusts hatte der staatswissenschaftliche Meinungsstreit jedoch auch eine verwaltungsrechtliche Ausprägung erhalten. Nachdem die Diskussion zunächst nur übertragen wurde, verlagerte sich der Schwerpunkt zunehmend auf das Gebiet der Verwaltungsrechtslehre. Schließlich zeichnete sich das Verwaltungsrecht durch eine hohe gesetzgeberische Aktivität aus, was wiederum zu einer größeren praktischen Aktualität führte, während ein originär nationalsozialistisches Staatsrecht demgegenüber gerade nicht entstand. Eine Ursache für die Übertragung des Streitstandes war denn auch der Erlass bestimmter verwaltungsrechtlicher Gesetze, in denen Begriffe verwendet wurden, die im Verdacht standen, nicht mit der nationalsozialistischen Weltanschauung kompatibel zu sein. Diese gebrauchten in der Regel zwar den Gemeinschaftsbegriff,[1948] orientierten sich aber gleichzeitig an der überkommenen Begriffstechnik.

In den Mittelpunkt rückte dabei der Begriff der Körperschaft des öffentlichen Rechts. Analog zu der Debatte in der Staatsrechtslehre über die Substitution der juristischen Staatsperson durch die „Volksgemeinschaft" wurde in der Verwaltungsrechtslehre grundsätzlich diskutiert, ob der Körperschaftsbegriff durch den Gemeinschaftsbegriff ersetzt werden sollte. Der Richtungsstreit in der Staatsrechtslehre wurde somit gewissermaßen in der Verwaltungsrechtslehre stellvertretend weitergeführt. Entsprechend bildeten sich auch hier gegensätzliche Lehrmeinungen heraus, deren Vertreter sich durch Alter, Sozialisation und Ideologisierungsgrad unterschieden. In konsequenter Anwendung seiner „Volksgemeinschaftslehre" lehnte *Höhn* den Körperschaftsbegriff als individualistisch ab.[1949] Ebenso forderte *Maunz* die „Eliminierung der Körperschaftsfigur".[1950] Im Gegensatz dazu hielten gemäßigtere Verwaltungsrechtslehrer, darunter vor allem solche, deren wissenschaftliche

1948 Stolleis, Gemeinschaft und Volksgemeinschaft, S. 31.

1949 Höhn, Partei und Staat, S. 474 ff.; ders., Der Führerbegriff im Staatsrecht, S. 300; ders., Staat und Rechtsgemeinschaft, S. 687 f.; ders., Das Führerprinzip in der Verwaltung, S. 304.

1950 Maunz, Das Verwaltungsrecht des nationalsozialistischen Staates, S. 35; der., Der Streit um die Körperschaft des öffentlichen Rechts, S. 1 ff.

Tätigkeit bereits vor der Machtergreifung begonnen hatte, am Begriff der Körperschaft des öffentlichen Rechts fest.[1951]

Der konkrete Anlass des Streits um den Begriff der Körperschaft, zumindest in Hinblick auf die Beteiligung *Höhns*, war hier die Gesetzgebung zur Rechtsstellung der NSDAP und zur Rechtsform der Gemeinde. Im Gegensatz zur staatsrechtlichen Debatte, die eine vordergründig politisch-ideologische Dimension und eine nur virtuelle Bedeutung hatte, war die verwaltungsrechtliche Diskussion mehr durch ihre praktische Relevanz geprägt. Hier lässt sich anhand der gesetzlichen Entwicklung nachvollziehen, inwieweit die verschiedenen Lehrmeinungen Einfluss auf die Gesetzgebung nehmen konnten. Insofern kommt der verwaltungsrechtlichen Gesetzgebung auch eine Indizwirkung hinsichtlich der Bewertung des staatsrechtlichen Richtungsstreits zu.

(a) Die Rechtsstellung der NSDAP – Von der Körperschaft zur Gesamtgemeinschaft

Die gesetzliche Entwicklung der Rechtsstellung der NSDAP ist dabei exemplarisch für den begrifflichen Wandel in der Gesetzgebung. Tatsächlich handelte es sich bei der juristischen Einordnung der Partei in erster Linie um ein staatsorganisationsrechtliches Problem mit einem verwaltungsrechtlichen Einschlag. Hintergrund war weniger die Eingliederung der NSDAP in die Verwaltung, als vielmehr die Bestimmung und Klärung des Verhältnisses von Partei und Staat. Die Partei wurde grundsätzlich nicht als Einrichtung der Verwaltung, sondern als Teil des Gemeinwesens aufgefasst. Insoweit stellt der Streit um die Rechtsstellung hier einen Sonderfall dar.

Nachdem die Partei zunächst die Form eines bürgerlich-rechtlichen Vereins hatte, folgte mit dem Gesetz zur Sicherung der Einheit von Partei und Staat vom 1. Dezember 1933[1952] die notwendig gewordene „verfassungsrechtliche Institutionalisierung"[1953] der NSDAP.[1954] Gemäß § 1 Abs. 2 des sogenannten Einheitsgesetzes wurde

1951 Laforet, Deutsches Verwaltungsrecht, S. 190 ff.; Köhler, Grundlehren des Deutschen Verwaltungsrechts, S. 6; Huber, Zum Begriff der Körperschaft des öffentlichen Rechts, S. 613 ff.; Weber, Die Körperschaften, Anstalten und Stiftungen des öffentlichen Rechts, S. 11 ff.; Köttgen, Die rechtsfähige Verwaltungseinheit, S. 10 ff.; Elleringmann, Begriff und Wesen der körperschaftlichen Selbstverwaltung, S. 19 ff. Koellreutter, Führung und Verwaltung, S. 99.

1952 RGBl. I 1933, S. 1016. Bereits zuvor war am 14. Juli 1933 das Gesetz gegen die Neubildung von Parteien erlassen worden (RGBl. I 1933, S. 479), welches die NSDAP als einzige deutsche Partei bestätigte und die Neubildung von Parteien mit einer Zuchthausstrafe bedrohte.

1953 Majer, Grundlagen des nationalsozialistischen Rechtssystems, S. 206.

1954 Dem Wortlaut entsprechend sollte das Gesetz die Eingliederung der Partei in den Staat durch Herstellung einer Einheit von Staat und Partei sichern. Der amtlichen Begründung zufolge war denn auch der „Einbau der Partei in den Staat" Sinn und Zweck des Gesetzes (Reichsanzeiger Nr. 284 vom 5. Dezember 1933, zitiert nach Oebbecke, Zur Rechtsstellung der NSDAP im „Dritten Reich", S. 220). Tatsächlich

die Partei zu einer Körperschaft des öffentlichen Rechts.[1955] Nach gewöhnlicher terminologischer Bedeutung war die NSDAP demzufolge ein mit eigener Rechtspersönlichkeit ausgestatteter Teil der öffentlichen Verwaltung und somit dem Staat grundsätzlich gesetzlich untergeordnet.

Entgegen des eindeutigen Wortlauts des Gesetzes postulierte *Höhn* den „Primat der Partei und damit des Volkes über den Staat".[1956] In Ausführung seiner Staatsrechtslehre lehnte er die Körperschaft als Erfassungsform der NSDAP mit der Begründung ab, dass eine juristische Persönlichkeit nicht geführt, sondern nur für sie gehandelt werden könne und der „Führer" demnach Organ der Partei und eben nicht der „Führer" der Bewegung wäre.[1957] Stattdessen, so *Höhn*, müsse die NSDAP als Repräsentantin des Volkes als konkrete Gemeinschaft betrachtet werden,[1958] während der Staat in der Hand des Führers der Partei als Einsatzmittel untergeordnet wäre.[1959]

Unterstützung erhielt *Höhn* abermals durch einen seiner einflussreichsten Schüler. Und zwar von *Anton Lingg*, Hauptsamtleiter im Rechtsamt der NSDAP-Reichsleitung, der eigens wegen *Höhn* als Doktorand an die Universität Heidelberg ging[1960] und diesem später nach Berlin folgte, wo seine 1939 veröffentliche Doktorarbeit über „Die Verwaltung der Nationalsozialistischen Deutschen Arbeiterpartei"[1961] sodann „in enger wissenschaftlicher Zusammenarbeit mit dem Institut für

---

führte aber gerade das Einheitsgesetz zu einem schwelenden institutionellen Dualismus von Partei und Staat, woran in erster Linie die Erfassung der NSDAP als öffentlich-rechtliche Körperschaft Schuld war. Obwohl offiziell die Einheit von Staat und Partei angestrebt wurde, begann nunmehr eine Auseinandersetzung über den Vorrang des Staates gegenüber der Partei und umgekehrt. Das Gesetz schuf damit ein auslegungsbedürftiges Recht und so erst den Nährboden für die darauf folgende wissenschaftliche Diskussion. In Anbetracht der Tatsache, dass die NS-Führung trotzdem auf eine verfassungsrechtliche Entscheidung des Verhältnisses von Partei und Staat verzichtete, kann sogar von einem bewusst geschaffenen rechtlichen „Schwebezustand" (Benz, Partei und Staat im Dritten Reich, S. 73) ausgegangen werden. Die Offenheit stellte schließlich die Verfügbarkeit des Rechts sicher.

1955 Daneben enthielt das Einheitsgesetz noch zwei weitere bedeutungsvolle Neuerungen: Der Stellvertreter des Führers wurde durch das Gesetz zum Mitglied der Reichsregierung und die Partei erhielt eine eigene Gerichtsbarkeit.

1956 Höhn, Partei und Staat, S. 477.

1957 Höhn, Partei und Staat, S. 474 ff.; ders., Der Führerbegriff im Staatsrecht, S. 300; ders., Staat und Rechtsgemeinschaft, S. 687 f.; ders., Das Führerprinzip in der Verwaltung, S. 304.

1958 Höhn, Der Führerbegriff im Staatsrecht, S. 299.

1959 Höhn, Partei und Staat, S. 477; ders.; Das Führerprinzip in der Verwaltung, S. 306.

1960 UA Heidelberg, PA 764.

1961 Lingg, Die Verwaltung der Nationalsozialistischen Deutschen Arbeiterpartei, München 1939.

Staatsforschung"[1962] entstand und in die Institutsveröffentlichungen aufgenommen wurde.[1963] Darin befürwortete und verteidigte *Lingg* die Position seines Doktorvaters zur rechtlichen Stellung der NSDAP und deren Verhältnis zum Staat.

Demgegenüber wurde die von *Höhn* geforderte Änderung der Rechtsform als Körperschaft zugunsten einer rechtlichen Ausgestaltung als Gemeinschaft von einem weit überwiegenden Teil der Lehre abgelehnt. Stattdessen versuchten die meisten Staats- und Verwaltungsrechtslehrer den übergeordneten Rang der NSDAP gegenüber dem Staat klarzustellen, indem sie einfach eine inhaltliche Umdeutung des herkömmlichen Körperschaftsbegriffs unternahmen.[1964] Nach *Messerschmidt* war die Partei keine Körperschaft des öffentlichen Rechts „im üblichen Sinne". Ihre Stellung sei vielmehr „weit bedeutungsvoller", da sie „als gleichberechtigte Einrichtung neben dem Staate" stehen würde.[1965] *Siefart* zufolge war die Partei „keine gewöhnliche Körperschaft des öffentlichen Rechts, sondern ein Gebilde eigener Art", das dem Staat souverän gegenüber stehen sollte.[1966] So auch *Huber*, nach dem die Partei ein gegenüber dem Staat „geschlossener und undurchdringlicher (impermeabler) Gesamtkörper"[1967] war, oder *Heckel*, demzufolge die NSDAP „als echte politische Körperschaft des öffentlichen Rechts" ein unabhängiger und verfassungsrechtlich autonomer Hoheitsträger eigener Art sein sollte.[1968] Gemäß *Koellreutter* war die NSDAP die erste und wichtigste Körperschaft des öffentlichen Rechts neuer Art.[1969] Auch *Carl Schmitt* erfasste die Partei als Körperschaft, doch sollte sie in einem anderen, höheren Grade verstanden werden.[1970]

Nur eine Minderheit schlug vor, sich mit der Normierung als Körperschaft mangels einer wirklichen Bedrohung für die herausragende Stellung der Partei abzufinden. So vor allem *Neeße*, der davor warnte, durch die wissenschaftliche Auslegung des Einheitsgesetzes „zur völligen Umdeutung seines Wortlautes [zu] gelangen".[1971] Im Gegensatz zur juristischen Staatsperson, die als Fiktion nur in der Lehre beseitigt werden müsste, wurde die Partei durch geschriebenes Recht zu einer juristischen Person gemacht. Dies sei zwar eine Notlösung, doch mache es „keinen Sinn, in gelehrter Darlegung zu behaupten, die NSDAP sei in Wahrheit gar keine Körperschaft

1962 Lingg, Die Verwaltung der Nationalsozialistischen Deutschen Arbeiterpartei, S. II.

1963 UA Heidelberg – II 852/ 41, Bl. 760.

1964 Geiger, Die Rechtsstellung der NSDAP und ihrer Gliederungen HJ, SA und SS, S. 150.

1965 Messerschmidt, Das Reich im nationalsozialistischen Weltbild, S. 70 f.

1966 Siefart, Die Rechtsstellung der NSDAP und die Frage der Amtshaftung, S. 33.

1967 Huber, Wesen und Inhalt der politischen Verfassung, S. 86.

1968 Heckel, Staats-, Verwaltungs- und Kirchenrecht im Dritten Reich, S. 19.

1969 Koellreutter, Deutsches Verwaltungsrecht, S. 158.

1970 Schmitt, Staat, Bewegung, Volk, S. 20.

1971 Neeße, Partei und Staat, S. 44. Gleichwohl veränderte auch Neeße Inhalt und Bedeutung des Begriffs der Körperschaft des öffentlichen Rechts. Insbesondere sollte die Partei entgegen ihren öffentlich-rechtlichen Körperschaftsstatus von der eigentlich obligatorischen Staatsaufsicht befreit werden (Ebenda, S. 36 f.).

und daher auch keine juristische Person".[1972] Angesichts der besonderen Eigenheit der Partei sei eine Beseitigung der durch das Gesetz festgelegten Praxis, also die juristische Ausgestaltung der Partei als Körperschaft und damit als juristische Person, in der Theorie denn auch überhaupt nicht notwendig:

> „Die Meinung, allein die Benennung der NSDAP als öffentlich-rechtliche Körperschaft könne sie in Gefahr bringen, mit den anderen öffentlich-rechtlichen Körperschaften, die unter der Aufsicht des Reiches stehen, auf eine Stufe gestellt und so nach und nach ihrer Eigenständigkeit neben dem Staate beraubt zu werden, überschätzt maßlos die Macht bloßer Begriffe und unterschätzt ebenso die Festigkeit und Wucht der nationalsozialistischen Partei, die durch bloße Begriffe nicht zu erschüttern ist."[1973]

Obwohl in der Staats- und Verwaltungsrechtslehre also dahingehend Einigkeit bestand, dass der Partei trotz des eindeutigen Wortlauts eine rechtliche Ausnahmestellung eingeräumt werden müsse, wurde die NSDAP in § 1 der „Ersten Ausführungsbestimmung über die Verordnung zur Durchführung des Gesetzes zur Sicherung der Einheit von Partei und Staat"[1974] vom 29. April 1935 erstmals als „Gesamtgemeinschaft" bezeichnet.[1975] Erlassen wurde diese Bestimmung ausgerechnet vom Reichsschatzmeister der NSDAP, *Franz Xaver Schwarz*, dessen Rechtsberater *Höhns* Seminarist *Anton Lingg* war,[1976] und der sich fortan ebenso wie *Lingg* in Verfolgung der Linie *Höhns* als scharfer Kritiker des Körperschaftsstatus und Befürworter einer Beschreibung der Partei als Gemeinschaft positionierte.[1977] In seiner von *Höhn* betreuten und wohl auch angeleiteten[1978] Doktorarbeit bekräftigte *Lingg*

1972 Ebenda, S. 44. Dementsprechend hatte Neeße zu Beginn auch Höhns Vorschlag, die Partei rechtlich als Gemeinschaft zu erfassen, kritisiert (Neeße, Die Rechtsnatur der Nationalsozialistischen Deutschen Arbeiterpartei, S. 715), bevor er sich dessen Ansicht später sogar teilweise anschloss (ders., Das Verhältnis von Partei und Staat nach fünf Jahren nationalsozialistischer Reichsführung, S. 12 f.).

1973 Neeße, Das Verhältnis von Partei und Staat nach fünf Jahren nationalsozialistischer Reichsführung, S. 8.

1974 RGBl. I 1935, S. 583.

1975 Die Ausführungsbestimmung war allerdings untrennbar mit dem Einheitsgesetz verbunden, weshalb erneut Neeße darauf hinwies, dass sich der neu eingeführte Rechtsbegriff „Gesamtgemeinschaft NSDAP" nicht wesentlich von der Bezeichnung als öffentlich-rechtlicher Körperschaft unterscheiden könne (Neeße, Partei und Staat, S. 44).

1976 Oebbecke, Zur Rechtsstellung der NSDAP im „Dritten Reich", S. 224.

1977 Lingg, Die rechtliche Stellung der Nationalsozialistischen Deutschen Arbeiterpartei, S. 28 ff.; Schwarz, Führung und Verwaltung in der NSDAP, S. 299 ff. Ebenso Messerschmidt, Die Partei als Gemeinschaft, S. 603; Redelsberger, NSDAP und Körperschaft des öffentlichen Rechts, S. 508 f.; Stuckart, Partei und Staat, S. 268 f.; Lemmel, Die Volksgemeinschaft – ihre Erfassung im werdenden Recht, S. 49; Mäding, Die staatsrechtliche Stellung der NSDAP, S. 85 ff.

1978 Im Vorwort der Arbeit dankte Lingg ganz besonders Höhn, dessen Gedanken und Erkenntnisse für ihn „richtungweisend gewesen" seien (Lingg, Die Verwaltung der Nationalsozialistischen Deutschen Arbeiterpartei, S. XIV).

seine Unterstützung *Höhns* erneut, indem er in Anlehnung an diesen forderte, Partei und Staat „aus der individualistischen Gedankenwelt, aus der Vorstellungswelt der juristischen Staatsperson“ herauszulösen und die NSDAP als Trägerin der „Volksgemeinschaft“ als eigenständige Ordnung neben dem Staat zu erfassen,[1979] der als bloße Apparatur unter Leitung des Führers im Dienste der „Volksgemeinschaft“ stehen sollte.[1980]

Letztendlich wurde im Reichsgesetzblatt vom 30. Dezember 1942 ein Erlass des Führers über die Rechtsstellung der Nationalsozialistischen Deutschen Arbeiterpartei vom 12. Dezember veröffentlicht, laut dessen Nr. IV der in § 1 Abs. 2 des sogenannten Einheitsgesetzes vom 1. Dezember 1933 beschlossene Körperschaftsstatus der NSDAP aufgehoben wurde. Eine neue verfassungsrechtliche Einordnung der Partei wurde allerdings unterlassen, so dass auch keine Entscheidung zugunsten der von *Höhn* favorisierten Rechtsstellung als Gesamtgemeinschaft getroffen wurde.[1981]

Zwar hatte sich die Lehrmeinung *Höhns* damit zumindest teilweise durchgesetzt, jedoch kann daraus allenfalls bedingt ein tatsächlicher Einfluss der „Höhn-Schule“ auf die Gesetzgebung im nationalsozialistischen Staat abgeleitet werden. Die rechtliche Qualifizierung der NSDAP als Körperschaft war ohnehin nur „Fassade“ und diente in erster Linie, so *Hans Frank*, als „konstruktiver Hilfsbegriff“ dazu, die Partei überhaupt irgendwie gesetzlich im öffentlichen Recht zu fixieren und so eines der wichtigsten verfassungsrechtlichen Probleme des Dritten Reiches zu lösen.[1982] So galten beschränkende Regelungen wie die Staatsaufsicht oder Finanzkontrolle, die bei einer Körperschaft des öffentlichen Rechts gewöhnlich angewendet wurden, nicht für die NSDAP, weshalb die Rechtsstellung als Körperschaft „nicht ihrer eigentlichen Bedeutung“ entsprach.[1983] Des Weiteren wurde die Kritik am Körperschaftsbegriff von einem außerordentlich breiten Konsens in der Staatsrechtslehre getragen und war somit keineswegs ein besonderer Wesenszug der Theorie *Höhns*. Die unter anderem von *Höhn* geforderte und sich schlussendlich nicht behauptende Erfassung der Partei als Gemeinschaft stellte nur die radikalste Position innerhalb dieser ansonsten weitgehend deckungsgleichen Lehre dar. Zuletzt lässt sich der Beweggrund für den Führererlass nicht eindeutig identifizieren. Nicht unwahrscheinlich ist, dass die Aufhebung des Körperschaftsstatus eine späte Reaktion auf die Rechtsprechung des Reichsgerichts zur Amtshaftung des Reiches war. Das Reichsgericht hatte sich für eine grundsätzliche Anerkennung von Amtshaftungsansprüchen entschieden, was nicht im Sinne der nationalsozialistischen Führung sein konnte.[1984]

1979 Lingg, Die Verwaltung der Nationalsozialistischen Deutschen Arbeiterpartei, S. 14 und S. 19 f.

1980 Ebenda, S. 23.

1981 Oebbecke, Zur Rechtsstellung der NSDAP im „Dritten Reich“, S. 226.

1982 Majer, Grundlagen des nationalsozialistischen Rechtssystems, S. 207.

1983 Ebenda, S. 206 f.

1984 Dreier, Die Staatsrechtslehre in der Zeit des Nationalsozialismus, S. 41, Rn. 153.

(b) Die Gemeinde – Körperschaft und Gemeinschaft

Neben der Gesetzgebung zur Rechtsstellung der NSDAP stellt auch die Reformierung des Kommunalrechts ein Beispiel für die terminologische Ambivalenz zwischen der Aufnahme nationalsozialistisch geprägter Termini wie „Volksgemeinschaft" und „Gemeinschaft" und der Weiterverwendung der liberalistisch konnotierten Begriffstechnik dar. Besonders deutlich wird diese Vermengung an der rechtlichen Ausgestaltung der Gemeinde. Zwar bezeichnete die Präambel der Deutschen Gemeindeordnung vom 30. Januar 1935 es als Aufgabe der Gemeinde, „in einem einheitlichen vom natürlichen Willen durchdrungenen Volk die Gemeinschaft wieder vor das Einzelschicksal zu stellen, Gemeinnutz vor Eigennutz zu setzen und unter Führung der Besten des Volkes die wahre Volksgemeinschaft zu schaffen". Gemäß der Legaldefinition des Begriffs der Gemeinde in § 1 Abs. 2 der Deutschen Gemeindeordnung war die Gemeinde aber weiterhin eine öffentliche Gebietskörperschaft, die sich selbst unter eigener Verantwortung verwalten sollte.[1985]

Dieses gesetzliche Verständnis der Gemeinde als Rechtspersönlichkeit im Sinne einer juristischen Person stand damit in klarem Widerspruch zur Lehre *Höhns*. Dementsprechend gehörte auch gerade *Höhn* zu den vehementesten Kritikern der Regelung. Ihm zufolge war der Gemeindebegriff nicht mit der nationalsozialistischen Rechtserneuerung und den darauf beruhenden Rechtsprinzipien von Gemeinschaft und Führung vereinbar.[1986] Solange man die Gemeinde als Körperschaft des öffentlichen Rechts auffasse, so *Höhn*, könne man sie niemals juristisch als Gemeinschaft begreifen, da die Körperschaft eine individuelle Persönlichkeit voraussetze.[1987] Zudem lasse sich die „Volksgemeinschaft" als postulierte Verkörperung des Gemeinwesens nicht in Gebietskörperschaften gliedern. Dazu müsste auch die „Volksgemeinschaft" eine Gebietskörperschaft sein, da die unterste Einheit einer Ordnung immer denselben Prinzipien entsprechen müsse wie das Ganze, so dass die Gemeinde denknotwendig der „Volksgemeinschaft" entsprechen und folglich gleichermaßen eine Gemeinschaft sein müsse.[1988] Außerdem wäre der „Führer" Organ und würde somit für die Gemeinde als unsichtbare Persönlichkeit handeln.[1989] Nach *Höhn* richtig wäre es schließlich, dass der „Führer" die Gemeinde als Gemeinschaft

---

1985 RGBl. 1935 I, S. 49.

1986 Dagegen Lohmann, demzufolge „die Verwendung einschlägiger überkommener Begriffe wie Körperschaft, Genossenschaft u.a. durch den Umbruch der nationalsozialistischen Revolution nicht beeinträchtigt worden sei" (Lohmann, Grundsätze des neuen Gemeindeverfassungsrechts, S. 501). Berger und Küchenhoff hielten die Qualifizierung der Gemeinde als Körperschaft für durchaus vereinbar mit der Gemeinschaft als neuem Ausgangspunkt des nationalsozialistischen Staatsdenkens. Vielmehr sei der Körperschaftsstatus unentbehrlich und darüber hinaus für das Gemeinschaftsprinzip „ungefährlich" (Küchenhoff/Berger, Deutsche Gemeindeordnung, S. 35).

1987 Höhn, Die Gemeinde als Gebietskörperschaft, S. 10.

1988 Ebenda, S. 13.

1989 Ebenda, S. 15.

von Menschen führt und den Verwaltungsapparat zu Zwecken der Gemeinschaft seiner Gemeinde leitet.[1990]

Tatsächlich schuf *Höhn* durch diese Binnendifferenzierung einen Ausnahmefall von seiner grundsätzlichen Trennung zwischen dem Staat als Form und der „Volksgemeinschaft" als eigenem Wesen. Die Gemeinde war bei *Höhn* einerseits eine Gemeinschaft und somit ein Glied der „Volksgemeinschaft" und zum anderen als Verwaltungsapparat ein Teil des Staatsapparats. Folglich war die Gemeinde sowohl Organismus als auch Organisation. Es gab also die Gemeinde im engeren Sinne und die Gemeinde im weiteren Sinne. Dies stand im Widerspruch zu seinem Staatsverständnis. Der Staat wurde von *Höhn* schließlich auf seine Bedeutung im engeren Sinne, also auf seine Funktion als Organisation, reduziert, während der Organismus ausdrücklich von der „Volksgemeinschaft" dargestellt wurde. Einen Staat im weiteren Sinn gab es bei *Höhn* eben gerade nicht. Folglich kam es selbst bei *Höhn* als radikalstem Vertreter eines völkischen „Vitalismus" zur Vermischung von Begriffen und Inhalten.

bb) Führung und Verwaltung

Der andere wissenschaftliche Streitpunkt der Staatsrechtslehre nach der nationalsozialistischen Machtergreifung mit unmittelbarer Beteiligung *Höhns* war die Frage nach dem Verhältnis von Führung und Verwaltung. Das Kernproblem dieser fachlichen Diskussion mit besonderem verwaltungsrechtlichen Einschlag bestand in der Anwendbarkeit von Führung auf die Verwaltung. Hauptinhalt aller Überlegungen war demnach, ob der nationalsozialistische Begriff der Führung nur die politische Führung beinhaltete oder daneben auch die Verwaltung umfasste. Führung und Verwaltung mussten mithin entweder wesensverschieden sein und sich gegenseitig ausschließen oder Verwaltung war ein terminologisches und inhaltliches Merkmal eines einheitlichen Führungsbegriffs, der sich entsprechend aus politischer Führung und Verwaltung zusammensetzte.

(1) Der Begriff der „Führung" in der NS-Staatsrechtslehre

Hintergrund und theoretischer Zusammenhang dieses Diskurses war die inhaltliche Bestimmung des Begriffs „Führung" in der Staatsrechtslehre. Während der „Führer" durch die Unbegrenztheit seiner Macht infolge der Vereinigung der dreigeteilten Gewalt in seiner Person relativ deutlich definiert wurde, blieb die Art und Weise der Herrschaftsausübung, also Führung, vergleichsweise unklar. Unstrittig war, dass Führung eine Gemeinschaft als Gefolgschaft voraussetzte. Führung war somit vor allem Menschenführung. Gleichzeitig herrschte Einvernehmen darüber, dass Führung folglich in der „Volksgemeinschaft" und der Partei anwendbar war. Undurchsichtig war jedoch, wie sich Führung konkret darstellen sollte. Grundsätzlich hatte sich das von *Höhn* mitgeprägte „richtunggebende Voranschreiten" als Beschreibung

---

1990 Ebenda, S. 16.

durchgesetzt, wenngleich sich der Begriff damit nach wie vor durch Unbestimmtheit auszeichnete. Eine solche Darstellung implizierte allerdings immerhin, dass das Führer-Gefolgschaftsverhältnis auf Freiwilligkeit basierte.

Fraglich war hingegen, ob Führung auch den Gebrauch von Befehl und Zwang einschloss, womit eine Ausnahme vom Grundsatz der Freiwilligkeit gegeben wäre. Hierin lag wiederum der maßgebende Wesensgehalt der Debatte über das Verhältnis von Führung und Verwaltung. Mit einer Trennung von Führung und Verwaltung sollte Führung im Sinne der nationalsozialistischen Rechtsideologie auf Zwanglosigkeit begrenzt werden. Sofern Führung in der Verwaltung anwendbar und Verwaltung damit im Führungsbegriff enthalten wäre, müsste Führung allerdings ausnahmsweise auch den Einsatz von Zwangsmitteln zulassen. Entscheidend war hier also, ob Führung in der Verwaltung Anwendung finden konnte. Daran schloss sich als logische Konsequenz das Problem an, ob sich im Falle einer möglichen Anwendbarkeit Führung in der Verwaltung auf das Verwalten als Teil eines einheitlichen Verständnisses von Führung beschränkte oder gleichermaßen „richtunggebendes Voranschreiten", mithin politische Menschenführung, einbezog.[1991]

(2) Die Stellung der Verwaltung zur Führung

Zunächst bedurfte es dementsprechend der Klärung, ob Führung auch in der staatlichen Behördenorganisation möglich sein konnte. Bestimmend war dabei die Stellung des leitenden Beamten. Wenn Führung in der Verwaltung vorstellbar war, musste dieser die Funktion eines untergeordneten Führers einnehmen. Wurde eine Geltung dagegen abgelehnt, war er nur Befehlsempfänger gegenüber der politischen Führung und monokratischer Leiter seiner Behörde.

(a) Die „Dualisten" – Trennung von Führung und Verwaltung

Höhn war hier der „Wortführer" des sogenannten „dualistischen" Ansatzes,[1992] wonach Führung und Verwaltung strikt zu trennen waren.[1993] Die Besetzung dieser

1991 Laux, Führung und Verwaltung in der Rechtslehre des Nationalsozialismus, S. 51.

1992 Die Unterscheidung zwischen „Dualisten" und „Unitariern" wird hier von Eberhard Laux übernommen (Laux, Führung und Verwaltung in der Rechtslehre des Nationalsozialismus, S. 51).

1993 Als Modell dieser Differenzierung diente die NSDAP. Höhn übertrug die Organisationsform der Partei auf den Staatsapparat, so dass dieser grundsätzlich die Projektion der Parteiverwaltung war. In der NSDAP, so Höhn, würde „in aller Klarheit zwischen Führung und Verwaltung geschieden, auf der anderen Seite aber die Verwaltung zu Zwecken der Führung eingesetzt" und somit „den Zielen der Bewegung" dienen. Dabei wurde innerhalb der Partei geführt, während im Verwaltungsapparat der NSDAP nach wie vor das Über- und Unterordnungsverhältnis galt: „Wer in der Parteiverwaltung arbeitet, steht nicht als Untergebener seines übergeordneten Amtsleiters im Verwaltungsapparat der Partei, sondern stellt sich als Parteigenosse zur Mitarbeit in die Verwaltung der Bewegung." Es

inhaltlichen Position war schließlich eine zwingende Folge seiner „vitalistischen" Volksrechtslehre. Da *Höhn* den Staat zu einem mechanischen Einsatzmittel der lebendigen „Volksgemeinschaft" in der Hand des politischen Führers reduziert hatte,[1994] konnte die Verwaltung zwangsläufig nicht mehr sein als ein Führungsmittel. Aus der instrumentalen Begriffsbestimmung des Staates als Apparat folgte die Ausgestaltung der Verwaltung als Vollzugsinstrument.

Begründet wurde diese Differenzierung mit der Zwanglosigkeit von Führung. Weil sich in der homogenen „Volksgemeinschaft" die Einheit von Führer und Volk konzentrierte, standen sich Volks- und Führerwille nicht mehr gegenüber, sondern waren identisch. Aufgrund dieser Identität bedurfte Führung weder Befehl noch Zwang, da der Führer eben nur den Willen des Volkes artikulierte. Führung war damit zwanglose Menschenführung innerhalb der Gemeinschaft. Im Staatsapparat sollte *Höhn* zufolge jedoch weiterhin das Über- und Unterordnungsverhältnis gelten, was die Bildung von Gemeinschaften ausschloss.[1995] Mangels gemeinschaftsmäßiger Beziehungen war zwanglose Führung hier nicht möglich. Stattdessen sollte in der Verwaltung befohlen und gehorcht werden.[1996]

Unterschieden wurde somit zwischen Führung als politischem Prozess und Verwaltung als Vollzug der Führung, bei der die politische Entscheidung durch den Führer bereits vorweggenommen war. Verwaltung war nur die exekutive Anwendung der Staatsgewalt durch den Führer. Der leitende Beamte, so *Höhn*, war folglich kein Führer, sondern nur der Leiter des Behördenapparats, den er monokratisch verwaltete.[1997]

Neben *Höhn* trat entsprechend des deckungsgleichen Staatsverständnisses ebenfalls *Theodor Maunz* für eine Trennung von Führung und Verwaltung ein. Verwaltung war nach Maunz gleichermaßen nur „Arbeit eines Apparates für eine Gemeinschaft nach einem vom Führer der Gemeinschaft festgesetzten Plan". Demzufolge konnte der Vorgesetzte einer Behörde auch kein Führer sein:

---

wurde also zwischen dem „Mitarbeiter" in der Partei als Gemeinschaft und dem „Untergebenen" im Verwaltungsapparat der Partei unterschieden (Höhn, Führung und Verwaltung, S. 71).

1994 Höhn, Führung und Verwaltung, S. 71.

1995 Höhn, Die Wandlung im staatsrechtlichen Denken, S. 35 f.

1996 Höhn, Das Führerprinzip in der Verwaltung, S. 305. Dennoch hielt Höhn die Trennung von Führung und Verwaltung nur für einen temporären Schwebezustand, der nach Abschluss der nationalsozialistischen Rechtserneuerung beendet sei. Stattdessen würde „auf die Dauer ein von der völkischen Gemeinschaftsordnung bestimmter Verwaltungsapparat nicht von anderen Prinzipien beherrscht sein können als die gesamte völkische Gesamtordnung", so dass es bei „immer stärkerem Einsatz des Verwaltungsapparates für Zwecke der Gemeinschaft" notwendig würde, das Über- und Unterordnungsverhältnis in ein Mitarbeiterverhältnis umzuwandeln (Höhn, Führung und Verwaltung, S. 81).

1997 Höhn, Führung und Verwaltung, S. 73.

> „Das Denken von konkreten Gemeinschaften aus führt zu der Erkenntnis, daß die Verwaltung selbst keine Gemeinschaft, sondern der Apparat einer Gemeinschaft ist, daher keine Führer, sondern Verwaltungsleiter hat."[1998]

Gleichwohl lehnten nicht nur die „Vitalisten" die Anwendbarkeit von Führung in der Verwaltung ab. So sprach sich ausgerechnet *Ernst Forsthoff* dafür aus, Führung und Verwaltung streng voneinander zu unterscheiden. In der Verwaltung, so *Forsthoff*, sei „Führung im vollen politischen Sinn" wegen der strengen Gesetzesbindung und hierarchischen Organisation nicht möglich. Echte Führung benötige schließlich Flexibilität und Vorbehaltlosigkeit, weshalb sich die „dynamische Lebendigkeit des Führertums und die reglementgebundene Exaktheit der Verwaltung" nicht vereinigen lassen würden, „ohne dem Führertum oder der Verwaltung Abbruch zu tun".[1999] Dementsprechend fasste er zusammen:

> „Führungsordnung und Behördenorganisation des heutigen Staates erweisen sich damit als wesensverschiedene Gebilde, die sich in ihrer Struktur, ihrer Funktion und ihren Aufgaben deutlich unterscheiden. Der nationalsozialistischen Staatskunst ist es gelungen, beide in der Herrschaftsordnung zu einer Einheit zu verbinden. Diese Einheit wird von Führungsordnung und Behördenorganisation gleichermaßen gebildet."[2000]

Innerhalb der nationalsozialistischen Herrschaftsordnung stand die Führung nach *Forsthoff* im Rang über der Verwaltung. Führung war politische Planung, Verwaltung nur Vollzug der Pläne des Führers.[2001]

(b) Die Einheit der Führung – Verwaltung neben Menschenführung

Dieser differenzierenden Lehrmeinung stand ein „unitaristischer" Ansatz gegenüber,[2002] nach welchem Führung auch in der Verwaltung einer Behördenorganisation Anwendung finden sollte. Hiernach setzte sich der Begriff der Führung aus der politischen Menschenführung und der Verwaltung zusammen. Führung wurde mithin einheitlich verstanden und Verwaltung war ein Teil der Führung neben der politischen Komponente. Folglich konnte der leitende Beamte einer Behörde auch Führer sein.

Vertreten wurde diese Ansicht vor allem von den Staatsrechtlern *Ernst Rudolf Huber* und *Otto Koellreutter* sowie dem Kommunalrechtslehrer *Arnold Köttgen*, die wiederum allesamt zu den „Etatisten" zählten. Die Ausweitung der Führung auf die Behördenorganisation des Staates bedeutete letztlich eine Aufwertung des Staates,

---

1998 Maunz, Staatsbegriff und Verwaltung, S. 397. Darüber hinaus wurde die strikte Trennung von Führung und Verwaltung noch von einigen weiteren aufstrebenden, wenngleich unbekannteren Juristen vertreten (Becker, Diktatur und Führung, S. 28 f.; Wagner, Zum Neubau deutscher Staatslehre, S. 275; Hartmann, Führer und Beamter, S. 213; Richard, Führung und Verwaltung, S. 66 f. und S. 78).

1999 Forsthoff, Von den Aufgaben der Verwaltungsrechtswissenschaft, S. 399.

2000 Forsthoff, Der totale Staat, S. 42.

2001 Forsthoff, Von den Aufgaben der Verwaltungsrechtswissenschaft, S. 400.

2002 Laux, Führung und Verwaltung in der Rechtslehre des Nationalsozialismus, S. 53 f.

indem erklärt wurde, Gemeinschaften könnten grundsätzlich auch innerhalb des Staates entstehen.

Nach *Huber* war Führung in der Verwaltung demgemäß grundsätzlich denkbar, sofern die jeweilige Behörde eben auf Gemeinschaften basierte. *Huber* hielt Führung in der Verwaltung damit nicht nur für „möglich", sondern darüber hinaus sogar für unbedingt „nötig". Führung ohne Befehl und Gehorsam sei gar nicht zu realisieren, da ein Volk „ohne staatliche Aufsicht und ohne straffe Befehlsordnung" weder leben noch handeln könne.[2003] Folglich würde Führung durchaus Zwang beinhalten, so dass sich Führung und Verwaltung keineswegs gegenseitig ausschließen würden. Ganz im Gegenteil war Verwaltung der Führung immanent. Führung sei schließlich „eine allgemeine Gestaltungsform im öffentlichen Leben des völkischen Reiches", die ihre stärkste Ausprägung zwar in der politischen Bewegung erhielte, aufgrund der allumfassenden Einheitlichkeit aber gleichermaßen in der Verwaltung Einzug erhalten könne.[2004]

Auch *Koellreutter* hielt Führung für universell anwendbar, wenn nur eine Gemeinschaft als einzig notwendige Voraussetzung in Erscheinung treten würde. Führung mittels eines Führers war demnach möglich, „gleichgültig, in welchem Mittel der Führung er tätig ist, gleichgültig, ob er Führer oder Leiter heißt, gleichgültig, ob er auch über Zwangsmittel verfügt". Das Funktionieren des Dienstbetriebes aus Gründen der Effizienz durch Befehl und Gehorsam gelte schließlich auch für die Gliederungen der Bewegung, in denen das Vorhandensein gemeinschaftsmäßiger Beziehungen unstrittig sei. Folglich konnte auch der leitende Beamte einer Behörde Führer sein.[2005] Zudem argumentierte *Köttgen*,[2006] würde die Trennung von Führung und Verwaltung zu einer Konzentration sämtlicher Entscheidungen in der Person des Führers und damit zu einem Zentralismus führen, der dem dezentralen Aufbau der kommunalen Selbstverwaltung und das monokratische Behördensystem aushöhlen würde.[2007]

Aber auch „vitalistische" Staatsrechtslehrer kritisierten den Ausschluss der Verwaltung von der Führung. *Günther Küchenhoff* führte etwa an, der Verwaltungsbeamte sei als Volksgenosse gleichzeitig Mitglied der „Volksgemeinschaft", weshalb

---

2003 Huber, Wesen und Inhalt der politischen Verfassung, S. 87.

2004 Huber, Verfassungsrecht des Großdeutschen Reichs, S. 198 f.

2005 Koellreutter, Führung und Verwaltung, S. 8 ff.

2006 Arnold Köttgen (* 22. September 1902 in Bonn, † 10. Februar 1967 in Göttingen) hatte ein Studium der Rechtswissenschaft unter anderem in München und Jena absolviert, wo er 1924 promoviert wurde, bevor er sich 1928 bei Otto Koellreutter habilitierte. Von 1931 bis 1939 war er Professor in Greifswald (Stolleis, „Köttgen, Arnold", S. 412 f.). Erst nach Kriegsausbruch trat Köttgen der NSDAP bei und war ab 1939 als Freiwilliger im Dienst der Zivilverwaltung im Regierungsbezirk Kattowitz tätig. Dort arbeitete er als Generalpolizeidezernent und war in dieser Funktion an der Planung der „Entjudung" des Bezirks beteiligt (Vorholz, Die Rechts- und Staatswissenschaftliche Fakultät der Ernst-Moritz-Arndt-Universität Greifswald, S. 141).

2007 Köttgen, Deutsche Verwaltung, S. 21 ff. und S. 79.

die Unterscheidung zwischen Führung und Verwaltung sowohl eine unnatürliche Ausspaltung als auch eine Benachteiligung des Beamten darstelle:

> „Es kann nicht eingesehen werden, warum den Beamten nicht dasselbe zustehen soll, was den als letzter Gehilfe im kleinsten Betrieb arbeitenden Volksgenossen mit Recht zugebilligt wird, nämlich Mensch zu sein, der geführt wird, nicht nur Teil eines Apparates, in dem befohlen und gehorcht wird, und auch bei der Erledigung von Dienstgeschäften Glied einer Gemeinschaft, nämlich einer Arbeitsgemeinschaft, nicht nur Rad in einem Mechanismus zu sein."[2008]

Unterstützung erhielt die einheitliche Auffassung von Führung aus der Verwaltungspraxis. Der Münchener Oberbürgermeister und Vorsitzende des Deutschen Gemeindetages, *Karl Fiehler*, hielt es für völlig „verkehrt, wenn, wie hin und wieder geschieht, ein begrifflicher Gegensatz zwischen Gemeinschaft und Verwaltung konstruiert wird".[2009] Und *Fritz Markull*, Referent des Deutschen Gemeindetages, betonte:

> „Führung ist alles, was die unmittelbare Gemeinschaftsgestaltung umfaßt, politische Führung ein Teil davon. Beamter und Amtswalter können lediglich verwaltungstechnisch, sie können aber auch unmittelbar gemeinschaftsgestaltend tätig sein."[2010]

Ebenso forderte der stellvertretende Vorsitzende des Deutschen Gemeindetages und Oberbürgermeister von Halle/Saale, *Johannes Weidmann*, in der kommunalen Verwaltung eine durchgängige Führungsordnung zu bilden, da Verwaltung ein Teil der Führung sei.[2011]

Bemerkenswert ist, dass selbst Juristen aus der SS eine von der Theorie *Höhns* abweichende Position einnahmen. In Verfolgung der Linie *Höhns* war die Verwaltung für *Wilhelm Stuckart* zwar gleichermaßen nur „eine Vollzugsorganisation in der Hand der politischen Führung des Volkes",[2012] doch sollte der Vorsitzende einer Behörde sowohl Leiter als auch Führer seiner Beamtenorganisation sein. Demgemäß schrieb *Stuckart*:

2008 Küchenhoff, Führung und Verwaltung im Dritten Reich, S. 1682 f.

2009 Fiehler, in: Deutscher Gemeindetag, Sonderheft zur Tagung der Vorstände des Deutschen Gemeindetages und seiner Landes- und Provinzialdienststellen in Berlin am 6. Juni 1936, S. 26.

2010 Markull, Führung und Verwaltung, S. 777 f.

2011 Weidmann, Führertum in der Verwaltung, S. 12 ff. und S. 15 (zitiert nach Laux, Führung und Verwaltung in der Rechtslehre des Nationalsozialismus, S. 59). Für die Anwendbarkeit von Führung in der Verwaltung sprachen sich auch der Bürgermeister von Dessau und Kreisrechtsamtsleiter Richard Harms (Harms, Führung und Verwaltung?, S. 718) sowie die Landräte Herbert Friedl und Becker (Friedl, Gemeinde und Landkreis als organische Führungsräume, S. 550 ff.; Becker, Neugliederung der Verwaltung in organischen Führungsräumen, S. 124 ff.) aus.

2012 Stuckart, Die Staatsverwaltung, S. 131.

„Verwalten ist Dienst am Volk zur Erfüllung seiner Bedürfnisse und zur Verwirklichung seines Lebenszieles auf den der Verwaltung ausgewiesenen Lebensgebieten. Deshalb gelten auch für die Verwaltung grundsätzlich die gleichen Gestaltungsgesetze und die gleichen politisch-weltanschaulichen Grundanschauungen, wie für die Volksgemeinschaft als Ganzes selbst. Deshalb besteht auch in der Verwaltung das Führer-Gefolgschaftsverhältnis, deshalb werden die in der einzelnen Verwaltung tätigen Volksgenossen geführt. Wer die Führung der Verwaltungsangehörigen verneint, verzichtet damit weiterhin auf die wirkliche Aktivierung und weltanschauliche Durchdringung der im öffentlichen Dienst Beschäftigten. Zugleich gibt es in der Verwaltung aber auch ein obrigkeitliches Über- und Unterordnungsverhältnis, bei dem zur Erledigung der Verwaltungsaufgaben angeordnet, befohlen wird. Führung und obrigkeitliche Verwaltung ergänzen sich also hier."[2013]

Unterdessen *Stuckart* somit zumindest eine vermittelnde Ansicht vertrat, stieß *Höhns* Dualismus bei SS-Sturmbannführer *Hans-Bernhard Braußе*[2014] auf uneingeschränkten Widerstand. *Brauße* lehnte nicht nur die Degradierung des Staates zum Apparat ab, sondern kritisierte obendrein auch die Trennung von Führung und Verwaltung. In der Verwaltung, so *Brauße*, gäbe es „viele Möglichkeiten selbstständiger Gestaltung, die ein führender Mann mit einer Gefolgschaft zu vollbringen hat, so daß auch hier von Führung zu sprechen ist".[2015] Ungeachtet dessen fand *Höhns* Position aber auch Zuspruch unter den „SS-Juristen", besonders wenn diese daneben noch Mitglied im SD waren.[2016]

(3) Führung in der Verwaltung

Das unvermeidbare Folgeproblem der Auseinandersetzung über das Verhältnis von Führung und Verwaltung war, wie Führung innerhalb der Verwaltung auszugestalten wäre. Fraglich war, ob Führung in der Verwaltung gegebenenfalls auf die Behördenführung begrenzt sein oder auch politische Führung des Volkes, also Menschenführung, mit einschließen sollte.

Nach der strengen Ansicht *Höhns* konnte eine Entscheidung dahinstehen. Da hier die Anwendbarkeit von Führung in der Verwaltung ohnehin verneint wurde,

---

2013 Stuckart, Verwaltung – Arbeit für die Gemeinschaft, S. 5.

2014 Hans-Bernhard Brauße (* 29. November 1908 in Niederlössnitz) war ab 1931 Mitglied im Stahlhelm, bevor er am 1. Mai 1933 in die NSDAP eintrat (Nr. 2 982 251). Er war bis 1936 als Proberichter im OLG-Bezirk Dresden angestellt. Im August 1939 schloss er sich der SS an (Nr. 340 779) und diente in der Waffen-SS, wo er bis zum SS-Standartenführer befördert wurde. Von August 1941 bis Dezember 1941 kämpfte er in der SS-Division „Reich" an der Ostfront. Später war Brauße Divisionsrichter bei der SS-Polizei-Division sowie Chef des Amtes IV im Hauptamt SS-Gericht und als solcher maßgeblich am Aufbau und der Fortentwicklung der SS-Gerichtsbarkeit beteiligt (BArch VBS 286 6400004825; BArch R 3001 52632).

2015 Brauße, Führung und Verwaltung, S. 94 f.

2016 Mäding, Die staatsrechtliche Stellung der NSDAP, S. 34.

beschränkte sich die Tätigkeit des leitenden Beamten auf das Verwalten der Behörde. In seiner Funktion als Behördenchef war der Beamte weder Führer der untergeordneten Beamten noch der Volksgenossen, welche von der Behördentätigkeit betroffen waren. Ganz im Gegenteil war er nur „Vorgesetzter innerhalb eines Amtsapparates".[2017] Führer konnte er allenfalls außerhalb seiner Behörde sein, sofern er Führer einer Gemeinschaft, etwa in der SS oder SA, war.[2018] *Höhn* führte dazu aus:

> „Die Aufgabe des Behördenvorstands ist die Erledigung von Dienstgeschäften, die in der Regel sachliche Angelegenheiten zum Gegenstand haben. Führer und Beamter sind so etwas grundsätzlich voneinander Verschiedenes. Das kann auch nicht dadurch geändert werden, dass man Führer in Beamtenstellungen bringt. Entweder sie führen weiterhin Gemeinschaften von Menschen, dann sind sie Führer und keine Beamte, oder aber sie erledigen Verwaltungsgeschäfte des Staates, dann fehlt ihnen die persönliche Wirkung auf eine Gefolgschaft und damit das richtunggebende Vorangehen für eine Gemeinschaft, dann sind sie Beamte."[2019]

Ebenso abermals *Maunz*, demzufolge der Behördenvorgesetzte die „Arbeit eines Apparates für eine Gemeinschaft nach einem vom Führer der Gemeinschaft festgesetzten Plan" vollbringt und damit grundsätzlich weder „Führer einer echten Gemeinschaft", noch „Führer der Volksgenossen, die in seinem Amtsbezirk wohnen", ist.[2020] Von diesem Grundprinzip sollte es *Maunz* zufolge jedoch immerhin eine Ausnahme geben. Da die Gemeinde als konkrete Gemeinschaft ausgestaltet sei, konnte der Bürgermeister nicht nur herrschaftlicher Kommandoträger der Gemeindeverwaltung, sondern zugleich Führer der Gemeindeangehörigen als Gefolgschaft sein, so dass das Amt des Bürgermeisters eine Einbruchstelle von Führung in der Verwaltung darstellte.[2021]

Wenn die Anwendbarkeit von Führung in der Verwaltung hingegen grundsätzlich bejaht wurde, musste nunmehr geklärt werden, ob sich Führung hier auf die Führung innerhalb der Behörde reduzierte oder auch außerhalb möglich war. Innerhalb der Lehrmeinung, die ein einheitliches Führungsverständnis bevorzugte, entwickelten sich dabei verschiedene Ansätze, die durch eine bestimmte inhaltliche Schnittmenge verbunden waren.

Huber etwa begrenzte die Geltung von Führung in der Verwaltung durch das Erfordernis einer echten Gemeinschaft. Führung sollte demnach nur dort denkbar sein, wo Menschen in Gemeinschaft geführt werden konnten. Nach *Huber* war Führung damit vor allem in der kommunalen Selbstverwaltung, nicht aber in der reinen Behördenarbeit übergeordneter Ämter möglich. So waren der Bürgermeister oder Landrat Führer des „ihnen anvertrauten Volksteil[s]", während der Leiter des

2017 Höhn, Führung und Verwaltung, S. 72 f.
2018 Höhn, Der Wandel im staatsrechtlichen Denken, S. 37.
2019 Höhn, Führung und Verwaltung, S. 81.
2020 Maunz, Staatsbegriff und Verwaltung, S. 397.
2021 Maunz, Der Führergedanke in der Verwaltung, S. 220 f.

Finanzamtes mangels gemeinschaftsmäßiger Beziehungen nur Verwalter sein konnte.[2022] Genauso vertrat *Markull* eine binnendifferenzierte Lösung. Führung sollte zwar generell in der Verwaltung möglich sein, doch musste hier zunächst zwischen örtlicher Gemeindeverwaltung und zentralisierter Fachverwaltung unterschieden werden. Zudem mussten die mittelbaren, das heißt vorbereitenden, verwaltungstechnischen Behördenvorgängen von den unmittelbaren, gemeinschaftsgestaltenden Verwaltungsgeschäften abgegrenzt werden. Um Führungsausübung handelte es sich in der Regel nur bei unmittelbarer Gemeinschaftsgestaltung im Rahmen der Gemeinde. In den Fachbehörden überwogen dagegen verwaltungstechnische, mittelbar auf die Gemeinschaft bezogene Tätigkeiten, bei denen es sich gerade nicht um Führung handelte. Interne Verwaltungsverfügungen waren somit nur das Resultat von Verwalten, wogegen externe Verwaltungsgeschäfte Ausdruck von Führung waren.[2023] Entscheidendes Kriterium bei *Markull* war also die Außenwirkung. Dieser Ansatz wurde auch von anderen Praktikern favorisiert. *Oskar Redelberger*, Assessor beim Regierungspräsidenten in München, grenzte „Durchführung- oder Sacherledigungsaufgaben" mit ausschließlicher Innenwirkung von solchen Tätigkeiten ab, die zusätzlich außerhalb der Behörde gestaltend wirkten und damit eine Form von tatsächlicher „Menschenführung" darstellen würden.[2024]

Küchenhoff und *Koellreutter* sprachen sich im Verhältnis dazu für eine extensive Anwendbarkeit von Führung in der Verwaltung aus. Hiernach sollten auch in der Verwaltung selbst Gemeinschaften entstehen können. Führung, so *Küchenhoff*, sei demgemäß insbesondere auf ministerieller Ebene sowohl innerhalb der Behörde als auch in Bezug auf den betroffenen Teil der Volksgemeinschaft möglich. Die zu führenden Gemeinschaften wären zum einen „die Behördengemeinschaft" und zum anderen „diejenigen Volksgenossen, welche der Führung des entscheidenden Behördenleiters auf einen bestimmten abgegrenzten Sachgebiet unterfallen" würden.[2025] Nach *Koellreutter* könne Führung nicht von der Leitung einer Organisation unterschieden werden. Nichtsdestotrotz sei die „Regierungsführung" als politische Führung des Behördenleiters von der „Verwaltungsführung" in der Behörde zu trennen.[2026]

(4) Fazit

In Bezug auf die inhaltliche Verortung *Höhns* in der Staatsrechtslehre nach der nationalsozialistischen Machtergreifung bietet die Kontroverse über das Verhältnis von Führung und Verwaltung trotz divergierender Positionen insgesamt nur ein begrenztes Differenzierungspotenzial. Einerseits handelte es sich lediglich um ein untergeordnetes Spezialproblem innerhalb der weitgehend einvernehmlich

2022 Huber, Verfassung des Großdeutschen Reichs, S. 198 f.
2023 Markull, Führung und Verwaltung, S. 778 f.
2024 Redelberger, Führung und Verwaltung, S. 311.
2025 Küchenhoff, Führung und Verwaltung im Dritten Reich, S. 1685.
2026 Koellreutter, Führung und Verwaltung, S. 11 f.

geführten Debatte über das nationalsozialistische Führerprinzip. Zum anderen hatte der Diskurs bloß eine geringe ideologische Brisanz. Es ging weniger um die Grundausrichtung des nationalsozialistischen Staates als vielmehr um eine fachliche Detailfrage, deren Relevanz sich auf die theoretische Ebene beschränkte und die zudem auch kaum Auswirkungen auf die praktische Verwaltung hatte.[2027] Schlussendlich führte die Diskussion über die Trennung von Führung und Verwaltung auch zu keinem endgültigen Ergebnis und verlor schließlich mit der Zeit zunehmend an Relevanz.[2028]

Dennoch lassen sich bestimmte Folgerungen aus dem Meinungsstreit ziehen. Zunächst lässt sich feststellen, dass *Höhn* nicht nur in der staatsrechtlichen Grundsatzdebatte, sondern auch in den daraus resultierenden fachspezifischen Kontroversen eine exponierte Stellung einnahm. Dabei trat er abermals als Anführer einer außerordentlich strengen Ansicht hervor. Im „dualistischen" Ansatz verfestigte sich die Degradierung des Staates. Zugleich bedeutete der Dualismus nicht, dass immerhin oder wenigstens zwischen Führung und Verwaltung unterschieden wurde. Zwar diente die Abgrenzung von der Führung bei *Höhn* durchaus dazu, ein gewisses Maß an Verbindlichkeit und Normentreue in der Verwaltung zu bewahren, weshalb er etwa an Verwaltungsverordnungen festhielt. Doch sollte damit allein ein effizienter Ablauf innerhalb der Behörde gesichert werden. Es bedeutete aber weder ein Minimum an Rechtssicherheit für den Bürger durch eine teilweise Aufrechterhaltung des Prinzips von der Rechtsmäßigkeit der Verwaltung noch die Bewahrung einer behördlichen Autonomie gegenüber der politischen Führung. Die Verwaltung war nur ein Vollzugsinstrument in der Hand des Führers, der wiederum keinen gesetzlichen Begrenzungs- oder Regulierungsmechanismen unterlag, so dass sowohl der Verwaltungsapparat selbst als auch das Volk als potenzieller Adressat des den Führerwillen ausführenden Verwaltungshandeln der Willkür der politischen Führung ausgesetzt war. Allerdings war die von *Höhn* propagierte Trennung von Führung und Verwaltung dabei für sich genommen weniger der Ausdruck einer besonders aggressiven und extremen Gesinnung, als vielmehr nur das denknotwendige Produkt der völkisch-vitalistischen Staatsrechtslehre *Höhns* und damit in erster Linie ein Resultat der darin enthaltenen Radikalität und Unbedingtheit.

Daneben wird deutlich, dass die verhältnismäßig klar abgegrenzten Gruppen in der Staatsrechtslehre nach der Machtergreifung unter bestimmten Umständen durchlässig sein konnten. Gerade in der Frage nach der Anwendbarkeit von Führung in der Verwaltung gab es wechselnde Allianzen, die trotz der inhaltlichen Abhängigkeit des Diskurses zur grundsätzlichen Debatte über das Verhältnis von Staat und „Volksgemeinschaft" nicht vollständig mit den dortigen Lagern übereinstimmten, so dass die Fronten in der Staatsrechtslehrerschaft nicht völlig verhärtet waren. Diese mangelnde Geschlossenheit zeigte sich sogar in der ansonsten besonders homogenen Gruppierung der „SS-Juristen". Gleichwohl handelte es hier jedoch

2027 Laux, Führung und Verwaltung in der Rechtslehre des Nationalsozialismus, S. 58 ff.
2028 Dreier, Die deutsche Staatsrechtslehre in der Zeit des Nationalsozialismus, S. 191.

auch nur um ein gesondertes, unabhängiges Theorieproblem ohne politische oder ideologische Aktualität und Bedeutung, das nur geringen Einfluss auf die generelle Positionierung in der Staatsrechtslehre hatte. So fällt es kaum ins Gewicht, dass sich ausgerechnet *Wilhelm Stuckart*, also ein politischer Verbündeter und persönlicher Freund *Höhns*, durch eine teilweise opportune Haltung zur Linie *Höhns* in dieser Frage auszeichnete, wobei diese ohnehin nicht zuletzt durch *Stuckarts* funktionelle Zugehörigkeit zur Verwaltung erklärt werden dürfte.

D. Schlussbetrachtung

Abschließend soll eine Bewertung *Höhns* und seiner Staatsrechtslehre im Kontext des Nationalsozialismus erfolgen. Bezugnehmend auf die in der Einleitung aufgeworfenen Fragen, steht dabei die Beurteilung von *Höhns* politischer und inhaltlicher Positionierung, seine Wandlung und seine Beeinflussung durch SD und SS in dieser Zeit im Fokus. Obgleich seine Biographie in dieser Arbeit gesamthaft betrachtet wurde, sollen in dieser Schlussbetrachtung ausschließlich die Jahre bis zum Ende des Dritten Reiches behandelt werden. Die Begründung hierfür findet sich ebenfalls zu Beginn der Arbeit: Der Versuch einer Bewertung des gesamten Lebens und Wirkens von *Höhn,* die die Zeit von der Weimarer Republik zum Dritten Reich sowie sein Schaffen in der Bundesrepublik einschließt, wie sie einige Verfasser seiner Nachrufe vorgenommen haben, ist aufgrund der ambivalenten Lebensphasen immer dem Vorwurf der unzulässigen Reduzierung ausgesetzt. Wissenschaftlich vertretbare und überprüfbare Einschätzungen können einzig für eingegrenzte biographische Abschnitte gegeben werden. Die Beurteilung von Personen und Vorgängen während des Dritten Reiches erfordert dabei grundsätzlich eine besonders hohe Sensibilität, um tendenziöse und pauschalisierende Interpretationen zu vermeiden.

In Anbetracht der untersuchten und analysierten staatsrechtlichen Theorie *Höhns* unter Berücksichtigung seiner hier ebenfalls vorgestellten Biographie können folgende Schlussfolgerungen gezogen werden.

Die Machtergreifung durch die Nationalsozialisten war der Initiationsmoment seiner akademischen und politischen Karriere sowie gleichzeitig prägend für seine staatsrechtlichen Ansichten. Bemerkenswert ist zunächst seine schnelle Anpassung in inhaltlicher als auch in organisatorischer und institutioneller Hinsicht nach der nationalsozialistischen Machtübernahme. *Höhns* Lehre ist dabei zweifelsohne auch ein Produkt der äußeren politischen Umstände. Es ist schon grundsätzlich nicht fernliegend, dass die Situation eines jungen Akademikers, der am Anfang seines Berufslebens stand und eine universitäre Laufbahn anstrebte, ein bestimmtes Maß an Willen und Bereitschaft forderte, sich mit den neuen Herrschaftsverhältnissen zu arrangieren.

Im Fall Höhns handelt es sich aber nicht nur um notwendige Anpassung, sondern um bereitwillige Eingliederung. Höhn ordnete sich nicht nur ein, er nutzte die politischen Veränderungen. Für ihn bot die nationalsozialistische Herrschaftneue Möglichkeiten, um seine Ambitionen zu befriedigen. *Höhn* integrierte und etablierte sich zügig in der nationalsozialistischen Bewegung. Nach einem sukzessiven Aufstieg gehörte er zu einer intellektuellen, ehrgeizigen SS-Elite, die sich durch Überzeugung und Unbedingtheit auszeichnete. Die Mitgliedschaft und Vernetzung in SS und SD bedingten und beförderten wiederum seine akademische Laufbahn, so dass *Höhn* ein herausragendes Beispiel für die Vereinnahmung der Universitäten durch den SD sowie die bewusste und forcierte Vermischung von Wissenschaft und Politik darstellt.

Als Staatsrechtslehrer mit Rückendeckung der SS vertrat *Höhn* mit anderen Juristen aus SS und SD eine besonders radikale Staatsrechtslehre, wobei er sich als „Gralshüter der ‚progressiven' SS-Linie im Staats- und Verwaltungsrecht" exponierte.[2029] *Höhns* Lehre von der „Volksgemeinschaft" kann dabei auch als Versuch gedeutet werden, ein genuin nationalsozialistisches Staatsrecht zu gestalten. *Höhn* tat sich damit als Vordenker des Gemeinschaftsgedankens und überzeugter Vertreter des rassisch-völkischen Rechtsdenkens hervor. Seine extremen Positionen hoben sich in Hinblick auf Radikalität und zu vermutender Übereinstimmung mit dem Rechtsdenken der NS-Führung sogar von den Theorien anderer regimetreuer Staatsrechtslehrer ab. Kaum jemand unter den Staatsrechtslehrern war so aggressiv und weitgehend in seiner Haltung wie eben *Höhn*.

Höhns Staatsrechtslehre war dabei die Konsequenz eines ideologischen Annäherungsprozesses, der seinen Ausgangspunkt bereits vor der Machtergreifung hatte. *Höhns* inhaltlicher Ursprung lag in demselben rassistisch-nationalistischen Dunstkreis, aus dem sich auch die nationalsozialistische Weltanschauung bediente und entwickelte. Höhns organisatorischen Wurzeln lagen in der radikalen und antisemitischen völkischen Bewegung. Nach einer Findungsphase wird er zwar moderater in dem Sinne, dass rassistisches Gedankengut allenfalls im Hintergrund sichtbar wird, verbleibt aber im offen antidemokratischen Spektrum. Diese vorübergehende Entradikalisierungsprozess gipfelt in seiner wissenschaftlichen Untermauerung des bündisch geprägten „Jungdeutschen Staatsvorschlags", der sich mit seinem autoritären Führermodell und revolutionärem Impuls in der Strömung der sogenannten „Konservativen Revolution" verorten lässt. Angesichts dieser Herkunft und der herausgearbeiteten inhaltlichen Kontinuitätslinie vom „Jungdeutschen Staatsvorschlag" zur „Volksgemeinschaftslehre" können *Höhns* Anschluss an den Nationalsozialismus und seine staatsrechtliche Positionierung im Dritten Reich fast als erwartungsgemäß oder sogar konsequent bezeichnet werden. *Höhns* Ansichten waren folglich auch Ausdruck seiner inneren Überzeugungen, die er im Dritten Reich nur modifizierte und weiterentwickelte. *Höhn* steht damit auch exemplarisch dafür, dass die Akteure des antidemokratischen Denkens der Weimarer Republik, sowohl radikal-völkischer als aber gerade auch konservativ-revolutionärer Ausprägung, nicht nur eine ideologisch nützlich interpretierbare Geisteshaltung schufen, an der sich der absorptionsfreudige Nationalsozialismus bedienen konnte, sondern sogar maßgeblich daran mitbeteiligt waren, die vor der Machtergreifung erschaffenen Ideen für das NS-Regime fruchtbar zu machen. Gleichwohl erfolgte eine besonders auffällige Radikalisierung unter offenkundiger Einbeziehung eines völkischen Rassismus erst nach 1933, was bedeutet, dass neben der sicher vorhandenen weltanschaulichen Nähe zum Nationalsozialismus noch andere Motive für *Höhn* ausschlaggebend waren.

Als weiterer Grund für seine radikale Staatsrechtslehre kann vor allem ein übersteigertes Karrierestreben identifiziert werden. Radikalität sollte als Beweis für ein

2029 Stolleis, Verwaltungsrechtswissenschaft und Verwaltungslehre, S. 718, Rn. 68.

hohes Maß an System- und Ideologiekonformität dienen und somit eine wissenschaftliche und politische Karriere ermöglichen. *Höhns* Ehrgeiz dürfte gleichzeitig mitausschlaggebend für den Eintritt in die SS und seinen Werdegang im SD gewesen sein. Die Zugehörigkeit zu einer als besonders elitär und linientreu geltenden NS-Organisation war nicht zuletzt das Resultat eines aus hochfliegenden Ambitionen gespeisten Kalküls und stand in einem synergetischen Verhältnis zu seiner akademischen Tätigkeit. Insgesamt kann hier von einer wechselseitigen Beeinflussung gesprochen werden. Die organisatorische und inhaltliche Radikalität bedingten und verstärkten sich gegenseitig. *Höhns* ideologische Sozialisation in SS und SD steigerte und festigte seine extreme Staatsrechtslehre. *Höhns* Theorie wiederum profitierte von den SS-Juristen, die sie protegierten und ihr mit Hilfe des Einflusses ihrer Organisation zu Verbreitung und Gewicht verhalfen.

In gewisser Hinsicht erscheint *Höhns* Radikalität auch als Ausdruck einer Art Überkompensation. Sicher ist, dass *Höhn* aufgrund seiner Biographie vor der nationalsozialistischen Machtergreifung der Gefahr ausgesetzt war, als Opportunist und Karrierist etikettiert und damit diskreditiert zu werden. Die Kaltstellung Carl Schmitts und der Konflikt *Höhns* mit Walter Frank belegen dies eindrucksvoll und zeigen, dass die Furcht vor Intrigen keineswegs unbegründet war. Die Methode, in der Vergangenheit von internen Kontrahenten nach unnationalsozialistischen Umtrieben oder gar einer kritischen Haltung gegenüber der NS-Bewegung respektive dessen Weltanschauung zu suchen, war ein probates Mittel im NS-Funktionärsapparat, um diese auszuschalten. Insofern dürfte sich *Höhn* auch deshalb in seiner Staatsrechtslehre als besonders überzeugter Nationalsozialist geriert haben, um dem Verdacht mangelnder Linientreue und bereitwilliger eigennütziger Anpassung vorzubeugen. Die enge Anlehnung an die nationalsozialistische Ideologie sollte also nicht nur dem beruflichen Fortkommen dienen, sondern auch vor weltanschaulicher Vergangenheitserforschung durch Konkurrenten innerhalb der Bewegung schützen. Die Fälle zeigen dabei aber zugleich auch, dass selbst eine durch besonderen ideologischen Eifer forcierte Karriere im NS-Staat im Zweifel nicht ausreichend sein konnte, wenn vermeintliche Verfehlungen aus der Zeit vor 1933 aufgedeckt wurden.

Höhns ideologische Affinität zum Nationalsozialismus wird also von seinem opportunistischen Karrierestreben flankiert, wenn nicht sogar noch übertroffen. Zusammen zeichnen diese Ergebnisse das Bild eines systemtreuen Nationalsozialisten, das in Bezug auf seine Mitwirkung an der juristischen Erfassung der NS-Rechtideologie keinen Raum für Relativierungen zulässt. *Höhn* war mitverantwortlich für die Erarbeitung einer nationalsozialistischen Staatsrechtslehre mit dem Ziel, ein genuin nationalsozialistisches Staatsrecht zu schaffen, zumindest aber eine nationalsozialistische Umdeutung und Auslegung der bestehenden Verfassung zu entwickeln. Auf diese Weise sollte dem NS-Regime ein Instrument zur Verwirklichung und zugleich zur Verschleierung der politischen Ziele und zur Legitimation des eigenen Machtanspruchs geliefert werden. Gerade seine inhaltlich offene und insofern anpassungsfähige Staatsrechtslehre ließ sich besonders leicht instrumentalisieren, um damit jegliche nationalsozialistischen Bestrebungen und Anliegen abdecken zu können. Die fehlende Klarheit sowie die Ausfüllungsbedürftigkeit der von *Höhn* eingeführten Rechtsbegriffe sollten das Recht für die Nationalsozialisten verfügbar machen. *Höhn* schuf der nationalsozialistischen Führungselite eine Staatsrechtslehre, mit der sich schlechthin alles legitimieren ließ. Er war somit in besonderem Maße systemtragend.

Diese zweifelsfrei festzustellende Verantwortung beschränkt sich im Wesentlichen auf die juristische Rechtfertigung des nationalsozialistischen Unrechtsstaats, wenngleich schon die funktionelle Mitwirkung am Machtapparat und die publizistische Unterstützung des Regimes ein gewisses Maß an darüber hinausgehender Schuld und Verantwortlichkeit begründen. Im Fall *Höhns* muss dabei jedoch auch seine frühzeitige Demission vor Kriegsbeginn berücksichtigt werden, so dass der Schwerpunkt der politischen Verantwortung zeitlich begrenzt ist. Indem er am Aufbau des SD beteiligt war, hat er unmittelbar geholfen, die nationalsozialistische Herrschaft zu etablieren und die Voraussetzungen für die Errichtung eines Unrechtsstaates zu schaffen. Ob *Höhn* darüber hinaus von den Verbrechen des nationalsozialistischen Staates während des Zweiten Weltkrieges, insbesondere von der SS, gewusst hat und diese gegebenenfalls sogar begrüßt oder zumindest gebilligt hat, muss hier dahinstehen. Eine Mitwisserschaft *Höhns* ist schon allein angesichts seiner persönlichen Verbindungen zu maßgebenden Entscheidungsträgern aus der SS wie etwa *Ohlendorf*, *Stuckart* oder vor allem *Himmler* zwar sehr wahrscheinlich, lässt sich anhand der dieser Arbeit zugrunde liegenden Quellen allerdings nicht zweifelsfrei belegen. Wenngleich sich die Kenntnis *Höhns* von den Vebrechen der Nationalsozialisten nicht mit Sicherheit nachweisen lässt, so ist immerhin sicher, dass er eine rechtliche Legitimationsgrundlage für diese verbrecherischen Taten geliefert hat.

Quellen- und Literaturverzeichnis

I. Archivalien und unveröffentlichte Quellen

1. Bundesarchiv Berlin

BArch (ehem. BDC) SSO, Beyer, Justus, 16.4.1910.
BArch (ehem. BDC) SSO, Diener, Roger, 20.12.1910.
BArch (ehem. BDC) SSO, Eckhardt, Karl August, 5.3.1901.
BArch (ehem. BDC) SSO, Höhn, Reinhard, 29.7.1904.
BArch (ehem. BDC) SSO, Kobelinski, Hans, 2.6.1900.
BArch (ehem. BDC) SSO, Krüger, Herbert, 14.12.1905.
BArch (ehem. BDC) SSO, Lemmel, Herbert, 29.05.1911.
BArch DS A 18, PA Engel (REM).
BArch NS 19/3406.
BArch R 161/ 12, 16 und 17.
BArch R 43 II/913.
BArch R 43 II/ 1228.
BArch R 43 II 1136/c.
BArch R 58/550.
BArch R 58/825.
BArch R 58/ 854.
BArch R 58/ 3563.
BArch R 3101/ 32024.
BArch DS A 18, PA Engel (REM).
BArch R 43 II/913.
BArch R 1501/211313.
BArch R 4901/14307.
BArch NS 19/3406.

2. Bundesarchiv Koblenz

Nachlass Eberhard Mäding (1909–1998): BArch N 1561/1, Bl. 49
Nachlass Otto Ohlendorf (1907–1951): BArch N 1634/2; BArch N 1340; BArch N 1314/186.
Nachlass Ernst-Wolf Mommsen (1910–1979): BArch N 1300/172
Nachlass Erich Welter (1900–1982): BArch N 1314/186.

3. Militärarchiv Freiburg

BArch B 136/5965.
BArch B 122/ 8393.
BArch B 145/6171.

BArch BW 9/775.
BArch BW 9/3365.
Nachlass Friedrich Beermann (1912–1975): BArch N 597/66, Bl. 54

4. Landesarchiv Berlin:

Landesarchiv Berlin, B Rep. 057–01, Nr. 1509.

5. Landesarchiv Hannover:

Landesarchiv Hannover VVP 18, Nr. 95.

6. Universitätsarchiv Jena:

UA Jena, Bestand C, Nr. 755.
UA Jena, Bestand K, Nr. 319.

7. Universitätsarchiv Heidelberg:

UA Heidelberg, PA 764.
UA Heidelberg, PA 4245
UA Heidelberg, Rep. 27 507.
UA Heidelberg – II 852/ 41

8. Universitätsarchiv Berlin:

UA Berlin, PA Höhn 365 Bd. 1und Bd. 2.
UA Berlin, Jur. Fak. PA Höhn 515.
UA Berlin, Jur. Fak. 131, Habilitationen L.
UA Berlin, Jur. Fak., PA Lemmel 162.
UA Berlin, PA Lemmel 108.
UA Berlin, Jur. Fak., PA Lemmel 559.

9. Archiv der Behörde des Bundesbeauftragten für die Unterlagen des Staatssicherheitsdienstes der ehemaligen Deutschen Demokratischen Republik:

MfS HVA, Nr. 176, Nr. 178.
MfS ZAIG 29225.
10. Gesprächsprotokoll der Befragung Reinhard Höhns durch Anna-Maria Gräfin von Lösch vom 21. August 1993.
11. Privatarchiv Helmut Borsch.

II. Gedruckte Quellen und Literatur

1. Literatur vor 1945

Allardt, Helmut: Das deutsche Volk als Gemeinschaft. Eine kritische Wertung der deutschen Staatslehre, Berlin 1935, Zugl.: Göttingen, Univ., Diss., 1935.

Becker, Erich: Führungsordnung und Hierarchie, in: Beiträge zur Neugestaltung des Deutschen Rechts. Festgabe der Rechts- und Staatswissenschaftliche Fakultät Marburg zum 70.Geburtstag von Erich Jung, Marburg 1937, S. 12–44.

Becker, Erich: Diktatur und Führung, Tübingen 1935.

Becker, Erich: Volk und Staat in Lehre und Wirklichkeit, Berlin 1941.

Becker, Landrat von Anklam und Ueckermünde: Neugliederung der Verwaltung in organischen Führungsräumen, in: RVerwBl. 63 (1942), S. 124–128.

Best, Werner: Die Aufgaben des Ausschusses für Polizeirecht, in: Frank, Walter (u.a.) (Hrsg.): Grundfragen der deutschen Polizei : Bericht über die konstituierende Sitzung des Ausschusses für Polizeirecht der Akademie für Deutsches Recht am 11. Oktober 1936, Hamburg 1937, S. 17–20.

Beuster, Horst: Reichsbürger und Staatsangehöriger, Lübeck 1939, Berlin, Univ., Diss., 1939.

Beyer, Justus: Die Ständeideologien der Systemzeit und ihre Überwindung, Darmstadt 1941, Teilw. zugl.: Berlin, Univ., Diss., 1939.

Binder, Julius: Führerauslese in der Demokratie, Langensalza 1929.

Braußе, Hans-Bernhard: Führung und Verwaltung, in: Verwaltungsarchiv 42 (1937), S. 81–98.

Chamberlain, Houston Stewart: Die Grundlagen des neunzehnten Jahrhunderts, München 1899.

Diener, Roger: Staatsauffassung und Staatsverbrechen, Berlin 1935.

Diener, Roger: Verfassungsdenken in der Neuformung, in: Jugend und Recht, 9. Jg. Nr. 2 (1935), S. 34–35.

Deutscher Gemeindetag: Sonderheft zur Tagung der Vorstände des Deutschen Gemeindetages und seiner Landes- und Provinzialdienststellen in Berlin am 6. Juni 1936.

Eckhardt, Karl August: Max Pappenheim. Ein Nachruf, aus: Aus: Zeitschrift der Savigny-Stiftung für Rechtsgeschichte, Germanistische Abteilung 55 (1935), XIII ff.

Eckhardt, Karl August: Otto Gierke: Deutsches Privatrecht, in: DRW Band 2 (1937), S. 207 f.

Elleringmann, Rudolf: Begriff und Wesen der körperschaftlichen Selbstverwaltung. Eine die gebietskörperschaftliche Selbstverwaltung besonders berücksichtigende theoretische Grundlegung, Berlin 1936.

Fick, Luise: Die deutsche Jugendbewegung, Jena 1939, Zugl.: Berlin, Univ., Diss.

Forsthoff, Ernst: Der totale Staat, Hamburg 1933.

Forsthoff, Ernst: Von den Aufgaben der Verwaltungsrechtswissenschaft, in: DR 1935, S. 389 ff.

Frank, Hans: Die Zeit des Rechts, in: DR 1936, S. 1–3. Rede auf der Schlußkundgebung des deutschen Juristentages, in: DR 1936, S. 213–215.

Freisler, Roland: Nationalsozialistisches Recht und Rechtsdenken, Berlin 1938.

Friedl, Herbert: Gemeinde und Landkreis als organische Führungsräume, in: RVerwBl. 62 (1941), S. 550–553.

Gengenbach, Karl: Ständegedanke und Verwaltungseinheit. Reform der Staats- und Verwaltungsgrundlagen in den Plänen des Frhr. vom Stein, Ochsenfurt a.M. 1940, Heidelberg, Univ., Diss., 1940.

Gerber, Hans: Genossenschaftliche Verwaltung im nationalsozialistischen Staate, in: AöR 25 (1934), S. 81–91.

Gerber, Hans: Politische Erziehung des Beamtentums im Nationalsozialistischen Staat. Eröffnungsvortrag als Studienleiter der Verwaltungsakademie Stuttgart am 30. Oktober 1933, Tübingen 1933.

Gerber, Hans: Staatsrechtliche Grundlinien des Neuen Reiches, Tübingen 1933.

Glungler, Wilhelm: Lehre von Volk und Staat, München (u.a.) 1938.

Heckel, Johannes: Staats-, Verwaltungs- und Kirchenrecht im Dritten Reich, in: Heckel, Johannes/ Henkel, Heinrich/ Walz, Gustav Adolf./ Larenz, Karl: Berichte über die Lage und das Studium des öffentlichen Rechts, Hamburg 1935, S. 9–29.

Held, Hermann J.: Volk, Recht und Staat im Lichte deutscher Rechtserneuerung. Staats- und Rechtswissenschaftliches Denken der Gegenwart, Berlin 1935.

Harms, Richard: Führung und Verwaltung?, in: RVerwBl. 60 (1939), S. 717–720.

Hartmann, Fritz: Führer und Beamter, in: DR 1935, S. 212–214.

Helfritz, Hans: Die juristische Staatsperson, in: Archiv für Rechts- und Sozialphilosophie XXIX (1935/36), S. 82–88.

Helfritz, Hans: Otto von Gierke und die neueste Lehre von der juristischen Staatsperson, in: RVerwBl. 56 (1935), S. 485–490.

Helfritz, Hans: Rechtsstaat und nationalsozialistischer Staat, in: DJZ 7 (1934), Sp. 426–433.

Helfritz, Hans: Volk und Staat. Verfassungsgeschichte der Neuzeit, mit einem Abriß der Staatstheorien, 3. Auflage, Berlin 1938.

Hitler, Adolf: Mein Kampf, 347–348. Auflage, München 1938.

Höhn, Reinhard: Altes und neues Polizeirecht, in: Frank, Walter (u.a.) (Hrsg.): Grundfragen der deutschen Polizei: Bericht über die konstituierende Sitzung des Ausschusses für Polizeirecht der Akademie für Deutsches Recht am 11. Oktober 1936, Hamburg 1937, S. 21–33.

Höhn, Reinhard: Arthur Mahraun, der Wegweiser zur Nation. Sein politischer Weg aus seinen Reden und Aufsätzen, Rendsburg 1929.

Höhn, Reinhard: Carl Schmitt als Gegner der liberalen Politik, in: „Gegner – Für neue Einheit" vom 5. Mai 1932, S. 6–7.

Höhn, Reinhard: Das Gesetz als Akt der Führung, in: DR 1934, S. 433–435.

Höhn, Reinhard: Das Führerprinzip in der Verwaltung, in: DR 1936, S. 304–307.

Höhn, Reinhard: Das subjektive öffentliche Recht und der neue Staat, in: DRW 1 (1936), S. 49–73.

Höhn, Reinhard: Der bürgerliche Rechtsstaat und die neue Front, Berlin 1929.

Höhn, Reinhard: Der Führerbegriff im Staatsrecht, in: DR 1935, S. 296–301.

Höhn, Reinhard: Der individualistische Staatsbegriff und die juristische Staatsperson, Berlin 1935, Zugl.: Heidelberg, Univ., Jur. Hab.-Schr., 1934.

Höhn, Reinhard: Der Staat als Rechtsbegriff, in: DR 1934, S. 321–330.

Höhn, Reinhard: Der Staatsaufbau im Jungdeutschen Manifest – ein bewußtes Integrationssystem, in: Der MEISTER, 4. Jg., 5. Heft, 1929, S. 195–223.

Höhn, Reinhard: Die Gemeinde als Gebietskörperschaft, in: Jahrbuch für Kommunalwissenschaft, 2. Jg., 1935, S. 1–21.

Höhn, Reinhard: Die Juden im Staatsrecht, in: Jugend und Recht, 10. Jg. Nr. 1 (1936), S. 33–36.

Höhn, Reinhard: Die staatsrechtliche Lage, in: Volk im Werden, Bd. 2, 1934, S. 283–287.

Höhn, Reinhard: Die Wandlung im staatsrechtlichen Denken, Hamburg 1934.

Höhn, Reinhard: Die Wandlung in der Soziologie, in: Süddeutsche Monatshefte 31 (1934), S. 642–645.

Höhn, Reinhard: Führung und Verwaltung, in: Frank, Hans (Hrsg.): Deutsches Verwaltungsrecht, München 1937, § 4, S. 67–81.

Höhn, Reinhard: Nachbarschaft und wahre Demokratie, in: Der MEISTER, 4. Jg., 12. Heft, 1929, S. 536–540.

Höhn, Reinhard: Otto Koellreutter – Grundriß der Allgemeinen Staatslehre, in: JW 1934, S. 1635–1636.

Höhn, Reinhard: Otto von Gierkes Staatslehre und unsere Zeit. Zugleich eine Auseinandersetzung mit dem Rechtssystem des 19. Jahrhunderts, Hamburg 1936.

Höhn, Reinhard: Partei und Staat, in: DR 1935, S. 474 ff.

Höhn, Reinhard: Reich – Großraum – Lebensraum, in: Reich, Volksordnung, Lebensraum. Zeitschrift für völkische Verfassung und Verwaltung 2 (1942), S. 97–226.

Höhn, Reinhard: Rechtsgemeinschaft oder konkrete Gemeinschaft?, in: DR 1935, S. 233–236.

Höhn, Reinhard: Rechtsgemeinschaft und Volksgemeinschaft, Hamburg 1935.

Höhn, Reinhard: Rezension zu Franz Wilhelm Jerusalem „Das Verwaltungsrecht und der neue Staat", in: DR 1935, S. 379.

Höhn, Reinhard: Rezension zu Franz Wilhelm Jerusalem „Der Staat", in: DR 1935, S. 291.

Höhn, Reinhard: Staat und Rechtsgemeinschaft, in: Zeitschrift für die gesamte Staatswissenschaft 95 (1934/35), S. 656–690.

Höhn, Reinhard: Staatsangehöriger und Reichsbürger, in: DR 1936, S. 20–23.

Höhn, Reinhard: Staatsbürgerliche Bildsamkeit, in: Der MEISTER, 5. Jg., 10. Heft, 1930, S. 510–515.

Höhn, Reinhard: Volk, Staat und Recht, in: Höhn, Reinhard/ Maunz, Theodor/ Swoboda, Ernst (Hrsg.): Grundfragen der Rechtsauffassung, München 1938, S. 1–27.

Höhn, Reinhard: Volk und Verfassung, in: DRW 2 (1937), S. 193–218.

Höhn, Reinhard: Volksgemeinschaft und Wissenschaft, in: Süddeutsche Monatshefte 32 (1934), S. 2–7.

Höhn, Reinhard: Vom Wesen der Gemeinschaft, Berlin 1934.

Horneffer, Reinhold: Das Problem der Rechtsgeltung und der Restbestand der Weimarer Verfassung, in: Zeitschrift für die gesamte Staatswissenschaft 99 (1938/39), S. 148–178

Huber, Ernst Rudolf: „Auf dem Wege zum neuen Reiche". Bemerkungen zu den politischen Schriften von Hans Gerber, in: Zeitschrift für die gesamte Staatswissenschaft, Band 95, 1934/35, S. 545–551.

Huber, Ernst Rudolf: Bau und Gefüge des Reiches, Hamburg 1941.

Huber, Ernst Rudolf: Die deutsche Staatswissenschaft, in: Zeitschrift für die gesamte Staatswissenschaft 95 (1934/35), S. 1–60.

Huber, Ernst Rudolf: Die Einheit der Staatsgewalt, in: DJZ 39 (1934), Spalte 950–960.

Huber, Ernst Rudolf: Die genossenschaftliche Berufsordnung, in: Blätter für deutsche Philosophie 7 (1933/34), S. 293–310.

Huber, Ernst Rudolf: Einheit und Gliederung des völkischen Rechts, in: Zeitschrift für die gesamte Staatswissenschaft 98 (1937/38), S. 310–358.

Huber, Ernst Rudolf: Reichsgewalt und Reichsführung, in: Zeitschrift für die gesamte Staatswissenschaft, Band 101, 1940/41, S. 530–579.

Huber, Ernst Rudolf: Verfassung, Hamburg 1937.

Huber, Ernst Rudolf: Verfassungsrecht des Großdeutschen Reiches, 2. Auflage, Hamburg 1939.

Huber, Ernst Rudolf: Wesen und Inhalt der politischen Verfassung, Hamburg 1935.

Huber, Ernst Rudolf: Zum Begriff der Körperschaft des öffentlichen Rechts, in: RVerwBl. 61 (1940), S. 613 ff.

Hugelmann, K.G.: Der völkische Staat und der Reichsgedanke, in: DRW 5 (1940), S. 179–201.

Jerusalem, Franz Wilhelm: Gemeinschaft und Staat, Tübingen 1930.

Jerusalem, Franz Wilhelm: Das Verwaltungsrecht und der neue Staat, 1935.

Jerusalem, Franz Wilhelm: Der Staat. Ein Beitrag zur Staatslehre, Jena 1935.

Jung, Edgar J.: „Deutschland und die konservative Revolution“, in: Ders., Deutsche über Deutschland. Die Stimme des unbekannten Politikers, München 1932, S. 369–382.

Jung, Edgar J.: Die Herrschaft der Minderwertigen. Ihr Zerfall und ihre Ablösung durch ein Neues Reich, 2. Auflage, Berlin 1930.

Jung, Edgar J.: Neubelebung von Weimar?, in: Deutsche Rundschau, 59. Jg., Bd. 231, Juni 1932, S. 153–162.

Koellreutter, Otto: Deutsches Verfassungsrecht. Ein Grundriss, Berlin 1935.

Koellreutter, Otto: Deutsches Verwaltungsrecht. Ein Grundriss, Berlin 1936.

Koellreutter, Otto: Der Aufbau des deutschen Führerstaates, Berlin 1937.

Koellreutter, Otto: Der Deutsche Führerstaat, Tübingen 1934.

Koellreutter, Otto: Der nationale Rechtsstaat. Zum Wandel der deutschen Staatsidee, Tübingen 1932.

Koellreutter, Otto: Der nationale Rechtsstaat, in: DJZ 38 (1933), Sp. 517 ff.

Koellreutter, Otto: Der nationalsozialistische Rechtsstaat, Berlin 1938.

Koellreutter, Otto: Die Gestaltung der deutschen politischen Einheit. Rede gehalten bei der Reichsgründungsfeier der Universität München am 18. Januar 1934, München (u.a.) 1934.

Koellreutter, Otto: Führung und Verwaltung, Jena 1938.

Koellreutter, Otto: Grundfragen unserer Volks- und Staatsgestaltung, Berlin 1936.

Koellreutter, Otto: Grundriß der Allgemeinen Staatslehre, Tübingen 1933.

Koellreutter, Otto: Quellen des nationalsozialistischen Staatsrechts, in: Lammers, Hans Heinrich/ Pfundtner, Hans, Die Verwaltungsakademie Band 1, Berlin 1936.

Koellreutter, Otto: Volk und Staat in der Verfassungskrise, Berlin 1933.

Köhler, Ludwig von: Grundlehren des deutschen Verwaltungsrechts, 2. Auflage, Stuttgart (u.a.) 1936.

Kottenhoff, Anna: Der Staat im Recht, Heidelberg, Univ., Diss., 1940.

Köttgen, Arnold: Deutsche Verwaltung, Mannheim (u.a.) 1936.

Köttgen, Arnold: Die rechtsfähige Verwaltungseinheit. Ein Beitrag von der Lehre der mittelbaren Reichsverwaltung, Berlin 1939.

Krauss, Günther: Zum Neubau deutscher Staatslehre: Die Forschungen Carl Schmitts, in: Jugend und Recht 1936, S. 252 f.

Krieck, Ernst: Völkisch-politische Anthropologie, 2. Teil: Das Handeln und die Ordnungen, Leipzig 1937.

Krüger, Herbert: Führer und Führung, Breslau 1934.

Krupa, Hans: Genossenschaftslehre und soziologischer Pluralismus. Ein Beitrag zur Staatslehre Otto von Gierkes, in: AöR 69 (1940), S. 97–114.

Krupa, Hans: Otto von Gierke und die Probleme der Rechtsphilosophie, Breslau 1940.

Küchenhoff, Günther: Das staatsrechtliche Wesen des Dritten Reiches, in: JR 2 (1934), S. 17–20.

Küchenhoff, Günther: Führung und Verwaltung im Dritten Reich, in: DJ 1936, S. 1682 ff.

Küchenhoff, Günther: Nationaler Gemeinschaftsstaat. Volksrecht und Volksrechtsprechung Berlin (u.a.) 1934.

Küchenhoff, Günther/ Berger, Robert: Deutsche Gemeindeordnung, Berlin (u.a.) 1935.

Laforet, Wilhelm: Deutsches Verwaltungsrecht, München 1937.

Lange, Heinrich: Liberalismus, Nationalsozialismus und Bürgerliches Recht. Ein Vortrag, gehalten am 9. Mai 1933 vor der Bezirksgruppe Leipzig des Bundes Nationalsozialistischer Deutscher Juristen, Tübingen 1933.

Laun, Rudolf: Der Wandel der Ideen: Staat und Volk als Äusserung des Weltgewissens. Eine völkerrechtliche und staatsrechtliche Untersuchung auf philosophischer Grundlage, 2. Auflage, Berlin 1933.

Laun, Rudolf: Volk und Nation; Selbstbestimmung; nationale Minderheiten, in: Anschütz, Gerhard/ Thoma, Richard (Hrsg.), Handbuch des deutschen Staatsrechts, Bd. 1, Berlin 1930, S. 244–257.

Lehder, Walter: Die staatsrechtliche Stellung der Reichsstatthalter, Greifswald 1937, Zugl.: Berlin, Univ., Diss., 1937.

Lehmann, Ernst: Volksgemeinschaft aus Nachbarschaften. Eine Volkskunde des deutschen Nachbarschaftswesens, Prag (u.a.) 1944.

Lemmel, Herbert: Die Volksgemeinschaft, ihre Erfassung im werdenden Recht, Stuttgart (u.a.) 1941, Zugl.: Berlin, R.- u. staatswiss. Hab.-Schr. v. 14. Juli 1939 eingereicht u.d.T.: Die Erfassung der Gemeinschaft im lebensgesetzlichen Recht.

Liermann, Hans: Das deutsche Volk als Rechtsbegriff im Reichs-Staatsrecht der Gegenwart, Berlin (u.a.) 1927.

Lingg, Anton: Die rechtliche Stellung der Nationalsozialistischen Deutschen Arbeiterpartei, in: DR 1936, S. 28 ff.

Lingg, Anton : Die Verwaltung der Nationalsozialistischen Deutschen Arbeiterpartei, 4. Auflage, München 1941.

Lohmann, Karl: Grundsätze des neuen Gemeindeverfassungsrechts, in: Zeitschrift für die gesamte Staatswissenschaft 96 (1935), S. 483–507.

Mäding, Erhard: Die staatsrechtliche Stellung der NSDAP, Leipzig, Univ., Diss., 1936.

Markull, Fritz: Führung und Verwaltung, in: RVerwBl. 57 (1936), S. 777 ff.

Mahraun, Artur: Das Jungdeutsche Manifest. Volk gegen Kaste und Geld. Sicherung des Friedens durch Neubau der Staaten, 2. Auflage, Berlin 1928.

Mahraun, Artur: Der Aufbruch. Sinn und Zweck der Volksnationalen Reichsvereinigung, Berlin 1929.

Mahraun, Artur: Der Jungdeutsche Orden und die Parteien, in: DER MEISTER, 1. Jg., Heft 3, Januar 1926, S. 1 ff.

Mahraun, Artur: Der Weg für Deutschlands Zukunft, Kassel 1924.

Mahraun, Artur: Die neue Front. Hindenburgs Sendung, Berlin 1928.

Mahraun, Artur: Gegen getarnte Gewalten. Weg und Kampf einer Volksbewegung, Berlin 1928.

Mahraun, Artur: Wissenschaft und Jungdeutsches Manifest, in: DER MEISTER, 4. Jg., Heft 5, Februar 1929, S. 194.

Maunz, Theodor: Das Ende des subjektiven öffentlichen Rechts, in: Zeitschrift für die gesamte Staatswissenschaft 96 (1935), S. 71–111.

Maunz, Theodor: Das Verwaltungsrecht des nationalsozialistischen Staates, in: Frank, Hans (Hrsg.), Deutsches Verwaltungsrecht, München 1937, § 2, S. 27–48.

Maunz, Theodor: Der Führergedanke in der Verwaltung, in: DR 1935, S. 219–221.

Maunz, Theodor: Der Streit um die Körperschaft des öffentlichen Rechts, in: DVerwBl 1936, S. 1 ff.

Maunz, Theodor: Neue Grundlagen des Verwaltungsrechts, Hamburg 1934.

Maunz, Theodor: Staatsbegriff und Verwaltung, in: DR 1935, S. 393–397.

Merk, Walther: Vom Werden und Wesen des deutschen Rechts, Langensalza 1925.

Merk, Wilhelm: Der Staatsgedanke im Dritten Reich, Stuttgart 1935.

Messerschmidt, Hermann: Das Reich im nationalsozialistischen Weltbild, 5. Auflage, Leipzig 1940.

Messerschmidt, Hermann: Die Partei als Gemeinschaft, RVerwBl. 61 (1940), S. 603–604.

Meyer, Herbert: Recht und Volkstum. Rektoratsrede, gehalten bei der Jahresfeier der Georg August-Universität zu Göttingen am 5. Juni 1929, Göttingen 1929.

Moeller van den Bruck, Arthur: Das dritte Reich, 3. Auflage, Hamburg 1931.

Neeße, Gottfried: Das Verhältnis von Partei und Staat nach fünf Jahren nationalsozialistischer Reichsführung, in: Verwaltungsarchiv 43 (1938), S. 1–46.

Neeße, Gottfried: Der Streit um den Begriff der juristischen Person, in: RVerwBl. 57 (1936), S. 393 ff.

Neeße, Gottfried: Die Rechtsnatur der Nationalsozialistischen Deutschen Arbeiterpartei, in: Zeitschrift für die gesamte Staatswissenschaft 95 (1935), S. 709–718.

Neeße, Gottfried: Partei und Staat, Hamburg 1936.

Pfenning, Andreas: Revolution, Staatslehre und Rechtsdogmatik, in: Volk im Werden 1936, S. 62 ff.

Posse, Ernst Hans: Die politischen Kampfbünde Deutschlands, 2. Auflage, Berlin 1931.

Puetzfeld, Carl: Deutsche Rechtssymbolik, Berlin 1936.

Redelberger, Oskar: Führung und Verwaltung, in: Deutsche Verwaltung 18 (1941), S. 307 ff.

Redelberger, Oskar: NSDAP und Körperschaft des öffentlichen Rechts, in: RVerwBl. 61 (1940), S. 507 ff.

Reuß, Hermann: Die Verwaltungsgerichtsbarkeit im neuen Reich, in: JW 1935, S. 2025–2028.

Reuß, Hermann: Grundfragen der Rechtsauffassung, in: JW 1938, S. 1309 f.

Rhode, Heinz: Die juristische Person im Gemeinschaftsrecht, in: DJZ 40 (1935), Sp. 1207–1213.

Richard, Friedrich-Carl: Führung und Verwaltung, Quakenbrück 1940, Zugl.: Marburg, R.- u. staatswiss. Diss., 1940.

Rosenberg, Alfred: Der Mythus des 20. Jahrhunderts. Eine Wertung der seelisch-geistigen Gestaltenkämpfe unserer Zeit, 3. Auflage, München 1932.

Ruttke, Falk: Die Verteidigung der Rasse durch das Recht, Berlin 1939.

Sauer, Wilhelm: Schöpferisches Volkstum als national- und weltpolitisches Prinzip. Zur Klärung der rechts- und sozialphilosophischen Grundlagen der nationalsozialistischen Bewegung, Berlin 1933.

Savigny, Friedrich Carl von: System des heutigen Römischen Rechts, Bd. 1, Berlin 1840.

Schlund, Erhard: Der Jungdeutsche Orden, München 1924.

Schwarz, Franz Xaver: Führung und Verwaltung in der NSDAP, in: DR 1936, S. 299 ff.

Smend, Rudolf: Die Verschiebung der konstitutionellen Ordnung durch die Verhältniswahl, 1919, in: Ders., Staatsrechtliche Abhandlungen und andere Aufsätze, Berlin 1955, S. 60–67.

Smend, Rudolf: Verfassung und Verfassungsrecht, München (u.a.) 1928.

Schmelzeisen, Gustaf Klemens: Deutsches Recht. Einführung in die Rechtswissenschaft, Leipzig 1938.

Schmitt, Carl: Der Begriff des Politischen, 3. Ausgabe, Hamburg 1933.

Schmitt, Carl: Die geistesgeschichtliche Lage des heutigen Parlamentarismus, 2. Auflage, München (u.a.) 1926.

Schmitt, Carl: Politische Romantik, 2. Auflage, München (u.a.) 1925.

Schmitt, Carl: Staat, Bewegung, Volk. Die Dreigliederung der politischen Einheit, Hamburg 1933.

Schmitt, Carl: Verfassungslehre, München (u.a.) 1928.

Schweinichen, Otto von: Rezension von Wilhelm Merk „Der Staatsgedanke im Dritten Reich", in: Archiv für Rechts- und Sozialphilosophie XXIX (1935/36), S. 517–521.

Siebert, Wolfgang: Das Wesen der Rechtsfähigkeit privatrechtlicher Personenverbände, in: DJZ 40 (1935), S. 713–723.

Siefart, Hans-Jürgen: Die Rechtsstellung der NSDAP und die Frage der Amtshaftung, Marburg, Univ., Diss., 1939.

Spengler, Oswald: Der Untergang des Abendlandes. Umrisse einer Morphologie der Weltgeschichte, München 1919.

Stapel, Wilhelm: Volk. Untersuchungen über Volkheit und Volkstum, 4. Auflage der „Volksbürgerlichen Erziehung" von 1920, Hamburg 1942.

Stuckart, Wilhelm: Der nationalsozialistische Führerstaat im Verhältnis zur Demokratie, Diktatur und Selbstverwaltung, in: DR 1936, S. 342–349.

Stuckart, Wilhelm: Die Staatsverwaltung, in: Frank, Hans (Hrsg.), Deutsches Verwaltungsrecht, München 1937, § 7, S. 129–150.

Stuckart, Wilhelm: Partei und Staat, Wien 1938.

Ule, Carl Hermann: Herrschaft und Führung im nationalsozialistischen Reich, Berlin 1941.

Vocke, Annemarie: Grundrechte und Nationalsozialismus, Leipzig 1938, Zugl.: Heidelberg, Univ., Diss., 1937.

Von Gierke, Otto: Das deutsche Genossenschaftsrecht, Bd. II. Geschichte des deutschen Körperschaftsbegriffs, Berlin 1873.

Von Gierke, Otto: Das Wesen der menschlichen Verbände. Rede, bei Antritt des Rektorats am 15. Oktober 1902, Leipzig 1902.

Von Gierke, Otto: Deutsches Privatrecht, Bd. I: Allgemeiner Teil und Personenrecht, Leipzig 1895.

Von Gierke, Otto: Deutsches Privatrecht, Bd. II: Sachenrecht, Leipzig (u.a.) 1905.

Walz, Gustav Adolf: Artgleichheit gegen Gleichartigkeit. Die beiden Grundprobleme des Rechts, Hamburg 1938.

Walz, Gustav Adolf: Autoritärer Staat, nationaler Rechtsstaat oder völkischer Führerstaat, in: DJZ 38 (1933), Sp. 1334–1340.

Walz, Gustav Adolf: Das Ende der Zwischenverfassung. Betrachtungen zur Entstehung des nationalsozialistischen Staates, Stuttgart 1933.

Walz, Gustav Adolf: Das Verhältnis von Völkerrecht und staatlichem Recht nach nationalsozialistischer Rechtsauffassung, in: Zeitschrift für Völkerrecht XVII (1934), S. 145–154.

Walz, Gustav Adolf: Volkstum, Recht und Staat, Breslau 1937.

Weber, Werner: Die Körperschaften, Anstalten und Stiftungen des öffentlichen Rechts. Eine rechtstechnische Untersuchung ihrer gegenwärtigen Ordnung, München (u.a.) 1940.

Welczeck, Hans von: Die Überwindung der Lehre von der Gewaltenteilung durch die Grundsätze der Führung und Volksgemeinschaft, Berlin 1940, Zugl.: Berlin, Univ., Diss., 1939.

Wittich, Werner: Volk als Rechtsbegriff, in: DR 1934, S. 325–327.

Zentrale für Heimatdienst (Hrsg.): Der Geist der neuen Volksgemeinschaft. Eine Denkschrift für das deutsche Volk, Berlin 1919.

Ziegler, Leopold: Fünfundzwanzig Sätze vom Deutschen Staat, Darmstadt 1931.

2. Literatur nach 1945

Abendroth, Wolfgang: Über den Polizeiverstand, in: „Der SPIEGEL“ vom 17. Februar 1965, Nr. 8, S. 105.

Abenheim, Donald: Bundeswehr und Tradition. Die Suche nach dem gültigen Erbe der deutschen Soldaten, München 1989.

Aly, Götz: Hitlers Volksstaat. Raub, Rassenkrieg und nationaler Sozialismus, 3. Auflage, Frankfurt a.M. 2005.

Anderbrügge, Klaus: Völkisches Rechtsdenken. Zur Rechtslehre in der Zeit des Nationalsozialismus, Berlin 1978, Zugl.: Münster, Univ., Diss., 1976.

Anter, Andreas: Die Macht der Ordnung. Aspekte einer Grundkategorie des Politischen, Tübingen 2004, Zugl.: Leipzig, Univ., Habil.-Schr., 2003.

Arnold, Birgit: „Deutscher Student, es ist nicht nötig, daß Du lebst, wohl aber, daß Du Deine Pflicht gegenüber Deinem Volk erfüllst“. Gustav Adolf Scheel, Reichsstudentenführer und Gauleiter von Salzburg, in: Kißener, Michael/ Scholtyseck, Joachim (Hrsg.): Die Führer der Provinz, NS-Biographien aus Baden und Württemberg, Konstanz 1997, S. 567–594.

Aronson, Shlomo: Reinhard Heydrich und die Frühgeschichte von Gestapo und SD, Stuttgart 1971, Zugl.: Berlin, Freie Univ., Diss., 1966, u.d.T.: Aronson, Shlomo: Heydrich und die Anfänge des SD und der Gestapo, 1931–1935.

Aßmann, Jaron: Die Dissertationen an der Juristischen Fakultät zwischen 1933 und 1945, in: Schröder, Rainer/ Klopsch, Angela/ Kleibert, Kristin (Hrsg.): Die Berliner Juristische Fakultät und ihre Wissenschaftsgeschichte von 1810 bis 2010, Berlin 2011, S. 105–142.

Bader, Karl Siegfried: „Gierke, Otto Friedrich von", in: Neue Deutsche Biographie 6 (1964), S. 374–375.

Bajohr, Frank/ Wildt, Michael: Einleitung, in: Bajohr, Frank/ Wildt, Michael (Hrsg.): Volksgemeinschaft. Neue Forschungen zur Gesellschaft des Nationalsozialismus, Frankfurt a.M. 2009, S. 7–23.

Banach, Jens: Heydrichs Elite – Das Führerkorps der Sicherheitspolizei und des SD 1936–1945, Paderborn u.a. 1998, Zugl.: Hamburg, Univ., FB Geschichtswiss., Diss., 1996 u.d.T.: Banach, Jens: SS und Polizei müssen in jeder Hinsicht untadelig und vorbildlich sein.

Becker, Hartmuth: Die Parlamentarismuskritik bei Carl Schmitt und Jürgen Habermas, 2. Auflage, Berlin 2003.

Becker, Lothar: „Schritte auf einer abschüssigen Bahn". Das Archiv des öffentlichen Rechts (AöR) und die deutsche Staatsrechtswissenschaft im Dritten Reich, Tübingen 1999, Zugl.: Greifswald, Univ., Diss., 1998.

Becker, Richard: Um die Sicherung des sozialen Friedens, in: Gewerkschaftliche Monatshefte 6/1953, S. 378–380.

Beermann, Friedrich: Die Sozialdemokratie und Moltke, in: „Die Neue Gesellschaft" 6. Jg., 1959, Heft 12, S. 480–481.

Benz, Wolfgang: Partei und Staat im Dritten Reich, in: Broszat, Martin/ Möller, Horst (Hrsg.): Das Dritte Reich. Herrschaftsstruktur und Geschichte, München 1983, S. 64–82.

Berghahn, Volker Rolf: Der Stahlhelm. Bund der Frontsoldaten 1918–1935, Düsseldorf 1966.

Berghahn, Volker: Unternehmer und Politik in der Bundesrepublik, 1. Auflage, Frankfurt a.M. 1985.

Beutin, Wolfgang: „Folgen des Taktierens", Leserbrief, in: „FR" vom 19. Januar 1972, Nr. 15.

Bieding, Fritz/ Scholz, Konrad: Personalführungssysteme – Methoden und Auswirkungen, Köln 1971.

Blasius, Dirk: Carl Schmitt. Preußischer Staatsrat in Hitlers Reich, Göttingen 2001.

Boehnert, Gunnar: The Jurists in the SS-Führerkorps, 1925–1939, in: Hirschfeld, Lothar, Der „Führerstaat": Mythos und Realität, Studien zur Struktur und Politik des Dritten Reiches, Stuttgart 1981, S. 361–374

Böll, Heinrich: Leserbrief, in: „Vorwärts“ vom 27. Januar 1972.

Bollmus, Reinhard: Das Amt Rosenberg und seine Gegner. Studien zum Machtkampf im nationalsozialistischen Herrschaftssystem, Stuttgart 1970, Zugl.: Heidelberg, Univ., Diss., 1968.

Bolte, Karl Martin: Die gesellschaftliche Bedeutung des Harzburger Modells. Vortrag anläßlich der 25-Jahrfeier der Deutschen Volkswirtschaftlichen Gesellschaft e.V., Hamburg, am 29. Oktober 1971, Bad Harzburg 1972.

Boni, Manfred (u.a.): Kaderschule für das Kapital – Theorie und Praxis der Harzburger Akademie für Führungskräfte der Wirtschaft, Frankfurt a.M. 1972.

Bork, Siegfried: Mißbrauch der Sprache – Tendenzen nationalsozialistischer Sprachregelung, Bern (u.a.) 1970.

Botsch, Gideon: Der SD in Berlin-Wannsee 1937–1945. Wannsee-Institut, Institut für Staatsforschung und Gästehaus der Sicherheitspolizei und des SD, in: Haus der Wannsee-Konferenz, Gedenk- und Bildungsstätte (Hrsg.): Villenkolonien in Wannsee 1870–1945 : großbürgerliche Lebenswelt und Ort der Wannsee-Konferenz [Begleitbuch zur Ausstellung „Villenkolonien in Wannsee 1870–1945, Großbürgerliche Lebenswelt und Ort der Wannsee-Konferenz“ im Garten der Gedenk- und Bildungsstätte Haus der Wannsee-Konferenz ab 18. Juni 2000], S. 70–95.

Bracher, Karl Dietrich: Die deutsche Diktatur. Entstehung, Struktur, Folgen des Nationalsozialismus, 7. Auflage, Köln 1993.

Bremke, Horst-Wolfgang: „Lehrer vor leeren Bänken“, „Die Zeit“ vom 13. Juli 1973, Nr. 29.

Breuer, Stefan: Anatomie der konservativen Revolution, 2. Auflage, Darmstadt 1995.

Breuer, Stefan: Die radikale Rechte in Deutschland 1871–1945, Eine politische Ideengeschichte, Stuttgart 2010.

Breuer, Stefan: Die Völkischen in Deutschland – Kaiserreich und Weimarer Republik, Darmstadt 2008.

Breuer, Stefan: Ordnungen der Ungleichheit. Die deutsche Rechte im Widerstreit ihrer Ideen 1871–1945, Darmstadt 2001.

Broszat, Martin: Der Nationalsozialismus. Weltanschauung, Programmatik und Wirklichkeit, Hannover 1960.

Browder, George C.: Die Anfänge des SD. Dokumente aus der Organisationsgeschichte des Sicherheitsdienstes des Reichsführers SS, in: VfZ 27 (1979), S. 299–324.

Browder, George C.: Hitler's Enforcers. The Gestapo and the SS Security Service in the Nazi revolution, New York (u.a.) 1996.

Browder, George C.: The numerical strength of the Sicherheitsdienst des RFSS, in: Historical Social Research 28 (October 1983), S. 30–41.

Bruendel, Steffen: Die Geburt der „Volksgemeinschaft“ aus dem „Geist von 1914“ Entstehung und Wandel eines „sozialistischen“ Gesellschaftsentwurfs, in: Zeitgeschichte-online, Thema: Fronterlebnis und Nachkriegsordnung. Wirkung und Wahrnehmung des Ersten Weltkriegs, Mai 2004, URL: www.zeitgeschichte-online.de/md=EWK-Bruendel.

Bruendel, Steffen: Solidaritätsformel oder politisches Ordnungsmodell? Vom Burgfrieden zur Volksgemeinschaft in Deutschland 1914–1918, in: Pyta, Wolfram/ Kretschmann, Carsten (Hrsg.): Burgfrieden und Union sacrée. Literarische Deutungen und politische Ordnungsvorstellungen in Deutschland und Frankreich 1914–1933, München 2011, S. 33–50.

Bruendel, Steffen: Volksgemeinschaft oder Volksstaat. Die „Ideen von 1914“ und die Neuordnung Deutschlands im Ersten Weltkrieg, Berlin 2003, Zugl.: Bielefeld, Univ., Diss., 2001.

Buchheim, Hans: SS und Polizei im NS-Staat, Duisdorf bei Bonn 1964.

Buchna, Kristian: Nationale Sammlung an Rhein und Ruhr. Friedrich Middelhauve und die nordrhein-westfälische FDP 1945–1953, München 2010.

Bungert, Mario: Flucht, Verkauf und Verschleppung. Die Bestände des SPD-Parteiarchivs 1933–1945, in: Das deutsche Archivwesen und der Nationalsozialismus: 75. Deutscher Archivtag 2005 in Stuttgart ; [Tagungsdokumentationen zum Deutschen Archivtag, Band 10], Essen 2007, S. 90–100.

Cesarani, David: Adolf Eichmann – Bürokrat und Massenmörder. Biographie, Berlin 2004.

Chronik der Friedrich-Wilhelms-Universität zu Berlin 1935/36, Walter Wienert (Bearb.), Berlin ca. 1936.

Chronik der Friedrich-Wilhelms-Universität zu Berlin 1936/37, Walter Wienert (Bearb.), Berlin 1937.

Chronik der Friedrich-Wilhelms-Universität zu Berlin 1937/38, Walter Wienert (Bearb.), Berlin ca. 1938.

Conze, Eckart (u.a.): Das Amt und die Vergangenheit. Deutsche Diplomaten im Dritten Reich und der Bundesrepublik, München 2010.

Crim, Brian E.: Weimar's „Burning Question“. Situational antisemitism and the German Combat Leagues, in: Jones, Larry Eugene (Hrsg.): The German right in the Weimar Republic. Studies in the history of German conservatism, nationalism, and antisemitism, New York (u.a.) 2014, S. 194–219.

Cunis, Reimer: Besprechung von „Die vaterlandslosen Gesellen“, in: „Die neue Gesellschaft“ 12. Jg., 1965, Heft 2, S. 674 f.

Dannemann, Gerhard: Legale Revolution, Nationale Revolution. Die Staatsrechtslehre zum Umbruch von 1933, in: Böckenförde, Ernst-Wolfgang (Hrsg.): Staatsrecht und Staatsrechtslehre im Dritten Reich, Heidelberg 1985, S. 3–22.

Deckstein, Dagmar: Ein Lehrer für 600 000 Manager, in: „Süddeutsche Zeitung" vom 22. Mai 2000, Nr. 116.

Derschka, Peter: Politur eines Oldtimers, in: Manager-Magazin 11/1983, S. 174–181

Derschka, Peter: Ritual und Ratio, in: Manager-Magazin 10/1979, S. 101–104.

Deutsche Volkswirtschaftliche Gesellschaft (Hrsg.): Ausbildungsstätte für mündige Wirtschaftsbürger – eine Gegendarstellung, in: Harzburger Hefte 1972, Heft 1–2, S. 37–42.

Deutsche Volkswirtschaftliche Gesellschaft (Hrsg.): Befragung, in: Harzburger Hefte 1962, Heft 1, S. 192.

Deutsche Volkswirtschaftliche Gesellschaft (Hrsg.): Bericht über die Tätigkeit der DVG 1955–1971, Bad Harzburg.

Deutsche Volkswirtschaftliche Gesellschaft (Hrsg.): Gegendarstellung, in: „Metall" 25–26/71, S. 13.

Deutsche Volkswirtschaftliche Gesellschaft (Hrsg.): Gegendarstellung, in: „Metall" 2/72, S.15.

Deutsche Volkswirtschaftliche Gesellschaft (Hrsg.): In eigener Sache, in: Harzburger Hefte 1972, Heft 1–2, S. 37–39.

Deutsche Volkswirtschaftliche Gesellschaft (Hrsg.): In eigener Sache, in: Harzburger Hefte 1972, Heft 1–2, S. 40.

Deutsche Volkswirtschaftliche Gesellschaft (Hrsg.): Mitteilung, in: Harzburger Hefte 1962–1973, Bad Harzburg.

Deutsche Volkswirtschaftliche Gesellschaft (Hrsg.): Nochmals – Schmiede der Elite, in: „Vorwärts" vom 6. Januar 1972.

Die deutsche Jugendbewegung 1920 bis 1933. Die bündische Zeit, hrsg. im Auftrag des „Gemeinschaftswerkes Archiv und Dokumentation der Jugendbewegung" von Werner Kindt, Düsseldorf u.a. 1974.

Die Hassell-Tagebücher 1938–1944. Aufzeichnungen vom andern Deutschland. Ulrich von Hassell, Unter Mitarbeit von Klaus Peter Reiß hrsg. von Friedrich Hiller von Gaertringen, Nach d. Handschr. rev. und erw. Ausg., Berlin 1988.

Dilcher, Gerhard: Genossenschaftstheorie und Sozialrecht: ein „Juristensozialismus" Otto von Gierkes?, in: Quaderni Fiorentini per la storia del pensiero giuridico moderno 3/4 (1974/75), S. 319–365.

Dierker, Wolfgang: Himmlers Glaubenskrieger. Der Sicherheitsdienst der SS und seine Religionspolitik 1933–1941, Paderborn (u.a.) 2002, Zugl.: Bonn, Univ., Diss., 2000 u.d.T.: Dierker, Wolfgang: Die Religionspolitik des SD. Studien zur Ideologie und Praxis des Sicherheitsdienstes des Reichsführers SS.

Ditt, Thomas: „Stoßtruppfakultät Breslau". Rechtswissenschaft im „Grenzland Schlesien" 1933–1945, Tübingen 2011, Zugl.: Frankfurt am Main, Univ., Diss., 2009.

Doerries, Reinhard R.: Hitler's Intelligence Chief. Walter Schellenberg, New York 2009. Döscher, Hans-Jürgen: SS und Auswärtiges Amt im Dritten Reich. Diplomatie im Schatten der „Endlösung", Frankfurt a.M. (u.a.) 1991, Zugl.: Hamburg, Univ., Diss., 1985 u.d.T.: Döscher, Hans-Jürgen: SS und Auswärtiges Amt im NS-Herrschaftssystem.

Dreier, Horst: Die deutsche Staatsrechtslehre in der Zeit des Nationalsozialismus, in: VVDStRL 60, 2001, S. 9–72.

Dupeux, Louis: Die Intellektuellen der „Konservativen Revolution" und ihr Einfluss zur Zeit der Weimarer Republik, in: Schmitz, Walter/ Vollnhals, Clemens: Völkische Bewegung – Konservative Revolution – Nationalsozialismus, Aspekte einer politisierten Kultur, Dresden 2005, S. 3–19.

Dupeux, Louis: „Kulturpessimismus", Konservative Revolution und Modernität, in: Gangl, Manfred/ Raulet, Gérard (Hrsg.): Intellektuellendiskurse in der Weimarer Republik. Zur politischen Kultur einer Gemengelage, Frankfurt a.M. (u.a.) 1994, S. 411–424.

Dupeux, Louis: „Nationalbolschewismus" in Deutschland 1919–1930. Kommunistische Strategie und konservative Dynamik, München 1985, Zugl.: Paris, Univ. de Paris I, Habil.-Schr., 1974.

Durner, Wolfgang: Antiparlamentarismus in Deutschland, Würzburg 1997, Zugl.: München, Univ., Diss., 1995.

Dyk, Silke/ Schauer, Alexandra: „...daß die offizielle Soziologie versagt hat". Zur Soziologie im Nationalsozialismus, der Geschichte ihrer Aufarbeitung und der Rolle der DGS, Essen 2010.

Eisenmann, Hans: Zeitgemäßer Führungsstil in der Landwirtschafts- und Forstverwaltung Bayerns, in: Aspekte des Fortschritts in Staat, Wirtschaft und Gesellschaft, Festschrift für Reinhard Höhn zum 20jährigen Bestehen der Akademie für Führungskräfte der Wirtschaft, Bad Harburg 1976, S. 93–98.

Engelmann, Bernt: Lehrkörper von Bad Harzburg, Manch ein Bock wurde zum Gärtner gemacht, in: „Metall" 25–26/71, S. 13.

Engelmann, Bernt: Management „nach Art des Hauses", in: „Berliner Extra-Dienst" vom 4. Dezember 1971, Nr. 96.

Engelmann, Bernt: Schmiede der Elite: Wo Bosse kommandieren lernen, in: „Vorwärts" vom 9. Dezember 1971.

Engelmann, Bernt: So wird man General-Direktor, in: „Metall" 24/71, S. 13 f.

Engelmann, Bernt: „Sozialdemokraten decken Himmler Freund: Wie lange noch?", in: „Vorwärts" vom 13. Januar 1972.

Engelmann, Bernt/ Moneta, Jakob/ Böll, Heinrich (Hrsg.): Harzburger Front 1972? Dokumentation des PDA (Pressedient Demokratische Aktion, München), München 1972.

Falter, Jürgen: Die „Märzgefallenen“ von 1933. Neue Forschungsergebnisse zum sozialen Wandel innerhalb der NSDAP-Mitgliedschaft während der Machtergreifungsphase, in: Geschichte und Gesellschaft 24 (1998), S. 595–616.

Faulenbach, Bernd: Die deutsche Sozialdemokratie. Von der Reformeuphorie zur Neuen Unübersichtlichkeit. Die SPD 1969–1982, Bonn 2011.

Fontaine, Ulrike: Max Grünhut (1893–1964). Leben und wissenschaftliches Wirken eines deutschen Strafrechtlers jüdischer Herkunft, Frankfurt a.M. (u.a.) 1998, Zugl.: Göttingen, Univ., Diss., 1997.

Fraenkel, Ernst: Der Doppelstaat, Frankfurt a.M. (u.a.) 1974.

Frei, Norbert: Karrieren im Zwielicht. Hitlers Eliten nach 1945, Frankfurt a.M. (u.a.) 2001. „Volksgemeinschaft“. Erfahrungsgeschichte und Lebenswirklichkeit der Hitler-Zeit, in: ders., 1945 und wir. Das Dritte Reich im Bewusstsein der Deutschen, München 2005, S. 107–128.

Freilinger, Christian: Harzburger Modell – Konzeption des „Goldenen Mittelweges“?, in: Aspekte des Fortschritts in Staat, Wirtschaft und Gesellschaft, Festschrift für Reinhard Höhn zum 20jährigen Bestehen der Akademie für Führungskräfte der Wirtschaft, Bad Harzburg 1976, S. 121–130.

Friedrich, Manfred: Die Grundlagendiskussion in der Weimarer Staatsrechtslehre, in: Politische Vierteljahresschrift 13 (1972), S. 582–598.

Friedrich, Manfred: Geschichte der deutschen Staatsrechtswissenschaft, Berlin 1997.

Frotsch, Werner/Pieroth, Bodo: Verfassungsgeschichte, 6. Auflage, München 2007.

Fuhrmann, Horst: „Sind eben alles Menschen gewesen“. Gelehrtenleben im 19. und 20. Jahrhundert – Dargestellt am Beispiel der Monumenta Germaniae Historica und ihrer Mitarbeiter, München 1996.

Geiger, Cornelia: Die Rechtsstellung der NSDAP und ihrer Gliederungen HJ, SA und SS, in: Böckenförde, Ernst-Wolfgang (Hrsg.): Staatsrecht und Staatsrechtslehre im Dritten Reich, Heidelberg 1985, S. 147–166.

Gernhuber, Joachim: „Das völkische Recht“. Ein Beitrag zur Rechtstheorie des Nationalsozialismus, in: Tübinger Festschrift für Eduard Kern, Tübingen 1968, S. 167–200.

Gerstenberger, Heide: Der revolutionäre Konservativismus. Ein Beitrag zur Analyse des Liberalismus, Berlin 1969, Ersch. auch als Göttingen, Wirtschafts- u. sozialwiss. Diss., 1968.

Gerster, Florian: Zwischen Pazifismus und Verteidigung. Die Sicherheitspolitik der SPD, 1. Auflage, Baden-Baden 1994.

Gerwarth, Robert: Reinhard Heydrich. Biographie, 1. Auflage, München 2011.

Glahe, Werner: Ist das Harzburger Modell verstaubt?, in: Plus 6 (1972), Nr. 4, S. 43 ff.

Göppinger, Horst: Juristen jüdischer Abstammung im „Dritten Reich“. Entrechtung und Verfolgung, 2. Auflage, München 1990.

Götz, Norbert: Ungleiche Geschwister. Die Konstruktion von nationalsozialistischer Volksgemeinschaft und schwedischem Volksheim, Baden-Baden 2001, Zugl.: Berlin, Humboldt-Univ., Diss., 2000.

Götz, Norbert: Volksgemeinschaft im synchronen und diachronen Vergleich, in: Schmiechen-Ackermann, Detlev (Hrsg.): „Volksgemeinschaft". Mythos, wirkungsmächtige soziale Verheißung oder soziale Realität im „Dritten Reich"?, Paderborn (u.a.) 2012, S. 55–68.

Grebing, Helga: Der Nationalsozialismus: Ursprung und Wesen, 7. Auflage, München 1959.

Grimm, Dieter: Die „Neue Rechtswissenschaft", in: Lundgreen, Peter (Hrsg.): Wissenschaft im Dritten Reich, Frankfurt a.M. 1985, S. 31–54.

Grimm, Dieter: Recht und Staat der bürgerlichen Gesellschaft, Frankfurt a.M. 1987.

Groh, Kathrin: Demokratische Staatsrechtslehrer in der Weimarer Republik. Von der konstitutionellen Staatsrechtslehre zur Theorie des modernen demokratischen Verfassungsstaates, Tübingen 2010.

Gross, Raphael: Politische Polykratie 1936. Die Gestapo-Akte Carl Schmitt, in: Tel Aviver Jahrbuch für Deutsche Geschichte, Göttingen 1994.

Grothe, Ewald: „Strengste Zurückhaltung und unbedingter Takt". Der Verfassungshistoriker Ernst Rudolf Huber und die NS-Vergangenheit, in: Eva Schumann (Hrsg.): Kontinuitäten und Zäsuren. Rechtswissenschaft und Justiz im „Dritten Reich" und in der Nachkriegszeit, Göttingen 2008, S. 327–348.

Grothe, Ewald: Zwischen Geschichte und Recht. Deutsche Verfassungsgeschichtsschreibung 1900–1970, München 2005.

Gruchmann, Lothar: Justiz im Dritten Reich 1933–1940. Anpassung und Unterwerfung in der Ära Gürtner, München 1988.

Grundschriften der deutschen Jugendbewegung, hrsg. im Auftrag des „Gemeinschaftswerkes Dokumentation der Jugendbewegung" von Werner Kindt, Düsseldorf u.a. 1963.

Grüttner, Michael: Biographisches Lexikon zur nationalsozialistischen Wissenschaftspolitik, Heidelberg 2004.

Guserl, Richard: Konfrontation mit Harzburg, in: Betriebswirtschafts-Magazin 24/1972.

Guserl, Richard/ Hofmann, Michael: Das Harzburger Modell – Idee und Wirklichkeit, Wiesbaden 1973.

Guserl, Richard/ Hofmann, Michael: Harzburger Modell: Bürokratie statt Kooperation, in: Manager-Magazin 2/1972, S. 60–65.

Guserl, Richard/ Hofmann, Michael: Modell-Kritik: Kampf um Harzburg, in: Manager-Magazin 7/1972, S. 52–55.

Hachmeister, Lutz: Der Gegnerforscher – Die Karriere des SS-Führers Franz Alfred Six, München 1998.

Hachmeister, Lutz: Die Rolle des SD-Personals in der Nachkriegszeit. Zur nationalsozialistischen Durchdringung der Bundesrepublik, in: Wildt, Michael (Hrsg.): Nachrichtendienst, politische Elite, Mordeinheit. Der Sicherheitsdienst des Reichsführers SS, Hamburg 2003, S. 347–369.

Hachtmann, Rüdiger: „Volksgemeinschaftliche Dienstleister"? Anmerkung zu Selbstverständnis und Funktion der Deutschen Arbeitsfront und der NS-Gemeinschaft „Kraft durch Freude", in: Schmiechen-Ackermann, Detlev (Hrsg.): „Volksgemeinschaft". Mythos, wirkungsmächtige soziale Verheißung oder soziale Realität im „Dritten Reich"?, Paderborn (u.a.) 2012, S. 111–134.

Harder, Hans-Joachim/ Wiggershaus, Norbert: Tradition und Reform in den Aufbaujahren der Bunderwehr, Herford (u.a.) 1985.

Heiber, Helmut: Universität unterm Hakenkreuz, München (u.a.) 1991–1994.

Heiber, Helmut: Walter Frank und sein Reichsinstitut für Geschichte des neuen Deutschlands, Stuttgart 1966.

Heiber Helmut/ Von Kotze Hildegard (Hrsg.): Facsimile Querschnitt durch das Schwarze Korps, München 1968.

Heiss, Klaus: Der dezentralisierte Entlastungsbeweis und die Versuche seiner Überwindung, München Univ. Diss. 1969.

Hellfeld, Matthias: Bündische Jugend und Hitlerjugend. Zur Geschichte von Anpassung und Widerstand 1930–1939, Köln 1987, Zugl.: Köln, Univ., Diss., 1985.

Herbert, Ulrich: Best. Biographische Studien über Radikalismus, Weltanschauung und Vernunft, 2. Auflage, Bonn 1996, Teilw. zugl.: Hagen, Fernuniv., Habil.-Schr., 1992.

Hering, Rainer: „Parteien vergehen, aber das deutsche Volk muß weiterleben." Die Ideologie der Überparteilichkeit als wichtiges Element der politischen Kultur im Kaiserreich und in der Weimarer Republik, in: Schmitz, Walter/ Vollnhals, Clemens:Völkische Bewegung – Konservative Revolution – Nationalsozialismus, Aspekte einer politisierten Kultur, Dresden 2005, S. 33–44.

Hermand, Jost: Der alte Traum vom neuen Reich. Völkische Utopien und Nationalsozialismus, Frankfurt a.M. 1988.

Heß, Jürgen C.: „Das ganze Deutschland soll es sein". Demokratischer Nationalismus in der Weimarer Republik am Beispiel der Deutschen Demokratischen Partei, Stuttgart 1978.

Hickel, Rudolf: Eine Kaderschmiede bundesrepublikanischer Restauration. Ideologie und Praxis der Harzburger Akademie für Führungskräfte der Wirtschaft, in: Greiffenhagen, Martin (Hrsg.): Der neue Konservatismus der siebziger Jahre, Reinbek 1974, S. 108–154.

Hilger, Susanne: „Amerikanisierung" deutscher Unternehmen. Wettbewerbspolitik und Unternehmenspolitik bei Henkel, Siemens und Daimler-Benz (1945/49–1975), Stuttgart 2004.

Hille, Johann Mahraun. Der Pionier des Arbeitsdienstes, Leipzig 1933.

Höhn, Reinhard: 10 Jahre Stabsarbeit für die Wirtschaft. Aufbau und Entwicklung der Akademie für Führungskräfte der Wirtschaft (1956–1966), in: Harzburger Hefte, Bd. 9, Heft 3, 1966, S. 135–144.

Höhn, Reinhard: Der mißverstandene Professor, in: Manager-Magazin 2/1972, S. 63.

Höhn, Reinhard: Die Führung mit Stäben in der Wirtschaft, 2. Auflage, Bad Harzburg 1970.

Höhn, Reinhard: Führungsbrevier der Wirtschaft, 12. Auflage, Bad Harzburg 1986.

Höhn, Reinhard: Sozialismus und Heer. Heer und Krieg im Bild des Sozialismus, Bd. 1, Bad Homburg (u.a.) 1959.

Höhn, Reinhard: Stabsarbeit und Delegation, in: „Die neue Gesellschaft" 1966, 13. Jg., Heft 5, S. 414 f.

Höhn, Reinhard: Stellenbeschreibung und Führungsanweisung. Die organisatorische Aufgabe moderner Unternehmensführung, 9. Auflage, Bad Harzburg 1976.

Höhn, Reinhard: Wie man einen Betrieb leitet – Der Chef kann nicht alles wissen, in: „Die Zeit" vom 17. März 1961, Nr. 12.

Höhn, Reinhard/ Böhme, Gisela: Der Weg zu Delegation von Verantwortung im Unternehmen. Ein Stufenplan, 4. Auflage, Bad Harzburg 1973.

Höhn, Reinhard/ Freilinger, Christian: Moderner Führungsstil in der Forstwirtschaft, Bad Harzburg 1974.

Höhne, Heinz: Der Orden unter dem Totenkopf. Die Geschichte der SS, Gütersloh 1967.

Hornung, Klaus: Der Jungdeutsche Orden, Düsseldorf 1958.

Hoßfeld, Uwe: „Kämpferische Wissenschaft". Zum Profilwandel der Jenaer Universität im Nationalsozialismus, in: Hoßfeldt, Uwe (u.a.) (Hrsg.), „Kämpferische Wissenschaft": Studien zur Universität Jena im Nationalsozialismus, Köln (u.a.) 2003, S. 23–121.

Howind, Sascha: Der faschistische Einheitstrick. Die Suggestion von Einheit und Gleichheit in der nationalsozialistischen „Volksgemeinschaft", in: Brunner, Markus (u.a.) (Hrsg.): Volksgemeinschaft, Täterschaft und Antisemitismus. Beiträge zur psychoanalytischen Sozialpsychologie des Nationalsozialismus und seiner Nachwirkungen, Gießen 2011, S. 111–134.

Hueck, Ingo: „Sphere of Influence" and „Völkisch" Legal Thought: Reinhard Höhn's Notion of Europe, in: Joerges, Christian/ Singh Ghaleigh, Navraj: Darker Legacies of Law in Europe: The Shadow of National Socialism and Fascism over Europe and its Legal Traditions, Oxford (u.a.) 2003, S. 73–74.

Hufenreuter, Gregor: Völkisch-religiöse Strömungen in Deutschland, in: Puschner, Uwe/ Vollnhals, Clemens (Hrsg.): Die völkisch-religiöse Bewegung im Nationalsozialismus, Göttingen 2012, S. 219–233.

Hünemörder, Olaf: Otto Koellreutter (1883–1972) und Reinhard Höhn (1904–2000). Auf glattem Eis, in: Lingelbach, Gerhard (Hrsg.): Rechtsgelehrte der Universität Jena aus vier Jahrhunderten, Jena (u.a.) 2012, S. 261–280.

Janka, Franz: Die braune Gesellschaft. Ein Volk wird formatiert, Stuttgart 1997, Erw. zugl.: Regensburg, Univ., Diss., 1993.

Jasch, Hans-Christian: Die Gründung der Internationalen Akademie für Verwaltungswissenschaften im Jahr 1942, in: DÖV 2005, S. 709–721.

Jasch, Hans-Christian: Staatssekretär Wilhelm Stuckart und die Judenpolitik. Der Mythos von der sauberen Verwaltung, München 2012, Zugl.: Berlin, Humboldt-Univ., Diss., 2009 u.d.T.: Jasch, Hans-Christian: Die Regelung des Rassenwahns, der Staatssekretär im Reichsministerium des Innern Dr. Wilhelm Stuckart (1902–1953); eine biographische Skizze zur Mitwirkung der Innenverwaltung an der Entrechtung, Ausgrenzung und Vernichtung der Juden im Dritten Reich.

Jovy, Michael: Jugendbewegung und Nationalsozialismus. Zusammenhänge und Gegensätze, Münster 1984, Zugl.: Köln, Univ., Diss., 1952.

Jung, Walter: Deutschvölkischer Schutz- und Trutzbund (DVSTB), in: Historisches Lexikon Bayerns, URL: <http://www.historisches-lexikon-bayerns.de/artikel/artikel_44476> (21.01.2011).

Jungblut, Michael: Hartes Training für weiche Sessel, in: „Die Zeit“ vom 29. März 1968, Nr. 13.

Jungcurt, Uta: Alldeutscher Extremismus in der Weimarer Republik. Denken und Handeln einer einflussreichen bürgerlichen Minderheit, Berlin (u.a.) 2016.

Jürgens, Martin: Staat und Reich bei Ernst Rudolf Huber. Sein Leben und Werk bis 1945 aus rechtsgeschichtlicher Sicht, Frankfurt 2005, Zugl.: Heidelberg, Univ., Diss., 2004.

Kägi, Werner: Die Verfassung als rechtliche Grundordnung des Staates -Untersuchungen über die Entwicklungstendenzen im modernen Verfassungsrecht, Darmstadt 1971.

Kahlenberg, Harald: „Merk, Wilhelm“, in: Neue Deutsche Biographie 17 (1994), S. 142.

Kalbhen, Uwe: Die NS-Rechtstheorie als Herrschaftsideologie. Logische Struktur und soziale Funktion naturrechtlicher Konstruktionen im Nationalsozialismus, Heidelberg, Univ., Diss., 1969.

Kalkbrenner, Helmut: Die Staatslehre Artur Mahrauns. Sicherung des Friedens in Freiheit durch direkte Demokratie, München 1986.

Kater, Michael H.: Das „Ahnenerbe" der SS 1935–1945. Ein Beitrag zur Kulturpolitik des Dritten Reichs, 3. Auflage, München 2001, Zugl.: Heidelberg, Univ., Diss., 1966.

Kater, Michael H.: Die nationalsozialistische Machtergreifung an den deutschen Hochschulen. Zum politischen Verhalten akademischer Lehrer bis 1939, in: Vogel, Hans-Jochen (Hrsg.): Die Freiheit der anderen. Festschrift für Martin Hirsch, Baden-Baden 1981, S. 49–75.

Katzler, Hubert von: 25 Jahre Deutsche Volkswirtschaftliche Gesellschaft e.V., in: Harzburger Hefte 1971, Heft 6, S. 382.

Katzler, Hubert von: Eröffnungsansprache zur 10-Jahres-Feier der Harzburger Akademie für Führungskräfte, in: Harzburger Hefte 1966, Heft 4, S. 212.

Karst, Heinz/ Beermann, Friedrich/ Grosse, Franz: Menschenführung, Personalauslese, Technik in Wirtschaft und Armee (Lebendige Wirtschaft 1954, Band 4), Darmstadt 1954.

Kershaw, Ian: „Volksgemeinschaft". Potenzial und Grenzen eines neuen Forschungskonzepts, in: VfZ 59 (2011), S. 1–17.

Kessler, Alexander: Der Jungdeutsche Orden in den Jahren der Entscheidung 1928–1930 (I), München 1974.

Kessler, Alexander: Der Jungdeutsche Orden in den Jahren der Entscheidung 1931–1933 (II), München 1976.

Kessler, Alexander: Der Jungdeutsche Orden auf dem Wege zur Deutschen Staatspartei 1928–1930, München 1981.

Kieser, Alfred: Organisationstheorien, 6. Auflage, Stuttgart 2006.

Kirchheimer, Otto: Die Rechtsordnung des Nationalsozialismus, in: Dubiel, Helmut/ Söllner, Alfons (Hrsg.): Wirtschaft, Recht und Staat im Nationalsozialismus, Frankfurt a.M. 1981, S. 315–336.

Kirschenmann, Dietrich: „Gesetz" im Staatsrecht und in der Staatsrechtslehre des NS, Berlin 1970, Zugl.: Tübingen, Univ., Diss., 1969/70.

Kittel, Manfred: Republikanischer oder völkischer Nationalismus? Die Folgen siegreicher Union sacrée und unvollendeter Volksgemeinschaft für die politische Kultur Frankreichs und Deutschlands (1918–1933/36), in: Pyta, Wolfram/ Kretschmann, Carsten (Hrsg.): Burgfrieden und Union sacrée. Literarische Deutungen und politische Ordnungsvorstellungen in Deutschland und Frankreich 1914–1933, München 2011, S. 109–140.

Klee, Ernst: Das Personenlexikon zum Dritten Reich. Wer war was vor und nach 1945, Frankfurt a.M. 2003.

Kleinschmidt, Christian: Der produktive Blick. Wahrnehmung amerikanischer und japanischer Management- und Produktionsmethoden durch deutsche Unternehmer 1950–1985, Berlin 2002, Teilw. zugl.: Bochum, Univ., Habil.-Schr., 1999.

Klemperer, Victor: Konservative Bewegungen zwischen Kaiserreich und Nationalsozialismus, München (u.a.) 1962.

Kley, Stefan: Hitler, Ribbentrop und die Entfesselung des Zweiten Weltkriegs, Paderborn (u.a.) 1996.

Klingemann, Carsten: Wissenschaftsanspruch und Weltanschauung. Soziologie an der Universität Jena 1933 bis 1945, in: Hoßfeldt, Uwe (u.a.) (Hrsg.), „Kämpferische Wissenschaft“: Studien zur Universität Jena im Nationalsozialismus, Köln (u.a.) 2003, S. 679–722.

Klingemann, Carsten: Soziologie im Dritten Reich, Baden-Baden 1996.

Klingemann, Carsten: Soziologie und Politik. Sozialwissenschaftliches Expertenwissen im Dritten Reich und in der frühen westdeutschen Nachkriegszeit, 1. Auflage, Wiesbaden 2009.

Klingemann, Carsten: Ursachenanalyse und ethnopolitische Gegenstrategie zum Landarbeitermangel in den Ostgebieten: Max Weber, das Institut für Staatsforschung und der Reichsführer SS, in: Jahrbuch für Soziologiegeschichte 1994, Opladen 1996, S. 191–203.

Klippel, Diethelm: Subjektives Recht und germanisch-deutscher Rechtsgedanke in der Zeit des Nationalsozialismus, in: Rückert, Joachim/ Willoweit, Dietmar (Hrsg.): Die deutsche Rechtsgeschichte in der NS-Zeit. Ihre Vorgeschichte und ihre Nachwirkungen, Tübingen 1995, S. 31–54.

Kneip, Rudolf: Jugend der Weimarer Republik. Handbuch der Jugendverbände 1919–1938, Frankfurt a.M. 1974.

Korioth, Stefan: Integration und Bundesstaat. Ein Beitrag zur Staats- und Verfassungslehre Rudolf Smends, Berlin 1990, Teilw. zugl.: Bonn, Univ., Diss., 1990.

Koehl, Robert Lewis: The Black Corps. The structure and the power struggles of the Nazi SS, Madison (u.a.) 1983.

Koenen, Andreas: Der Fall Carl Schmitt. Sein Aufstieg zum „Kronjuristen des Dritten Reichs“ Darmstadt 1995, Zugl.: Münster (Westfalen), Univ., Diss., 1994.

Kötschau, Karl: Rückblick, in: Harzburger Hefte 1967, Heft 1, S. 44.

König, René: Die alten Geister kehren wieder. Helmuth Plessner zum 90. Geburtstag am 4. September 1982, in: Kölner Zeitschrift für Soziologie und Sozialpsychologie 34 (1982), S. 538–548.

Kogon, Eugen: Der SS-Staat. Das System der deutschen Konzentrationslager, 10. Auflage, München 1979.

Kopke, Christoph: Ernst Krieck, in: Benz, Wolfgang (Hrsg.): Handbuch des Antisemitismus. Judenfeindschaft in Geschichte und Gegenwart. Band 2/1 Personen A-K, Berlin 2009, S. 438–439.

Kroeschell, Karl: Führer, Gefolgschaft und Treue, in: Rückert, Joachim/ Willoweit, Dietmar, Die deutsche Rechtsgeschichte in der NS-Zeit – Ihre Vorgeschichte und ihre Nachwirkungen, Tübingen 1995, S. 55–76.

Krockow, Christian Graf von: Zur Analyse autoritärer Parlamentarismuskritik, in: Aus Politik und Zeitgeschichte 49 (1969), S. 39–47.

Krüger, Dieter: Das Amt Blank. Die schwierige Gründung des Bundesministeriums für Verteidigung, 1. Auflage, Freiburg 1993.

Kudlien, Fridolf: Fürsorge und Rigorismus. Überlegungen zur ärztlichen Normaltätigkeit im Dritten Reich, in: Frei, Norbert (Hrsg.): Medizin und Gesundheitspolitik in der NS-Zeit, München 1991, S. 99–111.

Küttner, Hans-Hellmuth: Die Weimarer Republik in der Klammer von Rechts- und Linksextremismus, in: Bracher, Karl Dietrich/ Funke, Manfred/ Jacobsen, Hans-Adolf (Hrsg.): Die Weimarer Republik 1918–1933. Politik, Wirtschaft, Gesellschaft, Bonn 1988, S. 387–406.

Laqueur, Walter: Die deutsche Jugendbewegung. Eine historische Studie, 2. unveränderte Auflage, Köln 1983.

Lauermann, Manfred: Begriffsmagie. „Positionen und Begriffe" als Kontinuitätsbehauptung – Bemerkungen anlässlich der Neuauflage 1988, in: Flickinger, Hans-Georg (Hrsg.), Autonomie des Politischen. Carl Schmitts Kampf um einen beschädigten Begriff, Weinheim 1990, S. 97–127.

Laux, Eberhard: Führung und Verwaltung in der Rechtslehre des Nationalsozialismus, in: Rebentisch, Dieter/ Teppe, Karl (Hrsg.): Verwaltung contra Menschenführung im Staat Hitlers, Studien zum politisch-administrativen System, Göttingen 1986, S. 33–64.

Leibholz, Gerhard: Strukturprobleme der Demokratie, 3. Auflage, Kronberg 1975.

Lenk, Kurt: Deutscher Konservativismus, Frankfurt a.M. (u.a.) 1989.

Lepsius, Oliver: Die gegensatzaufhebende Begriffsbildung. Methodenentwicklung in der Weimarer Republik und ihr Verhältnis zur Ideologisierung der Rechtswissenschaft im Nationalsozialismus, München 1994, Zugl.: München, Univ., Diss., 1992–1993.

Lepsius, Oliver: Personengebundene oder strukturorientierte Bewertungskriterien für juristisches Verhalten im Nationalsozialismus, in: Nehlsen, Hermann/ Bruhn, Georg (Hrsg.): Münchener rechtshistorische Studien zum Nationalsozialismus, Frankfurt a.M. 1996, S. 63–102.

Lepsius, Oliver: Staatstheorie und Demokratiebegriff in der Weimarer Republik, in: Gusy, Christoph (Hrsg.): Demokratisches Denken in der Weimarer Republik (Interdisziplinäre Studien zu Recht und Staat 16), Baden-Baden 2000, S. 366–414.

Lhotta, Roland: Rudolf Smend und die Weimarer Demokratiediskussion: Integration als Philosophie des „Als-ob", in: Gusy, Christoph (Hrsg.): Demokratisches Denken in der Weimarer Republik (Interdisziplinäre Studien zu Recht und Staat 16), Baden-Baden 2000, 286–325.

Liebs, Hartmut A.: Habilitationen in der Zeit des Nationalsozialismus. Eine Untersuchung der Habilitationsverfahren an der Juristischen Fakultät der Friedrich-Wilhelms-Universität zu Berlin von 1933 bis 1945, in: Schröder, Rainer/ Klopsch, Angela/ Kleibert, Kristin (Hrsg.): Die Berliner Juristische Fakultät und ihre Wissenschaftsgeschichte von 1810 bis 2010, Berlin 2011, S. 215–244.

Limperg, Bettina: Personelle Veränderungen in der Staatsrechtslehre und ihre neue Situation nach der Machtergreifung, in: Böckenförde, Ernst-Wolfgang (Hrsg.): Staatsrecht und Staatsrechtslehre im Dritten Reich, Heidelberg 1985, S. 44–67.

Loch, Thorsten: Das Gesicht der Bundeswehr. Kommunikationsstrategienin der Freiwilligenwerbung der Bundeswehr1956 bis 1989, München 2008, Zugl.: Hamburg, Helmut-Schmidt-Univ./Univ. der Bundeswehr, Diss., 2006.

Lohmar, Ullrich: Besprechung von „Die Armee als Erziehungsschule der Nation – das Ende einer Idee", in: „Die neue Gesellschaft" 10. Jg., 1963, Heft 2, S. 175 f.

Lohmar, Ullrich: Besprechung von „Die Führung mit Stäben in der Wirtschaft", in: „Die neue Gesellschaft" 1962, 9. Jg., Heft 3, S. 245 f.

Lohmar, Ullrich: Zielkonflikte der Unternehmer, in: management heute 7/76, S. 8–10.

Lokatis, Siegfried: Hanseatische Verlagsanstalt. Politisches Buchmarketing im „Dritten Reich", Frankfurt a.M. 1992.

Longerich, Michael: Die SPD als „Friedenspartei" – mehr als nur Wahltaktik? Auswirkungen sozialdemokratischer Traditionen auf die friedenspolitischen Diskussionen 1959–1983, Frankfurt a.M. (u.a.) 1990, Zugl.: Freiburg (Breisgau), Univ., Diss., 1989.

Longerich, Peter: Heinrich Himmler. Biogaphie, 1. Auflage, München 2008.

Lowry, Montecue J.: The forge of West German rearmament. Theodor Blank and the „Amt Blank", New York (u.a.) 1990.

Maass, Sebastian: Die andere deutsche Revolution. Edgar Julius Jung und die metaphysischen Grundlagen der konservativen Revolution, Kiel 2009.

Mai, Gunther: „Verteidigungskrieg" und „Volksgemeinschaft". Staatliche Selbstbehauptung, nationale Solidarität und soziale Befreiung in Deutschland in der Zeit des Ersten Weltkrieges (1900–1925), in: Michalka, Wolfgang (Hg.), Der Erste Weltkrieg. Wirkung, Wahrnehmung, Analyse, München 1994, S. 583–602.

Majer, Dietmut: „Fremdvölkische" im Dritten Reich, Boppard am Rhein 1981.

Majer, Dietmut: Grundlagen des nationalsozialistischen Rechtssystems – Führerprinzip, Sonderrecht, Einheitspartei, Stuttgart (u.a.) 1987.

Majer, Dietmut: Nationalsozialismus im Lichte der Juristischen Zeitgeschichte, Ideologie – Staat – Besatzungsregime in Europa 1939 – 1945, Baden Baden 2002.

Martin, Alfred von: Die Intellektuellen als sozialer Faktor, in: Studium generale, 15. Jg., Heft 6 (1962), S. 399–420.

Maste, Ernst: Die Republik der Nachbarn. Die Nachbarschaft und der Staatsgedanke Artur Mahrauns, Giessen 1957.

Maste, Ernst: Vom Staat zum Gemeinwesen. Stationen der Ideengeschichte, Baden-Baden 1993.

Mehring, Reinhard: Carl Schmitt. Aufstieg und Fall, München 2009.

Meinck, Jürgen: Weimarer Staatslehre und Nationalsozialismus: Eine Studie zum Problem der Kontinuität im staatsrechtlichen Denken in Deutschland 1928 bis 1936, Frankfurt (u.a.) 1978, Zugl.: Marburg, Univ., Diss., 1976.

Meinel, Florian: Der Jurist in der industriellen Gesellschaft. Ernst Forsthoff und seine Zeit, Berlin 2011, Zugl.: Berlin, Humboldt-Univ., Diss., 2010.

Mittag, Jürgen: „Schmitt-Vockenhausen, Hermann“, in: Neue Deutsche Biographie 23 (2007), S. 243–244.

Mohler, Armin: Die konservative Revolution in Deutschland 1919–1932. Grundriß ihrer Weltanschauungen, Stuttgart 1950.

Mohler, Armin: Die konservative Revolution in Deutschland 1919–1932. Ein Handbuch, 6. Auflage, Graz 2006.

Molt, Matthias: Von der Wehrmacht zur Bundeswehr. Personelle Kontinuität und Diskontinuität beim Aufbau der deutschen Streitkräfte 1955–1966, Heidelberg, Univ., Diss, 2007, Online-Ressource: urn:nbn:de:bsz:16-opus-89351, 2009.

Mommsen, Hans: Amoklauf der „Volksgemeinschaft“? Kritische Anmerkungen zu Michael Wildts Grundkurs zur Geschichte des Nationalsozialismus, in: Neue politische Literatur. Berichte über das internationale Schrifttum 53 (2008), S. 15–20.

Mommsen, Hans: Das Trugbild der „nationalen Revolution“. Betrachtungen zur nationalistischen Gegenkultur in der Weimarer Republik, in: Schmitz, Walter/ Vollnhals, Clemens: Völkische Bewegung – Konservative Revolution – Nationalsozialismus, Aspekte einer politisierten Kultur, Dresden 2005, S. 21–32.

Mommsen, Hans: Die Auflösung des Bürgertums seit dem späten 19. Jahrhundert, in: Niethammer, Lutz/ Weisbrod, Bernd (Hrsg.): Hans Mommsen zum 60.Geburtstag. Der Nationalsozialismus und die deutsche Gesellschaft. Ausgewählte Aufsätze, Reinbek bei Hamburg 1991, S. 11–38.

Mommsen, Hans: Forschungskontroversen zum Nationalsozialismus, in: Aus Politik und Zeitgeschichte 57 (2007), S. 14–21.

Mommsen, Hans: Hitler und der Mythos der Volksgemeinschaft. Zur Auflösung der bürgerlichen Nation, in: Diner, Dan (u.a.) (Hrsg.): Deutsche Zeiten: Geschichte und Lebenswelt. Festschrift zur Emeritierung von Moshe Zimmermann, Göttingen (u.a.) 2012, S. 132–140.

Mommsen, Wolfgang J.: Liberalismus und liberale Idee in Geschichte und Gegenwart, in: Sontheimer, Kurt: Möglichkeiten und Grenzen liberaler Politik, Düsseldorf 1975, S. 11–45.

Moneta, Jakob: Leserbrief, in: „Vorwärts“ vom 20. Januar 1972.

Morsey, Rudolf: Die verfassungspolitische Entwicklung, in: Jererich, Kurt G.A./ Pohl, Hans/ von Unruh, Georg-Christoph (Hrsg.): Deutsche Verwaltungsgeschichte, Bd. 4, Stuttgart 1985, S. 696–706.

Mosse, George L.: Ein Volk, ein Reich, ein Führer. Die völkischen Ursprünge des Nationalsozialismus, Königstein 1979.

Müller, Jakob: Die Jugendbewegung als deutsche Hauptrichtung neokonservativer Reform, Zürich 1971, Zugl.: Zürich, Univ., Diss., 1969.

Müller, Jan-Werner: Ein gefährlicher Geist. Carl Schmitts Wirkung in Europa, Darmstadt 2007.

Müller, Ingo: Furchtbare Juristen. Die unbewältigte Vergangenheit unserer Justiz, München 1987.

Müller, Laurenz: Diktatur und Revolution. Reformation und Bauernkrieg in der Geschichtsschreibung des „Dritten Reichs" und der DDR, Stuttgart 2004, Zugl.: Bern, Univ., Diss., 2003.

Müller, Sven Oliver: Deutsche Soldaten und ihre Feinde. Nationalismus an Front und Heimatfront im Zweiten Weltkrieg, Frankfurt a.M. 2007.

Mußgnug, Dorothee: Die Juristische Fakultät, in: Eckart, Wolfgang/ Sellin, Volker/ Wolgast, Eike (Hrsg.): Die Universität Heidelberg im Nationalsozialismus, Berlin (u.a.) 2006, S. 261–317.

Nägler, Frank: Der gewollte Soldat und sein Wandel. Personelle Rüstung und Innere Führung in den Aufbaujahren der Bundeswehr 1956 bis 1964/65, München 2010.

Nehlsen, Hermann: Karl August Eckhardt , in: Zeitschrift der Savigny-Stiftung für Rechts- geschichte 104 (1987) Germanistische Abteilung, S. 497–536.

Neliba, Günter: Wilhelm Frick und Thüringen als Experimentierfeld für die nationalistische Machtergreifung, in: Heiden, Detlev/ Mai, Gunter (Hrsg.): Thüringen auf dem Weg ins „Dritte Reich", Erfurt 1996, S. 95–118.

Neumann, Franz L.: Behemoth. Struktur und Praxis des Nationalsozialismus 1933–1945, Frankfurt a.M. 1985.

Neumann, Michael: Über den Versuch, ein Fach zu verhindern: Soziologie in Göttingen 1920–1950, in: Becker, Heinrich (Hrsg.): Die Universität Göttingen unter dem Nationalsozialismus, München 1998, S. 454–468.

Niemann, Martin: Karl August Eckhardt, in: Schmoeckel, Mathias (Hrsg.): Die Juristen der Universität Bonn im „Dritten Reich", Köln (u.a.) 2004, S. 159–184.

Noack, Paul: Carl Schmitt – Eine Biographie, Berlin (u.a.) 1993.

Normann, Lars: Rechts im Spiegel von Links. Die Zeitschrift „blick nach rechts" als Symptom politischer Kultur der Bundesrepublik Deutschland, München 2008, Zugl.: Bonn, Univ., Diss., 2008.

Oebbecke, Janbernd: Zur Rechtsstellung der NSDAP im „Dritten Reich", in: Salje, Peter (Hrsg.): Recht und Unrecht im Nationalsozialismus, Münster 1985, S. 218–243.

Oldad, Andreas: „Der Harzburger Akademie schlägt die Stunde der Wahrheit“, in: „Die Welt“ vom 6. November 1989, Nr. 259.
Opitz, Eckart: Friedrich Beermann und die Wehrpolitik der SPD von 1955 bis 1959, in: Neue Gesellschaft. 24 (1977), H. 10, S. 869–872.
Otto, Martin: „Selbstverwaltung ist kein ein für allemal feststehender Begriff.“ Zu den Veröffentlichungen von Bill Drews nach 1933, in: Archiv für Polizeigeschichte 2003, 20–26.
o.V.: „12000 DM Sühne für ehemaligen NS-Professor“, in: „Der Tagesspiegel“ vom 12. August 1958, Nr. 3928.
o.V.: Akademie für Führungskräfte, in: „Wirtschaftswoche“ vom 10. November 1989, Nr. 46.
o.V.: Bad Harzburger Akademie für Führungskräfte Wirtschaft, in: „Handelsblatt“ vom 4. Oktober 1989, Nr. 192.
o.V.: „Berlin – Ja, wir wollen“, in: „Der SPIEGEL“ vom 6. Februar 1989, Nr. 6, S. 25–27.
o.V.: Deutschlands Manager-Schulen: Nicht befriedigend, in: Capital 4/1970, S. 126.
o.V.: Eine soziale Erfindung – Zum 25jährigen Dienstjubiläum von Prof. Dr. Reinhard Höhn, in: management heute 2/78, S. 4.
o.V.: Einst heiß diskutiert – heute unbestrittenes Führungsmodell: Delegieren à la Harzburg, in: „Handelsblatt“ vom 22. Juli 1988, Nr. 139.
o.V.: Führungsmodell mit Problemen, in: „Der SPIEGEL“ vom 28. August 1989, Nr. 35, S. 85.
o.V.: Hardthöhe beendet Zusammenarbeit, in: „FR“ vom 2. März 1972, Nr. 52.
o.V.: Harzburger Modell, Praxisgerechte Führung oder Utopie?, in: Harzburg aktuell, Informationen für die Praxis vom 25. Februar 1972.
o.V.: „Harzburgs Strahlkraft ist ungebrochen“, in: Manager-Magazin 8/1974, S. 64–65.
o.V.: Hilfe zur Selbsthilfe – Der Harzburger Modellversuch „Lehrer für die Wirtschaft“ hat begonnen, in: management heute 11/83, S. 21 ff.
o.V.: Keine Soldaten zu SS-Höhn, in: Metall 6/72, S. 2.
o.V.: Lebenslanges Lernen als Forderung unserer Zeit, in: management heute 12/81, S. 11.
o.V.: Mit und gegen den Strom, in: management heute 11/81, S. 6.
o.V.: Miss-Management-Schulen?, in: „Handelsblatt“ vom 27. Oktober 1989, Nr. 209.
o.V.: Programmschnellschuss aus Bad Harzburg verspricht noch keine inhaltliche Sanierung, in: „Handelsblatt“ vom 27. Oktober 1989, Nr. 209.
o. V.: Richterin prüft Haftbefehl gegen Prof. Höhn, in: „Handelsblatt“ vom 7. November 1989, Nr. 215.
o.V.: Schlechte Zeiten, in: Capital 12/71, S. 50.
o.V.: „Schon einmal das Volk belogen“, in: „Vorwärts“ vom 6. Januar 1972.

o.V.: schule heute, in: management heute 4/88, S. 1 f.

o.V.: Sozialdemokraten – Wie lange noch, in: „Der SPIEGEL“ vom 24. Januar 1972, Nr. 5, S. 59 f.

o.V.: „Sozialdemokraten decken Himmler-Freund“, in: „FR“ vom 13. Januar 1972, Nr. 10.

o.V.: „Sozialdemokraten decken Himmler Freund: Wie lange noch?“, in: „Vorwärts“ vom 13. Januar 1972.

o.V.: Strafanzeige gegen Höhn erstattet“, in: „FR“ vom 13. April 1972, Nr. 86.

Paetel, Karl Otto: Die SS. Ein Beitrag zur Soziologie des Nationalsozialismus, in: Vierteljahreshefte für Zeitgeschichte 2 (1954), S. 1–33.

Papke, Gerhard: Der liberale Politiker Erich Koch-Weser in der Weimarer Republik, 1. Auflage, Baden-Baden 1989.

Pauly, Walter: Das Öffentliche Recht an der Berliner Juristischen Fakultät 1933–1945, in: Grundmann, Stefan (u.a.) (Hrsg.), Festschrift 200 Jahre Juristische Fakultät der Humboldt-Universität zu Berlin, Berlin 2010, S. 775–795.

Pauly, Walter: Die deutsche Staatsrechtslehre in der Zeit des Nationalsozialismus, in: VVDStRL 60, 2001, S. 73–105.

Pedell, Peter: Nach der Schule – statt der Schule, in: „Die Zeit“ vom 29. April 1983, Nr. 18.

Peukert, Detlev: Volksgenossen und Gemeinschaftsfremde. Anpassung, Ausmerze und Aufbegehren unter dem Nationalsozialismus, Köln 1982.

Pinter, Stefan K.: Organisatorische Veränderungen im Bereich der Polizei und die Verklammerung von Polizei und SS, in: Böckenförde, Ernst-Wolfgang (Hrsg.): Staatsrecht und Staatsrechtslehre im Dritten Reich, Heidelberg 1985, S. 178–190.

Pfahl-Traughber, Armin: „Konservative Revolution“ und „Neue Rechte“. Rechtsextremistische Intellektuelle gegen den demokratischen Verfassungsstaat, Opladen 1998.

Plessner, Helmuth: Die verspätete Nation. Über die politische Verführbarkeit bürgerlichen Geistes, 2. Auflage, Stuttgart 1959.

Pohl, Rolf: „Volksgemeinschaft“ als Mittel zur Erzeugung von Massenloyalität im Nationalsozialismus, in: Schmiechen-Ackermann, Detlev (Hrsg.): „Volksgemeinschaft“. Mythos, wirkungsmächtige soziale Verheißung oder soziale Realität im „Dritten Reich“?, Paderborn (u.a.) 2012, S. 69–86.

Pois, Robert A.: The bourgeois democrats of Weimar Germany, Philadelphia 1976.

Postert, André: Von der Kritik der Parteien zur außerparlamentarischen Opposition. Die jungkonservative Klub-Bewegung in der Weimarer Republik und ihre Auflösung im Nationalsozialismus, Baden-Baden 2014, Zugl.: Duisburg-Essen, Univ., Diss., 2013.

Pross, Harry: Jugend, Eros, Politik. Die Geschichte der deutschen Jugendverbände, Frankfurt a.M. 1965. Die Zerstörung der deutschen Politik. Dokumente 1871–1933, Frankfurt a.M. 1959.

Puschner, Uwe: Anti-Semitism and German Voelkisch Ideology, in: Cancik, Hubert/ Puschner, Uwe: Antisemitismus, Paganismus, Völkische Religion, S. 55–64, München 2004.

Puschner, Uwe: Die völkische Bewegung im wilhelminischen Kaiserreich. Sprache – Rasse – Religion, Darmstadt 2001.

Puschner, Uwe: Ein Volk, Ein Reich, Ein Gott, Völkische Weltanschauung und Bewegung, in: Sösemann, Bernd (Hrsg.): Der Nationalsozialismus und die deutsche Gesellschaft, Stuttgart 2002, S. 25–41.

Raabe, Felix: Die Bündische Jugend. Ein Beitrag zur Geschichte der Weimarer Republik, Stuttgart 1961, Zugl.: Berlin, Freie Univ., Diss., 1959.

Rammstedt, Otthein: Deutsche Soziologie 1933–1945. Die Normalität einer Anpassung, Frankfurt a.M. 1986.

Rapp, Gertrud: Die Stellung der Juden in der nationalsozialistischen Staatsrechtslehre, Baden-Baden 1990, Zugl.: Bayreuth, Univ., Diss., 1989.

Rebentisch, Dieter: Führerstaat und Verwaltung im Zweiten Weltkrieg. Verfassungsentwicklung und Verwaltungspolitik 1939–1945, Stuttgart 1989, Zugl.: Frankfurt a.M., Univ., Habil.-Schr., 1987.

Reitlinger, Gerald: Die SS. Tragödie einer deutschen Epoche, Wien (u.a.) 1957.

Rätsch-Langejürgen, Birgit: Das Prinzip Widerstand. Leben und Wirken von Ernst Niekisch, Bonn 1997, Zugl.: München, Univ., Diss., 1995.

Retter, Ralf: Protestantische Publizistik zwischen Protest und Propaganda. Die Zeitschrift der Bekennenden Kirche „Junge Kirche" im „Dritten Reich" 1933 bis 1941, Berlin, Techn. Univ., Diss, 2008.

Retterath, Jörn: „Was ist Volk? ". Volks- und Gemeinschaftskonzepte der politischen Mitte in Deutschland 1917–1924, Berlin (u.a.) 2016, Zugl.: München, Univ., Diss., 2013.

Ritter, Gerhard: Carl Goerdeler und die deutsche Widerstandsbewegung, Stuttgart 1954.

Robbers, Gerhard: Die Staatsrechtslehre der Weimarer Republik. Eine Einführung, in: Jura 15 (1993), S. 69–73.

Römer, Ruth: Der Germanenmythos in der Germanistik der dreißiger Jahre, in: Allemann, Beda (Hrsg.): Literatur und Germanistik nach der „Machtübernahme". Colloquium zur 50. Wiederkehr des 30. Januar 1933. Vorträge am 27. und 28. Januar 1983, Bonn 1983, S. 216–231.

Ruault, Franco: „Neuschöpfer des deutschen Volkes". Julius Streicher im Kampf gegen „Rassenschande", Frankfurt a.M. (u.a.) 2006, Teilw. zugl.: Innsbruck, Univ., Diss.

Rüthers, Bernd: Carl Schmitt im Dritten Reich. Wissenschaft als Zeitgeist-Verstärkung?, München 1990.

Rüthers, Bernd: Die Ideologie des Nationalsozialismus in der Entwicklung des deutschen Rechts von 1933 bis 1945, in: Säcker, Franz Jürgen (Hrsg.), Recht und Rechtslehre im Nationalsozialismus, Ringvorlesung der Rechtswissenschaftlichen Fakultät der Christian-Albrechts-Universität zu Kiel, Baden-Baden 1992, S. 17–36.

Rüthers, Bernd: Die unbegrenzte Auslegung. Zum Wandel der Privatrechtsordnung im Nationalsozialismus, Heidelberg 1997.

Rüthers, Bernd: Reinhard Höhn, Carl Schmitt und andere – Geschichten und Legenden aus der NS-Zeit, in: NJW 2000, S. 2866–2872.

Sabban, Horst-Dieter: Reinhard Höhn, in: IPW-Berichte, 1. Jg., Heft 5, August 1972, S. 75.

Saldern, Adelheid von: Bürgerliche Werte für Führungskräfte und Mitarbeiter in Unternehmen. Das Harzburger Modell, 1960–1975, in: Budde, Gunilla (u.a.) (Hrsg.): Bürgertum nach dem bürgerlichen Zeitalter. Leitbilder und Praxis seit 1945, Göttingen 2010, S. 165–186.

Saldern, Adelheid von: Das „Harzburger Modell". Ein Ordnungssystem für bundesrepublikanische Unternehmen, 1960–1975. In: Etzemüller, Thomas (Hrsg.): Die Ordnung der Moderne. Social Engineering im 20. Jahrhundert. Bielefeld 2009, S. 303–329.

Schaneztky, Tim: Unternehmer: Profiteure des Unrechts, in: Frei, Norbert (Hrsg.), Karrieren im Zwielicht. Hitlers Eliten nach 1945, Frankfurt am Main 2001, S. 73–126.

Schallück, Paul (u.a.): „Vier Fragen an H. Schmidt", in: „Vorwärts" vom 13. Januar 1972.

Schefer, Alisa: Führergewalt statt Gewaltenteilung, in: Böckenförde, Ernst-Wolfgang (Hrsg.), Staatsrecht und Staatsrechtslehre im Dritten Reich, Heidelberg 1985, S. 89–105.

Schellenburg, Ulrich: Die Rechtsstaatskritik, in: Böckenförde, Ernst-Wolfgang (Hrsg.), Staatsrecht und Staatsrechtslehre im Dritten Reich, Heidelberg 1985, S. 71–88.

Schenk, Dieter: Hans Frank. Hitlers Kronjurist und Generalgouverneur, Fankfurt a.M. 2006.

Schlaffner, Rudolf J./ Schmidt, Wolfgang: Wolf Graf von Baudissin 1907–1993. Modernisierer zwischen totalitärer Herrschaft und freiheitlicher Ordnung, München 2007.

Schmidt, Jörg: Otto Koellreutter 1883–1972. Sein Leben, sein Werk, seine Zeit, Frankfurt a. M. 1995, Zugl.: München, Univ., Diss., 1994.

Schmiechen-Ackermann, Detlev: „Volksgemeinschaft". Mythos der NS-Propaganda, wirkungsmächtige soziale Verheißung oder soziale Realität im „Dritten Reich"? Einführung, in: Schmiechen-Ackermann, Detlev (Hrsg.): „Volksgemeinschaft". Mythos, wirkungsmächtige soziale Verheißung oder soziale Realität im „Dritten Reich"?, Paderborn (u.a.) 2012, S. 13–54.

Schmitz-Berning, Cornelia: Vokabular des Nationalsozialismus, Berlin (u.a.) 2000.

Schmoeckel, Matthias: Die Großraumtheorie. Ein Beitrag zur Geschichte der Völkerrechtswissenschaft im Dritten Reich, insbesondere der Kriegszeit, Berlin 1994, Zugl.: München, Univ., Diss., 1993.

Schnabel, Corinna: Mein Chef ist meine rechte Hand, in: „Die Zeit" vom 15. Juni 1962, Nr. 24.

Schneider, Christina: Die SS und „das Recht". Eine Untersuchung anhand ausgewählter Beispiele, Frankfurt am Main (u.a.) 2005, Zugl.: Kiel, Univ., Diss., 2005.

Schneider, Werner: Die Deutsche Demokratische Partei in der Weimarer Republik 1924–1930, München 1978, Zugl.: Erlangen, Nürnberg, Diss., 1977.

Schlosser, Hans: Grundzüge der neueren Privatrechtsgeschichte Rechtsentwicklungen im europäischen Kontext, Heidelberg 2005.

Schwetje, Gerhard: Erfahrungen mit dem Harzburger Modell in der öffentlichen Verwaltung, in: Aspekte des Fortschritts in Staat, Wirtschaft und Gesellschaft, Festschrift für Reinhard Höhn zum 20jährigen Bestehen der Akademie für Führungskräfte der Wirtschaft, Bad Harzburg 1976, S. 247–251.

Schwilk, Heimo: Ernst Jünger. Ein Jahrhundertleben, Stuttgart 2014.

Sieferle, Rolf Peter: Die konservative Revolution. Fünf biographische Skizzen, Frankfurt a.M. 1995.

Soell, Hartmut: Helmut Schmidt, Bd. 2, 1969 bis heute, Macht und Verantwortung, 1. Auflage, München 2008.

Fritz Erler. Eine politische Biographie, Bd. 1, Berlin (u.a.) 1976, Zugl. Heidelberg, Univ., Habil.-Schr., 1974.

Song, Seog-Yun: Politische Parteien und Verbände in der Verfassungsrechtslehre der Weimarer Republik, Berlin 1996, Zugl.: Bielefeld, Univ., Diss., 1995.

Scholten, Jens: Offiziere: Im Geiste unbesiegt, in: Frei, Norbert (Hrsg.), Karrieren im Zwielicht. Hitlers Eliten nach 1945, Frankfurt am Main 2001, S. 131–177.

Schönwälder, Karen: Historiker und Politik. Geschichtswissenschaft im Nationalsozialismus, Frankfurt a.M. 1992, Zugl.: Marburg, Univ., Diss., 1990 u.d.T.: Schönwälder, Karen: Geschichtswissenschaft im Nationalsozialismus.

Schreiber, Carsten: Elite im Verborgenen. Ideologie und regionale Herrschaftspraxis des Sicherheitsdienstes der SS und seines Netzwerkes am Beispiel Sachsen, München 2008, Vollst. zugl.: Leipzig, Univ., Diss., 2005.

Schreiner, Klaus: Führertum, Rasse, Reich. Wissenschaft von der Geschichte nach der nationalsozialistischen Machtergreifung, in: Lundgreen, Peter (Hrsg.): Wissenschaft im Dritten Reich, Frankfurt a.M. 1985, S. 163–252.

Schrecke, Katja: Zwischen Heimaterde und Reichsdienst. Otto Wacker, Badischer Minister des Kultus, des Unterrichts und der Justiz, in: Kißener, Michael/ Scholtyseck, Joachim (Hrsg.): Die Führer der Provinz, NS-Biographien aus Baden und Württemberg, Konstanz 1997, S. 705–732.

Schroeder, Klaus-Peter: Eine Universität für Juristen und von Juristen. Die Heidelberger Juristische Fakultät im 19. und 20. Jahrhundert, Tübingen 2010.

Schulte, Jan Erik: SS-Mentalität und Karrierismus. Das SS-Führerkorps als neue Funktionselite im nationalsozialistischen Staat, in: Kössler, Till/ Stadtland, Helke (Hrsg.): Vom Funktionieren der Funktionäre. Politische Interessenvertretung und gesellschaftliche Intergration in Deutschland nach 1933, 1.Auflage, Essen 2004, S. 77–108.

Schwegel, Andreas: Der Polizeibegriff im NS-Staat. Polizeirecht, juristische Publizistik und Judikative 1931–1944, Tübingen 2005, Zugl.: Göttingen, Univ., Diss., 2004.

Sommermann, Karl-Peter: Staatsziele und Staatszielbestimmungen, Tübingen 1997.

Sontheimer, Kurt: Antidemokratisches Denken in der Weimarer Republik: Die politischen Ideen des deutschen Nationalismus zwischen 1918 und 1933, München 1962.

Steinhöfer, Dieter: Hans von Tschammer und Osten. Reichssportführer im Dritten Reich, 1. Auflage, Berlin (u.a.) 1973.

Stephan, Werner: Aufstieg und Verfall des Linksliberalismus 1918–1933. Geschichte der Deutschen Demokratischen Partei, Göttingen 1973.

Stolleis, Michael: „Fortschritte der Rechtsgeschichte“ in der Zeit des Nationalsozialismus, in: Stolleis, Michael/ Simon, Dieter (Hrsg.): Rechtsgeschichte im Nationalsozialismus. Beiträge zur Geschichte einer Disziplin, Tübingen 1989, S. 177–197.

Stolleis, Michael: Gemeinschaft und Volksgemeinschaft. Zur juristischen Terminologie im Nationalsozialismus, in: VfZ 20 (1972), S. 16–38.

Stolleis, Michael: Geschichte des öffentlichen Rechts in Deutschland, Dritter Band 1914–1945, München 1999.

Stolleis, Michael: „Koellreutter Otto“, in: Neue Deutsche Biographie 12 (1980), S. 324 f.

Stolleis, Michael: „Köttgen, Arnold“, in: Neue Deutsche Biographie 12 (1979), S. 412 f.

Stolleis, Michael: Theodor Maunz – ein Staatsrechtslehrerleben, in: Kritische Justiz 1993, S. 393–396.

Stolleis, Michael: Verwaltungswissenschaft und Verwaltungslehre im Nationalsozialismus, in: Jererich, Kurt G.A./ Pohl, Hans/ von Unruh, Georg-Christoph (Hrsg.): Deutsche Verwaltungsgeschichte, Bd. 4, Stuttgart 1985, S. 707–724.

Struve, Walter: Elites against democracy. Leadership ideals in bourgeois political thought in Germany 1890–1933, Princton 1973.

Thamer, Hans-Ulrich: Volksgemeinschaft: Mensch und Masse, in: Van Dülmen, Richard (Hrsg.): Erfindung des Menschen: Schöpfungsträume und Körperbilder 1500–2000, Wien (u.a.) 1998, S. 367–386.

Thieme, Hans: Was bedeutet uns Otto von Gierke?, in: Harder, Manfred (Hrsg.): De iustitia et iure. Festgabe für Ulrich von Lübtow zum 80. Geburtstag, Berlin 1980, S. 407–424.

Treziak, Ulrike: Deutsche Jugendbewegung am Ende der Weimarer Republik. Zum Verhältnis von Bündischer Jugend und Nationalsozialismus, Frankfurt a.M. 1986.

Uhlenbrock, Henning: Der Staat als juristische Person. Dogmengeschichtliche Untersuchung zu einem Grundbegriff der deutschen Staatsrechtslehre, Berlin 2000, Zugl.: Osnabrück, Univ., Diss., 1999.

Unruh, Peter: Weimarer Staatsrechtslehre und Grundgesetz. Ein verfassungstheoretischer Vergleich, Berlin 2004.

Van Laak, Dirk: Gespräche in der Sicherheit des Schweigens. Carl Schmitt in der politischen Geistesgeschichte der frühen Bundesrepublik, Berlin 1993, Zugl.: Hagen, Fernuniv., Diss., 1993.

Vézina, Birgit: Die „Gleichschaltung" der Universität Heidelberg im Zuge der nationalsozialistischen Machtergreifung, Heidelberg 1982, Zugl.: Heidelberg, Univ., Diss.

Voelmy, Willi: Ein Forum für Schule und Wirtschaft – vom Gedankenaustausch zur erfolgreichen Zusammenarbeit, in: Aspekte des Fortschritts in Staat, Wirtschaft und Gesellschaft, Festschrift für Reinhard Höhn zum 20jährigen Bestehen der Akademie für Führungskräfte der Wirtschaft, Bad Harzburg 1976, S. 259–264.

Vogel, Wieland: Katholische Kirche und nationale Kampfverbände in der Weimarer Republik, Mainz 1989, Zugl.: Bonn, Univ., Diss., 1987–1988.

Voigt, Alfred: Die Staatsrechtslehrer und das Dritte Reich, in: ZRGG 31 (1979), S. 195–202.

Volkswirtschaftliche Gesellschaft (Hrsg.): Bericht über die Tätigkeit der Volkswirtschaftlichen Gesellschaft, Bad Harzburg 1954.

Von Lösch, Anna-Maria: Der nackte Geist. Die Juristische Fakultät der Berliner Universität im Umbruch von 1933, Tübingen 1999, Zugl.: Berlin, Humboldt-Univ., Diss., 1998–1999.

Vorholz, Irene: Die Rechts- und Staatswissenschaftliche Fakultät der Ernst-Moritz-Arndt-Universität Greifswald. Von der Novemberrevolution 1918 bis zur Neukonstituierung der Fakultät 1992, Köln (u.a.) 2000, Zugl.: Greifswald, Univ., Diss., 1999.

Voß, Reimer: Johannes Popitz (1884–1945). Jurist, Politiker, Staatsdenker unter drei Reichen – Mann des Widerstands, Frankfurt a.M. 2006.

Walkenhaus, Ralf: Konservatives Staatsdenken. Eine wissenssoziologische Studie zu Ernst Rudolf Huber, Berlin 1997.

Walkenhaus, Ralf: Totalität als Anpassungskategorie. Eine Momentaufnahme der Denkentwicklung von Carl Schmitt und Ernst Rudolf Huber, in: Söllner, Alfons/ Walkenhaus, Ralf/ Wieland, Karin (Hrsg.): Totalitarismus. Eine Ideengeschichte des 20. Jahrhunderts, Berlin 1997, S. 77–104.

Weber, Thomas: Hitlers erster Krieg, Der Gefreite Hitler im Weltkrieg – Mythos und Wahrheit, Berlin 2012.

Wedekind, Michael: Nationalsozialistische Besatzungs- und Annexionspolitik in Norditalien 1943–1945. Die Operationszonen „Alpenvorland“ und „Adriatisches Küstenland“, Oldenburg 2003, Zugl.: Münster, Univ., Diss., u.d.T.: Wedekind, Michael: Das Drängen der Peripherie – nationalsozialistische Besatzungs- und Annexionspolitik in Norditalien 1943 bis 1945.

Weiß, Hermann: Biographisches Lexikon zum Dritten Reich, Frankfurt am Main 1998.

Weißbecker, Manfred: Firmenschild: Nationaler Sozialismus. Der deutsche Faschismus und seine Partei 1919 bis 1945, Köln 2011.

Wesel, Uwe: Der Letzte, in: „FAZ“ vom 23. Mai 2000, S. 54, Nr. 119.

Wesel, Uwe: Geschichte des Rechts. Von den Frühformen bis zur Gegenwart, 3. Auflage, München 2006.

Weyer, Johannes: Westdeutsche Soziologie 1945–1960. Deutsche Kontinuitäten und nordamerikanischer Einfluss, Berlin 1984, Zugl.: Marburg, Univ., Diss., 1983 u.d.T.: Die Entwicklung der westdeutschen Soziologie von 1945 bis 1960 in ihrem institutionellen und gesellschaftlichen Kontext.

Wildt, Michael: Der Fall Reinhard Höhn. Vom Reichssicherheitshauptamt zur Harzburger Akademie, in: Gallus, Alexander/ Schildt, Axel (Hrsg.): Rückblickend in die Zukunft. Politische Öffentlichkeit und intellektuelle Positionen in Deutschland 1950 und um 1930, Göttingen 2011, S. 254–271.

Wildt, Michael: Die politische Ordnung der Volksgemeinschaft. Ernst Fraenkels „Doppelstaat“ neu betrachtet, in: Mittelweg 36, 12, 2003, S. 45–61.

Wildt, Michael: Die Ungleichheit des Volkes, „Volksgemeinschaft“ in der politischen Kommunikation der Weimarer Republik, in: Bajohr, Frank/ Wildt, Michael (Hrsg.): Volksgemeinschaft. Neue Forschungen zur Gesellschaft des Nationalsozialismus, Frankfurt a.M. 2009, S. 24–40.

Wildt, Michael: Generation des Unbedingten. Das Führungskorps des RSHA, 3. Auflage, Hamburg 2008.

Wildt, Michael: Reinhard Höhn. Vom Reichssicherheitshauptamt zur Harzburger Akademie. Paper für die Tagung „Politische Öffentlichkeit und intellektuelle Positionen in Deutschland um 1950 und um 1930", 19. – 21. März 2009 in Hamburg, http://www.luederskunden.net/wildt/download/protect/Wildt%20H%C3%B6hn%2016-03-2009%20neu.pdf.

Wildt, Michael: Volksgemeinschaft und Führererwartung in der Weimarer Republik, in: Daniel, Ute/ Marszolek, Inge/ Pyta, Wolfram/ Welskopp, Thomas (Hrsg.): Politische Kultur und Medienwirklichkeiten in den 1920er Jahren, München 2010, S. 181–204.

Wildt, Michael: „Volksgemeinschaft". Eine Antwort auf Ian Kershaw, in: Zeithistorische Forschungen/Studies in Contemporary History, Online-Ausgabe, 8 (2011), H. 1, URL: http://www.zeithistorische-forschungen.de/16126041-Wildt-1-2011.

Willoweit, Dietmar: Deutsche Verfassungsgeschichte. Vom Frankenreich bis zur Wiedervereinigung Deutschlands, München 2005.

Wilke, Karsten: Die „Hilfsgemeinschaft auf Gegenseitigkeit" (HIAG) 1950–1990. Veteranen der Waffen-SS in der Bundesrepublik, Paderborn (u.a.) 2011, Zugl.: Bielefeld, Univ., Diss., 2010.

Winter, Rosemarie: Pauken für die Karriere, in: „Die Zeit" vom 12. Februar 1971, Nr. 7.

Woods, Roger: The Conservative Revolution in the Weimarer Republic, Basingstoke 1996.

Zelle, Karl-Günter: Hitlers zweifelnde Elite. Goebbels – Göring – Himmler – Speer, Paderborn (u.a.) 2010.

Ziegler, Gerhard: „HSV" auf Rechtsaußen, in: „Die Zeit" vom 21. Januar 1972, Nr. 3.

Zischka, Johannes: Die NS-Rassenideologie. Machttaktisches Instrument oder handlungsbestimmtes Ideal?, Frankfurt a.M. (u.a.) 1986.

RECHTSHISTORISCHE REIHE

Die nachfolgende Liste führt die Titel der "Rechtshistorischen Reihe" ab Band 400 auf. Eine vollständige Übersicht aller bisher in der Reihe erschienenen Bücher finden Sie auf www.peterlang.com

Band	400	Thomas Simon (Hrsg.): Hundert Jahre allgemeines und gleiches Wahlrecht in Österreich. Modernes Wahlrecht unter den Bedingungen eines Vielvölkerstaates. 2010.
Band	401	Dörte Mentz: Die Beweislastumkehr in der Rechtsprechung des Reichsgerichts. 2010.
Band	402	Werner Schubert (Hrsg.): Oberster Gerichtshof für die Britische Zone (1948-1950). Nachschlagewerk Strafsachen – Nachschlagewerk Zivilsachen. Präjudizienbuch der Zivilsenate. Eingeleitet und herausgegeben von Werner Schubert. 2010.
Band	403	Yong Lei: Auf der Suche nach dem modernen Staat. Die Einflüsse der allgemeinen Staatslehre Johann Caspar Bluntschlis auf das Staatsdenken Liang Qichaos. 2010.
Band	404	Andreas Schwenk: Die Formbestimmung des § 313 BGB a. F. (§ 311 b Abs. 1 BGB n. F.) bei Verträgen über Grundstücke in der Rechtsprechung des Reichsgerichts. 2010
Band	405	René Schorsch: Eberhard Georg Otto Freiherr von Künßberg (1881-1941). Vom Wirken eines Rechtshistorikers. 2010.
Band	406	Ulrike Köbler: Werden, Wandel und Wesen des deutschen Privatrechtswortschatzes. 2010.
Band	407	Björn Florian Faulenbach: Rolle und Bedeutung der Lehre in der Rechtsprechung der Internationalen Gerichtshöfe im zwanzigsten Jahrhundert. 2010.
Band	408	Guangyu Fu: Das Causaproblem im deutschen Bereicherungsrecht. Eine rechtshistorische Untersuchung. 2010.
Band	409	Andreas Kimmelmann: Die Folter im Beweisverfahren der Leges Visigothorum. Chindasvinths Gesetzgebung im Spiegel der westgotischen Rechtsentwicklung. 2010.
Band	410	Jacqueline Schmaltz: Die Entwicklung der Industrie- und Handelskammern. Zwischen Pflicht und Kür. 2010.
Band	411	Hermann Nehlsen: Bayerische Rechtsgeschichte vom frühen Mittelalter bis zum 20. Jahrhundert. 2011.
Band	412	Kathrin Spoerr: Recht und Revolution. Deutsche Ökonomen und ihr Einfluss auf das Recht der Weimarer Republik – eine Zeitschriftenschau 1917-1920. 2011.
Band	413	Moritz von Köckritz: Die deutschen Oberlandesgerichtspräsidenten im Nationalsozialismus (1933-1945). 2011.
Band	414	Annika Lillemor Lara Rabaa: Die Ehe als Rechtsinstitut im Badischen Landrecht von 1810. Unter besonderer Berücksichtigung der gesellschaftlichen Entwicklungen im 19. Jahrhundert. 2011.
Band	415	Christian Hattenhauer / Klaus-Peter Schroeder (Hrsg.): 200 Jahre Badisches Landrecht von 1809/1810. Jubiläumssymposium des Instituts für geschichtliche Rechtswissenschaft der Ruprechts-Karls-Universität Heidelberg und der Heidelberger Rechtshistorischen Gesellschaft vom 23. bis 26. September 2009. 2011.
Band	416	Tobias Alexander Krammerbauer: Die Ministerverantwortlichkeit und die Vorformen sonstiger Verfassungsgerichtsbarkeit in Württemberg zwischen 1815 und 1918. 2011.

Band 417 Werner Schubert (Hrsg.): Quellen zur GmbH-Reform von 1958 bis zum GmbH-Änderungsgesetz von 1980. Eingeleitet und herausgegeben von Werner Schubert. 2011.

Band 418 Gisela Emling: Johannes Heckel. Leben und Wirken (1889-1963). 2011.

Band 419 Jochen Kirschbaum: Die Etablierung der Historischen Rechtsschule an der Ludoviciana (1814-1824). 2011.

Band 420 Sören Koch: Unaufgeforderte Hilfeleistung in Notsituationen. Eine rechtshistorische und rechtsvergleichende Studie zu den zivilrechtlichen Aspekten der Nothilfe mit besonderer Berücksichtigung des Rechts der Geschäftsführung ohne Auftrag. 2011.

Band 421 Friedrich Carl von Savigny: Die Prinzipienfragen in Beziehung auf eine neue Strafprozeß-Ordnung. Ausgearbeitet im Justizministerium für die Gesetzrevision. Eingeleitet und herausgeben von Werner Schubert. 2011.

Band 422 Stephan Faulwetter: Von der Zunft zur Handelskammer. Zur Entwicklung des Gewerberechts in thüringischen Staaten. 2011.

Band 423 Moritz Eisenhardt: Sanierung statt Liquidation. Die Geschichte des Vergleichs zur Abwendung des Konkurses unter besonderer Berücksichtigung der Vergleichsordnung von 1927 und 1935. 2011.

Band 424 Gerd Kleinheyer: Beiträge zur Strafrechtsgeschichte. Herausgeben von Franz Dorn, Mathias Schmoeckel und Jan Schröder. 2011.

Band 425 Ralf Maertens: Das Landgericht Altona (1879-1937) und die Anfänge des Landgerichts Itzehoe (1937-1945). Unter besonderer Berücksichtigung ihrer Tätigkeitsberichte und rechtspolitischen Stellungnahmen. 2011.

Band 426 Mark Friedrich: Ferdinand von Martitz (1839-1921). Rechtshistoriker, Staatsrechtler und Völkerrechtler zwischen dem Ende des Deutschen Bundes und dem Beginn der Weimarer Republik. 2012.

Band 427 Sebastian Krusche: Die Bundesrechtsanwaltsordnung vom 1. August 1959. Vorgeschichte und Entstehung. 2012.

Band 428 Marju Luts-Sootak / Sanita Osipova / Frank L. Schäfer (Hrsg./eds.): Einheit und Vielfalt in der Rechtsgeschichte im Ostseeraum. Unity and Plurality in the Legal History of the Baltic Sea Area. Sechster Rechtshistorikertag im Ostseeraum, 3.-5. Juni 2010 in Tartu (Estland) / Riga (Lettland). 6th Conference in Legal History in the Baltic Sea Area, 3rd-5rd June 2010 Tartu (Estonia) / Riga (Latvia). 2012.

Band 429 Margret R. I. Bootz: Die Hamburger Rechtsprechung zum Arbeitsrecht im Nationalsozialismus bis zum Beginn des 2. Weltkriegs. 2012.

Band 430 Heiko Zech: Die soziale Frage im Konkursrecht 1879-1900. 2012.

Band 431 Jan C. Lorenzen: Das Bundesnaturschutzgesetz vom 20. Dezember 1976. Die Entwicklung des Naturschutzrechtes in Deutschland von den Anfängen bis zur Neukodifikation des Bundesnaturschutzgesetzes von 1976. 2012.

Band 432 Ulrike Ingrid Bernhardt: Geschichte des Weinrechts im Deutschen Kaiserreich (1871-1918). Mit einem Überblick zur Vorgeschichte und Weiterentwicklung bis zur Gegenwart. 2012.

Band 433 Elisabeth Otto: Das Verwaltungsrecht in der SBZ / DDR bis zur Verwaltungsneugliederung im Jahr 1952. 2012.

Band 434 Werner Schubert: Zur Geschichte der Justizverfassung in Schleswig-Holstein im 19. und 20. Jahrhundert. Quellen und Studien. 2012.

Band 435 Stefan Ellenberg: Herrschaft und Reform. Zur Diskussion um die Aktienrechtsreform und den Konzern in der Weimarer Zeit. 2012.

Band 436 Jasmin Sonntag: Gesetzgebung und Verwaltung im Dalbergstaat 1802-1810. 2012.

Band 437 Martin Komusiewicz: Die Diskussion um das Verhältnis von Rechtsanwaltschaft und Notariat seit dem Ende des 18. Jahrhunderts bis zum Erlass der Bundesnotarordnung. 2012.

Band 438 Henriette von Breitenbuch: Karl Neumeyer – Leben und Werk (1869-1941). 2013.

Band 439 Günter Baranowski: Russische Rechtsgeschichte: Texte und Erläuterungen. Teil 1: Von den Anfängen bis 1612/13. 2013.

Band 440 Werner Schubert (Hrsg.): Staatsanwaltschaftsrecht (1934-1982). Quellen zu den Reformprojekten (Organisation – Innerer Dienstbetrieb – Ermittlungsverfahren – Verhältnis der Staatsanwaltschaft zur Polizei) und zur Anordnung über Organisation und Dienstbetrieb der Staatsanwaltschaft (OrgStA). Eingeleitet und herausgegeben von Werner Schubert. 2013.

Band 441 York Zieren: Das Schiedsverfahrensrecht der ZPO (1877-1933) unter Berücksichtigung der Genfer Übereinkommen von 1923 und 1927 sowie der Rechtsprechung des Reichsgerichts. 2013.

Band 442 Stefan Wolf: Das Jenaer Studium der Rechte im Dritten Reich. Zwischen Tradition und nationalsozialistischer Ideologie. 2013.

Band 443 Bernhard Klose: Das Verblassen eines Makels. Das Nichtehelichenrecht der DDR als Teil der gesamtdeutschen Entwicklung. 2013.

Band 444 Peter Opitz-von Bardeleben: Das Generalgouvernement Niederrhein. 2013.

Band 445 Nadine Göppner: Vorgeschichte und Entstehung des Atomgesetzes vom 23.12.1959. 2013.

Band 446 Frank L. Schäfer / Werner Schubert (Hrsg./eds.): Justiz und Justizverfassung / Judiciary and Judical System. Siebter Rechtshistorikertag im Ostseeraum, 3.-5. Mai 2012 Schleswig-Holstein / 7th Conference in Legal History in the Baltic Sea Area, 3rd-5th May 2012 Schleswig-Holstein. 2013.

Band 447 Sandy Schenker: Gegen Täuschungen und Gesundheitsgefährdungen durch schlechte Nahrung. Zur Entwicklung des Nahrungsmittelrechts durch Rechtsprechung und Gesetzgebung zwischen 1871 und 1927. 2013.

Band 448 Youn Seok Choi: Der Besitzerwerb des Erben. Historische Entwicklungen, die Lösung des § 857 BGB und ihre Anwendungsprobleme. 2013.

Band 449 Johannes Kalb: Die innerstädtische Auseinandersetzung in Regensburg am Ende der Reichsunmittelbarkeit. Eine historische und rechtliche Untersuchung. 2014.

Band 450 Thomas Habbe: Lastenausgleich. Die rechtliche Behandlung von Kriegsschäden in Deutschland seit dem 30jährigen Krieg. 2014.

Band 451 Günter Baranowski: Russische Rechtsgeschichte: Texte und Erläuterungen. Teil 2: Von 1613 bis 1682. 2015.

Band 452 Wilhelm Brauneder (Hrsg): Landrechtsentwurf für Österreich unter der Enns 1526. 2015.

Band 453 Maximilian Elsner von der Malsburg: „Arisierung“ von Privatbanken am Beispiel des Bankhauses E. J. Meyer in Berlin. 2015.

Band 454 Tanja Claussen: Johann Julius Wilhelm Planck (1817-1900). Leben und Werk. 2015.

Band 455 Werner Schubert (Hrsg.): Das Reichsjustizministerium und die höheren Justizbehörden in der NS-Zeit (1935-1944). Protokolle und Mitschriften der Arbeitstagungen der Reichs-justizminister mit den Präsidenten der Oberlandesgerichte, des Volksgerichtshofs, des Reichsgerichts sowie mit den Generalstaatsanwälten. Eingeleitet und herausgeben von Werner Schubert. 2015.

Band 456 Christian Vahl: Die gesetzliche Regelung des Seefrachtvertrags im deutschen Recht. Eine rechtshistorische Betrachtung unter besonderer Berücksichtigung der Beratungen des Seerechtsausschusses der Akademie für Deutsches Recht (1934-1942). 2015.

Band 457 Ruomeng Yang: Die Rezeption der europäischen Privatrechte in China und die konfuzianische Tradition. Das Beispiel des Deliktsrechts im frühen 20. Jahrhundert. 2015.

Band 458 Piotr Wittmann: „Der da sein Practic auß Teutschen Tractaten will lernen". Rechtspraktiker in deutschsprachiger Praktikerliteratur des 16. Jahrhunderts. 2015.

Band 459 Georg Rasche: Richter, Sachverständige, Handelskammern. Preußische Justizverwaltung und kaufmännische Interessen zwischen 1879 und 1907. 2015.

Band 460 Daniel Hupe: Von der Hierarchie zur Egalität in den Zivilrechtskodifikationen des 19. Jahrhunderts vor dem BGB. 2015.

Band 461 Wilhelm Brauneder (Hrsg.): Landrechtsentwurf für Österreich unter der Enns 1573. 2015.

Band 462 Tunay Sürek: Die Verfassungsbestrebungen der Tanzimât-Periode. Das *Kanun-i Esasî* – Die osmanische Verfassung von 1876. 2016.

Band 463 Takashi Izumo: Die Gesetzgebungslehre im Bereich des Privatrechts bei Christian Thomasius. 2016.

Band 464 Werner Schubert (Hrsg.): Quellen zum Bau- und Enteignungsrecht (1940-1958). Entwürfe zu einem Reichsbaugesetz (1940/41) – Vorentwurf zu einem Deutschen Baugesetzbuch von 1942 – Entwürfe zu einem Baugesetzbuch (1949/50) – Baulandbeschaffungsgesetz vom 3.8.1953 – Entwurf zu einem Bundesenteignungsgesetz von 1958. Eingeleitet und herausgegeben von Werner Schubert. 2016.

Band 465 Daniel Bischof: Geschichte der Wald- und Forstgesetzgebung im Bundesland Schleswig-Holstein. Unter Einbeziehung der Entwürfe zu einem Reichsforstgesetz von 1940/42 und der Entstehung des Bundeswaldgesetzes von 1975. 2016.

Band 466 Lena Darabeygi: Die Causa „Blinkfüer" und die Grundrechtsdogmatik zur Pressefreiheit in Weimar und Bonn. 2017.

Band 467 Werner Schubert (Hrsg.): Quellen zum Aktiengesetz vom 18. Juli 1884. 2017.

Band 468 Manfred Josef Thaler: Die Domkapitel der Reichskirche vom Wiener Konkordat bis zur Säkularisation (1448-1803). Grundzüge ihrer Verfassung im Vergleich. 2017.

Band 469 Philipp Eckert: Entstehung und Bedeutung des Landesverwaltungsgesetzes Schleswig-Holstein. 2017.

Band 470 Julia Christine Klix: Privatrechtstheorie und Wirtschaft von 1967 bis 1982. Unter besonderer Berücksichtigung der Kartellrechtsgeschichte. 2017.

Band 471 Thorsten Thielen: Friede und Recht. Studien zur Genese des frühmittelalterlichen Herrscher- und Tugendideals in der lateinischen Literatur der römischen Antike und des frühen Mittelalters. 2017.

Band 472 Werner Schubert (Hrsg.): Das Reichsjustizministerium unter Otto Thierack (1942-1945). Teil 1: Amt für Neuordnung der deutschen Gerichtsverfassung (Berichte von 1943/44 über den Besuch von 13 Oberlandesgerichten). Amt für Nachwuchsfragen (Juni/Juli 1944). 2017.

Band 473 Werner Schubert (Hrsg.): Das Reichsjustizministerium unter Otto Thierack (1942-1945). Teil 2: Die Arbeitstagungen auf der „Reichsburg Kochem" von April bis August 1944 (Protokolle und Berichte). 2017.

Band 474 Ruprecht Freiherr von Maltzahn: Das Versammlungsgesetz vom 24. Juli 1953. Vorgeschichte, Gesetzgebungsverfahren sowie spätere Änderungen. 2017.

Band 475 Johannes Jenß: Die „Volksgemeinschaft" als Rechtsbegriff. Die Staatsrechtslehre Reinhard Höhns (1904-2000) im Nationalsozialismus. 2017.

www.peterlang.com

www.ingramcontent.com/pod-product-compliance
Ingram Content Group UK Ltd.
Pitfield, Milton Keynes, MK11 3LW, UK
UKHW022105051026
15623UKWH00003B/694

9 783631 733486